DIE WELT DER DAMPF LOKOMOTIVE

Oben: Personenzug der Saint-Etienne-Lyon-Bahn auf der Strecke zwischen Saint-Etienne und Givors. Der Zug rollt ohne Pferde oder Lokomotive bergab. *Unten:* Kohlenzug der Saint-Etienne-Lyon-Bahn

GUSTAV REDER

DIE WELT DER DAMPF LOKOMOTIVE

ORELL FÜSSLI VERLAG ZÜRICH

Die Abbildungen 305 und 347 entstammen der Postkartenserie
(64 alte und neue Fahrzeugmotive der Bahn)
des Redactor Verlages, Frankfurt am Main

Satz und Druck: Imprimeries Réunies S.A., Lausanne
Buchbinderische Verarbeitung: Burkhardt, Zürich
Redaktion: Roswitha Beyer; Herstellung: Franz Stadelmann
Gestaltung: Studio S+T, Hanspeter Schmidt, Lausanne

© 1974 Orell Füssli Verlag, Zürich und Office du Livre, Fribourg
ISBN 3 280 00754 2

Printed in Switzerland

INHALTSVERZEICHNIS

VORWORT		7
1	DAS WERDEN UND WESEN DER SPURBAHN	9
2	DIE GEBURT DER DAMPFLOKOMOTIVE	15
2.1	Die ersten Schritte	15
2.2	William Hedley beweist, daß die Reibung zwischen Rad und Schiene ausreicht	21
2.3	George Stephenson tritt in Szene	24
3	DAS ENTSTEHEN DER DAMPFEISENBAHN	28
3.1	Die Stockton-Darlington-Eisenbahn, die erste des öffentlichen Verkehrs mit Dampflokomotiven	28
3.2	Die Saint-Etienne-Lyon-Bahn, erste öffentliche Eisenbahn des europäischen Kontinents mit Dampftraktion	34
3.3	Die Liverpool-Manchester-Bahn führt den Dampf zum endgültigen Siege	36
4	DIE TECHNISCHEN PROBLEME DER DAMPFTRAKTION	47
4.1	Hackworths «Globe», ein Versuchsballon	47
4.2	Die Stephensons finden die endgültige Form der Dampflokomotive	48
4.3	Edward Bury, der erste ernsthafte Rivale der Stephensons	50
4.4	Stephensons «Patentee» und ihre Weiterentwicklung	52
4.5	Verbesserung der Dampfwirkung im Zylinder	56
5	IN DEN VEREINIGTEN STAATEN BEGINNT MAN SICH FÜR EISENBAHNEN ZU INTERESSIEREN	62
5.1	Die ersten Dampflokomotiven in Nordamerika	62
5.2	Die erste regelmäßig mit Dampf betriebene Eisenbahn in Amerika	64
5.3	Die Wettbewerbsausschreibung der Baltimore-Ohio-Bahn	65
5.4	Die «Grasshoppers» und «Crabs»	66
5.5	Die Anfänge des Drehgestells	69
5.6	Die Entstehung der «American»-Type	72
5.7	Ursprung der schweren amerikanischen Güterzuglokomotive	76
6	DER KAMPF DER SPURWEITEN UND SEINE FOLGEN	80
6.1	Brunels Breitspurlokomotiven	80
6.2	Stephensons «Longboiler»-Lokomotiven im Kampfe der Spurweiten	84
6.3	Eine neue Waffe im Kampfe der Spurweiten: die «Crampton»-Lokomotive	88
6.4	Die «Longboiler» erobert den europäischen Kontinent	98
7	VERSCHIEDENE SCHULEN ZEICHNEN SICH AB	105
7.1	Die «Jenny Lind» und «Bloomer»	105
7.2	Die «Allan-Crewe»-Schule	109
7.3	Die «Polenceau»-Schule	113
7.4	Von Forrester bis zur Hallschen Schule	116
7.5	Die europäische Norris-Schule	119
7.6	Die «Spinnräder»	124
7.7	Laufachse vorn oder hinten	130
8	HINEIN IN DEN WILDEN WESTEN	136
8.1	Die Vervollkommnung des zweiachsigen Drehgestells	136
8.2	Das Bisselgestell	140
8.3	Die ersten «schweren Brocken»	143
9	GEBIRGE HÖREN AUF, HINDERNISSE ZU SEIN	145
9.1	Der Semmering-Wettbewerb	145
9.2	Die Engerth-Stütztender-Lokomotive und ihre Abwandlungen	149
9.3	Berglokomotiven mit kinetischen Koppelgetrieben	154
9.4	Die Vierkuppler	157
9.5	Petiets «Kolosse» und Forquenots «Cantal»	161
10	DIE ENTWICKLUNG DER DREH- UND LENKGESTELLE IN EUROPA	164
10.1	Die geschobenen zweiachsigen Lenkgestelle	164
10.2	Die zweiachsigen Drehgestelle mit Mittelzapfen	166
10.3	Die einachsigen Lenkgestelle	174
10.4	Das Krauß-Helmholtz-Drehgestell	177
11	NEUE FORTSCHRITTE IN DER WÄRMEAUSNUTZUNG	180
11.1	Das Verbundverfahren	180
11.1.1	Die Zweizylinder-Verbundlokomotive	180
11.1.2	Die Dreizylinder-Verbundlokomotive	188
11.1.3	Die Vierzylinder-Verbundlokomotive mit geteiltem Triebwerk	194
11.1.4	Die Vierzylinder-Verbundlokomotive mit Einachsantrieb und vier Kurbeln	202
11.1.5	Die Vierzylinder-Verbundlokomotive mit Zweikurbelantrieb	205
11.2	Die Einführung des Heißdampfes	210

12	DIE «BELLE EPOQUE»	220	
12.1	Die 2B1-Lokomotive, die Maschine der vornehmen Welt	220	
12.2	Die Geburt der Heißdampf-Vierlinge und -Drillinge	225	
12.3	Die «Pacific»-Lokomotive, Königin der Schiene .	230	
12.4	Schnellzugmaschinen für Gebirge	237	
12.5	Schwere Laster	241	
13	NORDAMERIKA ÜBERBIETET SICH IN GROSSEN LOKOMOTIVEN	244	
13.1	Von der «Columbia» zur «Mountain»	244	
13.2	Von der «Consolidation» zur «Santa Fé»	247	
14	GROSSE LOKOMOTIVEN FÜR ENGE KURVEN	250	
14.1	Die Fairlie-Lokomotiven	250	
14.2	Die Günther-Meyer-Lokomotiven und ihre Abarten	252	
14.3	Die Mallet-Lokomotive in Europa	255	
14.4	Die Mallet-Riesen in Amerika	259	
14.5	Die Garrat-Lokomotive	262	
14.6	Verschiedene andere Lösungen	265	
15	NEUER AUFSCHWUNG ZWISCHEN DEN BEIDEN WELTKRIEGEN	267	
15.1	Die Typisierung und der Austauschbau	267	
15.2	Die neue Linie in England	271	
15.3	Die 2D1-Maschine, Krönung der Schnellzuglokomotive	274	
15.4	Chapelons Verjüngungskuren	279	
15.5	Die letzte Glanzzeit der Dampflokomotive in Nordamerika	281	
16	DIE SCHNELLFAHRLOKOMOTIVEN . . .	286	
16.1	Verfrühte Ideen	286	
16.2	Die «windschnittigen» Lokomotiven	287	
16.3	Die Stromlinien-Lokomotiven	290	
17	DER NAHVERKEHR	295	
17.1	Stadtbahnlokomotiven	295	
17.2	Erweiterter Vorort- und zwischenstädtischer Verkehr	297	
18	DER ZWEITE WELTKRIEG UND DER AUSKLANG DER DAMPFTRAKTION	304	
18.1	«Entfeinerte» Kriegslokomotiven	304	
18.2	Die letzten Dampflokomotiven	307

SCHLUSSWORT 313

BIBLIOGRAPHIE 315

DIE ACHSANORDNUNG VON LOKOMOTIVEN . 318

DIE HAUPTABMESSUNGEN DER LOKOMOTIVEN 321

REGISTER 333

VERZEICHNIS DER PERSONEN 333

VERZEICHNIS DER LOKOMOTIVEN 336

ABBILDUNGSNACHWEIS 339

VORWORT

Welche Umwälzung die Eisenbahn im Leben der Menschheit zur Folge gehabt hat, ist zwar in großen Zügen bekannt, aber dennoch selten voll gewürdigt worden. In der Kette der Ereignisse, die für das materielle Dasein des Menschen grundsätzliche Bedeutung hatten — Beherrschung des Feuers, Einführung des Ackerbaues, Verwendung der Metalle, Seefahrt, Buchdruck —, stellt die Eisenbahn eines der letzten Glieder dar. Als letztes dürfte die Beherrschung der atomaren Energie gelten.

Die Eisenbahn war das Mittel, dank dessen das Industriezeitalter anbrechen konnte, und damit begann die revolutionäre Umwälzung der Lebensverhältnisse, die unsere Zeit prägt. Erst mit der Eisenbahn war es möglich, große Mengen von Menschen und Gütern auf beliebige Entfernungen wirtschaftlich zu befördern und damit den Austausch einzuleiten, der heute alle Nationen unwiderruflich miteinander verkettet. Die Welt, die uns heute umgibt, wäre, trotz der Fortschritte anderer Verkehrsmittel, nicht lebensfähig, wie gerade die letzten Ereignisse in der Weltwirtschaft bewiesen haben. In ihrem ganzen Umfang ist die Eisenbahn auch das größte Bauvorhaben, das die Menschheit je unternommen hat.

Die Eisenbahn wurde erst möglich durch die Dampflokomotive. Schon allein aus diesem Grunde scheint es mir nötig, einmal zu schildern, wie dieses wichtige Intrument entstand und wie es sich allmählich vervollkommnete. Die Dampflokomotive steht am Anfang das Maschinenzeitalters, und von ihren Erfordernissen gingen unzählige Anregungen zur qualitativen Verbesserung der benötigten Baustoffe, zur genaueren Fertigung von Maschinenteilen und zur theoretischen Erforschung von wärmetechnischen Vorgängen aus, die dann auch anderen Zweigen der Technik zugute kamen. Ohne die an und mit der Lokomotive geleistete Vorarbeit wären unsere neuzeitlichen Maschinen nicht möglich gewesen.

All dies habe ich im vorliegenden Buche zu erläutern versucht und damit zum ersten Mal unternommen, die Gesamtentwicklung der Dampflokomotive vom Anfang bis zu ihrem Ende zu schildern. Ich glaube, damit eine Lücke in der heute so zahlreichen Eisenbahnliteratur auszufüllen. Sie zählt zwar viele Werke, in denen Einzelaspekte der Entwicklung in den verschiedensten Ländern dargestellt werden, eine Gesamtschau hat es aber seit der 1924 von J. Jahn geschriebenen prächtigen Arbeit nicht wieder gegeben. Doch auch diese ist unvollständig, denn es fehlen darin die Anfangszeit und natürlich die weiter gegangenen Entwicklungen des letzten halben Jahrhunderts, des Schlußabschnittes in der Geschichte der heute entthronten Dampflokomotive.

Es war mir vergönnt, zunächst als lokomotivbegeisterter Jüngling, dann als auf diesem Gebiete tätiger Fachmann, die Glanzzeit der Lokomotive fast seit der Jahrhundertwende aus eigener Anschauung zu erleben. Und das in einem Lande wie Spanien, wo ich die seltene Gelegenheit hatte, Konstruktionen verschiedenster Herkunft nicht nur an neuzeitlichen, sondern auch an über hundert Jahre alten Maschinen kennenzulernen. Viele Erinnerungen an Fahrten auf leichtfüßig weite Ebenen durcheilenden Lokomotiven oder an andere Maschinen, die mühselig, oft in rauchgeschwängerten Tunneln Steigungen überwanden, große und kleine, konnten im Text verwertet werden. Ich hatte auch das Glück, mit manchen der in den letzten Abschnitten erwähnten Männer in persönlichem Kontakt gestanden oder sogar in einigen Fällen ihre Freundschaft genossen zu haben. Dem Gedankenaustausch mit ihnen verdanke ich vieles, was mir die vorliegende Arbeit ermöglichte.

Über manches hätte ich noch gern gesprochen. Obgleich mir der Verlag anerkennenswerterweise mehr Platz einräumte als ursprünglich vorgesehen, mußte ich mich immer wieder beschränken. Das gilt vor allem für die neuere Zeit, über die ja glücklicherweise zahlreiche, leicht erreichbare Literatur vorliegt. Dagegen zog ich es vor, die viel weniger behandelte alte Zeit ausführlicher zu betrachten. Ich tat dies um so lieber, als es bei der Darlegung der Probleme, mit denen sich die ersten Lokomotivbauer auseinanderzusetzen hatten, möglich ist, den Laien anschaulich in die Grundlagen der Lokomotivtechnik einzuführen. Der eine oder andere Leser mag vielleicht seine Lieblingslokomotive vermissen. Auch ich selber mußte auf die Beschreibung vieler meiner Lieblinge verzichten. Die Auswahl aus der Fülle der Typen mußte im Hinblick auf ihre Bedeutung in der Entwicklung der Dampflokomotive getroffen werden. Andere Maschinen wurden berücksichtigt, weil einzelne von ihnen typisch für die jeweilige Epoche oder Bauschule sind. Ich mußte auch alle Bauarten außer acht lassen, die die Stephensonsche Grundkonzeption zu verlassen suchten, die Turbinen- und Hochdrucklokomotive, Wasserrohrkessel und dergleichen. Sie waren für die Entwicklung der Dampflokomotive bedeutungslos.

Der Verzicht rechtfertigt sich auch, weil über dieses Gebiet und ebenso über die von mir außer acht gelassenen Zahnrad- und sonstigen Sonderbauarten viel Spezialliteratur vorhanden ist. Da die Dampflokomotive ja nicht Selbstzweck war, sondern einen Teil der Eisenbahn darstellte, haben wir auch eine Reihe von Bildern gebracht, die Einblick in die Welt, in der sie arbeitete, gewähren sollen.

Zum Schluß möchte ich dem Verlag für die überaus mühselige Arbeit danken, die er aufgewendet hat, um das Buch in einem gefälligen Gewand herauszubringen.

Madrid, im April 1974   Gustav Reder

1. DAS WESEN UND WERDEN DER SPURBAHN

Zum ersten Male dampfte eine Lokomotive am 13. Februar 1804. Niemand konnte damals ahnen, daß sich damit ein neues Zeitalter im Verkehrswesen anbahnte, das für die Menschheit revolutionäre Folgen haben sollte. An jenem geschichtlich so bedeutsamen Tag beabsichtigte man nicht mehr, als die Pferde, die mühselig mit Kohle beladene Karren über verschlammte Straßen zogen, durch etwas Besseres zu ersetzen.

Der Wald war in England nach und nach gelichtet worden. Der Hausbrand und die um die Mitte des 17. Jahrhunderts rasch aufblühende Industrie mußten immer mehr zur Steinkohle übergehen, die der Boden der Insel in großer Menge aufwies. Als man die zutage liegenden Steinkohlenflöze erschöpft hatte und tiefer zu schürfen begann, traf man auf Wasser. Die Dampfpumpen Newcomens retteten die Schächte vor dem Ersaufen. Aus diesen Dampfpumpen entwickelte James Watt die Dampfmaschine, die nicht nur Wasser zu schöpfen vermochte, sondern auch zum Antrieb von Arbeitsmaschinen verwendbar war. Dadurch stieg der Bedarf an Steinkohle noch mehr an. Gleichzeitig entstand ein neues Problem, das den Kohlenbergbau wieder zu erdrosseln drohte: die aus dem Bauch der Erde geförderte Steinkohle den Benutzern zuzuführen. Solange man die Schächte in unmittelbarer Nähe von schiffbaren Flußläufen oder eigens gebauten Kanälen abteufen konnte, waren die Wege vom Schacht zum Schiff nur kurz. Es genügte, hölzerne Bohlen zu verlegen, damit die schweren Kohlenkarren nicht im Boden einsanken.

Derartige Bohlenbahnen werden erstmalig in einem von Johan Haselberger um 1530 in Reichenau verlegten Werk «Der Ursprung gemeyner Berkrecht wie die lange Zeit von Alten worde» abgebildet. In der «Cosmographia Universalis» des Sebastian Münster, Ausgabe Basel 1550, werden die Bohlenbahnen abgebildet, wie sie im Erzbergwerk zu Lebertal im Elsaß verwendet wurden. Eine ausführliche Beschreibung vermittelt uns im Jahre 1556 Georgius Agricola in seinem

Kohlenzug, s. Abb. 6

1. «Hund» mit eisernem Spurnagel, 1556

A—Rectangular iron bands on truck. B—Its iron straps. C—Iron axle.
D—Wooden rollers. E—Small iron keys. F—Large blunt iron pin.
G—Same truck upside down.

umfangreichen Lehrbuch des Bergbaues und der Metallurgie «De re metallica». Die erste Beschreibung einer Bohlenbahn verdient wiedergegeben zu werden: «Wenn die Felsstücke oder Erdschollen mit Schubkarren herausgefahren werden sollen, legt man Bretter, welche unter sich verbunden werden, auf die unteren Schwellen; wenn sie aber mit „Hunden" herausgefahren werden sollen, legt man zwei Balken von 22 cm Dicke und Breite, welche an der Seite, mit der sie aneinander liegen, ausgekehlt zu werden pflegen, damit in dieser Nute gleichsam wie in einem vorgeschriebenen Wege, die eisernen (Spur-)Nägel der ‹Hunde› von dem richtigen Wege, d.h. der Nut nicht zur Rechten oder Linken abweichen.» Wir haben in unserem Holzschnitt (Abb. 1) einen dieser mit einem eisernen Spurnagel versehenen und dadurch zwangsläufig geführten Wagen vor uns, die als Hunde bezeichnet wurden, weil sie bei ihrer Fortbewegung «einen Ton hervorbringen, der von einigen dem Jaulen eines Hundes für ähnlich gehalten wird».

Der Dreißigjährige Krieg unterband die weitere Entwicklung des deutschen Bergbaues. Ein Teil der Freiberger Bergleute wanderte aus. Einige gelangten um 1676 nach England, zu welcher Zeit dort bereits in recht großem Maßstab Kohle gefördert wurde. Ob die Anwendung von Spurbahnen im englischen Bergbau auf jene Freiberger Bergleute oder auf den Einfluß von Agricolas Lehrbuch zurückgeht, mag dahingestellt bleiben. In einem Brief aus dem Jahr 1610 finden wir die erste Erwähnung von «rails» im englischen Bergbau: Der Empfänger wird beauftragt, sich mit einem gewissen Sir Thomas in Verbindung zu setzen und die Genehmigung zum Transport der Kohle in einen Wagen über «rails» zu erwirken. Der Zustand der Straßen sei so schlecht, daß nur wenige Karren durchkämen. Vermutlich handelte es sich bei diesen «rails» um Spurbahnen. Aus dem 17. Jahrhundert liegen weitere Nachrichten über die allmähliche Ausbreitung der hölzernen Spurbahnen in ganz England vor, und zwar von Newcastle aus, einem schon damals wichtigen Zentrum des Kohlenbergbaues. Bis zum Jahre 1812 war in diesem Bezirk zwischen Tyne und Wear ein Netz von sich teilweise überkreuzenden, meist 8 bis 13 km langen Stichbahnen entstanden, mit deren Hilfe mehr als vierundzwanzig Zechen ihre Kohle zum Verschiffen brachten. Für diese Förderbahnen bürgerte sich allgemein die Bezeichnung «tramroads» ein. Sie wird oft fälschlicherweise von dem Namen des Benjamin Outram abgeleitet, der sich um die Wende des 18. zum 19. Jahrhundert dem Bau solcher Spurbahnen widmete. Das Wort «tram» stammt aber aus dem Lateinischen, «trames» gleich Weg oder Pfad, und ist schon im 16. Jahrhundert in diesem Sinne beglaubigt.

Auf solchen «tramroads» wurde die erste Entwicklungsarbeit geleistet und so die Grundlage zu der späteren Eisenbahn erarbeitet. Die allgemein noch verwendeten hölzernen Bohlenwege nutzten sich stark ab, vor allem, nachdem für die Karren gußeiserne oder mit schmiedeeisernen Reifen beschlagene hölzerne Räder eingeführt worden waren. Man versuchte zunächst, diese Abnutzung zu vermindern, indem man auf die Bohlen Leisten aus Hartholz aufnagelte. Hierfür nahm man gern das Holz abgewrackter Schiffe. Irgendwelche Vorkehrungen, das Abgleiten der Räder von den Bohlen zu vermeiden, werden in den ersten Quellen nicht erwähnt. Der Spurnagel der Grubenhunde war bei den wesentlich breiteren und schwereren Karren nicht anwendbar. Hingegen bestanden zwei Möglichkeiten, den Radsatz zu führen. Entweder behielt man die glatten Radkränze der Straßenfahrzeuge bei und verhinderte das Abgleiten der Räder durch seitlich an den Bohlen angebrachte erhöhte Ränder, oder man versah den Umfang der Räder mit einem vorspringenden Rand, dem «Spurkranz», der längs der Bohlenkante das Rad führte. Beide Methoden wurden angewandt, doch hat nur die zweite Bedeutung für die Entwicklung der Bohlenbahn zur Eisenbahn gewonnen. Jean Théophile Désagulier veröffentlichte 1734 in London «A Course of

2. Ältester Wagen mit Spurkranzrädern

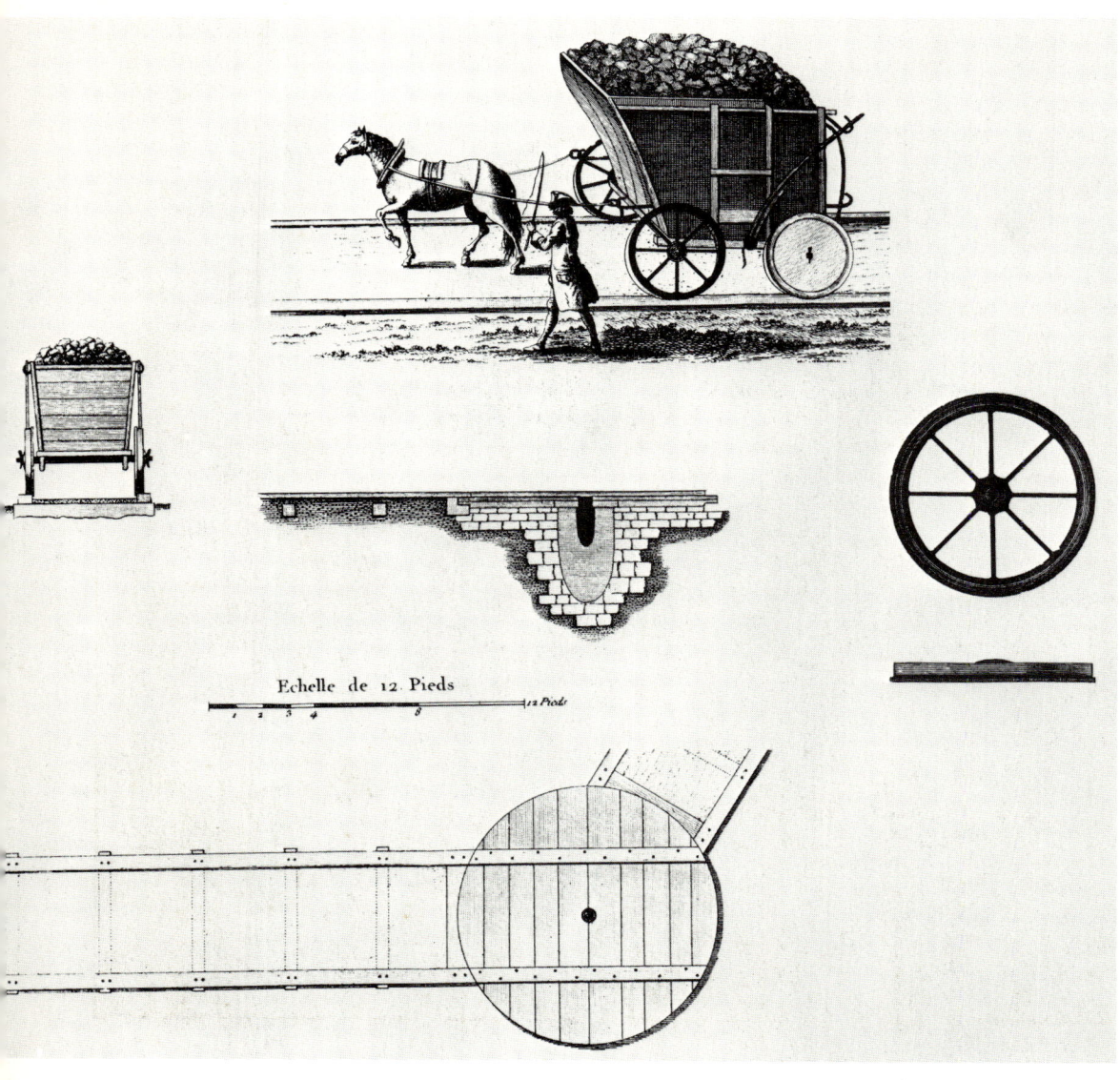

3. Wagen mit schmalen Spurkranzrädern, 1765

Experimental Philosophy». Darin findet sich die älteste Abbildung eines Wagens mit Spurkranzrädern, außerdem die Beschreibung der von Ralph Allen für eine 1729/30 eröffnete Förderbahn gebauten Wagen (Abb. 2 u. 4). Diese dienten zum Transport von Blöcken zwischen dem hoch über dem Ufer gelegenen Steinbruch und der Verladebrücke am Avon nahe Bath. Einen nächsten Schritt in der Entwicklung der Spurkranzräder sehen wir in den «Voyages métallurgiques» von Jars, erschienen 1765. Die Radkränze sind jetzt schmäler, die Spurkränze kleiner (Abb. 3). Das bedingte eine viel genauere Innehaltung des Abstandes zwischen den noch aus hölzernen Bohlen bestehenden Schienen. Die Trennung von Straßen- und Gleisfahrzeug bahnte sich damit an.

Der nächste Schritt in der Paarung von Rad und Schiene geschah mit der Einführung des eisernen Gleises. Der Anfang ist aller Wahrscheinlichkeit nach in den Coalbrookdale Iron Works zu suchen. Ein 1809 geschriebener Bericht von Jabeg Carter Hornblower, dem ältesten von sechs Brüdern, die alle, wie schon der Vater, Ingenieure waren und Watt als Konkurrenten manche Sorgen bereiteten, besagt: «Durch verschiedene widrige Umstände sank der Preis der Gußblöcke sehr stark ab, und da das Hüttenwerk sehr ausgedehnt war, dachten wir, die beste Methode, um die Öfen im Gang zu halten, wäre, die Gußblöcke derart zu stapeln, daß man sie auf die hölzernen Bohlenschienen verlegte, da dies dazu beitragen könnte, ihren Wert zu verzinsen, indem die Kosten für die Gleisunterhaltung vermindert werden könnten und, falls die Eisenpreise plötzlich wieder ansteigen sollten, brauchte man sie bloß abzubauen und wieder als Gußstücke zu versenden.» Die verschiedenen Quellen widersprechen sich darüber, wann diese gußeisernen Platten verlegt wurden. Man kann aber Ende 1767 als ziemlich sicher annehmen. Die Idee zu dieser Art Verwendung stammte von Richard Reynolds, der durch Einheirat Mitbesitzer der Hütte geworden war. Dieser eiserne Schienenweg bewährte sich so, daß Reynolds in den Jahren 1768 bis 1771 über 800 t solcher Platten verlegte. Man stellte fest, daß sich das Gleis nicht mehr so rasch abnutzte und daß außerdem der Fahrwiderstand der Wagen ganz erheblich sank. Als beispielsweise im Jahre 1808 auf der Wylam-Schleppbahn die hölzernen Bohlenwege durch solche gußeisernen Platten ersetzt wurden, konnte ein Pferd statt eines Wagens nunmehr zwei ziehen.

Es war ein Nachteil, daß auf diesen glatten und schmalen Platten die Wagen mit gewöhnlichen Straßenrädern nicht verkehren konnten; denn man verzichtete ungern auf den Wegezoll, den die fremden Wagenbesitzer für die Benutzung solcher Bohlenbahnen zahlen mußten. Dieses Problem wurde gelöst, als John Curr 1777 gegossene Winkelschienen einführte. Für die spätere Entwicklung des Eisenbahnoberbaues haben diese Schienen keine Bedeutung gehabt, wohl aber die Art ihrer Verlegung. Sie waren dank ihres Winkelflansches «selbsttragend», brauchten also nicht wie die flachen Gußplatten auf Längsschwellen aufgenagelt zu werden. Es genügte, sie auf Querschwellen zu befestigen. Der schon genannte Outram verwendete auf feuchtem Boden, wo die hölzernen Schwellen leicht verfaulen, statt dessen Steinwürfel.

Entscheidend für die endgültige Ausbildung des Eisenbahnoberbaues war die ganz neue Schienenform, die William Jessop 1789 einführte. Er goß 1 yard (0,91 m) lange Barren mit einem dem Doppel-T-Profil ähnlichen Querschnitt: Der Kopf war pilzförmig, etwa 50-60 mm breit, so daß dort mehr Mate-

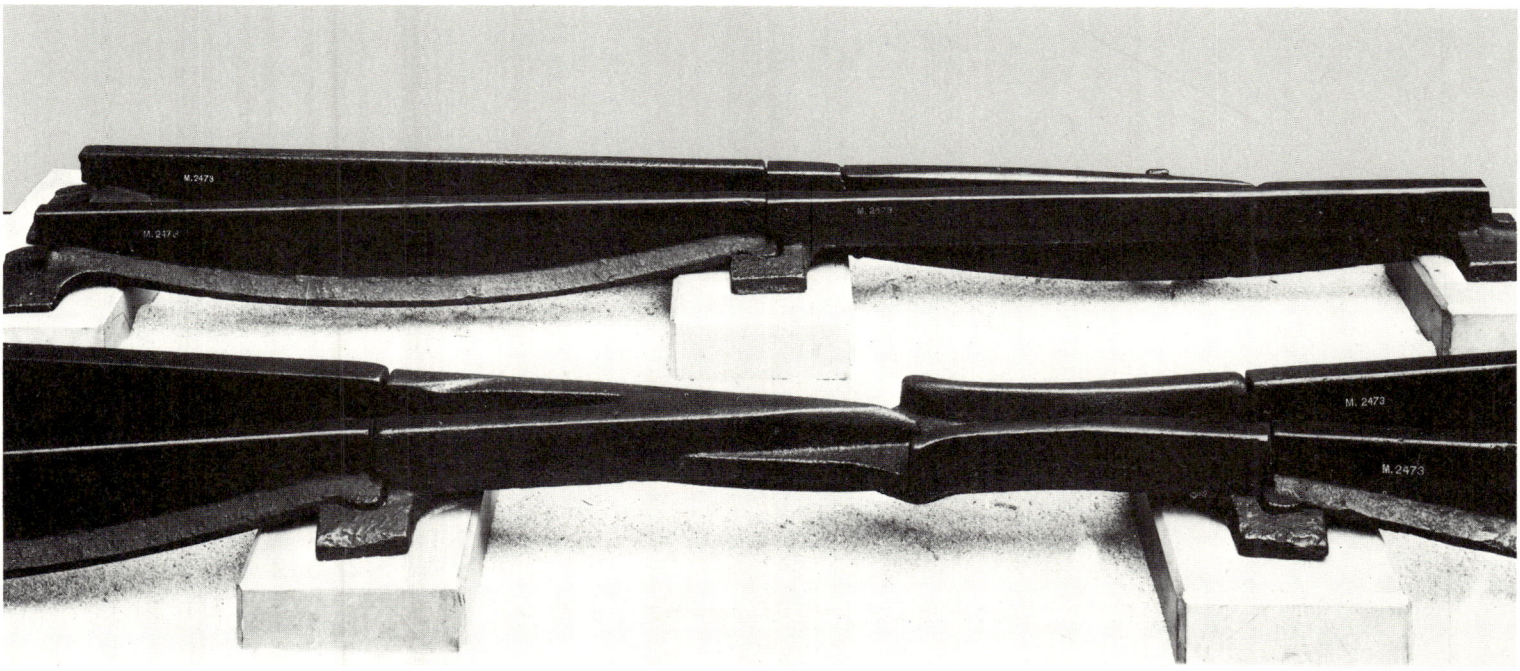

4. Prior Park bei Bath, im Vordergrund Ralph Allens Steinbruchbahn

5. Winkelschienen von William Jessop; unten: Weichenherzstück

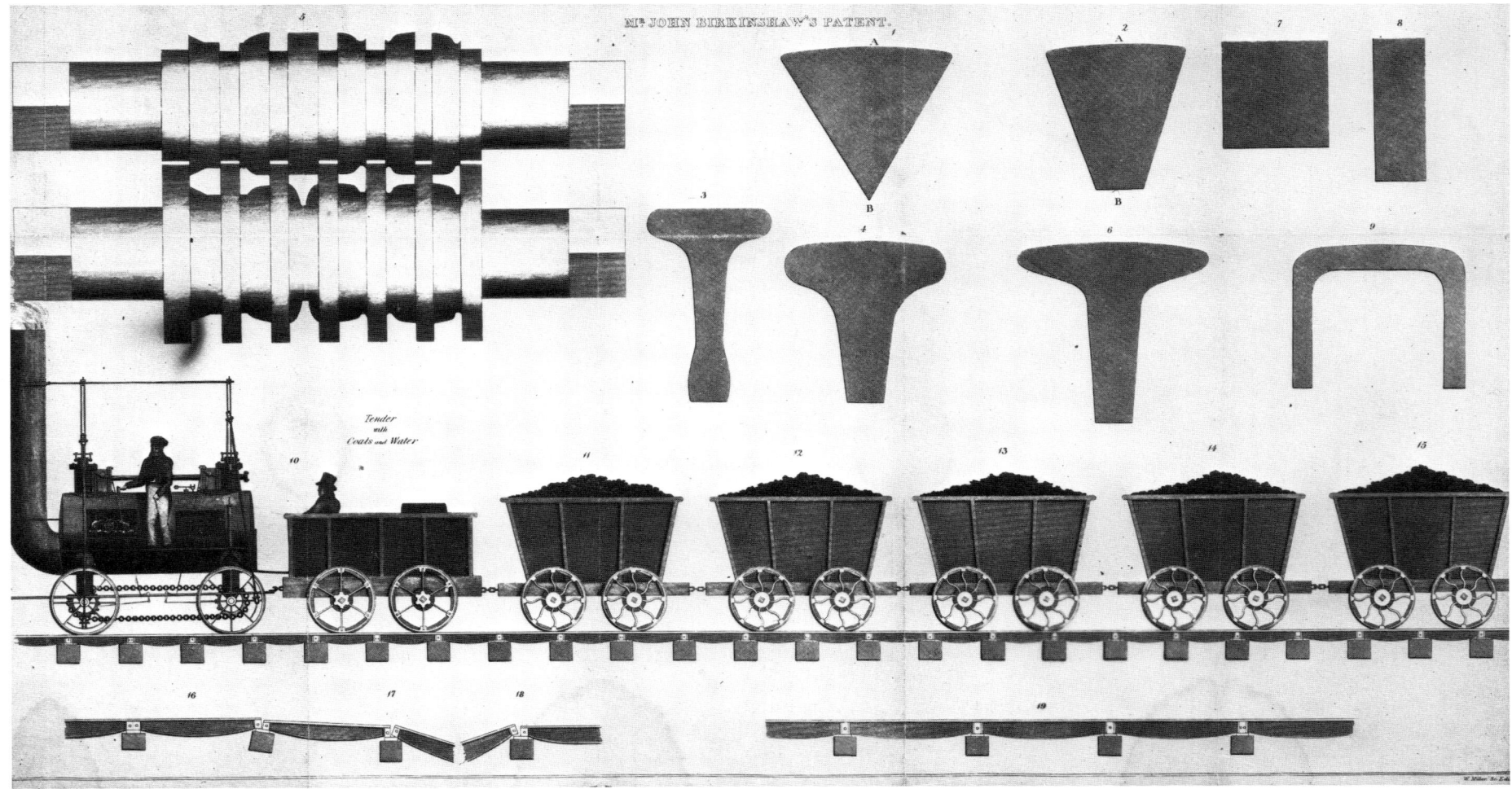

6. Gewalzte Schienen, Patent von John Birkinshaw, 1820. Die Lokomotive entspricht dem Patent von Stephenson und Losh, 1816

rial der Abnutzung durch das Rad entgegengesetzt wurde. Der Fuß war ebenfalls verbreitert. In der Längserstreckung war die Schiene fischbauchförmig nach unten ausgeschwungen, so daß sie in der Mitte, an der Stelle der größten Beanspruchung, den höchsten Querschnitt aufwies. Ein Ende des Barrens war flossenartig verbreitert mit einer mittigen Auskehlung, in die die anschließende Schiene eingeschoben wurde, und mit einem Loch in der Mitte zur Befestigung auf dem Steinwürfel (Abb. 5). Der vorläufig letzte Schritt in der Vervollkommnung des Oberbaues waren die gewalzten, schmiedeeisernen Schienen, für deren Walzverfahren John Birkinshaw 1820 ein Patent erhielt (Abb. 6).

Damit war die heute noch gültige Paarung zwischen Rad und Schiene geschaffen.

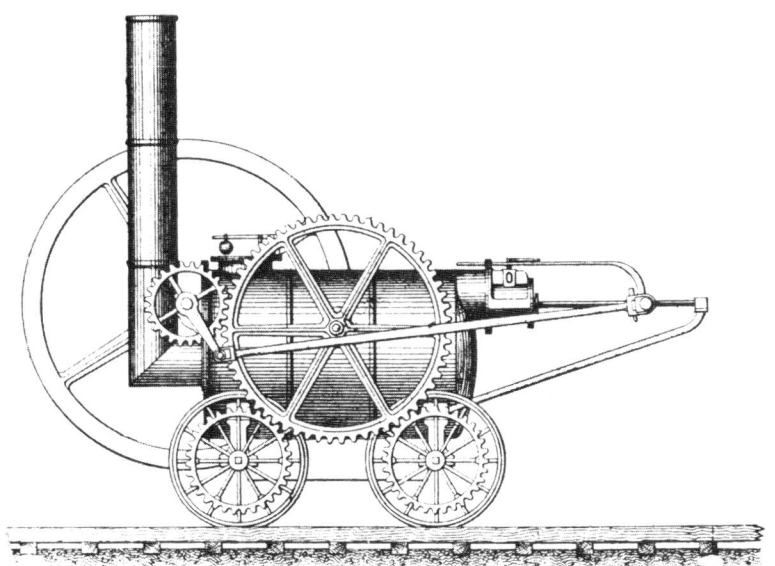

2. DIE GEBURT DER DAMPFLOKOMOTIVE

2.1. Die ersten Schritte

So war am Ende des 18. Jahrhunderts zwar eine glatte und die Wagen sicher führende Fahrbahn entstanden, auf der die Pferde beträchtlich höhere Lasten als auf der gewöhnlichen Straße ziehen konnten. Doch der Einsatz der Pferde war für die immer steigenden Fördermengen unzureichend und sehr kostspielig. Es lag nahe, an die Verwendung der mittlerweile von James Watt vervollkommneten Dampfmaschine zu denken. Diese war bereits mehrfach für den Betrieb von Seilbahnen auf schiefen Ebenen eingesetzt worden. Watt hatte selber an den Einbau seiner Dampfmaschine in selbstfahrende Fahrzeuge gedacht, doch war sie dafür zu schwer und aufwendig. Im Jahre 1800 erlosch sein grundlegendes Patent, kraft dessen er ein faktisches Monopol im Bau von Dampfmaschinen genossen hatte. Der Weg für andere Konstrukteure war frei.
Unter diesen ragte Richard Trevithick bald hervor. Die Wattschen Dampfmaschinen arbeiteten mit einem Überdruck von nur 0,11 bis 0,22 atü im Kessel. Einen großen Teil der Arbeit leistete daher der atmosphärische Druck kraft des im Kondensator, durch Niederschlag des Dampfes mittels eingespritzem Wasser, erzeugten Vakuums. Sie erforderten für eine verhältnismäßig geringe Leistung von wenigen PS sehr große Zylinder, aufwendige Kondensatoren sowie Luft- und Wasserpumpen. Trevithick schuf hingegen eine Dampfmaschine, die ohne Kondensator mit reinem Kesseldruck arbeitete und erhielt dafür zusammen mit seinem Vetter Vivian ein Patent am 24. März 1800. Er sah einen Kesseldruck von 3,5 bis 7 atü vor und konnte dadurch den Zylinder wesentlich kleiner als bei Watt halten. Der Fortfall des Kondensators mit seinen Pumpen ergab eine weitere erhebliche Gewichts- und Raumersparnis. Für diese höheren Arbeitsdrücke konnten die sogenannten Kofferkessel nicht mehr verwendet werden. Trevithick baute zylindrische Kessel, die den höheren Drücken besser widerstanden. Er sah zur größeren Ausnutzung der

Die Gateshead-Lokomotive, s. Abb. 9

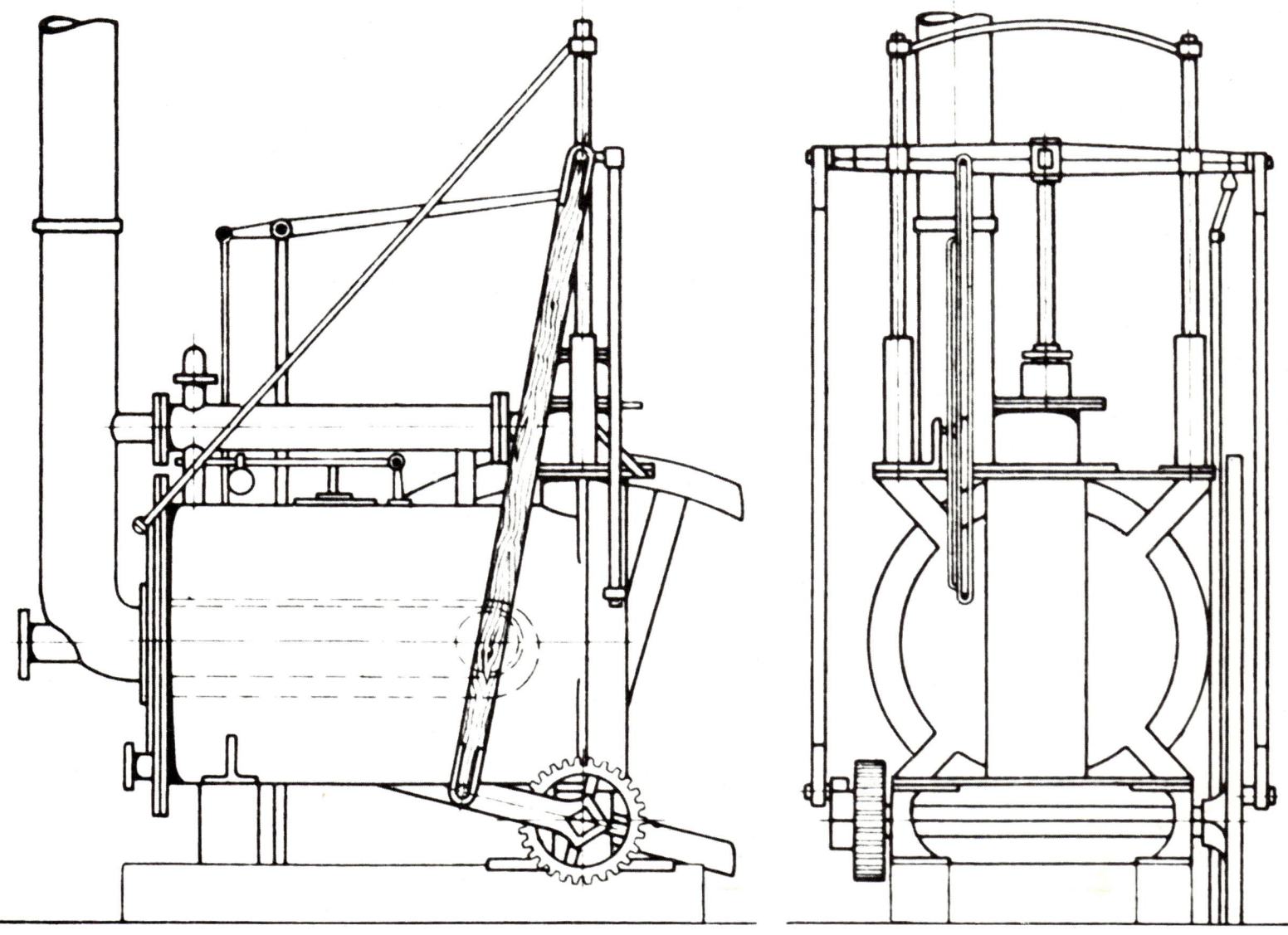

7. Hochdruckmaschine von Richard Trevithick, 1803

Heizgase im Inneren ein rückkehrendes Flammrohr vor. Der Dampfzylinder tauchte senkrecht in den hinteren Kesselteil ein und war dadurch gegen Abkühlung geschützt. Auch der für die Wattschen Niederdruckmaschinen typische schwere Balancier verschwand. Statt dessen wurde die Kolbenstange durch ein Querhaupt geführt, das mit Buchsen zwei senkrechte Führungsstangen umfaßte. Der Abdampf wurde bemerkenswerterweise in den Schornstein geleitet. Das Abdampfrohr war von einem Wassermantel umgeben, in dem das Speisewasser vorgewärmt wurde. Es enstand so eine kompakte, in sich komplette Kraftanlage, die ohne schwere Mauerwerke und Gerüste überall mit geringem Platzbedarf montiert werden konnte (Abb. 7), die Stammutter der Lokomobile. Natürlich war Trevithick bemüht, für seine Dampfmaschine möglichst viele Anwendungsgebiete ausfindig zu machen. Er baute sie 1801 und 1803 in Kutschen ein, die uns hier nicht interessieren. Als Samuel Homfray, der Eigentümer der Pen-y-Darren-Eisenhütte, eine Dampfmaschine für den Antrieb einer Walzenstraße anzuschaffen beabsichtigte, schlug Trevithick vor, sie zuerst probeweise zum Ziehen der Förderwagen zu verwenden. Es war eine gewagte Sache, und ein Hüttenmeister, Antony Hill, wettete um 500 £ mit Homfray, daß die Sache schief gehen würde. Die bestellte Lokomobile (Abb. 8) wurde dem neuen Verwendungszweck durch waagerechte Anordnung des Zylinders angepaßt, um das am Umfange gezahnte Schwungrad zum Antrieb beider Laufachsen verwenden zu können. So konnte das ganze Gewicht der Maschine für die Zugkraft ausgenützt werden. Trevithick war aber durchaus nicht sicher, auf diese Weise genügend Reibung zwischen Rad und Schiene zu erreichen. Er sah in seiner Patentschrift vor, gegebenenfalls den Radkranz zu verbreitern und an der Außenseite Bolzenköpfe anzubringen, die sich in neben den eisernen Schienen verlegte Holzbohlen eindrücken sollten. Es wurden jedoch glatte Räder ausgeführt, die auf Winkelschienen liefen. Der Zylinderdurchmesser der Maschine betrug 203 mm, der Kolbenhub 1372 mm und der Raddurchmesser 1092 mm.

Über die erste Fahrt seiner Lokomotive berichtete Trevithick am 15. Februar 1804 an Davis Giddy, Präsident der Royal Society, der sich für diesen Versuch wie auch für die Arbeiten anderer damaliger Techniker lebhaft interessierte, wie folgt: «Letzten Sonnabend zündeten wir das Feuer im tram-waggon an und ließen ihn ohne die Räder laufen, um die Maschine zu erproben. Am Montag setzten wir ihn aufs Gleis. Er arbeitete sehr gut und lief mit großer Leichtigkeit den Hügel hinauf und herab und war sehr handlich. Wir hatten viel Dampf und Kraft.» Das Datum des Briefes fiel auf einen Mittwoch, so daß der historische Tag, an dem zum ersten Male eine Dampflokomotive auf Schienen lief, der 13. Februar 1804 gewesen ist.

Aus weiteren Briefen Trevithicks an Giddy erfahren wir, daß der «tram-waggon» mit Leichtigkeit 10 t zog, ferner, daß die Maschine einschließlich Wasser im Kessel rund 5 t wog und auf einer Steigung von 1:50 (20⁰/₀₀) leer mit 40 Hüben pro Minute lief. Da die Maschine bei jedem Hub 9 Fuß (2743 mm) zurücklegte, betrug die Fahrgeschwindigkeit rund 6,58 km/h. Trevithick beobachtete, daß das Feuer bei weitem besser brannte, wenn der Abdampf in den Schornstein geleitet wurde. Am 22. Februar schreibt er, daß Antony Hill die Wette für verloren gab, aber angesichts der Leistung der Lokomotive durchaus nicht böse darüber war. Er berichtet auch von einer ersten amtlich an einer Lokomotive vorgenommenen Kesselprobe mit einer Wasserpumpe. Am 28. Februar fand jene so oft erwähnte Fahrt statt, worüber sein Bericht wie folgt lautet: «Gestern setzten wir unsere Fahrten mit der Maschine fort. Wie beförderten 10 tons auf fünf Wagen und siebzig Mann, die den ganzen Weg mitfuhren. Dieser beträgt etwas über 9 Meilen (14,5 km), die wir in 4 Stunden und 5 Minuten zurücklegten. Solange sie lief, machte die Maschine etwa 5 Meilen in der Stunde (8 km/h). Es wurde seit der Abfahrt bis zum Ende kein Wasser in

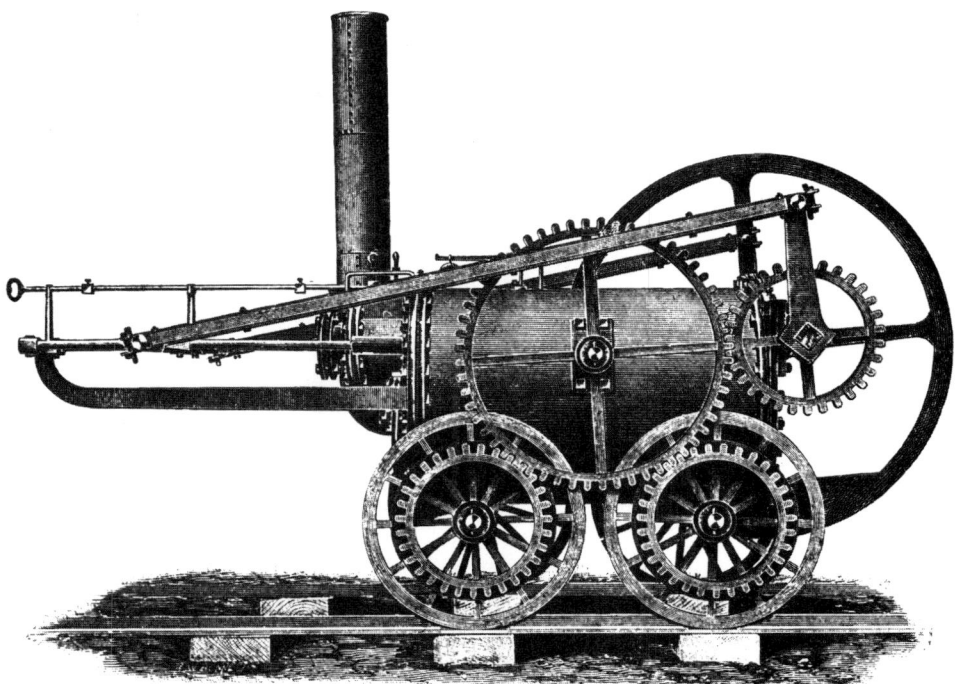

den Kessel gespeist. Der Verbrauch an Kohle betrug 2 cwt (102 kg). Auf unserer Heimreise brach etwa 4 Meilen vor der Verladebrücke einer der kleinen Bolzen, die zur Befestigung der Achse an dem Kessel dienen, und alles Wasser lief aus dem Kessel aus, was verhinderte, daß die Maschine vor dem Abend zurückkehren konnte.» Anschließend kam die Lokomotive in Betrieb, und zehn Tage später wurde sie mit 25 t Eisen erprobt. «Diese Last war nicht mehr als ein Spiel», berichtete Trevithick wieder an Giddy. Anscheinend war die Maschine einige Monate lang mehr oder minder regelmäßig in Betrieb, ehe sie ihrer endgültigen Bestimmung, dem Antrieb eines Walzstuhles, übergeben wurde.

Daß die Lokomotive nicht voll befriedigte, lag wohl in erster Linie daran, daß sie nur einen Zylinder besaß. War der Schieber in der Stellung, die den Dampfeinlaß zum Zylinder schließt, dem sogenannten «toten Punkt», konnte die Lokomotive nicht von selbst anfahren. Es mußten daher Männer am Schwungrad drehen oder mit Brecheisen die Räder bewegen, um sie in Gang zu bringen. Hinzu kam, daß das ungleiche Drehmoment des einzigen Zylinders auf den durch Kohlenschlamm schlüpfrigen Schienen die Räder leicht zum Durchrutschen (Schleudern) brachte. Daß das Gewicht zu hoch für die Schienen gewesen sei und die Gleisplatten brachen, wird in den alten Quellen nicht erwähnt.

Der Name des ersten Lokomotivführers der Welt, der bei den vorgenannten Fahrten die Maschine bediente,

8. Richard Trevithicks erste Lokomotive, für die Pen-y-Darren-Eisenhütte, 1803/1804

9. Zeichnung für die 1804 in Gateshead unter John Steel gebaute Trevithick-Lokomotive, 1805

Science Museum aufbewahrte Zeichnung für diese Lokomotive (Abb. 9) selbst angefertigt hat, ist ungewiß. Zweifellos hat er aber Erlaubnis erteilt, seine Patente und die Pen-y-Darren-Maschine als Vorbild zu benutzen. Die neue Maschine wurde in der Werkstatt von Whinfield in Pipewellgate, Gateshead, unter der Leitung von John Steel gebaut, der früher für Trevithick tätig gewesen war. Sie wurde im Mai 1805 fertig. Die Lage der Zylinder im Kessel war vertauscht, wahrscheinlich, weil die weit auskragende Kolbenstangenführung der ersten Lokomotive der Bedienung des Feuerloches im Wege stand. Die Räder besaßen nun Spurkränze. Da aber die Strecke noch mit gußeisernen Platten belegt war, mußte zur Erprobung der Lokomotive ein kurzes Gleis mit Kantenschienen verlegt werden. Ein zeitgenössischer Bericht besagt, daß sie drei Wagen von je 3,5 t Gewicht einschließlich Kohlenladung zu ziehen vermochte. Die beabsichtigte Auswechslung des Gleises der Förderbahn fand vorerst nicht statt, und so wurde diese zweite Trevithick-Lokomotive auch nicht als Zugmaschine, sondern zum Antrieb einer Windmaschine benutzt.

Trevithick fand andere, lohnendere Beschäftigungen, die seinem erfinderischen Geist neue Anregungen boten, baute aber 1808 doch noch eine Lokomotive, die er in London auf einer Rundbahn gegen Entgelt vorführte. Sie wurde als «Catch me who can» bekannt. Die Maschine stellte gegenüber den beiden Vorgängerinnen insofern einen Fortschritt dar, als die hintere Achse direkt vom Querhaupt angetrieben wurde. Die Vorderräder liefen leer mit. Die Vorführungen endeten mit Verlust, gaben aber doch den Anstoß zu einer weiteren Entwicklung. Im Jahre 1814 lieferte Trevithick acht Dampfpumpmaschinen an die Verwaltung der Silbergruben in Peru. Die Berichte über deren gute Bewährung bewogen Trevithick im Oktober 1816, dorthin auszuwandern, wo ihn ein abenteuerliches Schicksal erwartete. Man hat Trevithick oft den Vorwurf des Mangels an Beständigkeit gemacht. Man darf aber nicht übersehen, daß er sich durchaus nicht als bahnbrechender Erfinder der Lokomotive fühlte, sondern nur auf die Anwendung seiner Lokomobile bedacht war. Als er im Lokomotivbau kein aussichtsreiches Feld sah, war es nur natürlich, daß er sich Anwendungsgebieten zuwandte, die mehr geschäftlichen Erfolg versprachen.

ist uns überliefert: Er hieß William Richard. In seinem achtzigjährigen Leben hat er nie wieder eine Lokomotive gefahren.

Im September desselben Jahres 1804 ging Trevithick nach Newcastle, um mit Christopher Blackett, Eigentümer der Wylam-Kohlenzechen, über den Bau einer Lokomotive zu verhandeln. Ob er die heute im

Mit Trevithicks Versuchen war die Frage des Ersatzes der Pferde durch andere Zugmittel im wörtlichen Sinne «ins Rollen gekommen». Die Middleton-Kohlenzeche in der Nähe von Leeds hatte bereits 1758 eine Schleppbahn angelegt, um die geförderte Kohle nach Leeds zu bringen. Ihr Eigentümer, Charles Brandley, kam als Mitglied des englischen Parlaments häufig nach London. Er hatte dort Gelegenheit gehabt, Trevithicks «Catch me who can» zu sehen. Heimgekehrt, besprach er mit dem Aufseher («viewer») seiner Gruben, John Blenkinsop, die Möglichkeit, eine solche Maschine zu erproben. Das Problem, die Pferde zu ersetzen, war nachgerade brennend geworden. Die Preise für Pferdefutter und Brotgetreide waren infolge der Napoleonischen Kriege enorm gestiegen. Bei rund fünfzig Zugtieren, für deren Führung und Wartung fast zweihundert Mann nötig waren, fielen die Kosten für den Unterhalt stark ins Gewicht.

Wahrscheinlich schon 1810 beauftragte Brandley Blenkinsop, sich mit der benachbarten, in Holbeck befindlichen Eisengießerei von James Fenton und Matthew Murray deswegen in Verbindung zu setzen. Sowohl Blenkinsop als auch Murray kannten die Versuche Trevithicks. Sie kamen zum Schluß, daß das Versagen dieser Lokomotiven hauptsächlich auf die zu geringe Tragfähigkeit der Gleise zurückzuführen sei, die keine Fahrzeuge von mehr als 5 t Gewicht zuließen. Dieses Gewicht war offensichtlich nicht ausreichend, um die in Middleton benötigte Zugkraft auszuüben, vor allem, weil am Ende der Strecke eine stärkere Steigung zu überwinden war. So kam Blenkinsop auf die Idee, eine Zahnstange im Gleis vorzusehen. Er ließ diese Erfindung 1811 zusammen mit John Straker patentieren. Die Lage der Zahnstange im Gleis ist im Patentanspruch nicht näher bezeichnet. Der Einfachheit halber ließ Blenkinsop die Zähne gleich seitlich an den Schienen mitgießen. Die Länge der nach verschiedenen Versuchen endgültig gewählten gußeisernen Barren betrug 914 mm, der Mittenabstand der Zähne (d.h. die Zahnteilung) 152 mm, und jeder Zahn war 76 mm breit und 63,5 mm tief. Diese Schienen waren auf Steinwürfeln von 51 cm Kantenlänge und 25,5 cm Höhe befestigt. Die Spurweite betrug 4½ Fuß (1267 mm).

Die Bauart von Blenkinsops Lokomotive (Abb. 10) ist gut ersichtlich. Allerdings ist fälschlich ein Zahnrad an beiden Seiten eingezeichnet. Das ist jedoch geometrisch nicht möglich, da infolge des verschiedenen Kreisumfanges in den Gleisbögen die Zahnteilung des inneren und des äußeren Gleises nicht gleich sein kann. Der ovale, gußeiserne Kessel der Maschine war von einem 559 mm weiten Flammrohr durchzogen, es ergab sich eine Heizfläche von 5,57 m². Der Kessel saß auf einem aus starken Holzbohlen angefertigten Rahmen auf, in dem auch das Zahnrad und die Laufachsen gelagert waren. Dies war ein wesentlicher Fortschritt gegenüber Trevithicks Konstruktion. Eine zweite, noch wesentlichere Verbesserung stellte die Anwendung von zwei Zylindern dar, deren Antriebskurbeln um 90° versetzt waren, so daß, wenn ein Kolben auf dem toten Punkt stand, der andere sich in der Mitte seines Arbeitshubes befand. So konnte die Lokomotive stets von selbst anfahren. Die vorn an der Maschine sichtbare Kolbenpumpe zum Speisen des Kessels wurde erst nachträglich angebracht. Der Zylinderdurchmesser betrug 203 mm, der Kolbenhub 610 mm. Die erste Probefahrt fand am 24. Januar 1812 statt. Die Lokomotive fuhr zunächst leer vom Kanalumschlagplatz bergauf bis zum Hunslet Moor. Hier wurden erst sechs, dann acht beladene Kohlenwagen von je 3,25 t Gewicht angehängt, auf die unterwegs einige fünfzig Zuschauer aufstiegen. Mit dieser «immensen Last» wurde die fast durchweg horizontale Teilstrecke von 2,4 km Länge in 23 Minuten ohne jeden Zwischenfall zurückgelegt.

Mit dieser ersten, «Prince Royal» getauften Lokomotive, mit der am 12. August 1812 die Middleton-Bahn

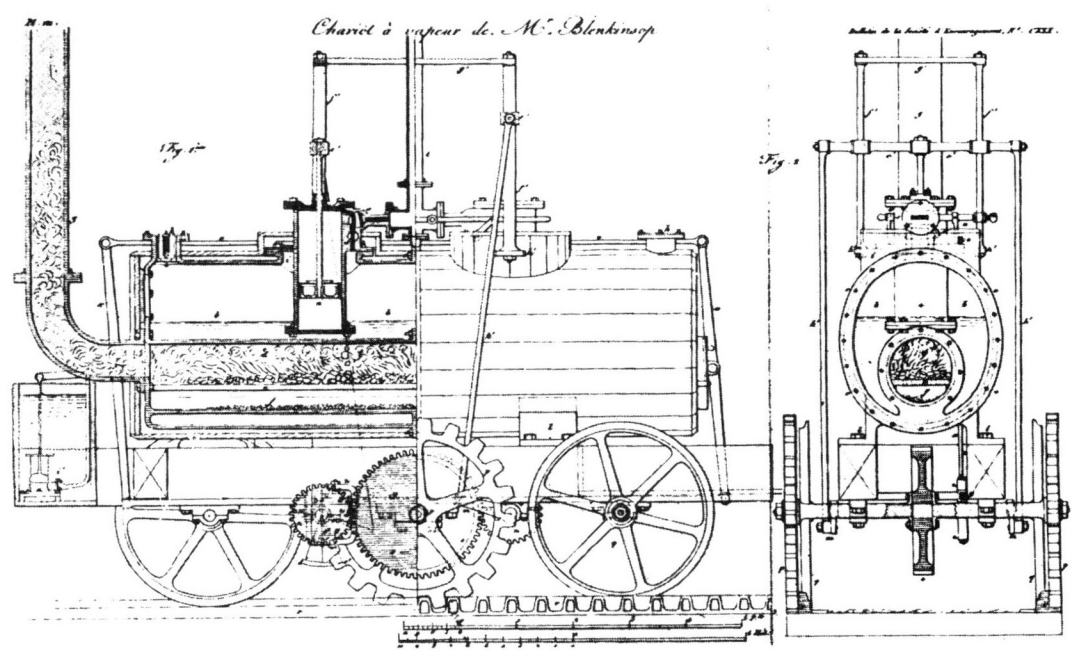

offiziell eröffnet wurde, war man so zufrieden, daß man gleich weitere drei bei Fenton & Murray bestellte. Die beiden am 14. August gelieferten Maschinen erhielten die Namen «Salamanca» und «Lord Wellington», die dritte vom 23. November 1813 «Marquis Wellington». Die Namen wurden zur Erinnerung an die Schlacht von Salamanca gewählt, die

10. Zahnradlokomotive, John Blenkinsop, 1811-1812

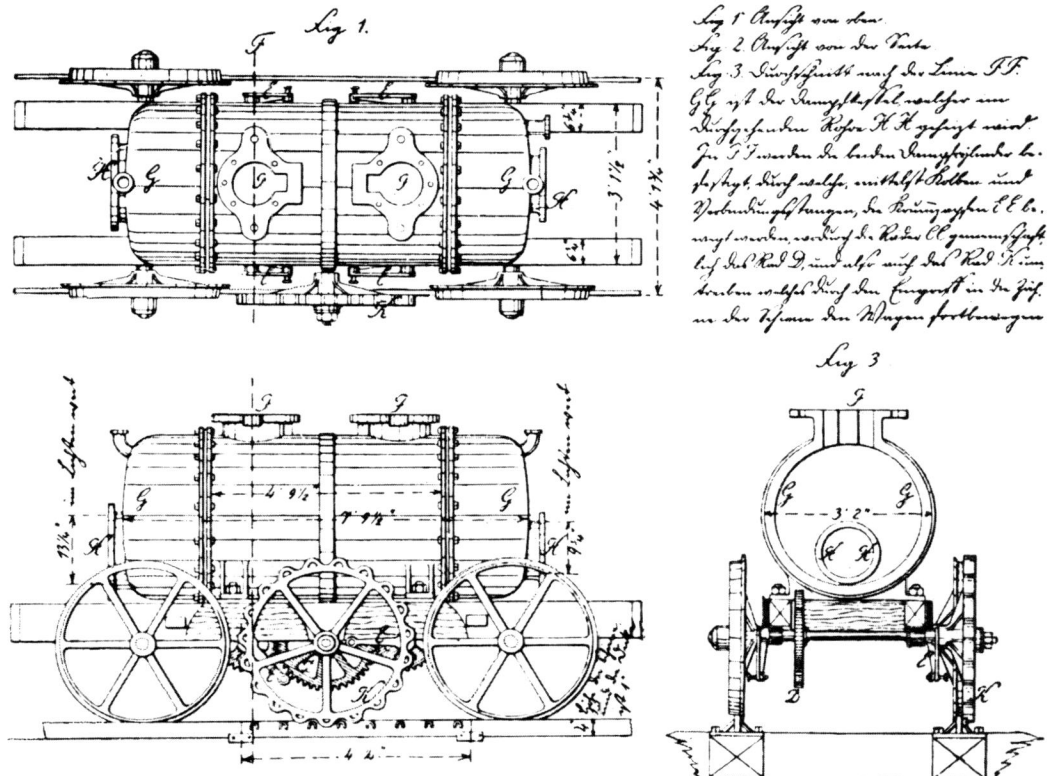

11. Berliner «Dampfwagen», Konstruktionszeichnung, 1816

das englisch-hannoversche Expeditionskorps unter Wellington im Verein mit spanischen Truppen gerade gegen die französischen Truppen auf der iberischen Halbinsel gewonnen hatte und die dem englischen Feldherrn den spanischen Adelstitel eines Marquis eintrug.

Im regelmäßigen Betrieb beförderten diese vier Maschinen siebenundzwanzig beladene Wagen, was einem Zuggewicht von etwa 94 t entspricht. In der Horizontalen betrug die Fahrgeschwindigkeit 3 bis 5,6 km/h. Auf der Endsteigung der Strecke von 1:18 (55,5 ⁰/₀₀) transportierten sie 15 t, was ohne Zahnstange nicht möglich gewesen wäre. Alle vier Lokomotiven standen bis 1839 in regelmäßigem Betrieb. Sie können daher als die ersten erfolgreichen Dampflokomotiven gelten, und der Middleton-Bahn gebührt die Ehre, die erste Eisenbahn der Welt mit Dampfbetrieb gewesen zu sein.

Zu den Besuchern, die die Blenkinsop-Lokomotiven in Middleton besichtigt hatten, gehörten auch zwei deutsche Hüttenleute, Krigar und Eckard. Sie hatten im Auftrage der preußischen Bergwerksverwaltung eine Reise nach England «zum Studium der Dampfkraft und ihrer Anwendung auf den Verkehr» unternommen. Nach der Rückkehr wurde Krigar zum Inspektor der Kgl. Eisengießerei in Berlin ernannt und mit dem Bau einer Lokomotive nach den aus England mitgebrachten Plänen beauftragt. Sie sollte auf Anregung des Hütteninspektors Schmahel zum Steinkohlentransport zwischen der Königsgrube und der Königshütte in Oberschlesien dienen.

Am 16. Juni 1816 veröffentlichten die «Berlinischen Nachrichten» eine Bekanntmachung, wonach der neu gebaute «Dampfwagen» täglich gegen ein Eintrittsgeld vom 4 Groschen zu besichtigen sei. Glücklicherweise ist eine Zeichnung dieser Lokomotive vorhanden (Abb. 11). Die Bauart des Berliner «Dampfwagens» lehnt sich eng an die Middleton-Maschinen Blenkinsops an. Abweichend bestand der gußeiserne Kessel aus drei Teilen. Das einfach durchlaufende Flammrohr war aus Blech hergestellt. Für die Zylinderbohrung geben die Quellen widersprechende Maße von 6 Zoll (152 mm) und 5 ⅛ Zoll (130 mm) an. Letzteres dürfte das richtige sein, denn der Berliner «Dampfwagen» war kleiner als die Middleton-Lokomotiven. Der Kolbenhub betrug 314 mm. Die Maschine zog eine Last von 50 Zentnern und «durchlief mit denselben einen Raum von 50 Schritten in einer Minute und konsumiert täglich nur 1½ Bergscheffel Steinkohle», liest man in einem zeitgenössischen Bericht. Am 23. Oktober 1816 kam diese Lokomotive in dreizehn Kisten verpackt auf dem Wasserwege in Oberschlesien an. Als man mit der Montage begann, zeigte sich, daß die Radspur 914 mm betrug und um 380 mm enger war als die Schienenspurweite. Nachdem entsprechende Änderungen vorgenommen waren, wurde die Lokomotive ausprobiert, doch «fürchtete sich jeder, damit zu manövrieren». Sie vermochte nicht recht Wagen zu ziehen und wurde daher in eine Wasserhaltungsmaschine umgebaut.

In Berlin war man inzwischen zum Bau einer gleichartigen, etwas größeren Lokomotive geschritten, die für die Zeche Bauernwald in Saarbrücken bestimmt war. Sie wurde am 22. September 1818 auf dem umständlichen Wasserwege über Spree, Havel, Elbe, Nordsee, Rhein und Saar versandt und kam endlich am 4. Februar des folgenden Jahres in Geislautern an. Auch dieser zweiten Maschine war kein Erfolg vergönnt. Das einzige, was man erreichte, war, «den Wagen 20 bis 30 Fuß vor- und rückwärts zu drücken, wobei sehr oft durch Schieben und Stoßen hat Hilfe geleistet werden müssen». Dabei hatte man den ursprünglichen Kesseldruck von 1,5 schon fast auf 3 atü gesteigert, was wiederum ein ständiges Lecken an den Dichtungsflächen des Kessels zur Folge hatte, dessen man nicht Herr zu werden vermochte, obwohl man es mit «gewaltigen Mengen von Hanf, Kitt, Leinwand, Öl, (einer Mischung von) Essig und Öl, sogar mit Rindsblut und Käse» versuchte. So gab man die Sache auf und stellte die Maschine schließlich im Jahre 1835 zum Verkauf. Es gelang mit Mühe und Not, sie an einen Landwirt loszuschlagen, der noch in den siebziger Jahren zahlreiche Einzelteile als Erinnerung vorzeigen konnte.

So fand der erste Versuch, Lokomotiven außerhalb Englands zu bauen, ein unrühmliches Ende.

2.2. William Hedley beweist, daß die Reibung zwischen Rad und Schiene ausreicht

Der Umstand, daß die Trevithick-Lokomotiven aus den vorhin angegebenen Gründen stark zum Schleudern neigten, führte zur irrigen Ansicht, die Reibung zwischen Rad und Schiene sei ungenügend, um eine ausreichende Zugkraft zu ermöglichen. Dieser Irrglaube brachte alle möglichen Vorschläge zutage, wie man dem Übelstand begegnen könne. Eine der absonderlichsten Konstruktionen, Bruntons «Mechanischer Wanderer», wurde tatsächlich ausgeführt. Diese Lokomotive wurde von einer Art Krücken geschoben, die von Zylindern eine den Pferdebeinen ähnliche Bewegung erhielten. Sie wurde 1814/15 auf der Newbottle Kohlenbahn mit dem Erfolg ausprobiert, den man sich leicht vorstellen kann. Vernünftiger war der Vorschlag der Gebrüder Chapman, eine Kette längs der Schienen zu verlegen, an der sich die Maschine entlanghaspeln sollte. Auch dieser, auf der Hetton-Schleppbahn in der Nähe von Newcastle unternommene, kostspielige Versuch scheiterte, und zwar brach die Kette häufig.

Wir haben bereits erwähnt, daß die zweite Lokomotive Trevithicks auf der Wylam-Kohlenzeche erprobt worden war und daß die beabsichtigte Verlegung eines neuen Gleises für deren Verwendung aufgeschoben wurde. Um 1809 verlegte man stärkere Winkelplatten. Danach griff Blackett die Frage der Dampftraktion wieder auf, vermutlich angesichts des Erfolges der Blenkinsop-Lokomotiven in Middleton. Die lebhaften Diskussionen darüber, ob glatte Räder auf ebenfalls glatten Schienen genügend Reibung aufwiesen oder nicht, bewogen den Aufseher der Wylam-Zeche, William Hedley, der Sache auf den Grund zu gehen: Er baute einen Wagen, an dessen Seiten je zwei Handkurbeln vorgesehen waren, die durch auf Trittbrettern stehende Männer gedreht wurden. Die Umdrehungen der Kurbeln wurden durch Zahnradgetriebe auf vier glatte Laufräder übertragen. Der Wagen konnte mit verschiedenen Gewichten beladen werden. Mit dieser Versuchsanordnung wurden im Oktober 1812 auf allen Teilen der Strecke Versuche vorgenommen. Es gelang, durch Anhängen von mehr oder weniger Wagen und Auflegen verschieden schwerer Gewichte das Verhältnis zwischen Zugkraft und Zuglast zu bestimmen. Leider sind die von Hedley gefundenen Werte nicht überliefert. Doch die Versuche erbrachten den für die Zukunft der Lokomotive entscheidenden Beweis, daß bei glatten Rädern auf glatten Schienen genügend Reibung vorhanden ist, um einen Wagenzug zu befördern.

Daraufhin wurde bei Thomas Waters in Gateshead eine Lokomotive in Auftrag gegeben, die sich wenig von derjenigen unterschied, die sein Vorgänger Whinfield 1805 nach Trevithickschem Muster hergestellt hatte. Anfang 1813 abgeliefert, erwies sie sich mit ihrem einzigen Zylinder als recht störrisch. Es bedurfte mehrerer Änderungen, bis sie mit Mühe und Not vier bis fünf Wagen zu ziehen vermochte. Mit ihrer Unzuverlässigkeit war sie nur ein Störenfried im Betriebe und wurde daher beiseite gestellt. Die mehrfach in der Literatur erwähnte Kesselexplosion hat nicht stattgefunden.

Dieser Mißerfolg entmutigte Blackett nicht. Er beauftragte nunmehr Hedley, in Wylam selber eine neue

Lokomotive zu bauen. Die Erfahrungen mit den vorhergegangenen Maschinen und die Beobachtungen an den Blenkinsop-Lokomotiven wurden beim Bau verwertet. Die zwei Zylinder waren außen hinten am Kessel senkrecht angeordnet, wahrscheinlich, um die schwer dicht zu haltenden Tauchöffnungen im Kessel zu vermeiden (Abb. 12). Ein zwischengeschaltetes Zahnradgetriebe, wie bei Blenkinsop, besorgte den Antrieb der vier glatten Räder. Für den Kessel wurde Schweißeisen verwendet. Das Flammrohr war rückkehrend, um durch die größere Heizfläche die Dampferzeugung zu verbessern. Der Abdampf wurde in den Schornstein geleitet. Wegen ihres Auspuffgeräusches wurde die Maschine bald als «Puffing Billy» bekannt. Sie war in der Lage, neun bis zehn beladene Wagen mit einem Gesamtgewicht von über 40 t mit einer Geschwindigkeit von 6,4 bis 8 km/h zu befördern. Für die Inbetriebnahme werden in der Literatur verschiedenen Daten genannt. Da es feststeht, daß Hedley seine Reibungsversuche im Oktober 1812 vornahm, daß die mißglückte Waters-Lokomotive Anfang 1813 abgeliefert wurde und die nachfolgende «Wylam Dilly» im August 1813 in Betrieb genommen wurde, dürfen wir für die «Puffing Billy» wohl Mitte 1813 annehmen, wahrscheinlich Mai.

Es ist in der Literatur viel darüber diskutiert worden, ob die ursprünglich vierrädrige «Puffing Billy» nicht nachträglich auf vier Achsen gesetzt worden sei, da infolge ihres Gewichtes die Schienenplatten brachen. Sie ist glücklicherweise im Original vorhanden, und man kann an ihr keine Spuren eines solchen Umbaues erkennen, obwohl im Laufe der Zeit einige andere Änderungen vorgenommen wurden. Vor allem erhielt sie Spurkranzräder, als zwischen 1828 und 1830 die Winkelplatten durch Pilzkopfschienen ersetzt wurden. Sie blieb bis 1862 in Betrieb, in welchem Jahre die Grube stillgelegt wurde.

Im August 1813 kam eine zweite, gleichartige Lokomotive in Betrieb, die schon genannte «Wylam Dilly». Es scheint sicher, daß diese Lokomotive von vornherein auf vier Achsen gesetzt war, um auf den Winkelplatten das Gewicht besser zu verteilen. Die

12. «Puffing Billy», William Hedley, 1813

Maschine ist in einer Zeichnung Woods aus «Treatise on Railroads», 1825, (Abb. 13) überliefert. Die beiden Gestelle, in denen je zwei Achsen gelagert sind, wurden lange Zeit als um einen senkrechten Zapfen drehbar gedeutet. Das ist aus technischen Gründen nicht möglich, wie schon L. Troske (1907) und auch C.F. Dendy Marshall (1928) feststellten. Was als Drehzapfen beim hinteren Gestell angesehen wurde, ist nichts als ein Tritt zum Besteigen der Lokomotive. Da bei Winkelschienen stets ein reichliches Spiel zwischen Flansch und Rad vorhanden war, konnten sich auch Maschinen mit langem Achsstand gut in enge Gleisbögen einschreiben. Auch diese und eine dritte Lokomotive, «Lady Mary», wurden beim Umbau der Gleise auf vier Spurkranzräder gesetzt. Die «Wylam Dilly» ist ebenfalls erhalten geblieben und in ihrem letzten Zustande im Museum zu Edinburgh aufgestellt.

Beim Bau dieser drei Wylam-Lokomotiven verdiente sich der Obermeister der Schmiedewerkstatt, Timothy Hackworth, seine ersten Sporen als Lokomotivbauer. Wahrscheinlich war er am Erfolg der Wylam-Maschi-

13. «Wylam Dilly», William Hedley, 1813

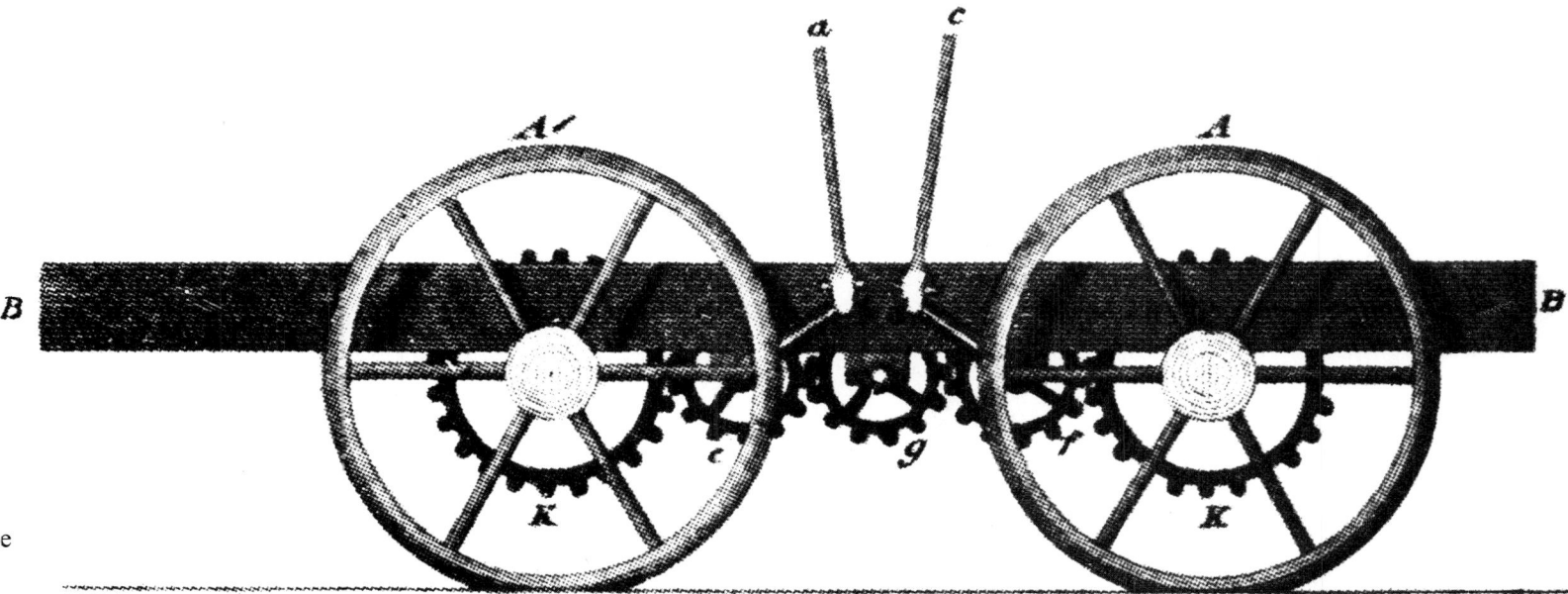

14. «Blücher», George Stephenson, 1814. Skizze des Antriebes

nen entscheidend beteiligt, denn Hedley dürfte als Grubenaufseher über keine besonderen technischen Kenntnisse verfügt haben. Wir werden noch sehen, daß diese Tätigkeit die Ursache dafür war, daß Stephenson später Hackworth als Leiter der Stockton-Darlington-Bahn berief.

2.3. George Stephenson tritt in Szene

Die Urheber der Lokomotiven in Middleton und Wylam gaben sich damit zufrieden, daß ihre Lokomotiven liefen. Eine Weiterentwicklung wurde in bei-

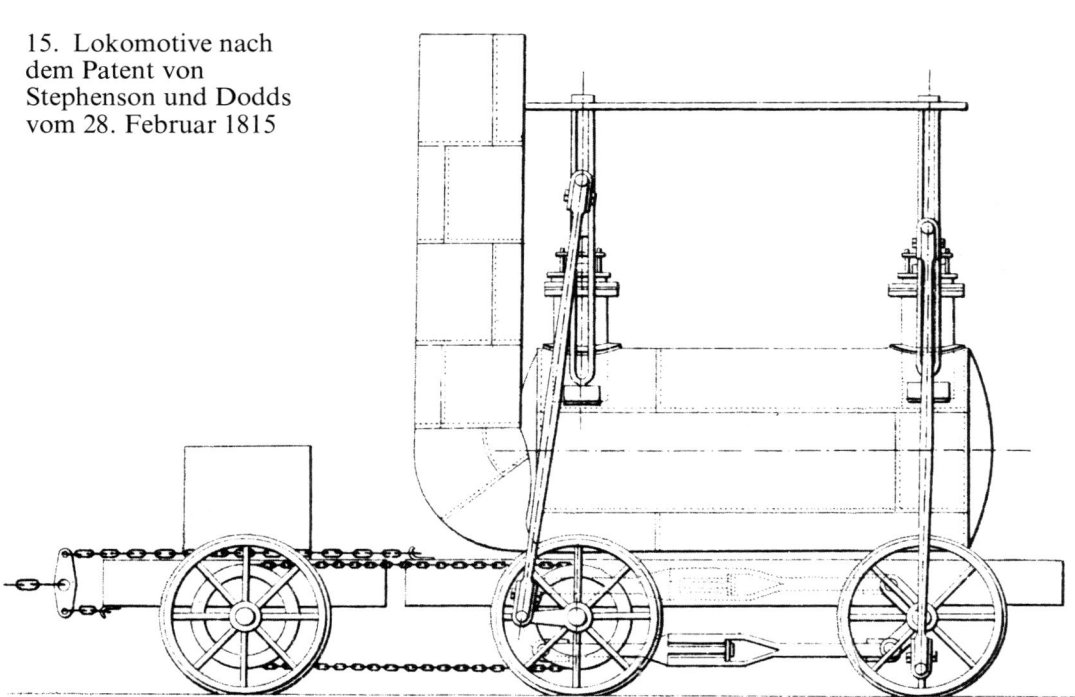

15. Lokomotive nach dem Patent von Stephenson und Dodds vom 28. Februar 1815

den Fällen nicht versucht. Nicht so George Stephenson. Er war bei der Killingworth-Zeche zum «Superintendent engineer», also etwa zum technischen Leiter, aufgestiegen. Da er auch für andere Unternehmen der Umgegend tätig sein durfte, für die er allerlei Maschinen baute und Förderbahnen anlegte, konnte er eine Fülle von technischen Kenntnissen erwerben, die ihm später zugute kamen. Seinem kritischen Blick entgingen die Fehler nicht, die die bislang gebauten Lokomotiven aufwiesen. Er beschloß, «etwas Besseres zu schaffen». Er baute zunächst für die Zeche Killingworth in der Nähe von Newcastle auf Kosten Lord Ravensworths seine erste Lokomotive. Sie wurde «Blücher» zu Ehren des preußischen Feldmarschalls getauft, dank dessen rechtzeitigem Eintreffen in der Schlacht bei Waterloo endlich Englands Erzfeind Napoleon entscheidend geschlagen wurde und der daher hoch in Ehren stand. Von dieser Maschine ist nur eine Skizze des Antriebes bei Wood überliefert (Abb. 14). Aus dieser und aus zeitgenössischen Berichten geht hervor, daß sie sich ziemlich eng an die Blenkinsop-Lokomotive anlehnte. Wie diese hatte sie zwei in der Längsachse des Kessels stehende, in ihn eintauchende Zylinder von 203 × 610 mm. Der Kessel besaß ein einfaches durchgehendes Flammrohr. Am 27. Juli 1814 wurde die Lokomotive auf einer mit Kantenschienen verlegten Strecke, die eine Steigung von $3^0/_{00}$ (1:330) aufwies, erprobt. Sie vermochte acht beladene Kohlenwagen mit einem Gesamtgewicht von 30 t mit einer Fahrgeschwindigkeit von rund 6,4 km/h zu ziehen. Nach dieser Probefahrt kam die Maschine in regelmäßigen Betrieb. Stephenson hatte ähnliche Versuche wie Hedley über die Reibung zwischen Rad und Schiene vorgenommen. Nach Warren (1923) war er jedoch nicht sicher, ob die Zugkraft der «Blücher» ausreiche, und hatte daher sicherheitshalber zur Vermehrung des Reibungsgewichtes auf der einen Lokomotivachse ein Zahnrad vorgesehen, über das eine endlose Kette geführt wurde, die ein zweites ebensolches im einachsigen Tender mitnahm. Diese Erfindung schloß er in seinem späteren Patent ein, das ihm zusammen mit Ralph Dodds am 28. Februar 1815 erteilt wurde. Es zeigte sich aber, daß diese Sicherheitsmaßnahme überflüssig war.

Der Hauptzweck der Versuche mit einer Dampflokomotive war natürlich, festzustellen, ob diese Art Zugförderung billiger als diejenige mit Pferden zu stehen kam. Daher wurden sorgfältige Aufzeichnungen über die Kosten beider Betriebsweisen geführt. Am Jahresende ergab sich jedoch kein wirtschaftlicher Vorteil des Dampfbetriebes. Hinzu kam noch, daß die Zahnräder bei wachsender Abnutzung stark zu rattern begannen und die Fortbewegung recht stoßweise vor sich ging. Stephenson mußte einsehen, daß er vorerst nichts Besseres als seine Vorgänger geschaffen hatte.

Es ist anerkennenswert, daß man trotzdem den Mut nicht verlor. Es war vor allem der Inspektor der Killingworth-Zeche, Ralph Dodds, der Stephenson nicht nur ermunterte, an der Vervollkommnung der Lokomotive weiterzuarbeiten, sondern sich auch an den hohen Kosten für die Anmeldung des vorgenannten Patents beteiligte. Stephenson lag vor allem daran, die ratternden Zahnräder zu beseitigen. Dementsprechend schlug er in der Patenteingabe vor, die vier Laufräder unmittelbar durch die Pleuelstangen der nach wie vor in den Kessel eingelassenen Zylinder anzutreiben (Abb. 15). Die Kupplung beider Achsen sollte durch eine Kuppelstange erfolgen. Das war wegen der Winkelversetzung der Treibkurbeln um 90° außen nicht ohne weiteres möglich. Sie mußten also innen angebracht werden, was eine doppelt gekröpfte Kurbelwelle bedingte. Um die genaue Länge der Kuppelstangen einstellen zu können, wurde ein Spannschloß eingefügt. Wir finden in diesen Vorschlägen erstmalig zwei grundlegende Konstruktionen, die später immer wieder angewandt werden: Kuppelstangen zwischen den Rädern mit der Möglichkeit, das sogenannte Stichmaß zwischen den Kurbelzapfen genau einstellen zu können, und gekröpfte Kurbelachsen.

Eine neue Maschine nach diesen Grundsätzen wurde am 6. März 1815 erprobt. Sie schien sich zunächst zu bewähren. Aber die Schmiedekunst und die Qualität des Schweißeisens waren noch nicht genügend entwickelt. Die doppelt gekröpften Kurbelachsen hielten den auftretenden Beanspruchungen auf die Dauer nicht stand und brachen. So sah sich Stephenson gezwungen, zur Kuppelkette zurückzukehren.

Auf den damaligen Gleisen litten die Maschinen stark unter den harten Stößen. Um diesen Übelstand zu mildern, schlug Stephenson gleichzeitig zwei Wege ein, die er in einem zusammen mit William Losh, Inhaber einer Eisengießerei in Newcastle, angemeldeten und am 16. November 1816 erteilten Patent beschrieb. Hauptursache für die harten Stöße war die mangelhafte Schienenverbindung, die er zu verbessern trachtete (Abb. 16). Dieser sogenannte «Blattstoß» ist seitdem unzählige Male wieder «erfunden» worden. Trotzdem auftretende Stöße versuchte man

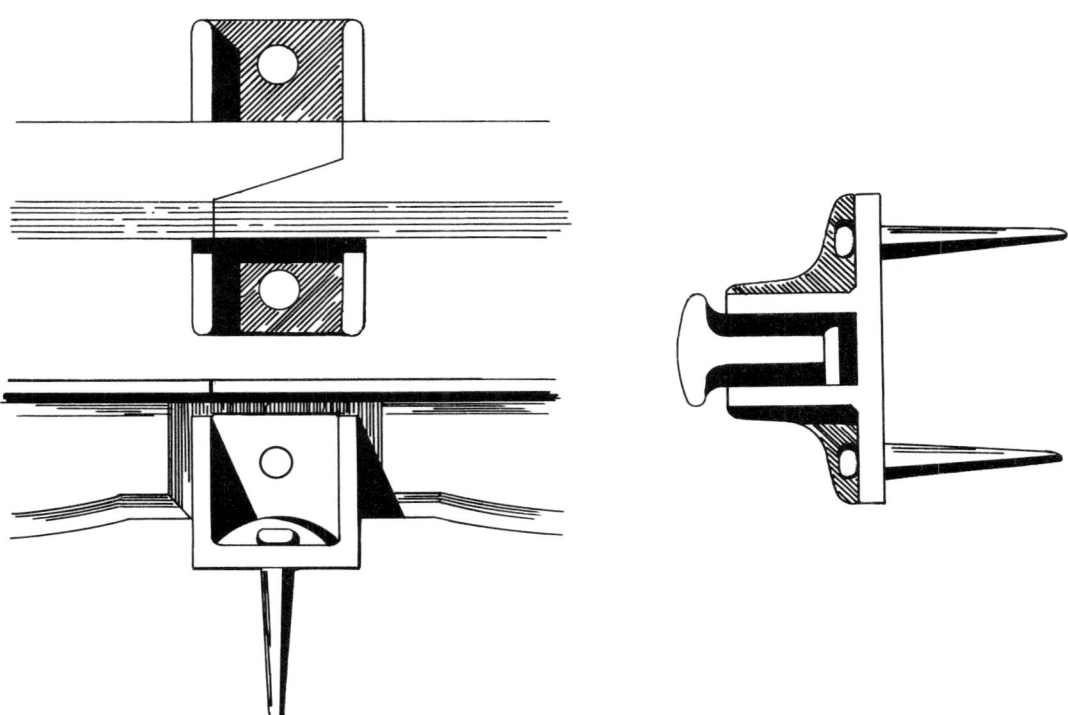

zu dämpfen. Stählerne Blattfedern waren bei Kutschen seit langem bekannt, aber deren Anwendung bei den viel schwereren Lokomotiven war nicht möglich, weil man noch nicht ausreichend starke Federn dieser Art herzustellen vermochte. Stephenson ordnete im Kesselboden nach oben offene Dampfzylinder an, deren unten austretende Kolbenstangen auf die Achslagerschalen drückten (Abb. 17). Auf diese Weise wirkte der elastische Dampf im Kessel als Stoßdämpfer.

Bei der ersten Lokomotive dieser Art, der dritten der Killingworth-Zeche, wurden zur Schonung des Gleises drei Achsen vorgesehen, die durch Ketten mitein-

16. Schiene mit Blattstoß nach dem Patent von Stephenson und Losh vom 16. November 1816

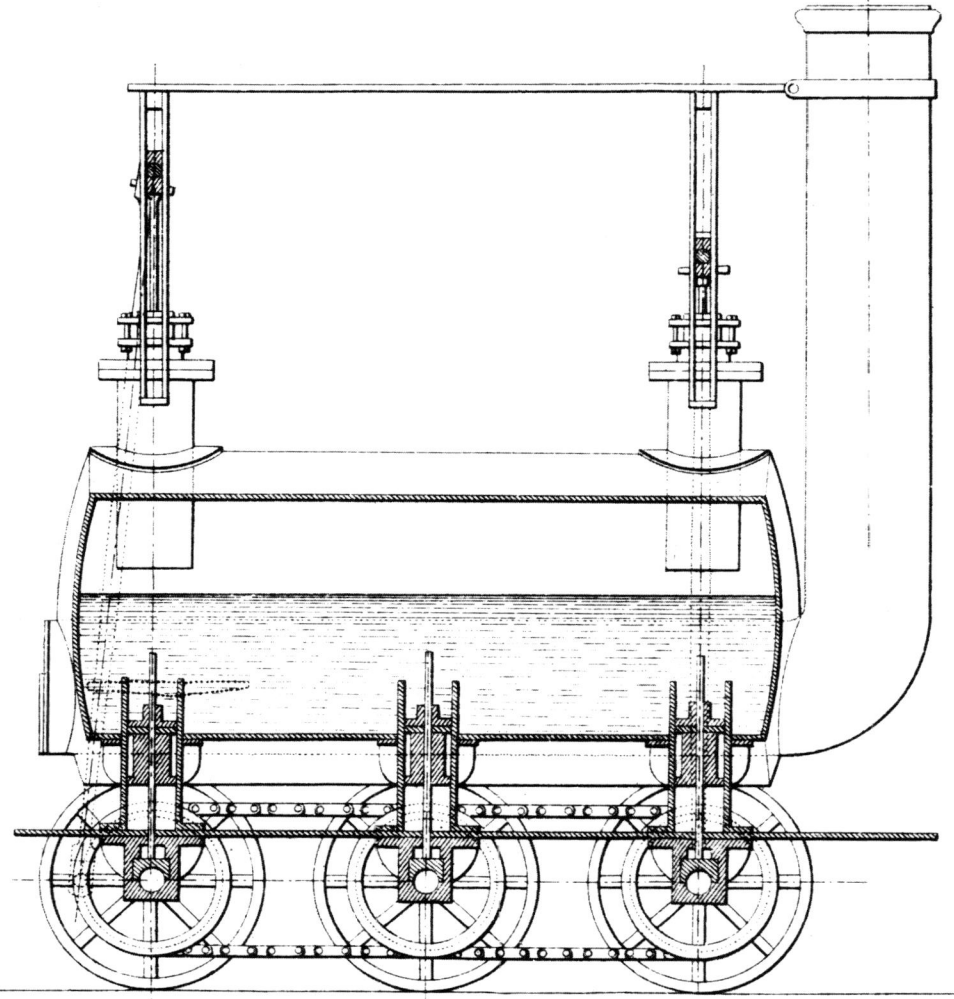

17. Dritte Killingworth-Lokomotive, Stephenson, 1815

ander verbunden waren. Eine weitere Neuerung an dieser Maschine, ebenfalls Gegenstand des vorgenannten Patents, bestand in den aus Schmiedeeisen statt aus Guß hergestellten Rädern. Sie kam 1815 in Betrieb und muß sich anfänglich bewährt haben, da die vierte Killingworth-Maschine vom nachfolgenden Jahre dieselbe allgemeine Anordnung aufwies. Sie war allerdings nur auf vier Räder gesetzt (Abb. 18). Als Neuerung wurde der Kesseldampf über ein mit Ventilschieber versehenes Rohr in die beiden Zylinder geleitet. So konnte die einströmende Menge und damit die Leistung der Lokomotive besser als vorher geregelt werden. Die noch heute übliche Bezeichnung Regler für diese Art Ventile stammt daher.

Killingworth wurde, wie man sich leicht vorstellen kann, zu einer Art Wallfahrtsort für alle, die sich für Dampflokomotivbetrieb interessierten, darunter auch eine siebenköpfige Abordnung des Gründungskomitees der geplanten Bahn von Liverpool nach Manchester. Anläßlich dieses Besuches brachte «The Times» am 8. Februar 1825 einige interessante Angaben über die Leistungen der Killingworth-Lokomotiven. Danach konnte eine 8 PS leistende Maschine 48,5 t mit Geschwindigkeiten von wenig unter 11 bis zu 15,3 km/h befördern.

Bezüglich des Kostenvergleiches liegt ein Bericht aus dem Jahre 1828 vor, aus dem wir ersehen, daß die täglichen Kosten für zwei Lokomotiven sich auf 2£ 9 sh 2 d beliefen. Pferde konnten nur vier statt acht Wagen ziehen. Für die Förderleistung der beiden Lokomotiven von 1788 t auf einem Gesamtwege von 232 km hätte man 25 Pferde zu je 5 sh täglich, also zu insgesamt 6£ halten müssen. Der Beweis, daß der Dampfbetrieb billiger als Zugpferde zu stehen kam, war somit erbracht. Allerdings waren damals diese Killingworth-Maschinen teilweise umgebaut worden: Der Kettenantrieb war durch Kuppelstangen und die tragenden Dampfzylinder durch stählerne Blattfedern ersetzt worden.

Die günstigen Betriebsergebnisse mit den Killingworth-Lokomotiven bewogen die Hetton Co., Stephenson mit der Anlage einer Förderbahn zwischen den Kohlenzechen in Hetton-le-Hole und Sunderland zu betrauen. Die gesamte Länge der Strecke betrug 13 km. Da sie über stark hügeliges Gelände führte, wagte es Stephenson nicht, sie durchweg für Lokomotivbetrieb einzurichten. Sie wurde in höchst komplizierter Weise in Streckenabschnitte geteilt: fünf durch ortsfeste Dampfmaschinen und fünf durch Schwerkraft betriebene Standseilbahnen, zwei Teilstrecken für Dampfbetrieb von 2,4 km und 3,2 km. Die fünf von Stephenson in der eigenen Zechenwerkstatt gebauten Lokomotiven, die in ihrer Bauart ganz den letzten Killingworth-Maschinen entsprachen, zogen darauf sechzehn Wagen mit 6,4 bis 8 km/h. Die erste Kohle auf der komplizierten Bahn, deren Leitung Stephenson seinem Sohn Robert übertrug, wurde feierlich am 18. November 1822 herabgebracht. Eine dieser Maschinen stand noch 1908 in Betrieb, doch war sie 1857 und dann wieder 1882 gründlich umgebaut worden. Sie befindet sich heute im Eisenbahnmuseum zu York (Abb. 19).

Mit diesen Hetton-Lokomotiven schließt der erste, noch tastende Abschnitt in der Geschichte der Dampflokomotive ab. Es war der Beweis erbracht worden, daß man in der Lage war, betriebssichere und den bei Schleppbahnen vorliegenden Betriebsanforderungen genügende Lokomotiven zu bauen. Die Betriebskosten blieben geringer als beim Einsatz von Zugtieren. Stephenson hielt den Augenblick für gekommen, sich selbständig zu machen. Mit finanzieller Beteiligung von Edward Pease, mit dem er anläßlich der geplanten Stockton-Darlington-Bahn in Verbindung getre-

ten war, und Michael Longridge, Inhaber der Bedlington Iron Works, wurde am 23. Juni 1823 die erste Lokomotivbauanstalt der Welt gegründet. Die Werkstatt befand sich in der Forth Street zu Newcastle. Zum Leiter wurde George Stephensons Sohn Robert bestimmt. Die Firmenbezeichnung lautete Robert Stephenson Co., Robert Stephenson aber ging vorerst nach Südamerika.

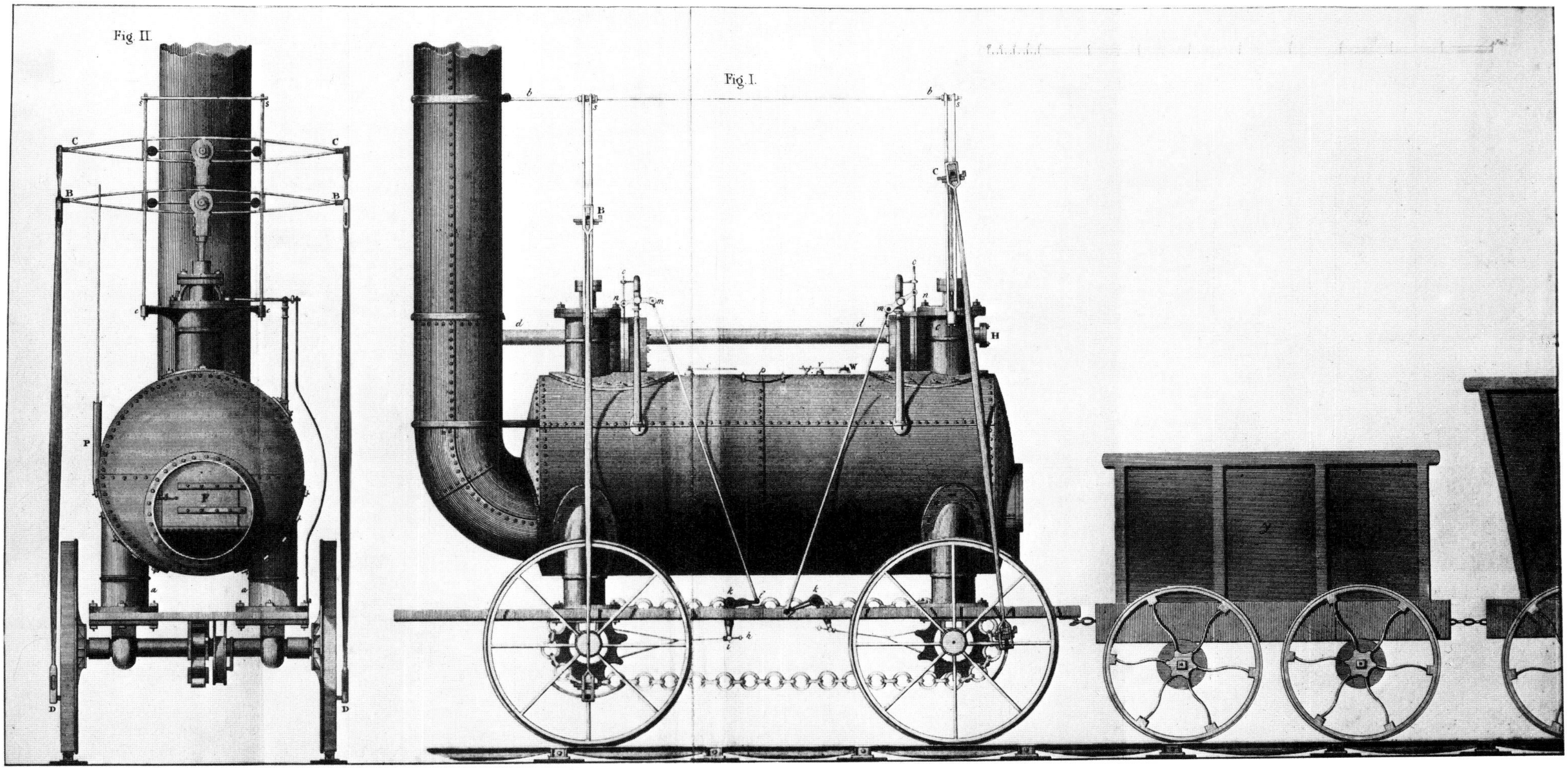

18. Vierte Killingworth-Lokomotive, Stephenson, 1816

19. Hetton-Lokomotive, Stephenson, 1822

3. DAS ENTSTEHEN DER DAMPFEISENBAHN

20. «Locomotion», 1825. Die erste bei Robert Stephenson & Co. gebaute Lokomotive; heutiger Zustand

3.1. Die Stockton-Darlington-Eisenbahn, die erste des öffentlichen Verkehrs mit Dampflokomotiven

Edward Pease, ein durch Wollhandel und Webereien sowie durch eine eigene Bank zu Reichtum gekommener Quäker, setzte seinen ganzen Einfluß zur Erstellung einer Spurbahn statt eines Kanals ein, als es galt, die reichen Kohlenlager in der Grafschaft Durham zu erschließen. Pease gründete eine Gesellschaft zum Bau einer Spurbahn zwischen Stockton und Darlington. George Overton hatte ein Projekt dafür ausgearbeitet. Am 19. April 1821 wurde die Konzession erteilt. Darin war sowohl von einer «rail-way» als auch von einem «tram-way» die Rede, auf denen der Gütertransport gegen Zahlung eines Wegegeldes von jedermann unternommen werden sollte. Als George Stephenson von dieser Konzession erfuhr, suchte er Edward Pease in Begleitung seines damaligen unmittelbaren Vorgesetzten Nicholas Wood auf, um seine Dienste anzubieten. «Kommen Sie herüber nach Killingworth und sehen Sie selber, was meine Maschinen zu leisten vermögen; Sehen überzeugt». Pease besuchte tatsächlich im Sommer 1822 die Killingworth-Bahn, konnte sogar auf den Lokomotiven mitfahren und kehrte so überzeugt zurück, daß ein neues abgeändertes Konzessionsgesuch für die geplante Bahn dem Parlament vorgelegt wurde, in dem jetzt von Lokomotiven zur Beförderung von Personen und Gütern die Rede war und das 1823 genehmigt wurde. George Stephenson wurde beauftragt, das Overton-Projekt entsprechend zu überarbeiten. Er tat dies ganz im Sinne seiner früheren Förderbahnen. Die rund 42 km lange Strecke wurde in Abschnitte für Seil-, Pferde- und Lokomotivbetrieb eingeteilt. Für diesen waren nach Überwindung eines Höhenzuges am westlichen Ende noch 32 km vorgesehen. Nach längeren Verhandlungen gelang es Stephenson, Timothy Hackworth als Betriebsleiter der Bahn zu gewinnen, der am 13. Mai 1825 sein neues Amt antrat. In einer Sitzung des Bahnkomitees am 16. September

22. «Royal George», Stockton-Darlington-Bahn, Hackworth, 1827

Treibstange die vorn laufende Achse unmittelbar antrieben. Die hintere Achse wurde durch Kuppelstangen mitgenommen. Bei dieser Konstruktion war der Balancier unnötig. Die waagerechte Zylinderlage und die langen Treibstangen erlaubten bei dieser, «Experiment» genannten, Lokomotive den Einbau der inzwischen verfügbar gewordenen Blattfedern bei allen drei Achsen. Hackworth erwähnt die Lokomotive in seinen Tagebüchern als «Quadrant-» oder «Hebelmaschine». Das Personal gab ihr den Spitznamen «Old elbows». Sie arbeitete schlecht und recht einige Jahre lang und kam mit zwanzig Wagen nicht über 8 km/h. 1830 baute sie Hackworth völlig nach Art der nachfolgend beschriebenen Maschine um; 1839 wurde sie schließlich an einen Bauunternehmer abgestoßen.
Hackworth legte die Erlaubnis, den Kessel der mißglückten «Chittapratt» für die von ihm geplante neue Lokomotive zu verwenden, sehr frei aus. Er sandte den Kessel an die Sumley Forge unweit von Durham, wo unter Verwendung der Bleche ein ganz neuer und größerer Kessel mit einem umkehrenden Flammrohr und, nach eingesandten Gußmodellen, viele weitere Teile angefertigt wurden. Die endgültige Bearbeitung der Stücke und der Zusammenbau fanden in der Bahnwerkstatt zu Shildon statt. Hackworth konnte sich nicht von den traditionellen senkrecht arbeitenden Zylindern trennen, doch ordnete er sie frei stehend und nach unten wirkend hinter dem Kessel an (Abb. 22). Sie konnten so unter Verzicht auf Zwischenwellen und Balanciers die Hinterachse unmittelbar antreiben. Alle drei Achsen waren mittels Stangen gekuppelt. Die hintere Achse konnte nicht abgefedert werden, für die beiden vorderen wurde eine gemeinsame Blattfeder angeordnet, die in der Mitte drehbar gelagert war und gleichzeitig als Lastausgleichshebel diente. Diese Einrichtung erscheint hier zum ersten Mal. Ein von außen nicht sichtbares, aber wichtiges Detail dieser, «Royal George» genannten, Lokomo-

tive war das Blasrohr zur Feueranfachung. Es ist viel und heftig darüber diskutiert worden, wer der Erfinder dieses so wesentlichen Elementes gewesen ist, das in einfachster Weise die Dampferzeugung im Kessel in Abhängigkeit von der verlangten Leistung regelt und dessen Auspuffgeräusch der Dampflokomotive fast den Charakter eines lebendigen Wesens verleiht, das je nach der Anstrengung mehr oder minder schweratmend dahin fährt. Schon Trevithick hatte bemerkt, daß durch Einführung des Abdampfes in den Schornstein das Feuer wesentlich lebhafter

denen Wagen mit einem Leergewicht von je 1220 kg und 2,65 bis 3,4 t Ladung, insgesamt also 93 bis 100 t. Sie konnte aber bis 130 t ziehen. Die Geschwindigkeit von 8 km/h war das damals zugelassene Maximum. Mit ihrer Leistung übertraf sie bei weitem alle bislang gebauten Lokomotiven. Durch sie wurde endgültig auf der Stockton-Darlington-Bahn die Frage, ob Dampf- oder Pferdebetrieb wirtschaftlicher sei, zugunsten des Dampfes entschieden.

Im Jahre 1829 folgte eine zweite gleichartige Lokomotive, die bezeichnend genug «Victory» genannt wurde.

23. «Wilberforce», Stockton-Darlington-Bahn, Hackworth, 1833

brannte. Bei den weiten Schornsteinen und Flammrohren genügte im allgemeinen der natürliche Zug, um das Feuer klar zu halten. Nicholas Wood ging auf Grund seiner Erfahrungen mit den Killingworth-Lokomotiven so weit, die Einführung des Abdampfes in den Schornstein grundsätzlich abzulehnen. Hackworth war anderer Meinung. Nach Ahrons' (1924) eingehenden Untersuchungen war er es, der erstmals das Blasrohr genau zentrisch und mit einer Mündung in Düsenform bei der «Royal George» einbaute, das heißt in der Form, in der es bis heute verwendet worden ist. Die «Royal George» wurde im September 1827 erprobt. Am 29. November legte sie zum ersten Mal die ganze Strecke zurück. Im normalen Betrieb beförderte sie Kohlenzüge von vierundzwanzig bela-

Das Jahr 1829 ließ sich für die Stockton-Darlington-Bahn recht hoffnungsvoll an. Das Parlament hatte die beantragte Verlängerung von Stockton nach Middlesborough bewilligt. Verschiedene neue Gleisanschlüsse von Zechen wurden in Betrieb genommen. Hackworth erhielt den Auftrag, zwölf weitere Lokomotiven in Anlehnung an die bewährten «Royal George» und «Victory» zu bauen, doch mit größerer Leistung. Die ungefederte letzte Achse der Maschinen befriedigte auf die Dauer nicht. Das zwang zu einer Änderung des Antriebes der Räder. Die zwei senkrecht nach unten wirkenden Zylinder wurden beibehalten, aber eine Blindwelle zwischengeschaltet, von der aus die drei Treibachsen durch Kuppelstangen mitgenommen wurden. So konnten alle Achsen abgefedert wer-

24. «Derwent», Stockton-Darlington-Bahn, Kitching, 1845

den. Bei den zuerst gebauten sechs Maschinen dieser «Majestic»-Klasse lagen Zylinder und Blindwelle vor dem Schornsteinende des Kessels. Inzwischen hatte Stephenson mit seiner Preislokomotive «Rocket» gezeigt, daß man mit Hilfe zahlreicher Heizrohre die Dampfleistung des Kessels ganz wesentlich steigern konnte. Hackworth sah zwar Heizrohre vor, verzichtete aber, wahrscheinlich aus Gründen der einfacheren Herstellung, auf die Feuerbüchse. Er beschränkte sich auf ein weites Flammrohr am hinteren Ende, das den Rost enthielt, und eine anschließende Trennwand. Zwischen dieser und dem vorderen Kesselboden war eine Anzahl kupferner Heizröhren von nur 1219 mm Länge eingezogen, die in eine davor gesetzte Rauchkammer mündeten. Eine ähnliche Kesselbauart ist später häufig bei Lokomobilen ausgeführt worden. Die sechs Maschinen, je zur Hälfte von Robert Stephenson & Co. und von R. & W. Hawthorn gebaut, wurden 1831/32 in Betrieb genommen.

Bei der zweiten Reihe, die 1833 als «Wilberforce»-Klasse verwirklicht wurde, nahm Hackworth mehrere Änderungen vor (Abb. 23). Zylinder und Blindwelle lagen jetzt am anderen, dem Schornstein entgegengesetzten Ende des Kessels. Im Kessel waren diesmal Flammrohr und Heizröhren nicht mehr hintereinander geschaltet. Das Flammrohr mündete in eine Zwischenkammer mit D-förmigem Querschnitt. Die Heizröhren waren von hier aus, rückwärts gerichtet, um das Flammrohr herum eingezogen. Sie mündeten ihrerseits in eine sattelförmige, das Feuerloch umschließende Rauchkammer. Diese Kesselform hatte sich aber Robert Napier patentieren lassen, mit dem Hackworth zur freundschaftlichen Übereinkunft kam, sich bei der Verwendung dieser Konstruktion ausschließlich auf seine Lokomotiven zu beschränken. Die gute Bewährung der «Wilberforce»-Klasse leitete eine neue Ära im Lokomotivbau der Stockton-Darlington-Bahn ein, die Jahrzehnte dauern sollte. Es ist oft kritisiert worden, daß diese Bahn so lange an einer Lokomotivbauart festhielt, die gegenüber der Stephensonschen als überholt gelten konnte. Aber diese einfachen, leicht zu unterhaltenden Maschinen genügten durchaus für die geringe Fahrgeschwindigkeit der Kohlenzüge, die auf 9 bis 10 km/h beschränkt war.

Ab 1838 wurde mit der «Tory» die letzte Reihe der Lokomotiven Hackworthscher Bauart eingeleitet, die, nach und nach verstärkt, bis 1845 in größerer Anzahl gebaut worden ist. Bei diesen letzten Ausführungen waren die Zylinder schräg am hinteren Kesselende angeordnet und trieben ohne jede Zwischenwelle unmittelbar durch eine lange Treibstange die Vorderachse an. Da kein beträchtlicher Überhang vorhanden war und die schrägliegenden Zylinder keine so große nickende Bewegung erzeugten wie die senkrechten, konnte für diese letzten Maschinen eine Fahrgeschwindigkeit von 24 km/h zugelassen werden.

Eine der letzten Lokomotiven dieser Hackworth-Schule, die 1845 von W. und A. Kitching gelieferte «Derwent», hat sich bis in unsere Tage erhalten (Abb. 24). Sie wurde von der Zeche Pease & Partners in Darlington erworben und 1898 der North Eastern-Bahn, in die die Stockton-Darlington-Bahn aufgegangen war, geschenkt. Sie ist mit der «Locomotion» zusammen im Bank Top-Bahnhof zu Darlington aufgestellt.

3.2. Die Saint-Etienne-Lyon-Bahn, erste öffentliche Eisenbahn des europäischen Kontinents mit Dampftraktion

Eins der reichsten Kohlenbecken Frankreichs war, und ist heute noch, das von Saint-Etienne. Auf einem Höhenzuge zwischen Loire und Rhone gelegen, ist es durch Kanäle nicht erreichbar. Hier wurde am 1. Oktober 1828 die erste, 17 km lange Eisenbahn Frankreichs eröffnet. Sie verband Saint-Etienne mit Andrézieux, bis wohin die Loire noch schiffbar war. Nach englischem Muster wurde zur Überwindung der Höhendifferenz eine durch Schwerkraft zu bewältigende schiefe Ebene vorgesehen. Für den Rest der Strecke verwendete man vorerst noch Pferde. Nachdem der Anschluß an die Loire und damit an den Norden Frankreichs hergestellt worden war, lag es nahe, auch eine Verbindung zur Rhone und damit zu Südfrankreich zu schaffen. Der Anstoß ging von Marc Séguin aus. Er unternahm im Winter 1827/28 eine Studienreise nach England. Dort hatte er wenig Gefallen an dem umständlichen Seilbetrieb gefunden. Um eine solche Lösung zu vermeiden, trassierte er die geplante Strecke mit einem ständigen Gefälle zwischen 12 und 14‰ (1:84,5 bis 1:70) derart, daß die beladenen Züge bergab aus eigener Kraft bis Rive-de-Gier rollen konnten. Die anschließende Teilstrecke bis Givors am Rhone-Ufer war weniger schwierig. Hier betrug die größte Steigung 6,5‰ (1:154). Das letzte Stück am Rhone-Ufer entlang bis Lyon war praktisch eben.

Marc Séguin hatte sicher von vornherein an Lokomotiven gedacht, zumindest für die ebeneren Streckenabschnitte, denn er kaufte anläßlich seiner Englandreise zwei Lokomotiven bei Robert Stephenson & Co. Eine dieser Maschinen wurde zunächst der Maschinenfabrik Hallette in Arras zum Studium überlassen und dann zur Bahn überführt. Es ist bis heute nicht einwandfrei geklärt, um was für eine Lokomotive es sich dabei handelte. Von der zweiten, gleich der Bahn übergebenen, ist glücklicherweise eine 1889 angefertigte Pause einer alten Zeichnung im Museon di Rodo zu Uzès vorhanden (Abb. 25). Es war die neunte von Robert Stephenson gebaute Lokomotive, die völlig von den früher gelieferten abwich. Noch hatte sich Stephenson vom Vorbild der Wattschen Balanciermaschinen nicht trennen können, doch ordnete er diesmal die senkrechten Zylinder zwischen beiden Achsen außerhalb des Kessels an. Möglicherweise wählte Robert Stephenson diese Lage, um die lange und schwache Gegenkurbel der «Locomotion» (Abb. 20) zu umgehen. Eine Abfederung der Achsen war nicht vorhanden.

Während des Winters 1828/29 fanden sowohl in Arras als auch in Lyon zahlreiche Versuche mit beiden Lokomotiven statt. Dabei stellte sich heraus, daß der Kessel nicht genügend Dampf erzeugte, der Wert überstieg 300 kg/h nicht. Beide Maschinen scheinen, wenn überhaupt, nur kurzzeitig in Betrieb gewesen zu sein, denn bereits im Jahresbericht der Bahn für 1830 heißt es, daß «zwei englische Lokomotiven abgestellt standen, da sie nicht in der Lage waren, Dienst zu leisten». Dies wird 1834 noch einmal erwähnt. Eine war noch 1859 vorhanden, als die Compagnie du Rhone-et-Loire, in der die Saint-Etienne-Bahn aufgegangen war, alle vor dem 1. August 1858 ausgemusterten Maschinen zum Verkauf stellte und die englische zu 2400 frs anbot.

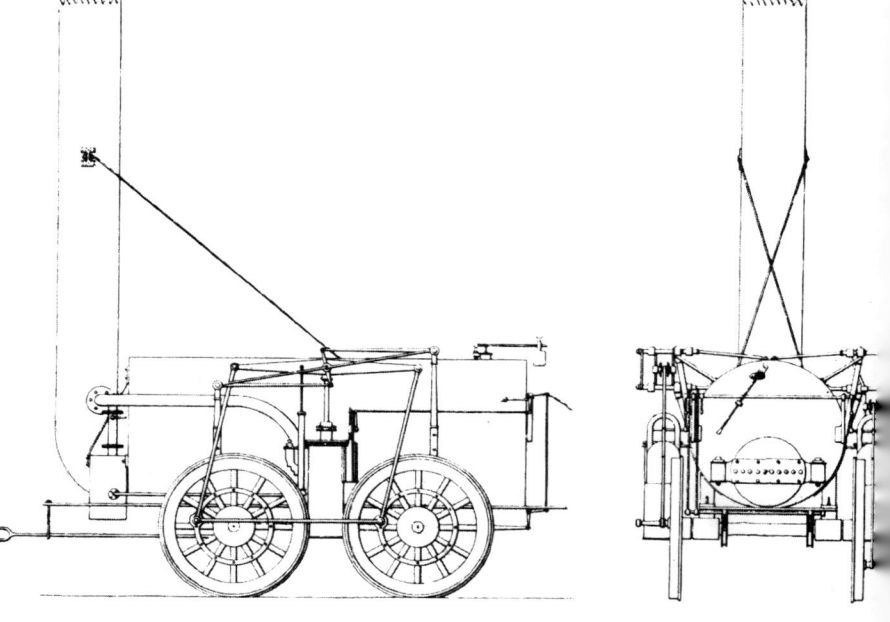

25. Lokomotive der Saint-Etienne-Lyon-Bahn, von Robert Stephenson & Co. gebaut, 1827

Dieselbe Schwierigkeit in der Dampferzeugung war auch bei den Schleppdampfern aufgetreten, die eine Reederei, an der Marc Séguin beteiligt war, auf der Rhone fahren ließ. Séguin berichtete später, er habe 1827 begonnen «seine seit längerer Zeit gehegte Idee zu verwirklichen, die Heizfläche mittels einer Reihe von im Wasserraum des Kessels befindlichen Rohren zu vergrößern». Die umgekehrte Anordnung, dem Feuer ausgesetzte Wasserrohre, verwarf er, unter anderem, weil es schwierig ist, eine genügende Wasserzirkulation zu erzielen, und so eine örtliche Überhitzung des Materials eintreten kann. Hauptsächlich an diesem Umstand sind in der Tat alle späteren Versuche, Wasserrohrkessel bei Lokomotiven anzuwenden, gescheitert. Séguin baute einen ortsfesten Versuchskessel, der aus einer von dreiundvierzig Heizrohren mit 40 mm Durchmesser durchzogenen Wassertrommel von 3 m Länge bestand, vor die eine gemauerte Feuerkammer mit Rost gesetzt war. Da er keinen Schornstein vorsah, mußte das Feuer durch einen Ventilator angeblasen werden. Mit diesem Kessel gelang es, bis zu 1200 kg/h Dampf zu erzeugen. Zufrieden mit diesem Erfolg, meldete er am 12. Dezember 1827 ein französisches Patent für seine Erfindung an.

Ohne viel Zeit zu verlieren, begann er in der eigenen Bahnwerkstatt zu Lyon-Perrache den Bau einer Lokomotive mit dieser neuen Kesselbauart (Abb. 26). Die Anordnung des Triebwerkes übernahm er unverändert von der gekauften Stephenson-Lokomotive, doch vergrößerte er den Zylinderdurchmesser. Da der Balancier in der Lage war, geringe, durch die Gleislage bewirkte Unterschiede in der Höhenlage der Räder auszugleichen, wagte er es, Blattfedern an beiden Achsen vorzusehen. Wie beim Versuchskessel waren dreiundvierzig Heizrohre eingezogen, die vorne in den verbreiterten Schornsteinfuß mündeten. Der Rost lag in einer unter dem vorderen Kesselteil angesetzten Feuerbüchse, die aus zwei doppelwandigen, aus Gußeisen hergestellten Wasserkammern bestand und hinten durch eine gußeiserne Platte mit dem Feuerloch abgeschlossen war. In den zwei seitlichen Wasserkammern wurde das Speisewasser vorgewärmt. Die Heizgase zogen zunächst durch eine doppelwandige, halbrunde, den unteren Teil der Kesseltrommel umfassende Kammer und wurden dann rückkehrend durch die Heizrohre in den Schornstein geleitet. Diese halbrunde Kammer stand mit dem Wasserraum der Kesseltrommel in Verbindung und trug zur wirksamen Heizfläche bei. Marc Séguin hielt eine von der wechselnden Blasrohrwirkung unabhängige Feueranfachung für vorteilhafter und baute darum zwei große Schleudergebläse, wie sie zum Reinigen von Getreide üblich waren, im Tender ein. Der Antrieb ihrer Flügelräder erfolgte durch Riemen von der hinteren Tenderachse aus. Die Luft wurde mit Lederschläuchen durch zwei Öffnungen neben dem Feuerloch unter dem Rost eingeblasen.

Die erste Probefahrt fand am 7. November 1829 statt. Die Lokomotive wurde um 11.30 Uhr morgens angeheizt und konnte schon um 12.06 Uhr auf der nur

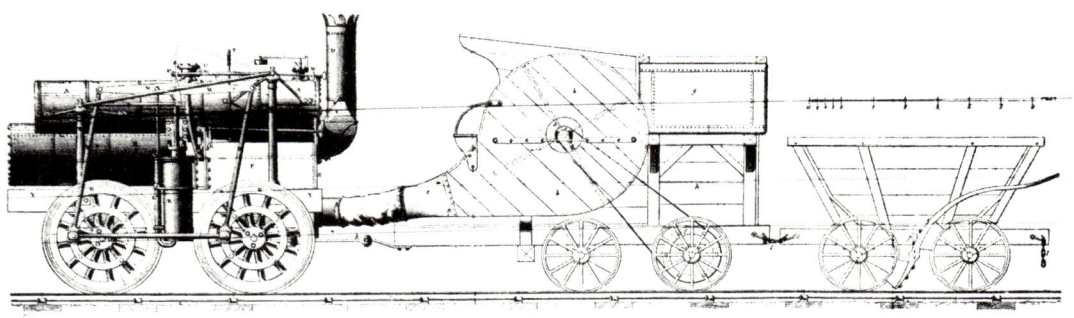

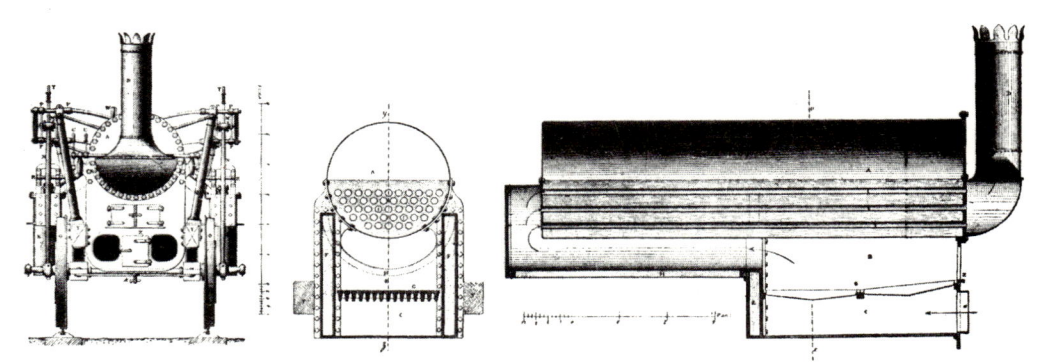

140 m langen Versuchsstrecke anfahren, die die größte Steigung der Strecke von 14,4‰ und eine Kurve von 500 m Halbmesser aufwies. Mit vier Wagen, die mit 15 t Gußstücken beladen waren und eine Zuglast von 19 t darstellten, konnte die Lokomotive immer wieder anstandslos anfahren, aber auf der kurzen Probestrecke war es nicht möglich, eine Geschwindigkeit von mehr als 3,6 km/h zu erreichen. Bei der zweiten Probe am darauffolgenden Tage hatte man die Achsbuchsen so reichlich geschmiert, daß das heiß gewordene Fett auf die Schienen tropfte und die Räder auf dem schlüpfrig gewordenen Gleise immerzu schleuderten. Dadurch gelang es nur, 17 t zu ziehen. Man hielt es jedoch für bewiesen, daß die Lokomotive mindestens acht mit je 11 t beladene Wagen auf dem Abschnitt Rive-de-Gier bis Saint-Etienne befördern könne und gab Marc Séguin den Auftrag für zwei weitere Lokomotiven.

Angesichts des Prioritätsstreites über die erste Anwendung eines Kessels mit zahlreichen Heizröhren

26. Lokomotive mit Heizröhrenkessel und Schleudergebläse, Saint-Etienne-Lyon-Bahn, Marc Séguin, 1829

verdient unterstrichen zu werden, daß Marc Séguin den Bau seiner Lokomotive bereits vor dem Baubeginn der Stephensonschen «Rocket» in Angriff nahm, aber später damit fertig wurde. Die Versuche auf der Saint-Etienne-Bahn fanden knapp einen Monat nach den Wettfahrten in Rainhill statt.

Die zwei neubestellten Lokomotiven wurden im Juli 1830 im inzwischen fertiggestellten Abschnitt von Rive-de-Gier nach Givors in Betrieb genommen. Sie waren zuerst noch recht anfällig gegen Schäden und wurden von Séguin mehrfach verändert. Die Feuerbüchse wurde von Steinkohlen- auf Koksbetrieb umgestellt. Die Gebläse im Tender ersetzte er durch ein Blasrohr im Schornstein. Dadurch waren die Maschinen in der Lage, auf der 28 km langen Teilstrecke zwischen Givors und Consort bei Rive-de-Gier anstandslos dreißig bis fünfunddreißig Kastenwagen in weniger als 3 Stunden zu befördern. Mit dem Tendergebläse waren sie so häufig wegen Dampfmangel liegengeblieben, daß man ständig einen Stellwagen mit vier Pferden mitnahm, um diese anzuspannen, wenn die Lokomotive nicht weiter wollte. Nach Beseitigung der verschiedenen Mängel wurden bis 1835 im ganzen zwölf solche Maschinen in der Werkstatt Lyon-Perrache gebaut. Ihres Hebelspiels halber wurden sie «Scieurs de long», «Gattersägen», genannt. 1834 trat Marc Séguin infolge Meinungsverschiedenheiten mit dem Aufsichtsrat aus der Gesellschaft aus. Sein Nachfolger Tourasse schlug ganz andere Wege ein, auf denen wir ihm noch begegnen werden.

3.3. Die Liverpool-Manchester-Bahn führt den Dampf zum endgültigen Siege

Die Stockton-Darlington-Bahn hatte zwar bewiesen, daß der Transport von Kohle mittels Dampflokomotiven durchaus wirtschaftlich vonstatten gehen konnte. Sie blieb aber letzten Endes zeitlebens eine Förderbahn. Der Personenverkehr war gering und wurde anfangs noch mit Pferden bewerkstelligt. Viel anspruchsvoller war das Projekt einer Eisenbahn zwi-

27. Die Saint-Etienne-Lyon-Bahn, im Vordergrund eine Lokomotive von Marc Séguin, um 1840/1850

schen den benachbarten Großstädten Liverpool, mit seinem Welthafen, und Manchester, mit seiner aufstrebenden Industrie. Hier handelte es sich darum, Güter der verschiedensten Art und eine große Anzahl Personen mit höheren Geschwindigkeiten, als sie auf den vorhandenen Kanälen möglich waren, zu befördern. George Stephenson wurde als leitender Ingenieur für den Bau dieser Bahn berufen. Da er zur Leitung der Bauarbeiten seinen ständigen Wohnsitz nach Liverpool verlegen mußte, war es ein Glück, daß sein Sohn Robert 1827 aus Südamerika zurückkehrte und sich der Lokomotivfabrik in Forth Street widmen konnte, wo es nicht gerade zum besten stand.

Beide Stephensons waren sich einig, daß die bisher gebauten Lokomotiven für die neue Bahn ungeeignet waren. Zwei grundlegende Probleme waren noch zu lösen, um schnellere und leistungsfähigere Maschinen als die der Kohlenbahnen zu schaffen: eine gute Abfederung, um Gleis und Maschine zu schonen, und ein Kessel, der während genügend langer Zeit gut Dampf hielt. Den ersten Fortschritt in diesem Sinne sehen wir in der «Liverpool travelling engine». Sie wurde 1828 für die Bauzüge der Liverpool-Manchester-Bahn bestimmt, dann aber an die Bolton-Leigh-Bahn abgegeben, die kurz vor der Eröffnung stand. Dort konnte die Maschine, die als «Lancashire Witch» weithin bekannt wurde, besser ausprobiert werden. Bei diesem neuen Entwurf (Abb. 29) waren die Zylinder erstmalig schräg gelagert und trieben unmittelbar die am Schornsteinende laufende Achse an, die ihrerseits durch Kuppelstangen mit der zweiten verbunden war. Damit fielen alle bisherigen Zwischenglieder zwischen

28. Die Liverpool-Manchester-Bahn 1831. Von oben nach unten: Güterzug; Viehtransport; Personenzug mit Wagen Erster Klasse; Personenzug mit Wagen Zweiter und, am Schluß, Wagen Dritter Klasse

Zylindern und Rädern fort. Beide Achsen konnten abgefedert werden, denn das Federspiel wirkte sich weniger als bei den senkrechten Zylindern auf die Kolben aus. Da die Konstruktion einer Maschine mit Wasserrohrkessel, der «Experiment» der Stockton-Darlington-Bahn, ein Mißerfolg war, schlug Henry Booth, der Generalsekretär der Gesellschaft, dem die Entstehung der Liverpool-Manchester-Bahn zu verdanken war, einen anderen Weg zur Vergrößerung der Heizfläche vor. Außer einem mittleren durchlaufenden Flammrohr (x in Abb. 29) waren beidseits zwei rückkehrende kleinere Flammrohre (y) vorgesehen. Im mittleren Flammrohr sollten außerdem zwei Wasserrohre (w) eingezogen werden. Der Einbau der verschiedenen Rohre verursachte große Schwierigkeiten. Man blieb darum schließlich bei nur zwei parallel von vorn bis hinten verlaufenden Flammrohren (in der Abbildung gestrichelt gezeichnet). Die Heizfläche betrug so nur 6,1 m², also nicht viel mehr als bei der «Locomotion». In jedem dieser Flammrohre war ein eigener Rost eingebaut. In dieser Form wurde die «Lancashire Witch» (Abb. 30) auf der Bolton-Leigh-Bahn in Betrieb genommen. Ein Fortschritt der Kesselleistung war noch nicht erreicht, aber in der Anordnung des Triebwerkes hatte eine wesentliche Vereinfachung stattgefunden. Die «Lancashire Witch» stellt den Übergang von den langsam fahrenden Kohlenbahnlokomotiven zu den späteren «Rocket» dar. Die «Lancashire Witch» hatte als erste eine Steuerung mit veränderlicher Füllung, das heißt, es bestand die Möglichkeit, den Dampf entweder während des ganzen Kolbenhubes eintreten zu lassen oder den Einlaß vorher zu schließen. Die Einlaßhähne drehten sich innerhalb einer von außen durch eine Handkurbel und Kegelräder verstellbaren Büchse. In der Grundstellung ließen die Kanäle den Dampf während der ganzen Drehung der Hähne durch. Wurde dagegen die Büchse um einen gewissen Winkel verstellt, so konnte der Dampf nur während eines Bruchteiles der Hahndrehung durchgehen. Der frühere Abschluß des Dampfeintrittes in die Zylinder wurde beim Anfahren benutzt, wenn die ursprünglich vorhandenen Blasebälge noch nicht wirkten und darum Dampf gespart werden mußte, sobald die Lokomotive Fahrt aufnahm. Bei voller Leistung wurde dann mit ganzer Füllung gefahren. Der Wert der Expansion war also noch nicht erkannt, denn man benutzte die Füllungsveränderung gegenüber der späteren Zeit im entgegengesetzten Sinne.

Inzwischen hatten Rastrick und Walker nach Besichtigung aller mit ortsfesten und fahrbaren Dampfmaschinen betriebenen Schleppbahnen das ihnen von der Verwaltung der Liverpool-Manchester-Bahn aufgetragene Gutachten abgegeben, das sich durchaus nicht eindeutig zugunsten der Lokomotive aussprach. Wir stehen vor der eigenartigen Tatsache, daß man eine kostspielige Bahn baute und noch nicht wußte, wie sie zu betreiben sei, ein Vorgang, der sich später beim Bahnbau über den Semmering wiederholen sollte. Für die Stephensons war dieses Gutachten eine arge Enttäuschung. Vergebens reichte George Stephenson ein Gegengutachten zugunsten der Dampflokomotive ein. Nach vielen Debatten, die auch öffentlich in der Presse ausgetragen wurden, beschloß das Komitee der Gesellschaft in der Sitzung vom 20. April 1828, der Anregung Rastricks Folge zu leisten und eine Ausschreibung mit einem Preis von 500£ für eine bessere Lokomotive als die bisherigen zu veranstalten. In der nachfolgenden Sitzung vom 4. Mai wurde dieser Beschluß dahin ergänzt, daß es nicht unbedingt eine Dampflokomotive sein müßte, sondern daß eine «verbesserte Betriebskraft (motive power) ganz allgemein in Frage käme». Daraufhin wurden die Komitee-Mitglieder mit einer wahren Flut der absonderlichsten Vorschläge überschwemmt.

29. «Lancashire Witch», George Stephenson, 1828. Skizze mit Querschnitt des Kessels

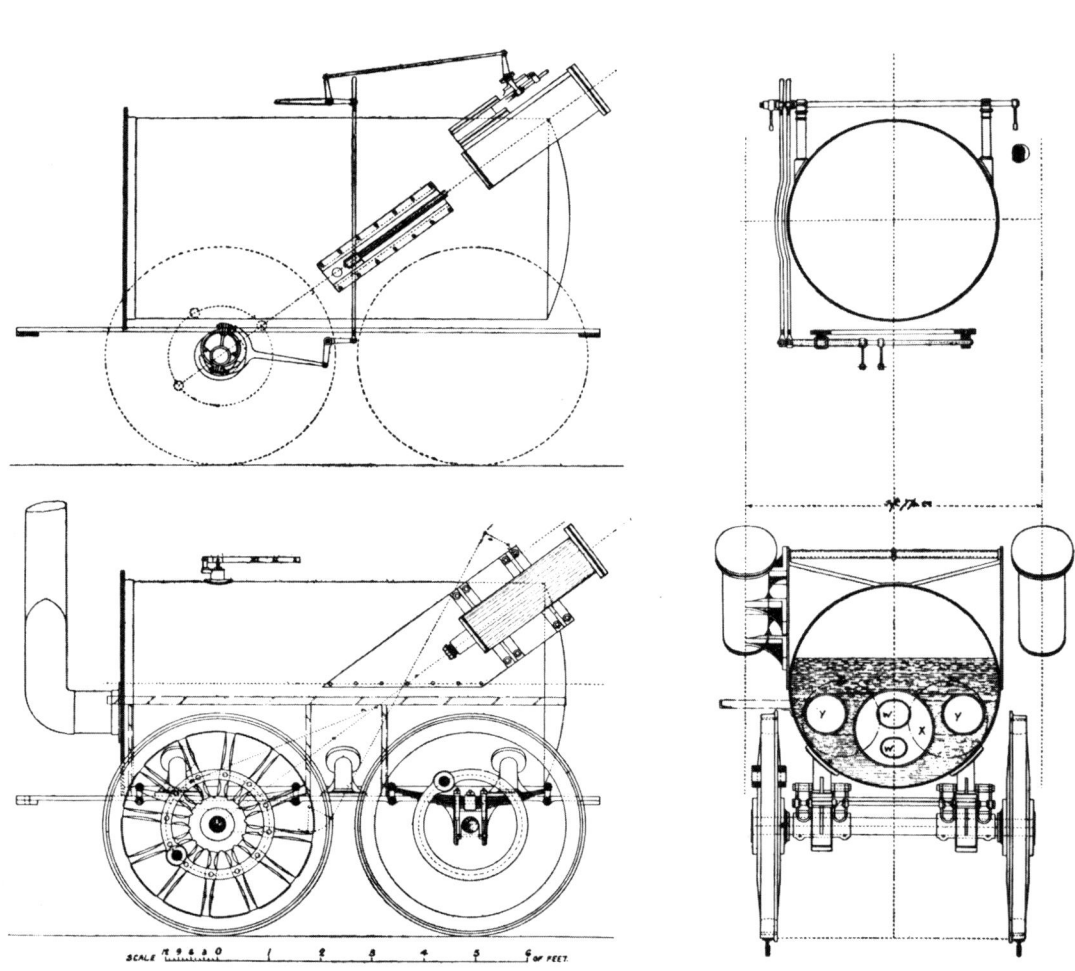

«Jede Idee, die rastloser Scharfsinn oder fruchtbare Phantasie ausklügeln konnte, wurde der Gesellschaft freigebig angeboten», schreibt Henry Booth darüber. Bereits am 25. April wurden die Bedingungen für die am Wettbewerb teilnehmenden Lokomotiven festgelegt. Diese für die Geschichte der Dampflokomotive entscheidenden Vorschriften stellen eine Zusammenfassung der bis dahin erlangten praktischen Erfahrungen dar. Im wesentlichen schrieben diese Wettbewerbsbedingungen vor:

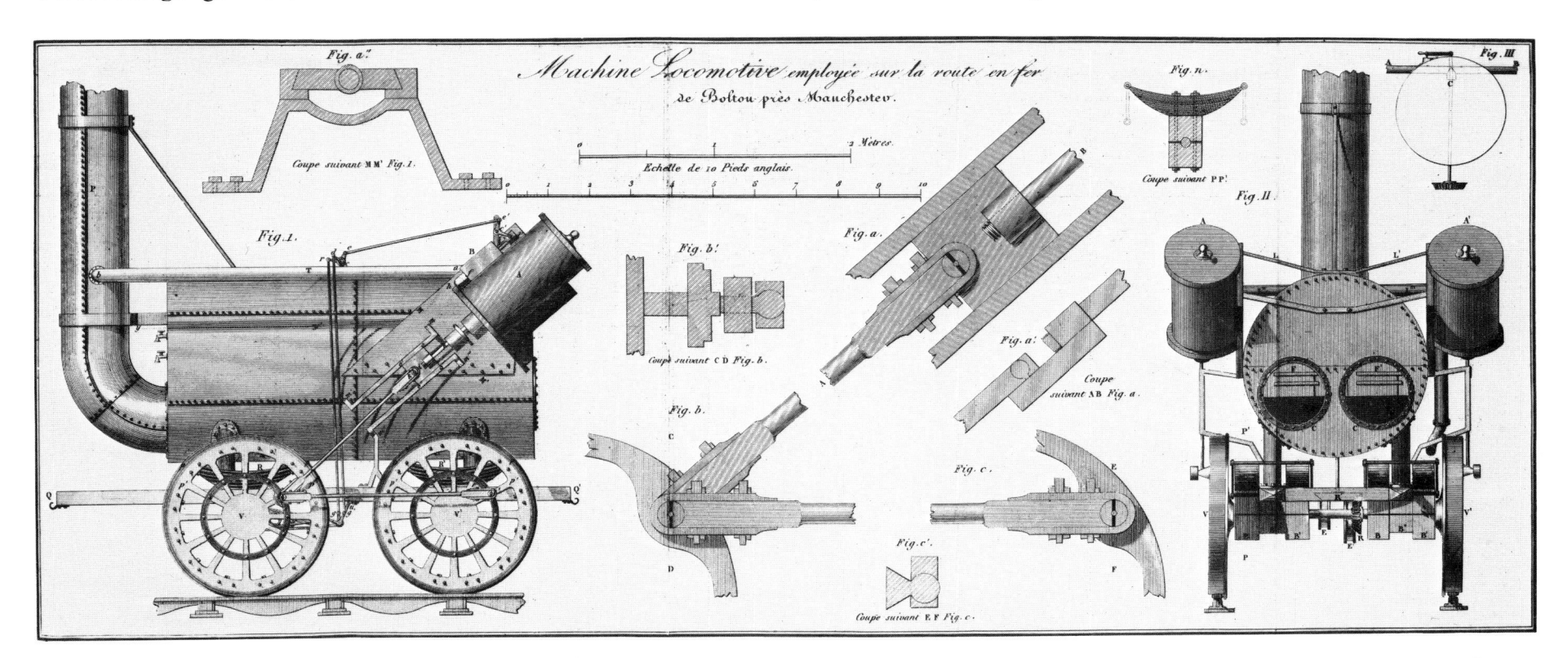

a) Gemäß den Vorschriften der Bahnkonzession sollten die Lokomotiven ihren Rauch selbst verzehren. (Dieser Vorschrift wurde entsprochen, indem man Koks verfeuerte, der fast rauchlos verbrennt. Er wurde aus diesem Grunde bis weit in die 50er Jahre des vorigen Jahrhunderts fast allgemein verwendet.)

b) Eine Lokomotive von maximal 6 t Eigengewicht sollte in der Lage sein, regelmäßig auf einer gut verlegten waagerechten Strecke einen Wagenzug von 20 t Gewicht, einschließlich des Tenders, mit einer Geschwindigkeit von 10 Meilen pro Stunde (16,1 km/h) zu befördern, wobei der Kesseldruck nicht mehr als 50 Pfund pro Quadratzoll (3,5 atü) betragen durfte. Maschinerie und Kessel sollten auf sechs abgefederten Rädern ruhen.

c) Eine Maschine geringeren Gewichtes würde vorgezogen, falls das Verhältnis zwischen Eigengewicht und geschleppter Last gleich bliebe. Sofern das Gewicht der Lokomotive 4,5 t nicht überschritte, brauche sie nur auf vier Rädern zu laufen.

d) Es sollten zwei Sicherheitsventile vorgesehen werden, von denen eins außerhalb der Kontrolle des Lokomotivführers sein mußte (eine Vorschrift, die bis zum Schluß in Kraft war). An der Maschine sollte ein Quecksilbermanometer angebracht sein, das mehr als 45 Pfund pro Quadratzoll (3,16 atü) anzeigen konnte. Die Bahngesellschaft behielt sich vor, Kessel, Rauchrohre und Zylinder einer Druckprobe mit nicht weniger als 150 Pfund pro Quadratzoll (10,5 atü) zu unterwerfen.

e) Der Preis der eventuell übernommenen Maschine durfte 550 £ frei Lieferung an die Bahn nicht übersteigen.

f) Die Lokomotive mußte spätestens am 1. Oktober 1829 betriebsfertig angeliefert werden. Die Bahngesellschaft stellte kostenlos die für die Probefahrten notwendigen Wasser- und Brennstoffmengen zur Verfügung. Erst in einem Nachsatz wird erwähnt, daß der «Abstand zwischen den Schienen» das Maß von 4 Fuß 8½ Zoll betrüge.

George Stephenson wurde beauftragt in der Nähe Liverpools bei Rainhill für die Wettbewerbsfahrten eine Strecke von 1¾ Meilen (2,81 km) vorzubereiten, an deren beide Enden noch je 200 m Gleis angeschlossen wurden, auf denen der Zug bis zur vollen Fahrt beschleunigt und am Schluß abgebremst werden konnte.

30. «Lancashire Witch», George Stephenson, 1828

Die beiden Stephensons waren selbstverständlich entschlossen, an dem Wettbewerb teilzunehmen. Sie hatten bei der «Lancashire Witch» eine brauchbare Lösung für ein Triebwerk gefunden, das die verlangte Abfederung aller Räder ermöglichte. Dagegen haperte es noch mit dem Kessel, aber der Querschnitt des ursprünglich für diese Maschine gedachten Kessels (Abb. 29) zeigt, daß man auf dem richtigen Wege war. Wieder war es der Nichttechniker Henry Booth, der einen praktisch ausführbaren Vorschlag für einen Kessel machte und George Stephenson den Bau auf gemeinsame Kosten vorschlug. Booths neue Idee bestand darin, in den Kessel eine größere Menge kleiner Heizröhren von 50 bis 76 mm Durchmesser und mit einer Wandstärke von 3 mm einzuziehen. Diese Idee war an sich nicht neu. Unter anderen hatte schon Boulton 1816 ein solches Patent erhalten, aber nicht praktisch ausgeführt. Möglicherweise hatte Booth davon Kenntnis. Dagegen ist nicht festzustellen, ob er Nachrichten von Marc Séguins Versuchen hatte. Die konstruktive Gestaltung der zu bauenden Wettbewerbslokomotive lag in den Händen von Robert Stephenson in engem Kontakt mit seinem erfahrenen Vater. Wie im Schiffbau auf dem Schnürboden üblich, wurden auch die Pläne für die Maschine auf den Fußboden mit Kreide gezeichnet, und so sind natürlich keine authentischen Zeichnungen auf uns gekommen. Bei der neuen Kesselbauart mit zahlreichen engen Heizröhren war es nicht mehr möglich, den Rost, wie damals üblich, im Inneren der Kesseltrommel unterzubringen. Marc Séguin hatte darum eine Feuerbüchse unterhalb der Kesseltrommel vorgesehen (Abb. 26). Robert Stephenson ordnete sie dagegen vor der Trommel an (Abb. 32). Über die ursprüngliche Form der Feuerbüchse der «Rocket», wie diese Maschine genannt wurde, brachte erst das 1929 aufgefundene Notizbuch Rastricks, der als Schiedsrichter beim Rainhill-Wettbewerb mitwirkte, Klarheit. Danach bestand die Feuerbüchse aus einem Blechkasten, dessen Seiten doppelwandig waren und durch Rohrkrümmer oben und unten mit dem Wasserraum der Kesseltrommel in Verbindung standen. Beide Bleche der Doppelwände waren gegeneinander durch zahlreiche Schrauben, Vorläufer der späteren Stehbolzen, abgestützt. Der untere Teil der Vorderwand und die gesamte Rückwand bestanden aus einfachen Blechen.

Da nach den Wettbewerbsbedingungen eine leichtere Lokomotive bevorzugt wurde, legte sich Robert Stephenson auf eine zweiachsige, unter 4,5 t schwere Maschine fest. In diesem Falle genügte eine einzige Treibachse, um die im Verhältnis von 3 bis 3,5 des Lokomotivgewichtes stehende Zugkraft zu erzielen. Er umging damit die Schwierigkeiten, die sich damals noch bei zwei gekuppelten Achsen infolge der ungleichen Abnutzung der aus weichem Stahl bestehenden Radreifen und der dadurch in den Kuppelstangen auftretenden hohen zusätzlichen Kräfte ergaben. Der Rahmen bestand aus zwei bajonettförmig abgewinkelten Flacheisen, die nach vorne zu durch zwei schräge Rundeisen verstrebt und vorn und hinten durch weitere Flacheisen verbunden waren. Hinten diente eine Deckplatte gleichzeitig als Verstärkung und Führerstandsboden. Die im Winkel von 35° geneigten Zylinder saßen auf einer am Rundkessel befestigten eisernen Platte. Das Ganze stützte sich auf vier oberhalb der Achslager angeordnete Blattfedern. Es ist offensichtlich, daß der Widerstand, den die Heizgase beim Durchgang durch die vielen engen Röhren finden, viel größer ist, als bei einem weiten Flammrohr. Bei der «Lancashire Witch» hatte Stephenson ebenso wie Marc Séguin, jedoch durch Blasebälge, einen künstlichen Zug erzeugt. Die Stephensons stellten jetzt durch Standversuche fest, wie weit die ihnen bekannte, das Feuer belebende Wirkung des in den Schornstein eingeleiteten Dampfes ausgenutzt werden könnte. Allerdings leiteten sie den Abdampf getrennt für jeden Zylinder. Erst während der Wett-

31. «Sanspareil», Hackworth, 1829

32. «Rocket», Stephenson, 1829. Betriebsfähiger Nachbau der Firma Ford in Detroit nach alten Plänen und Berichten

fahrten änderte man angesichts der Beobachtung des Auspuffes der Konkurrenzlokomotive «Sanspareil» das Blasrohr nach Hackworths Muster um.

Während des Baues der Lokomotive wurden alle Teile sorgfältig gewogen, um das zulässige Gewicht nicht zu überschreiten. Das endgültige Leergewicht ergab sich zu 3574 kg und mit 762 kg Wasser im Kessel zu 4336 kg, blieb also unterhalb der für eine zweiachsige Lokomotive zugelassenen Grenze von 4,5 t.

Der von einem Wagenbauer in Liverpool gelieferte Tender wies eine neuartige Ausführung der Achslagerung auf. Bei den Kohlenwagen war es üblich, die Achslager innerhalb der Räder anzuordnen (Abb. 6). Bei diesem Tender befanden sie sich außerhalb (Abb. 32) und spielten, da sie abgefedert waren, innerhalb von Führungsgabeln. Eine ähnliche Konstruktion hatte George Stephenson schon 1827 eingeführt, um einen breiteren Wagenkasten vorsehen zu können, aber mit Tragfedern scheint sie erstmalig beim Tender der «Rocket» verwirklicht worden zu sein. Sie wurde dann auch bei allen Wagen der Liverpool-Manchester-Bahn eingeführt und ist seitdem kennzeichnend für Eisenbahnwagen geworden.

Auch Hackworth war natürlich entschlossen, am Wettbewerb teilzunehmen. Er durfte auf eigene Kosten in der Shildon-Werkstatt der Stockton-Darlington-Bahn dazu eine Lokomotive bauen. Tagsüber mit seinen normalen Dienstpflichten voll ausgefüllt, konnte er die Zeichnungen nur nachts zu Papier brin-

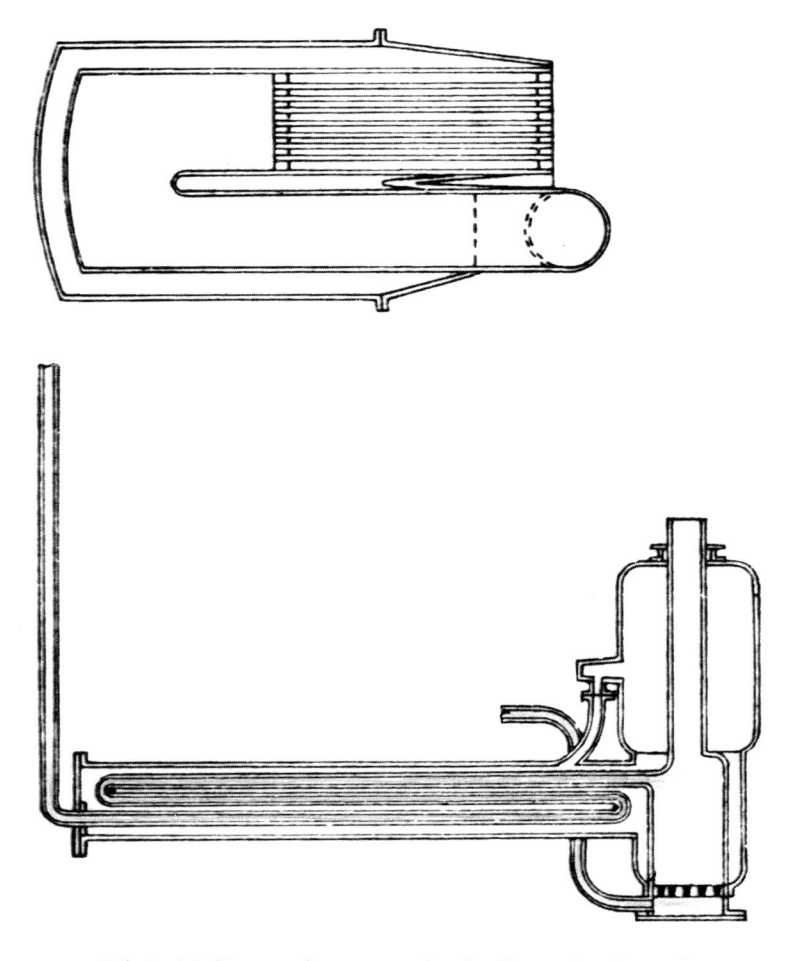

33. Kesselsysteme der «Sanspareil» (oben) und der «Novelty» (unten), 1829

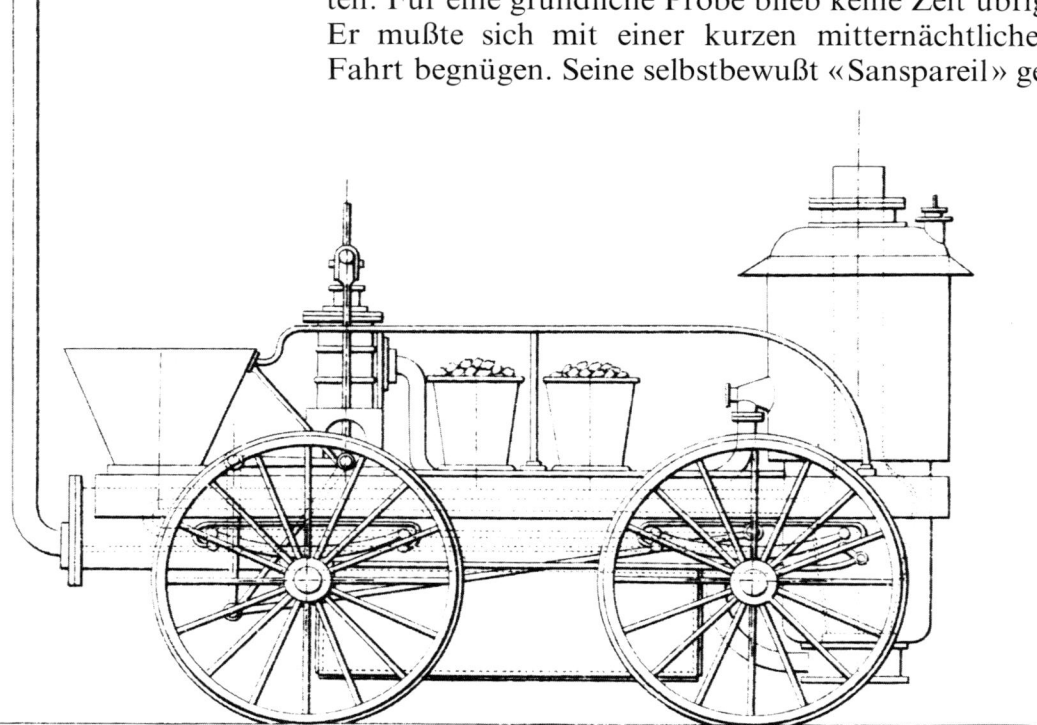

34. «Novelty», Ericsson und Braithwaite, 1829

taufte Lokomotive lehnte sich eng an die Konstruktion der bewährten «Royal George» an, war aber auf zwei Achsen gesetzt (Abb. 31). Er vergrößerte die Heizfläche durch ein rückkehrendes Flammrohr, das er rückwärts aus dem Kessel vorspringen ließ und dort mit einem konisch verlaufenden Wassermantel umgab (Abb. 33, oben). Die Räder hatten gußeiserne Naben, an denen die Kurbelzapfen saßen. Die hölzernen Speichen steckten in radial an den Naben angeordneten, becherförmigen Hülsen. Der Radkranz bestand wahrscheinlich auch aus Holz mit aufgesetzten schmiedeeisernen Reifen. Eine Abfederung der Hinterachse verbot sich angesichts der senkrecht wirkenden Zylinder, doch auch die Vorderachse blieb ungefedert. In dieser Hinsicht entsprach die «Sanspareil» nicht den Wettbewerbsbedingungen. Auch das Dienstgewicht von 4881 kg übertraf die für vierrädrige Maschinen zugelassenen 4,5 t.

Angemeldet hatte sich auch ein gewisser Burstal aus Leith. Wie Robert Stephenson an Booth berichtete, hatte er sich heimlich in das Newcastle-Werk eingeschlichen und seelenruhig die im Bau befindliche «Rocket» angesehen, ehe man ihn entdeckte. Die Konstruktion seiner «Perseverance» genannten Lokomotive entsprach in der Maschinerie einer seiner Dampfkutschen (Abb. 35). Am Vorabend des Beginns der Probefahrten wurde sie beim Abladen beschädigt. Später einer kurzen Vorprobe unterworfen, konnte sie die Bedingungen nicht erfüllen. Burstal zog seine Lokomotive zurück. Man gewährte ihm dennoch, wahrscheinlich als Entschädigung für den Unfall, den Betrag von 25 £.

Am meisten Aufsehen und Bewunderung erregte die von John Ericsson entworfene und von Braithwaite in London gebaute «Novelty» (Abb. 34). Sie verdiente ihren Namen durchaus, denn sie wich gänzlich von dem ab, was man bislang gewohnt war. Sie besaß einen Kessel recht eigenartiger Bauart (Abb. 33, unten). Die Verbrennungsgase sollten durch eine Rohrschlange strömen, der Kessel bedurfte darum eines starken Zuges, der durch einen Blasebalg erzeugt wurde. Der Brennstoff wurde von oben durch ein den stehenden Kesselteil durchlaufendes, weites Rohr eingefüllt, dessen Mündung dann geschlossen werden mußte. Da die Zylinder senkrecht standen, konnten sie nicht unmittelbar die darunter liegende Achse antreiben, die abgefedert war. Die Bewegung der Kolben wurde darum sehr umständlich durch Winkelhebel und Stangen, ähnlich wie bei der Stephensonschen «Quadrantmaschine», auf die dem überhängenden Kessel benachbarte, ebenfalls abgefe-

gen. Viele Teile mußte er außerhalb anfertigen lassen, so den Kessel bei den Bedlington Iron Works und die Zylinder bei Robert Stephenson. Der Zeitdruck zwang Hackworth oft, Tag und Nacht durchzuarbeiten. Für eine gründliche Probe blieb keine Zeit übrig. Er mußte sich mit einer kurzen mitternächtlichen Fahrt begnügen. Seine selbstbewußt «Sanspareil» ge-

35. «Perseverance», Burstal, 1829

derte Achse, die natürlich doppelt gekröpft war, übertragen. Als einzige der Wettbewerbsmaschinen trug die «Novelty» den Wasser- und Brennstoffvorrat selber. Für das Wasser war ein Kasten in einem Rahmen aufgehängt, der Brennstoffbehälter befand sich oberhalb des Rahmens und diente gleichzeitig als Gegengewicht zu dem überhängenden Kessel. Die «Novelty» war somit die erste Tenderlokomotive.

Da die Ausschreibung ja auch eine andere Betriebskraft als Dampf zuließ, meldete Brandreth aus Liverpool ein Fahrzeug, «Cyclopede», an, das von zwei auf einem endlosen Band laufenden Pferden angetrieben wurde, eine Idee, die später mehrfach wieder auftauchte. Durch Übersetzungsgetriebe erzielte das Fahrzeug eine größere Geschwindigkeit als die Pferde, die auf dem Band im Trab liefen. So konnten die Pferde geschont werden. Diese Brandreth-«Lokomotive» lief mit rund 19 km/h, während die Pferde mit nicht mehr als 6 km/h trotteten. Ihrer zu geringen Leistung wegen wurde sie nicht zu den Proben zugelassen, durfte aber außer Wettbewerb dem Publikum vorgeführt werden.

Als Termin für die Wettbewerbsfahrten war der 6. Oktober 1829 festgelegt worden. Zu diesem Ereignis strömten nicht nur Tausende neugieriger Einwohner der umliegenden Ortschaften herbei, sondern auch zahlreiche interessierte Fachleute und Wissenschaftler. Nach einigen vorläufigen Fahrversuchen wurde von den drei Preisrichtern eine genauere Prüfungsordnung bekanntgegeben. Hiernach sollten zunächst um 8 Uhr morgens die teilnehmenden Maschinen mit gefülltem Kessel gewogen werden, um anhand des Wägungsergebnisses die anzuhängende Last festzulegen, die bestimmungsgemäß dreimal so schwer wie die Lokomotive selber sein sollte. Nach Zuteilung der benötigten Betriebsvorräte durfte der Kessel angeheizt werden und die Lokomotive samt dem zugeteilten Zuge fuhr an den Merkpfahl für die Abfahrtstelle.

Sobald der Kesseldruck auf die vorgeschriebenen 3,5 atü gebracht worden war, konnte die Probefahrt beginnen. Jede Lokomotive mußte mit ihrer angehängten Last die abgesteckte Strecke von 2,81 km Länge je zehnmal hin und zurück fahren, was etwa der Entfernung von 56,3 km zwischen Liverpool und Manchester gleichkam. Davon sollten 48,4 km mit einer Geschwindigkeit von mindestens 16 km/h im Mittel zurückgelegt werden. Nach erfolgreicher Erledigung dieser zehn Fahrten wurden die Betriebsvorräte ergänzt und das Programm wiederholt.

Zunächst war die «Rocket» an der Reihe. Mit 12,9 t zugeteilter Last erreichte sie bei den zehn ersten Fahrten, die Aufenthalte an den Merkpfählen nicht eingerechnet, eine reine Fahrzeit von 21,6 km/h im Mittel und bei den weiteren zehn Fahrten ein Mittel von 22,85 km/h. Diese Werte wären besser ausgefallen, wenn bei den Rückfahrten der Zug nicht jedesmal hätte geschoben werden müssen. Die höchste, bei einer Hin- und Rückfahrt gemessene, mittlere Geschwindigkeit betrug 38,8 km/h und die geringste 18,3 km/h. Bei der letzten Fahrt wurde die Maschine sicherlich voll ausgefahren, denn sie erreichte eine Spitzengeschwindigkeit von 56,7 km/h. Die «Rocket» gab noch nachträglich ein Extraschauspiel: Sie fuhr mit einem von zwanzig Personen besetzten Wagen die schiefe Ebene von 10,4‰ (1:96), die für Seilbetrieb gedacht war, anstandslos hinauf und herunter, eine für unmöglich gehaltene Leistung.

Als zweite wurde die «Sanspareil» vorgenommen. Beim Verwiegen stellte sich endgültig heraus, daß sie etwa 280 kg zuviel wog. Sie wurde deswegen offiziell ausgeschlossen, aber trotzdem erprobt, um sie eventuell doch noch zu übernehmen. Als sie, kraft ihres scharfen Auspuffes glühende Koksstücke ausspeiend, losfuhr, schien sie die «Rocket» in den Schatten zu stellen. Ihrem Eigengewicht entsprechend hängte man ihr eine Last von 19,4 t an. Vorerst ging alles gut. Aber bei der achten Fahrt versagte die Speisepumpe, und der Wasserstand im Kessel sank so weit, daß der Sicherheitspfropfen in der Feuerbüchse schmolz. Immerhin hatte sie gezeigt, daß sie mit ihrer Zugkraft eine Hin- und Rückfahrt mit einem Mittel von 26,55 km/h und einer Spitze von 28,5 km/h zu bewältigen vermochte. Der Aufenthalt auf der ungefederten Lokomotive muß nicht gerade angenehm gewesen sein, denn ein Augenzeuge berichtete: «Sie trommelte und brüllte und taumelte wie ein leeres Bierfaß auf schlechtem Pflaster.»

Inzwischen hatten Braithwaite und Ericsson ihre Maschine, die sie vor ihrer Ankunft in Rainhill keiner Fahrprobe hatten unterwerfen können und an der noch allerlei zu ändern war, so weit, daß sie glaubten antreten zu können. Sie galt als ausgesprochener Liebling, und zu aller Freude fuhr sie im krassen Gegensatz zur «Sanspareil» leichtfüßig mit ihren zwei angehängten Wagen von 6,96 t Gewicht los. Kaum hatte sie aber 7 km zurückgelegt, gaben die Dichtungen im Kessel nach, und zur großen Enttäuschung der Zuschauer blieb sie hoffnungslos liegen.

Die «Rocket» war somit die einzige Maschine, die den Wettbewerbsbedingungen anstandslos entsprochen hatte, ihr wurde der Preis von 500 £ zugeteilt.

Hackworth hat die Niederlage seiner «Sanspareil» niemals überwunden. Das bisher gute Verhältnis zwischen ihm und den beiden Stephensons wurde dadurch getrübt und artete von seiner Seite in eine wahre Feindschaft aus, worüber wir noch mehr hören werden. Die «Sanspareil» wurde von der Liverpool-Manchester-Bahn doch noch zu dem, in den Wettbewerbsbedingungen festgesetzten, Preis von 550 £ erworben, der aber die Unkosten nicht deckte. Sie wurde schon drei Jahre später an die Bolton-Leigh-Bahn abgestoßen. Bei den einfacheren Betriebsverhältnissen dieser Bahn bewährte sie sich durchaus. Sie arbeitete dort regelmäßig bis 1844, wurde dann als ortsfeste Dampfmaschine auf einer Kohlenzeche ver-

36. «Rocket», Stephenson, 1829. Heutiger Zustand

37. «Rocket», Stephenson, 1829. Nach einer zeitgenössischen Zeichnung

LOCOMOTIVE ENGINE, "THE ROCKET." 1830.
BUILT BY GEORGE STEPHENSON.

wendet und 1863 von deren Besitzer John Hick dem Science Museum in South Kensington gestiftet, wo sie heute an der Seite der Reste ihrer siegreichen Nebenbuhlerin «Rocket» aufgestellt ist.

In der Praxis stellten sich bei der «Rocket» bald manche Mängel heraus, die zu mehrfachen Umbauten Anlaß gaben. Als erstes baute man ein Blasrohr ein, wie es Hackworth anwandte. Die Leistung stieg durch die dadurch verbesserte Dampferzeugung ganz beträchtlich. Bei neuen Probefahrten war die «Rocket» nunmehr in der Lage, 40 t mit 21,45 km/h zu ziehen, das heißt rund das Zehnfache ihres Eigengewichtes. Bei höheren Geschwindigkeiten lief sie aber recht unruhig. Man schrieb dies der schrägen Lage der Zylinder zu, die man in der Zeit zwischen 1831 und 1833 so weit senkte, daß sie annährend waagerecht lagen. Zur gleichen Zeit wurde auch eine besondere Rauchkammer angesetzt, durch deren Tür die Heizröhren bequem zu reinigen waren. Die nur lose mit dem Rundkessel verbundene Feuerbüchse erlitt häufig Schäden und wurde zweimal durch andere Formen ersetzt. Da die «Rocket» im Laufe der Jahre nicht mehr den gestiegenen Betriebsansprüchen gewachsen war, wurde sie 1836 für 300£ an die Midgeholme-Zechen bei Brampton verkauft und dort zur Beförderung von Kohlenzügen eingesetzt. Um 1839/40 genügte sie nicht mehr, wurde abgestellt und teilweise demontiert. Anläßlich der Londoner Weltaustellung 1851 stellte sie Thompson, der Eigner der genannten Zechen, aus, nachdem sie von Robert Ste-

38. «Northumbrian», Liverpool-Manchester-Bahn, 1830

THE NORTHUMBRIAN ENGINE.
Published by I. Shaw, Liverpool, & Grundy & Fox, Manchester.

phenson & Co., leider ziemlich unsachgemäß, restauriert worden war. Nach der Austellung übergab man sie der technischen Sammlung des Britischen Patentamtes, aus der sich das heutige South Kensington-Museum entwickelte. Hier beseitigte man die nachträglichen unsachgemäßen Zutaten, so daß die «Rocket» im heutigen Zustand nur die restlichen vorhandenen Originalteile zeigt (Abb. 36). Anhand alter Pläne und Berichte ließ Ford für sein Verkehrsmuseum in Detroit eine betriebsfähige Nachbildung des Originalzustandes bauen (Abb. 32).

Das an sich günstige Ergebnis der «Rocket» bewog die Liverpool-Manchester-Bahn, umgehend vier Lokomotiven nach demselben Prinzip bei Robert Stephenson & Co. zu bestellen, jedoch mit größerem Kessel, achtundachtzig Heizröhren und waagerecht liegenden Zylindern. Die 1830 nachbestellten zwei Maschinen besaßen erstmalig eine Rauchkammer. Die «Northumbrian», bei der Feuerbüchse und Rundkessel endlich eine Einheit bildeten, war die letzte dieser Familie (Abb. 38). Damit war die endgültige Form des Stephenson-Lokomotivkessels erreicht, die trotz mehrfacher Versuche niemals durch eine andere hat ersetzt werden können.

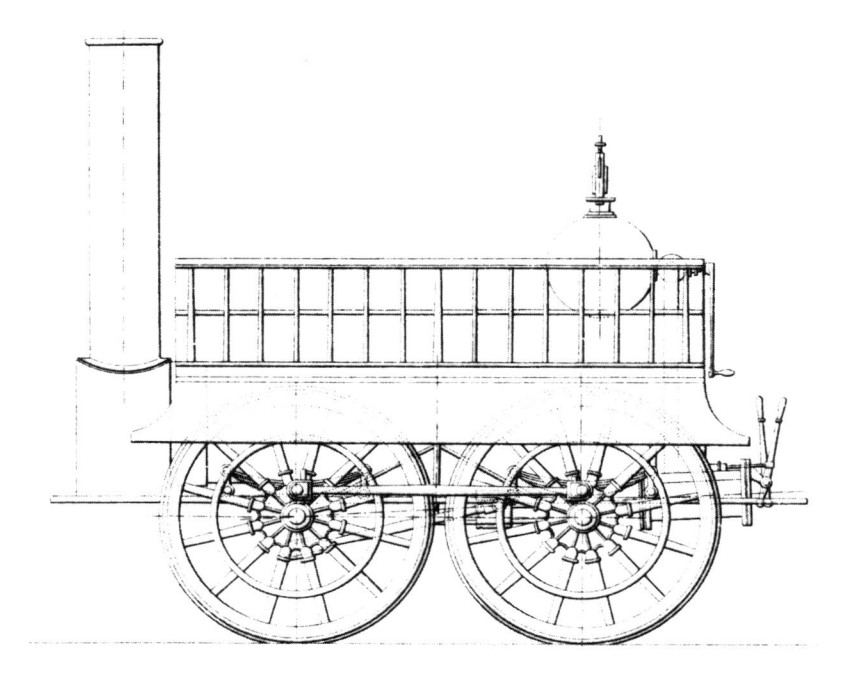

4. DIE TECHNISCHEN PROBLEME DER DAMPFTRAKTION

4.1. Hackworths «Globe», ein Versuchsballon

Mit der «Northumbrian» hatte, wie gesagt, der Lokomotivkessel seine endgültige Form gefunden. Manches andere war aber noch unbefriedigend. Man hatte zwar die wichtige Erkenntnis gewonnen, daß waagerecht liegende Zylinder einen ruhigeren Lauf ergaben als schräge. Der Kolbenweg wurde so nicht mehr vom Federspiel beeinflußt. Die Frage war, wie und wo man die Zylinder am zweckmäßigsten anordnen sollte. Wie seinerzeit beim Heizrohrkessel kamen auch diesmal Lösungsvorschläge fast gleichzeitig von verschiedenen Seiten. Die Priorität gebührt diesmal wohl Hackworth.

Die beabsichtigte Verlängerung der Stockton-Darlington-Bahn nach Middlesborough ließ es geraten erscheinen, den bislang noch mit Pferden bedienten Personenverkehr auf Dampf umzustellen. Sofort nach der Rückkehr aus Rainhill begann Hackworth eine für diesen Zweck geeignete Lokomotive zu entwerfen. In der voll ausgelasteten Bahnwerkstatt zu Shildon war es nicht möglich, die Lokomotive zu bauen. Er wurde darum angewiesen, den Auftrag an Robert Stephenson & Co. zu vergeben. Nach vom 4. bis 6. März 1830 dauernden Verhandlungen übergab Hackworth die Pläne für die neue Lokomotive. Sein Entwurf (Abb. 39) zeigt, daß er vom Rainhill-Wettbewerb manche Anregung mit nach Hause gebracht hat. Zur Überzeugung gelangt, daß vor allem die Heizfläche eines einfachen Flammrohres allein nicht ausreichend war, sah er in diesem eine Anzahl radialer Wasserrohre vor, die in einem gewissen Winkel zueinander standen. So wurden die Heizgase gezwungen, spiralig gewirbelt durchzuströmen. Diese Konstruktion wurde später von Galloway für ortsfeste Kessel wieder aufgegriffen und unter seinem Namen bekannt. Offenbar geriet in dem kurzen Kessel der ungefederten «Sanspareil» das Wasser so ins Wallen, daß es in die Zylinder mitgerissen wurde. Hackworth sah jetzt darum oberhalb des Kessels einen kugelförmigen Behälter vor, der das mitgerissene Wasser auffangen sollte. Diese Neuerung schien so wichtig, und

39. «Globe», Stockton-Darlington-Bahn, Hackworth, 1830

sie war es auch, daß er die Maschine danach «Globe» taufte. Der Behälter war der Vorläufer des späteren Domes. Um die Lokomotive abfedern zu können, ordnete er die Zylinder waagerecht, am hinteren Ende, innerhalb der Räder an, von wo aus sie unmittelbar die voran laufende Achse antrieben. Dies bedingte eine Kurbelwelle, für die er eine besondere Form erdachte, die als Vorbild für spätere Ausführungen diente. Eine Entlehnung von der «Novelty», genau so wie die Kurbelwelle, war eine sich über die ganze Lokomotive erstreckende Plattform mit Geländer. So konnte das Personal ungefährdet das Triebwerk bei fahrender Maschine überwachen.

Der Bau der «Globe» verzögerte sich über Gebühr. Mit voller Absicht, wie Hackworth mißtrauisch bemerkte. Auch Stephenson hatte eine ganz neuartige Lokomotive in Angriff genommen und beabsichtigte, mit ihr Hackworth zuvorzukommen. Erst am 27. Dezember 1830, anläßlich der Eröffnung der neuen Middlesborough-Strecke, wurde die «Globe» in Betrieb genommen. Sie arbeitete neun Jahre lang zufriedenstellend, bis durch die Unachtsamkeit des Führers der Wasserstand so stark fiel, daß der Kessel barst.

4.2. Die Stephensons finden die endgültige Form der Dampflokomotive

Auch bei der «Rocket» und ihren Nachfolgerinnen stellte man starkes «Wasserspucken» aus dem Schornstein fest. Man schrieb dies der starken Abkühlung der dem Fahrtwind voll ausgesetzten ungeschützten Zylinderwände zu, die eine teilweise Kondensation des Dampfes zur Folge hatte. In seinem neuen Entwurf sah Robert Stephenson ebenfalls innerhalb der Räder liegende waagerechte Zylinder vor. Es ist bis heute nicht geklärt, ob er die Anregung dafür aus den Zeichnungen Hackworths erhielt. Die Gesamtanordnung der neuen Bauart, die nach der Erstausführung 1830 für die Liverpool-Manchester-Bahn unter dem Namen «Planet» bekannt wurde, war im Grundsätzlichen der Konstruktion einer späteren, 1835 mit einigen Verbesserungen für die Paris-Saint-Germain-Bahn bei Jackson gebauten Maschine gleich (Abb. 40). Die beiden waagerechten Zylinder lagen jetzt erstmalig vorn, was den Vorteil eines kürzeren und direkteren Weges des Abdampfes zum Blasrohr ergab. Sie waren am unteren Teil der Rauchkammer befestigt und auf diese Weise gut gegen Abkühlung geschützt. Um die Kurbelwelle gut abzustützen, wurde zunächst ein kräftiger, aus starken hölzernen Bohlen bestehender äußerer Tragrahmen vorgesehen, in dem die vier Lager für die beiden Achsen in eisernen aufgesetzten Doppelgabeln geführt waren — eine innen, eine außen — und dem Federspiel folgen konnten. Außerdem wurden jeweils zwischen den Zylindern und der Vorderwand der Feuerbüchse zwei, zunächst hölzerne, später schmiedeeiserne, Verstrebungen angebracht, in denen jede Kurbel beidseits gelagert war. Im ganzen wurde so die Kurbelwelle sechsmal abgestützt. Diese inneren Verstrebungen hatten ferner den Zweck, die vom Kolben ausgehenden waagerechten Kräfte aufzunehmen und im Falle eines Bruches die Kurbelwelle festzuhalten. Da die vier Innenlager nur in diesem Falle zum Tragen kamen, waren sie nicht abgefedert.

Wie man sieht, war das ganze gut durchdacht. Man hatte jedoch nicht erkannt, daß die Zugkraft auf dem Umwege über den Kessel und dessen Abstützungen auf den hinten am Rahmen befestigten Zugbolzen übertragen wurde.

Obwohl die Kesselabmessungen der «Planet» gegenüber der «Northumbrian» kaum größer waren, zeigte sie sich an Zugkraft ganz wesentlich überlegen. Das lag einerseits daran, daß die Triebachse um 25% mehr belastet war, aber andererseits auch an der sich durch die gut gegen Abkühlung geschützte Zylinderlage und den Wegfall der Kondensation ergebenden Dampfersparnis. Da die «Planet» hauptsächlich für den Güterverkehr gedacht war, wurde sie am 4. Dezember 1830 mit einem Lastzug von achtzehn Wagen,

40. «Jackson», Planet-Bauart, Paris-Saint-Germain-Bahn, 1835

der einschließlich der Lokomotive 80 t wog, auf den Weg gebracht. Abgesehen von den beiden 1:96-Steigungen bei Whiston und bei Hutton, wo zusätzlich geschoben wurde, erzielte sie eine mittlere Fahrgeschwindigkeit von 20,1 km/h. Stellenweise wurde mit mehr als 25 km/h gefahren.

In der «Planet»-Bauart sehen wir erstmalig die endgültige Grundform der Dampflokomotive verwirklicht: Heizrohrkessel mit angeschlossener Feuerbüchse und Rauchkammer, waagerechte Zylinder mit direktem Antrieb, kräftiger Rahmen als Fundament des Ganzen. Was jetzt folgte, war die ständige Verbesserung der einzelnen Bauelemente und die allmähliche Steigerung der Leistung. Der erste Schritt zu einer Vermehrung der Leistung wurde bald getan. Wie schon kurz erwähnt, hatte man ursprünglich für die beiden Steigungen der Liverpool-Manchester-Bahn Seilbetrieb vorgesehen, verzichtete aber darauf, nachdem die «Rocket» bewiesen hatte, daß man gut Lokomotiven einsetzen konnte. Immerhin mußte eine Schiebelokomotive helfen. Um dies wenn möglich zu vermeiden, beschloß der Vorstand in der Sitzung vom 20. September 1830, zwei kräftigere Lokomotiven bei Robert Stephenson & Co. zu bestellen. Man gab ihnen die treffenden Namen «Samson» und «Goliath». In ihrem konstruktiven Aufbau entsprachen sie ganz der «Planet», wiesen aber verstärkte Abmessungen auf. Um eine höhere Zugkraft zu erzielen, erhöhte man das Reibungsgewicht durch Kupplung der vorderen Achse. 1832 wurde eine solche Lokomotive (Abb. 41) an die Loire-Eisenbahn, zu der sich inzwischen die Saint-Etienne-Lyon- und die Andrézieux-Roanne-Bahn zusammengeschlossen hatten, geliefert. Der Rahmen ist jetzt in der sogenannten Sandwichform ausgeführt, bei der die hölzernen Längsbohlen beidseitig von vorn bis hinten durch Bleche verstärkt sind. Die weiteren Einzelheiten gehen aus einer Zeichnung hervor, bei der die Räder einer Seite weggelassen sind (Abb. 42): Die Schieber wurden von vorn betätigt. Auch die Einklinkvorrichtung zum Wechsel der Fahrtrichtung befand sich vorn. Bei der Probefahrt am 25. Februar 1831 erregte die Leistung der «Samson» solches Erstaunen, daß die Tageszeitung «The Manchester Guardian» es für der Mühe wert hielt, darüber zu berichten. Mit dreißig vollbeladenen Wagen, das heißt einem Zuggewicht von 151 t, erreichte diese Maschine bis zum Fuß der 1:96-Steigung eine Geschwindigkeit von 32,2 km/h. Die Steigung hinauf wurde sie dann von drei Lokomotiven unterstützt. Anhand der Wagenkupplungen, die sich durch das Nachschieben lösten, konnte man feststellen, daß sechzehn Wagen von der «Samson» gezogen wurden, was etwa 80 t entspricht.

Beide Bauarten, die 1A-«Planet» und die B-«Samson», fanden sofort derart weite Verbreitung bei den

41. Lokomotive der Loire-Bahn, Samson-Bauart, 1832

42. Lokomotive der Loire-Bahn, Samson-Bauart, 1832. Inneres Triebwerk

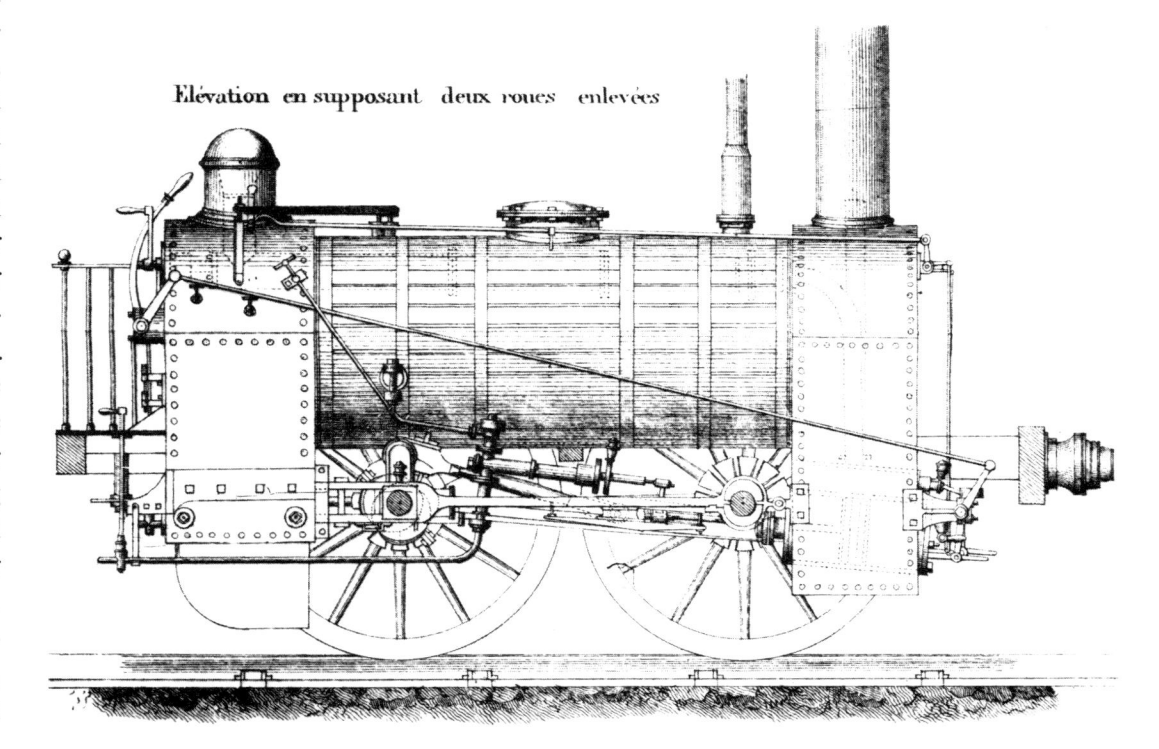

sich rasch ausdehnenden englischen Bahnen, daß Robert Stephenson & Co. dem plötzlich auftretenden Bedarf nicht nachkommen konnten. Die Firma sah sich genötigt, ihre Pläne gegen Entgelt anderen Werken zur Verfügung zu stellen, zunächst vornehmlich der 1830 von Matthew Murray, dem Erbauer der Blenkinsop-Maschinen, gegründeten Firma Fenton,

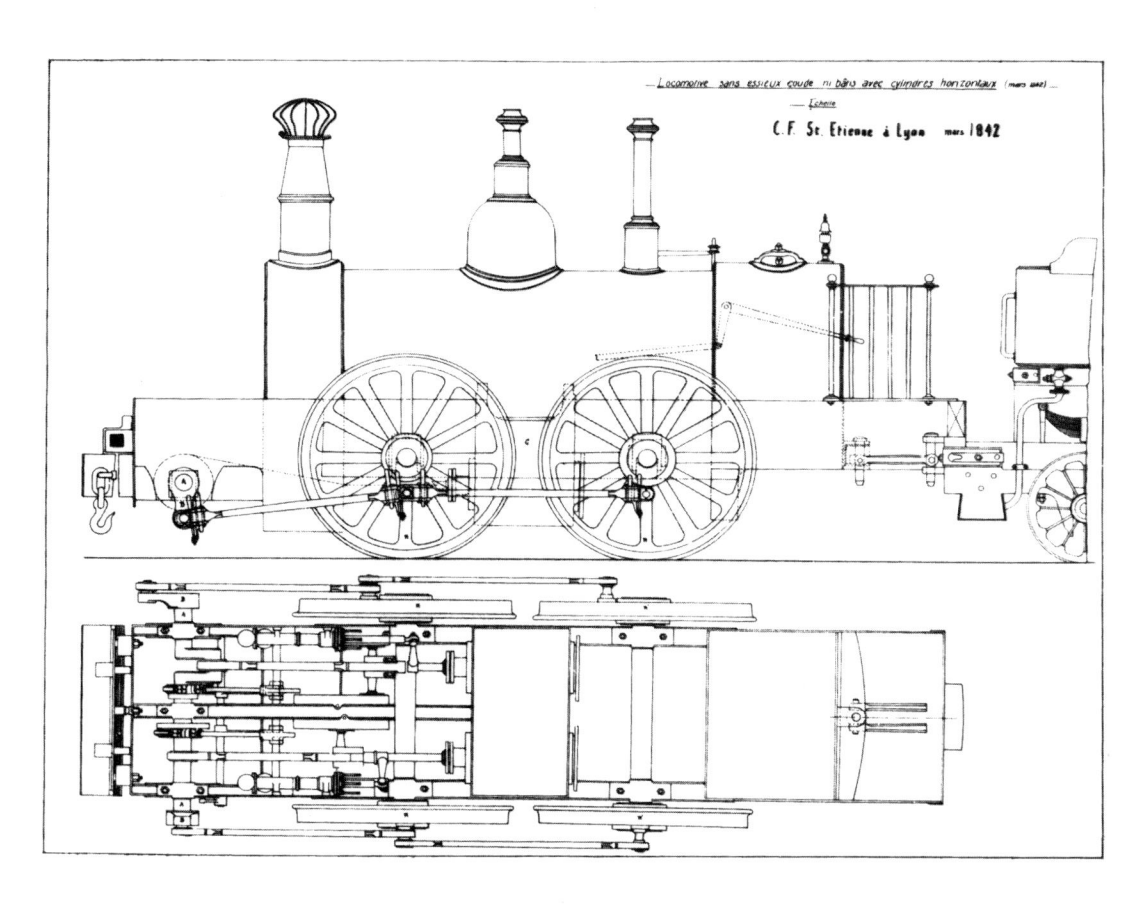

wegen der vielen engen Gleisbögen eine Lokomotive mit kurzem Achsstand zweckmäßig, bei der aber die, einen unruhigen Lauf verursachenden, überhängenden Zylinder vermieden werden sollten. Er verlegte darum die Zylinder in die Schwerpunktebene zwischen beide Kuppelachsen (Abb. 43). Sie arbeiteten nach vorne auf eine gekröpfte Blindwelle, womit er auch die Entgleisungsgefahr beim Bruche der Welle ausschloß. Die Maschine fiel zu schwer für den vorhandenen Oberbau aus und erhielt hinten eine abstützende Laufachse.

4.3. Edward Bury, der erste ernsthafte Rivale der Stephensons

Der dritte, der gleichzeitig mit Hackworth und Robert Stephenson waagerechte innenliegende Zylinder mit direktem Antrieb der Achsen ausführte, war Edward Bury. Seine erste Lokomotive war nicht rechtzeitig für den Rainhill-Wettbewerb bereit. Er bot sie aber nachträglich der Liverpool-Manchester-Bahn an. Über die Bauweise dieser Lokomotive herrscht Unklarheit. Aus den Sitzungsberichten der Gesellschaft geht hervor, daß George Stephenson manches daran bemängelte, so den übergroßen Raddurchmesser von 1829 mm statt wie üblich 1524 mm, die in einem Innenrahmen nur zweimal gelagerte Kurbelachse und so weiter. Es entspann sich eine lebhafte Diskussion über die Vorteile des Außen- im Vergleich mit dem Innenrahmen. Es sollte nicht die letzte sein. Bury erhielt die Auflage, die zwei von ihm angebotenen Maschinen mit einer, der Stephensonschen ähnlichen, Außenrahmenbauart auszuführen und weiter einige Änderungen an der Feuerbüchse vorzunehmen, um größere Sicherheit gegen Explosionen zu schaffen. Eine dieser Lokomotiven wurde vor Übernahme wieder einmal an die Bolton-Leigh-Bahn abgetreten, die andere erhielt den Namen «Liver», nach dem geflügelten Sagentier im Wappen der Stadt Liverpool. Im Schrifttum sind von dieser Maschine gelegentlich nachträglich angefertigte Zeichnungen wiedergegeben, die Innenrahmen zeigen. Sie sind falsch, wie sich aus dem Vorstehenden ergibt. Obgleich die «Liver» während des sechstägigen Vergleichsbetriebes im Frühjahr 1832 nur 0,14 kg/t/km Brennstoff verbrauchte gegenüber der «Planet» mit 0,15 kg/t/km und obwohl de Pambour (1840, 2. Aufl.) sie zu den zehn besten Maschinen der Bahn zählte, wurden keine weiteren Lokomotiven bei Bury bestellt.

43. «Papin», Saint-Etienne-Lyon-Bahn, Tourasse, 1842

Murray & Jackson (vgl. Abb. 40 bis 42). Unter finanzieller Beteiligung der Stephensons wurde 1831 die Firma R.&W. Hawthorn in Newcastle gegründet, die erst 1937 endgültig von Robert Stephenson & Co. übernommen wurde. Auf dem Kontinent fand diese Bauart in Frankreich den größten Anklang. Hier waren am 8. Mai 1842 nicht weniger als vierundvierzig solche, zum Teil von Schneider in Le Creusot gebaute, Maschinen vorhanden. In Deutschland bezog die Leipzig-Dresdener Eisenbahn als erste neun «Samson», wohl die einzigen dieser Art auf deutschen Strecken. In Österreich gab es nur die «Austria» und die «Moravia», beides 1A-Maschinen, auf der 1838 eröffneten Kaiser Ferdinands-Nordbahn.

Eine eigenartige Abwandlung erfuhr die «Samson»-Type durch Tourasse 1842, als auf der Strecke zwischen Givors und Saint-Etienne die Pferde durch Lokomotiven ersetzt wurden. Tourasse erschien

Dafür kam Bury auf seine Kosten, als er am 5. August 1836 die Betriebsführung der London-Birmingham-Bahn pachtweise übernahm. Es war vertraglich fest-

44. «Bury», London-Birmingham-Bahn, Edward Bury

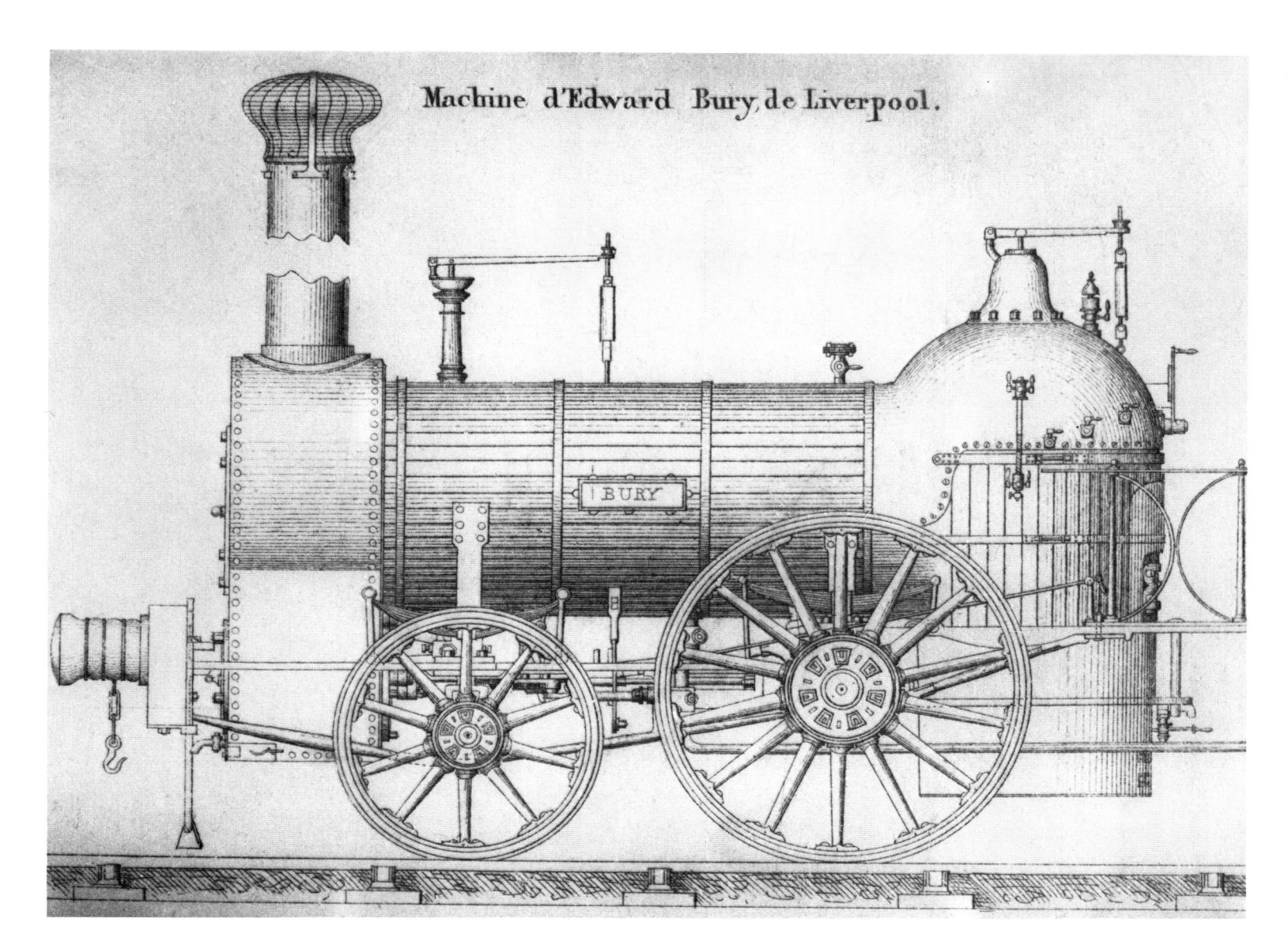

gelegt worden, daß die von der Gesellschaft zu stellenden Lokomotiven nach Angaben Burys zu bauen seien. So konnte er jetzt voll und ganz seine Ideen in die Tat umsetzen. Obwohl die Zeit für zweiachsige Streckenlokomotiven eigentlich schon vorbei war, hielt er zäh an ihnen fest und rüstete die Bahn zunächst ausschließlich mit 1A- und B-Lokomotiven seiner Bauart aus.

Burys Maschinen hatten verschiedene, deutlich sichtbare, konstruktive Besonderheiten (Abb. 44). Die Feuerbüchse war, anders als bei Stephenson, zylindrisch. Da sie dem Rundkessel direkt angeschlossen war, ergab sich für einen waagerechten Schnitt im unteren Teil etwa die Form eines D. Oben war sie durch eine Rundkuppel abgeschlossen. Der Rahmen stellt eine Weiterentwicklung desjenigen der «Rocket» dar. Er bestand aus Flach- und Rundeisenbarren, lag ganz innerhalb der Räder, und die vier abgefederten Achslager waren an ihm befestigt. Der hintere Teil des Rahmens umfaßte halbkreisförmig die Feuerbüchse und trug die Zugvorrichtung. Eine mittlere Abstützung der Kurbelachse hielt Bury für überflüssig. Er bewies dies durch einen gewagten Versuch: Eine versehentlich mit kleinerem als dem vorgeschriebenen Durchmesser gelieferte und daher unbenutzt gebliebene Kurbelachse wurde dicht am Lagerhals ringsum soweit eingesägt, daß nur noch ein rund 25 mm starker Kern übrig blieb. Sie wurde in eine Maschine eingebaut und Bury fuhr damit los. Die Achse brach, wie beabsichtigt, jedoch ohne eine Entgleisung zu verursachen, denn sie wurde von den Lagerhalsbunden in der Lagerschale festgehalten. Im Ganzen gesehen, stellt Burys Lokomotive eine wesentliche Vereinfachung gegenüber der «Planet» und der «Samson» dar. Dagegen war es ein Nachteil, daß nur ein kleiner Rost im runden Stehkessel untergebracht werden konnte. Auf der London-Birmingham-Bahn beförderten Burys 1A-Lokomotiven normalerweise Züge bis zu 57,5 t Gewicht mit einer mittleren Reisegeschwindigkeit von 37,5 km und gelegentlichen Spitzen bis zu 60 km/h.

Bury hielt immer noch zäh an zweiachsigen Lokomotiven fest. Durch deren ungenügende Leistung wurden die Zustände auf der London-Birmingham-Bahn nachgerade unhaltbar. Es war durchaus keine Ausnahme, daß die Güterzüge mit vier vorgespannten Maschinen verkehren mußten. Schließlich mußte er sich den Tatsachen beugen und ab 1843 stärkere, dreiachsige Maschinen bauen (Abb. 45). Mit dem Zusammenschluß der London-Birmingham- und der Grand Junction-Bahn im Juli 1846 verließ Bury seinen Wirkungskreis.

Seine Bauart fand auch auf anderen Bahnen Englands und Frankreichs Eingang. Eine 1846 für die Furness-Bahn gebaute B1-Lokomotive, die bis 1898 dort Dienst leistete, ist bis auf unsere Tage gekommen. Als «Old Coppernob» bekannt, stand sie im, heute geschlossenen, Clapham-Verkehrsmuseum zu London. Burys Bauart blieb nicht ohne Einfluß auf Stephenson, wie wir ausführen werden. In den Vereinigten Staaten leitete sie eine ganz neue Entwicklung ein, doch das ist ein Kapitel für sich. An Burys Konstruktion lehnte sich auch die erste erfolgreich in Deutschland gebaute Lokomotive «Saxonia» der Leipzig-Dresdener Eisenbahn an.

45. «Comet», London-Birmingham-Bahn, Edward Bury

4.4. Stephensons «Patentee» und ihre Weiterentwicklung

Es wird häufig geschrieben, Robert Stephenson habe seinen «Planets» eine hintere Laufachse zugefügt, um damit die starke nickende Bewegung aufzufangen, die während der Fahrt durch den großen Überhang der Feuerbüchse auftrat. Das war aber nur eine erfreuliche Folgeerscheinung. Der Hauptgrund für den Übergang zu dreiachsigen Lokomotiven geht klar aus dem Robert Stephenson am 7. Oktober 1833 erteilten Patent hervor, nach dem die Bezeichnung «Patentee» für die Maschine aufkam: Die hinzugefügte Laufachse gestattete, einen größeren Kessel als bisher aufzusetzen. In der Tat war das Lokomotivgewicht zwischen 1829 und 1831 von den 4,5 t der «Rocket» auf die 10 t der «Samson» gestiegen, und man hatte Bedenken, noch höhere Achsdrücke bei dem vorhandenen Gleis zuzulassen. Um die Kurvenläufigkeit trotz des verlängerten Achsstandes zu wahren, ließ Stephenson den Spurkranz der Mittelachse weg. Dadurch entfiel auch die Beanspruchung der Kurbelwelle durch die seitlichen Spurkranzdrücke, die über das Rad als Hebel auf die Welle einwirkten. Rahmen, Kessel und Anordnung des Triebwerkes waren bei dieser neuen «Patentee»-Bauart gleich den späteren Maschinen der «Planet»-Bauart, doch wurden die

Schieber nicht mehr von vorn sondern direkt betätigt. Von dieser ersten «Patentee» sind keine Zeichnungen bekannt, doch gibt es Abbildungen (Abb. 48) einer späteren Ausführung von ungefähr 1837, einer Zeit, zu der sie sich bereits weitgehend eingeführt hatte.
Am 28. April 1834 bot Robert Stephenson eine nach diesen patentierten Ideen gebaute Lokomotive für 1000 £ an. Wie man daraus sieht, war nicht nur das Gewicht, sondern auch der Preis der Maschinen seit der «Rocket» auf das Doppelte gestiegen.
Die «Patentee»-Bauart erwies sich als äußerst zukunftsträchtig. In ihrer 1A1-Grundform mit einem Treibraddurchmesser von 1524 bis 1676 mm war sie zunächst «Mädchen für Alles». Mit größer werdendem Treibraddurchmesser entwickelte sie sich schließlich zu einer ausgesprochenen Schnellzug-Lokomotive. Verschiedene, ihr anfänglich noch anhaftende Mängel wurden nach und nach beseitigt. Da die am Rahmen aufgesetzten Achsgabeln sich leicht lockerten, führten Sharp, Roberts & Co. den Rahmen an ihren Lokomotiven in flachem Bogen in der Mitte ansteigend aus. Die Achsgabeln wurden dadurch kürzer und überdies mit den einzelnen Futterblechen zu einem Ganzen feuergeschweißt (Abb. 47). Auch der innere Rahmenbau war anders als bei Stephenson. Die beiden innen liegenden Rahmenwangen wiesen nur Ausschnitte für die Treibradachse aber keine Lager auf. Das ersparte das schwierige Ausrichten der vielen Kurbelwellenlager. Die mittlere Treibachse war mit Spurkränzen versehen, wahrscheinlich um mit Stephensons Patent nicht in Konflikt zu geraten. Die Sharp-Lokomotiven, in England oft liebevoll «Sharpies» genannt, fanden wegen ihrer sorgfältigen, wohldurchdachten Ausführung und des erstmalig sichtba-

46. Das Lokomotivdepot von Camden Town

ren Bestrebens, das Aussehen der Lokomotive einschließlich des Tenders harmonisch zu gestalten — was auf den damaligen Chefkonstrukteur, den Deutschen Beyer, zurückzuführen ist —, überall großen Anklang. Sharp entwickelte sich, vor allem außerhalb Englands, zum bedeutendsten Konkurrenten Stephensons. Sharp lieferte 1839 sechs Maschinen, die in Heidelberg zusammengebaut wurden, an die Badischen Staatsbahnen. Der Artillerie-Wachtmeister Kiefer, Zeichenlehrer an der Karlsruher Kriegsschule, fertigte damals genaue Zeichnungen an, die heute einen Neubau ohne weiteres möglich machen würden. Hoffentlich kommt es einmal dazu. Auf dem Kontinent wurden nach Sharpschem Vorbild vor allem in Frankreich zahlreiche Maschinen von einheimischen Fabriken gebaut. In Deutschland waren Emil Kesslers erste neun in Karlsruhe gebaute Lokomotiven ein genauer Nachbau der erwähnten Sharp-Maschinen der Badischen Staatsbahn. Eine 1854 an die spanische Barcelona-Martorell-Bahn gelieferte Sharpsche 1 B-Maschine wird von der RENFE für das künftige Eisenbahnmuseum aufbewahrt.

Als sich mit der Zeit die verschiedenen englischen Eisenbahnstrecken zusammenschlossen, stieg der Güterverkehr derart an, daß man vielfach weder mit ungekuppelten Lokomotiven, wegen ihres zu geringen Reibungsgewichtes, noch, wegen ungenügender Kesselleistung, mit den gekuppelten «Samson» auskam. Bei der 1832 eröffneten, von George Stephenson erbauten Leicester-Swannington-Bahn lag bereits nach zwei Jahren die Notwendigkeit vor, stärkere Maschinen als die bislang verwendeten «Samson» für die Kohlenzüge einzustellen. Robert Stephenson lieferte dafür eine verstärkte «Samson», bei der zum ersten Mal hinten eine Laufachse vorgesehen wurde, um einen leistungsfähigeren Kessel einbauen zu können. Diese, «Hercules» genannte, Maschine wurde im Dezember 1833 abgeliefert, unmittelbar gefolgt von einer zweiten gleichartigen Lokomotive für die Stanhope-Tyne-Bahn (Abb. 49).

Diese Spielart verbreitete sich in England rasch als Güterzuglokomotive bis etwa 1846. Eine solche Maschine, die 1838 von Todd, Kitson & Laird an die Liverpool-Manchester-Bahn gelieferte «Lion», ist, wenn auch mehrfach umgebaut, auf unsere Tage gekommen und wurde vielfach für Verfilmungen verwendet. Auf dem Kontinent war die Bauart selten. Die ebenfalls noch vorhandene «Ajax» der Kaiser

47. Sharp-Lokomotive der französischen Nord, Patentee-Bauart

48. Lokomotive der Patentee-Bauart, von Stephenson gebaut, um 1837

Ferdinands-Nordbahn von 1841, die im Wiener Eisenbahnmuseum aufbewahrt wird, gehört dieser Spielart an.

Eine noch höhere Zugkraft als bei zwei gekuppelten Achsen konnte man erzielen, wenn man drei miteinander kuppelte. Bei der «Patentee»-Bauart geschah dies zuerst bei der im Februar 1834 von Robert Stephenson an die Leicester-Swannington-Bahn gelieferten «Atlas» (Abb. 50). Im Gegensatz zu den oben beschriebenen 1B-Maschinen waren diesmal die Spurkränze der mittleren Räder weggelassen. Die «Atlas» wurde die Stammutter der klassischen englischen Güterzuglokomotive mit Außenrahmen, die noch bis Ende der neunziger Jahre in großer Zahl gebaut worden ist. Die «Atlas» galt zu ihrer Zeit als die stärkste Lokomotive. Sie bewährte sich so, daß sie fünfundzwanzig Jahre lang benutzt werden konnte. Danach wurde sie an Kohlenzechen vermietet und beendete ihre Laufbahn nach vierzig Jahren.

Bei der damals üblichen tiefen Kessellage mußten die Zylinder ebenfalls sehr tief und schräg nach oben gerichtet angeordnet werden, um unterhalb der ersten Achse Platz für die Kolbenstange zu lassen. Fügte man die kleineren Laufräder vorne an, konnten die Zylinder waagerecht liegen, ohne daß die vordere Kuppelachse im Wege stand. Auch diese Bauweise

49. «Hercules», Güterzuglokomotive der Stanhope-Tyne-Bahn, 1833

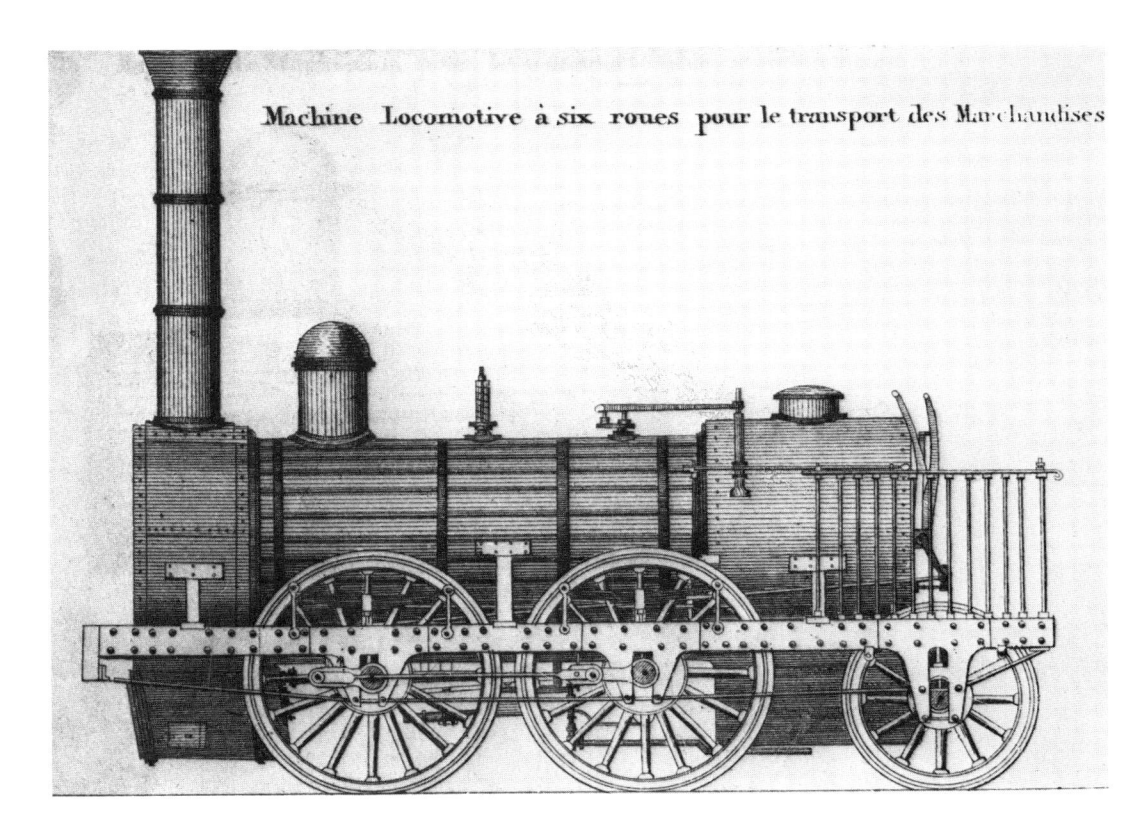

50. «Atlas», Leicester-Swannington-Bahn, 1834

51. «La Victorieuse», Paris-Versailles-Bahn (Linkes Ufer), 1838

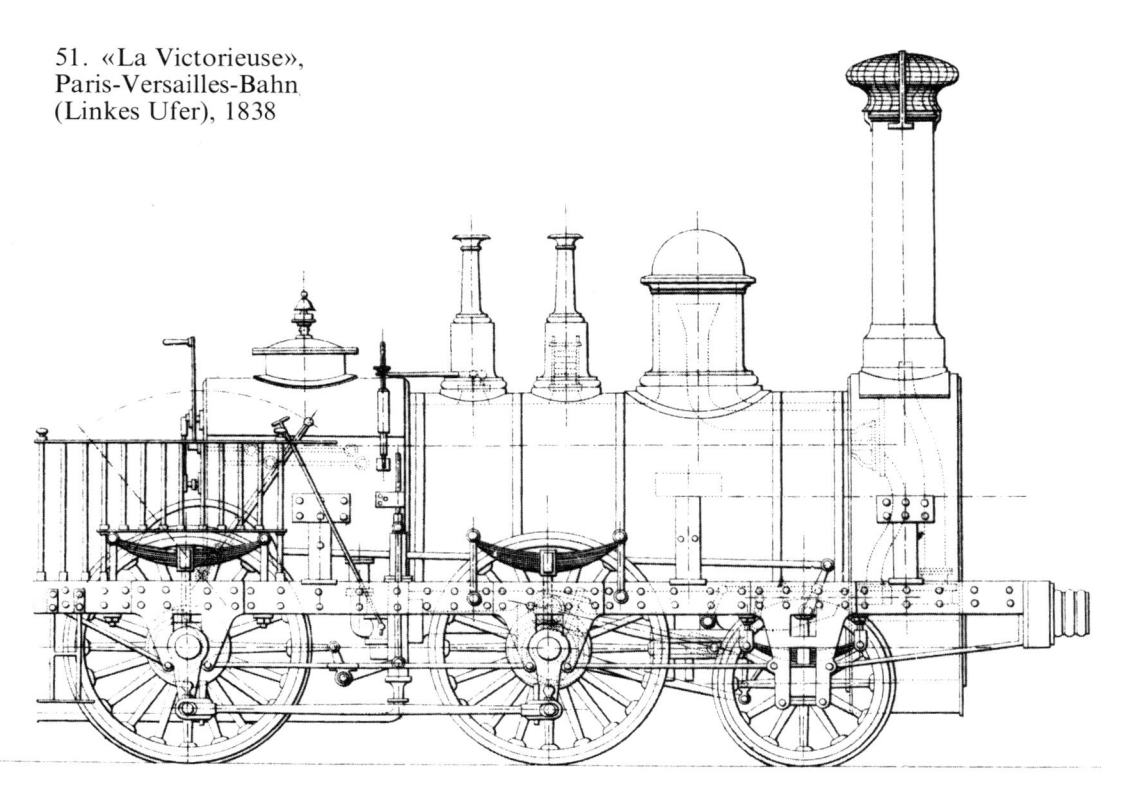

wurde von Robert Stephenson ausgeführt, und zwar an vier Lokomotiven, von denen zwei 1837 nach Nordamerika zur Baltimore-Susquehanna-Bahn und eine 1838 an die Paris-Versailles-Bahn (Linkes Ufer) kamen. Es war die vielfach abgebildete «Victorieuse» (Abb. 51). Sie war dazu bestimmt, sowohl Personen- als auch Güterzüge zu befördern. Auf der fast beständigen Steigung von 4‰ (1:250) vermochte sie 110 t mit 24 bis 25 km/h zu befördern.

Aus der Bauart der «Victorieuse» entstand, gemäß dem von Jahn (1924) aufgestellten Gesetz von der «Aufwärtsentwicklung der Bauarten», in England bald eine für das Viktorianische Zeitalter typische, ausgesprochene Schnellzugmaschine, die bis in die neunziger Jahre hinein gebaut worden ist.

4.5. Verbesserung der Dampfwirkung im Zylinder

Nachdem das Problem, wie am günstigsten Dampf zu erzeugen sei, mit dem Stephensonschen Heizrohrkessel gelöst worden war, begann man sich über die beste Art der Dampfausnutzung Gedanken zu machen. Die ältesten Lokomotiven arbeiteten mit voller Füllung, das heißt, der Schieber ließ solange Dampf in den Zylinder eintreten, wie sich der Kolben bewegte. Immerhin war schon die Bedeutung des Voreilens des Schiebers gegenüber dem Kolben erkannt. Der Kesseldampf konnte, kurz ehe der Kolben an das Ende seines Hubes gelangte, auf der Gegenseite eintreten und beim plötzlichen Umkehren der Kolbenbewegung als elastisches Polster wirken. Wie bereits Wood bei Versuchen auf der Liverpool-Manchester-Bahn beobachtet hatte, bedeutet die volle Füllung eine unnötige Dampfverschwendung. Erst der Franzose Clapeyron beabsichtigte, die Eigenschaft des Dampfes, sich auszudehnen (zu expandieren), auszunutzen. Er wurde dazu durch Vorversuche von Flachat und Petiet mit Lokomotiven der Paris-Versailles-Bahn (Rechtes Ufer) angeregt. Clapeyron änderte 1840 die Steuerung der Maschine «Le Creusot», die der «La Gironde» (Abb. 53) gleich war, derart um, daß der Schieber den Dampfeintritt bei etwa 70% des Kolbenweges schloß. Der Dampf wirkte anschließend durch seine Expansion auf den Kolben. Dadurch ergab sich ein fallender Dampfdruck und folglich ein

52. Lokomotive der Samson-Bauart

niedrigerer mittlerer Arbeitsdruck als bei voller Füllung. Sollte die Leistung des Zylinders trotzdem gleich bleiben, mußte sein Durchmesser entsprechend vergrößert werden. Im vorliegenden Falle bohrte man die Zylinder von 330 auf 380 mm aus.

Clapeyrons Erwartungen wurden übertroffen, so daß man umgehend weitere Lokomotiven in derselben Weise änderte. Dank der durch die Expansion besseren Ausnutzung des Dampfes sank der Koksverbrauch der veränderten Maschinen auf 8 bis 10 kg/Zugkilometer gegenüber 20 bis 25 kg bei den unveränderten. Außerdem konnten die mit Expansion arbeitenden Lokomotiven bei gleicher Dampferzeugung im Kessel 40-50% schwerere Züge befördern.

Das nächste Ziel war, den Grad der Expansion entsprechend der jeweils verlangten Leistung zu ändern. Zu jener Zeit waren die ursprünglichen Schieberantriebe mit durch verschiebbare Nocken und Knaggen mitgenommenen Exzentern bereits allgemein durch die sogenannten Gabelsteuerungen ersetzt worden (Abb. 55). Für jeden Zylinder waren zwei Exzenterstangen vorhanden, je eine für Vor- und Rückwärtsfahrt, deren freie Enden Gabeln trugen. Mit Hilfe dieser (in der Abb. sichtbaren) Hängeeisen konnten die Gabeln gemeinsam gehoben und gesenkt werden und die zugehörigen, an einem senkrecht schwingenden Doppelhebel befindlichen Bolzenköpfe umfassen. Die Schwinghebel betätigten ihrerseits die Schieber. Mit dieser Gabelsteuerung war es zwar leicht möglich, die Fahrtrichtung zu wechseln, nicht aber, die Füllung der Zylinder zu ändern. Der Belgier Cabrey änderte daher die Form der Gabel für die Vorwärtsfahrt derart, daß der Bolzen des Schwinghebels an zwei verschiedenen Punkten, entweder am Grunde oder weiter außen, von den verlängerten, jetzt parallelen Gabelzinken umfaßt werden konnte. Es ergaben sich so zwei mögliche Füllungsgrade von etwa 70% und 50%.

Zahlreiche Erfinder bemühten sich, Steuerungen auszuklügeln, die es ermöglichen sollten, mit veränderlicher Expansion zu fahren. Von allen diesen, mehr geistvollen als praktisch brauchbaren, Mechanismen hat zunächst nur die Expansionssteuerung des Elsässers J. J. Meyer größere Bedeutung erlangt. Am 6. Juli 1842 lieferte er die erste Lokomotive mit seiner Steuerung (Abb. 54), die «L'Espérance», an die Elsässische Bahn. Seine Maschine war der Sharpschen Art angelehnt. Bei der Meyer-Steuerung wird durch Gabelstangen der beschriebenen Art ein Grundschieber betätigt, der zuerst den Dampfeinlaß steuert. Auf dessen Rücken läuft ein aus zwei Körpern bestehender Hilfs-

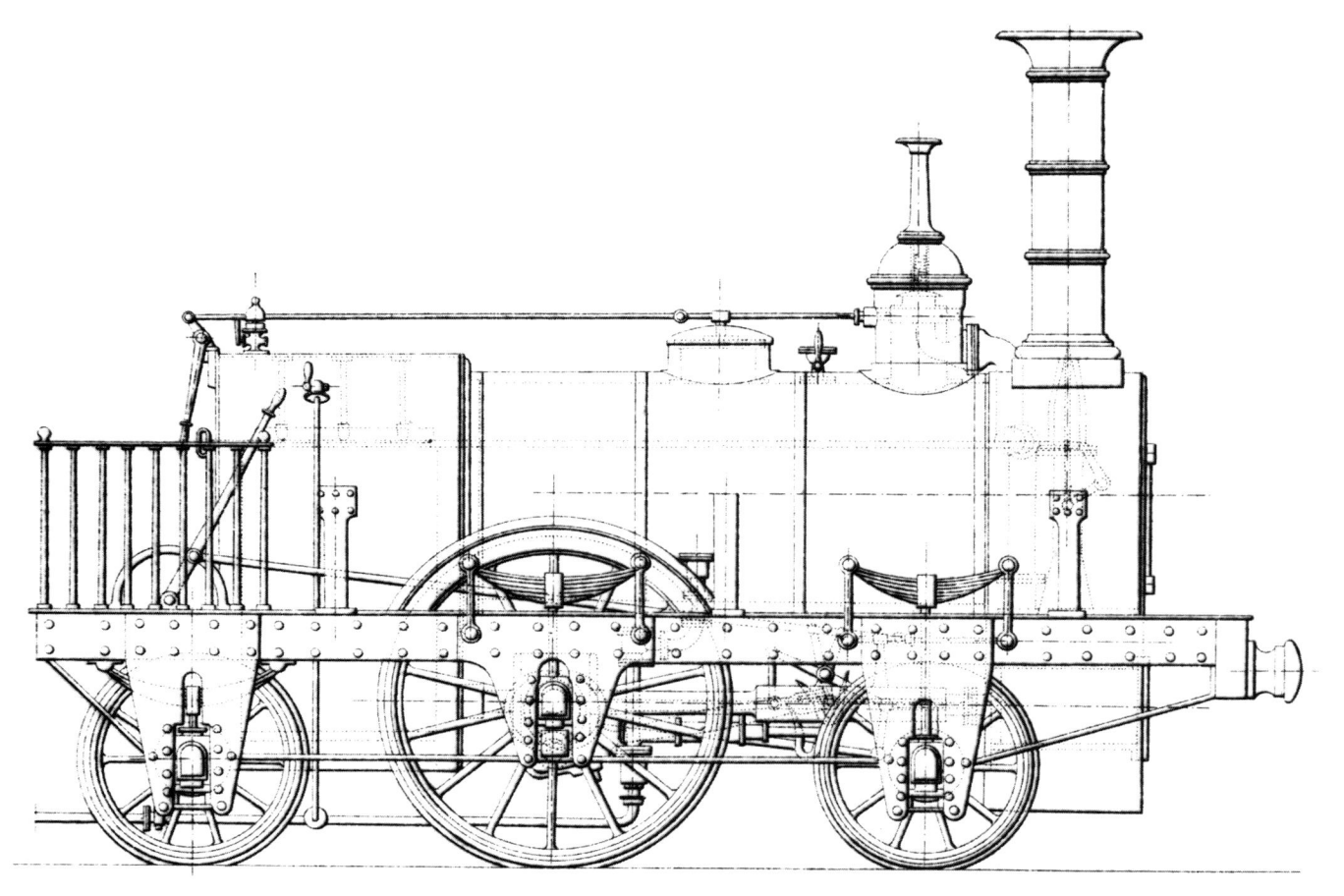

53. «La Gironde», Paris-Versailles-Bahn (Rechtes Ufer), 1840

54. «L'Espérance», 1842. Die Meyersche Expansionssteuerung ist sichtbar

55. «La Gironde», 1840. Die Gabelsteuerung ist sichtbar

schieber, der von der einen Gabelstange aus durch einen senkrechten Doppelhebel bewegt wird. Die Veränderung des Füllungsgrades erfolgt vom Führerstande aus über das vorn am Schieberkasten sichtbare Kegelradgetriebe: Die Schieberstange und die beiden Schieberkörper sind mit Rechts- und Linksgewinde versehen. Je nachdem in welchem Sinne die Schieberspindel gedreht wird, entfernen oder nähern sich die beiden Schieberkörper. Dadurch wird die Dauer des Dampfeinlasses verlängert oder verkürzt. Bei Probefahrten verbrauchte die «L'Espérance» 3,9 kg Koks pro Zugkilometer statt der 5,19 kg bis 7,90 kg der anderen Lokomotiven.

Die Elsässische Bahn bestellte sofort eine gleichartige Maschine, die den bezeichnenden Namen «Le Succès» erhielt. Meyer baute auf eigene Kosten eine dritte Lokomotive, «Mulhouse», die im November 1843 auf der Paris-Versailles-Bahn eingehenden Versuchen unterworfen wurde, bei denen sich im Durchschnitt ein Minderverbrauch an Koks bis zu 31%

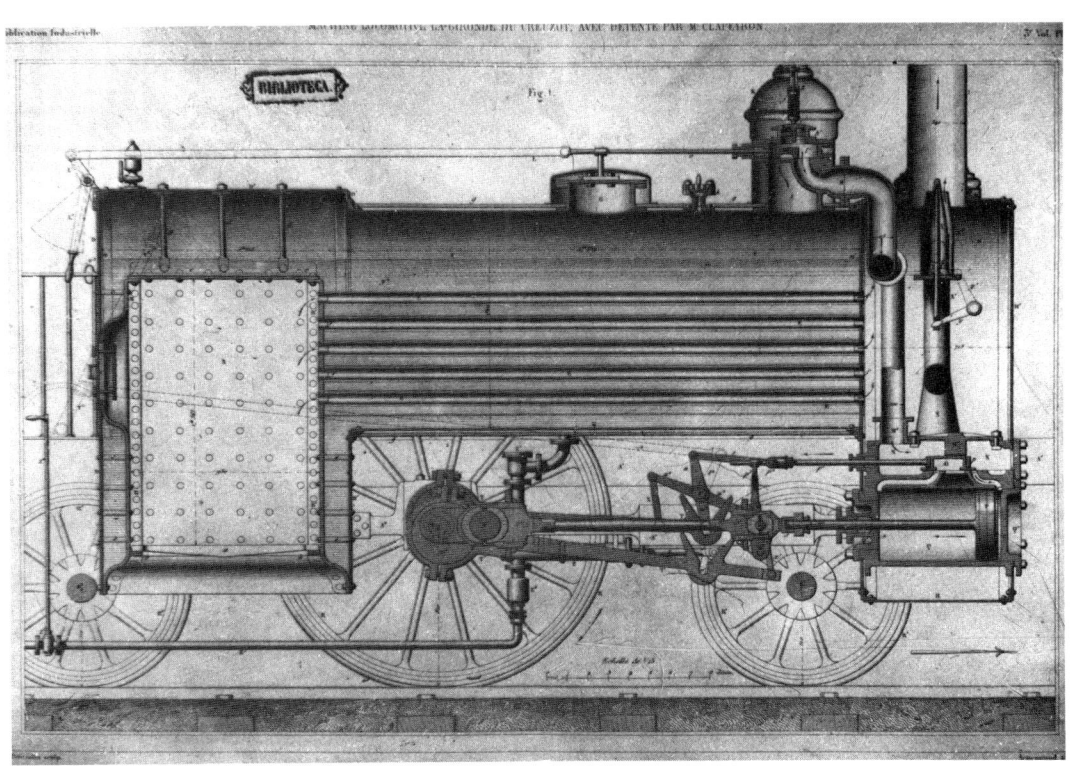

ergab. Nachdem sie auf verschiedenen anderen Bahnen vorgeführt worden war, landete sie schließlich bei der Paris-Orleans-Bahn als BN.39 (später BN.6). Die Meyer-Doppelschieber-Steuerung wurde vor allem in Deutschland und Österreich sehr beliebt und stellenweise sogar der nachfolgend beschriebenen Stephenson-Steuerung vorgezogen. Auf ähnlichem Prinzip beruhten die ebenfalls vielbenutzten Doppelschieber-Steuerungen von Gonzenbach, Borsig und Baldwin, bei denen die zum Festfressen neigenden Gewinde vermieden wurden.

Zur gleichen Zeit, als Meyer seine ersten Versuche unternahm, entwickelte Robert Stephenson die nach ihm benannte Kulissensteuerung. Ihre Erfindung ist William Williams, Konstrukteur und Zeichner der Stephensonschen Fabrik, und dem Werkmeister William Howe zu verdanken. Die Maschinen mit Gabelsteuerung (Abb. 55) wurden häufig so ausgeführt, daß beide Gabeln einander zugekehrt waren. Es ist dann naheliegend, die Zinken beider miteinander zu einer Kulisse zu verbinden (Abb. 57). An einer Sharp-Lokomotive sehen wir die allgemeine Anordnung dieser neuen Steuerung, deren Beschreibung sich erübrigt. Es soll ursprünglich nur die Absicht vorgelegen

56. Bahnhofsszene, erste Hälfte des 19. Jh.: Lokomotive der Patentee-Bauart und offener Sommerwagen

57. Lokomotive der Sharp-Bauart, 1845. Schnitt

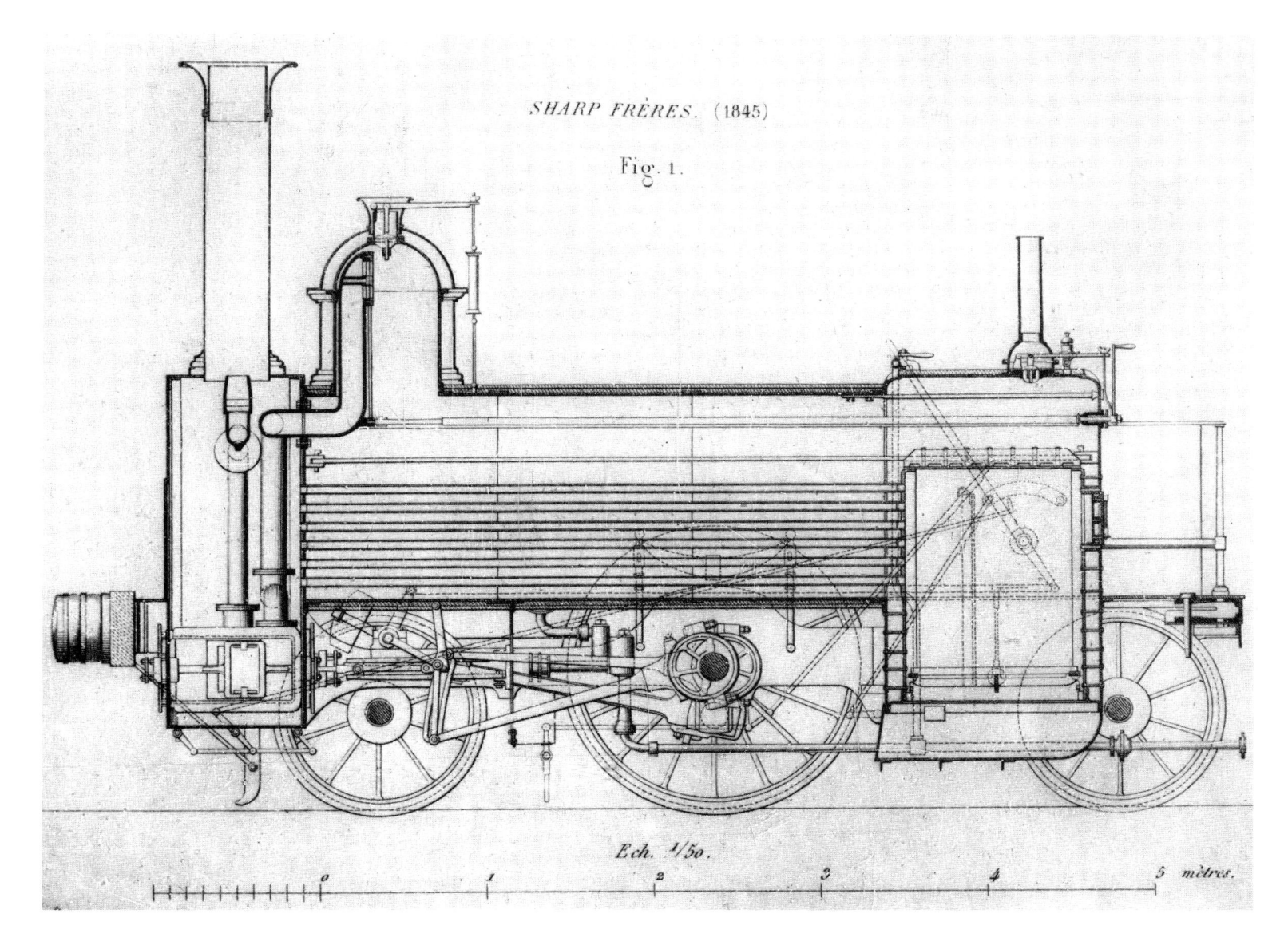

haben, das Einrasten der Gabeln in die Bolzenköpfe stoßfrei zu bewerkstelligen. Daher hatte man am Bogen des Stellhebels im Führerstande auch nur drei Rasten für Vorwärts-, Rückwärts- und Mittelstellung vorgesehen. Die Lokführer entdeckten rein gefühlsmäßig, daß sie durch Zurückziehen des Stellhebels Dampf sparen konnten, und feilten sich dementsprechend weitere Rasten für Zwischenstellungen ein. Die Stephensonsche Kulissensteuerung (später m.E. nicht gerade treffend als Schwingensteuerung verdeutscht, da es auch Steuerungen mit feststehender Kulisse gab) wurde 1842 zum ersten Male in eine Lokomotive eingebaut und verdrängte bald ihrer Vorteile und einfachen Bauart halber alle anderen Systeme. Sie ist in England bis zuletzt noch bei Innenzylindern beibehalten worden.

Wie die Meyer-Steuerung wurde auch die Stephensonsche Grundidee mehrfach abgewandelt. Gooch drehte die Kulisse anders herum, so daß statt der beiden Exzenterstangen nur die Schieberschubstange gehoben und gesenkt zu werden brauchte. Allan und gleichzeitig Trick führten die Kulisse gerade aus. Das vereinfachte die Herstellung, machte aber das gleichzeitige Heben und Senken der Exzenter- und Schieberschubstangen notwendig. Allen diesen Abwandlungen waren gewisse Vorteile zu eigen, denen aber auch Nachteile gegenüberstanden. Wir werden noch mehrfach Anwendungen dieser Abarten kennenlernen.

5. IN DEN VEREINIGTEN STAATEN BEGINNT MAN SICH FÜR EISENBAHNEN ZU INTERESSIEREN

58. John Stevens' Lokomotive, 1824. Neben dem Kessel die ausgebauten Wasserrohre

5.1. Die ersten Dampflokomotiven in Nordamerika

Als «Vater der amerikanischen Eisenbahn» gilt Colonel John Stevens, ein begüterter Farmer aus Hoboken, New Jersey. Er reichte schon 1811 bei der Regierung von New Jersey ein Gesuch für den Bau einer Eisenbahn ein und veröffentlichte im nächsten Jahre eine Kampfschrift zugunsten der Eisenbahnen anstelle der Schiffahrtskanäle. Stevens' Ideen stießen vorerst auf allgemeine Ablehnung. Als 1824 der Staat Pennsylvania daran ging, einen Kanal zwischen Philadelphia und Pittsburgh zu bauen, verlegte Stevens auf seine Kosten in einem seiner Grundstücke einen Schienenkreis von rund 720 m Umfang und baute eine kleine Vorführlokomotive, um den Beweis zu erbringen, daß eine Eisenbahn durchaus im Bereich des Möglichen lag.

Diese erste Lokomotive in Amerika (Abb. 58) besaß einen stehenden Kessel, in dem sich ein Bündel von zwanzig eisernen Wasserrohren befand (in der Abbildung ausgebaut). Zum Antrieb diente ein waagerecht am Fuße des Kessels angeordneter Zylinder von 82,5 × 368 mm, der über ein Ritzel ein großes Zahnrad antrieb, das mit einer in der Mitte des Gleises angeordneten Zahnstange kämmte. Die Laufräder hatten keine Spurkränze. Sie liefen wahrscheinlich auf einfachen Holzbohlen, denn die Führung im Gleise erfolgte durch waagerechte Rollen, die an vier, an jeder Ecke des Rahmens befindlichen Pfosten saßen und an der Innenseite der Schienen entlang liefen. Diese nur 450 kg wiegende Vorführlokomotive wurde am 23. Oktober 1824 erstmalig in Betrieb gesetzt und anschließend häufig gezeigt. Hierbei soll sie eine Geschwindigkeit von 19 km/h erreicht haben. Erfolg hatte John Stevens vorerst nicht.

Den nächsten Versuch, Dampflokomotiven zu verwenden, unternahm John Bloomfield Jervis, Chefingenieur der 1823 gegründeten «Delaware & Hudson Canal Co.». Stevens kleine Vorführlokomotive veranlaßte ihn, für die geplante Eisenbahn im Talanstieg des Lackawanna-Flusses, wo ein Kanal nicht möglich war, Dampflokomotiven zu verwenden. Horatio Allen, sein Assistent, unternahm eine Studienreise nach England. Jervis beauftragte ihn, dort außer Schienen auch vier Lokomotiven zu erwerben. Eine davon wurde bei Robert Stephenson bestellt. Zunächst «Pride of Newcastle» getauft, später in «America» umbenannt, war sie eine Schwestermaschine der «Lancashire Witch» (vgl. Abb. 30). Sie traf am 15. Januar 1829 in New York ein und wurde in der dortigen West Point Foundry montiert. Was aus ihr geworden ist, weiß man nicht. Die anderen drei Maschinen lieferte Foster & Rastrick. Die erste davon, die am 17. Mai 1829 in New York eintraf, wurde ebenfalls bei der West Point Foundry zusammengebaut und dann zur Bahn überführt. Sie erhielt den Namen «Stourbridge Lion». In ihrer Bauart entsprach sie noch den alten Hetton-Lokomotiven (vgl. Abb. 19). Es stellte sich heraus, daß sie zu schwer ausgefallen war. Man beschloß aber trotzdem, sie am 8. August 1829 zu erproben. Von Horatio Allen selber gefahren, klapperte die «Lion» über die gefährlich wackelnde Holzbrücke der Probestrecke und zwängte sich kreischend durch die nachfolgende Kurve von nur 102 m Radius. Man verzichtete auf ihre Verwendung. Sie blieb vierzehn oder fünfzehn Jahre abgestellt, dann benutzte man ihren Kessel zeitweilig in Carbondale für eine ortsfeste Dampfmaschine. Andere Teile wurden als Alteisen verkauft, einige fanden sich zwischen 1889 und 1913 wieder und dienten dazu, eine Nachbildung zu bauen, die im National Museum zu Washington aufbewahrt wird. Die zwei anderen Foster & Rastrick-Maschinen kamen nicht mehr zur Bahn und sind verschollen. Der Betrieb wurde bis 1860 durch Pferde und ortsfeste Dampfmaschinen mit Seilwinden durchgeführt.

Auch die am 28. Februar 1827 konzessionierte Baltimore-Ohio-Bahn eröffnete am 1. Januar 1830 den Verkehr auf ihrer ersten, 22,5 km langen Teilstrecke bis Ellicott's Mills mit von Pferden gezogenen Wagen. Ein New Yorker Geschäftsmann, Peter Cooper, der längs der Bahntrasse Grundstücke aufgekauft hatte, versuchte vergebens, den Vorstand der Bahn für Dampflokomotiven zu interessieren, die den Verkehr besser hätten bedienen können. Wie vor ihm John Stevens, ließ er auf eigene Kosten eine kleine Vorführlokomotive bauen, die nach der Märchenfigur des Däumlings «Tom Thumb» genannt wurde (Abb. 59). Sie wog knapp mehr als 1000 kg und leistete etwa 1,4 PS. Der stehende Kessel besaß Heizröhren, für die Flintenläufe verwendet wurden, und die beiden Zylinder entstammten einer kleinen ortsfesten Dampfmaschine. Die erste Probefahrt fand am 28. August 1830 statt. Sechs Männer fuhren auf der Maschine mit, die Peter Cooper selber als Führer und Heizer bediente. Ein mit sechzehn Personen besetzter Wagen war angehängt. Auf der leichten Steigung von 1:230 (4,5‰) bis Ellicott's Mills brauchte dies Züglein 1 Stunde 12 Minuten. Auf dem Rückwege fand die oft geschilderte Wettfahrt mit einer auf dem Nebengleis von Pferden gezogenen Kutsche statt. Zuerst fuhr die «Tom Thumb» siegreich davon, als aber der Riemen ausrutschte, der das Gebläse zur Feueranfachung antrieb, blieb sie wegen Dampfmangels hinter der Pferdekutsche zurück. Einige Wochen lang wurden mit ihr Fahrten unternommen, dann verschwand sie von der Bildfläche. Diese Versuche sollten nicht ohne Folgen bleiben, wie wir bald sehen werden.

59. «Tom Thumb», Peter Cooper, 1830

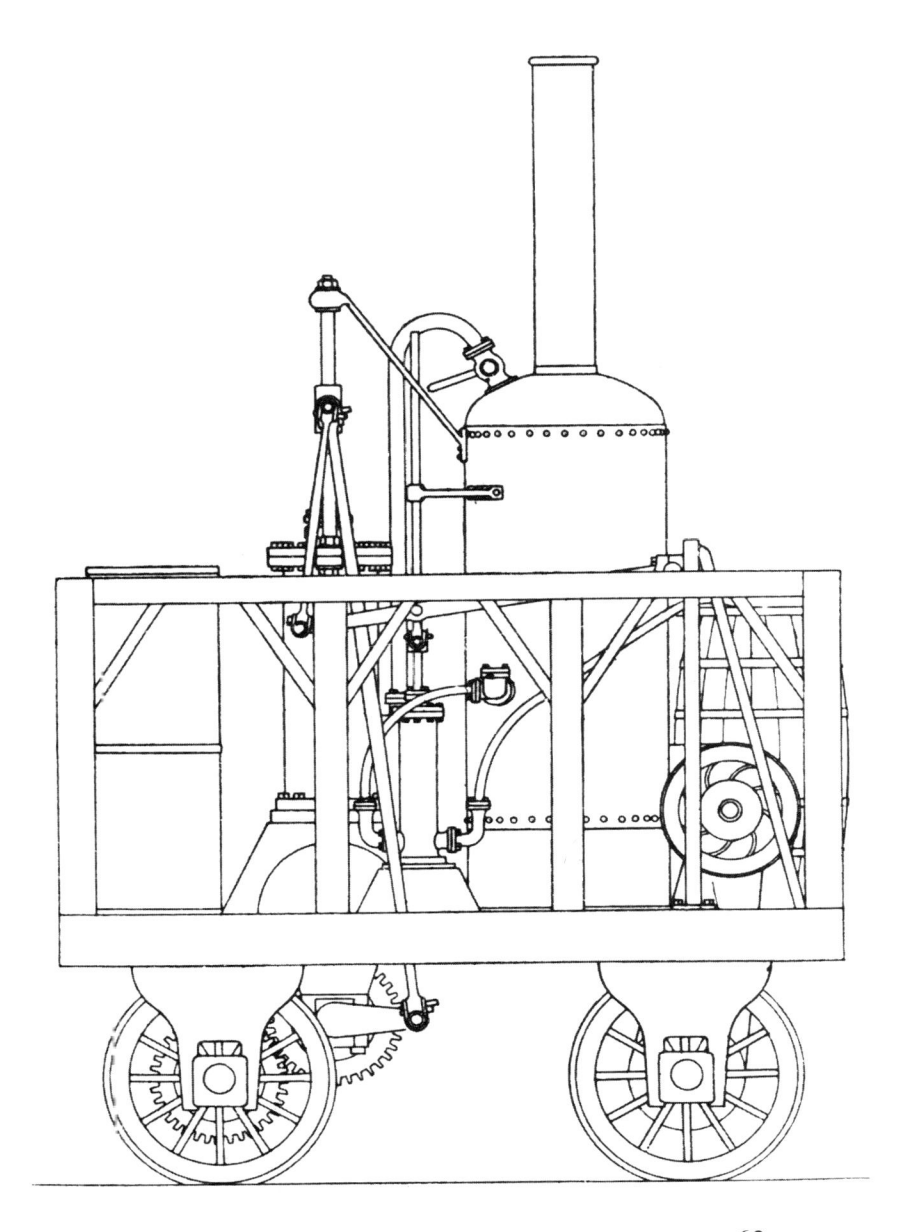

60. «The Best Friend of Charleston», South Carolina-Bahn, 1830

5.2. Die erste regelmäßig mit Dampf betriebene Eisenbahn in Amerika

Der Ruhm, die erste amerikanische Eisenbahn mit regelmäßigem Dampfbetrieb gewesen zu sein, gebührt der South Carolina-Bahn. Dem schon genannten Horatio Allen gelang es, den Vorstand der Bahn für einen Versuch mit Dampflokomotiven zu gewinnen. Es wurde daraufhin eine Lokomotive bei der ebenfalls schon erwähnten West Point Foundry in Auftrag gegeben. Die Hoffnungen der Einwohner Charlestons, wo die binnenwärts nach Hamburg führende Strecke begann, waren hochgespannt. Sie hofften, mit Hilfe der Eisenbahn den gefährdeten Baumwollhandel wieder zu beleben, den Savanna durch einen Kanalbau an sich zu ziehen drohte. Daher gab man der bestellten Lokomotive den hoffnungsvollen Namen «The Best Friend of Charleston». Am 23. Oktober 1830 traf diese Maschine bei der Bahn ein. Sie besaß einen stehenden, an einem Ende des Rahmens überhängenden Kessel (Abb. 60 u. 61). Der die unten liegende Feuerbüchse umfassende Teil war doppelwandig und mit Wasser gefüllt. An der Innenwandung waren zitzenartige Ausbuchtungen vorhanden, um die dem Feuer ausgesetzte Heizfläche zu vergrößern. Die an dem, dem Kessel entgegengesetzten Ende angebrachten, schräg liegenden Zylinder arbeiteten auf eine als Kurbelwelle ausgebildete Achse. Am 14. Dezember 1830 wurde diese Lokomotive zum ersten Mal erprobt. Auf dem angehängten offenen Wagen hatten vierzig nicht allzu entzückte, unter den Arbeitern der Bahn rekrutierte Personen Platz genommen. Sie erreichte eine Geschwindigkeit von 32,2 km/h. Am 24. Dezember fand die erste offizielle Fahrt mit zwei angehängten Wagen statt, und vom nächsten Tage an begann zum ersten Male in Amerika ein fahrplanmäßiger Verkehr mit einer Dampflokomotive.

Am 17. Juni 1831 schraubte der schwarze Heizer das Sicherheitsventil nieder, weil ihn das Geräusch des herausströmenden Dampfes störte, mit dem Erfolg, daß der Kessel barst, ihn tötete und den Lokführer Darrell schwer verbrühte. Die Lokomotive wurde danach gründlich umgebaut und entstand wieder als «Phoenix». Der Kessel stand jetzt in der Mitte und die Zylinder lagen waagerecht außen. Ein betriebsfähiger Nachbau des ursprünglichen Zustandes wurde 1928 von der Southern Railroad, in welche die South Carolina aufgegangen war, vorgenommen. Diese Maschine wurde dann, wie üblich, in Ausstellungen und anläßlich von Jubiläen gezeigt.

Noch ehe die «Best Friend» explodierte, war eine zweite, stärkere, ebenfalls in West Point gebaute Lokomotive eingetroffen. Nach Plänen von Horatio Allen gebaut und «West Point» benannt, besaß sie einen waagerechten Kessel, den ersten derartigen, in den Vereinigten Staaten gefertigten (Abb. 62). Er unterschied sich vom Stephensonschen Kessel, denn es waren nur sechs oder acht Heizrohre (die Anzahl ist ungewiß) von 76 mm eingezogen. Die Feuerbüchsdecke wurde erstmalig nicht rund, sondern flach ausgeführt. Später wurden ein Dom und eine ebenfalls rechteckige Rauchkammer hinzugefügt. Am 5. März 1831 unternahm diese Maschine ihre erste Probefahrt, bei der sicherheitshalber zwischen ihr und den vier mit einhundertsiebzehn Reisenden besetzten Wagen ein mit Baumwollballen beladener «Schutzwagen» eingestellt war. Die ersten 4 km dieser Fahrt wurden in 11 Minuten, die weiteren 3,6 km in 8 Minuten zurückgelegt, was 21,8 bzw. 27 km/h entspricht. Nach dem Unfall der «Best Friend», bis sie als «Phoenix» wieder auferstanden war, erledigte die «West Point» alleine den ganzen Verkehr.

Horatio Allen bestellte schließlich noch eine dritte Lokomotive, die «South Carolina», die bei der West Point Foundry im Januar 1832 vollendet wurde. Es war eine Doppellokomotive mit zwei entgegengesetzt gerichteten Rundkesseln und gemeinsamer Feuerbüchse (Abb. 63). Beide Kesseltrommeln stützten sich auf hölzerne, um einen senkrechten Zapfen drehbare Rahmen, von denen jeder nach außen eine Laufachse und nach innen eine Treibachse aufwies. Jede dieser Treibachsen wurde von nur einem innenliegenden Zylinder angetrieben. Diese und einige noch anschließend gebaute Lokomotiven gleicher Art standen bis 1838 im Dienst. Es waren die ersten Gelenklokomotiven, und wir werden sehen, daß diese Bauweise später wieder aufgegriffen wurde.

5.3. Die Wettbewerbsausschreibung der Baltimore-Ohio-Bahn

War die «Tom Thumb» auch für den praktischen Betrieb zu klein, so hatte sie doch den Vorstand der Baltimore-Ohio-Bahn überzeugt, daß ein Dampfbetrieb durchaus im Bereich des Möglichen lag. Dem Beispiel der Liverpool-Manchester-Bahn folgend, schrieb man einen Wettbewerb für Lokomotiven aus. Die Bedingungen wurden im Januar 1831 in verschiedenen Tageszeitungen von Baltimore, New York und Philadelphia veröffentlicht. Zwei Preise von 4000 $ für die beste und von 3000 $ für die zweitbeste Maschine waren ausgesetzt. Die Lokomotive sollte nicht schwerer als 3,5 t sein und regelmäßig einen Zug von 15 t mit mindestens 24 km/h befördern können. Sie sollte für die Verbrennung von Kohle und Koks eingerichtet sein und zwei Sicherheitsventile aufweisen, von denen eins während der Fahrt außer Reichweite des Lokomotivpersonals sein mußte. Der Kesseldruck durfte nicht mehr als 7 atü betragen. Die Abnahme der Maschine würde erst erfolgen, wenn sie dreißig Tage lang anstandslos gefahren sei. Tender, Wasser und Brennstoff stellte die Bahn. Wie in Rainhill wurden vier Lokomotiven angemeldet und zwar:

Die «Childs», gebaut von Ezekiel Childs, einem Uhrmacher aus Philadelphia. Sie wurde durch eine, am Fuße des stehenden Kessels befindliche, rotierende Dampfmaschine angetrieben, was nicht klappte.

Die zweite Maschine stammte von Stacey Costell aus Baltimore. Sie besaß zwei seitlich an einem waagerechten Flammrohrkessel angeordnete oszillierende Zylinder, die über eine Blindwelle und Zahnräder eine der beiden miteinander gekuppelten Achsen antrieben. Es steht nicht fest, ob diese Lokomotive tatsächlich für die Wettfahrt bereitgestellt wurde.

Die dritte Maschine war die «James I», von William H. James aus New York. Die beiden Zylinder standen senkrecht rückwärts des ebenfalls vertikalen Kessels und wirkten nach oben auf eine Blindwelle, die in einem hölzernen Galgen gelagert war. Von dort aus

61. «The Best Friend of Charleston» mit einem Personenzug bei der Eröffnung der South Carolina-Bahn 1830

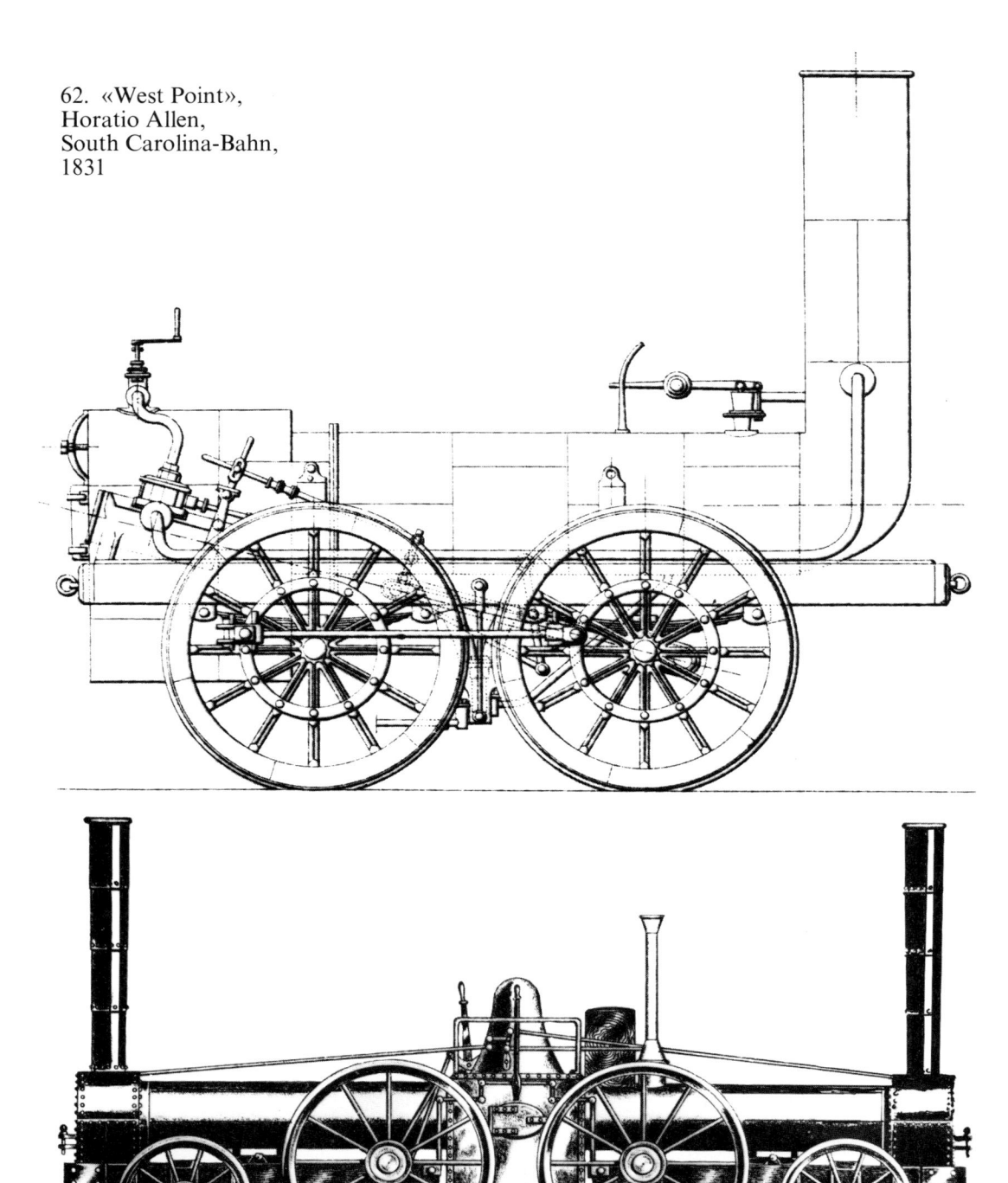

62. «West Point»,
Horatio Allen,
South Carolina-Bahn,
1831

63. «South Carolina»,
Horatio Allen,
South Carolina-Bahn,
1832

wurden, mittels ein Dreieck bildender Pleuelstangen, die beiden gekuppelten Achsen gleichzeitig angetrieben. Die Umsteuerung erfolgte durch verschiebbare Zahnräder, ähnlich wie bei den späteren Schaltgetrieben der Autos. Nach den spärlichen Nachrichten, die über diese Lokomotive überliefert wurden, scheint sie zunächst einigermaßen gelaufen zu sein. Später, anscheinend nachdem der Kessel explodiert war, wurden die Zylinder nach vorne, in einem Winkel von 30°, verlegt und trieben über Zahnräder nur noch eine Achse an (Abb. 64). Die (im Bilde sichtbare) Kulissensteuerung dürfte erst anläßlich des Umbaues eingebaut worden sein, denn in der ursprünglichen Ausführung mit Wendegetriebe war sie überflüssig.

Die vierte Lokomotive war die «York». Auch diese war von einem Uhrmacher, Phineas Davis aus Pennsylvania, entworfen. Er hatte sie zusammen mit einem Mechaniker Gartner (oder Gardner) gebaut. Sie besaß einen senkrechten Wasserrohrkessel nach Art der John Stevens-Lokomotive, an dem beiderseits oben je ein senkrecht nach unten wirkender Zylinder befestigt war. Die Pleuelstangen griffen an fachwerkartig verstrebten Kuppelstangen an (Abb. 65). Phineas Davis gewann mit seiner Maschine, der einzigen, die den Wettbewerbsbedingungen genügte, nicht nur den Ersten Preis, sondern auch die Anstellung als Maschinenmeister der Bahn. Ab Juli 1831 wurde die «York» regelmäßig in Betrieb genommen mit täglich einer Hin- und Rückfahrt zwischen Baltimore und Ellicott's Mills. Sie beförderte dabei eine «Brigade» von fünf leichten Wagen. Die Kosten des Dampfbetriebes stellten sich auf die Hälfte der Unkosten für den Betrieb mit Pferden. Die «York» wurde bald nach dem Vorbild der umgebauten «James I» geändert, das heißt, man ordnete die Zylinder geneigt hinter dem Kessel an. Sie trieben über Stirnräder nur noch eine Achse an. Die Maschine blieb bis 1834 in Betrieb und ist seitdem verschollen. Eine Nachbildung des ursprünglichen Zustandes in natürlicher Größe wurde 1927 von der Baltimore-Ohio-Bahn anläßlich der «Fair of the Iron Horse» angefertigt und dann dem Museum of Science and Industry in Chicago gestiftet.

5.4. Die «Grasshoppers» und «Crabs»

Die «York» leitete bei der Baltimore-Ohio-Bahn eine eigenständige Entwicklungsrichtung der Dampflokomotive ein, die wir als erste rein amerikanische Schule ansehen können.
Im Herbst 1834 war die Strecke bis Harpers Ferry vorangetrieben. Die kleine «York», die den Dienst neben Pferden versah, reichte nicht mehr aus. Mittlerweile hatte Phineas Davis mit Gartner und seinem Assistenten Ross Winans in Mount Clare eine Werkstatt für Lokomotivbau eingerichtet und begann dort, eine stärkere Maschine zu bauen. Die erste dieser verstärkten Bauart, die «Atlantic», wurde im Sommer 1832 in Betrieb genommen. Sie war zuerst ungekuppelt, wogegen alle nachfolgenden zwei durch

Stangen verbundene Achsen aufwiesen (Abb. 66), sonst aber gleich waren.

Der stehende Kessel wurde beibehalten, denn in ihm schwankte der Wasserspiegel weniger als in den langen waagerechten Rundkesseln. Dank des großen Durchmessers konnten im Kessel vierhundert Heizrohre von 25 mm lichter Weite, dafür aber nur 965 mm Länge untergebracht werden. Der weite Kessel kam auch dem für Anthrazitfeuerung bestimmten Rost zugute, der großflächig sein mußte, weil Anthrazit nur brennt, wenn die Schicht dünn ist. Dieser Brennstoff erzeugt keine lange Flamme, der Feuerraum oberhalb des Rostes kann also niedrig sein. Das Feuer wurde ursprünglich durch ein neben dem Kessel angebrachtes Kreiselgebläse angefacht, das interessanterweise durch den Abdampf der Zylinder betrieben wurde. Später wurden diese Gebläse ausgebaut und der Dampf in üblicher Weise in den Schornstein geleitet. Die Art des Achsantriebes ist aus der Abbildung ersichtlich. Die «Atlantic» wurde zunächst für Personenzüge zwischen Baltimore und Parr's Bridge (64,4 km) eingesetzt. Sie beförderte täglich eine «Brigade» von fünf Wagen hin und zurück. Diese von Ross Winans gebauten Wagen waren die ersten mit Drehgestellen in Amerika, aber ihr Kasten wies noch die kutschenartigen Abteile mit Seitentüren auf. Das Gewicht einer solchen mit Reisenden voll besetzten «Brigade» betrug rund 51t. Auf der 1:143 (rund 7⁰/₀₀) betragenden mittleren Steigung der genannten Strecke fuhr dieser Zug mit einer Geschwindigkeit von 19,7 bis 24,1 km/h. Aus unbekannten Gründen wurde die «Atlantic» bereits nach etwa vier Jahren aus dem Betrieb genommen. Wahrscheinlich sind Teile von ihr beim Bau der nachfolgenden Maschinen gleicher Art verwendet worden.

Von dieser «Grasshoppers»-Bauart, wie sie genannt wurde, weil die Bewegung des Antriebsgestänges an Heuschrecken erinnerte, wurden bis 1837 im ganzen sechzehn Stück gebaut. Eine solche Lokomotive schaffte die Leipzig-Dresdener Eisenbahn 1836 an. Ihr für Anthrazitfeuerung eingerichteter Kessel eignete sich nicht für die in Sachsen verwendete Kohle. Man konnte die Maschine nur schlecht und recht mit sogenannter Lobejüner Kohle betreiben, und sie wurde daher bald verkauft.

Ein Fehler dieser «Grasshoppers» war, daß sie, um einen treffenden seemännischen Ausdruck zu verwenden, toplastig waren. Daher kippten sie bei Entgleisungen leicht um. Ein solches Unglück kostete dem mitfahrenden Phineas Davis das Leben. Außerdem wiesen sie infolge der Auf-und-ab-Bewegung des Ge-

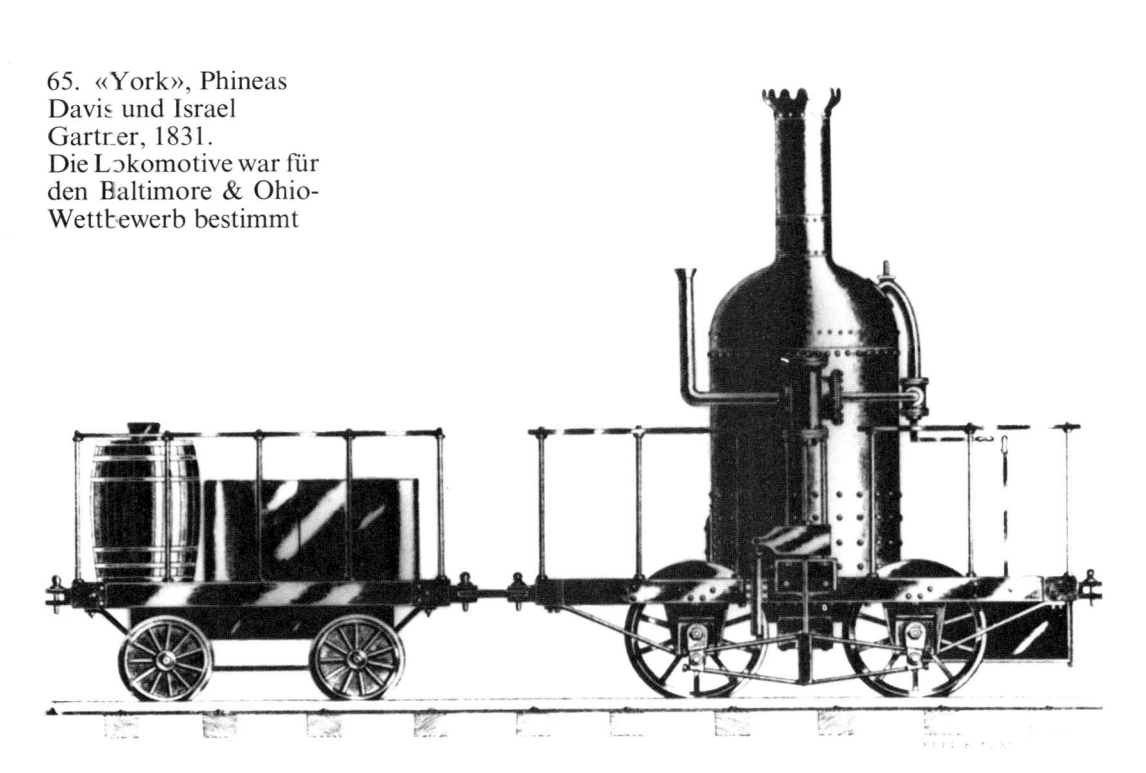

64. «James I», William James, 1831. Die Lokomotive war für den Baltimore & Ohio-Wettbewerb bestimmt

65. «York», Phineas Davis und Israel Gartner, 1831. Die Lokomotive war für den Baltimore & Ohio-Wettbewerb bestimmt

66. «Atlantic», Lokomotive der Grashopper-Bauart, Phineas Davis, Baltimore & Ohio-Bahn, 1832

stänges bei schneller Fahrt stark nickende Bewegungen auf. Um diesen Eigenschaften zu begegnen, ordnete Ross Winans bei den letzten zwei Maschinen «Mc Kim» und «Mazeppa» die Zylinder waagerecht außen am Rahmen an (Abb. 67). Da die Lokomotiven den Anschein erweckten, rückwärts zu laufen, wurden sie «Crabs» (Krebse) genannt. Ähnliche zweiachsige Lokomotiven lieferte Ross Winans auch an die Philadelphia-Columbia-, die Reading- und die Patterson-Hudson River-Bahnen, im ganzen mehr als dreißig Stück bis 1842. Vier «Grasshoppers» der Baltimore-Ohio-Bahn erlebten als Rangiermaschinen in der Mt. Clare-Werkstatt das Jahr 1892. Sie wurden für die Columbia-Weltausstellung in Chicago so aufgearbeitet, daß sie die vier Unterbauarten vertraten, und man nahm ferner einen Nummern- und Namenswechsel vor. Sie wurden mehrfach auf Ausstellungen gezeigt. Die heutige Nr. 1 steht jetzt im Carillon-Park in Dayton (Ohio), die Nummern 2 und 3 im Museum der Baltimore-Ohio-Bahn. Die vierte wurde abgebrochen.

Mit der Zeit waren die «Grasshoppers» in den Güterzugdienst abgewandert, da sie, wie erwähnt, für höhere Geschwindigkeiten schlecht geeignet waren. Dort bewährten sie sich so, daß Ross Winans für die Western Railroad of Massachusetts 1842 bei Baldwin zwei verstärkte Lokomotiven in Auftrag gab, die nach seinem, ihm am 23. Juli 1842 gewährten Patent hergestellt wurden. Die grundsätzliche Anordnung lehnte sich an die «Crabs» an, doch waren vier gekuppelte Achsen in zwei, weit von einander entfernten Gruppen zusammengefaßt, um so Platz für den tief herabreichenden Kessel zu schaffen (Abb. 68). Diese Maschinen dürften wohl, von Hedleys «Wylam Dilly» abgesehen, die ersten Vierkuppler sein. Mit ihnen erlosch die erste einheimische Lokomotivbauschule in Amerika. Die Konstruktion mit stehendem Kessel war an die Grenze ihrer Leistungsfähigkeit gelangt.

Später finden wir jedoch solche stehenden Kessel wieder bei Zahnradlokomotiven und häufig bei billigen, leicht zu unterhaltenden Werkslokomotiven mit und ohne Kran.

5.5. *Die Anfänge des Drehgestells*

Wie seinerzeit die Delaware & Hudson Canal Co. sandte die Camden & Amboy-Bahn 1830 ihren leitenden Ingenieur nach England, um dort eine Lokomotive und Schienen einzukaufen. Es war Robert Stevens, Sohn des uns schon bekannten Colonel Stevens, der endlich die Früchte seiner Bemühungen sehen konnte. Diese Reise sollte in zweifacher Hinsicht Bedeutung gewinnen. Unterwegs ersann Stevens eine neue Schienenform, die Breitfußschiene, die dann durch den Engländer Charles Vignoles leicht abgeändert in Europa eingeführt und unter seinem Namen bekannt wurde. Es ist dies die Schienenform, die heute allgemein verwendet wird, nachdem selbst England die Doppelkopfschiene aufgab.

Das zweite Ergebnis dieser Reise war die von Robert Stephenson gebaute, aber nach Angaben Stevens in manchen Einzelheiten abgeänderte «John Bull» (Abb. 69). Rahmenbau, Triebwerk und Langkessel entsprachen ganz der «Samson»-Type. Die Feuerbüchse hingegen war nach Bury ausgeführt, aber durch eine flachere Rundkuppel abgedeckt. Über den ursprünglichen Zylinderdurchmesser herrscht allerdings Unklarheit. Vermutlich sind die Zylinder im Laufe der Zeit erneuert worden. Die «John Bull» wurde ohne jede Zeichnung noch Fabrikbeistand von dem Maschinenmeister der Bahn, Isaac Dripps, montiert und am 12. November 1831 auf der inzwischen fertiggestellten, 42,6 km langen Teilstrecke von Camden nach Bordentown in regelmäßigen Betrieb genommen. Sie zwängte sich in den vorhandenen engen Gleisbögen, Dripps baute darum die Kuppelstangen ab. Es verlautet, daß er ferner, zwecks besserer Führung in den Gleisbögen, das voranlaufende hölzerne Gestell anbrachte. Es liegt jedoch ein gewisser Widerspruch darin, daß sich die Maschine, trotz des kurzen Achsstandes, in den Gleisbögen zwängte und dann, als dieser auf 7,6 m gewachsen war, eine bessere Kurvenläufigkeit besessen haben soll. Allerdings erhielt die abgekuppelte Vorderachse 25 mm Seitenspiel. Möglicherweise gestatteten die Lagerzapfen, an denen das Gestell aufgehängt war, eine gewisse radiale Einstellung des Gestells. Wie dem auch sei, hier wurde zum ersten Mal die Idee ausgeführt, durch eine voranlaufende freie Achse das Einfahren

67. «Mazeppa», Ross Winans, Baltimore & Ohio-Bahn, 1837

68. «Buffalo», Ross Winans, Baltimore & Ohio-Bahn, 1844

69. «John Bull», Camden & Amboy-Bahn, 1831

in die Gleisbögen sanfter zu gestalten. Um das auf dem nicht eingezäunten Gleis befindliche Vieh ohne Schaden und Entgleisungsgefahr abzuweisen, fügte Dripps nach einigen Versuchen vorne am Gestell einen pflugförmigen Bahnräumer hinzu, der bald ein Kennzeichen der amerikanischen Lokomotiven werden sollte. Mit verschiedenen im Laufe der Zeit vorgenommenen Änderungen, vor allem dem Ersatz der hölzernen durch eiserne Räder, hielt die «John Bull» bis 1865/66 im regelmäßigen Betrieb aus und wurde dann pietätvoll abgestellt. Die Pennsylvania-Bahn, als Nachfolgerin der Camden & Amboy-Bahn, schenkte sie 1885 dem National Museum in Washington. Wie üblich, wurde sie auf verschiedenen Ausstellungen gezeigt, und noch 1893 bestand sie die Kraftprobe, unter eigenem Dampf die 1480 km zwischen New York und Chicago zurückzulegen, einen wieder aufgefundenen Originalwagen ziehend.

Die damals aus England eingeführten Lokomotiven hatten alle, wie die «John Bull», zwei seitlich unverschiebbare Achsen. Es war nicht nur das Zwängen in den Kurven, worüber man allgemein klagte, sondern vor allem das häufige Entgleisen auf dem holprigen Gleise. Als 1828 eine Studienkommission der Baltimore-Ohio-Bahn Robert Stephenson besuchte, hatte er bereits das von William Chapman am 12. April 1812 patentierte, um einen senkrechten Zapfen schwingende Drehgestell als Lösung für einen leichteren Kurvenlauf vorgeschlagen. Vorerst kam es nicht dazu. Statt dessen verwirklichte der schon erwähnte John Jervis als Erster die Idee des Drehgestelles bei Lokomotiven. Wie er selber 1871 berichtete, unterhielt er sich 1830 und 1831 mit Horatio Allen über diese Frage. Allen zog die Lösung des doppelten Treibgestelles vor und führte sie in der bereits erwähnten Gelenklokomotive «South Carolina» aus. Jervis hingegen entschied sich für den Einbau eines Drehgestelles statt der vorderen Laufachse.

Nach seinen Zeichnungen wurde in der West Point Foundry die im August 1832 an die Mohawk-Hudson-Bahn abgelieferte erste Lokomotive der Welt mit voranlaufendem Drehgestell gebaut (Abb. 70). Bei dieser, von Jervis bezeichnenderweise «Experiment» genannten Maschine, die aber bald den Spitznamen «Brother Jonathan» erhielt, waren Kessel und Hauptrahmen ganz nach Art der Stephensonschen «Planets» gehalten. Abweichend davon war die Treibachse hinter die Feuerbüchse verlegt worden. Infolgedessen mußten die unterhalb der Rauchkammer befindlichen Zylinder dicht an den Außenrahmen gerückt werden, damit die Treibstange zwischen diesem und der Feuerbüchse schlagen konnte. Die zweite auffällige Neuerung bestand in dem erwähnten Drehgestell. Dieses besaß ebenfalls einen blechbewehrten hölzernen Rahmen außerhalb der Räder. Die Abstützung der Last erfolgte, wie beim Chapman-Patent, durch Rollen, doch war zweckmäßigerweise statt eines Rollenkranzes auf jeder Seite nur je eine Rolle vorgesehen, damit das Drehgestell auch senkrecht schwingen und sich damit den Gleisunebenheiten anschmiegen konnte. Diese Maschine bewährte sich in mechanischer Hinsicht durchaus, nur mußte die Feuerbüchse ersetzt werden, weil sie für Anthrazitfeuerung ungeeignet war (Abb. 70). Es wird berichtet, daß die Lokomotive in den 14 Meilen (22,5 km) zwischen den beiden schiefen Ebenen der Strecke erstmalig die später immer wieder angestrebte Geschwindigkeit von 1 Meile pro Minute (96,54 km/h) erreichte.

Mit der «Brother Jonathan» war eine Bauart geschaffen, die den damaligen Betriebsanforderungen der amerikanischen Bahnen durchaus entsprach und sich daher rasch ausbreitete. Nach ihrem Vorbild wurden viele der englischen 1A- und B-Maschinen umgebaut. Für die ebenfalls von Jervis betreute Saratoga-Schenectady-Bahn lieferte Robert Stephenson nach dessen Angaben im April 1833 seine erste Drehgestelllokomotive, der bis 1841 auch von anderen Fabriken weitere folgten.

Mathias Baldwin, der seine erste Lokomotive «Old Ironsides» 1832 noch ganz nach dem Vorbild der Stephensonschen «Planets» gebaut hatte, besichtigte die Jervis-Maschine. Er war so beeindruckt, daß er sofort, als seine zweite Maschine, eine gleichartige Lokomotive, die «E. L. Miller», baute. Sie wurde im Februar 1834 auf der South Carolina-Bahn in Betrieb genommen. Baldwin blieb dieser Bauart derart treu, daß er bis 1842 fast ausschließlich nur solche 2A-Maschinen geliefert hat. Auch die «Martin van Buren» (Abb. 71), die 1839 von der Philadelphia-Columbia-Bahn beschafft wurde, war eine solche Baldwinsche Maschine. Diese Baldwinschen 2A-Lokomotiven besaßen Feuerbüchsen nach Bury, der 1832 seine ersten beiden Lokomotiven an die Little Schuylkill Navigation & Railroad Co. geliefert hatte und sich in den nachfolgenden Jahren im Verkauf von Lokomotiven an amerikanische Bahnen den zweiten Platz nach Stephenson eroberte. Die Burysche Feuerbüchse, die einfach zu unterhalten war und wirksam das Wasserüberreißen in die Zylinder verhinderte, vor allem wenn bei schlechtem Oberbau das Kesselwasser durcheinander gerührt wurde, fand großen Anklang. Sie wurde geradezu ein Kennzeichen der ersten Periode des amerikanischen Lokomotivbaus. Eine besondere Eigentümlichkeit der Baldwinschen 2A-Lokomotiven bestand darin, daß der Kurbelzapfen innen in die Radnabe eingepreßt war. Dadurch war auf jeder Seite nur ein Kurbelarm auf der gekröpften Treibachse nötig. Man nannte diese Form «half crank axle». Eine solche Art des Antriebs beanspruchte weniger Platz zwischen den Rädern, so daß die Feuerbüchse breiter ausgeführt werden konnte.

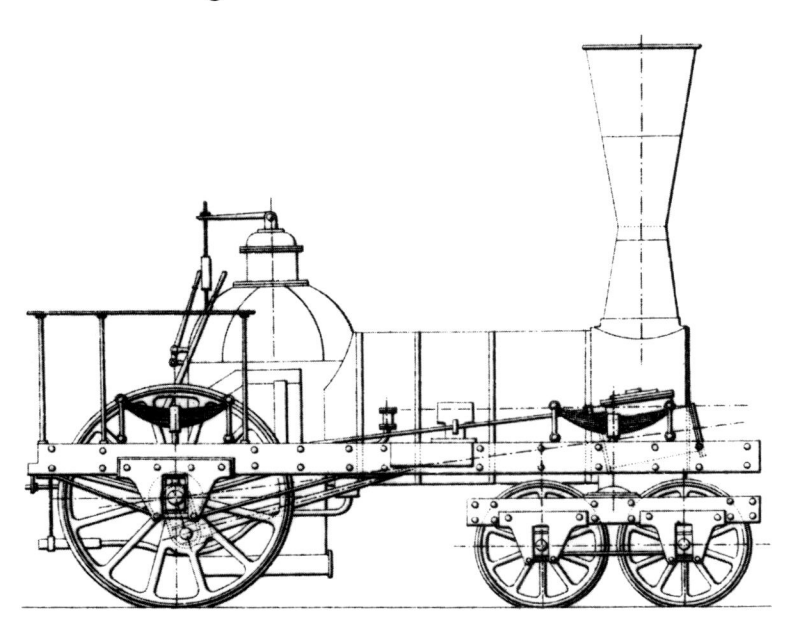

Maßgebenden Einfluß im frühamerikanischen Lokomotivbau und, wie wir noch sehen werden, in einigen

70. «Experiment» («Brother Jonathan»), John Jervis, Mohawk-Hudson-Bahn, 1832. Die erste Lokomotive mit voranlaufendem Drehgestell

71. «Martin van Buren», Philadelphia & Columbia-Bahn, 1839

Ländern Europas gewann William Norris. Er war von Beruf Kurzwarenhändler und hatte ab 1833 zunächst erfolglos als Teilhaber mit dem Genieoberst S. H. Long einige wenige und unglückliche Lokomotiven nach dessen Patenten gebaut. Er fand glücklicherweise, als er die Teilhaberschaft aufgab, in dem Österreicher Fred David Sanno einen geschickten Konstrukteur, und damit wandte sich das Blatt. Mit seiner «George Washington» hatte er einen ersten durchschlagenden Erfolg, den er propagandistisch auszunutzen verstand. Außer, daß die Treibachse vor der Feuerbüchse angeordnet war und somit stärker als bei den Baldwinschen 2A-Lokomotiven belastet wurde, sind von dieser Maschine keine weiteren Konstruktionseinzelheiten bekannt, wohl aber ihre damals aufsehenerregenden Leistungen. Sie wurde 1836 für die Philadelphia & Columbia-Bahn gebaut und im Juli jenes Jahres auf der Strecke mit 70%/00 (1:14,3) Steigung, die für Seilbetrieb eingerichtet war, gründlichen Proben unterworfen. Am 10. Juli zog sie einen einschließlich Tender 8,7 t schweren Zug, am 19. Juli sogar einen 14 t wiegenden Zug in 2 Minuten 2 Sekunden bezw. 2 Minuten 24 Sekunden bergauf. Diese Leistung bei einer Steigung, die für Lokomotiven als nicht befahrbar galt, wirkt bei näherer Betrachtung unwahrscheinlich. Doch Dewhurst (1950) hat nachgewiesen, daß sie möglich war: Der Kesseldruck muß wesentlich höher gewesen sein, als die ungenau anzeigende Federwaage angab. Die Zugstange zwischen Maschine und Tender war gekröpft ausgeführt, dadurch wurde bei der Übertragung der Zugkraft das Reibungsgewicht vermehrt. Dazu kam noch das Gewicht der auf der Lokomotive mitfahrenden Personen. Im Oktober 1836 folgte die «Washington Country Farmer», die bei ähnlichen Probefahrten gleich günstige Ergebnisse zeitigte. Diese Maschine, von der authentische Zeichnungen vorliegen (Abb. 72), vereinte als erste alle die Merkmale, die die Norris-Lokomotiven von nun ab auszeichneten: Innenrahmen aus Eisenbarren, schräg außen an der Rauchkammer befestigte Außenzylinder, die die Treibachse direkt, ebenfalls von außen, antrieben, Bury-Feuerbüchse und eine vor der Feuerbüchse angeordnete und darum stark belastete Treibachse.

Diese Norris-Lokomotiven bewährten sich auch sonst im Betriebe. Infolge ihrer einfachen Bauweise, ohne Kurbelachse, alle Teile gut zugänglich, waren sie wenig störanfällig und leicht zu unterhalten. Sie verbreiteten sich rasch auf den amerikanischen Bahnen, und welchen Einfluß sie auf den europäischen Lokomotivbau gehabt haben, werden wir noch sehen. Norris war wohl auch der erste, der das Drehgestell aus Flacheisen ausführte, und vor allem der erste, der ein vereinheitlichtes Typenprogramm aufstellte. Es umfaßte vier Klassen, nach denen alle seine Lokomotiven gebaut wurden.

5.6. Die Enstehung der «American»-Type

Mit der Ausdehnung des amerikanischen Bahnnetzes wuchsen die Anforderungen des Verkehrs ständig. Für die immer schwerer werdenden Züge reichte die Reibung einer einzigen Treibachse nicht mehr. Henry R. Campbell, Ingenieur der Philadelphia, Germanstown & Norriston-Bahn wählte den folgerichtigen Weg, bei den 2A-Maschinen eine zweite gekuppelte Achse vorzusehen, wofür er am 5. Februar 1836 ein Patent erhielt. Aus der Patentbeschreibung geht hervor, daß Campbell ganz richtig die Wirkung des voranlaufenden Drehgestells als Hebel verstand, der die Maschine sanft in die Gleisbögen hineinzieht. Er bezeichnete es daher ganz zutreffend als «guiding truck», als führendes Drehgestell. Diese Eigenschaft war späteren Konstrukteuren nicht immer bewußt. Campbells Lokomotive (Abb. 73) war, wie ein Vergleich mit der «Brother Jonathan» (Abb. 70) zeigt, im wesentlichen eine Weiterentwicklung dieser Maschine. In einer Hinsicht ist aber ein Rückschritt festzustellen: Die Laufachsen waren nämlich nicht je für sich abgefedert. Campbell betrachtete das Drehgestell nur als einen Ersatz einer vorderen Einzelachse und hielt es für genügend, wenn es als Ganzes durch je eine seitlich am Hauptrahmen angebrachte Blattfeder belastet wurde. Um das Einschreiben in den Gleisbögen zu erleichtern, ließ er den Spurkranz der vorderen

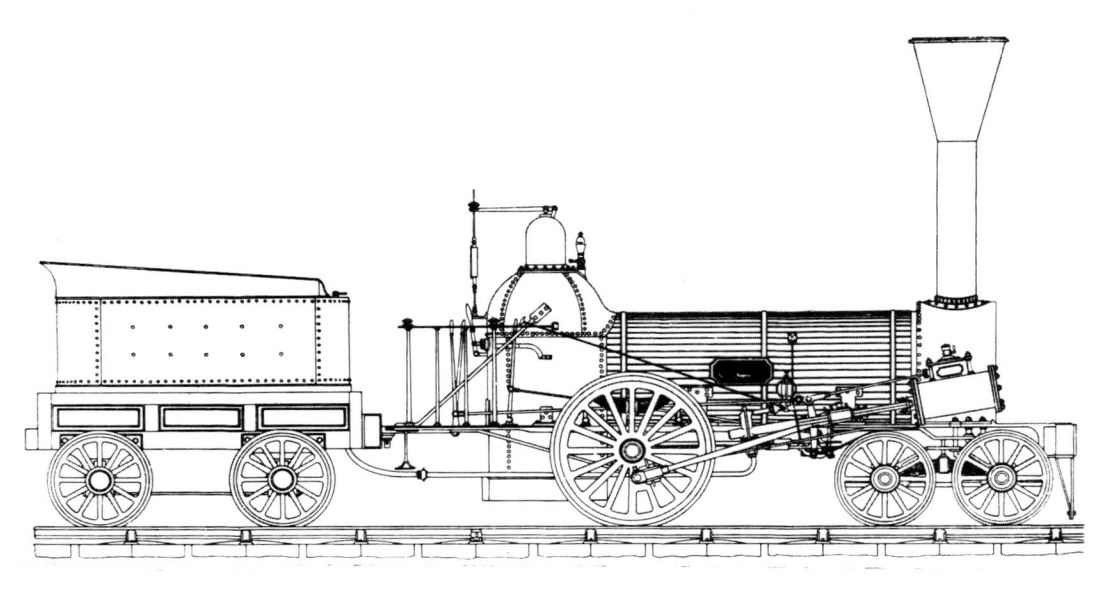

72. «Washington Country Farmer», William Norris, Philadelphia & Columbia-Bahn, 1836

Kuppelachse weg. Auf diese Weise umging er die aus geometrischen Gründen bei zweifach gekuppelten Lokomotiven notwendige seitliche Verschiebbarkeit des Drehzapfens.

Die erste 2B-Lokomotive Campbells wurde von James Brooks in Philadelphia gebaut und am 8. Mai 1837 an die Philadelphia, Germanstown & Norriston-Bahn abgeliefert. Ihres höheren Reibungsgewichtes halber war sie für Güterzüge gedacht. Nach Campbells Angaben war sie in der Lage, auf Steigungen von 10‰ (1:100) 140 t und auf solchen von 15‰ (1:67) noch 104 t zu befördern. Leider erwähnt er nicht die dabei erreichten Geschwindigkeiten. Als man solche 2B-Lokomotiven auch für Personenzüge einsetzte, neigten diese zu Entgleisungen der Kuppelachsen auf dem unebenen Gleis. Man schrieb dies der ungleichförmigen Lastverteilung bei den unabhängig voneinander abgefederten gekuppelten Achsen zu, die sich nicht genügend den Unregelmäßigkeiten der Schienenlage anpassen konnten.

Joseph Harrison Jr., Werkstattleiter der 1836 in Philadelphia gegründeten Lokomotivfabrik Garret & Eastwick, machte sich als erster Gedanken, wie ein zweckmäßiger Ausgleich der Belastung zu erreichen sei. Er ließ 1838 verschiedene diesem Zweck dienende Anordnungen patentieren. Eine wurde erstmalig bei der Anfang 1837 an die Beaver Meadow-Bahn abgelieferten «Hercules» angewendet (Abb. 74). Zwischen den beiden Kuppelachsen befindet sich eine gemeinsame Blattfeder, die sich gegen die Rahmenunterkante abstützt und deren verlängerter Bund an einem schweren gußeisernen Ausgleichshebel aufgehängt ist. Dieser Hebel drückt seinerseits mittels zweier senkrechter Stangen auf die Achsbuchsen. Auch des Drehgestells nahm sich Harrison an. Er verlegte (vgl. Abb. 74) den Drehzapfen etwas nach hinten, um Platz für eine querliegende Blattfeder zu schaffen, die das Drehgestell mittig belastet. Der Hauptrahmen der Lokomotive ruht somit auf drei Punkten, nämlich der Mitte der vorgenannten Feder und den beiden Gelenkbolzen des Ausgleichshebels. Die Bedeutung dieser Konstruktion wird klar, wenn man sich erinnert, daß ein dreibeiniger Tisch niemals wackelt, wogegen bei einem vierbeinigen auf unebenem Boden stets ein Bein unterlegt werden muß, um das Wackeln zu verhindern. Diese Dreipunktaufhängung ist seitdem immer wieder als die ideale Lösung für einen wirksamen Ausgleich der Belastung angestrebt worden.

Einen Schritt weiter in der Entwicklung der 2B-Maschinen finden wir in der nach einem englischen Bankhause «Gowan & Marx» benannten Lokomotive (Abb. 75). Sie stammt aus derselben Fabrik wie die «Hercules», doch war inzwischen Garrett ausgeschieden und Harrison an seine Stelle getreten. Als die Philadelphia-Reading-Bahn neue Güterzuglokomotiven benötigte, sollten sie mit Anthrazit geheizt werden. Die dazu erforderliche große Rostfläche erreichten Eastwick & Harrison, indem sie die Feuerbüchse erstmalig auf dem Rahmen statt dazwischen anordneten. So konnte die gesamte Breite zwischen den Rädern ausgenutzt werden. Dies war trotz der damaligen Scheu vor einer hohen Kessellage möglich, weil

73. «Campbell», Philadelphia, Germanstown Norriston-Bahn, Henry R. Campbell, 1837

74. «Hercules», Beaver Meadow-Bahn, Harrison, 1837

75. «Gowan & Marx»,
Philadelphia & Reading-
Bahn, 1839/1840

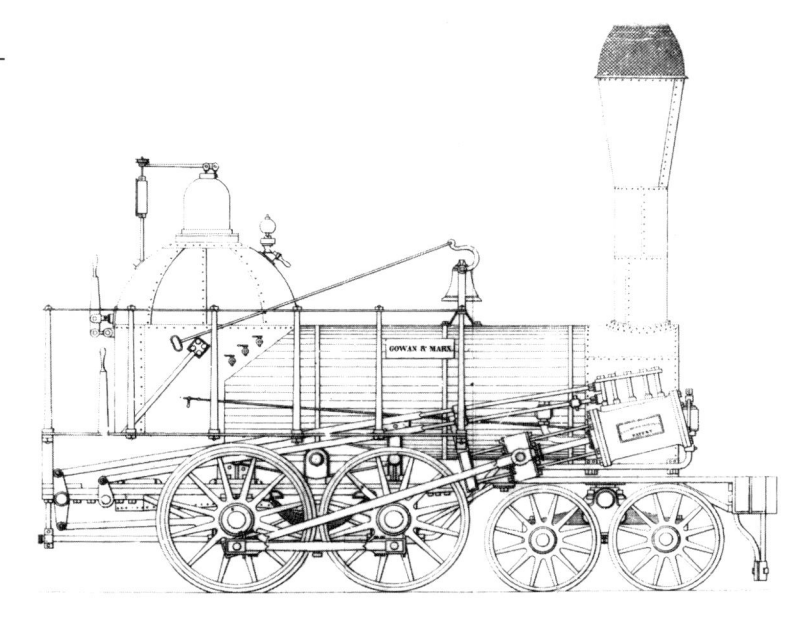

76. «Virginia»,
Winchester & Potomac-
Bahn, 1842

77. Personenzug-
lokomotive
der Camden & Amboy-
Bahn, Baldwin, 1846

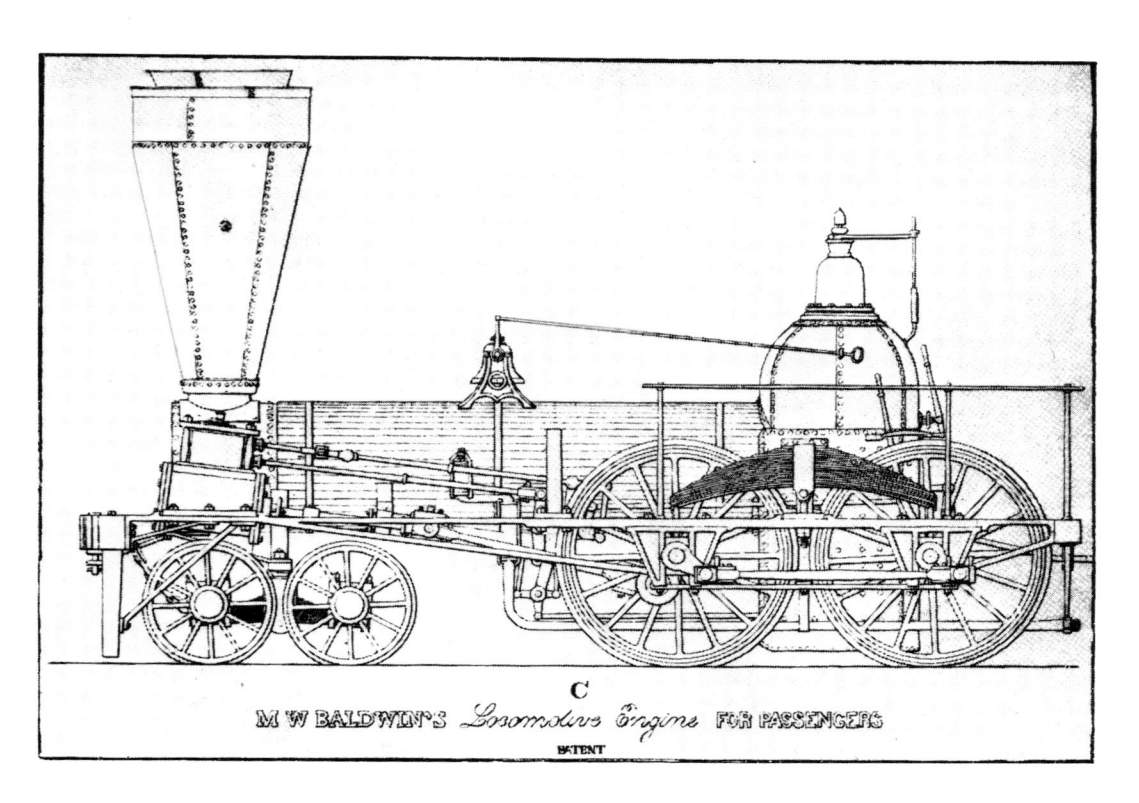

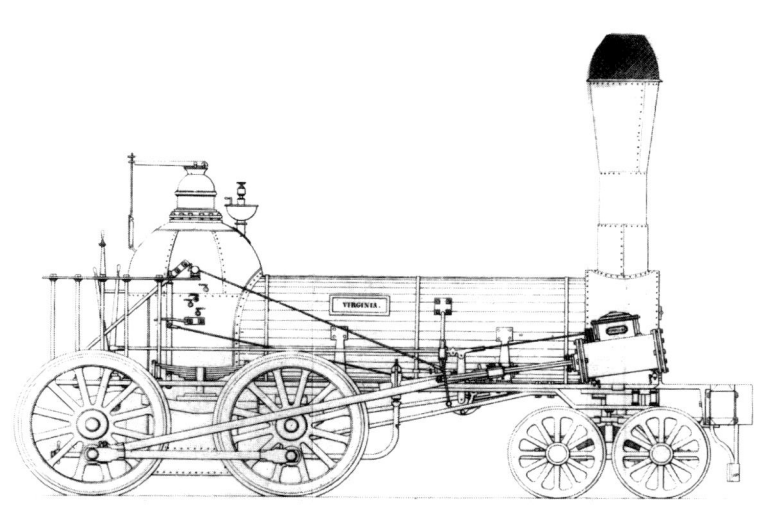

der Rost ja nicht tief zu liegen brauchte und die Kuppelräder nur 1067 mm Durchmesser hatten. Außerdem erhielt die Bury-Feuerbüchse in der Längsrichtung eine leicht ovale Form. Während der Belastungsausgleich bei den hinteren Kuppelachsen ganz ähnlich wie bei der «Hercules» ausgeführt ist, finden wir beim Drehgestell eine neue Konstruktion. Es ist nach einem Patent von Ross Winans vom Jahre 1834 gebaut und besitzt überhaupt keinen Rahmen. Eine lange, um einen Bolzen schwingende Blattfeder belastet unmittelbar beide Laufachsen. Das Ganze wird durch einen starken Querträger zusammengehalten, der den Drehzapfen aufnimmt und seitlich in Bolzenköpfen endet, um die die Federn schwingen. Seitliche Stützflächen des Querträgers sind nicht vorhanden, so daß er einen Querbalancier bildet. Zusammen mit den Drehpunkten der Ausgleichshebel der Kuppelachsen besteht also eine Dreipunktaufhängung. Die Leistung der «Gowan & Marx» war für die damalige Zeit erheblich. Am 20. Februar 1840 zog sie einen Zug von 280 t mit einer mittleren Geschwindigkeit von 15 bis 18 km/h. Die Strecke wies Gleisbögen auf, deren Radius bis zu 250 m herab ging, und eine größte Steigung von $15^0/_{00}$ (1:67). Mehrfach umgebaut, war diese Maschine rund zwanzig Jahre in Betrieb und wurde dann Baldwin als Teilzahlung für eine neubestellte Lokomotive überlassen.

Daß Norris auch sehr bald den Bau von 2B-Lokomotiven aufnahm, versteht sich von selbst. Von seinen ersten Maschinen dieser Art, die ab 1839 geliefert wurden, ist so gut wie nichts bekannt. Im Jahre 1842 lieferte er eine Lokomotive, «Virginia», an die Winchester & Potomac-Bahn (später in die Baltimore & Ohio-Bahn aufgegangen). Von ihr ist eine Zeichnung in einer französischen Quelle überliefert (Abb. 76). Auch Norris entwickelte einen Belastungsausgleich für die beiden Kuppelachsen, für den er gemeinsam mit Knight am 10. Februar 1843 ein Patent erhielt. Beide Kuppelachsen waren in einem besonderen, unabhängigen Gestell gelagert, dessen seitliche Längsträger in der Mitte durch eine Blattfeder belastet und ihrerseits an beiden Enden am Hauptrahmen aufgehängt waren. Dieses Gestell konnte sich seitlich verschieben und wurde durch Zugstangen geführt, die von den vorderen Achsbuchsführungen schräg nach oben verliefen, wo sie oberhalb der Drehgestellräder am Hauptrahmen befestigt waren. Auf diese Weise brauchte der Drehzapfen nicht seitlich verschiebbar zu sein.

Baldwin war zuerst eigene Wege gegangen, die wir im nächsten Abschnitt schildern werden, aber 1845 sah er sich doch gezwungen, zu 2B-Lokomotiven überzugehen. Er mußte dazu Benutzungsgebühren für das Campbell-Patent und auch für die Vorrichtung zum Ausgleich der Belastung an Eastwick & Harrison zahlen. Eine der ersten Baldwinschen 2B-Maschinen wurde 1846 an die Camden & Amboy-Bahn geliefert (Abb. 77). Noch behielt er den inneren Antrieb der Kuppelräder mittels Halbkurbel und den dadurch bedingten Außenrahmen bei, der jetzt aber ganz aus Flacheisen bestand und für die Achslager schwere Führungsgabeln aus Gußeisen aufwies. Der Belastungsausgleich zeigt eine der anderen, im Patent Harrisons vom Jahre 1838 vorgeschlagenen Lösungen. Er bestand aus einer umgekehrt angeordneten großen Blattfeder, deren Bund am Rahmen befestigt war und deren Enden unmittelbar die beiden Achslager belasteten. Da der Achsstand stark gewachsen war, wirkten die Zylinder auf die erste Kuppelachse. Den Abschluß der Baldwinschen altamerikanischen 2B-Lokomotiven sehen wir am Beispiel einer 1849 für die Pennsylvania-Bahn gebauten Maschine (Abb. 78). Die immer noch schrägen Zylinder sind nun nicht nur an der Rauchkammer allein, sondern auch an einem außen von vorn bis hinten durchlaufenden Hilfsträger befestigt. Sie wirkten jetzt von außen auf die Treibräder, wodurch die Innenkurbeln fortfielen und mehr Raum für die noch beibehaltene Bury-Feuerbüchse gewonnen wurde. Besonders bemerkenswert ist, daß der Belastungsausgleich bei den Kuppelachsen bereits die endgültige Form eines kurzen und leichten Ausgleichshebels zwischen den beiden Tragfedern gefunden hat.

Wir sehen an dieser Maschine auch die Form der ersten amerikanischen Führerhäuser, die bis um die Jahrhundertwende ganz aus Holz angefertigt wurden. Solche Führerhäuser scheinen zuerst gegen Ende der dreißiger Jahre bei den Lokomotiven der nördlich gelegenen Eisenbahnen angebracht worden zu sein, wo das rauhe Winterklima einen Schutz des Personals notwendig machte. Sie wurden aber erst im Laufe der fünfziger Jahre allgemein üblich.

Einige Worte mögen noch den auffälligen Schornsteinen der älteren amerikanischen Lokomotiven gewidmet werden. In Amerika wurde zunächst fast ausschließlich Holz verfeuert, was einen starken Funkenflug zur Folge hatte. Die älteste bisher bekannte Vorrichtung zum Auffangen der Funken wurde 1833 bei Lokomotiven der Camden & Amboy-Bahn aufgesetzt. Oberhalb der Schornsteinmündung, innerhalb einer ballonförmigen Haube befand sich ein Kegel mit abgerundeten Seiten, dessen Spitze nach unten gerichtet war. Dadurch fielen die Funken zwangsläufig in einen um das Schornsteinrohr gelegenen, ebenfalls kegelförmigen Mantel und verlöschten dort. Seitdem wurden unzählige Bauarten von Funkenfängern mit mehr oder weniger Erfolg ausgeführt. Turbinenförmige Leitschaufeln zum Ausschleudern der Flugasche wurden wahrscheinlich zum ersten Mal 1845 von Klein bei den Württembergischen Staatsbahnen angebracht. Da auch kleinstückiges Anthrazit starken Funkenflug erzeugt, wurde in Amerika bis in die neueste Zeit hinein auch bei diesem Brennstoff ein trichterförmiger Schornsteinaufsatz verwendet. Das gleiche gilt in Europa bei Torf- und Braunkohlenfeuerung.

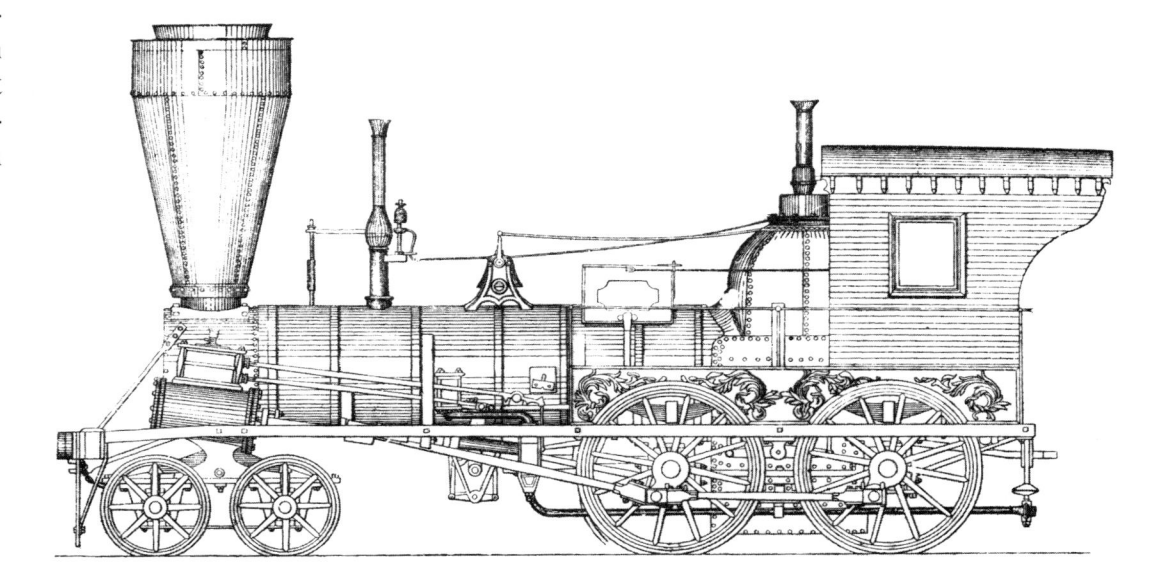

Als sich allmählich eine Art Schnellzugdienst entwickelte, zogen einige Bahnen für diesen Zweck Lokomotiven mit Innenzylindern vor. Als Beispiel einer solchen amerikanischen Innenzylindermaschine der Frühzeit sei eine von der kurzlebigen Amoskeag Manufacturing Co. in Manchester (N.H.) 1851 gebaute Lokomotive gewählt (Abb. 79), deren Bestimmungsbahn leider unbekannt ist. Diese Lokomotive ist nicht nur wegen der für damalige Begriffe recht hohen Kessellage bemerkenswert, die einen hohen Sattel für die Rauchkammerabstützung bedingte, sondern auch wegen der guten Zugänglichkeit des Innentriebwerkes infolge des Barrenrahmens. Im ganzen gesehen stellt sie eine Anpassung englischer Tradition an amerikanische Verhältnisse dar.

78. «Allegheny», Güterzuglokomotive der Pennsylvania-Bahn, Baldwin, 1849

79. Amerikanische Schnellzuglokomotive mit Innenzylindern, 1851

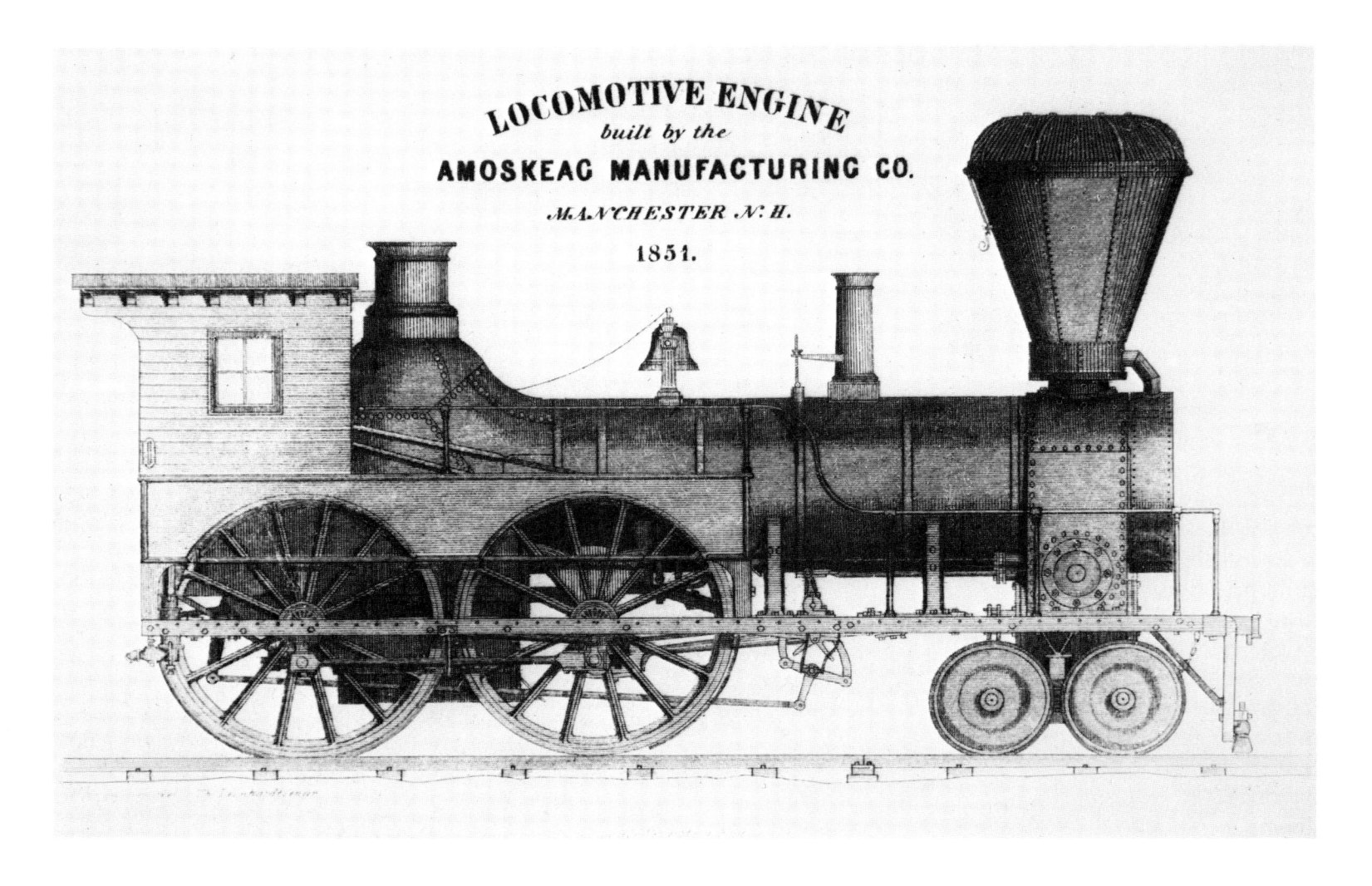

Die ursprünglich für Güterzüge gedachte 2B-Lokomotive hatte sich bis zu den fünfziger Jahren gemäß dem Jahnschen Gesetz von der Aufwärtsentwicklung der Bauarten in eine allseitig verwendbare Lokomotive verwandelt, die so typisch für Amerika wurde, daß sie schlechthin als «American» bezeichnet wurde.

5.7. Ursprung der schweren amerikanischen Güterzuglokomotive

Wir sagten vorhin, daß Baldwin zunächst eigene Wege ging, um eine Lokomotive zu schaffen, die ein höheres Reibungsgewicht als bei einer einzigen Treibachse aufweisen sollte, die aber dennoch so kurvenläufig war, daß sie die engen Gleisbögen der damaligen amerikanischen Strecken leicht durchfahren konnte. Sein erster, im August 1841 unternommener Versuch, die Räder des vorderen Drehgestells durch Zahnräder mit anzutreiben, schlug fehl. Seine zweite und erfolgreiche Lösung des Problems unter Umgehung der Patentrechte Campbells bestand darin, die beiden Vorderachsen an jeder Seite in einem besonderen Rahmenstück zu lagern. Jedes dieser Rahmenstücke konnte um einen in seiner Mitte befindlichen senkrechten Zapfen seitlich ausschwingen, und beide Rahmenbleche verschoben die beiden Achsen parallel zu einander in entgegengesetzter Richtung. So bildeten in der Geraden die Achsen mit ihren Rahmen-

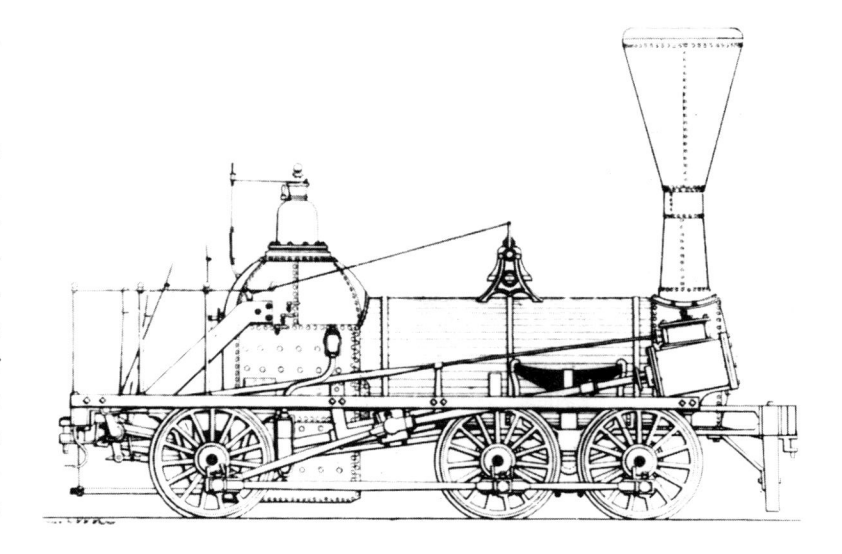

80. Dreifach gekuppelte Lokomotive der Central of Georgia-Bahn, mit Baldwin-Gelenkgestell, 1842

stücken ein Rechteck, im Gleisbogen dagegen ein schiefes Parallelogramm, das sich dem Gleisbogenradius anschmiegen konnte. Die erste Lokomotive dieser Bauart mit dem am 10. September 1834 patentierten Baldwin-Gelenkgestell wurde im Dezember 1842 an die Georgia-Bahn abgeliefert. Die Abstammung der dreifach gekuppelten Maschine von der 2A-Maschine ist deutlich (Abb. 80). Die beiden im Gelenkgestell gelagerten Vorderachsen sind noch, wie beim ersetzten Drehgestell, ganz nahe aneinander gerückt, wogegen die dritte Achse nach wie vor hinter der Feuerbüchse liegt und durch schräg angeordnete Zylinder mittels langer Treibstangen angetrieben wird. Die von den Baldwinschen Dreikupplern beförderten Lasten übertrafen beträchtlich alles bisher dagewesene. Eine an die Philadelphia & Reading-Bahn gelieferte Lokomotive dieser Bauart von 18 t Dienstgewicht fuhr mit einer mittleren Geschwindigkeit von 11 km/h und zog einhundertfünfzig Wagen, die einschließlich Ladung 1130 t wogen. Es ist dies das erste Mal, daß von einem Zuggewicht von 1000 t die Rede ist. Im normalen Betriebe wurden allerdings nur Züge von 575 t gefahren, die auf der 150 km langen Strecke eine mittlere Fahrgeschwindigkeit von 19 km/h entwickelten. Diese Bauart schlug ein. Im ganzen wurden davon etwa einhundertzwanzig Maschinen gebaut, die meisten vor 1855. Einige gehörten zu einer Abart, bei der alle drei Achsen vor der Feuerbüchse zusammengefaßt waren, um sie noch besser ganz kleinen Krümmungsradien anzupassen.

Baldwin verwendete auch sein Gelenkgestell, um als Gegenstück zur 2B-Lokomotive eine gleichwertige 1B-Maschine anbieten zu können. Hierbei war die vorn laufende freie Achse mit der nachfolgenden Kuppelachse gelenkig verbunden. Von dieser Spielart wurden nur wenige Stück gebaut, darunter die drei Maschinen, die Baldwin 1845 an die Württembergische Staatsbahn lieferte.

Ebenso großen Erfolg hatte Baldwin mit der Anwendung seines Gelenkgestells bei vierfach gekuppelten Lokomotiven, wofür er 1842 ebenfalls ein Patent erteilt bekam. Die erste Maschine dieser Art war vermutlich die «Atlas», die 1846 an die Philadelphia-Reading-Bahn geliefert wurde. Bei ihr standen die vier Achsen noch eng beieinander (Abb. 81). Obgleich je zwei Achsen gemeinsame Tragfedern aufwiesen, war wohl die Verteilung der Belastung ungleichförmig und der Lauf infolge des hinteren Überhanges der Feuerbüchse unruhig. Daher wurden bei spätern Ausführungen alle vier Achsen auseinandergespreizt und die Feuerbüchse zwischen den vier hintern Rädern durchhängend angeordnet (Abb. 82). Damit entstand das vierfach gekuppelte Gegenstück zu den langradständigen 2B-Maschinen. Bei den letzten Lieferungen anfangs der fünfziger Jahre lag die nunmehr nach Stephenson ausgeführte Feuerbüchse über der hinteren Achse und der Langkessel entsprach der inzwischen üblich gewordenen «wagon top» Bauart. Insgesamt dürften einhundertfünfzig dieser Baldwinschen Vierkuppler gebaut worden sein, die letzten für die Sabanilla & Moroto-Bahn in Kuba, von denen einer noch das Jahr 1911 erlebt hat.

Zwar war die führende Wirkung des Baldwinschen Gelenkgestells fast der eines Drehgestells mit Mittelzapfen gleich, aber da wegen ihrer Verschiebbarkeit

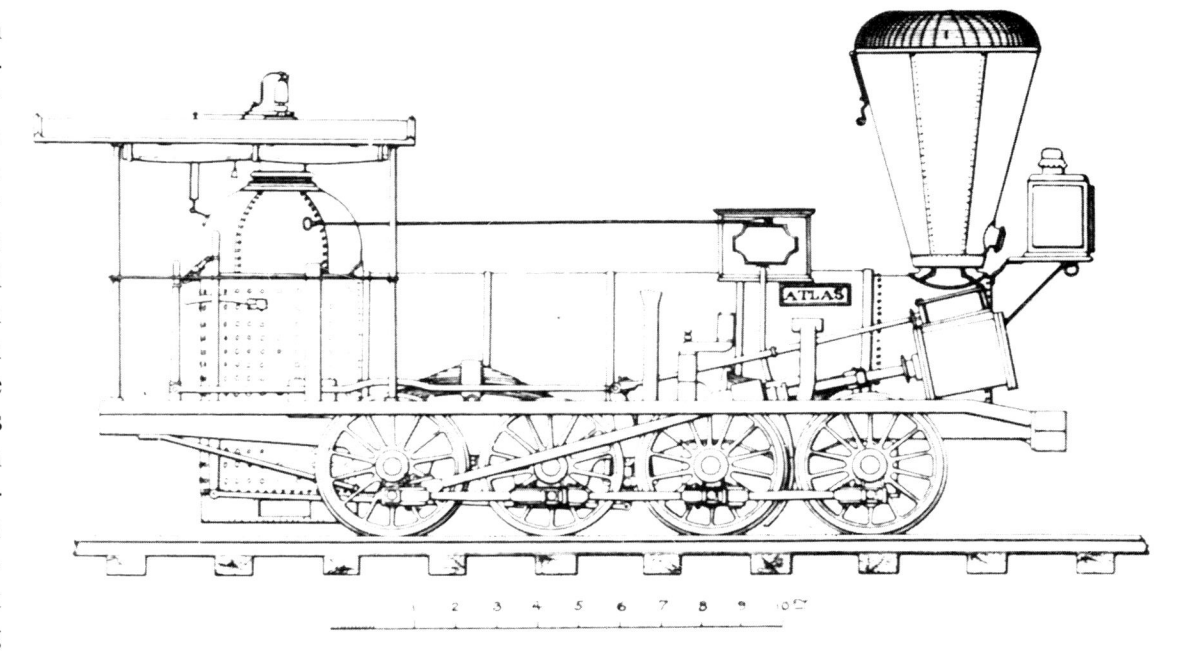

81. «Atlas», Baldwin, 1846

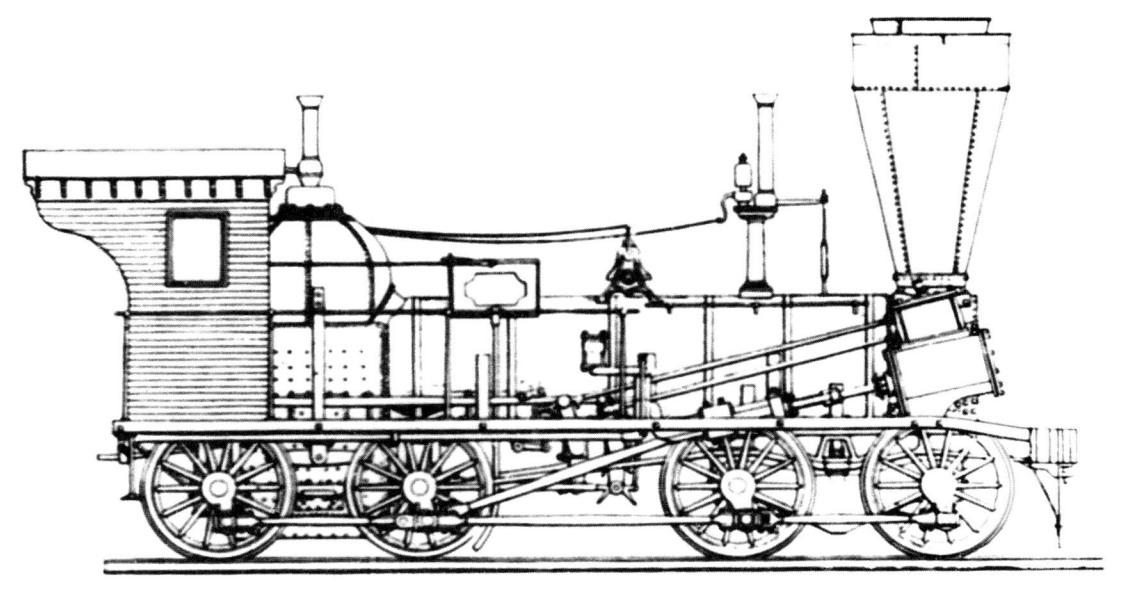

82. Vierfach gekuppelte Lokomotive mit langem Radstand, Baldwin, um 1850

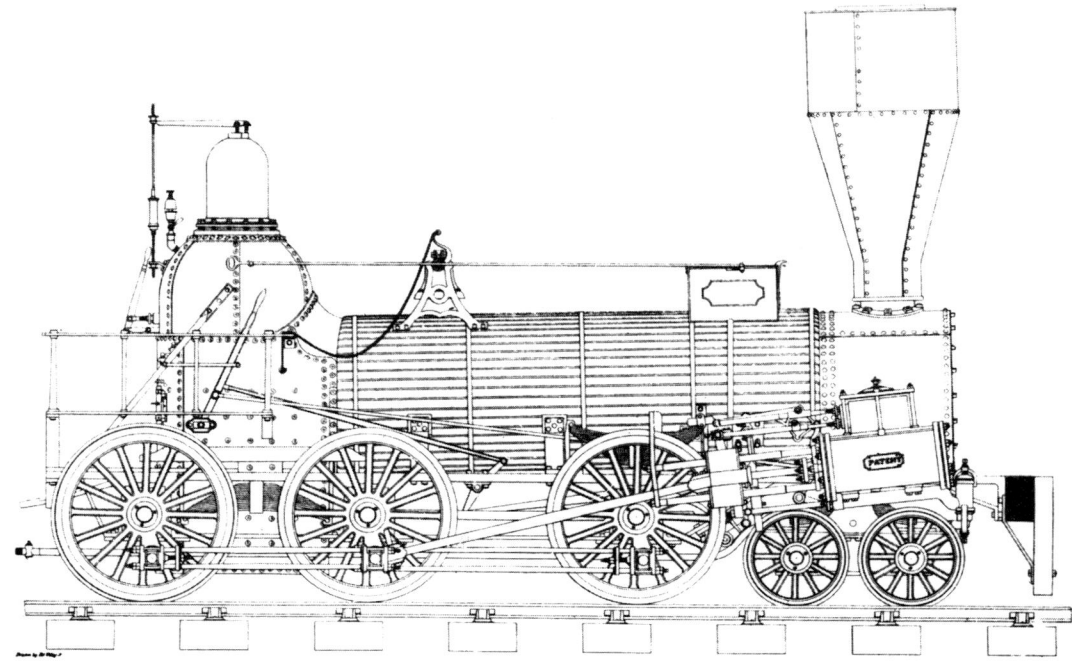

83. «Chesapeake», William Norris, Philadelphia-Reading-Bahn, 1847

84. «Monster», Robert Stevens und Isaac Dripps, Camden & Amboy-Bahn

die beiden beweglichen Rahmenstücke nur schlecht miteinander versteift werden konnten, war die Gesamtanordnung überbeweglich. Die vielen Gelenke waren überdies einer starken Abnutzung unterworfen. Daher verschwand das Baldwinsche Gelenkgestell Mitte der fünfziger Jahre, als andere, einfachere Lösungen für Drei- und Vierkuppler gefunden waren. Es wurde dennoch etwas abgewandelt später in Europa wieder aufgegriffen, wie wir noch sehen werden.

Baldwin war nicht geneigt, Lizenzen auf seine Patente zu gewähren. Seine Konkurrenten mußten also andersartige Lösungen suchen, um gleichwertige Lokomotiven anbieten zu können. Norris beschränkte sich zunächst darauf, alle drei gekuppelten Achsen möglichst eng vor der Bury-Feuerbüchse anzuordnen. Er behielt zur Verminderung des vorderen Überhanges die schräg an der Rauchkammer befestigten Zylinder bei. Bei einem so stark verkürzten Achsstand ließ sich ein genügend leistungsfähiger Kessel nicht mehr unterbringen. William Norris' Bruder Septimus baute daher im März 1847 für die Philadelphia-Reading-Bahn eine Lokomotive, die man als eine verlängerte 2B-Maschine ansehen kann, bei der zwischen den beiden gekuppelten Hinterachsen und dem vorderen Drehgestell eine weitere Kuppelachse eingeschoben war (Abb. 83). Diese, «Chesapeake» genannte, Maschine gilt als erste 2C-Lokomotive der Welt. Man hatte zwar Bedenken, wie sich die Lokomotive im Bogenlauf verhalten würde. Da aber die Spurkränze der beiden ersten Kuppelachsen weggelassen waren, erwiesen sich diese Bedenken als unbegründet. Die Beschaffungsbedingungen sahen eine Beförderung von hundert beladenen Kohlenwagen mit einem Gesamtgewicht von 720 t vor, eine Leistung, die die am 19. März 1847 in Betrieb genommene Maschine durchaus erfüllte.

Einen Tag vor der «Chesapeake» wurde auch bei der Boston-Maine-Bahn eine 2C-Lokomotive in Dienst genommen. Sie war von Hinkley geliefert worden. In rascher Folge kamen auch bei anderen Lokomotivfabriken weitere Maschinen der gleichen Achsanordnung heraus. So wurde die «Chesapeake» die Stammmutter einer weit verbreiteten amerikanischen Güterzuglokomotivfamilie, die erst nach Einführung der Bisselachse durch die leichtere 1C-Lokomotive verdrängt wurde. Nach dem Jahnschen Gesetz entwickelte sich die 2C-Maschine zunächst zu einer schweren Personenzuglokomotive für gebirgige Strecken und schließlich zu einer ausgesprochenen Schnellzugmaschine.

Wahrscheinlich beabsichtigten Robert Stevens und Isaac Dripps, den feinkörnigen Anthrazit zu verwenden, der als Abfall beim Absieben zurückblieb und daher billig zu haben war, als sie für die Camden & Amboy-Bahn eine solche, wirklich außerordentliche Lokomotive schufen, die dann mit Recht als «Monster» (Monstrum) bekannt wurde. Um den, für diese Art Brennstoff notwendigen, übergroßen Rost unbehindert ausführen zu können, ließen sie den Rahmen ganz weg. Die Zylinder mußten daher am Kessel selbst befestigt werden. Der Antrieb der Räder erfolgte auf komplizierte Art (Abb. 84) wobei das vordere Achspaar durch Zahnräder mit dem rückwärtigen gekuppelt war. Dies Zwischengetriebe ermöglichte bis zu einem gewissen Grade einen seitlichen Ausschlag des voran laufenden Achspaares in den Gleisbögen. Die Umsteuerung erfolgte durch Ein- und Ausklinken der langen Exzenterstangen. Über die Bauart des Kessels schweigen sich die eingesehenen Quellen aus. Sie erwähnen nur, daß zum ersten Male eine Verbrennungskammer vorhanden war, das heißt, daß die innere Feuerkiste teilweise in den Rundkessel hinein reichte.

Das Jahr, in dem diese «Monster» in Betrieb genommen wurde, ist nicht genau bekannt. Es muß zwischen 1834 und 1838 gewesen sein. Die Dampfentwicklung des Kessels erwies sich als nicht zufriedenstellend. Der Dampfdom flog nach kurzer Zeit in die Luft. Dripps baute einen neuen besseren Kessel ein. Damit entsprach die Lokomotive trotz gelegentlicher Brüche im Zahnradgetriebe durchaus den Betriebserfordernissen, so daß noch 1853 drei weitere bei den Trenton Locomotive Works, an denen Dripps mitbeteiligt war, nachbestellt wurden. Mindestens eine dieser Maschinen baute man 1869 völlig um (Abb. 85). Als BN.635 der Pennsylvania-Bahn hielt sie bis 1875 aus Diese «Monster» können als Vorstufe der späteren «Camels» angesehen werden und dürften, abgesehen von Hedleys „Wylam Dilly", die ersten Vierkuppler gewesen sein.

85. «Monster» nach dem Umbau, 1869

6. DER KAMPF DER SPURWEITEN UND SEINE FOLGEN

«Lalla Rookh», s. Abb. 86

6.1. Brunels Breitspurlokomotiven

Bekanntlich verdankt die in der Welt am meisten verbreitete Spurweite von 4′ 8½″ (1435 mm), die in vielen Ländern als Normal- oder Regelspur bezeichnet wird, ihr Bestehen nicht etwa technischen Überlegungen, sie ist ein reines Zufallsprodukt. Als die Trennung der Fahrzeuge mit glatten Laufflächen von denen mit Spurkranzrädern erfolgte, legte George Stephenson den genauen Abstand zwischen den Fahrkanten der Schienen auf das genannte Maß fest. Er empfahl von vornherein, dabei zu verbleiben, denn «obwohl sie (die Bahnen) jetzt weit voneinander gelegen sind, denkt daran, daß sie eines Tages zusammenwachsen können».
Nicht alle Eisenbahnbauer waren mit dieser Spurweite einverstanden, vor allem nicht Isambard Kingdom Brunel. Als er von den Gründern der zwischen London und Bristol geplanten Bahn zum leitenden Ingenieur berufen wurde, verriet bereits der von ihm geprägte Name «Great Western Railway», in dem zum ersten Male das Beiwort «groß» erschien, daß er etwas ganz Besonderes vorhatte. Durch eine List gelang es ihm, in dem am 31. August 1835 genehmigten Konzessionsgesuch jede Spurweitenangabe wegzulassen. So hatte er freie Hand, die von ihm befürwortete Spurweite von 7 Fuß zu verwirklichen.
Es waren mehrere Gründe, die ihn zur Wahl dieser großen Spurweite bewogen. In technischer Hinsicht dachte er an größere als die bis dahin für möglich gehaltenen Fahrgeschwindigkeiten, und daher wollte er dafür geeignete, äußerst standhafte Fahrzeuge mit tiefliegendem Schwerpunkt schaffen. Der Wagenkasten sollte nicht, wie von George Stephenson eingeführt, oberhalb der Räder liegen, sondern ganz innerhalb derselben verbleiben. Bei der damals üblichen Wagenkastenbreite von 1,9 bis 2 m ergab sich zwangsläufig eine Spurweite von 7 Fuß (2134 mm). Genau genommen betrug Brunels Spurweite 7′ ¼″ (2140 mm). Der nach dieser Idee gebaute Vorführwagen fand indes keine Zustimmung beim Vorstand der Bahn. Dieser meinte ganz richtig, wenn schon die

große Spurweite, dann sollte man den Wagenkasten auch so breit machen, wie es das Umgrenzungsprofil gestattete, um soviel Reisende wie möglich unterzubringen. Damit fiel ein Argument Brunels ins Wasser. Überzeugender war dagegen Brunels Ansicht, die Verschiedenheit der Spurweiten würde das Eindringen anderer Bahnen in das Gebiet der Great Western erschweren und dieser somit ein Monopol sichern.

Wenn auch nicht bei den Wagen, so hatte Brunel doch bei den Lokomotiven völlig freie Hand, Maschinen zu schaffen, die seinen Vorstellungen von schnellem Fahren entsprachen. Seine Anfragen an verschiedene Lokomotivfabriken, in denen als Bedingungen nicht viel mehr als die Spurweite und der Wunsch nach hohen Fahrgeschwindigkeiten bei geringen Kolbengeschwindigkeiten enthalten waren, brachten, wie Ahrons (1925) schreibt, «bis auf eine oder zwei Ausnahmen die außerordentlichste Kollektion von Mißgeburten» zu Tage: Lokomotiven mit bis über 3 m hohen Treibrädern und schlechter Abstimmung zwischen diesen, den Zylinderabmessungen und den Kesselheizflächen, die sich zum Teil kaum allein fortbewegen konnten, wie die «Vulcan» und die «Ajax» (Abb. 86). Überdies waren sie so anfällig gegen Schäden, daß sie schon allein aus diesem Grunde für einen normalen Betrieb unbrauchbar waren.

Das war die Lage, die Daniel Gooch vorfand, als er, mit nur einundzwanzig Jahren von Brunel zum Leiter des Maschinenwesens ernannt, am 28. August 1837 sein Amt antrat. In Tag-und-Nacht-Schichten, gleichzeitig Werkstattpersonal ausbildend, gelang es ihm, einige dieser Maschinen so weit zu bringen, daß sie einigermaßen betriebsfähig waren. Angesichts dieser Sachlage griff er sofort zu, als er erfuhr, daß bei Robert Stephenson zwei Lokomotiven verfügbar standen, die für die New Orleans-Bahn bestimmt, aber wegen Ausbleibens der Zahlung zurückbehalten worden waren. Es waren dies die «North Star» (Abb. 87), und die «Morning Star». Da beide für eine Spurweite von 5′ 6″ (1676 mm) gebaut waren, konnten sie leicht umgespurt werden. Die Lieferung erfolgte im Dezember 1837, aber auch diesmal mußte Gooch noch verschiedene Änderungen vornehmen, bis sie als voll betriebsfähig gelten konnten. Anläßlich einer Probefahrt zur Vorbereitung der Eröffnung der Bahn zog die «North Star» einen Zug von 110 t einschließlich Lokomotive und Tender mit 49,1 km/h, mit 45 t angehängter Last erzielte sie ein Mittel von 62 km/h mit einer Spitze von 72 km/h. Die «North Star» war mit gewissen nachträglichen Änderungen bis 1870 im Betrieb. Sie wurde dann in der Hauptwerkstatt Swindon aufbewahrt, aber 1906 abgebrochen,

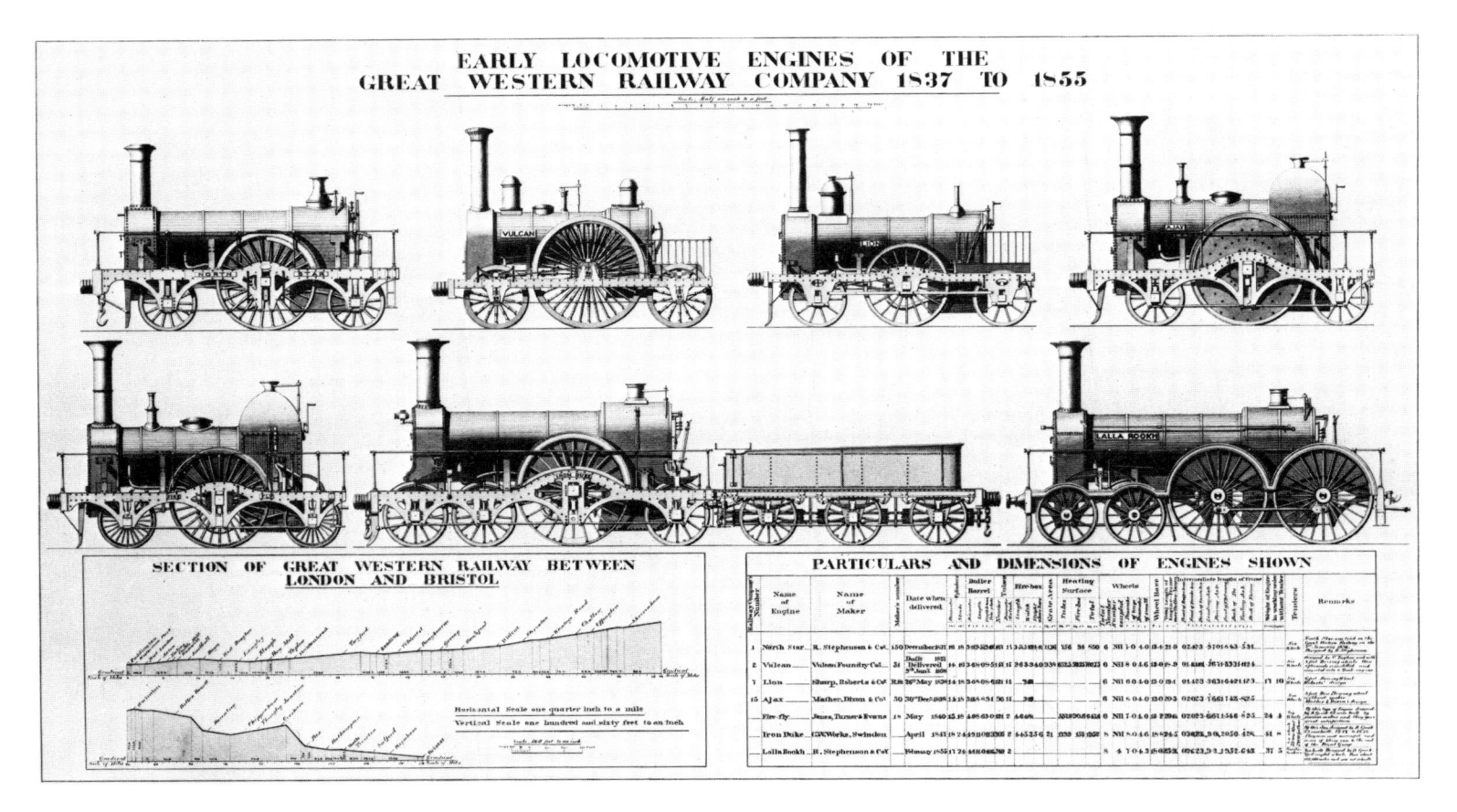

86. Lokomotiven der Great Western-Bahn von 1837-1855: «North Star», «Vulcan», «Lion», «Fire-fly», «Iron Duke», «Lalla Rookh»

87. «North Star», 1837

weil das Science Museum ihre Übernahme wegen Platzmangels ablehnte. Mit einigen noch vorhandenen Teilen baute man anläßlich des 100jährigen Jubiläums der englischen Bahnen 1925 eine Nachbildung in natürlicher Größe, die heute im Great Western Museum zu Swindon aufbewahrt wird.

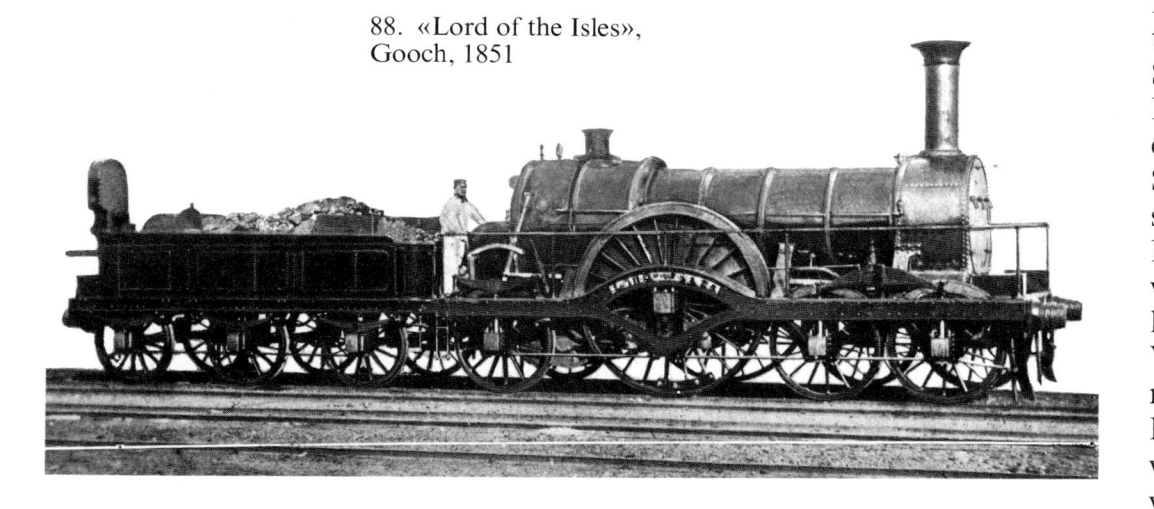

Die «North Star» war nur der Anfang. Gooch baute anschließend zehn Lokomotiven gleicher Bauart, denen bald zweiundsechzig noch stärkere folgten, deren Feuerbüchse zum ersten Mal die neue Stephensonsche Form mit Vierseitkuppel aufwies (Abb. 86, links unten). Die genauen Zeichnungen für die Maschinen wurden unter Goochs Leitung angefertigt und danach Schablonen für diejenigen Teile hergestellt, die untereinander austauschbar sein sollten. Beides wurde an die beteiligten Lokomotivfabriken gesandt mit der Anweisung, sich streng danach zu richten. Es war das erste Mal, daß eine Bahn auf Vereinheitlichung und Austauschmöglichkeit Wert legte. Bei diesen Arbeiten hatte Gooch einen tüchtigen Helfer in Thomas Russel Crampton, der bald sein Gegenspieler werden sollte.

Als die Great Western begann, ihre Fühler auch nördlich, in Richtung Wolverhampton auszustrecken, brach der «Kampf der Spurweiten» aus. Die mit der Stephensonschen Spur gebauten Bahnen wehrten sich gegen diesen Einbruch in ihr Gebiet. Sie mobilisierten das Parlament, das am 9. Juni 1845 eine Königliche Kommission einsetzte, die die Frage der Spurweiten klären sollte. Zuerst wurde Robert Stephenson vernommen, der natürlich zugunsten seiner Normalspur aussagte. Dann kamen auch weitere Eisenbahnfachleute zu Wort, die zumeist seiner Ansicht beipflichteten. Nur wenige äußerten, daß eine etwas breitere Spurweite von 5 bis 6 Fuß erwünscht wäre, um mehr Platz für das innenliegende Triebwerk zu haben. Sie empfahlen aber dennoch, bei der Stephensonschen Spur zu bleiben. Nur einer, William Cubbit, setzte sich dafür ein, alle vorhandenen Eisenbahnen auf die Brunelsche Breitspur umzubauen, ehe es dafür zu spät wäre. Daniel Gooch legte vor der Kommission sachlich die Vorzüge der Breitspur dar. Er zeigte einen Vergleich der Leistungen der Great Western-Lokomotiven mit denen der regelspurigen, der einen guten Einblick in die damaligen Betriebsverhältnisse gewährt und daher verdient, wenn auch nur auszugsweise, wiedergegeben zu werden:

88. «Lord of the Isles», Gooch, 1851

Bahnverwaltungen	Durchschnittliches Gewicht der Personenzüge t	Güterzüge t	Mittl. Geschwindigkeit der Personenzüge km/h
London-Birmingham	42,2	162	32,2
Grand Junction	43,5	152	33,5
South Western	36,0	121	38,6
Birmingham-Gloucester	38,5	152	33,8
Great Western	67,0	265	44,3

Wie man daraus sieht, stand die Great Western durchaus an der Spitze.

Mittlerweile waren aber die Anhänger der Regelspur nicht müßig geblieben. Wie wir noch darlegen werden, drohten ihre Lokomotiven, was Leistung anbetrifft, denjenigen Goochs nahe zu kommen, wenn nicht sogar sie zu übertreffen. Damit hätte das technische Hauptargument zugunsten der Breitspur, nämlich die größere Leistung, hinfällig werden können. Es mußte schleunigst etwas geschehen, um den Vorsprung zu wahren. In nur dreizehn Wochen, bis zum 1. April 1846, vollendete man in Swindon eine neue Lokomotive wesentlich verstärkter Bauart, die den Namen «Great Western» erhielt. Es war nach wie vor eine 1A1-Maschine der «Patentee»-Type. Im Juni 1846 beförderte sie einen Zug von 100 t von London nach Swindon (124,3 km) mit rund 96 km/h und kurz nachher bis Exeter (312,3 km), durchfahrend, hin mit 89 km/h und zurück mit 88,5 km/h. Nach einiger Zeit brach die überlastete Vorderachse, an deren Stelle Gooch einfach zwei Laufachsen vorsah. Die von Brunel großzügig verlegten großen Bogenradien gestatteten ohne weiteres einen so langen Achsstand. In dieser Form als 2A1-Maschine wurde die «Great Western» das Vorbild der von nun an in dreißig Stück beschafften Schnellzuglokomotiven, mit denen bis zum Ende der Breitspur am 20. Mai 1892 alle schnellen Züge der Great Western befördert wurden. Zu diesem Zeitpunkt waren noch dreiundzwanzig Stück vorhanden. Die «Lord of the Isles» (Abb. 88) stammt aus der Lieferung vom Jahre 1851. Sie war bis 1881 im Betrieb und wurde danach in Swindon aufbewahrt, dann aber leider 1906 zusammen mit der «North Star» verschrottet.

Als die Great Western ihre Strecke durch das hügelige Gelände von Südwales verlängerte, reichte das Reibungsgewicht dieser 2A1-Maschinen nicht aus. Gooch ließ für diesen Zweck von Stephenson 1855 zehn 2B-Lokomotiven bauen, die als «Waverley»-Klasse bezeichnet wurden. Bei diesen lag der Sand-

89. Der Bahnhof von Bristol, Great Western-Bahn

90. Der letzte Schnellzug der Breitspur am 20. Mai 1892

wich-Rahmen, den die Bahn so lange bevorzugte, innen (Abb. 86, rechts unten). Auch diesmal brauchte man kein Drehgestell für das vordere Achspaar vorzusehen.

6.2. Stephensons «Longboiler»-Lokomotiven im Kampfe der Spurweiten

Im Betriebe hatte man bei den «Planet» und den «Patentee» einen starken Abbrand der Rauchkammerbleche und des Schornsteins festgestellt. Das waren deutliche Anzeichen dafür, daß viel Wärme innerhalb des Kessels unausgenutzt blieb. Um sich über die Temperaturverhältnisse in der Rauchkammer ein Bild zu machen, führte Robert Stephenson kleine Tiegel mit Metallstückchen von verschiedenem Schmelzpunkt in sie ein. Aufgrund dieser Untersuchung entschloß er sich, die bisher übliche Länge der Heizrohre von rund 2,7 m auf 3,9 bis 4,3 m zu vergrößern, um so die Heizgaswärme besser auszunutzen.

Behielt man die zwischen den zwei letzten Achsen durchhängende Feuerbüchse bei, hätte man entsprechend dem längeren Rundkessel auch den Achsstand vergrößern müssen. Dem stand aber der Durchmesser der damals auf allen größeren Bahnhöfen vorhandenen zahlreichen Drehscheiben entgegen, mit deren Hilfe Lokomotiven und Wagen von einem Gleis auf das andere umgesetzt wurden. So blieb nichts anderes übrig, als wieder zur überhängenden Feuerbüchse der «Planet» zurückzukehren. Robert Stephenson ließ sich, wie er später bekannte, um so leichter dazu verleiten, als über die vielen zweiachsigen Bury-Lokomotiven keine Klagen wegen unruhigen Laufes laut geworden waren. Auch in dem Ersatz des Sandwich-Doppelrahmens durch den bei weitem einfacheren und billigeren Innenrahmen ist Burys Einfluß unverkennbar, nur wurde der Rahmen aus Blechtafeln statt aus Flacheisen gebaut. Bury hatte auch bewiesen, daß man durchaus auf eine innere Abstützung der Kurbelachse verzichten konnte, die dann von Stephenson beim Innenrahmen weggelassen wurde. Auch bei der Feuerbüchse machte sich Robert Stephenson die Vorteile der hohen Kuppel zu eigen, die für die Lieferung von trockenem Dampf günstiger war. Er führte sie aber als Vierseitkuppel aus, wie er es schon bei einigen «Patentee» der Great Western getan hatte (vgl. Abb. 86).

Das von Robert Stephenson für seine neue Bauart angemeldete Patent wurde ihm am 23. Juni 1841 erteilt. Die ersten beiden Maschinen der neuen Bauart mit verlängertem Kessel wurden 1841 abgeliefert, eine an die York & Midland-, die andere an die Northern & Eastern-Bahn. Ihre einfache Bauart, die den Unterhalt erleichterte, die erheblichen Brennstoffersparnisse infolge der besseren Ausnutzung der Heizgaswärme und die Stephensonsche Kulissensteuerung, die bald zur Standardausrüstung dieser Lokomotiven gehörte, sprachen zu ihren Gunsten. Man übersah dabei zunächst ihre mangelhafte Laufruhe. Sie wurden sofort in Lizenz nachgebaut, nicht nur in England selber, sondern auch auf dem Kontinent. Hier finden wir sie schon 1843 bei der Paris-Orleans-Bahn, gleichzeitig von Robert Stephenson und von Meyer in Mülhausen geliefert (Abb. 92). Die zu der gleichen Serie

91. Der Bahnhof von Hastings, South Eastern-Bahn, 1852

92. 1A1-Longboiler-Lokomotive, Nr. 43 der PO, 1843

93. «La Tarasque», Avignon-Marseille-Bahn, Le Benet, 1846

94. «Sézanne», Montereau-Troyes-Bahn, Hallette, 1847

gehörende und von Robert Stephenson gelieferte BN. 30 «Montgolfier» war die erste Lokomotive in Frankreich und wohl auch auf dem Kontinent, die mit der Stephenson-Kulissensteuerung ausgestattet war. Die Abmessungen dieser französischen Maschinen waren typisch für diese «Longboiler» bis auf den Treibraddurchmesser, der meistens 1676 mm betrug. Bei Versuchsfahrten auf der Paris-Orleans-Bahn im Mai 1844 zog eine dieser Maschinen Personenzüge von 65 bis 86 t mit 50 und 55 km/h.

In Deutschland war die damals noch breitspurige Badische Staatsbahn die erste, die schon 1842 derartige Lokomotiven anschaffte.

Anfangs 1843 ergab sich bei den Verhandlungen mit französischen Ingenieuren, die diese «Longboiler» in Lizenz nachbauen wollten, daß gewisse Bedenken bestanden, ob man die Kurbelachsen in derselben Güte wie in England herstellen könne. Robert Stephenson willigte daraufhin ein, die Zylinder nach außen zu verlegen. Diese Außenzylinder-Longboiler wurden zuerst 1845 von der Paris-Orleans-Bahn eingeführt, sie waren bald auf allen französischen Bahnen heimisch, und da sie an Einfachheit nicht zu übertreffen waren, verbreiteten sie sich, wie wir noch darlegen werden, rasch auf dem ganzen Kontinent. Zwei solcher Maschinen sind glücklicherweise bis heute erhalten geblieben: die «Pierrot», von Robert Stephenson 1846 an die Avignon-Marseille-Bahn geliefert, und die, 1847 von Hallette in Arras für die Montereau-Troyes-Bahn als BN.5 mit dem Namen «Sézanne» gebaute, spätere BN. 291 der Est (Abb. 94). Diese nimmt einen besonderen Platz in der Geschichte der Lokomotive ein: Sie war die erste, mit der im September 1868 Versuche mit Ölfeuerung vorgenommen wurden. Am 1. Mai 1871 aus dem Verkehr gezogen, verwendete man sie als ortsfesten Kessel in der Bahnwerkstatt Epernay. Dank privater Initiative wurde sie in den ursprünglichen Zustand zurückversetzt und ist heute dem Eisenbahnmuseum in Mülhausen im Elsaß überwiesen worden.

Doch kehren wir nach England zurück, wo sich die Lage im Kampfe der Spurweiten immer mehr zugespitzt hatte. Als das Beispiel der Great Western andere Bahnen anspornte, ebenso schnell zu fahren, zeigten sich die Unarten der Longboiler bald im vollen Licht. Es kamen infolge ihres unruhigen Laufes mehrere Unfälle vor. Die Regierung überlegte, ob eine Beschränkung der Fahrgeschwindigkeiten angebracht sei. Sie beauftragte ihren Inspektor, den Generalmajor C.W. Pasley, ein Gutachten darüber auszuarbeiten. Zu diesem Zweck fuhr er auf allen im Schnellzugdienst eingesetzten Lokomotiven verschiedener Bauart mit und kam zu dem Ergebnis, «daß die ‹White Horse of Kent› (einer 1A1-Außenzylinder-Longboiler) gleichartigen Maschinen gefährlich unruhig liefen, falls sie auf mehr als rund 70 km/h gebracht würden».

Das war ein schwerer Schlag für die Anhänger der Regelspur. Die größere Dampferzeugung der «Long-

95. Karikatur einer Bahnhofsszene in Gloucester. Beim Wechsel zwischen Breitspur und Regelspur mußten die Reisenden umsteigen, das Gepäck umgeladen werden

boiler» war gerade eines der zu ihren Gunsten ins Feld geführten Argumente, das aber angesichts der schlechten Laufeigenschaften an Wert verlor. Um den langen Debatten vor der Spurweitenkommission, die zu keinem Ziele führten, ein Ende zu bereiten, schlug Brunel in der Sitzung vom 22. November 1845 vor, Vergleichsfahrten vorzunehmen, und zwar auf der breitspurigen Strecke London-Exeter wie auch auf einer ähnliche Neigungsverhältnisse aufweisenden Regelspurstrecke. Diesem Vorschlag wurde stattgegeben.

Die Waffe, die Robert Stephenson schmiedete, um der Herausforderung Brunels zu begegnen, war eine Umarbeitung seiner 1A1-Longboiler. Auf die Vorzüge ihrer Kesselleistung konnte er nicht verzichten. Den unruhigen Lauf infolge der großen beidseitigen Überhänge versuchte er zu mildern, indem er die Treibachse nach rückwärts versetzte. Doch bei zu stark gespannten Tragfedern der Treibachse schaukelte die Maschine nicht mehr um diese Achse und entlastete damit die vordere Laufachse gefährlich. Er ordnete die Zylinder in der Nähe des Schwerpunktes an, so daß sie nicht mehr überhingen. Die Kolbenkräfte wirkten sich jetzt weniger ungünstig auf die Laufruhe aus. 1846 lieferte Le Benet in La Ciotat bei Marseille eine nach diesen Grundsätzen ausgeführte Lokomotive, die «Tarasque» (Abb. 93), an die Avignon-Marseille-Bahn, die gleichzeitig drei weitere Maschinen derselben Bauart von Robert Stephenson erhielt. Die drei englischen Maschinen hatten größere Treibräder als die «Tarasque» (1852 mm Durchmesser).

Die von Robert Stephenson zu den Vergleichsfahrten im November 1845 gebaute Lokomotive dieser Bauweise war im Gegensatz zu der sonstigen Gepflogenheit nur kurz und trocken statt mit Namen mit dem Großbuchstaben «A» bezeichnet, denn sie war für keine Bahn bestimmt Später ging sie an die York & North Midland-Bahn über. Damit eine noch größere Anzahl Heizrohre Platz fand, hatte der Kessel einen leicht ovalen Querschnitt. Goochs Gegenwaffe war die «Ixion», eine der Normalbauart seiner 1A1-Maschinen mit Sandwichrahmen entsprechende Lokomotive der 1840/42 gebauten «Fyrefly»-Klasse.

Vergleich der Hauptabmessungen der «Ixion», «Great A» und «Namur»

Name	Zylinderdurchmesser (mm)	Kolbenhub (mm)	Treibraddurchmesser (mm)	Rost (m²)	Kessel (m²)	Dienstgewicht (t)
«Ixion»	381	457	2134	1,21	55,93	~21,00
«Great A»	381	610	2007	0,89	77,18	~23,88
«Namur»	406	508	2134	1,35	91,88	22,00

Die ersten Fahrten für den Vergleich unternahm die «Ixion». Hierbei erreichte sie mit einem 81,5 t schweren Zug zwischen London und Didcot ein Mittel von 76,44 km/h und mit 61 t ein Mittel von 84,5 km/h. Auf der Rückfahrt, wo die Strecke meist leicht bergab verläuft, waren die Geschwindigkeiten 80,8 km/h beziehungsweise 87,9 km/h. Die «Great A» wurde auf dem, ähnliche Verhältnisse wie die Great Western-Strecke aufweisenden, Abschnitt der Great North of England zwischen Darlington und York den gleichen Proben unterworfen. Mit 80 t Schlepplast erzielte sie ein Mittel von 69,6 km/h und mit 50 t ein solches von 75,6 km/h. Drei Wochen später schaffte sie 96,6 km/h, jedoch mit nur 40 t. Bei annähernd gleichen Zuglasten bestand kein Zweifel, daß die «Ixion» besser abschnitt. Bei dem Vergleich der pro Pfund Koks verdampften Wassermenge konnte kein eindeutiges Ergebnis erzielt werden, denn die Regelspurpartei hatte das Wasser vor der Fahrt im Tender vorgewärmt. Bereits bei den ersten Vergleichsfahrten zeigte sich, daß die Laufruhe der «Great A» doch noch sehr zu wünschen übrig ließ. Gooch, der an einer solchen Fahrt auf dem Führerstand teilgenommen hatte, riet Brunel ab, ebenfalls mitzufahren, weil er es für zu gefährlich hielt. Somit bot Robert Stephensons 2A-Lokomotive gegenüber den sonstigen Longboilern keinerlei Vorteile. Sie ist daher nur in einigen wenigen Exemplaren nachgebaut worden.

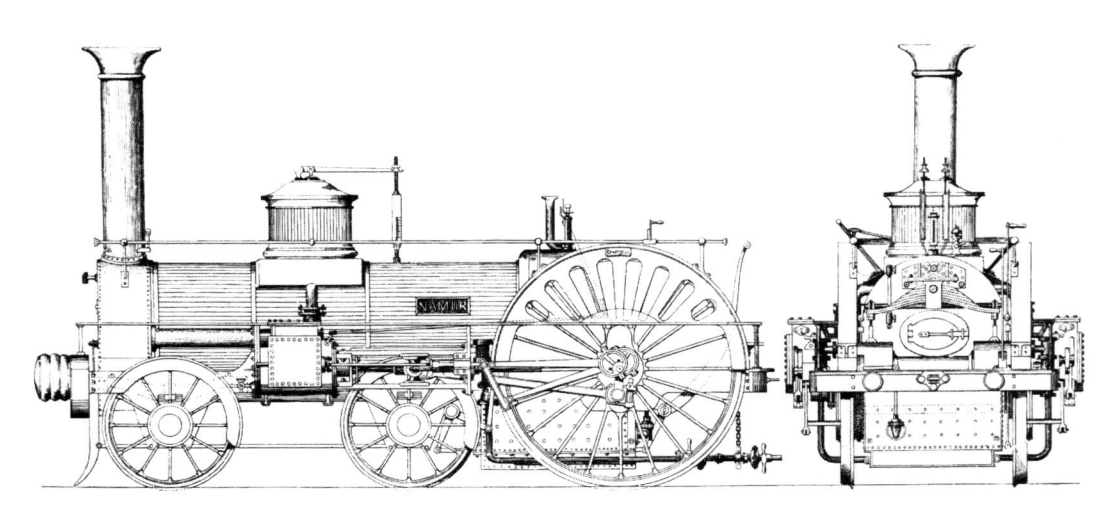

Robert Stephenson schlug daraufhin zwei Wege ein, um die Laufeigenschaften seiner 2A-Longboiler doch noch zu verbessern. Der erste bestand darin, wie seinerzeit bei den «Planet» den hinteren Überhang durch eine hinzugefügte Laufachse aufzufangen. Mit dieser 2A1-Achsanordnung sind nur zwei Lokomotiven 1848/49 für die London & North Western-Bahn ausgeführt worden. Der zweite Weg bestand darin, die störenden, von den zwei Außenzylindern ausgehenden Kolbenkräfte wenigstens teilweise durch einen dritten, innen angeordneten Zylinder auszugleichen. Alle drei Zylinder lagen in einer Reihe und hatten zusammen dasselbe Volumen, wie die beiden der «Great A». Dabei war das Volumen des inneren Zylinders doppelt so groß wie das jedes äußeren. Die Kurbeln der beiden Außenzylinder waren gleichgerichtet, die des inneren lief um 90° voraus. Es wurden auch diesmal nur zwei Maschinen gebaut, sie waren ebenfalls für die London & North Western-Bahn bestimmt und wurden 1847 abgeliefert. Bemerkenswerte Vorteile boten diese ersten Dreizylinder-Lokomotiven nicht. Sie wurden daher später an die York, Newcastle & Berwick-Bahn abgetreten und 1853 völlig umgebaut.

6.3. Eine neue Waffe im Kampfe der Spurweiten: die «Crampton»-Lokomotive

Eine neue Waffe im Kampfe der Spurweiten wurde von dem schon genannten Thomas Russel Crampton geschmiedet, der auf seiten Goochs dem Kampfbeginn beigewohnt hatte. Er verließ die Great Western, wahrscheinlich, weil er unter dem letzten Endes konservativ eingestellten Gooch seine Ideen zur Verbesserung der Dampflokomotiven kaum hätte durchführen können. Diese Ideen fanden in seinem ersten, am 15. Februar 1842 erhaltenen Patent ihren ursprünglichen Niederschlag. Ganz in den damaligen Anschauungen behaftet, faßte er sie in seinen Patentansprüchen wie folgt zusammen: «eine Methode oder Methoden, um den Schwerpunkt der Dampflokomotive durch eine verbesserte Anordnung und Kombination der verschiedenen Bauteile niedriger zu legen.» Von den verschiedenen angeführten Möglichkeiten schälten sich einige heraus, die zu der Bauart führten, die als «Crampton-Lokomotive» zu einem festen Begriff wurde. Die Treibachse wurde hinter die Feuerbüchse verlegt, dann konnte der Kessel unbehindert durch hohe Räder so niedrig gelegt werden, wie es die vorhandenen Laufachsen gestatteten. War diese tiefe

96. «Namur», die erste Crampton-Lokomotive, 1845

97. Eisenbahnbrücke über den Kanal von Manzanares auf der Strecke Madrid-Aranjuez. Nach einer zeitgenössischen Darstellung von Mendiolagoitia

Schwerpunktlage schon allein nach damaliger Ansicht für die Laufruhe wichtig, so kam noch hinzu, daß Crampton die Zylinder, wie bei den vorerwähnten Stephensonschen 2A-Maschinen in die Mitte verlegte. Dadurch war bei der Crampton-Lokomotive kein schädlicher Überhang vorhanden.

Die Zeichnungen für die neue Bauart waren im Februar 1844 fertiggestellt. Crampton machte damit die Runde bei verschiedenen Eisenbahnen Englands, ohne Gehör zu finden. Erst im Juli 1845 gelang es ihm endlich, bei den Urhebern der kurz vorher gegründeten englischen Gesellschaft für den Bau der Namur-Lütticher Bahn einen Auftrag auf zwei Maschinen für die noch gar nicht bestehende Bahn zu erhalten. Einer der beiden Erstlinge Cramptons wurde «Namur» genannt (Abb. 96), die andere Maschine hieß «Liège». Die Ausführung wurde an die Lowka Works von Tulk & Ley in Whitehaven übertragen. Diese Firma hoffte sicherlich, sich als Neuling im Lokomotivbau damit gut einführen zu können.

Zwar hatte Crampton freien Raum für große Treibräder geschaffen, aber es war ein Trugschluß, anzunehmen, für den Kessel seien keine Hindernisse vorhanden, denn die Feuerbüchse war jetzt in ihrer Lage stark eingeengt. Um, ohne die Heizrohre zu verkürzen, einen genügend großen Rost unterzubringen, wurde der untere Teil der Feuerbüchse, den Langkessel umschließend, nach vorne und hinten unterhalb der Treibachse verlängert. Außerdem führte Crampton den Langkessel mit ovalem Querschnitt aus. Die ganz hinten liegende Feuerbüchse verbot die übliche Anordnung der Steuerung innerhalb des Rahmens. Darum wurden die beiden Exzenter jeder Seite auf einer auf dem Treibzapfen aufgekeilten Gegenkurbel befestigt. So ergab sich eine leichte Zugänglichkeit aller Triebwerkteile, zumal auch die Schieberkästen ganz außen lagen. Eigenartig war auch die Abfederung der Treibachse durch eine hinter der Feuerbüchse ganz hoch liegende große Querfeder. Auf diese Weise gewann Crampton eine größere Weite für die Feuerbüchse. Beides, besonders die hier zum ersten Mal ausgeführte ganz außen liegende Steuerung, aber

Vergleich der Hauptabmessungen

Name	Zylinderdurchmesser (mm)	Kolbenhub (mm)	Treibraddurchmesser (mm)	Rost (m²)	Kessel (m²)	Kesseldruck (kg/cm²)	Dienstgewicht (t)
«Great Western»	457	610	2438	2,1	151	7	29
«London»	457	510	2438	2,0	147	7	24,4
«Iron Duke»	457	610	2438	2,1	151	7	21
«Liverpool»	457	610	2438	2,0	212,75	8,4	35,5

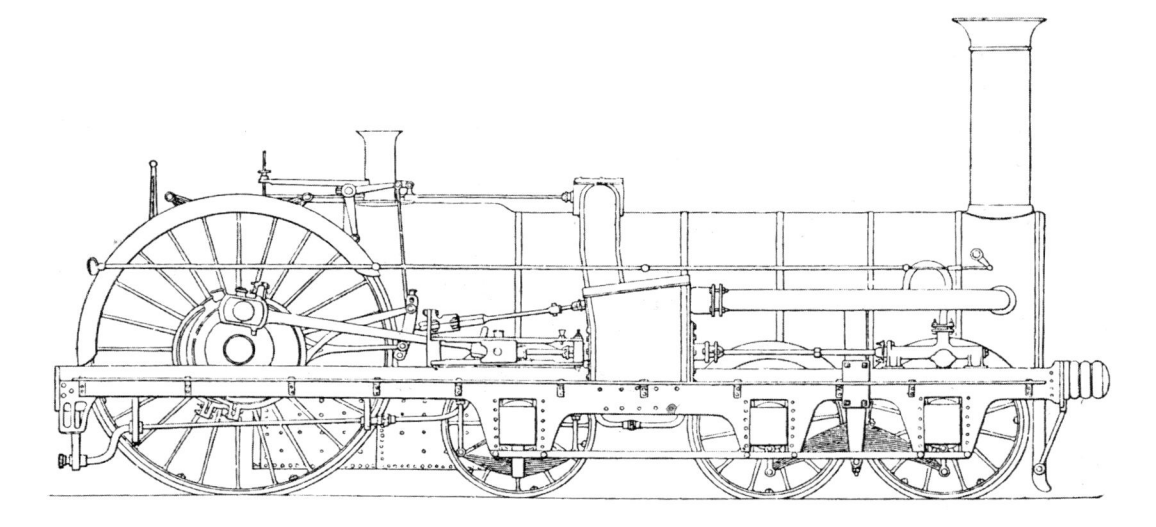

98. «Liverpool», London & North Western-Bahn, 1848

auch die Querfeder, sind Konstruktionselemente, die später Nachahmung fanden.
Da der Bau der Namur-Lütticher Eisenbahn noch weit im Rückstande war, erledigte die «Namur» ihre Probefahrten auf der Grand Junction-Bahn. Sie legte dort im ganzen 3680 km mit ganz verschiedenen Arten von Zügen zurück. Mit 50 t hinter dem Tender erreichte sie 100 km/h, alleinfahrend sogar 120 km/h, Leistungen, die denen der Breitspurlokomotiven sehr nahe kamen. Dabei war ihr Gang stets ruhig und sicher.
Weder die «Namur» noch die «Liège» und eine dritte nachbestellte gleiche Maschine kamen nach Belgien. Sie wurden von der South Eastern-Bahn als BN. 81, 83 und 85 übernommen. Drei weitere gleiche Lokomotiven, die Crampton optimistischerweise auf eigene Rechnung hatte bauen lassen, konnten nur mit Mühe und Not an kleinere Bahnen verkauft werden.
Wie die Great Western auf das Erscheinen der Crampton-Lokomotive reagierte, haben wir bereits geschildert. Mit der Great Western stand auf den nach Norden führenden Strecken die London & Birmingham-Bahn in scharfem Wettbewerb. Die bislang dort verwendeten kleinen Bury-Maschinen konnten sich natürlich nicht mit den Goochschen Schöpfungen messen. Die günstigen Ergebnisse der «Namur» bewogen die London & Birmingham-Bahn, Crampton einen Auftrag auf eine stärkere Lokomotive seiner Bauart zu erteilen, die ebenfalls von Tulk & Ley gebaut wurde. Sie erhielt den Namen «London». Ein Vergleich ihrer Abmessungen mit denen der Goochschen «Great Western» zeigt, wie stark sich Crampton dieser anzunähern versuchte.
Die «London» wurde im Juni 1848 abgeliefert. Inzwischen hatten sich am 16. Juli 1846 die London & Birmingham-Bahn, die Grand Junction-Bahn und die Manchester-Birmingham-Bahn zur mächtigen London & North Western-Bahn (LNWR) zusammengeschlossen. Zwar erreichte die «London» zwischen Wolverton und London mit zwölf Wagen ein Mittel von 94 km/h und eine Spitze von 105,6 km/h, aber ganz zufrieden war man mit ihr nicht, auch nicht mit der etwas kleineren «Courier», die Anfang 1847 für das nördliche Netz in der eigenen Werkstatt zu Crewe gebaut worden war.
Als Gooch aber die neue 2A1-Maschine der «Iron Duke»-Klasse schuf (Abb. 86), antwortete Crampton auf dieses Ultimatum der Breitspur mit einem Ultimatum der Regelspur, der «Liverpool» (Abb. 98). Die Maschine wurde diesmal von Bury & Kennedy in Liverpool gebaut. Um die sehr große Heizfläche zu ermöglichen, mußte Crampton den Kessel nach vorn verlängern und darunter eine dritte Laufachse vorsehen. Diese Achse war, um den Achsstand nicht länger als bei der «Iron Duke» werden zu lassen, ganz dicht an die nachfolgende geschoben. Ferner setzte Crampton, wie schon vorher bei der «London», den Kessel aus zwei Halbzylindern zusammen, von denen der obere einen größeren Durchmesser als der untere aufwies. Beide waren durch unten schwach nach innen gekröpfte Seitenplatten miteinander verbunden. Dank diesem Kunstgriff konnten 300 Heizrohre eingezogen werden. Zum ersten Male bei einer Crampton wurde ein ganz durchlaufender Doppelrahmen vorgesehen, innerhalb dessen die Zylinder besser als bei Innenrahmen befestigt werden konnten. Die beiden Rahmenbleche standen so weit voneinander ab, daß die Steuerung und die Treibstange dazwischen Platz fanden. Die Treibachse war nur im inneren Rahmenblech gelagert. Die «Liverpool» war auch die erste Maschine, bei der der Reglerschieber in einem, auf dem Kesselrücken aufgesetzten, gußeisernen Kasten angeordnet und damit leicht zugänglich war. Im Juli 1848 wurde sie an die LNWR abgeliefert, aber erst im Juni des nächsten Jahres übernommen. Merkwürdigerweise sind nur sehr karge Angaben über ihre Leistung überliefert. Sie

soll einmal 126,4 km/h erreicht haben. Bei einer anderen Gelegenheit heißt es, daß sie mit 150 t hinter dem Tender einen Durchschnitt von 80,5 km/h erreichte. Die «Liverpool» wurde als großes Wunder in der Weltausstellung zu London 1851 gezeigt. Ziegelrot angestrichen, wie damals bei der LNWR üblich, stand sie dort engbrüstig und gedrückt Seite an Seite mit der breitbeinigen, hochaufragenden «Lord of the Isles» der Great Western. Ihre Laufbahn war nur kurz. Die Strecken, auf denen sie im Schnellzugdienst verwendet werden sollte, waren nicht so großzügig trassiert, wie es Brunel getan hatte, und so zeigte sich, daß sie das Gleis stark zerstörte. Sie wurde abgestellt und 1858 abgebrochen.

Crampton gab sich trotz der bislang geringen Erfolge seiner Bauart nicht geschlagen. Während des Kampfes der Spurweiten hatte die Bauart mit Innenzylindern bewiesen, daß diese einen ruhigeren Lauf der Lokomotive ergaben. Crampton paßte sich also der Vorliebe seiner Landsleute für Innenzylinder an und verzichtete auf den von ihm betonten Vorteil der guten Zugänglichkeit des Triebwerkes. Er ließ sich 1849 eine neue Spielart seines Systems patentieren. Innenliegende Zylinder konnten die hinter der Feuerbüchse angeordnete Treibachse nicht unmittelbar antreiben. Darum schaltete er eine gekröpfte Blindwelle dazwischen. Von dieser Blindwelle versprach sich Crampton auch gewisse Vorteile, wie einen guten, wenn auch nicht vollkommenen Massenausgleich. Er nahm auch an, das Federspiel würde das Arbeiten der Steuerung nicht beeinträchtigen. Allerdings mußte er seinem Grundsatz, den Schwerpunkt ganz tief zu legen, untreu werden, denn der Blindwellenkurbeln halber mußte der Kessel wesentlich höher gelegt werden. Nach diesem neuen Modell bestellte die South Eastern, die einzige englische Bahn, die mit Cramptons früherer Bauart zufrieden war, gleich zehn Maschinen bei Stephenson, die 1851 geliefert wurden. Eine davon, die «Folkstone» (Abb. 99), wurde ebenfalls auf der Londoner Weltausstellung gezeigt. Bei der ersten Probefahrt der «Folkstone» erreichte sie mit neun angehängten Wagen auf der ohne Halt gefahrenen, 42,75 km langen und ebenen Strecke zwischen Tonbridge und Ashford die erstaunliche Geschwindigkeit von 125,5 km/h. Sie und ihre neun Schwestermaschinen waren bis 1869 in Betrieb. Dann

99. «Folkstone», South Eastern-Bahn, 1851

Daß Gegengewichte in den Rädern wesentlich zur Laufruhe beitragen, hatte man schon recht frühzeitig erkannt, aber es herrschte Unklarheit darüber, wie groß sie sein mußten und wo sie am besten anzuordnen waren. Der Maschinenmeister Nollau der Holsteinischen Bahn ging als erster der Frage des Massenausgleiches mit Versuchen systematisch auf den Grund. Er veröffentlichte seine Ergebnisse 1848 in der «Eisenbahnzeitung». Le Chatelier übersetzte sie ins Französische. Clark in England und Couche in Frankreich entwickelten das Verfahren weiter. Zeuner, Professor an der Technischen Hochschule in Zürich, bezog 1861 den Einfluß des Federspieles in die Berechnungen ein. Mit der Einführung mehrzylindriger Lokomotiven um die Jahrhundertwende wurde die Frage des Massenausgleiches wieder akut und neue, verfeinerte Berechnungsverfahren wurden ausgearbeitet.

Nach der Änderung der Gegengewichte bewährten sich die französischen Crampton durchaus. Sie beförderten auf der Nordbahnstrecke, die Steigungen von 4 bis 5 ⁰/₀₀ (1:250 bis 1:200) aufwies, regelmäßig Schnellzüge von acht bis zwölf Wagen (bis etwa 96 t Gewicht) und erzielten damit Durchschnittsgeschwindigkeiten von 60 bis 75 km/h. Die Fahrtdauer Paris–London konnte auf zwölf Stunden, Paris–Köln (über Brüssel–Aachen) auf sechzehn Stunden abgekürzt werden. Mit ihren Crampton, die bis 1871 alle ihre Schnellzüge beförderten, setzte sich die Nord an die Spitze des kontinentalen Schnellzugverkehrs, eine Stellung, die sie bis zum Ende ihrer Selbständigkeit immer wieder zu erobern wußte. Auch auf der Est waren die Crampton erfolgreich. Sie hielten hier bis 1881 aus, einige sogar bis 1902, zu welchem Zeitpunkt noch sechsundzwanzig in Betrieb standen. Die letzte, «Le Continent», wurde erst am 21. August 1914 aus dem Verkehr gezogen. Zeitweise war sie auf dem Querbahnsteig der Pariser Gare de l'Est aufgestellt. Im Dezember 1946 wurde sie betriebsbereit instandgesetzt und mehrfach mit historischen Zügen gefahren. Sie steht im Lokomotivmuseum Mülhausen.

Die Est war mit ihren Crampton so zufrieden, daß sie nicht nur zwölf Stück erwarb, die bei der PLM den Verkehrsansprüchen nicht mehr genügten, sondern daß noch 1889 der Chefingenieur Salomon versuchte, sie zu neuem Leben zu wecken. Er versah eine der Maschinen mit dem Doppelkessel der Bauart Flaman, von dem noch zu gegebener Zeit die Rede sein wird. Zwar lief sie bei Vergleichsfahrten allen ihren Mitbewerberinnen davon, aber ihre Zugkraft war ungenügend. Die hohe Wertschätzung der Crampton seitens der Est zeigte sich auch darin, daß diese als einzige Bahn nach gleichen Konstruktionsprinzipien eine von den Franzosen als «gekuppelte Crampton» bezeichnete Maschine schuf. Bei dieser Bauart, die 1878 als Serie 501–510 in Betrieb genommen wurde (Abb. 102), war anstelle des zweiten Laufräderpaares eine gekuppelte Achse getreten. Abweichend von den Original-Crampton war eine Feuerbüchse mit flacher Decke nach Belpaire eingebaut, eine Konstruktion, auf die wir ebenfalls noch zurückkommen werden. Ferner war ein Dom vorhanden, aber die typische Crampton-Reglerbüchse auf dem Kessel beibehalten. Diese gekuppelte Crampton wurde bis 1884/85 weiterentwickelt. Der Rost kam später über der letzten Achse zu liegen. Die letzte Serie dieser Maschinen, 543–562, 1884–1885 geliefert, gehört zu den stärksten jemals gebauten 1B-Lokomotiven.

Daß auch Petiet, Chefingenieur der Nord, einen Versuch unternahm, die Crampton weiterzuentwickeln, sei noch kurz erwähnt. Bei seiner Vorliebe für Tenderlokomotiven wählte er für die zwei 1856 gebauten Maschinen BN. 162 «Alma» und 163 «Inkerman» dieses System. Um das Mehrgewicht der Vorräte zu tragen, war eine dritte Laufachse kurz vor der Feuerbüchse eingeschoben. Es handelte sich also um 3A-Maschinen. Da der Wasservorrat für längere, ohne Halt durchfahrene Strecken nicht ausreichte, wurden sie 1860 in Schlepptendermaschinen umgebaut und erhielten einen Dampftrockner einer Konstruktion, von der noch die Rede sein wird. Beide Lokomotiven wurden Ende der siebziger Jahre ausgemustert.

Neben Frankreich fand die Crampton-Bauart vor

102. Lokomotive der gekuppelten Crampton-Bauart, Nr. 2.522 der Est

allem bei den deutschen Bahnen willige Aufnahme. Mit einhundertfünfunddreißig Maschinen wurde sogar der französische Bestand übertroffen. Im Gegensatz zu der einheitlichen Ausführung in Frankreich finden wir in Deutschland ein buntes Bild von vier verschiedenen Haupttypen mit manchen Abwandlungen in den Einzelheiten.

Die ersten deutschen Crampton wurden von der Kgl. Ostbahn eingeführt. Sie waren für die Schnellzüge Berlin-Königsberg bestimmt. Als Vorbild, nach der bei Robert Stephenson 1852 eine Maschine namens «England» bestellt wurde, diente die «Folkstone» (Abb. 99). Gleichzeitig erhielt auch F. Wöhlert in Berlin einen Auftrag auf acht ähnliche Lokomotiven, die manche Unterschiede aufwiesen. Die «England» und die Wöhlertsche «Baude» wurden von einer amtlichen Kommission, die «für die Untersuchung von Lokomotiven resp. Ermittlung der besten Construktionsverhältnisse derselben» von der Preußischen Regierung eingesetzt worden war, im Jahre 1853 eingehenden Vergleichsversuchen mit Borsigschen 1A1-Lokomotiven unterworfen. Man lobte zwar ihre Gangruhe, stellte aber als Nachteil fest, daß «sich der Druck der Kolben zunächst auf die verhältnismäßig sehr geringe Masse der Blindachse überträgt, wodurch schon bei geringen Spielräumen sehr starke, auf Lager und Welle einen zerstörenden Einfluß ausübende Stöße entstehen, welche selbst durch die sorgfältige Instandsetzung nicht zu vermeiden sind». Diese schon damals beobachteten Nachteile der Blindwelle sollten später den Konstrukteuren der ersten elektrischen Lokomotiven noch viel Kopfzerbrechen bereiten! In der Tat häuften sich die Brüche der Blindwelle, und diesem Umstande dürfte es zuzuschreiben sein, daß die Ostbahn-Crampton schon Mitte der sechziger Jahre ausgemustert worden sind. Auch die, ebenfalls von Wöhlert stammenden, beiden Blindwellen-Crampton der Aachen-Düsseldorf-Ruhrorter Bahn und die zwei der Magdeburg-Halberstädter Bahn litten an diesem Übel. Es wurden daher keine Maschinen nachbestellt.

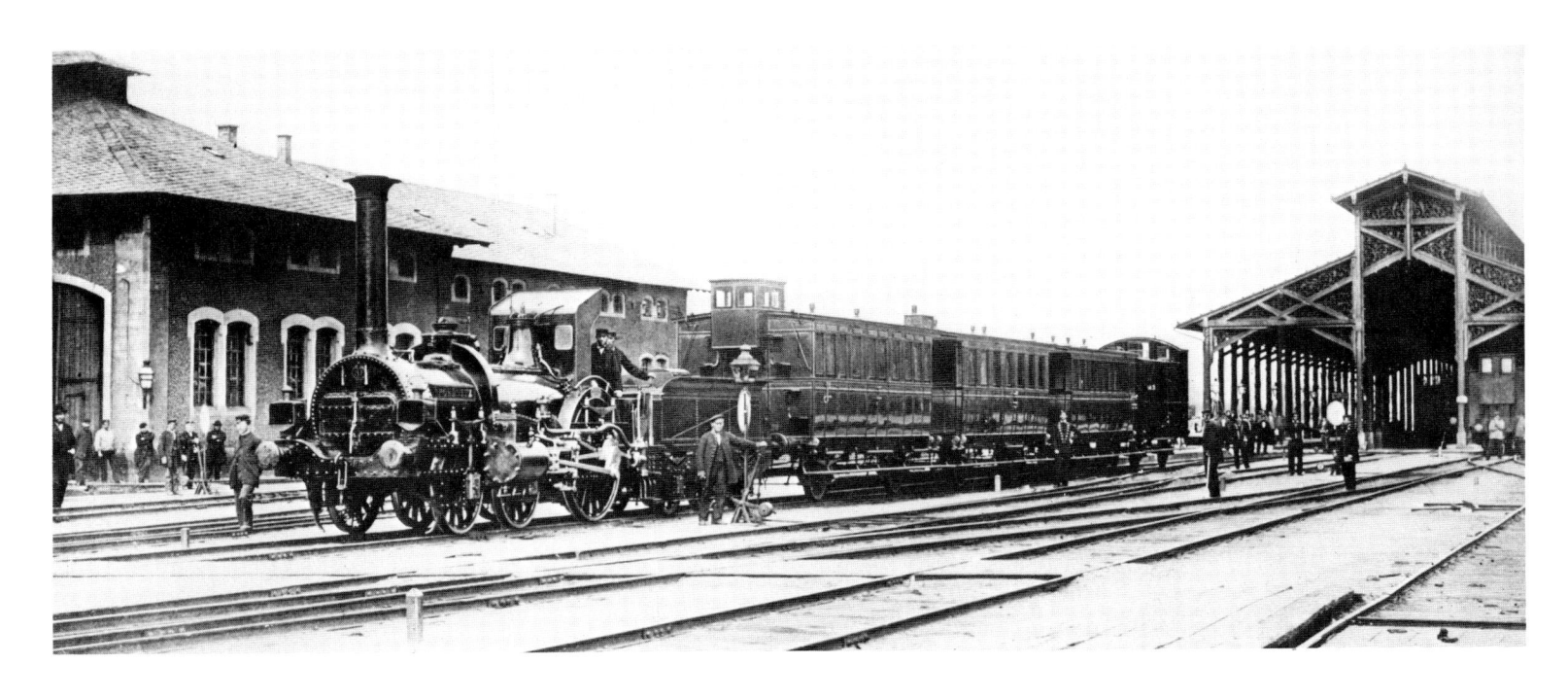

103. Die «Pölnitz» vor dem bayerischen Königszug im alten Bahnhof von Ludwigshafen/Rhein

Ein Jahr nach der Ostbahn führte die Hannoversche Staatsbahn ihre ersten Crampton ein. Sie hatte Glück mit der Wahl der französischen Vorbilder, und mit neunzehn zwischen 1853 und 1857 von Wöhlert gelieferten und neunzehn von Egestorff in Hannover stammenden Maschinen besaß sie die bei weitem höchste Anzahl Crampton aller deutschen Bahnen.

In Süddeutschland wurde die dritte Haupttype der Crampton entwickelt. Sie entspricht in ihrem Rahmenbau der von Joseph Hall stammenden süddeutschen Außenrahmenkonstruktion, auf die wir in einem nächsten Abschnitt näher eingehen werden. Den Anfang damit machte die bayerische Pfalzbahn 1853 mit vier von Maffei gelieferten Maschinen, denen bis 1864 noch vierzehn von Kessler folgten. Die «Pölnitz» stammte aus dieser Lieferung. Eine Photographie zeigt sie vor dem bayerischen Königszug auf dem alten Bahnhof von Ludwigshafen a.Rh. (Abb. 103). Eine Nachbildung der Maffei-Maschine

104. «Carlsruhe», Lokomotive der Crampton-Bauart mit Drehgestell, Badische Staatsbahn

105. Amerikanische Abwandlung der Crampton-Lokomotive, 1849

«Die Pfalz» in natürlicher Größe befindet sich im Verkehrsmuseum Nürnberg, ebenso eine wieder aufgebaute Originalmaschine «Phoenix». Mit neunundzwanzig besaß die Badische Staatsbahn die größte Anzahl Crampton dieser Haupttype. Nach einer Idee Kesslers waren die ersten beiden in der Maschinenfabrik Karlsruhe 1854 gebauten Maschinen mit einem im Querschnitt birnenförmigen Kessel versehen, um den Schwerpunkt möglichst tief zu legen. Der untere, weitere Kesselteil war ganz mit Heizröhren besetzt, der obere diente als Dampfraum. Am Anschluß der beiden Kesselhalbschalen zog sich eine durchlöcherte Scheidewand hin, die gleichzeitig zur Versteifung der Nahtstelle und als Schwallblech zur Vermeidung des Wasserüberreißens diente. Der Schornstein war merkwürdigerweise mitten auf den Kessel zurückversetzt. Das beeinträchtigte die Blasrohrwirkung und wurde sofort geändert. Die späteren Lieferungen wiesen diese eigenartigen Konstruktionen nicht mehr auf.

Bei der Reihe 69-76, die ebenfalls die Maschinenfabrik Karlsruhe lieferte, finden wir eine andere, bei europäischen Crampton einzig dastehende Eigentümlichkeit. Obgleich der Achsstand der vorhergehenden Maschinen mit nur 3750 mm für eine Crampton recht kurz war, hielt man es für geraten, statt fester Laufachsen ein Drehgestell vorzusehen (Abb. 104), denn diese Maschinen sollten auf dem südlichen Hauptstreckenabschnitt der Badischen Staatsbahn ab Freiburg verwendet werden, wo Gleisbögen von nur 260 bis 360 m Halbmesser vorkommen. Das Drehgestell war eine ins Europäische übersetzte altamerikanische Bauart, wie wir sie in einem früheren Abschnitt geschildert haben. Es besaß beidseits Längsrahmen aus zwei parallelen Blechen, deren Abstand untereinander so groß war, daß die für beide Achsen gemeinsame Feder dazwischen Platz fand. Im Betrieb traten bei der Einfahrt in die Kurven Zwängungen in den seitlichen Gleitplatten auf, so daß man bei späteren Lieferungen vom Drehgestell absah und dafür den gesamten Achsstand auf 3600 mm verkürzte. Die BN. 76 «Basel» dieser Reihe war auf der Pariser Weltausstellung 1855 zu sehen. Auf dem Abschnitt Freiburg-Waldshut beförderten diese Drehgestell-Crampton durchschnittlich achtzehn Wagen mit einem Gesamtgewicht von 51,1 t. Die Höchstgeschwindigkeit war auf 70 km/h beschränkt, dabei konnten sie noch 45 t ziehen.

Die vierte Haupttype der deutschen Crampton stellte eine Rückkehr zur alten «Namur» dar. Es war Kessler, der darauf zurückgriff, als er zunächst 1858 sechs Maschinen und noch 1863, als die Crampton-Bauart schon überholt war, nochmals acht an die Hessische Nordbahn lieferte. Zwischendurch baute er 1861/62 gleichartige Lokomotiven für die Nassauische Eisenbahn. Für die leichten Züge in dieser flachen Gegend waren die in der Konstruktion einfachen Maschinen recht beliebt, so daß die letzten erst Ende der neunziger Jahre verschwanden.

In Europa gab es außerhalb Frankreichs und Deutschlands nur noch einige wenige Crampton, die meisten in Dänemark, nämlich zwölf bei der Seelandischen Bahn, und vier Maschinen auf der Warschau-Petersburger Bahn. Ein Einzelstück verirrte sich nach Ägypten.

Auch in den Vereinigten Staaten war die Anzahl der Crampton mit dreizehn Maschinen sehr gering. Dafür waren sie um so eigenartiger. Baldwin lieferte 1849 an die Pennsylvania-Bahn drei dieser abgewandelten Lokomotiven (Abb. 105). Noch wurde die Burysche Feuerbüchse beibehalten, wie auch der Antrieb auf innenliegende Halbkurbeln an den Treibrädern. Der Rahmen wurde aus Flacheisen zusammengesetzt. Zum Tragen des recht großen Kessels war eine dritte Laufachse kurz vor der Feuerbüchse eingeschoben. Auf ein vorderes Drehgestell konnte man natürlich nicht verzichten. Diesen drei Lokomotiven war 1848 die «Governor Paine» für die Vermont Central-Bahn vorangegangen. Enger an die englische «Liverpool» lehnte sich die ebenfalls 2-1A-gekuppelte «Lightning» mit überhöhter Stephensonscher Feuerbüchse von Edward S. Norris für die Uticah & Schenectady-Bahn an.

Ganz monströs waren die acht Lokomotiven der Camden & Amboy-Bahn (Abb. 106). Den Anstoß zu diesen Maschinen gab der uns schon bekannte John Stevens, Präsident der Bahngesellschaft, der anläßlich einer Europareise die Crampton kurz nach ihrem Entstehen kennengelernt hatte. Er gab seinem Maschinenmeister Dripps den Auftrag, eine solche Maschine zu entwerfen, mit der wahrscheinlich alles Bisherige übertrumpft werden sollte. Die Pläne waren 1847 fertig und wurden an Richard Norris in Philadelphia zur Ausführung übergeben. Die Treibräder erhielten den riesigen Durchmesser von 8 Fuß (2438 mm). Entsprechend lang war der Kolbenhub mit 965 mm bei nur 330 mm Zylinderdurchmesser. Die Treibachse lag nicht hinter, sondern oberhalb der nach hinten abfallenden Feuerbüchsdecke. Die Feuertür kam infolgedessen unter die Achse zu liegen, so daß für den Heizer eine tiefliegende Plattform vorgesehen werden mußte. Hingegen befand sich der Führer auf einer Art Kommandobrücke, wie bei Schiffen, hoch über dem Kessel. Der hochgelegene Führerstand bedingte wieder einen hohen Schornstein, der durch den Funkenfängermantel noch gewaltiger wirkte. Die langen dünnen Zylinder, das verwirrende Gestänge, die, um Luftwirbel zu vermeiden, zwischen den Speichen mit Holz verkleideten Räder und das dreiachsige Drehgestell ergaben ein selten bizarres Gesamtbild, das der von demselben Konstrukteur stammenden «Monster» (Abb. 84) würdig zur Seite stand. Die erste dieser Maschinen, die BN. 28 «John Stevens», wurde am 17.

April 1849 zum ersten Mal erprobt. Es zeigte sich sofort, daß sie infolge der geringen Belastung der Treibachse stark zum Schleudern neigte und daß sie infolge des Mißverhältnisses zwischen Zylinder- und Kesselabmessungen kaum in der Lage war, Dampf zu halten. Sie zog mit Mühe und Not sechs zweiachsige Wagen. Bei den nachfolgenden Lokomotiven scheint man herumexperimentiert zu haben, um das Verhältnis von Kessel und Zylindern zu verbessern. Sie erhielten kleinere Treibräder von 2134 mm, die Zylinderabmessungen wurden verschieden ausgeführt. Alle Maschinen wurden schließlich gründlich in 2B-Lokomotiven mit Treibrädern von 6 Fuß (1829 mm) umgebaut und blieben so bis 1869 im Dienst.

Die Crampton gehören zu den ganz wenigen Bauarten, die gleich auf der höchsten Stufe als Schnellzuglokomotiven zur Welt kamen. Sie sind ein lehrreiches Beispiel dafür, daß fest verwurzelte Ansichten, besonders wenn sie so unbegründet sind wie das Axiom der tiefen Kessellage, auf Irrwege führen können. Trotzdem, oder gerade deswegen, erwarb man anhand der Crampton wertvolle Erkenntnisse bezüglich der Laufruhe und der Grenzen des festen Achsstandes. Viele ihrer Konstruktionselemente, wie die glatt anschlie-

106. Amerikanische Lokomotive der Crampton-Bauart, Camden & Amboy-Bahn, 1848

97

ßende Feuerbüchsdecke, die gußeiserne Reglerbüchse, die gut zugängliche Außensteuerung mit ihren Gegenkurbeln, fanden später weitgehende Anwendung. Cramptons Konzept der guten Zugänglichkeit aller Bauteile hatte nachhaltigen Einfluß auf den kontinentalen Lokomotivbau.

6.4. Die «Longboiler» erobert den europäischen Kontinent

Während die Longboiler-Bauart in England ihres unruhigen Laufes wegen kaum Anklang fand, wurde sie auf dem Kontinent mit wahrer Begeisterung aufgenommen. Ihre Vorzüge haben wir schon erwähnt. Ihr kurzer Achsstand schrieb sich gut in die viel häufigeren und viel kleineren Gleisbögen der selten so großzügig wie in England gebauten Strecken ein, und man fuhr auch nicht so schnell. Immerhin wurde der Typ der 1A1-Longboiler sehr bald verlassen oder umgebaut. Bei der Station Gütersloh der Köln-Mindener Bahn war am 21. Januar 1851 ein von einer 1A1-Longboiler gefahrener Zug entgleist, in dem sich der nachmalige Kaiser Friedrich befand. Da man als Ursache den unruhigen Gang herausfand, erfolgte 1853 in Preußen ein Verbot, derartige Lokomotiven für schnellfahrende Züge zu verwenden.

Die 1B-Longboiler war vielseitig verwendbar, sowohl für Güterzüge als auch für normale Personenzüge. Sie erwarb sich dadurch eine lange währende Beliebtheit. Meistens wurde die Konstruktion mit Außenzylindern bevorzugt. Bei der frühen Ausführung dieser Spielart war noch die Stephensonsche Vierseitkuppel vorhanden (Abb. 108). Die abgebildete Maschine gehört einer Serie von fünfzehn Stück an, die 1846/47 von Le Creusot für die Centre-Bahn, die später in die Paris-Orleans aufging, gebaut worden ist. Diese Maschinen erhielten die Bezeichnungen BN. 345-359. Mit 180 t Schlepplast konnten sie in der Ebene mit 45 bis 50 km/h fahren. Die letzten wurden erst kurz vor 1880 ausgemustert.

Auch in Deutschland fand die 1B-Longboiler mit Außenzylindern weite Verbreitung. Als Güterzuglokomotive wurde sie bei den günstigen Neigungsverhältnissen der Strecken in Preußen viel länger als andernorts, nämlich bis weit in die sechziger Jahre hinein angeschafft. Für die Köln-Mindener Bahn wurden 1866/67 noch vierundzwanzig Maschinen gebaut, zwar von Haswell in Wien, aber sie sind in jeder Hinsicht für die damalige norddeutsche Bauart

107. 1B-Lokomotive Nr. 212 der Est mit einem Personenzug

typisch (Abb. 109). Auf den großen Dampfraum, den die alte Stephensonsche Vierseitkuppel bot, wollte man nicht verzichten. Aus diesem Grund hatte Borsig 1862 die halbrunde, stark überhöhte Feuerbüchsdecke eingeführt (vgl. Abb. 109). Diese Maschinen waren versuchsweise mit Stahlblechkesseln gebaut. Man hoffte, die bei dem früheren Material beobachtete starke Rostfurchenbildung zu vermeiden und durch geringere Blechstärke das Gewicht zu vermindern. Der Haupzweck wurde nicht erreicht. Die Bildung von Rissen und Rostpocken war so stark, daß man bald neue Kessel aus Eisenblech einbauen mußte. Stahlblech für Kessel führte sich erst allmählich ab Mitte der neunziger Jahre ein, als bessere Qualitäten erhältlich waren. Eine weitere Neuerung an diesen Maschinen war eine Vorrichtung zur Verhütung der Kesselsteinbildung. An den Seitenwänden des Kessels waren im Innern flache, oben offene Kästen angenietet, in die die Speiserohre einmündeten. Auf dem Weg über diese Kästen sollten sich die den Kesselstein bildenden Bestandteile absetzen. Die Vorrichtung befriedigte nicht ganz und wurde daher nicht weiter ausgeführt. Das Problem, die Kesselsteinbildung erfolgreich zu vermeiden, ist erst in allerletzter Zeit gelöst worden. Bei diesen Lokomotiven wurde auch endlich die lange Zeit in Preußen so beliebte Borsigsche Doppelschiebersteuerung weggelassen, nachdem Vergleichsversuche der Bahn ergeben hatten, daß sie keinen Vorteil in bezug auf den Dampfverbrauch bot.

Eine Weiterentwicklung der 1B-Longboiler zur Schnellzuglokomotive wurde nur einmal versucht, und zwar war es Victor Forquenot, Maschinenchef der Paris-Orleans-Bahn, der 1864 diesen gewagten Schritt tat. Auf den Strecken Limoges-Agen und Brives-Toulouse, die Steigungen von 10 bis 16⁰/₀₀ (1:100 bis 1:60) aufwiesen, genügte das Reibungsgewicht der 1A1-Maschinen nicht mehr. Forquenot entwarf dafür eine Schnellzugmaschine (Abb. 110). Die Abfederung der Kuppelachsen durch beiderseits nur je eine einzige große Blattfeder war eigenartig und hatte einen harten Gang zur Folge. Die vordere Laufachse war seitlich verstellbar mit Rückstellung durch geneigte Keilflächen. Die Feuerbüchse war kurz und sehr tief, zur Vergrößerung ihrer Heizfläche war ein Tenbrinck-Sieder eingebaut. Dieser bestand aus einer schräg über dem Rost angeordneten flachen Wasserkammer, die vorne unterhalb des Heizrohrbündels mit dem unteren Wasserraum der Feuerbüchse und hinten durch doppelte Rohrkrümmer mit dem oberen in Verbindung stand. Diese Tenbrinck-Sieder, die 1860 eingeführt worden waren, erfreuten sich bis in die neunziger Jahre einer großen Beliebtheit in Frankreich. Allein bei der Paris-Orleans-Bahn waren über zwölfhundert Maschinen damit ausgerüstet. In anderen Ländern vermochten sie sich nicht einzuführen. Im ganzen gesehen ergaben Konstruktion und Abmessungen ein für eine Schnellzugmaschine ungünstiges Bild. Über die 1867 in Paris ausgestellte BN.203 wurde in England recht absprechend geurteilt. Aber bei der PO war man so zufrieden damit, daß insgesamt vierundneunzig Stück, Serie 171-264, bis 1873 eingestellt wurden. Auch die PLM und Etat übernahmen diese Bauart. Nachdem sich mit der Zeit die Achslager der Maschinen ausgeschlagen hatten, wurde ihr Lauf so unruhig, daß sich Forquenot entschloß, die zur Überholung fälligen Lokomotiven ab

108. «La Hyène», Lokomotive Nr. 353 der Centre-Bahn, später der Paris-Orleans-Bahn, 1846

109. «Herford», Köln-Mindener Bahn, 1866

110. Lokomotive Nr. 203 der Paris-Orleans-Bahn, Victor Forquenot, 1864

111. Lokomotive der Mammut-Bauart, Nr. 246 der Madrid-Zaragoza-Alicante-Bahn, 1857/1858

1873 hinten mit einer Laufachse zu versehen. So entstand eine typische französische Schnellzuglokomotive, die als «Orléans»-Type bezeichnet wurde und uns noch beschäftigen wird.

Die 1B-Longboiler ist auch mit Innenzylindern gebaut worden. Es ist wahrscheinlich die ältere Spielart, denn sie erschien in England schon 1842, von Stephenson oder nach seinen Plänen für mehrere dortige Bahnen geliefert. Die dieser Familie angehörige, im Oktober 1842 abgelieferte BN. 71 der North Midland-Bahn war die erste Lokomotive, die mit der Stephensonschen Kulissensteuerung versehen worden ist. Auch diese Spielart fand wenig Anklang in England. Auf dem Kontinent finden wir sie vor allem in Frankreich, wo sie erstmals 1842 auf der Paris-Orleans-Bahn eingesetzt wurde, und in den Ländern, in denen, wie in Italien und Spanien, der technische Einfluß französischer Ingenieure vorherrschte. In Deutschland, Österreich und der Schweiz ist sie nur vereinzelt verwendet worden.

Die bei weitem größte Verbreitung erzielten die dreifach gekuppelten Longboiler-Maschinen. Auch sie waren eine Stephensonsche Schöpfung. 1843 wurden die ersten beiden Maschinen dieser Bauart auf der York & Midland-Bahn in Betrieb genommen. Es ist die einzige Longboiler-Bauart, die sich in England, wo schon frühzeitig Bedarf an leistungsfähigen Güterzuglokomotiven vorlag, einigermaßen einführen konnte. Mit ihrem kurzen Achsstand waren sie eher als die langen C-Maschinen der «Atlas»-Type (vgl. Abb. 50) geeignet, auf den engen Gleisbögen der Zechenanschluß- und Hafenbahnen zu verkehren. Am längsten hielten sie sich infolgedessen auf den Strecken Schottlands und Nordostenglands mit starkem Kohlenverkehr, zum Beispiel auf der North Eastern-Bahn, die bis 1875 solche Maschinen anschaffte.

Im Jahre 1845 wurden sie erstmals auf dem Kontinent verwendet, die PO hatte sie versuchsweise als schwere Güterzugmaschine bestellt. Die erste trug den Namen «Mammouth», der auf die ganze Familie als Typenbezeichnung überging. Diese Maschine gehörte noch der Longboiler-Urform mit hoher Vierseitkuppel an. Da bald darauf Polonceau eigene Bauarten schuf, auf die wir noch zurückkommen werden, blieb es auf der PO bei nur sieben Maschinen. Hingegen wurden sie von allen anderen französischen Bahnen eifrig bestellt. Als 1886 diese Beschaffungen aufhörten, waren mehr als sechshundert vorhanden. Die Innen- und Außenkurbeln dieser Lokomotiven waren gegenläufig angeordnet, und die hinundhergehenden Massen wurden durch Gegengewichte ausgeglichen. Dadurch konnten bei Treibraddurchmessern von 1400 bis 1500 mm Geschwindigkeiten bis zu 60 km/h zugelassen werden. Die Maschinen wurden darum für den gemischten Dienst sehr geschätzt. Die von Koechlin 1848 an die PLM gelieferte Serie 1214-17 besaß bereits statt der Vierseitkuppel halbrunde, leicht überhöhte Feuerbüchsdecken, später wurden die glatt anschließenden der Bauart Crampton fast allgemein üblich. Als ab 1857 auch vielfach der Dom wegfiel, entstand die wohl im Aussehen nüchternste Lokomotive. Wie die vorerwähnten 1B-Maschinen wurde auch diese «Mammut»-Bauart besonders zahlreich auf Bahnen eingeführt, die unter französischem technischem Einfluß standen. In Italien taucht sie 1849 auf. Eine Statistik vom Jahre 1878 weist bereits einundneunzig solche Mammuts auf. In Spanien, wo diese Bauart 1857 als eine der drei Standardtypen der Madrid-Zaragoza-Alicante-Bahn eingeführt worden ist, hat sich bis zum heutigen Tag eine solche klassische Mammut erhalten (Abb. 111). Sie stammt von E. B. Wilson und wurde am 2. Februar 1858 in Betrieb genommen. Bis zu ihrem 100jährigen Jubiläum hatte sie 2,6 Millionen km zurückgelegt und nur zwei leichte Unfälle erlitten. Sie wurde zu dem Jubiläum unter der Leitung des Verfassers von allen nachträglichen Zutaten befreit und wird von der Red Nacional de los Ferrocarriles Españoles (RENFE) für das geplante Eisenbahn-Museum aufbewahrt.

Den bei weitem größten Erfolg hatte die Longboiler als dreifach gekuppelte Lokomotive mit Außenzylindern. Es ist die einzige Spielart, die nicht in England ihren Ursprung hatte und die auch dort kaum Anklang fand. Geboren wurde sie in Frankreich und zwar bei der Nord, deren Strecken das wichtige nordostfranzösische Kohlenrevier erschlossen hatten und bald einen bedeutenden Güterzugverkehr zu bewältigen hatten. Für diesen Zweck wurden nicht weniger als vierundsechzig Maschinen, Serie 201-264 (später 3.201-264), bei drei einheimischen Werken, nämlich Meyer, Cail und Gouin, gebaut. Sie wiesen alle Merkmale der ursprünglichen Stephensonschen Longboiler auf, unter anderem die hohe Vierseitkuppel. Man hatte bei der Konstruktion zu sehr auf die Zugkraft Wert gelegt, der Kessel war zu klein ausgefallen. Sie erhielten darum bereits ab 1852 neue größere Kessel der Crampton-Bauart, ohne Dom und mit dem Regleraufsatz hinter dem Schornstein. In dieser Form hielten sie bis 1880/88 aus. Sie beförderten einund-

112. Dreifach gekuppelte Personenzuglokomotive der spanischen Lérida-Reus-Tarragona-Bahn, 1885

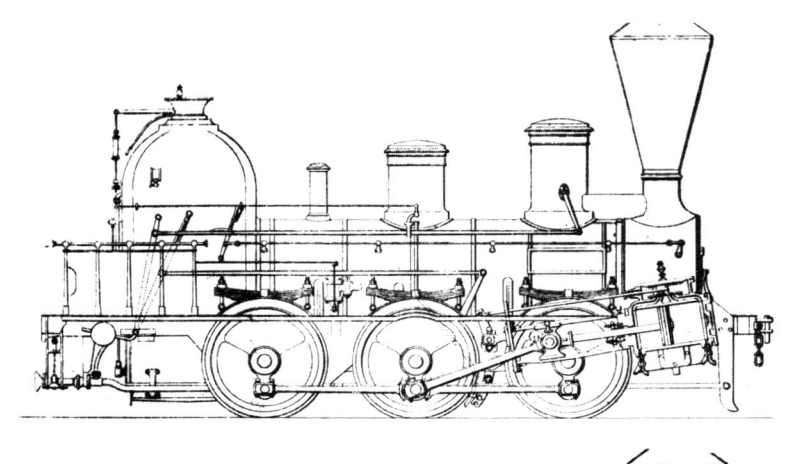

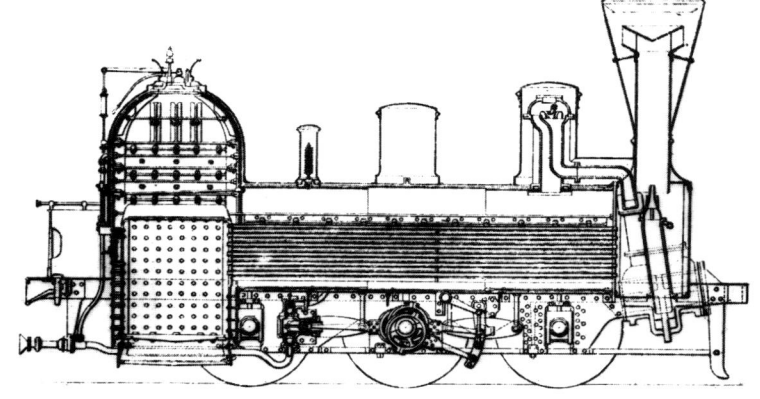

113. Lokomotive für die Geislinger Steige in der Schwäbischen Alb, 1848

zwanzig Wagen von etwa 294 t Gewicht mit 25 km/h. Von den an die Tochtergesellschaft Nord-Belge abgetretenen Maschinen liefen einige sogar noch 1904.
Es trat zunächst eine Beschaffungspause ein. Als die sogenannte Bourbonnais-Bahn gebaut wurde, bestellte man fünfzig Lokomotiven bei Cail und Koechlin, die 1854/55 geliefert wurden. Ihre Kessel sowie weitere Bauteile glichen denen der gleichzeitig bestellten 1B-Maschinen. Der Entwurf stammte, wie der der Crampton, von Hauel. Mit ihnen begann, nachdem die Bourbonnais in die PLM aufging, die lange Reihe von eintausendundvierundfünfzig als «Bourbonnais» bezeichneten Maschinen. Sie verbreiteten sich rasch in verschiedenen Spielarten über den ganzen Kontinent. Ihre Beliebtheit verdankten sie ihrer einfachen, robusten Bauart, dem leichten Bogenlauf infolge ihres kurzen Achsstandes und dem für damalige Verhältnisse günstigen Kohlenverbrauch.
Die Bourbonnais der PLM konnten laut Belastungstafel bei 25 km/h auf der Ebene 1228 t befördern, auf einer Steigung von $5^0/_{00}$ (1:200) 508 t und bei $10^0/_{00}$ (1:100) 306 t. Bei $30^0/_{00}$ (1:33) Steigung waren noch 118 t mit 15 km/h zugelassen. Da es keine Bahnverwaltung im europäischen Kontinent gegeben hat, die keine Bourbonnais verwendete, ist es unmöglich, auch nur die wichtigsten Spielarten vorzuführen. Eine darunter wurde als «Ardennes»-Type bezeichnet (Abb. 114). Ihren Namen verdanken sie der Tatsache, daß sie aus dem Bestand der am 15.3.1863 von der Est übernommenen Ardennen-Bahn stammten und dann von der Est weiter angeschafft wurden. Sie unterschieden sich von den PLM-Bourbonnais durch einen etwas größeren Achsstand und durch die weiter vorgeschobenen Zylinder, die der überhängenden Feuerbüchse besser das Gleichgewicht halten sollten. Insgesamt kaufte die Est von 1856 bis 1884 dreihundertsechsundvierzig Maschinen dieser Ardennen-Type. Auf der PO führte Forquenot eine neue Spielart ein, bei der, wie bei den vorerwähnten 1B-Schnellzuglokomotiven, die Gooch-Steuerung außen angeordnet war. Gleichartige Maschinen beschaffte 1867 die Ouest. 1892 wurde bei ihrer letzten Serie 2245-2269 zum ersten Mal bei einer Bourbonnais eine außenliegende Heusinger-Walschaert-Steuerung gebaut.
In Deutschland wurden die ersten C-Longboiler mit Außenzylindern von Kessler in Karlsruhe 1845 an die Badische Staatsbahn geliefert. Es waren acht noch für die Breitspur gebaute Maschinen. Nach diesen, noch der alten Stephensonschen Schule angehörigen Maschinen kamen erst ab 1856 wieder Dreikuppler in Betrieb, die diesmal der Bourbonnais-Familie angehörten. Die von Maffei 1847 bis 1850 gebauten Dreikuppler, Gattung CI der Bayerischen Staatsbahn, gehörten der Vor-Bourbonnais-Zeit an. Es waren Rampenmaschinen mit kleinen Rädern zum Vorspanndienst auf der Strecke Neuenmarkt-Markschorgast, die Steigungen bis zu $22^0/_{00}$ (1:45) aufwies. Zur Erhöhung des Reibungsgewichtes war oben auf dem Kessel ein großer Kasten vorgesehen, der mit Sand gefüllt werden konnte.
Ebenfalls Rampenmaschinen waren die eigenartigen, von Josef Trick bei der Maschinenfabrik Esslingen entworfenen Albmaschinen (Abb. 113). Sie waren für die Geislinger Steige bestimmt, die die Schwäbische Alb mit Steigungen bis $22^0/_{00}$ (1:45) erklettert. Sie besaßen die zeitweilig beliebten ovalen Kessel. Um das für nötig erachtete Reibungsgewicht zu erhalten, wurden möglichst viele Teile, so auch die Räder, schwer aus Gußeisen ausgeführt. Bei der Abstützung hatte man zuviel des Guten getan: Alle Tragfedern waren durch Ausgleichshebel verbunden, dadurch waren nur zwei Stützpunkte vorhanden und die Aufhängung unstabil. Die Ausgleichshebel wurden daher gleich nach der ersten Probefahrt am 1. November 1848 entfernt. Damals wurden 120 t mit 18 km/h über die Geislinger Steige befördert. Diese Albmaschinen beanspruchten den Oberbau sehr stark. Man kuppelte

darum zunächst die vordere Treibachse ab und verwandelte diese Lokomotiven schließlich in 2B-Maschinen. Nach diesen Erfahrungen stellten die Württembergischen Staatsbahnen bis 1864 keine Dreikuppler mehr ein, danach solche der Bourbonnais-Familie.

Im Norddeutschen Flachland trat der Bedarf an Lokomotiven mit drei gekuppelten Achsen erst Anfang der sechziger Jahre auf, dann aber wurden solche Maschinen eifrig beschafft. Sie waren durchweg typische Bourbonnais. Eine Eigentümlichkeit dieser preußischen Dreikuppler war zeitweise ein von vorn bis hinten durchlaufender Hilfsträger. Zwischen diesem und dem Hauptrahmen konnten die Zylinder und Kreuzkopfgleitbahnen gut befestigt werden. Diese von Borsig stammende Konstruktion wies auch die «Simplon» der Köln-Mindener Bahn vom Jahre 1865 auf (Abb. 115).

Die Entwicklung der Bourbonnais in Deutschland fand ihr Ende mit den Normallokomotiven der Preußischen Staatsbahn vom Jahre 1877. Ab 1896 etwas abgewandelt und als Gattung G4 bezeichnet, waren sie die letzten Bourbonnais, die auch am längsten, nämlich bis 1903, beschafft wurden.

In Österreich leiteten die acht von Haswell in Wien schon 1846/47 je zur Hälfte an die Wien-Raaber Bahn (die spätere Gloggnitzer Bahn) und an die Ungarische Zentralbahn gelieferten Lokomotiven der «Fahrafeld»-Type die Einführung der Bourbonnais-Maschinen ein. Mit ihrem Treibraddurchmesser von 1422 mm stellten sie den ersten Schritt auf dem Weg zur Personenzugmaschine dar. Vorerst ging man aber andere Wege, die wir noch kennen lernen werden. Erst in den siebziger Jahren kehrte man zur Bourbonnais-Lokomotive zurück.

Die sich mit der «Fahrafeld»-Type schüchtern abzeichnende Aufwärtsentwicklung der C-Longboiler-Maschine zur Mehrzweck- und sogar reinen Personenzug-Lokomotive ließ nicht lange auf sich warten. Sie ging wieder von Frankreich aus. Dort führte man

114. «Childeric II», Ardennes-Type, Nr. 0.414 der Est, 1867

103

115. «Simplon», Köln-Mindener Bahn, 1865

1860 auf den inzwischen entstandenen Nebenstrecken der PO mit einfachen Betriebsverhältnissen als «machine mixte» die Serie 1529-1565 mit einem Treibraddurchmesser von 1540 mm ein. Sie waren leichter zu unterhalten als die ebenfalls für diesen Dienst verwendeten Mammuts und verdrängten diese nach und nach. Sie wurden bis 1883 in größerer Stückzahl weiter gebaut. Bei der Midi kam man auf die Idee, die Lokomotive so auszuführen, daß man sie beliebig entweder auf Räder von 1310 mm für Güterzüge oder auf solche von 1650 mm für Personenzüge setzen konnte. Die Maschinen erwiesen sich als so gut für Personenzüge geeignet, daß man erst 1927 elf von ihnen auf kleinere Räder setzte. Forquenot führte 1876-1886 bei der PO eine solche Maschine mit außenliegender Gooch-Steuerung ein. Seinem Einfluß als beratendem Ingenieur der spanischen Norte ist es zu verdanken, daß diese Bahn ebenfalls ähnliche Maschinen, Serie 1461-1480, bei Hartmann bestellte. Man hatte anfangs manchen Ärger, denn bei höheren Geschwindigkeiten kam es zu Entgleisungen, und man änderte darum die Abfederung. Die Stettiner Vulkan-Werke bauten 1885 zwei ähnliche Lokomotiven als ihre einzige Lieferung für Spanien. Sie kamen als BN. 1481-1482 an die Norte, nachdem diese die Lérida-Reus-Tarragona-Bahn erworben hatte (Abb. 112).

In Deutschland, wo sie sowieso wenig Anklang gefunden hatte, geriet diese Lokomotivart bald in Mißkredit. Eine der dreißig von der Maschinenfabrik Karlsruhe 1864/69 an die Badische Staatsbahn gelieferten Maschinen verursachte, im Gefälle eine Verspätung einholend, einen der schwersten Eisenbahnunfälle, bei dem dreiundsechzig Menschen den Tod fanden.

116. 1A1-Lokomotive der Great Northern-Bahn, Jenny Lind-Bauart, Patrick Stirling, 1885

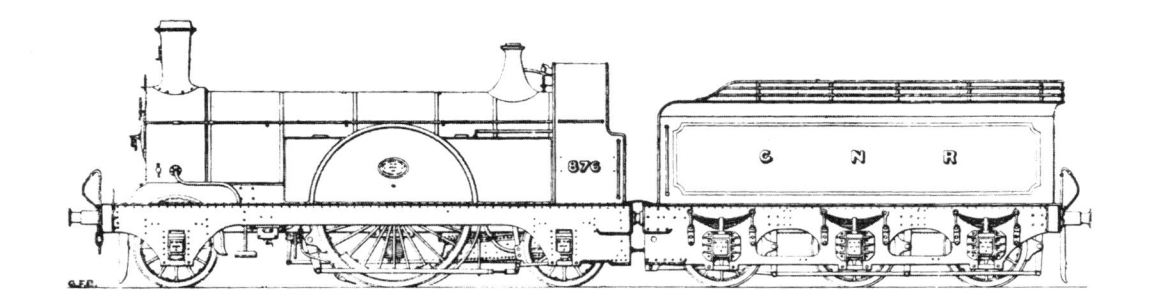

7. VERSCHIEDENE SCHULEN ZEICHNEN SICH AB

Die vierziger Jahre waren in der Entwicklung der Dampflokomotive wie ein Frühling. Überall begannen Knospen aus dem alten Stephensonschen Stamm zu treiben, die zahlreiche Früchte trugen, aus deren Samen wieder neue Pflanzen sproßten. Der alte Stamm aber, der den ersten Samen gestreut hatte, verdorrte. George Stephenson zog sich 1848 zurück. Sein Sohn Robert wandte sich immer mehr dem Brückenbau zu, wo er neuen Ruhm erwab. Andere Namen gaben jetzt den Anstoß zu neuem Fortschritt. So entstanden neue Schulen im Lokomotivbau, die der weiteren Entwicklung das Gepräge gaben.

7.1. Die «Jenny Lind» und «Bloomer»

In seiner neuen Stellung als Maschinenmeister der Hull & Selby-Bahn benützte John Gray seine Erfahrungen aus der Zeit seiner Tätigkeit bei der Liverpool-Manchester-Bahn und vereinfachte den Rahmenbau der «Patentee». Er behielt zwar den Doppelrahmen bei, beschränkte sich aber darauf, nur die Laufachsen im äußeren Rahmen zu lagern. Die Treibachse dagegen wurde nur vom Innenrahmen abgestützt, der von den innenliegenden Zylindern bis zur Vorderfront der Feuerbüchse reichte. Nach diesem Entwurf ließ Gray bei Shepherd Todd zwei Lokomotiven, die «Star» und die «Vesta» bauen. Als er 1846 zum Leiter des Maschinenwesens der London & Brighton-Bahn ernannt worden war, führte er auch dort seine neue Bauart ein. Er bestellte zwölf solcher Lokomotiven bei Timothy Hackworth, der nach seinem Rücktritt von der Stockton-Darlington-Bahn in New Shildon gemeinsam mit seinem Sohne John eine Lokomotivfabrik, die Soho Works, betrieb.

Grays Konstruktion bewährte sich so gut, daß die Bahn zehn weitere Lokomotiven derselben Bauart, BN. 61-70, nachbestellte, diesmal aber bei E. B. Wilson. Gray war ausgeschieden, die Firma sandte darum ihren Chefkonstrukteur David Joy, um an Ort und Stelle die Grayschen Maschinen eingehend zu

117. 1A1-Schnellzug-
lokomotive der Braun-
schweiger Bahn,
bei Egestorff in Linden
(Hannover) gebaut,
1853-1867

studieren. So entstand die «Jenny-Lind»-Bauart, nach der ersten Lokomotive der Bauart genannt, die den Namen der damals Furore machenden schwedischen Sängerin erhalten hatte (Abb. 119).

Mit je zwei «Jenny Lind» und «Jenny Sharp», wie die von Sharp sofort herausgebrachte Konkurrenzbauart genannt wurde, fanden auf der Midland-Bahn zwischen Derby und Masborough vom 4. bis 6. Mai 1848 mehrere Vergleichsfahrten statt. Die Strecke ging zuerst 32 km bergan mit einer Steigung von $3‰$ (1:330) und senkte sich anschließend über dieselbe Entfernung mit gleichem Gefälle. Die «Jenny Lind»-Maschinen bewältigten die Steigungen mit Geschwindigkeiten von 71,5 km/h bis 82,7 km/h, wogegen die «Jenny Sharp» bei höherem Brennstoffverbrauch nur 67,6 km/h und 77,3 km/h schafften. Diese Ergebnisse trugen wesentlich zum Ruhme der «Jenny Lind» bei. Obgleich bei verschiedenen englischen Bahnen über vierzig Jahre lang Lokomotiven mit der den «Jenny Lind» eigentümlichen getrennten Lagerung der Treib- und Laufachsen angeschafft worden sind und bei der Midland-Bahn sogar als 2A1-Maschinen erschienen, konnten sie nirgends die anderen Bauarten gänzlich verdrängen. Am längsten hielt sich die «Jenny Lind» in der Achsfolge 1A1 auf der Great Northern-Bahn, wo sie von Stirling 1868 aufgegriffen und, mit immer stärkeren Abmessungen, bis 1894 in einer Gesamtzahl von fünfunddreißig als Schnellzuglokomotive eingesetzt wurden (Abb. 116). Bemerkenswert ist der überaus lange Achsstand, weshalb die Vorderachse ein gewisses Seitenspiel ohne Rückstellung erhielt. Sie liefen in demselben Dienstplan, wie die noch später zu behandelnden ebenfalls Stirlingschen 2A1-Maschinen. Auf ebener Strecke beförderten sie 220 t mit 95 bis 98 km/h. Eine dieser Maschinen soll bei einer Zugverspätung 139 km/h erreicht haben. Wir werden sehen, daß diese Stirlingsche 1A1-Lokomotive auf der französischen Nord-Bahn eine neue Entwicklungsreihe einleitete.

Wir sagten bereits, daß Hackworth die Niederlage seiner «Sanspareil» beim Rainhill-Wettbewerb niemals überwunden hat. Nachdem er die vorgenannten Gray-Lokomotiven gebaut hatte, legte er eine ganz ähnliche Maschine auf, aber mit gewissen Änderungen, von denen äußerlich die geringe Speichenzahl der Räder auffällt. Bemerkenswert war auch die weitgehende Anwendung von Schweißungen, allerdings nicht nach dem heute üblichen Verfahren, sondern die mühselige Feuerschweißung, bei der beide zu vereinigenden Teile im Schmiedefeuer auf Rotglut gebracht und dann durch Hämmern miteinander verschweißt wurden. Nachdem diese «Sanspareil 2» benannte Maschine Ende 1849 erfolgreich Probefahrten unter-

118. 1A1-Lokomotive
der London & North
Western-Bahn, Nr. 249,
Bloomer-Klasse,
1851/52

nommen hatte, hielt Hackworth den Augenblick für gekommen, die seinerzeit erlittene Scharte auszuwetzen. Sein Sohn richtete am 29. Oktober 1849 ein Schreiben an Robert Stephenson, in dem er auf den Rainhill-Wettbewerb Bezug nahm und vorschlug, die neue «Sanspareil 2» mit der soeben von Stephenson an die York, Newcastle & Berwick-Bahn gelieferten 1A1-Longboiler Vergleichsfahrten ausführen zu lassen. Die Antwort war Schweigen.

Außerhalb Englands sind nur ganz vereinzelt «Jenny Lind» gefahren. In Deutschland war es Egestorff in Hannover, der diese Bauart aufnahm und 1853/67 dreizehn dieser Maschinen an die Braunschweiger Bahn (Abb. 117), außerdem sechs etwas kleinere an die Altona-Kieler Bahn lieferte. Noch war man hier weit davon entfernt, die schon ausgereiften glatten Linien der englischen Lokomotiven zu schätzen. Doch diese Egestorff-Maschinen wirken mit ihrem unnötigen Zierat merkwürdig steif. Es waren die ersten Schnellzuglokomotiven der Braunschweiger Bahn, die am direkten Schnellzugverkehr Berlin-Köln beteiligt waren.

Der gefährlich unruhige Lauf, den selbst die Innenzylinder-Longboiler aufwiesen, ließ sich verbessern, indem man auf den kurzen Kessel der «Patentee» zurückgriff und damit den Überhang der Feuerbüchse vermied. Aus diesen Überlegungen heraus hatte J.E. McConnell für die Birmingham-Gloucester-Bahn einige 1A1-Maschinen bauen lassen. Im Juli 1846 trat er die Nachfolge Burys auf dem südlichen Netz der LNWR an. Nachdem er sich dort mit den neunzig zweiachsigen kleinen Bury-Maschinen und einigen anderen, versuchsweise bestellten, Bauarten, darunter den früher erwähnten Crampton-Maschinen, genügend herumgeschlagen hatte, griff er auf seine 1A1-Lokomotive der Birmingham-Bahn zurück. Er war zur Überzeugung gelangt, daß man dem Axiom des niedrigen Schwerpunktes eine viel zu große Bedeutung beimaß. So hatte er keine Bedenken, den Kessel so hoch zu legen, wie es der Kurbelausschlag der 2134 mm hohen Treibräder erforderte. Da bei diesen Maschinen kein Außenrahmen die Räder «schamhaft» verdeckte — selbst die Radschutzkästen waren weit durchbrochen —, erhielten sie den Spitznamen «Bloomer», den Namen der Amerikanerin Amalie Bloomer, die damals wegen ihrer Bestrebungen, durch mehr herrenähnliche Kleidung die hinderlichen langen Röcke der Frauen zu ersetzen, viel von

119. «Jenny Lind»

120. C-Lokomotive für gemischten Dienst, Klasse DX der London & North Western-Bahn

121. Ankündigung eines Sonderzuges von Carlisle nach Newcastle, 1847

sich reden machte. Auch in bezug auf den Achsstand war McConnell angesichts der Crampton nicht mehr so ängstlich. Er führte ihn so lang aus, wie es die Bauart der Feuerbüchse mit quer angeordneten Wasserkammern erforderte, mit denen er die Heizwirkung der gekürzten Kesselrohre kompensierte. Die ersten zehn «Bloomer», BN. 247-256, wurden 1851/52 von Sharp geliefert (Abb. 118). Sie schlugen so gut ein, daß sie auf dem südlichen Netz der LNWR zur Standard-Bauart für Schnellzuglokomotiven wurden. Man schaffte sie mit verschiedenen Abmessungen bis 1862 in großer Zahl an. Unter ihnen befanden sich drei «Extra large Bloomer», deren Treibraddurchmesser von 2299 mm die Höhe der Kesselmitte auf 2273 mm brachte, eine von den Anhängern der tiefen Schwerpunktlage stark kritisierte Maßnahme. Noch Anfang dieses Jahrhunderts mußten diese «Bloomer» oft als Vorspann für die späteren, von Webb stammenden Dreizylinder-Verbund-Maschinen einspringen, über die wir zu gegebener Zeit noch sprechen werden.

Die mit den «Bloomer» geschaffene Bauart mit Innenzylindern, Innenrahmen und durchhängender Feuerbüchse wurde nicht nur häufig als 1A1-Maschine sondern auch als 1B-Lokomotive ausgeführt. McConnell selber entwickelte sie zur C-Maschine mit langem Achsstand, als er 1854 bei Kitson elf solche Maschinen für Eilgüterzüge bauen ließ, die einen Raddurchmesser von 1676 mm erhielten. Ihnen folgten in der Bahnwerkstatt Wolverton gebaute, gleichartige Güterzugmaschinen, die zwischen 1854 und 1863 ebenfalls eine Standard-Type der LNWR werden sollten. Ramsbottom, noch Maschinenmeister des nördlichen Netzes, griff die McConnell-Type auf, von der er, zum Lokomotiv-Superintendenten des ganzen Netzes ernannt, als Standard-Type Klasse DX von 1855 bis 1872 nicht weniger als achthundertsiebenundfünfzig in Betrieb nahm. Es war das erste Mal, daß eine Lokomotivbauart in kaum geänderter Form jahrelang in so großen Serien hergestellt wurde. Sein Nachfolger Webb baute fünfhundert dieser DX noch um und setzte ihnen ein Führerhaus auf, dessen Form jahrzehntelang für die LNWR typisch war (Abb. 120). Webb selber setzte dann die Reihe mit weiteren fünfhundert Maschinen fort, deren Raddurchmesser 1308 mm betrug. Sie waren für Kohlenzüge bestimmt (coal engines) und wurden zwischen 1873 und 1892 in Betrieb genommen. Zwischen 1880 und 1902 kamen noch weitere dreihundertzehn Maschinen mit einem größeren Raddurchmesser von 1562 mm hinzu, die der Form des an einem Radkasten angebrachten Wappens wegen scherzhaft als «Cauliflowers» (Blumenkohl) bezeichnet wurden. Die Webbschen Maschinen waren die ersten, die serienmäßig mit Joy-Steuerung ausgerüstet wurden.

Diese Dreikuppler mit ihrem langgespreizten Achsstand wurden bald bei allen englischen Bahnen üblich und sind für England das, was die Bourbonnais für den Kontinent war. Einen größeren Gegensatz als den zwischen diesen beiden Bauarten kann man sich kaum vorstellen.

7.2. Die «Allan-Crewe»-Schule

Wollte man bei den «Planet» und «Samson» die für Schäden anfällige und schwierig zu unterhaltende Kurbelachse vermeiden, mußte man die Zylinder außen anbringen. Das bedeutete einen neuen Überhang und verschlechterte die Laufeigenschaften dieser Maschinen mit kurzem Achsstand. George Forrester, der seit 1827 in Liverpool die Vauxhall Foundry betrieb, schränkte den Überhang der Zylinder dadurch ein, daß er sie außerhalb eines ganz durchlaufenden Außenrahmens anbrachte. So konnten sie dichter an die vordere Laufachse geschoben werden. Zur besseren Befestigung fügte er einen zweiten, ganz außen angebrachten Blindrahmen hinzu. Zu dieser Bauart gehört die «Vauxhall», die 1834 an die Liverpool-Manchester-Bahn geliefert wurde (Abb. 123). Die Kolbenstangen wurden, statt wie üblich durch einen auf Gleitbahnen laufenden Kreuzkopf, durch ein Parallelogramm geführt, von dem man in der Abbildung einen Teil des Gestänges und den segmentförmigen Ausschnitt sehen kann, in dem eines der Gelenke spielte. Bei den später für die London-Greenwich-Bahn gebauten Lokomotiven kehrte Forrester zu dem gewohnten Kreuzkopf zurück. Da noch keine Gegengewichte für den Massenausgleich bekannt waren, liefen diese Maschinen noch unruhiger als die «Planet», weswegen sie den Beinamen «Boxer» erhielten. Sie fanden keine weitere Nachahmung.

Die Grand Junction-Bahn war mit zwei engen Kurven an die Liverpool-Manchester-Bahn angeschlossen. Bei den vorhandenen 1A1-Maschinen der «Patentee»-Bauart zwängten sich die wahrscheinlich mit Spurkranz versehenen Treibachsen — die Weglassung

122. Englischer Bahnhof, im Vordergrund ein Zug mit einer 1B-Lokomotive der Allan-Crewe-Bauart, um 1840/1850

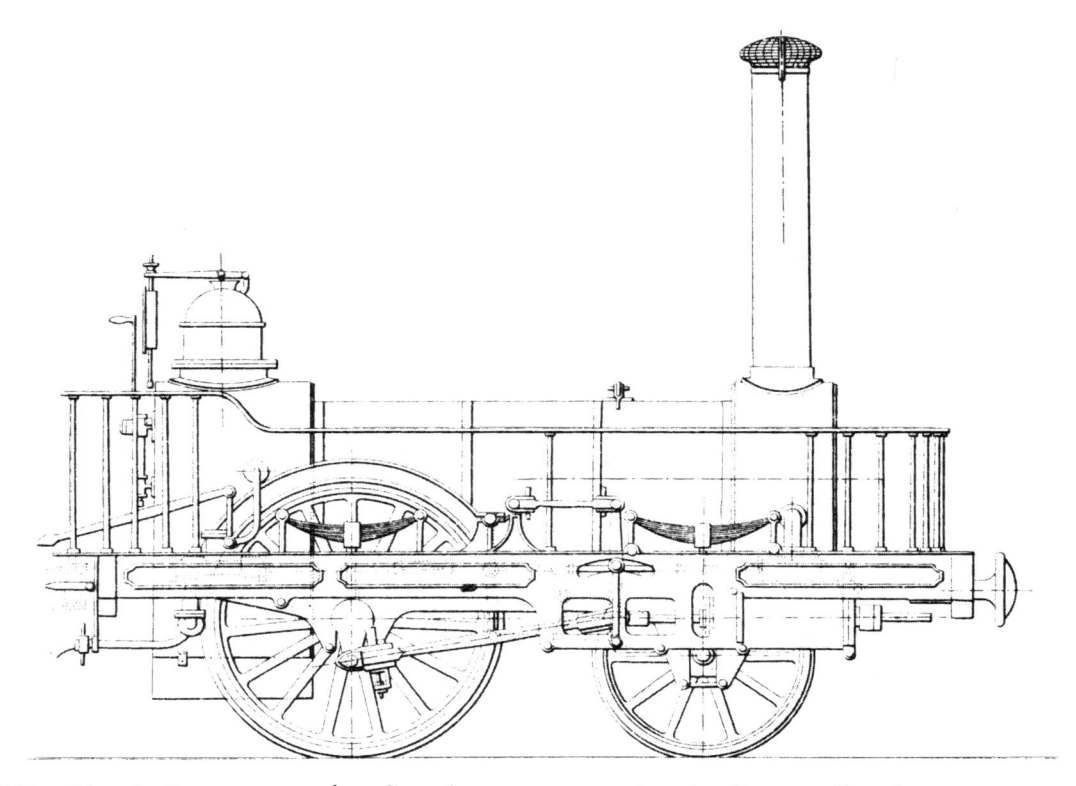

123. «Vauxhall», Liverpool-Manchester-Bahn, 1834

des Spurkranzes war ja ein Patent Stephensons — derart, daß oft Kurbelachsbrüche eintraten. Joseph Locke, leitender Ingenieur der Bahn, erteilte dem Leiter der Werkstatt in Edge Hill, Alexander Allan, die Erlaubnis, drei Lokomotiven, die neue Rahmen und Kurbelachsen benötigten, nach dem Muster der Forrester-Maschinen umzubauen. Allan kannte diese Maschinen von seiner früheren Tätigkeit her gut. Wie bei diesen sah er einen äußeren Rahmen vor, in dem diesmal beide Laufachsen gelagert waren. Die Zylinder mußte er leicht geneigt anordnen, um mit den Kolbenstangen über die vordere Laufachse zu kommen. Die Treibachse lagerte er in dem beibehaltenen inneren Rahmen. Die Ausbildung des vorderen Endes des äußeren Rahmens mit einem Ausschnitt, um die Zugänglichkeit des Kreuzkopfes zu wahren, ist kennzeichnend für diese Maschinen. Nach Gründung der LNWR wurde sie als Standard-Bauart in der 1843 in Crewe eingerichteten Werkstatt der Bahn in großer Anzahl gebaut und ist daher unter dem Namen «Allan-Crewe» in die Geschichte eingegangen. Schon 1844 wurde sie als 1B-Güterzuglokomotive gebaut (Abb. 124). Im ganzen liefen auf der LNWR über vierhundert «Allan-Crewe»-Lokomotiven. Eine davon, die am 20. Februar 1845 als erster Neubau nach Allans Plänen fertiggestellte 1A1-Maschine BN. 49 «Columbia», wird im Eisenbahnmuseum zu York aufbewahrt.

Der vorhin genannte Joseph Locke gehört zu den ganz großen Eisenbahnbauunternehmern aller Zeiten. Wie damals üblich, führte er die Erdarbeiten aus, lieferte aber auch das gesamte feste und rollende Material. Wo immer er Eisenbahnen herstellte oder

124. 1B-Lokomotive der Allan-Crewe-Bauart, London & North Western-Bahn, 1844

fachlich betreute, war es nur natürlich, daß er die von ihm angeregte bewährte «Allan-Crewe»-Bauart bevorzugte. So kam sie auf mehrere schottische Bahnen, und hier fand auch eine ständige Weiterentwicklung statt. Den Gipfelpunkt als Schnellzugmaschinen erreichten diese Maschinen unter Benjamin Connor bei der Caledonian-Bahn. Er führte zunächst 1859 1A1-Schnellzuglokomotiven mit 8 Fuß (2438 mm) hohen Treibrädern ein und 1868 dann 1B-Maschinen mit dem ebenfalls ungewöhnlich großen Kuppelraddurchmesser von 2184 mm. Bei der Highland-Bahn finden wir den Schlußpunkt der Entwicklung: Hier wurde die «Allan-Crewe» ab 1884 als 2B-Maschine von D. Jones eingeführt und, fortlaufend verstärkt, noch bis 1901 gebaut (Abb. 125).

Lockes Tätigkeit beschränkte sich nicht nur auf England. So kamen viele «Allan-Crewe»-Lokomotiven nach allen möglichen Ländern, nicht nur in Europa, sondern auch in Übersee, ohne allerdings viel Nachfolge zu finden.

Nur in Frankreich hatte diese Bauart nachhaltigen Einfluß. Als Locke die Bauleitung der Paris-Rouen- und Rouen-Le Havre-Bahn übertragen bekam, verlegten zwei seiner ehemaligen Ingenieure, Buddicom und Allcard, ihre soeben gegründete Lokomotivfabrik von Warrington nach Sotteville und Chartreux. Sie erwarben gegen Zahlung einer Lizenzgebühr die Erlaubnis, die für diese beiden Bahnen nötigen Lokomotiven nach der Allan-Crewe-Bauart zu bauen. Locke hatte diese Art der Verwaltung vorgeschlagen. Buddicom und Allcard erhielten den Auftrag auf achtunddreißig 1A1-Maschinen, an denen sie allerdings im Rahmenbau und in der Zylinderbefestigung einige Änderungen vornehmen. Die Zylinder wurden nicht zwischen den beiden Hauptrahmen befestigt, sondern zwischen beiden war oberhalb der Laufräder noch ein drittes paralleles Blech eingeschaltet, das mit dem inneren Blech zusammen den hineinragenden Zylinderflansch aufnahm. Die Schieberkästen wurden nach außen verlegt und die Schieber daher über eine Pendelwelle von der Innensteuerung aus betätigt. Die 1843/44 an die Paris-Rouen-Bahn gelieferten Lokomotiven (Abb. 126), so klein sie selbst für die damalige Zeit waren, beförderten dennoch 80 t schwere Züge von Paris nach Le Havre mit der bemerkenswert hohen mittleren Geschwindigkeit von 57 km/h. Zieht man 20 Minuten für die fünf Aufenthalte unterwegs ab, ergeben sich sogar 62 km/h. Als sie mit der Zeit den Verkehrsansprüchen nicht mehr gewachsen waren, wurden fünfundzwanzig von ihnen 1860/65 in Tenderlokomotiven verwandelt. Sie waren auf Nebenstrecken so nützlich, daß 1914 noch zehn in Betrieb standen. Die BN. 0.135 wurde in der Bahnwerkstatt Sotteville in ihren ursprünglichen Zustand

125. «Nairnshire», 2B-Lokomotive der Highland-Bahn

zurückversetzt und ist heute dem Museum in Mülhausen überwiesen.

Auch die dreißig von Buddicom 1838 an die Amiens-Boulogne-Bahn gelieferten gleichartigen 1A1-Lokomotiven, die den etwas größeren Treibraddurchmesser von 1850 mm hatten, wurden um dieselbe Zeit in Tendermaschinen umgebaut. Sie erhielten hinten eine zusätzliche Laufachse, um größere Vorräte unterbringen zu können.

Eine bemerkenswerte Kreuzung der «Buddicom» mit den «Longboilern» unternahm Clapeyron (Abb. 127).

Er war mit der Beschaffung des Rollmaterials für diejenigen vom Staate gebauten Strecken beauftragt, die dann an die Nord abgegeben wurden. Seine Absicht war wohl, die Vorteile des langen Kessels beizubehalten, aber die bei den «Longboilern» noch recht mangelhafte Zylinderbefestigung zu verbessern. Abweichend von Buddicom ließ er außen ein Rahmenblech von vorn bis hinten durchlaufen, an dessen hinterer Quertraverse der Zughaken angebracht war. Er vermied auf diese Weise, den Zughaken, wie vorher gebräuchlich, an der Feuerbüchse anzubrin-

126. 1A1-Lokomotive der Paris-Rouen-Bahn, Buddicom-Bauart, 1843. Nach der Überlieferung ist der Lokomotivführer mit Zylinder der Begründer der Gesellschaft, Edward Blount

127. 1A1-Lokomotive mit Außenzylinder, Bauart Clapeyron, Serie 17-50 der Nord, 1846

128. Lokomotive Nr. 157 der Paris-Orleans-Bahn, die erste Lokomotive von Camille Polonceau, 1850

129. «L'Auroch», Paris-Orleans-Bahn, Serie 658-719, 1854/1856

gen, die für die Übertragung der Zugkraft durchaus nicht geeignet war. Diese, von verschiedenen Lokomotivfabriken gelieferte, spätere Nord-Serie 17-50 wies die Unart aller «Longboiler» auf. Zur Beruhigung ihres Laufes verlegte man die Laufachse hinter die Feuerbüchse, wodurch der Achsstand auf 4600 anwuchs.

Wie in England die «Allan-Crewe» wurde die «Buddicom» in Frankreich auch als 1B-Maschine ausgeführt, wenn auch nur in geringer Zahl. Einzig in Frankreich kam sie auch als B1-Maschine und sogar als großrädige C-Maschine vor.

7.3. Die «Polonceau»-Schule

Durch einen Vertrag vom 1. August 1848 nahm Camille Polonceau den Betrieb der Paris-Orleans-Bahn in Pacht. Es war nur natürlich, daß er alsbald damit begann, Lokomotiven nach seinen eigenen Ideen zu bauen, die das Sammelsurium der vorhandenen Typen ersetzen sollten. Als erste kamen 1850 fünf 1B-Lokomotiven für gemischten Dienst heraus, die manche bemerkenswerten Eigenheiten aufweisen (Abb. 128). Der Kessel war bereits nach der Crampton-Bauart mit glatt anschließender Feuerbüchsdecke und kleinem Dom ausgeführt. Die Zylinder waren innen angeordnet, aber die Schieberkästen, zwecks leichterer Zugänglichkeit, nach außen gerichtet. Das verbot die Befestigung des Zylindergußstückes am Außenrahmen, der in der Sandwichbauart ausgebildet war. Daher sah Polonceau zwei kürzere Innenrahmen in einem Abstande von nur 520 mm vor, an denen das Gußstück befestigt wurde. Diese Innenrahmen liefen von der Rauchkammerstirnwand bis zu einer vor der Feuerbüchse liegenden Quertraverse. Da die Zylinder näher aneinander gerückt waren, blieb zwischen dem Außenrahmen und dem Treibrad genügend Raum, um die Exzenter der Steuerung dicht außerhalb der Räder anbringen zu können und so die Schieber direkt zu betätigen. Die Steuerung war nach Gooch ausgeführt. Polonceau hatte dieses System bereits bei vorhergehenden 1A1-Maschinen angewendet, und es blieb seitdem bei der PO bis um 1900 vorherrschend. Diese in der Bahnwerkstatt Ivry gebaute Serie 153-157 (später 381-385) wurde für Personenzüge, gemischte und reine Güterzüge eingesetzt.

Polonceau probierte anschließend mehrere Achsanordnungen seiner Bauweise aus. Zuerst waren es vierzehn B1-Maschinen mit durchhängender Feuerbüchse, BN. 367-380. Wahrscheinlich fiel der Kessel zu klein aus, denn die nächste Lieferung ein Jahr später, BN. 386-393, war praktisch eine Umkehrung der vorher beschriebenen 1B-Maschine, da die Feuerbüchse überhing.

Die meistgebaute und erfolgreichste Polonceau-Type war die dreifach gekuppelte Güterzuglokomotive, von der einhundertvierunddreißig bei der PO zwischen 1854 und 1856 in Betrieb genommen wurden. Ihre Rahmenkonstruktion war ganz wesentlich vereinfacht worden. Der Außenrahmen bestand aus einem einfachen durchlaufenden Blech. Auch innen war nur noch ein einziges Blech in der Mitte vorhanden, das nicht nur die Kurbelachse abstützte, sondern auch mit den beiden Zylindergußstücken verschraubt war. Bei der ersten Serie 658-719 hing die Feuerbüchse zwischen den beiden Hinterachsen durch (Abb. 129). Bei den nachfolgenden Maschinen der Serie 720-791 von 1856 war sie überhängend. Die Maschinen der ersten Serie wurden 1861/64 nach Art der zweiten umgebaut, um ihre Kesselleistung dieser anzupassen. Diese Maschinen haben sich, nach und nach mit Ersatzkesseln verschiedener Art versehen, sehr lange gehalten. Noch 1914 war keine ausgemustert worden. Sie wurden erst in größerer Zahl ausgesondert, als die PO begann, ihre Hauptstrecken auf elektrischen Betrieb umzustellen. Doch liefen 1930 noch dreißig Maschinen, und die letzte wurde erst 1939 verschrottet.

Polonceau verließ 1859 die Paris-Orleans-Bahn. Wie so oft hatte auch hier der Wechsel des Chefingenieurs eine radikale Änderung zur Folge. Die Maschinen seines Nachfolgers Forquenot haben wir bereits im Abschnitt 6.4 kennengelernt.

Polonceaus Bauart war 1857 von der Ouest übernommen worden, die fünfunddreißig Dreikuppler, Serie 541-575, anschaffte. Für gemischten Dienst bestimmt, wiesen sie einen etwas größeren Treibraddurchmesser von 1570 mm und etwas stärkere Abmessungen auf. Sie hatten keine Nachfolge, die einfachere «Mammut»-Bauart wurde ihnen vorgezogen. Die im selben Jahr bei Gouin bezogenen, nach Polonceaus Grundsätzen und nach Plänen der Bahn gebauten 1B-Maschinen, Serie 369-380, erlebten eine interessante Entwicklung. Es waren die ersten großrädrigen gekuppelten Schnellzugmaschinen in Frankreich. Bei der genannten Serie war die vordere Laufachse noch dicht an die erste Kuppelachse herangeschoben. Die wie bei Polonceau in der Mitte abgestützte Kurbelachse besaß nur zwei schräge innere Kurbelwangen. Die anderen bildete, ähnlich wie bei den Baldwinschen Halbkurbeln, die Radnabe selber. Alle Achsen waren im Außenrahmen gelagert. Innen- und Außenkurbeln waren nicht wie sonst gegenläufig, um einen Massenausgleich zu bewirken, sondern sie waren zur Schonung der Achslager gleichlaufend an-

130. Englischer Bahnhofsvorstand signalisiert Gefahr. Illustration zu dem Lied «There's danger on the line»

geordnet. Die Feuerbüchse hing über. Von der zweiten Serie, 381-400, an, die zwischen 1860 und 1874 in Betrieb genommen wurde, lagen die Zylindergußstücke weit vorspringend vor der Rauchkammer, so daß die Laufachse vorgeschoben werden mußte. Im Jahre 1877 kam die verstärkte Serie 707-743 heraus. Um den vergrößerten Rost unterbringen zu können, ohne den hinteren Überhang zu vergrößern, wurde er oberhalb der zweiten Kuppelachse untergebracht. Ab 1880 folgten, untereinander nicht einheitlich, die Maschinen der Serie 636-706, jetzt mit größerem Treibraddurchmesser von 2040 mm statt 1860 mm (Abb. 131). Als letzte kam 1886 eine neue Serie 621-623 heraus, die die letzte Stufe in der Entwicklung der Polonceau-Bauart darstellt. Die Feuerbüchse hing jetzt zwischen den beiden Hinterachsen durch. Die Steuerung lag noch außen, aber die Schieberkästen waren nach innen verlegt, so daß eine Übertragungswelle vorgesehen werden mußte. Die Maschinen beförderten die 120t schweren Schnellzüge Paris-Le Havre mit einer mittleren Reisegeschwindigkeit von 58 km/h, drei Aufenthalte eingerechnet. Insgesamt sind dreihundertsiebenundzwanzig 1B-Schnellzuglokomotiven der Polonceau-Type bei der Ouest in

131. 1B-Schnellzuglokomotive der französischen Ouest-Bahn, Nr. 637, 1880

132. Postzug Paris-Bordeaux auf der Loire-Brücke von Saint-Côme, 1871. Forquenot-Lokomotive der PO, Nr. 247

Betrieb gekommen. Bei allen ab 1880 gebauten Maschinen wurde zwischen 1901 und 1911 die Vorderachse durch ein Drehgestell ersetzt, wodurch die zugelassene Höchstgeschwindigkeit auf 110 km/h gesteigert werden konnte.

7.4. Von Forrester bis zur Hallschen Schule

Forresters im Abschnitt 7.2 beschriebener 1A-Lokomotive folgte eine neue, abgeänderte Bauart, bei der er den Lauf durch Hinzufügen einer rückwärtigen Laufachse zu beruhigen versuchte. Diese 1838 erstmalig bei vier an die Grand Junction-Bahn gelieferten Maschinen ausgeführte neue Variante fand in England ebensowenig Anklang wie seine früheren «Boxer». Die Zylinder waren jetzt nur am Außenrahmen befestigt, der infolgedessen nach unten erweitert werden mußte und dann auch gleichzeitig zur Lagerung der Laufachse diente (Abb. 133). Eigenartig war die Steuerung bei zwei für die Grand Junction-Bahn 1840 gebauten Lokomotiven. Ein einziger auf der Treibachse innen aufgekeilter Exzenter trieb die beiden nach oben gerichteten Exzenterstangen an. Deren obere, gabelförmige Enden mit einem am Kessel gelagerten dreiarmigen Hebel griffen abwechselnd ein und ermöglichten so die Vor- und Rückwärtsfahrt. Der nach unten gerichtete mittlere Arm des Schwinghebels steuerte über eine Pendelwelle die oberhalb der Zylinder angebrachten Schieber.

Erstaunlich ist, daß die Braunschweigische Staatsbahn ausgerechnet auf diese wenigen Forrester-Lokomotiven verfiel. Möglicherweise hatte Philipp-August von Amsberg sie anläßlich einer Reise nach England gesehen. Er war beauftragt worden, dort stärkere als die ursprünglich vorgesehenen Schienen für die geplante Bahn von Braunschweig nach Wolfenbüttel zu erwerben. Wie dem auch sei, diese erste braunschweigische Eisenbahn wurde am 1. Dezember 1838 mit zwei von Forrester stammenden Maschinen eröffnet. Weitere Lokomotiven dieser Bauart wurden nicht mehr angeschafft.

Als man in Bayern daran ging, Eisenbahnen zu planen, lernte Pauli, Mitglied der Baukommission, diese Braunschweiger Maschinen kennen. Wahrscheinlich beeindruckt von der guten Zugänglichkeit aller Bauteile und der Einfachheit der Konstruktion, nahm er sie zum Muster für die erste Lokomotivbeschaffung der Bayerischen Staatsbahn. Zunächst wurde keine dieser Forrester-Maschinen Gattung A I nachbeschafft, sondern andere Bauarten ausprobiert. Als dann der Anschluß des bayerischen Netzes an die nördlich gelegenen Bahnen erfolgt war, wählte man für die ersten Schnellzüge wieder Forrester-Lokomotiven. Die acht Stück umfassende Gattung A IV war der A I im allgemeinen Aufbau sehr ähnlich. Die Feuerbüchse stützte sich aber auf der letzten Laufachse auf.

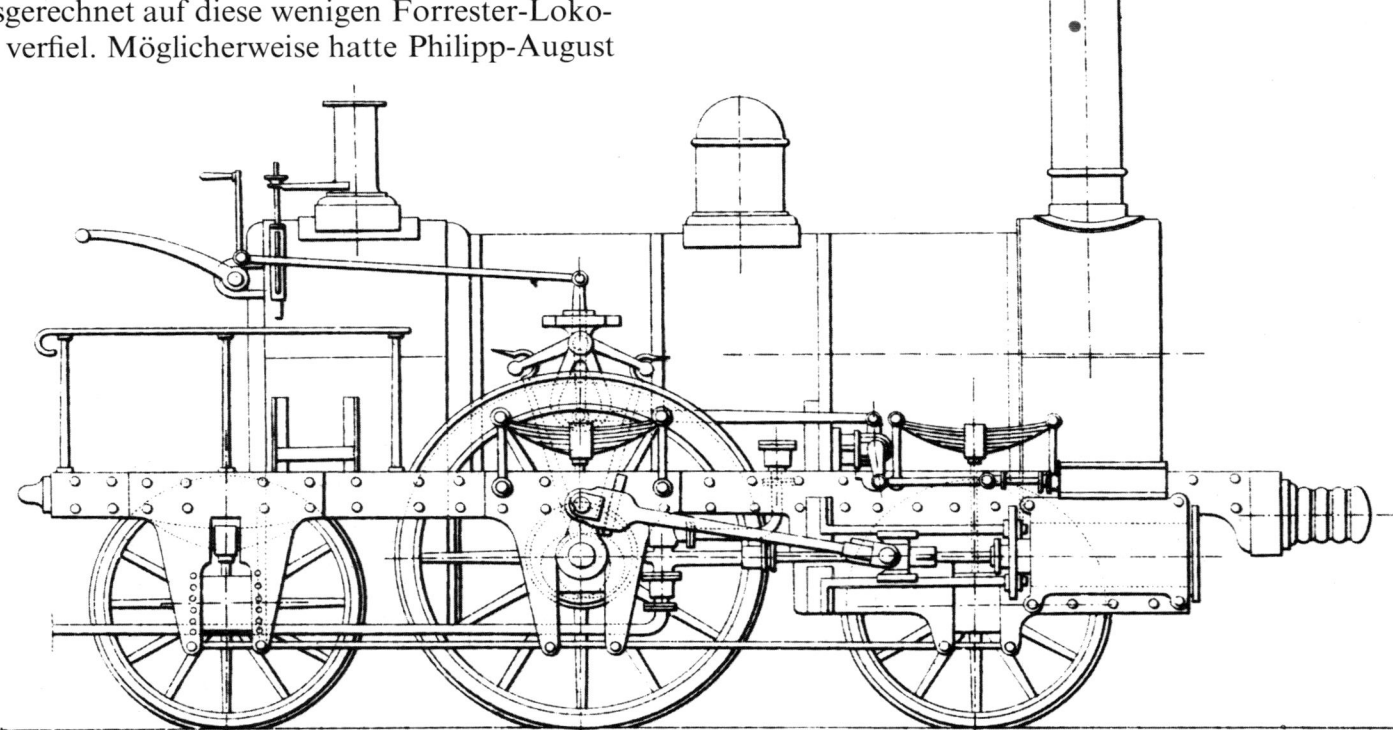

133. 1A1-Lokomotive der Grand Junction-Bahn, George Forrester, 1838

Mit der nächsten Gattung A V (Abb. 134) wird das Zeitalter der Hallschen Bauart eingeleitet. Der Engländer Joseph Hall war 1839 als Betriebsleiter der München-Augsburger Bahn nach Bayern gekommen. Da deren Eröffnung sich verzögerte, half er während der Wartezeit beim Bau der ersten Lokomotive dieser Bahn. Als die Bahn verstaatlicht wurde, trat er ganz in den Dienst der Firma Maffei ein, wo er es zum technischen Direktor brachte.

Ein Nachteil der Forrester-Bauart bestand in dem großen Abstand der Zylinder voneinander. Die Lokomotiven wiesen dadurch einen stark hin- und herschlingernden Lauf auf. Um den Abstand der Zylinder zu verkleinern, entwarf Hall zunächst die sogenannte Exzenterkurbel, für die er 1853 ein Patent erhielt. Bei dieser Ausführung wurde das Kurbelblatt gleichzeitig mit den Exzentern aus einem Stück geschmiedet, dann das Ganze abgedreht und auf der aus der Radnabe austretenden Achse aufgekeilt. Auf diese Weise ergab sich eine wesentlich geringere Breite von Kurbel samt Exzenter.

Das zweite Patent Halls bezog sich auf die sogenannte Lagerhalskurbel: Am Kurbelblatt war ein entsprechend abgedrehter Zapfen angeschmiedet, der als Lagerhals diente und auf den Achsstummel aufgesetzt wurde. Dieser Lagerhals trat an die Stelle des normalen, in der Achsbüchse laufenden Achsschenkels. Infolge seines größeren Umfanges konnte der Lagerhals schmäler als ein normaler Achsschenkel ausgeführt werden, ohne daß die Lagerflächenbelastung größer wurde. Die erstgenannte Bauart wurde bei Lokomotiven mit außenliegender, die zweite bei solchen mit innenliegender Steuerung angewendet.

Die Gattung A V wurde als erste mit den Hallschen Exzenterkurbeln versehen, da die Hauptsteuerung nach außen gelegt war. Hingegen verblieb die zusätzliche Meyer-Doppelschieber-Expansionssteuerung innen, ihr Antrieb wurde mittels eines bajonettförmigen Zwischenstückes nach innen übertragen. Der bisherige Sandwich-Rahmen wurde zugunsten eines eisernen Rahmens verlassen, der aus zwei hohen, parallelen Blechplatten mit eisernen Zwischenlagen bestand, eine Bauart, die als Füllrahmen bezeichnet wurde. Insgesamt wurden 1853/54 dreiundzwanzig Maschinen dieser Gattung A V mit kleinen Änderungen in Betrieb genommen. Sie waren allesamt von Maffei gebaut. Da bei ihnen die Feuerbüchse durchhängend war, konnte trotz der verhältnismäßig kleinen Treibräder eine Höchstgeschwindigkeit von 80 km/h zugelassen werden.

In Bayern wurde zeitweilig Torf zur Lokomotivfeuerung verwendet, weil Steinkohle von weit her bezogen werden mußte und somit hohe Frachtkosten entstanden. Da Torf starken Funkenflug verursacht, war ein wirksamer Funkenfänger notwendig, der, zuerst birnenförmig gestaltet, später, nach der Bauart Ressig, die Form eines Kegels aufwies. Um den Torf trocken zu halten, mußte der Tender abgedeckt werden. Der Heizwert des Torfes ist gering, es mußten also größere Mengen in die Feuerbüchse geschaufelt werden. Da das Fassungsvermögen der normalen Tender infolgedessen für längere Fahrten nicht ausreichte, hängte

134. «Innsbruck», Bayerische Staatsbahn, Gattung A V, 1853

135. München, die Bahnsteighalle des Hauptbahnhofes, 1848

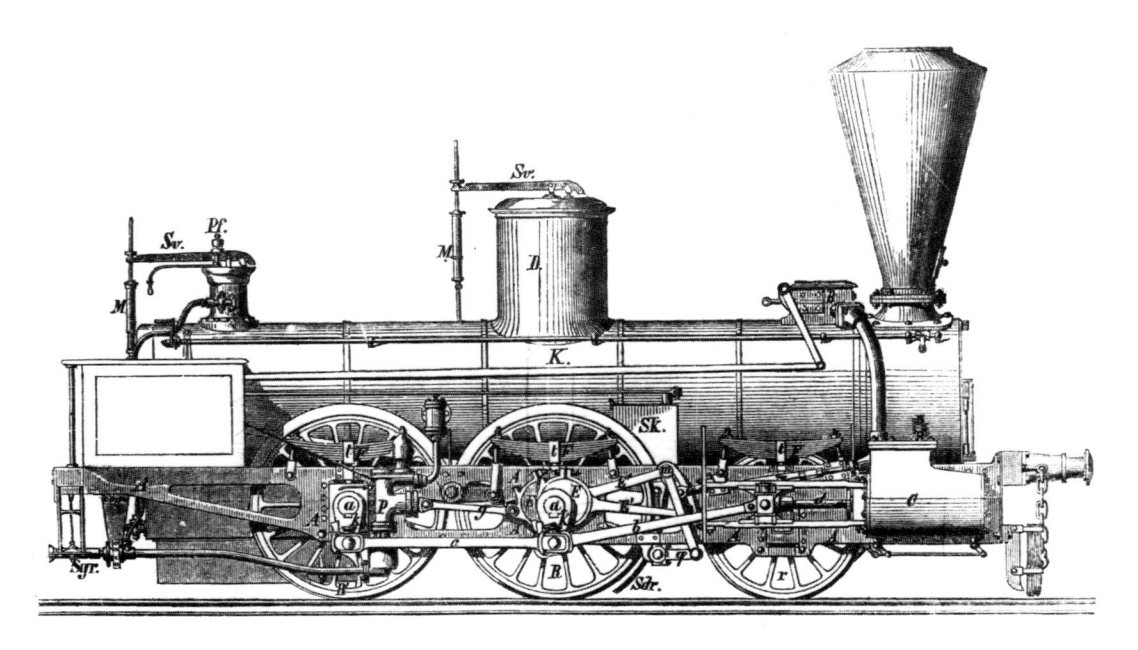

136. 1B-Lokomotive der Österreichischen Südbahn, 1859–1873

man dahinter noch einen «Torfmunitionswagen» an. Natürlich war ein zweiter Heizer nötig.
Die AV war die Stammutter einer überaus zahlreichen Familie. Als bayerische Nachkommen kamen bereits ab 1852 1B-Maschinen auf die Welt. Im ganzen sind auf der Bayerischen Staatsbahn bis 1887 dreihundertneunundzwanzig als 1B-Lokomotiven gelaufen. Als Dreikuppler erschienen zuerst 1857/59 unter dem Einfluß der noch zu besprechenden Engerth-Bauart fünf Lokomotiven mit Stütztender. Die nächsten hatten wieder den normalen Tender. In dieser Form wurde die Hallsche Bauart bis 1879 angeschafft. Sie wurde auch bei anderen süddeutschen Bahnen heimisch.
In der Österreich-Ungarischen Monarchie breitete sich die Hallsche Bauart so allgemein aus, daß sie als typisch für die zweite Hälfte des vorigen Jahrhunderts bezeichnet werden kann. Hall übernahm 1858 die Leitung der Güntherschen Lokomotivfabrik in Wiener Neustadt. Zwar schied er schon 1860 wieder aus, um das von ihm eingerichtete Schienenwalzwerk der Österreichischen Südbahn zu leiten, aber sein kurzes Wirken hatte genügt, um seine Bauart bei Günther einzuführen. Es war die in der Doppelmonarchie am meisten weiterentwickelte Form, die es sogar noch zur 2B1-Maschine brachte. Am raschesten verbreitete sich die vielseitig verwendbare 1B-Lokomotive, die auch in der Variante mit Hallschen Exzenterkurbeln ausgeführt wurde (Abb. 136). Von dieser Lokomotive wurden zwischen 1859 und 1873 dreiundsiebzig als BN. 467–539 von sämtlichen einheimischen Lokomotivfabriken und auch von Kessler in Esslingen für die Österreichische Südbahn gebaut. Eine rein österreichische Eigenart ist die nach Crampton ausgeführte Reglerbüchse. Wie auch andernorts, wurden bei den letzten österreichischen Lieferungen die überhängenden Feuerbüchsen zugunsten der unterstützten verlassen. Mit einem Treibraddurchmesser von 1962 mm erreichten die Maschinen die Stufe der Schnellzuglokomotiven. Den Abschluß dieser Aufwärtsentwicklung der Hallschen 1B-Lokomotive stellen die 1880 von STEG für die Kaiser Ferdinands-Nordbahn gebauten Maschinen der Reihe II b 3 dar, bei denen die Zylinder nicht mehr vorne überhingen, sondern dicht an die erste Kuppelachse gelegt waren.
Am zahlreichsten waren sicherlich in der Doppelmonarchie die Hallschen Dreikuppler. Man kann diese, wie auch in Süddeutschland, in zwei Gruppen einteilen: mit Antrieb der mittleren oder mit Antrieb der hinteren Kuppelachse. In beiden Fällen kamen zwei Spielarten vor, nämlich mit Außen- oder mit Innensteuerung. Gemeinsam waren allen die überhängende Feuerbüchse und waagerecht angeordnete Zylinder. In der Regel wurde auch ein Füllrahmen verwendet. Die ersten Hallschen Dreikuppler schaffte die Österreichische Südbahn 1860 an. Der vielen engen Gleisbögen wegen wurde die letzte Achse angetrieben und so der Achsstand möglichst kurz gehalten. Von dieser als Reihe 29 bezeichneten Bauart wurden bis 1872 insgesamt zweihundertundzwei Maschinen in Betrieb genommen, zu denen noch drei weitere für die Graz-Köflacher Bahn, die zeitweise von der Südbahn betrieben wurde, hinzukamen. Die GKB ihrerseits erwarb noch vierzehn Maschinen. Vier dieser Lokomotiven waren noch 1965 dort im Verschiebedienst tätig, darunter auch die BN. 680 (Abb. 137). Bis auf den nachträglich aufgesetzten Kobel, die Bremsluftpumpe und das geschlossene Führerhaus ist seit ihrer Inbetriebsetzung nicht viel geändert worden. Die BN. 671 ist heute noch vorhanden. Liebevoll gepflegt, hat sie ihre große Stunde, wenn sie, fotogen qualmend, Sonderzüge für Eisenbahnfreunde befördern darf.
Hallsche Lokomotiven kamen auch an mehrere Bahnen Rußlands und des Balkans. Sie wurden von österreichischen und deutschen Fabriken geliefert. In Norddeutschland finden wir nur sechsundzwanzig Maschinen auf der Rechten Oderufer-Bahn, bei denen, abweichend von der Regel, die Feuerbüchse in ihrer Mitte auf der letzten Achse abgestützt war. In Preußen gab es eine abgewandelte Spielart, deren Schöpfer der Obermaschinenmeister August Wöhler der Niederschlesisch-Märkischen Bahn war. In Preußen legte man von jeher Wert auf Einfachheit. Darum wurde der Rahmen aus einfachen Blechen und nicht als Füll-

rahmen gebaut. Die Schieber und die, meist nach Allan ausgebildete, Steuerung blieben gewohnheitsmäßig innen. Bei der Treibachse wurden die Hallschen Lagerhalskurbeln, bei der Kuppelachse gewöhnliche Aufsteckkurbeln verwendet. Der Ankauf der Wöhlerschen Maschinen für die Niederschlesisch-Märkische Bahn begann 1864. Es wurden bis 1875 insgesamt einundfünfzig Personenzuglokomotiven mit einem Kuppelraddurchmesser von 1568 mm bezogen. Ab 1869 folgte eine schöne Schnellzuglokomotive, von der bis 1871 fünfunddreißig Stück gebaut wurden (Abb. 138). Wöhler war einer der wenigen kontinentalen Konstrukteure, die bemüht waren, gut aussehende Lokomotiven zu schaffen. Da sie streng nach seinen Zeichnungen gebaut werden mußten, fielen bei ihnen die zu jener Zeit noch üblichen fabrikeigenen Zierate weg. Diese Wöhlersche Type wurde 1870/74 mit neunundzwanzig Maschinen auch von der Berlin-Postdam-Magdeburger Bahn eingeführt. Sie genossen zwar den Ruf, zu den stärksten Maschinen ihrer Zeit zu zählen, doch war ihr Gang bei den hohen, auf der genannten Bahn üblichen Geschwindigkeiten nicht sehr befriedigend. Eine recht hohe Anzahl, nämlich fünfundfünfzig, lief auf der Breslau-Freiberger Bahn. Sonst sind diese Lokomotiven nur in kleiner Zahl eingestellt worden. Im ganzen wurden nur einhundertneunundneunzig gebaut, eine gegenüber den anderen 1B-Maschinen recht geringe Anzahl.

137. C-Lokomotive der Graz-Köflacher Bahn, Nr. 680, Serie 29, 1860-1872

138. 1B-Lokomotive der Niederschlesisch-Märkischen Bahn, Nr. 451, 1874

7.5. Die europäische Norris-Schule

Es ist eine erstaunliche Tatsache, daß die «Norris»-Lokomotive, von der im Abschnitt 5.5 die Rede war, einen solchen Einfluß auf den deutschen, insbesondere süddeutschen, und den österreichischen Lokomotivbau ausüben sollte. Der Anstoß ging von Österreich aus. Hier stand man beim Bahnbau vor ähnlichen Problemen wie in Amerika: Schwierige Geländeverhältnisse machten kleine Gleisbogenhalbmesser und starke Steigungen nötig. So war es nur natürlich, daß man dort Umschau hielt. Matthias von Schönerer, Vollender der ersten Eisenbahn der Monarchie, der Budweis-Linzer Pferdebahn, unternahm Ende der dreißiger Jahre mehrere Studienreisen nach den Vereinigten Staaten, ehe er in den Jahren 1839 bis 1842 beim Bau der Wien-Raaber Bahn mitwirkte, deren Betriebsdirektor er dann wurde.

Schönerer kam gerade nach Amerika, als die beiden Norris-Lokomotiven «George Washington» und «Washington Farmer» ihre aufsehenerregenden

Fahrten unternahmen. Tief davon beeindruckt, veranlaßte er, daß die Wien-Raaber Bahn eine solche 2A-Norris-Lokomotive bestellte. Sie kam im April 1835 in Triest an und erhielt den Namen «Philadelphia». Mit ihr wurde das Drehgestell amerikanischer Art zum ersten Mal in Europa eingeführt. Was man von ihr erwartete, geht aus dem Bericht der General-Versammlung der Wien Raaber-Bahn vom 1. Oktober 1835 hervor, in dem es heißt: «Da die Konstruktion einfacher als die der englischen ist, so wird sie ohne Anstand in österreichischen Fabriken nachgebaut werden können, und da sie ferner weniger und leichter herzustellende Reparaturen erheischt, scharfe Krümmungen und große Steigungen zu überwinden fähig ist, endlich der Rauchfang das Herausfliegen glühender Kohlenbestandteile besser als die englischen beseitigt, so unterliegt es keinem Zweifel, daß deren Einführung von besonderem Nutzen sein wird.» Offenbar enttäuschte die «Philadelphia» nicht, denn die Wien-Gloggnitzer Bahn, Rechtsnachfolgerin der Wien-Raaber Bahn, bestellte noch zwei weitere Norris-Maschinen gleicher Art, die 1838/39 ankamen. Über das Schicksal dieser ersten drei Lokomotiven ist nichts bekannt geworden. Dem Beispiel der Wien-Raaber Bahn folgten die Kaiser Ferdinands-Nordbahn mit vier Maschinen, und auch die K.K. Nördliche Staatsbahn erhielt 1845 vier solche Lokomotiven, so daß Norris aus Philadelphia elf Maschinen seiner 2A-Type nach Österreich lieferte. Dieser Erfolg ermunterte William Norris, eine Lokomotivfabrik in Wien zu errichten. Es wurden aber dort nur 1846/47 sechs Lokomotiven gebaut, denn es bewahrheitete sich, was der vorhin zitierte Bericht der Wien-Raaber Bahn sagte: Diese Maschinen konnten leicht von einheimischen Lokomotivfabriken gebaut werden, und dagegen kam Norris nicht an.

Die Weiterentwicklung der Norris-Bauart ist mit dem Namen John Haswell engstens verbunden. Die Wien-Gloggnitzer Bahn hatte sich entschlossen, eine eigene Maschinenfabrik zu errichten, die nicht nur die Instandhaltung der Maschinen, sondern auch deren Neubau übernehmen sollte. Haswell war mit der von Schönerer bei W. Fairbairn & Co. dafür bestellten maschinellen Einrichtung gekommen, um sie zu montieren. Er blieb dann als Betriebsleiter des Werkes. Es ist ein eigenartiger Umstand, daß zwei Engländer,

139. Zug der Ouest-Suisse bei Renens (Lausanne), um 1860

140. Ankunft der Züge im Bahnhof Brünn. Gedenkblatt zur Eröffnung der Kaiser Ferdinands-Nordbahn, 7. Juli 1839

Hall und Haswell, die für österreichische Betriebsverhältnisse zugeschnittenen Lokomotivbauarten schufen, die so unenglisch wie möglich waren.

Die erste von Haswell gebaute Lokomotive, die «Wien», wurde am 6. Juni 1841 in Betrieb genommen. Sie lehnte sich, wie von vornherein geplant, eng an die Norris-Maschinen an. Haswell führte bald einige Änderungen in der Konstruktion ein. Bei den ab 1844 gebauten Maschinen war der Rahmen nicht mehr aus Flacheisen, sondern aus Blechen konstruiert. Auch das Drehgestell wurde analog zusammengebaut. Die Norris-Feuerbüchse erhielt ebenfalls eine neue Form. Sie war leicht überhöht, halbzylindrisch im Querschnitt, und die Decke war hinten in Form einer Viertelkugel ausgeführt, eine später in Österreich noch häufig angewandte Bauweise.

Auch Wenzel Günther, der zuerst unter Haswell gearbeitet hatte und dann die Leitung der 1842 in Wiener Neustadt gegründeten Lokomotivfabrik übernahm, die 1845 sein Eigentum wurde, griff die 2A-Norris-Bauart auf. Seine ersten Maschinen gingen an die K.K. Nördliche Staatsbahn. Sie waren mit dem Haswellschen Blechrahmen konstruiert, hatten aber noch die Bury-Feuerbüchse.

Es war wieder Haswell, der den nächsten Schritt in der Weiterentwicklung der Norris-Bauart unternahm. 1844 lieferte er für die Wien-Gloggnitzer Bahn die zwei ersten Maschinen mit der 2B-Achsfolge. Sie wiesen im übrigen die von ihm bei der 2A-Lokomotive eingeführten Konstruktionsmerkmale auf. Die noch schräg angeordneten Zylinder trieben die vordere Kuppelachse an. Diese und die zweite waren nach

141. Bahnwärterposten mit optischem Telegraphen, im Vordergrund die 1B-Lokomotive «Cassel», um 1850

amerikanischem Vorbild durch eine gemeinsame Feder in Verein mit einem Ausgleichshebel belastet. Diese beiden Maschinen waren die Vorläufer der von Haswell anschließend gebauten Lokomotiven der K.K. Südlichen Staatsbahn und der Wien-Gloggnitzer Bahn, die als «Kleine» und «Große Gloggnitzer» weitgehend bekannt wurden.

Die «Große Gloggnitzer» beförderte zwischen Mürzzuschlag und Laibach, je nach der Steigung, die bis zu 7,7‰ (1:130) betrug, bei Personenzügen 145 bis 160 t, bei Güterzügen 190 bis 380 t, die «Kleine Gloggnitzer» 122 bis 135 t beziehungsweise 155 bis 290 t. Das war mehr als man erwartete und stärkte die Zuversicht der Erbauer der Semmeringbahn auf ein Gelingen des Lokomotivbetriebes. Eine der «Kleinen Gloggnitzer», die «Steinbrück», kam 1860 an die Graz-Köflacher Bahn, wo sie, in «Söding» umbenannt, bis 1878 Dienst leistete. Heute steht sie, in den ursprünglichen Zustand zurückversetzt und mit ihrem alten Namen, im Eisenbahnmuseum zu Wien (Abb. 143).

Wie bei den 2A-Maschinen kamen auch bei der 2B-Norris-Bauart verschiedene Spielarten vor, bald mit der österreichischen Viertelkugel-Feuerbüchse, bald mit der hohen zylindrischen von Meyer und schließlich noch mit der Stephensonschen Vierseitkuppel. Zum Teil wurden die Zylinder waagerecht vor dem Drehgestell verlegt.

Ganz ungewöhnlich war die Bauweise von zwölf Maschinen, die Cockerill 1852/53 an die K.K. Nördliche Staatsbahn lieferte (Abb. 142). Bei ihnen wurde versucht, die Ursache des unruhigen Laufes aller Norris-Maschinen radikal zu beseitigen, indem man erstens die hinten überhängende Feuerbüchse zwischen beiden Kuppelachsen durchhängen ließ und zweitens die Zylinder nach innen verlegte. Die Schieberkästen waren seitlich außen angeordnet, um sie besser zugänglich zu halten. Die Zylinder mußten darum vorne überhängen, denn man wagte noch nicht, den Kessel so hoch zu legen, daß er oberhalb des Drehgestelles Platz für die Zylinder frei ließ. Diese Maschine stellte wohl einen Versuch dar, die so beliebte Norris-Bauart auch für schneller fahrende Züge zu verwenden. Sie erzielte aber den gewünschten Erfolg nicht. Mit diesen Norris-Maschinen wurde die 2B-Achsanordnung in Österreich heimisch. Sie gingen mit der Hallschen Bauart eine Kreuzung ein, die eine neue Epoche im österreichischen Lokomotivbau darstellt, mit der wir uns in einem späteren Abschnitt beschäftigen werden. Der zweite Ausstrahlungspunkt für den Einfluß der Norris-Bauart lag in Württemberg. Ludwig Klein, der bereits 1838 die Vereinigten Staaten bereist hatte und nach seiner Rückkehr bei der Kaiser Ferdinands-Nordbahn tätig gewesen war, wurde 1843 in die württembergische Eisenbahnkommission berufen. Seine Kenntnisse des amerikanischen Eisenbahnwesens, das einen solchen Einfluß in Österreich gehabt hat, bewogen ihn, in einem Gutachten vom 3. April 1844 dieses als für Württemberg am geeignetsten zu empfehlen. Er schlug ferner vor, die «Lokomotiven des bevorzugten Systems aus ihrer ächten Quelle zu beziehen», die dann, wie in Österreich, als Muster für den Weiterbau in der in Esslingen geplanten Maschinenfabrik dienen sollte. Dem Vorschlag Kleins gemäß bestellte die Eisenbahnkommission im August 1844 bei Baldwin die schon in Abschnitt 5.7 kurz erwähnten 1B-Lokomotiven mit Gelenkgestell. Im September darauf folgte ein Auftrag an Norris in Philadelphia auf drei 2B-Lokomotiven ähnlich der «Virginia» (Abb. 76). Mit den Baldwinschen Maschinen war man weniger zufrieden als mit denen von Norris, sie wurden an die Schweizerische Centralbahn verkauft. Die Norris-Maschinen, die bis 1867 aushielten, wurden zum Ausgangspunkt für den württembergischen Lokomotivbau.

Emil Kessler, der seit 1841 in seiner in Karlsruhe eingerichteten Fabrik bereits Lokomotiven nach englischem Muster für die Badische Staatsbahn gebaut hatte, erhielt 1846 von Klein den Auftrag auf fünfzehn Maschinen nach Norrisscher Bauart. Die ersten sechs wurden noch im Karlsruher Werk hergestellt, die anderen in der ihm zugeschlagenen Esslinger Fabrik. Kessler ahmte aber das amerikanische Vorbild nicht getreu nach. Den Buryschen Stehkessel ersetzte er durch die Stephensonsche Vierseitkuppel. Wie bei den in Österreich von Haswell gebauten Norris-Maschinen bestanden Haupt- und Drehgestellrahmen aus Blechtafeln. Die Zylinder wurden hingegen waagerecht vor den Laufachsen angeordnet. Von dieser ersten Kessler-Norris-Type wurden zwei von der Maschinenfabrik Karlsruhe gebaute Maschinen, die «Rhein» und «Reuss», 1847 an die schweizerische Nordostbahn geliefert (Abb. 144). Sie waren die Nachfolgerinnen der bekannten ersten Lokomotiven der Schweiz für die «Spanisch Brötli-Bahn» von Zürich nach Baden, der einzigen der Norris-Bauart, die Kessler als Einkuppler gebaut hat (Abb. 146). Sie erwiesen sich als zu leicht für den Verkehr, und daher wurden als nächste die vorhin erwähnten 2B-Maschinen bestellt. Während es in der Schweiz nur bei diesen vier Norris-Maschinen blieb, wurde in Württemberg ausschließlich diese Bauart weiter gepflegt. 1854 erschien eine Schnellzuglokomotive Klasse A mit 1842 mm hohen Treibrädern und glatt anschließender Feuerbüchse. Eigenartigerweise wurde sie ab 1856 als reine Güterzugmaschine mit einem Treibraddurchmesser von 1386 mm gebaut. Ausgerechnet bei diesen langsam fahrenden Maschinen verlegte man bei der letzten Klasse E, die noch kleinere Kuppelräder hatte, die Zylinder hinter das Drehgestell (Abb. 145). Dagegen

142. 2B-Lokomotive der K.K. Nördlichen Staatsbahn, 1852

143. «Steinbrück», Kleine Gloggnitzer-Type, 1848

144. «Rhein», Schweizerische Nordostbahn, 1847

145. «Einkorn», 2B-Personenzuglokomotive, Klasse E der Württembergischen Staatsbahn

behielt man bei den Schnellzugmaschinen bis zum Ende der Beschaffungszeit, 1868, die vorne überhängenden Zylinder bei. Bei der Klasse E war somit praktisch von der Norris nichts mehr übrig geblieben als das kurze Drehgestell.

Als Heinrich Brockmann, der aus Hannover kam, 1865 zum Obermaschinenmeister der Württembergischen Staatsbahn ernannt worden war, hörte die Verwendung der Norris-Typen auf. Die vorhandenen wurden zum großen Teil in Maschinen ohne Drehgestell umgebaut.

Von Württemberg aus kamen durch Esslinger Lieferungen Lokomotiven der Norris-Familie nach Hessen. Henschels wohlbekannte erste Lokomotive «Drache» war ein Nachbau der Kessler-Type.

7.6. Die «Spinnräder»

Zu einer ganz anderen Entwicklung als in Österreich und Württemberg gaben die nach Norddeutschland gekommenen Norris-Maschinen Anlaß. Die Berlin-Potsdamer Bahn, die ihre gesamte Strecke am 30. Oktober 1838 mit englischen Lokomotiven der «Patentee»-Bauart eröffnet hatte, erhielt bereits im folgenden Jahr zwei 2A-Lokomotiven von Norris in Philadelphia. Schon ab 1845 wurden sie nur noch als ortsfeste Dampfmaschinen für Bauzwecke verwendet. Nicht viel mehr Erfolg hatten auch die Norris, mit denen man es auf anderen norddeutschen Bahnen versuchte. Nur die Niederschlesisch-Märkische Bahn, die mit fünfzehn Maschinen die größte Anzahl besaß, war zufrieden. «Ihrer Konstruktionsverhältnisse wegen zwar nicht zu Schnellauf geeignet, wie die englischen, zeigen sich aber besser in der Kraftäußerung», schreibt v. Reden in einem 1844 erschienenen Buch «Die Eisenbahnen Deutschlands».

Während der anfänglichen Norris-Euphorie begann A. Borsig den Lokomotivbau in Berlin-Moabit. Seine erste, Anfang Juli 1841 fertiggestellte Lokomotive, die die Berlin-Anhalter Bahn probeweise bei ihm bestellt hatte, war ein ziemlich getreuer Nachbau der auf der Berlin-Potsdamer Bahn vorhandenen 2A-Norris-Maschinen. Sie war mit einem verlängerten Kessel versehen, die dadurch bedingte Mehrbelastung der Treibachse wurde durch eine ganz hinten hinzugefügte Laufachse aufgefangen (Abb. 147). Die erste Probefahrt fand am 21. Juli 1844 auf der Strecke nach Jüterbog im Vergleich mit einer englischen Lokomotive statt. Zum Erstaunen der Anwesenden brauchte die «Borsig» 10 Minuten weniger Fahrzeit als die Konkurrentin. Wie alle Erstlinge, war die «Borsig» nicht frei von Kinderkrankheiten. Bereits 1850 war ihre Leistung unzureichend geworden, und man zog sie aus dem Betrieb.

Daß diese Norris «nicht zu Schnellauf geeignet» waren, lag am kurzen Drehgestell, worüber wir noch im Abschnitt 8.1 mehr hören werden. Auf den norddeutschen Flachlandbahnen kamen keine engen Gleisbögen vor, das Drehgestell war also überflüssig. So sind nur sechs Borsig-2A1-Maschinen gebaut worden. Bereits 1844 ersetzte Borsig an der, seinem ehemaligen Lehrer in der Berliner Gewerbeschule zu Ehren «Beuth» genannten Lokomotive (Abb. 148) das Drehgestell durch eine einfache vordere Laufachse. Der Rahmenbau wurde gegenüber der «Borsig» ebenfalls wesentlich verbessert. Die Maschine war in der Gewerbeausstellung 1844 in Berlin ausgestellt. Eine nicht betriebsfähige Nachbildung der «Beuth» in natürlicher Größe wurde anläßlich des 75jährigen Jubiläums der Firma Borsig 1912 gebaut und dem Deutschen Museum in München gestiftet.

Mit der für die Berlin-Anhalter Bahn bestimmten «Beuth» begann die Einführung der ungekuppelten Schnellzuglokomotiven mit Außenzylindern im norddeutschen Raum. Sie wurden, in ersichtlicher Anspielung an dieses Gerät, als «Spinnräder» bezeichnet. Weitere Etappen in der Entwicklung der «Spinnräder» waren, kurz gesagt, 1847 die Anordnung der Zylinder in waagerechter Lage und die Verlegung der Schieberkästen nach innen, so daß die Schieber unmittelbar von der ebenfalls innenliegenden Steuerung angetrieben werden konnten. Sehr häufig wendete man zusätzlich zur Stephensonsteuerung noch die Borsigsche Expansionssteuerung an. Bei dieser Steuerung lief auf dem Rücken des Grundschiebers ein Expansionsschieber. Er erhielt seine Bewegung vom Rückwärtsexzenter durch eine zweite Schwinge, in der der Gleitstein der Schieberschubstange auf und ab verstellt werden konnte. Damit wurde der Weg des Expansionsschiebers verkürzt oder verlängert. Über tausend Lokomotiven wurden mit dieser Borsigschen Doppelschiebersteuerung gebaut. Ab 1847 verschwand die

146. «Limmat», 2A-Lokomotive der «Spanisch Brötli-Bahn» von Zürich nach Baden, der ersten Eisenbahn in der Schweiz, 1847

Bury-Rundkuppel zugunsten der Stephensonschen Vierseitkuppel, die, vom Personal «Heuschoberfeuerbüchse» genannt, bis etwa 1868 ein Kennzeichen der meisten Borsig-Lokomotiven bildete. Um diese Zeit ging man zu höheren Kesseldrücken über, für die diese Bauart ungeeignet war. Borsig führte statt dessen eine stark überhöhte, oben halbzylindrische Feuerbüchse ein, die wir schon im Abschnitt 6.1 kennengelernt haben. Da diese Art Stehkessel nicht mehr quadratisch, wie die Vierseitkuppel, ausgeführt zu werden brauchte, war es möglich, den Rost nach hinten zu verlängern und so eine größere Rostfläche unterzubringen. Einfach und anspruchslos in der Wartung, verbreiteten sich die «Spinnräder» so rasch und weit, daß sie getrost als für Norddeutschland typisch bezeichnet werden können. Mehr oder minder abgewandelt wurden sie auch von anderen Lokomotivfabriken übernommen. Richard Hartmann lieferte 1869 vier Maschinen nach Muster Borsig an die Köln-Mindener Bahn, darunter die «Oker» (Abb. 150). Hartmann war es auch, der diese Maschinen in Sachsen einführte. Sie stellten dem Vordringen der Crampton bald einen starken Wall entgegen, wie die Beschaffungszahlen deutlich zeigen: zweihundertachtundachtzig 1A1-Maschinen in den Jahren 1851 bis 1875 stehen einhundertfünfzehn Crampton zwischen 1852 und 1864 gegenüber. Bei den schon erwähnten, von der preußischen Eisenbahnkommission veranstalteten Vergleichsfahrten schnitten sie ebenso gut ab wie die Crampton. Sie wurden, mit Treibrädern von 1981 mm ausgeführt, als «Schnelläufer» bekannt.

Auf anderen Wegen als in Deutschland kam man in Frankreich und England zu ganz ähnlichen Maschinen. Wie vielfach auch anderwärts waren mehrere französische Bahnen dazu übergegangen, durch Rückwärtsverlegung der Laufachse den hinteren, störenden Überhang der 1A1-Longboiler zu beseitigen. Als Neubau erschienen derartige Maschinen erstmals 1847 auf der Paris-Lyon-Bahn. Die Pläne stammten vom Maschinenchef dieser Bahn, Alexis Barrault, den Bau dieser Serie 1-45 (später PLM 101-145) übernahm Cail (Abb. 152). Diese als «Perraches» bekanntgewordenen Maschinen und ebenso eine leicht veränderte Nachlieferung (PLM 146-160) liefen in demselben Dienstplan wie die gleichzeitig angeschafften Crampton. Sie beförderten Schnellzüge von 8 oder 9 Wagen mit einem Gewicht von 50 bis 60 t.

147. «Borsig», 2A1-Lokomotive der Berlin-Anhalter Bahn, erste Lokomotive von August Borsig, 1841

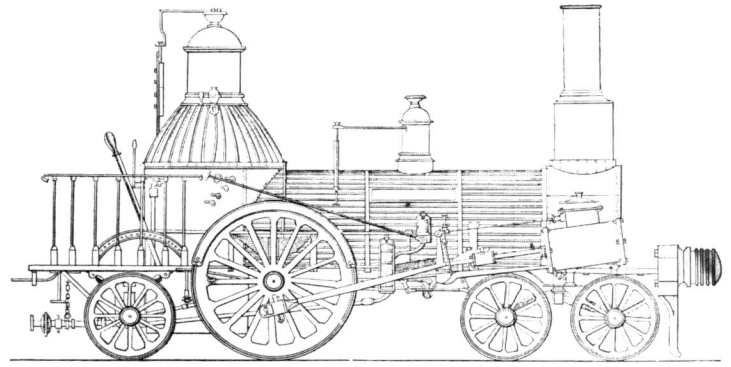

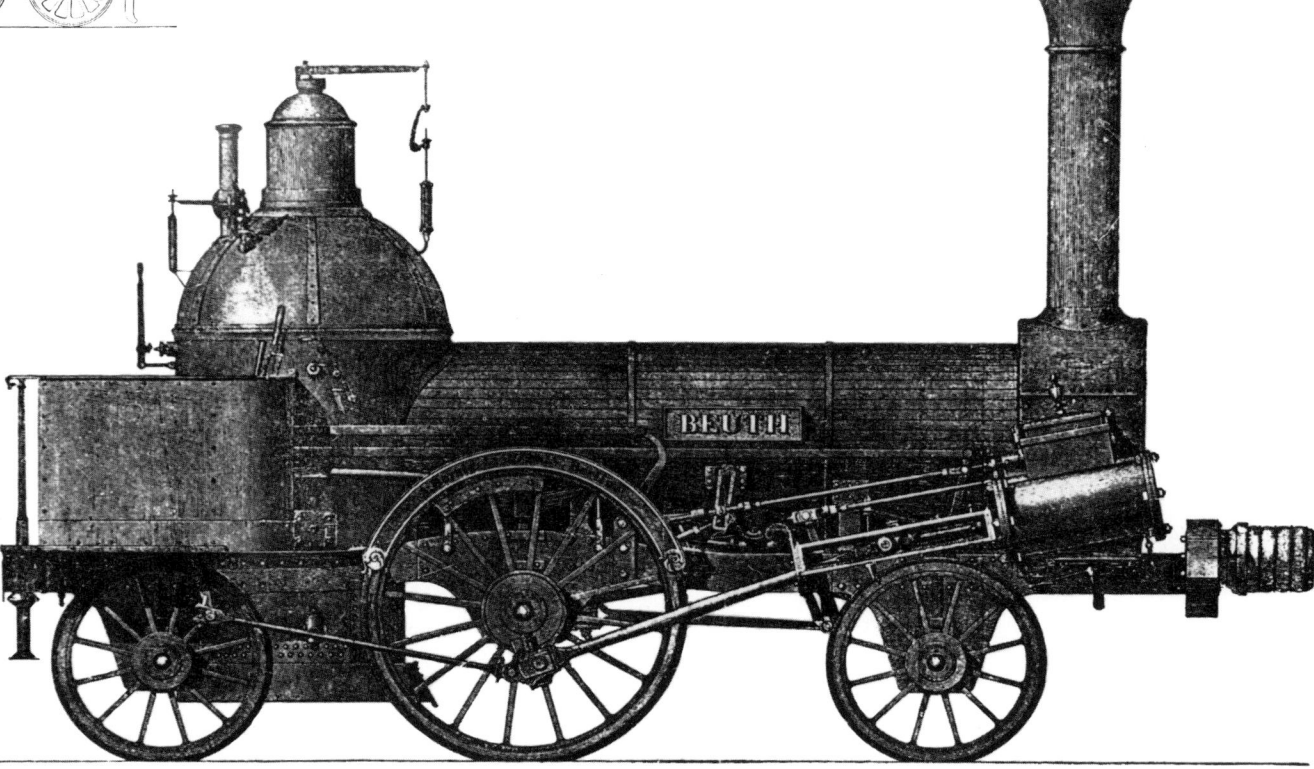

148. «Beuth», 1A1-Lokomotive der Berlin-Anhalter Bahn, August Borsig, 1844

Ihre Geschwindigkeit betrug 58 bis 60 km/h. Als in den sechziger Jahren ihre Leistung nicht mehr ausreichte, konnte man sie bequem in 1B-Maschinen mit verlängertem Kessel und überhängender Feuerbüchse umbauen. Die Crampton wurden dagegen teils an die Est abgetreten, teils verschrottet.

Unter den von den «Perraches» abgeleiteten französischen Maschinen nehmen die der Midi eine Sonderstellung ein. Sie sind sicherlich die ersten Einkuppler gewesen, die eine Außensteuerung aufwiesen. Ursprünglich 1855 als Tenderlokomotiven gebaut, reichte das Fassungsvermögen nicht für einen genügenden Vorrat. Die zweite Lieferung erhielt daher normale Tender. Im Schnellzugdienst auf den Strecken Bordeaux-Toulouse und -Bayonne eingesetzt, beförderten sie 100 t mit 50 bis 60 km/h. Noch 1918 liefen mindestens zwölf von ihnen auf Nebenstrecken, sicherlich die 1A1-Lokomotive, die sich am längsten gehalten hat.

In England kam man auf zwei Wegen zu 1A1-Lokomotiven, die der Borsigschen Bauart ähnlich waren, doch blieben sie fast ausschließlich auf zwei der großen Bahngesellschaften beschränkt.

Bei der LNWR war nach Ausscheiden McConnells Ende 1861 J. Ramsbottom zum alleinigen Lokomotiv-Superintendenten ernannt worden. Vom Vorstand, der eine strikte Ersparnispolitik betrieb, wurde er angehalten, möglichst billig zu bauende und zu unterhaltende Maschinen zu bauen. Dieser Zwang zur Vereinfachung zeigt sich bei seiner ersten Schnellzuglokomotive dieser «Problem»-Klasse, häufig auch als «Lady of the Lake»-Klasse, nach dem Namen der 1862 in London ausgestellten Maschine, bezeichnet (Abb. 151). Es ist eine vereinfachte «Allan-Crewe», deren äußerer Hilfsrahmen weggelassen war. Von dieser «Problem»-Klasse wurden zwischen Ende 1859 und Mitte 1865 sechzig Maschinen angeschafft. Besonders bekannt wurde die «Watt». Sie legte mit einem Sonderzug, der eine dringend erwartete Antwortnote der Regierung der Vereinigten Staaten auf einen englischen Protest beförderte, die 210 km lange Strecke zwischen Holyhead und Stafford mit einer Durchschnittsgeschwindigkeit von 86,95 km/h trotz starkem Gegenwind ohne Aufenthalt zurück. Dies war nur möglich, weil kurz vorher die von Ramsbottom erfundenen, zwischen den Schienen verlegten, Wassertröge eingebaut worden waren, die es erlaubten, den Tender unterwegs in voller Fahrt aufzufüllen. Auch die «Problem» mußten zu Webbs Zeiten als Vorspann dienen. Die letzte wurde 1907 ausgemustert. Die andere in vielfacher Hinsicht bemerkenswerte

149. Fahrplan der Berlin-Anhaltischen Eisenbahn für den Sommer 1842

150. «Oker», Köln-Mindener Bahn, 1869

151. «Lady of the Lake», London & North Western-Bahn, John Ramsbottom, 1862

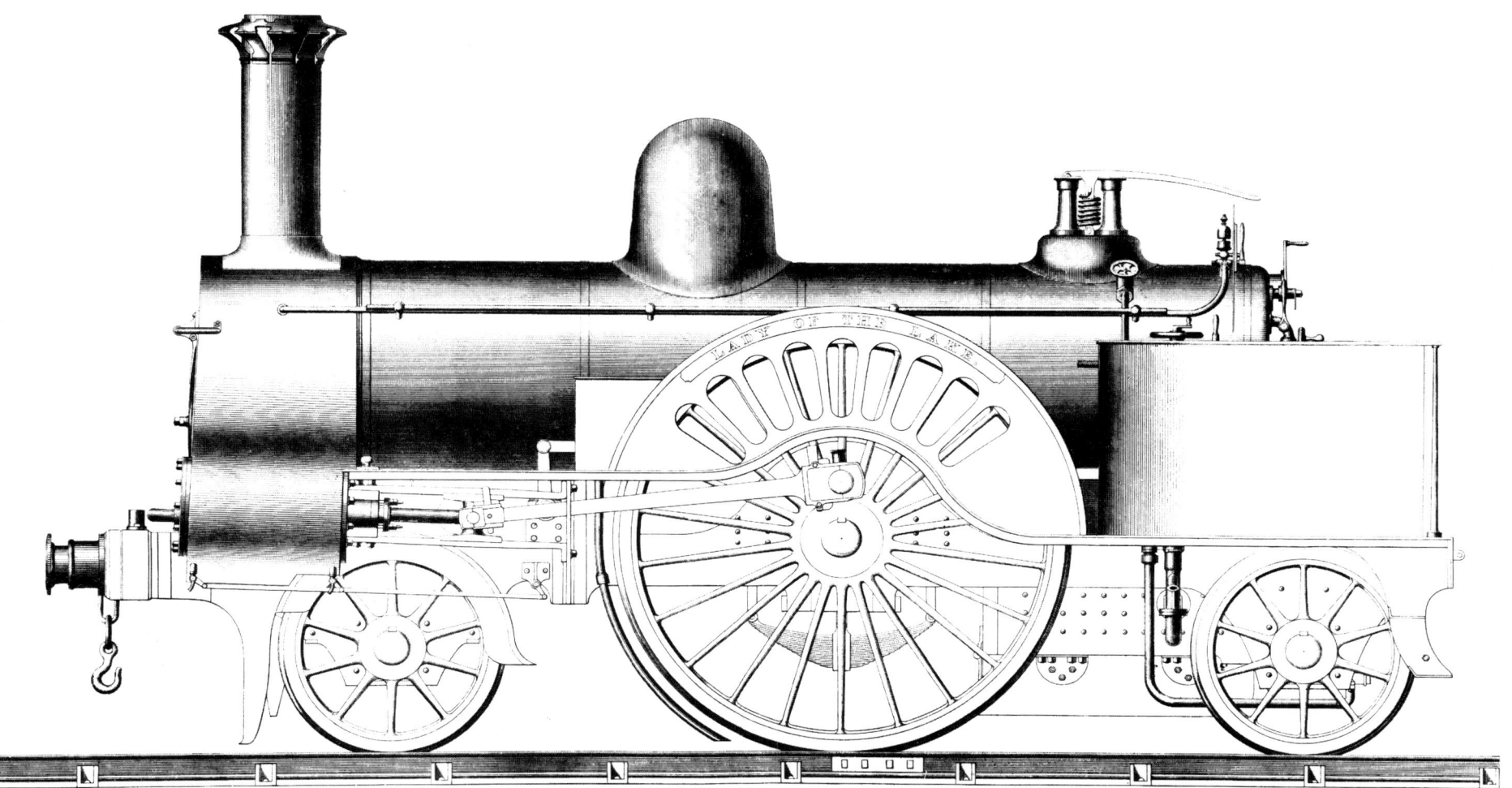

Spielart ist Joseph Beattie zu verdanken. Da bei der London & South Western-Bahn Joseph Locke seine Hände im Spiel gehabt hatte, waren dort seit 1843 Lokomotiven der Allan-Crewe-Bauart eingeführt worden. Es war die Zeit, in der man wegen der steigenden Preise für Koks zur Steinkohle übergehen mußte. Diese brennt nicht so rauchlos wie der Koks, man versuchte daher, diesem Nachteil durch alle möglichen Varianten in der Ausbildung des Feuerraumes zu begegnen. Auch Beattie beteiligte sich an diesen Bestrebungen. Die zur innigen Mischung der Heizgase mit der Verbrennungsluft und zur Nachverbrennung der Gase mehrfach unterteilte Feuerbüchse benötigte eine durch keine Achsbuchsen eingeschränkte Breite. Beattie ließ die Außenlagerung der hinteren Laufachse so wie bei den Allan-Crewe-Maschinen. Die Vorderachse war hingegen im Innenrahmen in normaler Art gelagert und durch eine Blattfeder belastet. Außen wurde eine zusätzliche Achsbuchse frei schwebend hinzugefügt. Sie wurde nur durch eine untenliegende, wesentlich schwächere Blattfeder gehalten, die ihrerseits an der unteren Gleitbahn des Kreuzkopfes aufgehängt war. Diese eigenartige Konstruktion der Beattieschen «Canute»-Klasse war bis 1875 ein Kennzeichen aller LSWR-Lokomotiven mit Außenzylindern (Abb. 153). Die Treibachse konnte vom Führer nach Bedarf mit Hilfe des unterhalb des Treibstangenkopfes ersichtlichen

152. 1A1-Lokomotive der Paris-Lyon-Bahn, Nr. 124, Alexis Barrault, 1847

stein stand und in das gleichzeitig ein Teil des Abdampfes eingeführt wurde. Dieser vermischte sich mit dem eingespritzten Wasser, an das er seine Kondensationswärme abgab. Wurde der Kessel nicht gespeist, floß das erwärmte Wasser durch eine Rohrleitung in den Tender zurück. Sollte gespeist werden, so wurde der Rückfluß durch einen vom Lokführer betätigten Hahn mehr oder minder gedrosselt. Eine zweite Pumpe, jetzt eine Heißwasserpumpe, sandte das aus dem Drosselhahn abfließende Wasser durch eine zweite Leitung in eine Trommel. Sie war innerhalb der Rauchkammer über dem Blasrohr angeordnet und von mehreren Heizrohren durchzogen. Hier erfolgte die zweite Vorerwärmung durch den abgezweigten Abdampf, ehe er in den Kondensator gelangte. Mit dieser Anlage gelang es Beattie, Speisewassertemperaturen zu erzielen, die über dem Siedepunkt lagen. Bei Probefahrten ergaben sich Brennstoffersparnisse bis zu etwa 20%. Diese Beattiesche Vorwärmanlage wurde, anschließend etwas vereinfacht, bei der LSWR über zwanzig Jahre lang verwendet. Sie kann als Vorläuferin der modernen Anlagen dieser Art betrachtet werden.

7.7. Laufachse vorn oder hinten

Man kann sagen, daß die Hauptstrecken der europäischen Eisenbahnen Mitte der fünfziger Jahre zu einem zusammenhängenden Netz zusammengewachsen waren. Die Strecken, auf denen direkte Züge, meist als Expreß- oder Courierzüge bezeichnet, durchliefen, wurden immer länger und damit auch die Zeit, die man in den Eisenbahnwagen zubrachte. Größere Bequemlichkeit mußte daher geboten werden, und das führte zu höheren Wagengewichten. Einfach gekuppelte Lokomotiven, wie die englischen «Single» und die norddeutschen «Spinnräder», konnten mangels genügendem Reibungsgewicht die schwerer gewordenen Züge nicht befördern.

Wir haben in vorhergehenden Abschnitten bereits mehrfach gesehen, wie bei den verschiedenen Schulen 1B-Schnellzuglokomotiven entstanden sind. Allgemein wurde die bei höheren Geschwindigkeiten einen unruhigen Lauf verursachende überhängende Feuerbüchse verlassen. Sie wurde nun zwischen den letzten Achsen durchhängend ausgeführt. Man verblieb meist bei einer vorderen Laufachse, das heißt bei der 1B-Achsanordnung.

In England hielt sich vorerst noch die Doppelrahmenbauart, die eine Weiterentwicklung der alten «Victorieuse» (Abb. 51) darstellt. Sie wurde vor allem von

153. «Canute», Joseph Beattie, London & South Western-Bahn, 1855

154. 1B-Lokomotive Nr. 910, Klasse 901 der North Eastern-Bahn, Edward Fletcher, 1875

Schneckenradgetriebes mehr oder minder belastet werden.
Die vielen Wasserkammern, die die Feuerbüchse unterteilten, waren sehr empfindlich gegen Temperaturschwankungen, wie sie damals beim Speisen mit den noch üblichen Kolbenpumpen, die nur kaltes Wasser förderten, auftraten. Um dies zu vermeiden, entwickelte Beattie nach mehrfachen Vorversuchen eine Speisewasser-Vorwärmanlage. Sie war wirksamer als die Methode, einen Teil des Abdampfes in den Tenderkasten einzuführen, wie dies unter anderen Kirchweger bei der Hannoverschen Bahn getan hatte. Die Vorwärmung erfolgte in zwei Stufen. In der ersten wurde durch eine Kaltwasserpumpe das Speisewasser in ein langes zylindrisches Gefäß, Kondensator genannt, eingespritzt, das senkrecht vor dem Schorn-

155. «Charles Dickens», Precedent-Klasse der London & North Western-Bahn, 1874–1882

Kirtley auf der Midland-Bahn gepflegt und hielt sich auch lange bei der Great Western. Daneben breitete sich auch die «Jenny Lind»-Bauart aus, da die Außenlagerung der Laufachse eine breitere Federbasis ergab, die man als vorteilhaft für die Stabilität ansah. Als Beispiel zeigen wir eine der stärksten und schwersten 1B-Maschinen ihrer Zeit (Abb. 154). Sie gehört der 1872 von Edward Fletcher bei der North Eastern eingeführten Klasse 901 an, von der bis 1882 fünfundfünfzig Maschinen gebaut worden sind. Abmessungen und Einzelheiten wechselten bei den verschiedenen Lieferungen. Mit der Einführung dieser Klasse 901 konnte die Fahrzeit des «Flying Scotsman» zwischen London (King's Cross) und Edinburgh auf 9 Stunden verkürzt werden, wogegen die Westküstenroute 10 Stunden 25 Minuten und die gerade neu eröffnete Midland-Route 10 Stunden 45 Minuten benötigten. Die North Eastern-Lokomotiven liefen zwischen York und der schottischen Hauptstadt durch, obwohl das Teilstück ab Berwick der North British-Bahn gehörte. Die mittleren Fahrgeschwindigkeiten des «Flying Scotsman» betrugen 1876 zwischen York und Newcastle (129,6 km) 76,5 km/h, zwischen Newcastle und Berwick (107,7 km) 75 km/h und von da ab bis Edinburgh (92,5 km) 72 km/h. Bei der berühmten Wettfahrt nach Schottland im Jahr 1888 erreichte eine solche Maschine zwischen York und Newcastle ein Mittel von 95 km/h mit acht Wagen. Die BN. 910, wie alle ihre Schwestern nachträglich mit einem Ersatzkessel versehen, ist im Eisenbahnmuseum in York aufbewahrt.

Die letzte große englische Familie der 1B-Lokomotiven kann man, trotz früherer englischer Ausführungen, als Weiterentwicklung der «Bloomer» (Abb. 118) betrachten. Als erste dieser Art kam 1863 unter Ramsbottom die neunzig Maschinen umfassende «Samson»-Klasse mit 1829 mm hohen Kuppelrädern heraus, gefolgt ab 1866 von sechsundneunzig der «Newton»-Klasse mit einem Kuppelraddurchmesser von 2019 mm. Die von seinem Nachfolger Webb mit einigen Änderungen weitergebauten Maschinen stellen typische Beispiele für dessen Politik dar, mit möglichst kleinen und einfachen Bauarten auszukommen. Es waren dies die «Precedent» (siebzig Maschinen, 1874/82; Abb. 155), die «Precursor» (vierzig Maschinen, 1874/79) und die «Improved Precedent» (sechsundneunzig Maschinen, 1887/94). In der von Webb eingeführten schwarzen Farbe mit weißen Zierstreifen beherrschten diese verhältnismäßig kleinen, oft überlasteten, feuersprühenden Maschinen bis um die Jahrhundertwende den gesamten Schnellzugdienst der LNWR, ohne daß die Webbschen Verbundlokomotiven, von denen noch die Rede sein wird, ernsthaft gegen sie ankommen konnten. Die «Precursor» waren für die Strecke Crewe-Carlisle bestimmt, wo stärkere Steigungen vorkamen. Sie besaßen daher kleinere Kuppelräder von 1689 mm. Die abgebildete «Charles Dickens» wurde bekannt, weil sie während ihrer Laufzeit mehr als 3 Millionen km zurücklegte.

Eine große Familie stellte die Weiterentwicklung der Borsigschen «Spinnräder» zu 1B-Lokomotiven dar. Diese Maschinen kamen auch außerhalb Norddeutschlands vor. Beim Kessel finden wir die schon beschriebenen Entwicklungsstufen. Als Schlußpunkt dieser Schule können wir die in mehrfacher Hinsicht bemerkenswerten, als «Flieger» bekannten Lokomotiven der Köln-Mindener Bahn betrachten (Abb. 156). Bei der von der Bahn verwendeten, der englischen Qualität gleichwertigen Ruhrkohle war ein

156. «Metz», 1B-Lokomotive der Köln-Mindener Bahn

157. 1B-Normallokomotive der Preußischen Staatsbahn, Bauart S1

tiefliegender Rost angebracht, für den auf Grund von Versuchen eine Fläche von 1,57 m² sich als günstigste Größe herausgestellt hatte. Die dafür passende Rohrlänge von 4413 mm ergab zwangsläufig einen ungewöhnlich großen Achsstand, der angesichts der günstigen Krümmungsverhältnisse der Hauptstrecke zulässig erschien, obwohl die vordere Laufachse fest gelagert war. Im Betriebe haben sich in der Tat keine Anstände ergeben. Diese dreißig Maschinen, von denen zwölf von Borsig 1871/72 und achtzehn von Hartmann 1873/74 geliefert wurden, ersetzten die früheren 1A1-«Schnelläufer». Sie beförderten die aus sieben bis zehn zwei- oder dreiachsigen Wagen bestehenden Berlin-Kölner Schnellzüge, die teilweise ohne Zwischenaufenthalt die 49 km lange Strecke Dortmund-Oberhausen in 40 Minuten, entsprechend 73,5 km/h, zurücklegten.

Ein so großer Achsstand war nicht überall zulässig.

Man legte daher den Rost schräg über die letzte Kuppelachse. Die ersten vierunddreißig deutschen 1B-Lokomotiven dieser Art erschienen 1863/68 auf der Bergisch-Märkischen Bahn, von Borsig geliefert. Sie waren von vornherein für Schnellzüge bestimmt. Diese 1B-Maschine mit unterstützter Feuerbüchse und Außenzylindern wurde von fast allen norddeutschen Bahnen einschließlich Sachsens übernommen und bis in die siebziger Jahre eifrig gebaut. Auch im Auslande war sie oft zu finden. Sie wurde auch den preußischen sogenannten «Normallokomotiven» zugrundegelegt. Bestrebungen, die Vielfalt der einander doch sehr ähnlichen Typen zu vereinheitlichen, gehen auf das Jahr 1871 zurück. Sie hatten jedoch erst Erfolg, nachdem auf Veranlassung des preußischen Ministers für öffentliche Arbeiten die Ingenieure der einzelnen Bahnverwaltungen 1874/75 zusammentraten. Nach achttägiger Beratung war die Art der künftig zu beschaffenden Lokomotiven in den Grundzügen soweit festgelegt, daß die Eisenbahndirektion Berlin die endgültigen Musterzeichnungen für zwei Grundtypen, eine 1B-Personenzuglokomotive und eine C-Güterzuglokomotive, wahlweise mit Innen- oder Außensteuerung nach Allan, anfertigen lassen konnte. Derartige Vereinheitlichungsbestrebungen waren an sich nichts Neues, nur beschränkten sie sich sonst auf eine einzige Bahn. Diesmal handelte es sich um eine viel weitergreifende Normung, an der verschiedene Bahnverwaltungen beteiligt waren.

Anfang September kamen die ersten «Normallokomotiven» in Betrieb. Ihre Konstruktion wurde in den sogenannten erweiterten Normalien abgeändert. Dazu gehörte die allbekannte, zwischen 1884 und 1897 in sechshundertfünfundneunzig Stück beschaffte spätere Gattung P3 der Preußischen Staatsbahnen. Gegenüber den 1B-Maschinen der in diese Verwaltung aufgegangenen früheren Privat- und Staatsbahnen war kein nennenswerter Fortschritt zu sehen. Mit ihren nur 1750 mm hohen Treibrädern war die P3 für die Schnellzüge auf den Flachlandstrecken wenig geeignet. Deswegen arbeitete die Eisenbahndirektion Magdeburg einen von der P3 ausgehenden neuen Entwurf für eine verstärkte 1B-Maschine mit größeren Kuppelrädern von 1980 mm Durchmesser aus. Von dieser als S1 bezeichneten Bauart (Abb. 157), wurden bis 1895 insgesamt zweihunderteinundsechzig Maschinen gebaut, allein fünfundsiebzig für die Eisenbahndirektion Magdeburg. Sie erwiesen sich für 1B-Lokomotiven als recht leistungsfähig. Auf der neuen 255 km langen Strecke Berlin-Hannover über Stendal beförderten sie die Schnellzüge bei einer

Grundgeschwindigkeit von 85 km/h in 3 Stunden 50 Minuten, das entspricht einer Reisegeschwindigkeit von 67,5 km/h. Das Zuggewicht betrug rund 172 t, das war gut das Doppelte gegenüber den, im Abschnitt 7.4 erwähnten, Lokomotiven der Berlin-Potsdamer Bahn. Mit der preußischen S1 fand die Entwicklung der einfachen 1B-Maschine in Europa ihren Abschluß.

Uns erscheint heute die 1B-Achsanordnung als durchaus logisch, da die vorauslaufenden kleinen Räder eine sichere Führung im Gleis boten. Dennoch sollte ihr zeitweise in der umgekehrten Achsfolge eine ernsthafte Rivalin entstehen. Wir haben ihr Entstehen als Güterzuglokomotive im Abschnitt 4.4 behandelt. Eine hintere freie Laufachse bot nämlich manche Vorteile. Da keine hochliegende Achswelle im Wege stand, war man unabhängig bei der Ausbildung der Feuerbüchse. Solange man an der durchhängenden Feuerbüchse bei der 1B-Anordnung festhielt, war es nicht ohne weiteres möglich, die Last so zu verteilen, daß das Hauptgewicht der Lokomotive auf den beiden gekuppelten Achsen ruhte, wo es als Reibungsgewicht am nötigsten war. Man versuchte diesem Übelstand auf verschiedene Weise abzuhelfen. Man legte den Dom ganz an das Ende, und die in Deutschland so lange beibehaltenen stark überhöhten Feuerbüchsen mit Vierseit- oder halbrunder Decke dienten ebenfalls dem Zweck, mehr Last nach hinten zu bringen. In England und anderwärts baute man häufig schwere Ballastgewichte in den hinteren Zugkasten ein. Bei der B1-Anordnung dagegen ruht die Hauptlast von selbst in der erwünschten Weise auf beiden Hinterachsen, so daß auch die Vorderachse nicht, wie es häufig vorkam, überlastet wurde.

Sharp pflegte aus diesen Gründen die B1-Maschinen besonders. Sie fanden recht weite Verbreitung, vor allem in Schottland und Nordengland, zunächst allerdings mehr als Güterzuglokomotiven. Bald lernte man sie auch als Maschinen für den gemischten Dienst schätzen, besonders dort, wo einfache Betriebsverhältnisse vorlagen. Das war in Frankreich der Fall, wo 1851 zwanzig Maschinen der Sharp-Type von Gouin nach Originalplänen Sharps für die Paris-Lyon gebaut wurden (spätere PLM-Serie 301-303 und 351-367). Sie wurden als «Rhône»-Type bekannt. Obwohl ihr Kuppelraddurchmesser 1800 mm betrug,

158. Zugankunft am Wiener Nordbahnhof. Nach einem Gemälde von Karl Karger

159. Lokomotive Nr. 468 der französischen Nord-Bahn, Serie 2.451-2.486

160. Zug der französischen Nord-Bahn mit der B1-Lokomotive Nr. 2.619

waren sie für gemischten Dienst gedacht. Diese Type, allerdings mit kleineren Rädern, verbreitete sich rasch auch auf anderen französischen und von französischer Technik beeinflußten Bahnen. Nur die Nord verhielt sich zunächst abwartend. Sie bevorzugte vorerst, wie wir noch sehen werden, zweifach gekuppelte Engerth-Lokomotiven, kam aber dann davon ab und ersetzte sie durch die «Rhône»-Type. Zwischen 1867

134

161. «Gladstone», London, Brighton & South Coast-Bahn, 1882

162. «Pluto», B1-Lokomotive der Berlin-Hamburger Bahn, 1865

und 1881 besaß sie mit einhundertachtzig Maschinen von allen französischen Bahnen die größte Anzahl (Abb. 159). Abgesehen von den schnellsten, den Crampton-Lokomotiven vorbehaltenen Zügen bedienten sie sowohl den Personen- als auch den Eilgüterverkehr, darunter die Fischzüge, mit denen täglich die frisch gefangenen Fische und Krustentiere mit annähernd Schnellzuggeschwindigkeit nach Paris gebracht wurden.

Die letzte Aufwärtsentwicklung zur Schnellzugmaschine geschah durch William Stroudley mit der 1882 auf der London, Brighton and South Coast-Bahn in Betrieb genommenen «Gladstone»-Klasse (Abb. 161). Über wenig Lokomotivtypen ist so viel geschrieben worden wie über diese «Gladstone», die als Schnellzugmaschinen so ganz aus dem Rahmen fielen. Ihnen waren zwar 1878/80 sechs gleichartige Lokomotiven vorhergegangen, die schon 1981 mm hohe Kuppelräder hatten, aber noch als Lokomotiven für gemischten Dienst bezeichnet wurden. Erst mit den «Gladstone» entwickelte Stroudley alle Möglichkeiten der B1-Anordnung, um auf einfachere Weise etwas den sich damals schon ausbreitenden 2B-Maschinen Gleichwertiges zu schaffen. Im ganzen wurden bis 1891 sechsunddreißig dieser Maschinen gebaut, von denen zehn erst nach dem Tode Stroudleys in Betrieb kamen. Mit Ersatzkesseln gleicher Abmessungen versehen, hielten die meisten bis Ende der zwanziger und Anfang der dreißiger Jahre aus. Die BN. 214 wurde 1927 von der Stephenson Locomotive Society erworben und dem Museum in York überwiesen. Entgleisungen sind bei ihnen, trotz der hohen voranlaufenden Räder, niemals vorgekommen. Als aber die französische Bahn 1886 eine ähnliche Schnellzuglokomotive versuchsweise baute, war bei ihr der Lauf so gefährlich, daß man sie in eine 2A1-Maschine umbaute.

Natürlich ist die B1-Achsanordnung auch mit Außenzylindern gebaut worden, die vorne überhängen mußten. Diese Spielart, die wegen der gegenseitigen Bewegung der Treib- und Kuppelstangen als «Scherenmaschine» bekannt wurde, erreichte in Norddeutschland ziemliche Bedeutung, wo man im Flachland bei Güterzügen noch lange mit nur zwei gekuppelten Achsen auskam. Den Anfang machte die Preußische Ostbahn 1856 mit Maschinen, deren Treibraddurchmesser nur 1334 mm betrug. Die Maschine der Berlin-Hamburger Bahn vom Jahre 1865, von Borsig gebaut, wurde bereits als «Zwischenzuglokomotive» bezeichnet (Abb. 162). Während bei den früheren 1B-Lokomotiven mit überhängender Feuerbüchse die Höchstgeschwindigkeit auf 45 bis 50 km/h beschränkt war, konnte man bei diesen 75 km/h zulassen.

Der Versuch, die Außenzylinder-B1-Maschine zur schnellfahrenden Lokomotive weiterzuentwickeln, wurde nur zweimal und beide Male ohne Erfolg unternommen. Die Maschinenfabrik Esslingen stellte auf der Weltausstellung Wien 1873 eine der zwölf für die Galizische Ludwigs-Bahn bestimmten Lokomotiven mit 1905 mm hohen Treibrädern aus, die bei vereisten Schienen Neigung zum Entgleisen zeigte. Ganz ähnlich, aber mit kleineren Treibrädern von 1700 mm waren die vier 1885 von Richard Hartmann an die spanische Almansa-Valencia-Tarragona-Bahn gelieferten Maschinen, die bei der Norte als BN. 300-303 in Betrieb waren. Sie wurden von ihr zeitweise als 1B1-Maschinen umgebaut, ein Zeichen, daß man mit ihren Laufeigenschaften nicht zufrieden war.

Kurz erwähnen möchten wir noch die dieser Familie angehörigen «Coutances» mit einem Treibrad von 1670 mm, die die Ouest 1855/59 angeschafft hatte. Zola verlegte in seinem Roman «La Bête humaine» die Szene des irrsinnig gewordenen Lokomotivführers auf eine solche Maschine.

8. HINEIN IN DEN WILDEN WESTEN

Lokomotive «El Gobernador», s. Abb. 174

8.1. Die Vervollkommnung des zweiachsigen Drehgestells

Als die Bahnen in Nordamerika so weit in das Innere eingedrungen waren, daß man schneller fahren mußte, um die langen Strecken in kürzerer Zeit zurückzulegen, stellte man, wie schon in Europa, fest, daß die kurzen Drehgestelle in der Geraden stark hin und her schwankten und einen unruhigen Lauf der Maschine verursachten. Man schrieb dies zunächst der schrägen Lage der Zylinder zu. Um diese bei den üblichen Innenrahmen waagerecht legen zu können, ohne sie vorne überhängen zu lassen, mußte man den Abstand der beiden Achsen des Drehgestells vergrößern. Damit tauchte aber das Problem auf, die Last auf die vier weiter voneinander liegenden Räder gleichmäßig zu verteilen. Es lag nahe, hierfür ähnlich wie bei den Kuppelachsen vorzugehen. Rogers dürfte wohl der erste gewesen sein, der um 1850 die Lösung in dem nach seiner Form bezeichneten «Schwanenhals-Ausgleichshebel» fand. Zunächst wurde er in der stark gekröpften Form ausgeführt, die wir in der von Danforth, Cooke & Co. für die Delaware, Lackawanna & Western 1857 gebauten Lokomotive (Abb. 164) sehen. Diese Schwanenhälse waren jeweils doppelt und nahmen zwischen sich eine lange Blattfeder auf. Damit war im Prinzip das amerikanische Drehgestell geboren. Einen weiteren, ebenfalls für Nordamerika typisch gewordenen Fortschritt sehen wir im Ersatz der alten Buryschen Feuerbüchse durch die «wagon top» genannte Kesselbauart. Sie ist durch die stark in Durchmesser und Höhe vergrößerte Feuerbüchse gekennzeichnet, die durch einen stark kegeligen Kesselschuß an den Rundkessel angeschlossen ist. Der damit verfolgte Zweck war derselbe, den man in Europa zuerst durch die hohe Stephensonsche Vierseitkuppel und dann durch die Borsigsche hohe runde Feuerbüchsdecke verfolgte, nämlich den Dampfraum an der Stelle der stärksten Dampfentwicklung zu vergrößern. Wir können auch in der

167. Rekord-Lokomotive Nr. 999 mit dem «Empire-Express» der New York Central-Bahn, 1893

168. 2B-Lokomotive der Pennsylvania-Bahn, Klasse P, 1880

169. 2B-Lokomotive der Pennsylvania-Bahn, Klasse L (später D 16a), 1895-1902

Kessel konnte größer ausgeführt werden, paßte aber mit dem wachsenden Durchmesser nicht mehr zwischen die Kuppelräder. Er mußte daher höher gelegt werden. Man verlor so allmählich die Scheu vor einer hohen Schwerpunktlage.

Diesen Wandel zeigen anschaulich die Lokomotiven der Pennsylvania-Bahn (Abb. 168 u. 169). In der ersten Abbildung sehen wir noch in der Klasse P vom Jahre 1880 die alte typische Ausführung, bei der die Kesselmitte 2198 mm hoch liegt. Abweichend von der amerikanischen Gepflogenheit war die Feuerbüchse mit flacher Decke nach Belpaire versehen, was bei der Pennsylvania die Regel wurde. Da diese Maschinen hauptsächlich in den Distrikten von Philadelphia und Pittsburgh verkehrten, wo stärkere Steigungen vorkamen, sah man einen Treibraddurchmesser von 1727 mm vor. Die zweite Abbildung zeigt den Endzustand in der Entwicklung der «American»-Type. Es ist die Klasse L (spätere D 16a), die von 1895 bis 1902 angeschafft wurde. Diese Maschinen waren unter anderem dazu bestimmt, den Luxuszug «Pennsylvania Limited» zu befördern, der in der Regel aus sieben Pullman-Wagen mit einem Gesamtgewicht von 300 t bestand. Die Kesselmitte liegt jetzt auf 2730 mm Höhe, der frühere kurze kegelige Kesselschuß (Abb. 166) ist nun auf den ganzen Langkessel ausgestreckt, der Achsdruck betrug 21,5 t.

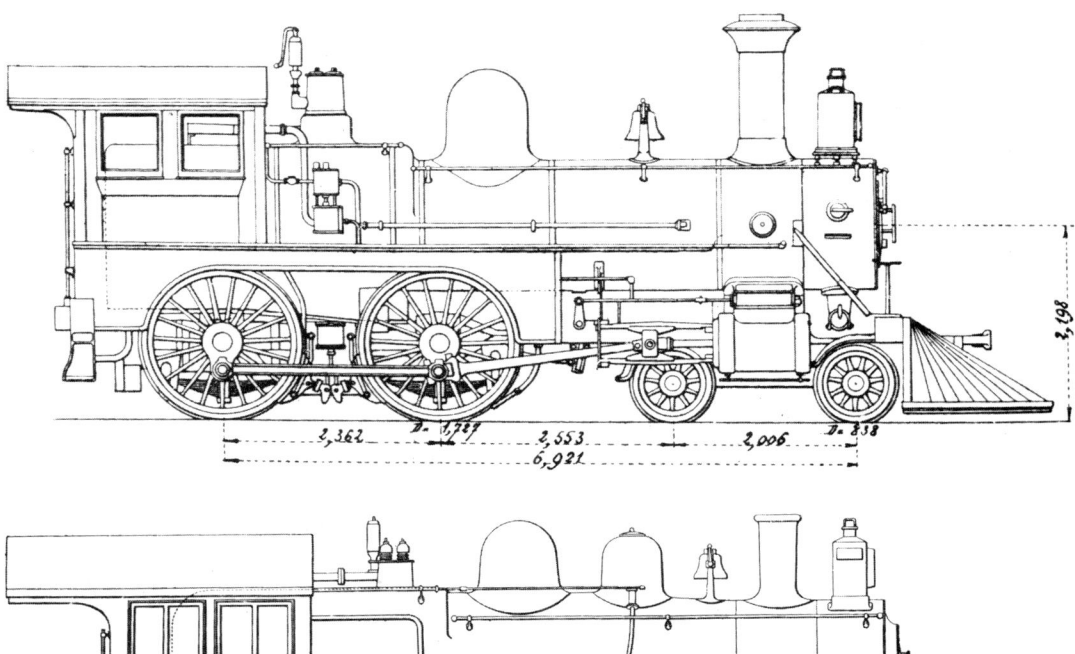

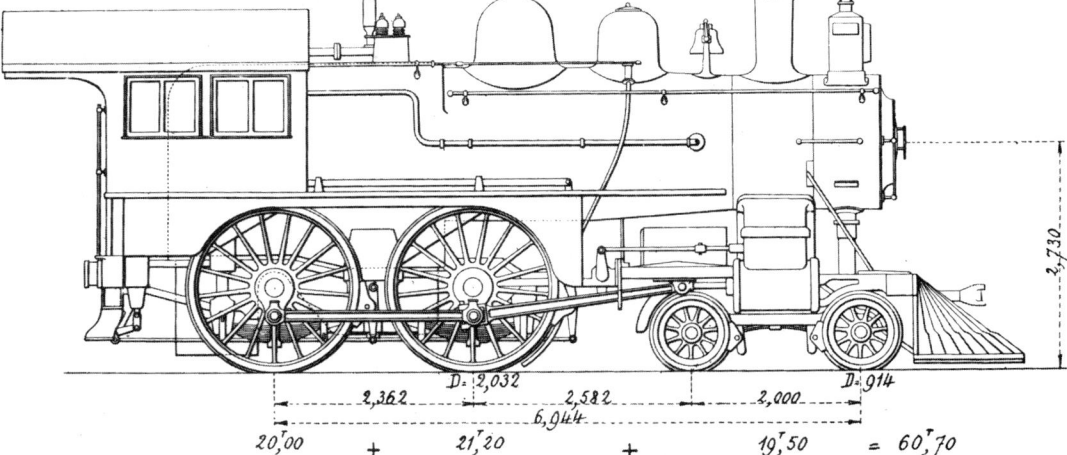

139

170. 1C-Lokomotive der Louisville & Nashville-Bahn, Mogul-Type

Man kann bei der Besprechung der «American»-Type die berühmte Rekordlokomotive BN. 999 nicht unerwähnt lassen. Die New York Central-Bahn stand mit der Pennsylvania-Bahn in scharfem Wettbewerb. Anläßlich der großen Weltausstellung in Chicago 1893 beabsichtigte die New York Central, einen besonders schnellen Zug einzusetzen, der den Namen «Empire Express» führen sollte. William Buchanan, seit 1881 Superintendent des Maschinenwesens, entwarf für diesen Zweck eine geeignete Maschine, die bewußt die auffallende Bezeichnung BN. 999 erhielt. Bis auf die Feuerbüchsform war sie der vorhin beschriebenen Klasse L der Pennsylvania ähnlich. Sie soll, anläßlich einer Vorführung am 10. Mai 1893 in Syracuse vor einen Zug gesetzt, auf einem geraden und ebenen Streckenabschnitt westlich von Batavia kurzzeitig die Geschwindigkeit von 112,5 Meilen erreicht haben; das wären 181 km/h. Es ist nicht bekannt geworden, wie und wer den genannten Wert festgestellt hat. Wer jemals versucht hat, auf der fahrenden Lokomotive oder im Wagen hohe Zuggeschwindigkeiten anhand der Schienenstöße oder gar der Kilometersteine zu messen, weiß, wie ungenau solche Messungen sind. So geben andere Quellen eine Geschwindigkeit von 164 km/h an.

Wie stark die 2B-Maschinen in den Vereinigten Staaten verbreitet waren, geht daraus hervor, daß am 31. Dezember 1904, als ihre Ablösung schon voll im Gange war, noch elftausendzweihundertachtzehn mit einfacher Dampfdehnung vorhanden waren, zu denen noch fünfundsechzig Verbund-Maschinen kamen. Im Ganzen sind nach Bruce (1952) zwischen 1831 und 1950 rund fünfundzwanzigtausendsechshundert gebaut worden, davon nur rund neunhundert von 1901 bis 1950.

8.2 Das Bisselgestell

Mit den allmählich wachsenden Geschwindigkeiten stellte sich ein Übelstand heraus: Die mit nichtverschiebbarem Mittelzapfen ausgeführten Drehgestelle zwängten sich in den Kurven und führten Entgleisungen herbei. Gab man dem Drehzapfen einfach Seitenspiel, verlor das Drehgestell seine führende Wirkung. Levi Bissel fand eine Lösung, die weitgehenden Einfluß auf die Bauweise der in Gleisbögen einstellbaren Achsen haben sollte. Er führte den Drehgestellrahmen deichselartig aus, so daß er um einen Punkt hinter den Drehgestellachsen ausschwenken konnte. An Stelle des Mittelzapfens trat eine mittig belastete

171. 1D-Lokomotive der Pennsylvania-Bahn, Klasse R (später H 3), 1885

gußeiserne Platte, an der beiderseits dachgiebelförmige, flache Prismen vorgesehen waren, die sich in flach V-förmigen Flächen verschieben konnten. Diese saßen ihrerseits in einem Querbalken, der auf den Ausgleichshebeln der Tragfedern ruhte. Bei jedem seitlichen Ausschwenken der Deichsel schob sich das Prisma auf den Keilflächen hoch und erzeugte so die Gegenkraft zur Rückstellung. Es gelang Bissel mit Hilfe eines kleinen Vorführmodells, die Central Railroad of New Jersey so zu überzeugen, daß sie eine 2B-Lokomotive, «Lebanon», damit ausrüstete. Bei den Probefahrten zeigte sich, daß selbst bei höheren Geschwindigkeiten das frühere Hin- und Herschwingen in der Geraden aufgehört hatte und daß das Einfahren in die Gleisbögen sanft und zwanglos vor sich ging. Bissel erhielt daraufhin am 4. August 1857 das ihm vorher abgelehnte Patent bewilligt.

Bei längerem Betrieb neigten die Keilflächen zum Festfressen, so daß der Ausschlag des Drehgestells stoßweise vor sich ging. Alba F. Smith ersetzte sie 1862 durch eine in Pendeln aufgehängte Wiege (Swing Bolster), bei der die Pendel durch Anheben des Vorderteils der Lokomotive, wenn die Deichsel seitlich ausschlug, eine Mehrbelastung der außen am Gleise anlaufenden Räder und damit eine Rückstellkraft bewirkten. Diese Pendelwiege bot auch die Möglichkeit, bei normalen Drehgestellen mit Mittelzapfen ein kontrolliertes Seitenspiel zu sichern. Sie fand weiteste Verbreitung.

Auf Anregung des Engländers Zerah Colburn, der seit 1858 Herausgeber der bekannten Fachzeitschrift «The Engineer» war, änderte Bissel sein ursprünglich als Ersatz des normalen zweiachsigen Drehgestells gedachtes Modell derart um, daß es nur die Deichsel und eine einzige Laufachse aufwies, wofür er am 2. November 1858 das nordamerikanische und am 1. Dezember 1858 das englische Patent erhielt.

In den Vereinigten Staaten lag vorerst kein Bedarf für das einachsige Bisselgestell vor, da man meist mit 2B-Lokomotiven auskam. Nur im Gebirge verwendete man kleinrädrige 2C-Maschinen und auf den Kohlenbahnen Vierkuppler. Im Laufe der sechziger Jahre stieg aber das Gewicht der Güterzüge so an, daß das Reibungsgewicht von zwei gekuppelten Achsen nicht mehr ausreichte. Um eine weitere Kuppelachse statt der zweiten Drehgestellachse zu verwenden, kam das Bisselgestell gerade zurecht, zumal William S. Hudson von den Rogers-Werken eine weitere Verbesse-

172. «Mc Kay», 2B-Lokomotive, Little Rock & Fort Smith-Bahn

141

173. «Champion»,
2D-Lokomotive
der Lehigh Valley-Bahn,
1882

174. «El Gobernador»,
2E-Lokomotive
der Central Pacific-Bahn, 1884

rung erfunden hatte, die es gestattete, einen guten Gewichtsausgleich zwischen der führenden Laufachse und der ersten Kuppelachse zu ermöglichen. Er sah zu diesem Zwecke einen schweren, in der Längsmitte der Lokomotive angeordneten Ausgleichshebel vor, der mit seinem vorderen Ende auf der Wiege der Deichsel aufsaß und am hinteren Ende an einen Querbalancier zwischen den Tragfedern der ersten Kuppelachse angelenkt war. Der Drehpunkt dieses Ausgleichshebels befand sich an einer Quertraverse des Hauptrahmens und übertrug so das Gewicht des Vorderteils der Lokomotive auf das gesamte Ausgleichssystem. Damit war auch bei dem einachsigen Deichselgestell eine so glückliche Lösung getroffen, daß dieser «Pony Truck» von nun ab ein besonderes Kennzeichen der amerikanischen Güterzuglokomotive wurde.

Die 1C-Achsanordnung, als «Mogul» bezeichnet, führte sich im Laufe der sechziger Jahre so rasch und allgemein ein, daß sie neben der 2B-Anordnung die zweite amerikanische Standard-Type wurde. Rogers lieferte solche typischen «Mogul» in den achtziger Jahren als Fabriknormalie, unter anderem auch an die Louisville & Nashville-Bahn (Abb. 170). Er bot sie in verschiedenen Abmessungen an und mit Dienstgewichten von 31,75 t bis 44,5 t. Sie weisen die Konstruktionsmerkmale ihrer Zeit auf. Die «Mogul» wurde auch vielfach als Lokomotive für gemischten Dienst verwendet, und als solche verbreitete sie sich mit Bisselgestell durch Exportlieferungen über die ganze Welt. Auch in Europa war sie nicht unbekannt (Finnland, Spanien). Von etwa 1860 an bis 1910 sind rund elftausend derartige Maschinen in den Vereinigten Staaten gebaut worden.

Zunächst nur zögernd, ab ungefähr 1880, als die Zuglasten noch mehr anwuchsen, in immer größerem Umfange wurde die 1C-Maschine in Nordamerika durch die 1D-Lokomotive ersetzt. Sie erschien zuerst 1866 auf der Lehigh & Mahoning-Bahn, die sich gerade in finanziellen Schwierigkeiten befand und unter dem Namen Lehigh Valley Railroad neu konsolidiert wurde. Daher erhielt diese 1D-Maschine die Bezeichnung «Consolidation». Es war eine ziemlich gewagte Sache, vier gekuppelte Achsen mit dem kaum ausprobierten Bisselgestell zu versehen, aber in enger Zusammenarbeit zwischen Alexander Mitchell, Chefingenieur der Bahn, und den Baldwin-Werken gelang dies so gut, daß die «Consolidation» die dritte Standard-Type Nordamerikas wurde. Bis zum ersten Weltkrieg beherrschte sie fast den ganzen Güterzugverkehr. Sie steht mit insgesamt zweiundzwanzigtausendneunhundert Exemplaren an der Spitze aller Bauarten.

Die ersten «Consolidation» wiesen natürlich die für ihre Epoche charakteristischen Merkmale auf. Über ihre Leistung erfahren wir, daß die 1873 von der Lehigh Valley-Bahn beschafften Maschinen in der Lage waren, auf einer 19 km langen Steigung von 18‰ (1:55,5) einen aus 35 mit Kohle beladenen Wagen bestehenden Zug von 330 t Gewicht mit 14 km/h zu befördern. Die Abmessungen späterer Lieferungen wurden fortlaufend verstärkt.

Bei der 1885 in der eigenen Bahnwerkstatt der Pennsylvania-Bahn zu Altoona gebauten Klasse R, der späteren H3 (Abb. 171), sehen wir bereits einen höher gelegenen Kessel als Vorahnung kommender Dinge. Bei einigen dieser Lokomotiven wurde versuchsweise die Belpaire-Feuerbüchse eingebaut, die dann allgemein übernommen wurde. Von dieser Klasse allein sind 1885 bis 1890 einhundertelf Maschinen in Dienst gestellt worden. Wir wollen vorwegnehmen, daß die letzte «Consolidation» der Pennsylvania, die Klasse H 10s von 1915, ein Dienstgewicht von 112,26 t aufwies!

8.3. Die ersten «schweren Brocken»

Zwei Ursachen waren es, die Anfang der achtziger Jahre Anlaß zum Bau ungewöhnlich großer Lokomotiven gaben. Einmal nahm bei den Kohlenbahnen in den Alleghenies der Verkehr so zu, daß man zu immer kräftigeren Lokomotiven greifen mußte. Zum anderen benötigten die inzwischen fertiggestellten Pacific-Bahnen für den Nachschub auf den starken Steigungen über die Rocky Mountains ebenfalls Lokomotiven mit großer Zugkraft.

Wie wir vorhin sagten, war auf der Lehigh Valley-Bahn erstmals eine 1D-Lokomotive eingeführt worden; aber schon vorher erschien hier eine 2D-Maschine. Urheber war Philip Hofecker, dem die Maschinen des südlichen Beaver Meadow-Abschnittes unterstanden. Diese Lokomotive, die «Champion» (Abb. 173), wurde in der eigenen Bahnwerkstatt 1882 gebaut und gilt als erste 2D-Maschine. Dies, obwohl 1854 Ross Winans an die Baltimore & Ohio-Bahn eine Tenderlokomotive gleicher Achsanordnung lieferte, die jedoch kaum in Betrieb genommen wurde. Die «Champion» war in ihren Abmessungen der 1D-Anordnung nur wenig überlegen.

Bereits im selben Jahr begann der Wettstreit um die größte Lokomotive der Welt, als die Central Pacific-Bahn eine 2D-Maschine, die fast 10 t schwerer als die «Champion» war, nach Zeichnungen ihres Maschinenmeisters A.J. Stevens in ihrer Sacramento-Werkstatt bauen ließ. Schon zwei Jahre später, 1886, übertraf die Bahn diese 2D-Maschine und erzielte einen neuen Rekord mit der berühmten 2E-Lokomotive, die den spanischen Namen «El Gobernador» führte (Abb. 174). Sie war ebenfalls in der Bahnwerkstatt Sacramento gebaut und wie ihre Vorgängerinnen für den Nachschubdienst auf den Gebirgstrecken der Sierra Nevada bestimmt, wo lange Steigungen von 22‰ (1:44) vorkamen. Zur Feuerung bedurfte sie zweier Heizer. Sie erwies sich als in den Gleisbögen zu steif und wurde daher umgebaut.

Der Rekord der «Gobernador» hielt nicht lange vor. Er wurde schon im selben Jahr von zwei 1E-Lokomotiven, BN. 500-501, der Northern Pacific-Bahn geschlagen. Im Jahre 1898 war es die Great Northern-Bahn, die mit ihrer 2D-Maschine, BN.100, den neuen Weltrekord für sich beanspruchte. Diese Lokomotive war dazu bestimmt, 500 t auf einer Steigung von 22‰ (1:44) zu befördern. Sie verdiente ihrer Größe wegen durchaus die Bezeichnung «Mastodont», die für 2D-Achsanordnung üblich wurde.

Die 2D-Lokomotive blieb in den Vereinigten Staaten reine Güterzuglokomotive. Sie bot gegenüber der 1D-Achsanordnung kaum Vorteile, so daß nur rund sechshundert gebaut worden sind.

Zwei weitere «schwere Brocken» aus diesem Zeitalter seien noch erwähnt. Zunächst die erste sechsfach gekuppelte Lokomotive der Welt (Abb. 177). Sie wurde von James Millholland in der Bahnwerkstatt der Philadelphia & Reading-Bahn gebaut, um als Nachschubmaschine für die Kohlenzüge über die Wasserscheide zwischen Schuylkill und Delaware zu dienen. Die

175. Zusammentreffen der Gleise der Union Pacific- und der Central Pacific-Bahn am 10. Mai 1869 in Promontory/Utah. Damit war die erste durchgehende Bahnverbindung zwischen dem Westen und dem Osten Amerikas geschaffen

Feuerbüchse wies die Form der früher erwähnten «Camel Backs» auf. Um an Gewicht zu sparen, wurde keine Kohle mitgeführt. Die Rostbeschickung sollte jeweils an den Endpunkten der nur kurzen Steigung vor sich gehen. Da sie das Gleis stark beanspruchte und ihre Zugkraft so groß war, daß die Zughaken der Wagen ihr nicht gewachsen waren, wurde sie 1870 umgebaut. Die zweite bemerkenswerte Lokomotive war die erste 2C1-Maschine der Welt. Grund für diese Achsanordnung war die Anwendung einer doppelten Wellrohrfeuerbüchse nach Art der Schiffskessel, deren Gewicht durch die hinten untergeschobene Achse aufgefangen wurde (Abb. 178). Der Durchmesser der Wellrohre betrug nur 975 mm. Innerhalb derselben konnte darum nur ein sehr schmaler Rost untergebracht werden, und man mußte zwei Wellrohre nebeneinander anordnen. Eine eigenartige, sehr vielteilige Steuerung war so ausgedacht, daß der Auspuff immer voll offen blieb. Weder die Wellrohrfeuerbüchse noch diese Steuerung bewährten sich, und so war dieser Maschine nur eine kurze Lebensdauer beschieden. Doch als Vorläuferin der späteren «Pacific» mit breit ausladender Feuerbüchse nimmt diese «Duplex» immerhin einen erwähnenswerten Platz in der Geschichte der Lokomotive ein.

176. Ein Zug der Union Pacific-Bahn begegnet einer Büffelherde

177. Erste sechsfach gekuppelte Lokomotive der Welt, Philadelphia & Reading-Bahn, 1863

178. «Duplex», die erste 2C1-Lokomotive der Welt, Pennsylvania-Bahn, Nr. 444

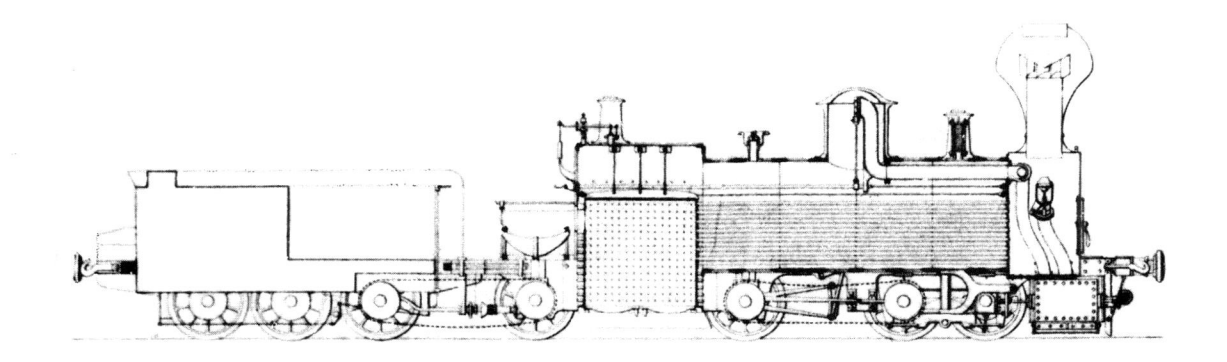

9. GEBIRGE HÖREN AUF, HINDERNISSE ZU SEIN

9.1. Der Semmering-Wettbewerb

Die Verbindung der Hauptstadt Wien mit Triest, damals dem einzigen österreichischen Hafen, und mit den ebenfalls noch zur Monarchie gehörenden oberitalienischen Provinzen war von lebenswichtiger Bedeutung. Dazwischen aber lagen die Alpen, deren Überwindung durch eine Eisenbahn schier unmöglich schien. Man begann dennoch hoffnungsfroh unter der Leitung von Karl Ritter von Ghega, der in den Vereinigten Staaten eingehend das Eisenbahnwesen studiert hatte, eine Bahn zu bauen, auch wenn man, ähnlich wie seinerzeit bei der Liverpool-Manchester-Bahn, noch nicht wußte, wie man sie betreiben sollte. Auf den Vorschlag Etzels in der Stuttgarter «Eisenbahnzeitung» eingehend, beschloß die österreichische Staatsverwaltung, ein Preisausschreiben für Lokomotiven zu veranstalten, die geeignet sein sollten, auf der Semmeringstrecke zu verkehren. In den Wettbewerbsbedingungen wurden die Anforderungen, denen die «vorzugsweise für den Lastentransport» bestimmten Lokomotiven entsprechen mußten, im wesentlichen wie folgt festgelegt:

Sie müssen bei gewöhnlichen günstigen Witterungsverhältnissen auf Steigungen von 25‰ (1:40) und bei ungünstigsten Krümmungsverhältnissen wenigstens 2500 Zentner (125 t) exklusive Tender regelmäßig fortschaffen. Dabei soll auf einer mindestens 7,56 km langen Steigung eine Geschwindigkeit von 11,4 km/h erreicht werden.

Die Dampfspannung im Kessel sollte nicht mehr als 6,8 atü betragen.

Die Belastung eines Rades durfte 6250 kg nicht überschreiten.

Die Anordnung der Räder sollte die Krümmungsverhältnisse der Strecke berücksichtigen. (Der kleinste Krümmungsradius betrug 190 m.)

Die Maschinen sollten anstandslos im Gefälle mit einer Geschwindigkeit bis zu 30,34 km/h fahren können und in der Lage sein, auf dem stärksten Gefälle auf eine Distanz von 152 m anzuhalten.

Die Probefahrten mußten mit jeder Maschine wenig-

«Bavaria», s. Abb. 179

179. «Bavaria», von Maffei für den Semmering-Wettbewerb gebaut, 1851

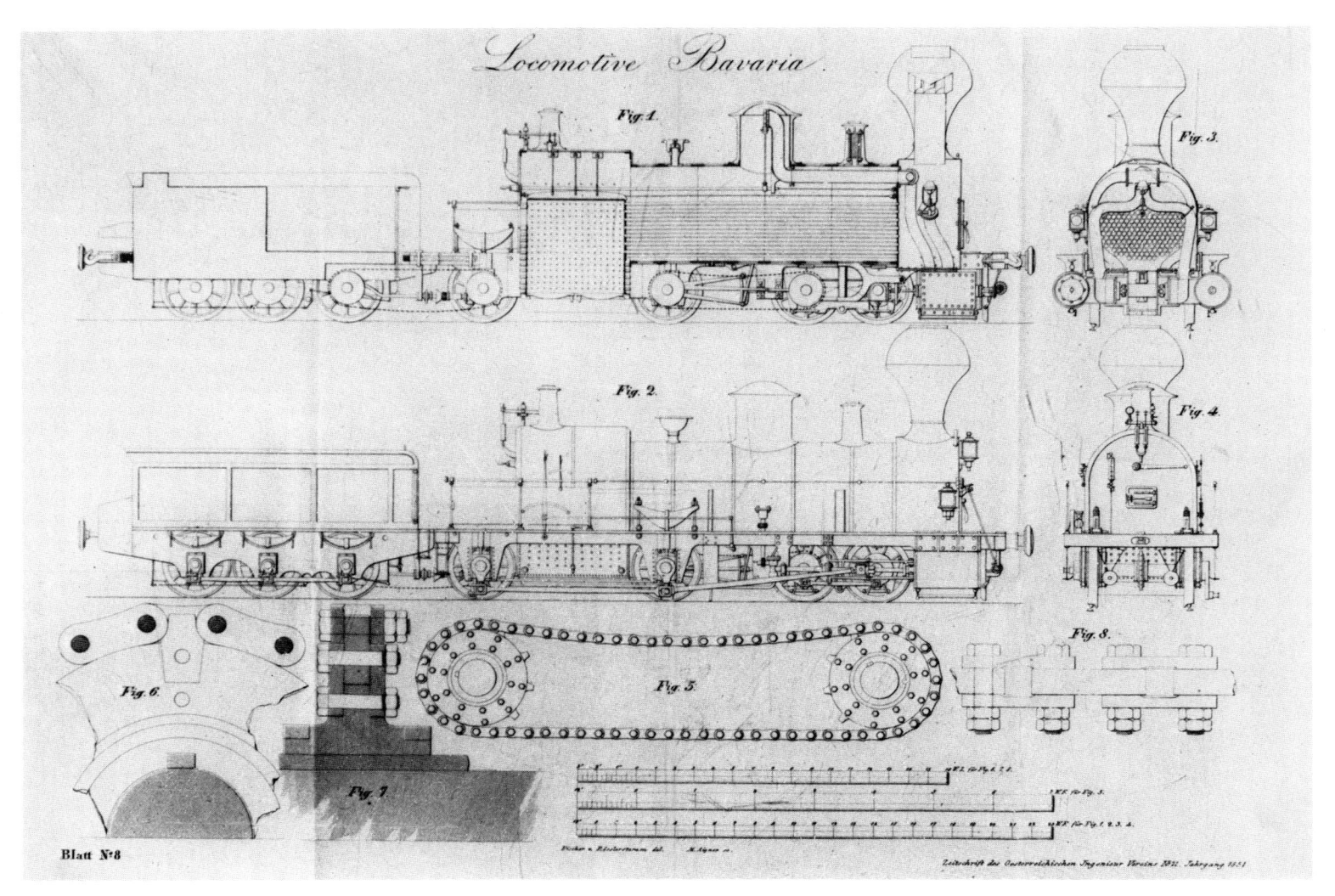

stens zwölf- und höchstens zwanzigmal wiederholt werden; zwölf der Fahrten sollten sich als gelungen und allen Bedingungen entsprechend herausstellen.
Für die am besten abschneidende Maschine wurde ein Preis von 20000 Dukaten gewährt, für die nächstbeste wurde eine Ankaufssumme von 10000 Dukaten und für die zwei folgenden von 9000 bzw. 8000 Dukaten geboten.
Am 31. Juli 1851, dem für die Bereitstellung der Wettbewerbslokomotiven vorgesehenen Termin, fand die Prüfungskommission die vier nachfolgend aufgeführten Maschinen vor:
«Bavaria», von J. v. Maffei in München gebaut, Fabriknummer 72;
«Wiener Neustadt», von W. Günther in Wiener Neustadt gebaut, Fabriknummer 73;
«Seraing», von John Cockerill in Seraing gebaut, Fabriknummer 200;
«Vindobona», von der Maschinenfabrik der Wien-Gloggnitzer Bahn unter Haswells Leitung gebaut, Fabriknummer 186.
Die «Bavaria» (Abb. 179) bestand aus zwei Gruppen, deren Achsen jeweils durch Stangen gekuppelt waren. Die Zylinder wirkten auf die zwei hinteren, im Hauptrahmen gelagerten Achsen. Die vordere Gruppe stellte eine Art Drehgestell mit Innenrahmen dar, dessen zwei miteinander durch Stangen gekuppelte Achsen von der Treibachse aus mittels Ketten mitgenommen wurden. Um auch das Gewicht des Tenders zur Erhöhung des Reibungsgewichtes mit heranziehen zu können, wurden dessen drei ebenfalls gekuppelte Achsen durch eine weitere Kette mitgenommen.
Der Kessel war leicht oval. Außer der Stephensonschen Kulisse war noch ein zweiter Expansionsschieber vorhanden, dessen Kegelräder zur Verstellung des Füllungsgrades deutlich in der Abbildung unterhalb der vorderen Pufferbohle zu sehen sind.
Die «Wiener Neustadt» (Abb. 180) lief auf zwei Treibgestellen, von denen jedes zwei einwärts angeordnete Zylinder besaß. Beim rückwärtigen Drehgestell konnte wegen der Feuerbüchse nicht wie vorne ein fester Drehzapfen vorgesehen werden. Statt dessen waren bogenförmige Führungen vorhanden, die deutlich in der Abbildung zu sehen sind. Der Kessel

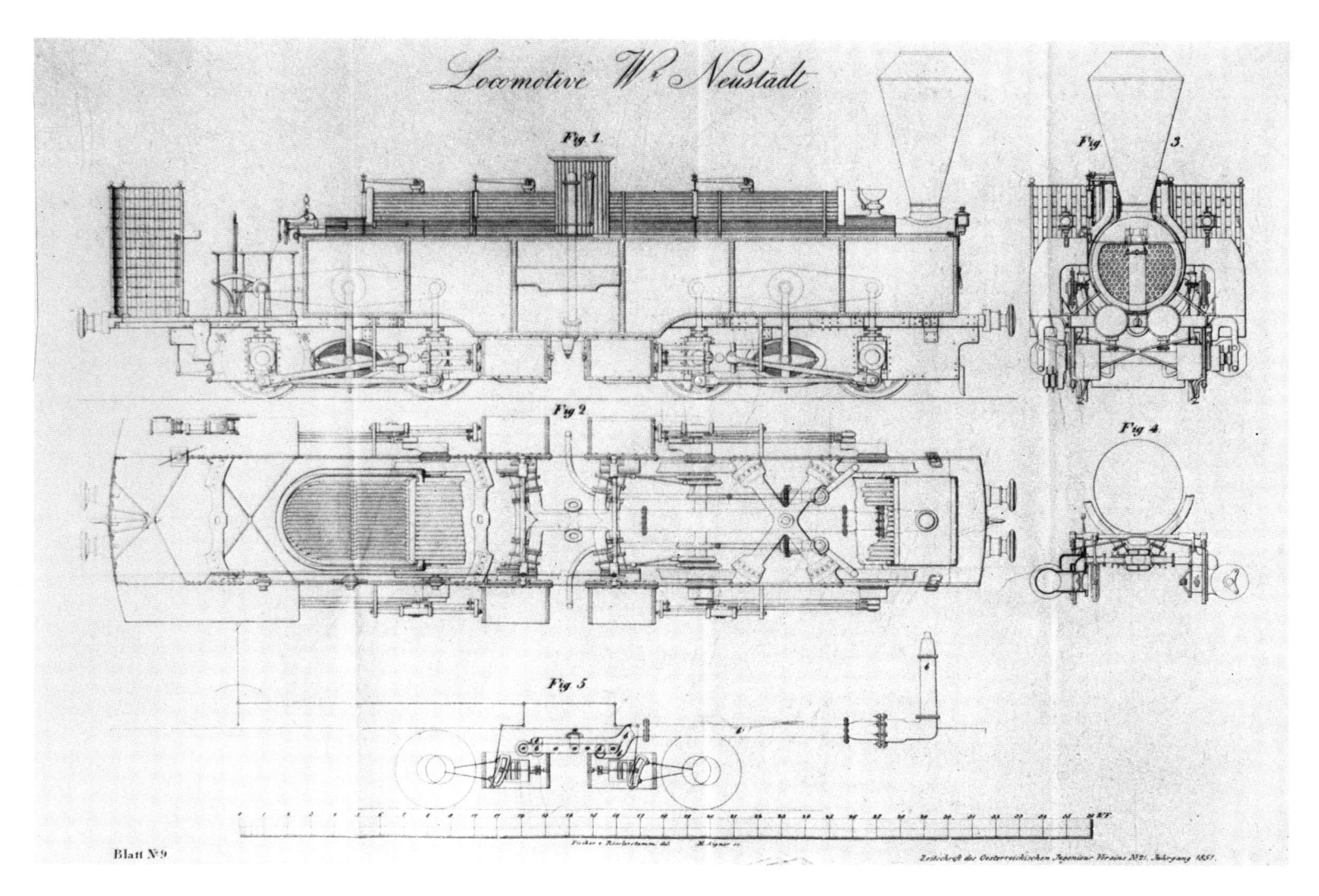

180. «Wiener Neustadt», von W. Günther für den Semmering-Wettbewerb gebaut, 1851

181. «Seraing», von John Cockerill für den Semmering-Wettbewerb gebaut, 1851

war im Querschnitt stark oval. Auf seinem Rücken verlief ein langer wulstförmiger Behälter, der mit dem Dampfraum durch zwei Reihen Löcher in Verbindung stand. Der diesen Wulst umfassende Dom war eigenartigerweise im Querschnitt viereckig. Abweichend von allen anderen Wettbewerbslokomotiven, die einen Tender benötigten, trug die «Wiener Neustadt» ihre Betriebsvorräte selber.

Die «Seraing» (Abb. 181) besaß ebenfalls zwei drehbare Treibgestelle, deren innenliegende Zylinder nach dem Ende zu gelagert waren. Um übermäßig lange Heizröhren zu vermeiden, befand sich eine gemeinsame Feuerbüchse in der Mitte, und vorn und hinten war je ein Langkessel daran angeschlossen. Sie war somit ganz symmetrisch ausgebildet. Diese Gesamtanordnung war preußisches Patent des Maschinenmeisters J.G. Laussmann der Bergisch-Märkischen Bahn, der die Pläne an Cockerill eingesandt hatte, um diese Firma dafür zu interessieren. Sie wurden ohne Wissen Laussmanns verwendet, der nachträglich er-

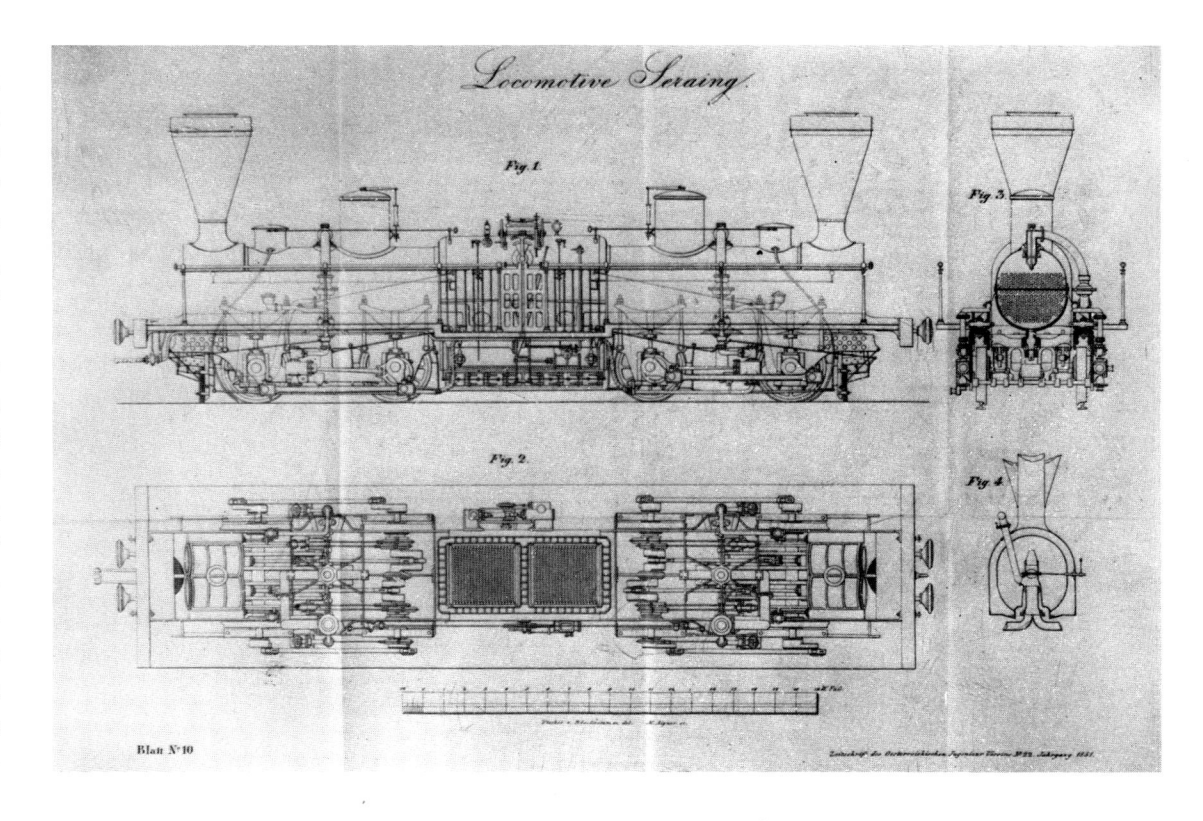

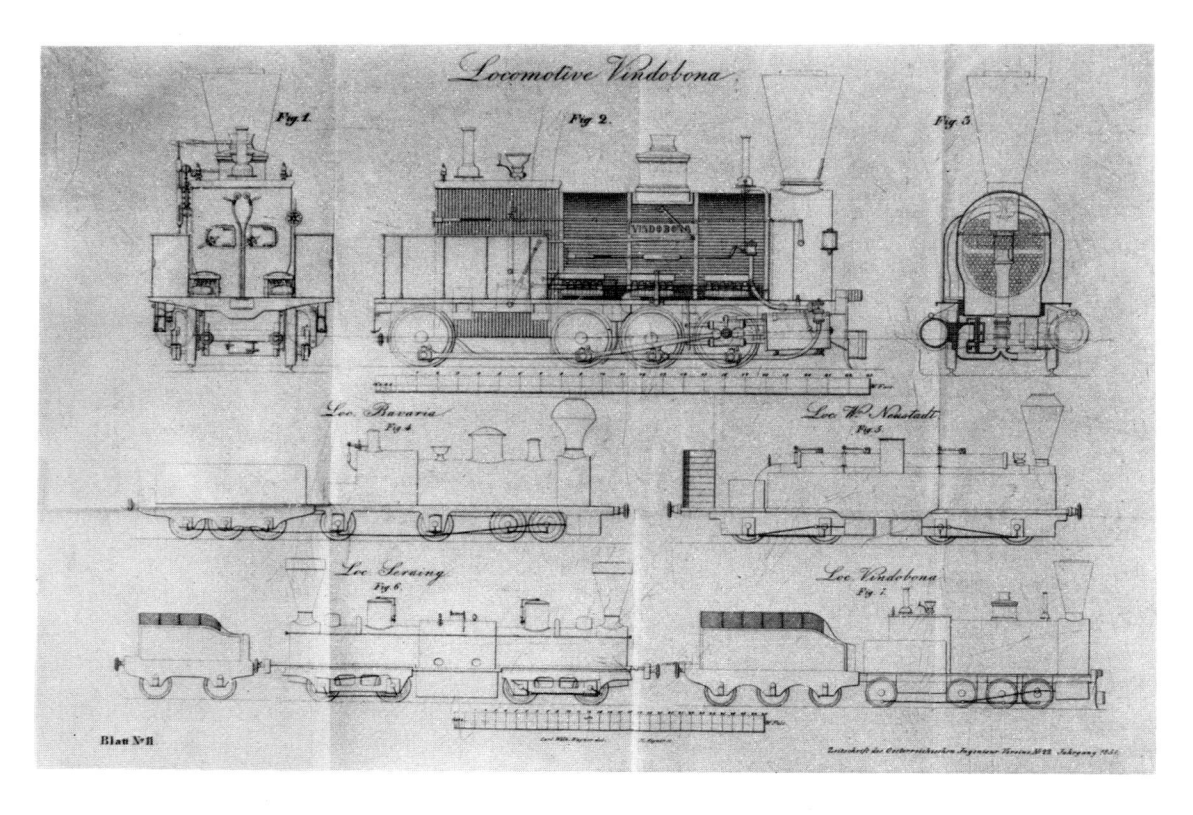

182. «Vindobona», von der Maschinenfabrik der Wien-Gloggnitzer Bahn unter John Haswell für den Semmering-Wettbewerb gebaut, 1851

folglos dagegen protestierte. Die Beschickung der beiden Roste erfolgte von der Seite aus, wofür zwei Feuertüren vorgesehen waren. Bei der «Seraing» finden wir zum ersten Mal einen Dampfzylinder, der dem Lokomotivführer half, die vier Steuerungen zugleich umzulegen. Ursprünglich war die «Seraing» als Tenderlokomotive gedacht, doch fiel sie bei vollen Vorräten unzulässig schwer aus, so daß die Vorräte vermindert werden mußten. Da diese dann für die vorgeschriebene Probestrecke nicht ausreichten, wurde der Maschine ein zweiachsiger Tender beigegeben.

Mit seiner «Vindobona» (Abb. 182) hatte Haswell kein Glück. Sie war ursprünglich dreiachsig, aber als sie in Payerbach verwogen wurde, stellte sich heraus, daß bei der Vorderachse die vorgeschriebene Radlast bei weitem überschritten wurde. Die Maschine erhielt daraufhin ein zusätzliches gekuppeltes Radpaar. Der Kessel bestand, wie bei der «Seraing», aus zwei halbzylindrischen Trommeln, die durch ebene Wände verbunden waren, deren Versteifung durch ein gelochtes Blech erfolgte. Dieser damals oft geübte Kunstgriff erlaubte Haswell, nicht weniger als 286 Heizrohre einzuziehen, gegenüber 229 bei der «Bavaria», 180 bei der «Wiener Neustadt» und zweimal 170 bei der «Seraing». Zur Vergrößerung der direkten Heizfläche war in der Feuerbüchse eine längsliegende, wassergefüllte Doppelwandkammer vorgesehen. Das bedingte zwei Roste und zwei Feuertüren. Abgesehen von dem langen festen Achsstand war bei der «Vindobona» ferner bemerkenswert, daß sie im Gegensatz zu den anderen Maschinen des Wettbewerbs keine Klotzbremse besaß, sondern mit Gegendruck in den Zylindern abgebremst wurde. Hierzu schloß der Führer zunächst den Regler und legte die Steuerung auf Rückwärtsfahrt, so daß die Zylinder als Luftpumpe wirkten. Dann schloß er einen im Ausströmrohr vorgesehenen Absperrschieber, der das Ansaugen der Rauchgase aus der Rauchkammer verhinderte und gleichzeitig ein Ventil öffnete, durch das Frischluft von außen angesaugt wurde. Mit einem auf dem Kesselrücken angebrachten Ventil konnte die von den Zylindern gepumpte Luftmenge geregelt und damit die erforderliche Bremskraft eingestellt werden. Dieses Prinzip wurde später von Riggenbach wieder aufgegriffen und unter seinem Namen bekannt.

Für die Preisfahrten war der 12,89 km lange Streckenabschnitt Payersbach-Abfaltersbach vorbereitet worden, auf dem die den Wettbewerbsbedingungen zugrundegelegten Verhältnisse gegeben waren. Für die Bewertung der Probefahrtergebnisse einigten sich die Kommission und die Teilnehmer auf die Bildung von Vergleichsziffern, die folgendermaßen errechnet wurden: Von den jeweils mit derselben Zuglast ausgeführten, aufeinander folgenden Fahrten wurde das Mittel der erzielten Fahrgeschwindigkeiten gebildet. Dieser Wert wurde mit der jeweiligen Zuglast multipliziert und durch den bei jeder Fahrtengruppe erhaltenen durchschnittlichen Brennholzverbrauch dividiert. Von den so erhaltenen Zahlen der verschiedenen Fahrtengruppen mit gleicher Last wurden dann die Ergebnisse der zwölf besten durchgeführten Fahrten ausgewählt und zusammengezählt. Der Mittelwert ergab die Wertungsziffer.

Auf diese Weise ergab sich für die «Bavaria» die höchste Wertungsziffer von 485,5, da sie nicht nur die größten Schlepplasten und mittleren Geschwindigkeiten erreicht hatte, sondern auch den geringsten Brennstoffverbrauch aufwies. Sie erhielt daher den Preis zugeteilt. Als nächstbeste Lokomotive schnitt mit einer Wertungsziffer von 374,7 die «Wiener Neustadt» ab. Sie wurde zum Erwerb empfohlen, sofern der Eigentümer den Raum zur Unterbringung des Brennstoffes, der sich als unzureichend erwies, vergrößerte. Die «Seraing» war zwar die einzige, bei der alle zwanzig Fahrten als gültig erklärt worden waren, der Brennstoffverbrauch fiel aber höher als bei den anderen Maschinen aus. Schuld daran war die tiefe Lage der beiden Regler, wodurch bei Bergabfahrt Wasser geschluckt wurde. Sie wurde daher mit einer

Wertungsziffer 322,4 als dritte zum Ankauf empfohlen. Am schlechtesten schnitt die «Vindobona» ab. Schon bei der Vorprobe zur Zulassung stellte man fest, daß sie infolge ihres langen Achsstandes das Gleis in den Kurven stark beanspruchte. Man ließ sie zwar zu, beschloß aber, sie sicherheitshalber erst fahren zu lassen, nachdem die anderen Maschinen ihre Probefahrten erledigt hätten. Da sich nicht voraussehen ließ, ob die Beanspruchung des Gleises für den Lauf der vorhandenen Betriebsmittel nicht gefährlich werden könnte, wurden alle Vergleichsfahrten der «Vindobona» mit entkuppelter Vorderachse vorgenommen. Das hatte, infolge der Verminderung des Reibungsgewichtes, starkes Schleudern zur Folge. Außerdem war es schwierig, mit den vorgeschriebenen Schlepplasten Dampf zu halten. So erhielt sie eine Wertungsziffer von nur 272,2, ihr Ankauf wurde abgelehnt.

Auf die Dauer erwiesen sich auch die drei in Besitz der Staatsbahn übernommenen Lokomotiven für einen normalen Betrieb als unbrauchbar. Immerhin erfüllte der Semmering-Wettbewerb seinen Zweck, durch Erfahrungen mit mannigfaltigen Neukonstruktionen wertvolle Hinweise für den Fortschritt im Lokomotivbau zu gewinnen. Tatsächlich werden wir sehen, daß die «Wiener Neustadt» auf der Wiener Weltausstellung 1873 als Bauart Meyer und die «Seraing» 1865 als Fairlie-Lokomotive wieder auftauchen.

9.2. Die Engerth-Stütztender-Lokomotive und ihre Abwandlungen

Angesichts des Versagens der beim Semmering-Wettbewerb angekauften Lokomotiven zog der damalige Abteilungspräsident im K.K. Handelsministerium das Fazit, es seien weder Kettenkonstruktionen noch vielteilige Gelenklokomotiven beizubehalten. Was mit Ketten nicht gelang, nämlich das Tendergewicht zur Erhöhung des Reibungsgewichtes mit heranzuziehen, konnte vielleicht durch eine Zahnradübertragung gelingen. Dies erforderte, die erste Tenderachse möglichst dicht an die letzte Kuppelachse der Lokomotive heranzubringen. Dazu mußte der Tenderrahmen unter der Feuerbüchse herumgreifen und sozusagen in ein Drehgestell verwandelt werden. Damit ergab sich folgerichtig ein weiterer Vorteil: Man konnte die Kuppelachsen ganz eng aneinander legen, womit die Kurvenläufigkeit verbessert wurde. Da der hintere Überhang der Feuerbüchse durch den Tenderrahmen aufgefangen wurde, ergaben sich bessere Laufeigenschaften. Da man ferner über eine Tragachse mehr verfügte, war es möglich, einen größeren Kessel als bei einem normalen Dreikuppler einzubauen, ohne den zulässigen Achsdruck zu überschreiten.

Aus diesen Gedankengängen heraus entstand die unter dem Namen Engerth bekannt gewordene Stütztender-Lokomotive (Abb. 183), für die Engerth am 11. Dezember 1852 ein Patent erhielt. Die Antriebskupplung mit dem Tender geschah durch drei in einem gemeinsamen Rahmen gelagerte Stirnräder.

183. «Kapellen», Engerth-Stütztender-Lokomotive der Semmenringbahn, 1853. Modell

Dieser Rahmen stützte sich vorn unverrückbar auf die hintere Lokomotivachse und hinten auf die erste Tenderachse. Das mittlere Zahnrad konnte seitlich verschoben werden, um die Übertragung der Zugkraft aufzuheben. Die Lager des dritten Zahnrades glitten im Rahmen senkrecht in Kulissenführungen, um beim Einfahren in den Kurvenüberhöhungen eine Verwindung des Tenders gegenüber der Lokomotive zu gestatten. Der Drehzapfen für den Tenderrahmen befand sich genau über dem Eingriff des ersten Zahnradpaares.

Der Bau der ersten sechsundzwanzig Engerth-Lokomotiven wurde gleichzeitig an die Maschinen-Fabrik Esslingen und an Cockerill übertragen. Die erste Probefahrt fand am 30. November 1853 auf der ganzen 41 km langen Semmeringstrecke statt. Im Vergleich mit einer der von den Norris-Maschinen abgeleiteten Lokomotiven ergab sich eine Mehrleistung von rund 68 t Bruttolast mit einem Zuge von 136,4 t bei einer um 3 km/h höheren Geschwindigkeit von 13,65 km/h. Dabei fiel der Brennstoffverbrauch um ein Drittel geringer aus. Sie erledigten in befriedigender Weise den gesamten Zugförderdienst auf dem Semmering, aber auf die Dauer zeigte sich wieder einmal, daß sich die Zahnradkupplung nicht bewährte und ausgebaut werden mußte. Ab 1857 kamen weitere fünfzig Engerth-Lokomotiven ohne Zahnradkupplung in Betrieb. Es waren zwei Spielarten, eine mit 1264 mm Treibrädern für Güterzüge und die andere mit 1370 mm für Personenzüge.

Die Vorzüge der Engerth-Lokomotive schienen so bestechend, daß sie bald eine recht große Verbreitung fand: zunächst als Güterzuglokomotive, und zwar auch auf weniger steigungsreichen Strecken als dem Semmering, nicht nur in Österreich, sondern auch in der Schweiz und vor allem in Frankreich. Hier wurde sie auch sofort als reine Flachlandlokomotive für Personenzüge mit nur zwei gekuppelten Achsen, dafür aber mit drei- statt zweiachsigem Tender, weiterentwickelt (Abb. 184). Als schnellfahrende Lokomotive wurde sie mit Innentriebwerk gebaut. Die ersten Maschinen dieser Art lieferte Kessler 1851 an die französische Nordbahn, denen weitere bis 1857 von Cavé und aus der Bahnwerkstatt La Chapelle folgten, Serie 401–436. Sie waren dazu bestimmt, Züge von einundzwanzig bis vierundzwanzig Wagen mit einem Gewicht von 177 bis 204 t auf einer Steigung von 5‰ (1:200) mit 45 km/h zu befördern. Man setzte sie hauptsächlich bei den Fisch-Eilzügen von Boulogne nach Paris ein. Sie bewährten sich zunächst in jeder

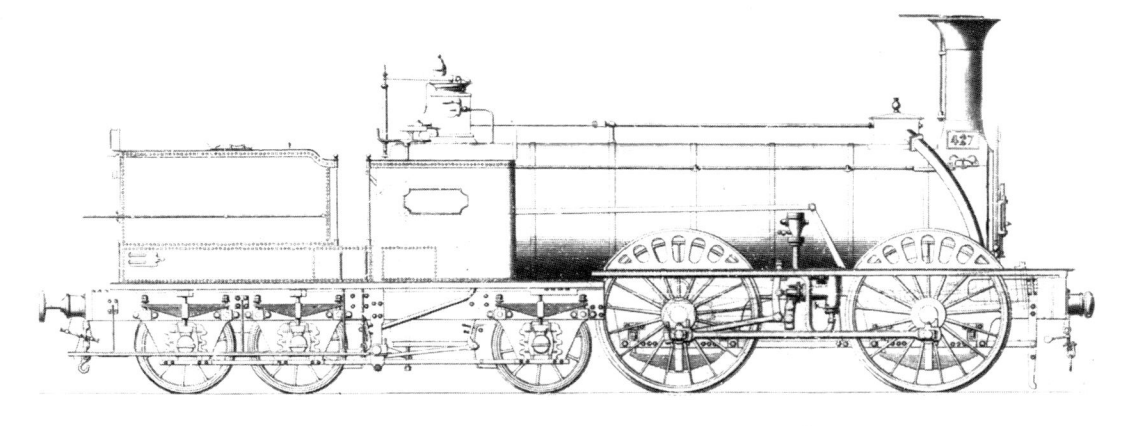

184. Engerth-Stütztender-Lokomotive der französischen Nord, Nr. 427, 1856

185. «Basel», Engerth-Stütztender-Lokomotive der Schweizerischen Centralbahn

186. Spitzkehre einer japanischen Gebirgsstrecke

Hinsicht, aber bei einer Nachbestellung zog man die, in einem späteren Abschnitt gezeigten, einfacheren B1-Maschinen vor.

Wie stark die Fachwelt von der Engerth-Lokomotive beeindruckt war, geht auch daraus hervor, daß zwei Schweizer Bahnen, die St. Gallisch-Appenzellische Bahn (Vorgängerin der Vereinigten Schweizer Bahnen) und die Centralbahn, Aufträge auf Maschinen der Norris-Type, wahrscheinlich mit 2B-Anordnung, bei Kessler stornierten und an deren Stelle Engerth-Lokomotiven bestellten. In der Schweiz waren es vorwiegend zweifach gekuppelte Maschinen mit dreiachsigem Stütztender, wie z.B. die «Basel» (Abb. 185). Sie gehört einer Reihe von sechsundzwanzig 1854/1858 von Kessler für die Centralbahn gelieferten Lokomotiven an. Trotz ihres bescheidenen Treibraddurchmessers wurden sie als Personenzugmaschinen bezeichnet und verwendet. Sie beförderten auf der Ebene 260 bis 360 t, auf $10^0/_{00}$ (1:100) Steigung 160 bis 220 t, aber auf der schwierigen Hauenstein-Strecke schafften sie nur 75 t. Im Gegensatz zu den französischen Maschinen der Nord besaßen sie Außenzylinder und -steuerung und große seitliche Wasserkästen. Die «Basel» war, mit einem Ersatzkessel versehen, bis 1905 tätig. Insgesamt sind in der Schweiz einhundertzehn Engerth-Lokomotiven in Betrieb gewesen, hauptsächlich auf den zwei genannten Bahnen, nur acht liefen auf der Jura-Industriel-Bahn.

Mit der Zeit machten sich aber doch allerhand Nachteile der Engerth-Lokomotiven bemerkbar. Bei Entgleisungen waren sie schwer wieder auf die Schienen zu bringen, da man den Tender ja nicht ohne weiteres abkuppeln konnte. Die Unterhaltskosten waren höher als bei normalen Maschinen, mußten doch bei jeder Arbeit an der Feuerbüchse Maschine und Tender umständlich getrennt werden. Dazu kam die Abnutzung der Drehzapfen und Gleitplatten des Tenders. Nachdem die ursprüngliche Absicht, das Ten-

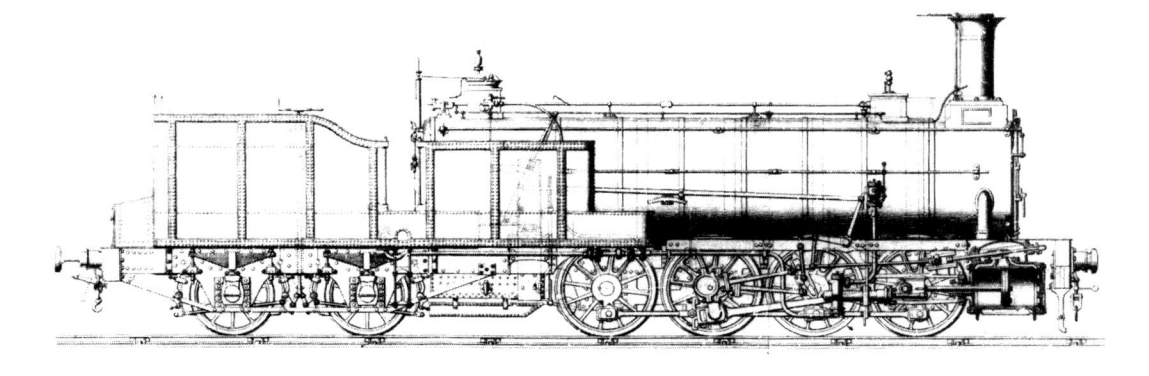

187. Vierfach gekuppelte Güterzuglokomotive der Nord, System Engerth, 1856

188. Vierfach gekuppelte Lokomotive der PLM, Nr. 4086, 1878

dergewicht zur Reibung mit heranzuziehen, fallen gelassen werden mußte, hatte die Engerth-Lokomotive ihren Daseinszweck verloren. Der Tender wurde häufig abgetrennt, in der Schweiz teilweise durch einen einachsigen Tender ersetzt. Auf der Semmeringstrecke verwandelte Desgranges sie in Vierkuppler, indem er anstelle des vorderen Tenderräderpaares eine vierte Kuppelachse einfügte.

Es fehlte natürlich nicht an Versuchen, die Vorteile des Stütztenders bei einer anderen Bauweise, die das Trennen beider Fahrzeuge erleichterte, beizubehalten. Die Bayerische Staatsbahn verlängerte den Tenderrahmen nur so weit nach vorn, daß die erste Tenderachse dicht hinter die Feuerbüchse zu liegen kam, und stützte den Lokomotivrahmen auf dieses Räderpaar. Die Laufeigenschaften ließen aber zu wünschen übrig, und so blieb es bei den sechs Versuchsmaschinen. Auf der Braunschweiger Bahn versuchte man, billige Kleinkohle zu verfeuern. Dafür wurden ein waagerechter Verbrennungs- und ein geneigter Nachverbrennungsrost vorgesehen. Das ergab eine lange, hinten überhängende Feuerbüchse. Bei den nach dem System Behne-Kool von Egestorff 1861 bis 1875 gebauten Lokomotiven war der Tenderrahmen seitlich bis zur Feuerbüchse verlängert, so daß das erste Tenderräderpaar darunter zu liegen kam. Die Lastübertragung erfolgte durch einen unterhalb des Rostes angebrachten Querbalken, dessen seitlich überstehende Enden durch doppelgelenkige Pendel an der Oberkante der Tenderrahmenbleche aufgehängt waren. Da man bald von der Verfeuerung von Kleinkohle abging, wurden nur einige wenige Maschinen dieser Bauart verwendet.

Die alten Dreikuppler genügten 1854 nicht mehr für den wachsenden Kohlenverkehr der französischen Nord-Bahn. Man versuchte es zunächst mit der dreifachgekuppelten Engerth-Type des Semmering. Da aber auch hier die Zahnradkupplung sehr bald ausgebaut werden mußte, fehlte es an Reibungsgewicht. Die Schneider-Werke in Le Creusot entwarfen daraufhin einen Vierkuppler mit überhängender Feuerbüchse, zu deren Abstützung der Tender mit herangezogen wurde. Dazu erhielt der Tenderrahmen Verlängerungen, die gabelzinkenförmig die Feuerbüchse umfaßten und sich mit einem aus Flacheisen bestehenden Querrahmen unmittelbar auf die Tragfedern der vierten Kuppelachse stützten. Kreuzförmige Verstrebungen dieses Querrahmens nahmen den kugeligen Drehzapfen auf, um den der Tender schwenken konnte (Abb. 187). Die Leistung dieser Lokomotiven

189. «La Rampe», Stütztender-Lokomotive der PLM, Edouard Beugniot, 1859

entsprach durchaus den Erwartungen. Auf den Hauptstrecken der Nord, wo die Steigungen nicht mehr als 5⁰/₀₀ betrugen und die Kurven keinen kleineren Halbmesser als 1000 m aufwiesen, schleppten sie vierzig Wagen mit je 10 t Ladegewicht, was einer Bruttolast von etwa 450 t entspricht. Man war durchaus mit dieser Bauart zufrieden, und zu den 1855 von Le Creusot gelieferten zwanzig Maschinen kamen 1857 noch zehn von Grafenstaden hinzu.
Hingegen kamen auf der Est, die gleichzeitig fünfundzwanzig Maschinen derselben Bauart beschafft hatte, häufige Entgleisungen vor. Das hatte eine lebhafte, in der Fachpresse geführte Diskussion unter den Fachleuten zur Folge, aus der hervorging, daß auf dem weniger gepflegten Gleis der Est mit kleineren Gleisbögen ständige Gewichtsverlagerungen stattfanden und damit gefährliche Entlastungen der Achsen. Man entschloß sich ab 1860, Lokomotive und Tender zu trennen. Da die Feuerbüchse so breit gemacht worden war, wie es der Abstand der Gabelzinken des Tenders gestattete, endete der Hauptrahmen der Lokomotive stumpf vor der Vorderwand der Feuerbüchse. Es mußte darum hinten ein breiteres Rahmenende angestückt werden. Diese bajonettförmige Abkröpfung des Hauptrahmens wurde bei den später gebauten Vierkupplern beibehalten, weil so der hintere Überhang kleiner ausfiel. Um die Beschickung der breiten Feuerbüchse zu erleichtern, waren zwei Feuertüren vorgesehen. Auf diese Weise entstand eine eigene Spielart des französischen Vierkupplers, die auch von der PLM übernommen wurde. Als schwerste ihrer Art ist diese Maschine zwischen 1868 und 1887 in der stattlichen Anzahl von einhundertvierundsechzig Stück eingestellt worden (Abb. 188). Die Belastungstafel sah unter anderem bei 30 km/h auf ebener Strecke 1175 t vor, auf einer Steigung von 10⁰/₀₀ (1:100) 307 t, auf 30⁰/₀₀ (1:33,3) Steigung 85 t.
Dieser Vierkupplerfamilie gehören auch die zwölf Maschinen an, die Egestorff 1874/1875 an die Badische Staatsbahn lieferte. Sie waren für die Schwarzwaldbahn als Berglokomotiven bestimmt.
Für Gebirgsstrecken mit engen Gleisbögen waren die Creusot-Engerth-Lokomotiven nicht geeignet, wie die Erfahrungen bei der Est bewiesen hatten. Edouard Beugniot, Ingenieur der Maschinenfabrik André Koechlin in Mülhausen (Elsaß), unternahm es, eine für solche Zwecke geeignete Bauart zu schaffen. Nach zweijährigen Studien fertigte er ein Vorführmodell an, aufgrund dessen die Marseille-Lyon-Bahn zwei Pro-

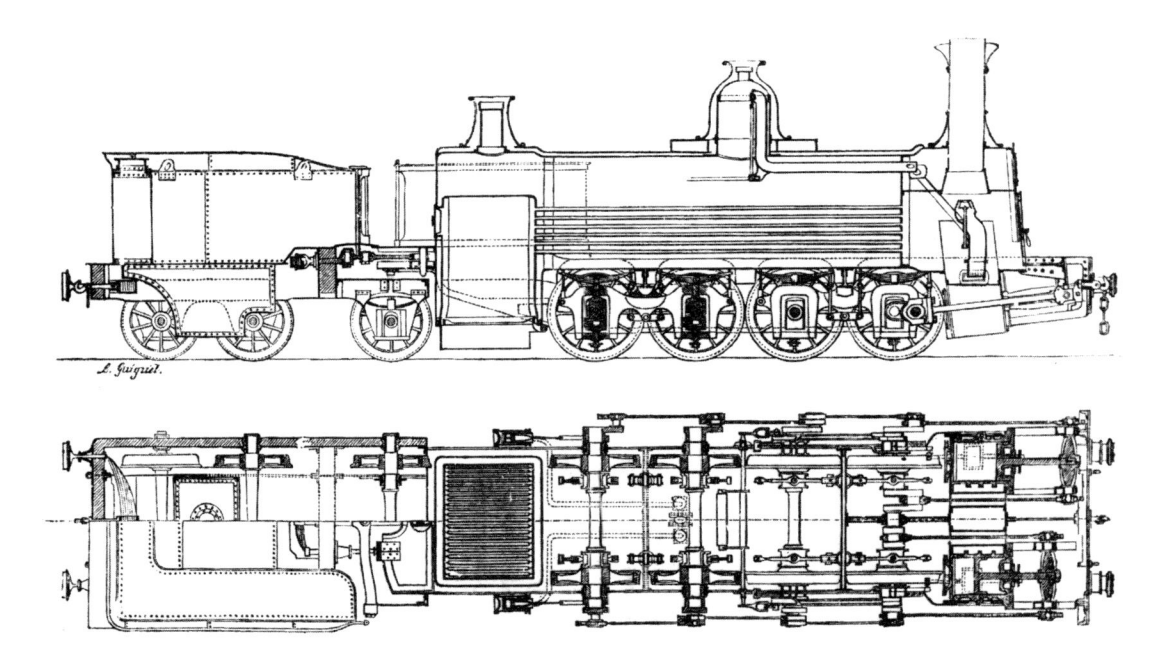

190. «La Rampe», Stütztender-Lokomotive der PLM, Schnitte

belokomotiven bestellte. Die «La Rampe» (Abb. 189 u. 190) wurde im November 1859 vollendet, die «La Courbe» im nachfolgenden Jahr. Auf den Stütztender glaubte Beugniot nicht verzichten zu können. Er sollte vor allem auf der Bergabfahrt, wo höhere Geschwindigkeiten gefahren wurden, die nickenden und schlingernden Bewegungen der Maschine vermindern. Die vordere Tenderachse besaß auf jeder Seite zwei Achsschenkel, einen außerhalb, den anderen innerhalb der Räder. Die äußeren, am Tenderrahmen gelagerten, trugen einen allerdings nur geringen Anteil des Tendergewichtes. Die inneren wurden von zwei besonderen Achsgabeln des Lokomotivrahmens gefaßt und durch Federn belastet, deren Spannung durch den Führer mittels einer Spindel geregelt werden konnte. Um die störenden, durch die Triebwerksmassen der großen Zylinder verursachten Kräfte zu vermindern, legte Beugniot die Zylinder nach innen, möglichst dicht an die erste Kuppelachse herangeschoben. Er ließ so die Zylinder nach vorne wirken, wo an einer, an der Kolbenstange befestigten, Traverse jeweils zwei neben den Zylindern verlaufende Treibstangen angelenkt waren. Das Wesentliche aber an den Beugniot-Maschinen war die Art und Weise, wie er die Bogenläufigkeit der vier gekuppelten Achsen erreichte. Wie er selber zugab, handelte es sich um eine Abwandlung des alten Baldwinschen Gelenkgestells, das wir im Abschnitt 5.7 kennen gelernt haben. Die drehbaren Gestellrahmen waren dabei nicht direkt an die Achslager, sondern an zusätzliche Hilfslager innerhalb der Räder angelenkt. Die so verbundenen beiden Achsen besaßen 20 mm Spiel nach jeder Seite. Auf diese Weise konnten zwanglos Gleisbogen bis zu 100 m Halbmesser herab befahren werden. Bei den im März 1860 auf der Hauenstein-Strecke in der Schweiz mit der «La Courbe» vorgenommenen Probefahrten zog sie auf 25 bis 28⁰/₀₀ (1:40 bis 1:36,5) Steigung 90 bis 125 t mit 16 bis 17 km/h.

Später, wahrscheinlich bei den sechs ähnlichen Lokomotiven, die Koechlin für die Giovi-Strecke nach Italien geliefert hatte, vereinfachte Beugniot die Einstellvorrichtung derart, daß er nur noch einen, um einen Mittelzapfen schwingenden, kräftigen Hebel vorsah, der die in der Mitte der Achsen liegenden Achsbüchsen mittels Gabeln umfaßte und auf diese Weise führte. Dieser Beugniot-Hebel geriet in Vergessenheit bis v. Helmholtz, langjähriger Vorstand des Konstruktionsbüros der Firma Krauß in München, sich dessen entsann und ihn 1905 an meterspurigen Stütztender-Lokomotiven für Spanien, auf die wir noch zurückkommen werden, mit Erfolg anwandte. Aber auch dann fand der Beugniot-Hebel außerhalb Spaniens vorerst keine Nachfolge, bis die Deutsche Reichsbahn versuchsweise damit drei ihrer E-Güterzuglokomotiven BR 57 (ehemalige preußische G 10) und E-Tenderlokomotiven BR 94 (frühere T 16) vorne damit ausrüstete. Die Bewährung des Hebels führte dazu, daß er bei den einundvierzig E-Tenderlokomotiven BR 82 vom Jahre 1950 angewandt wurde. Auch Diesellokomotiven sind mehrfach damit ausgerüstet worden.

9.3. Berglokomotiven mit kinematischen Koppelgetrieben

Die Bemühungen, mehr als drei Achsen zu kuppeln und dennoch die Bogenläufigkeit nicht zu beeinträchtigen, hörten nicht auf. Die im südöstlichen Ungarn gelegene Jaszenova, Oravicza und Steierdorf-Bahn wies auf den letzten 16 km der Strecke Steigungen von 20⁰/₀₀ (1:50) und Gleisbögen von nur 114 m Radius auf. Leiter der Zugförderung war Engerth, der mit der entscheidenden Mitarbeit des Ingenieurs Pius Fink eine neue Lösung für eine bewegliche Kupplung zwischen den Lokomotiv- und den Stütztenderachsen fand. Das Wesen dieser Kupplung bestand darin, daß oberhalb der ersten Tenderachse eine Blindwelle eingeschaltet war, die sich mit Pendeln auf die Tenderachse abstützte. Schräge, an den Lagern der Blindwelle und an den Achsbüchsen der dritten Kuppelachse angelenkte Stangen sorgten dafür, daß beide parallel zu einander verblieben. Die Blindwellenkurbeln trieben durch senkrechte Kuppelstangen die miteinander gekuppelten Tenderachsen an. Die erste Lokomotive der Finkschen Bauart, die «Steierdorf» (Abb. 191), wurde auf der Weltausstellung London 1862 gezeigt, wo sie sehr kritisch begutachtet wurde. Da sie sich im Betriebe durchaus bewährte, kamen bis 1867 noch drei hinzu, und alle vier hielten bis 1885 aus.

Die von Fink gefundene Lösung regte viele Erfinder an, ähnliche Getriebe zu entwickeln, so Kirchweger und Maffei in Deutschland, Gouin und Rarchaert in Frankreich und Gredge und Stein in England, ohne daß deren Systeme jemals verwirklicht wurden. Neuen Auftrieb erhielt diese Art kinematischer Koppelgetriebe in den achtziger Jahren. Auf der von den Österreichern mit 760 mm-Spur gebauten Bosnia-Bahn hatte man mit Erfolg langachsständige, dreiachsige Wagen verwendet, deren Achsen sich nach einem Patent des damaligen Maschinen-Inspektors der Vereinigten Schweizer Bahnen Klose in den Kurven radial einstellen konnten. Es lag also nahe, auch bei den Lokomotiven etwas Ähnliches zu versuchen, als man trotz der Schmalspur und der vorhandenen engen Gleisbögen sehr leistungsfähige Lokomotiven benötigte. Durch die Zusammenarbeit zwischen Klose, v. Helmholtz von der Firma Krauß und dem Zugförderungschef der Bosnia-Bahn, Julius Kraft, kam eine Lösung zustande. Sie bestand darin, die Achsbüchsen der Endachsen durch gabelförmige, sie umfassende Lenkerstangen derart zu verbinden, daß sich die Lokomotivachsen in den Gleisbögen radial einstellen konnten. Die dazu notwendige Verlängerung und Verkürzung der Kuppelstangen auf beiden Seiten der Lokomotive wurde durch einen am Treibzapfen der Mittelräder drehbar befestigten, sogenannten Differentialkopf bewirkt, der über zwei Parallelogrammführungen mit Zwischenhebeln und mit den die Achsen umfassenden Lenkstangen zwangsläufig verbunden war (vgl. Abb. 192). Die ersten mit dieser kinematischen Koppel ausgerüsteten Maschinen wurden von Krauß an die Bosnia-Bahn geliefert und dort 1885/1886 in Betrieb genommen. Sie bewährten sich derart, daß ihnen, nachdem die Bosnia-Bahn mit den Bosnisch-Herzegowinischen Staatsbahnen vereinigt worden war, bis 1904 insgesamt neunundneunzig Maschinen verschiedener Achsanordnung einschließlich einer Zahnradlokomotive folgten. Ein großer Teil dieser Maschinen stand noch in den sechziger Jahren unseres Jahrhunderts bei der Jugoslawischen Staatsbahn in Betrieb.

Klose wurde 1887 zum Obermaschinenmeister der Württembergischen Staatsbahnen berufen. Auf den Nebenstrecken dieser Verwaltung kamen enge Gleisbögen vor. Da eine Lokomotive für gemischten Dienst benötigt wurde, die schneller als die normalen Dreikuppler fahren sollte, führte Klose nach seinem System 1893 dreifach gekuppelte Lokomotiven mit langem Achsstand zunächst mit Außenzylindern und Verbundwirkung, dann ein Jahr darauf mit Zwillingsinnenzylindern (Gattungen F 1c und F 1) aus. Letztere bewährten sich besser, es wurden darum achtundzwanzig solche Maschinen angeschafft (Abb. 192). Einschließlich der sechs Maschinen Gattung Fc 1 und

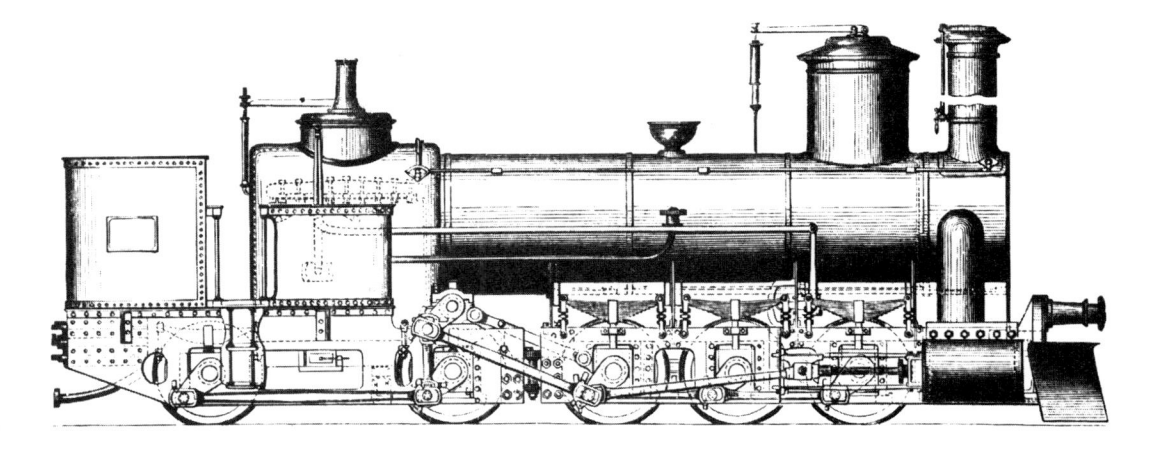

191. «Steierdorf», Pius Fink, 1862

192. Lokomotive der Württembergischen Staatsbahn, Gattung F 1, Adolf Klose, 1893

155

193. «Drehschemel»-Lokomotive, Hagans-Bauart, Preußische Staatsbahn T 15

einiger C- und D-Tenderlokomotiven für Schmalspur wurden bei der Württembergischen Staatsbahn siebenundvierzig Maschinen der Bauart Klose eingestellt. Hinzu kamen noch Fünfkuppler, denen wir noch in einem anderen Zusammenhang begegnen werden. Außerhalb der beiden vorerwähnten Länder konnte sich diese Bauart nicht einführen.

Die letzte Ausführung eines kinematischen Koppelgetriebes stammt von Christian Hagans, Inhaber einer Lokomotivfabrik in Erfurt, der am 11. Januar 1891 ein Patent für seine «Drehschemel-Lokomotive» erteilt bekam. Er selber baute in seinem bescheidenen Werk nur elf derartige, ausschließlich schmalspurige Maschinen, die zum Teil ins Ausland gingen, darunter auch nach Tasmanien, aber dort keine Nachfolge fanden. Hingegen führte sich die Bauart bei der Preußischen Staatsbahn gut ein. In den neunziger Jahren stand die Eisenbahndirektion Erfurt vor dem Problem, auf den Strecken des Thüringer Berglandes mit Steigungen bis zu $33^0/_{00}$ (1:30) und Gleisbögen von 200 m Radius Züge von 200 t mit wenigstens 15 km/h und von 110 t mit 30 km/h befördern zu müssen. Diesen Forderungen konnten nur fünffach gekuppelte Lokomotiven nachkommen, für die es damals, außer der noch zu besprechenden «Cantal»-Maschine der Paris-Orleans-Bahn, keine Vorbilder gab. Auf Veranlassung des Oberbaurats Lochner von der Eisenbahndirektion Erfurt, der sich für die Hagans-Bauart entschied, wurde ein Entwurf ausgearbeitet und der Firma Henschel zur Ausführung übertragen (Abb. 193). Die Maschine wurde später als Gattung T 15 eingereiht. Die drei vorderen Achsen sind wie üblich im Hauptrahmen gelagert. Die beiden hinteren befinden sich in einem Drehschemel, der vorne durch den Drehzapfen mit dem Hauptrahmen verbunden ist. Die Kolbenstangen greifen an einem senkrechten, einarmigen Schwinghebel an, an dem auch die Treibstange der drei vorderen Räder angelenkt ist. Ein zweiter ebensolcher Schwinghebel dient zum Antrieb der beiden im Drehschemel gelagerten Achsen. Beide Schwinghebel sind in ihrer Mitte durch eine in der Abbildung durch den Hilfsrahmen verdeckte Kuppelstange verbunden. Das obere Lager des vorderen Schwinghebels ist am Hauptrahmen, das des hinteren Schwinghebels in einem Bügel befestigt. Dieser ist in der Mitte im Hauptrahmen gelagert und wird an seiner Zinke durch eine nach dem Drehgestell in Achsmitte führende Stange in seiner Lage verstellt. Je nach der Einstellung des Schemels in den Gleisbögen vergrößert oder verkleinert sich die Entfernung der hinteren festen Achse von der vorderen Schemelachse und dementsprechend bewegt sich das obere im Bügel befindliche Lager des hinteren Schwinghebels entweder vorwärts oder rückwärts. Diese Lokomotiven entsprachen ganz den gehegten Erwartungen. So wurden nicht weniger als fünfundneunzig angeschafft. Ihre Ausmusterung erfolgte bis 1925.

Eine T 15 erhielt ein Triebwerk System Köchy, bei dem die Länge der Kuppelstangen mittels einer Blindwelle verändert wurde, deren Lage von der Einstellung des Drehschemels abhing. Nachfolge fand diese Einzelgängerin nicht. Hingegen schaffte die Preußische Staatsbahn ab 1899 noch neunundzwanzig nach demselben Prinzip gebaute, vierachsige Tenderlokomotiven, die spätere Gattung T 13, an, die für die Thüringer Strecken und die Moselbahn bestimmt waren. Zwei fast gleiche, aber leichtere Maschinen lieferte Henschel an die Badische Staatsbahn. Bei den letztgebauten zwei Hagans-Maschinen, die die Stettiner Vulkan-Werke 1901 für die Lentzschen Kleinbahnen bauten, war der Drehschemel nach vorne, vor die Zylinder verlegt.

Die Hagansschen Lokomotiven kamen zu spät auf die Welt. Wir werden sehen, daß es inzwischen gelungen war, auf derartige vielteilige Koppelgetriebe zu verzichten.

9.4. Die Vierkuppler

Im gleichen Jahr wie die «Creusot-Engerth» wurde eine weitere vierfach gekuppelte Lokomotive entwickelt. Mit ihr wurde eine Bauart begründet, die an Zahl nur von den «Bourbonnais» übertroffen worden ist und genau so weite Verbreitung fand wie jene. Die Wien-Raaber-Bahn, eine Strecke in völlig ebenem Gelände mit geringen Steigungen von nur 5 bis 7‰ (1:200 bis 1:140) hatte einen so leichten Oberbau, daß der zugelassene Achsdruck nur 9 t betrug. Diese Beschränkung zwang zu neuen Konstruktionen. Die von Haswell, diesmal mit glücklicher Hand gefundene Lösung kommt uns heute so logisch vor, daß man sich wundert, wieso niemand vorher darauf gekommen ist. Sie bestand einfach darin, eine normale «Bourbonnais» so weit zu verlängern, daß man unterhalb des Kessels eine vierte Kuppelachse einschieben konnte. Die Bedenken wegen der Bogenläufigkeit waren aber noch so stark, daß Haswell den ganz kleinen Raddurchmesser von 1159 mm wählte und alle vier Achsen so eng wie möglich aneinander rückte. So entstand der erste europäische Vierkuppler mit Schlepptender, der in zwei Exemplaren, der «Wien-Raab» und der «Comorn», 1855 an die genannte Bahn geliefert wurde (Abb. 194). Nicht nur der Bogenläufigkeit halber, sondern um der Verwindung beim Einfahren in die Überhöhungen der Gleisbögen leicht folgen zu können, hatten die Achslager keine seitlichen Schleifbacken im Rahmen. Sie waren durch Querbleche miteinander verbunden, die in der Mitte um einen Drehzapfen schwingen konnten, der an Querblechen des Rahmens saß. Diese Anordnung gestattete 20 mm Spiel nach jeder Seite der letzten Achse. Da sich diese Haswellschen «Balancier-Achsen» bald als überflüssige Maßnahme erwiesen, verschwanden sie sehr schnell. Weitere Besonderheiten der «Wien-Raab» waren die Räder aus gußeisernen Vollscheiben, die Treib- und Kuppelstangen mit rundem Querschnitt, die von Crampton übernommenen Gegenkurbeln statt der Exzenter für den Antrieb der Steuerung, sowie die ganz außen senkrecht angeordneten und daher gut zugänglichen Schieber.

Die «Wien-Raab» wurde probeweise zum Semmering überführt. Am 21. März 1855 zog sie auf ebener Strecke zwischen Wien und Gloggnitz 1060 t mit 22,7 km/h. Am darauf folgenden Tage legte sie die ganze Semmeringstrecke zurück, wobei sie auf der 25‰ (1:40) Steigung 112 t mit 19 km/h schaffte. Anschließend sandte Haswell sie auf die Pariser Weltausstellung 1855. Was für Folgen dies hatte, werden wir noch sehen.

Die österreichische Staats-Eisenbahn-Gesellschaft, in die die Wien-Raaber Bahn aufgegangen war, beschaffte sofort dreiundzwanzig weitere, etwas verstärkte Lokomotiven dieser Type, die von Haswell bis 1858 abgeliefert wurden. Desgranges, der damalige Maschinenmeister der Südbahn, die inzwischen die Semmeringbahn übernommen hatte, entwarf 1870 eine verstärkte Ausführung, die nicht nur als Reihe 35

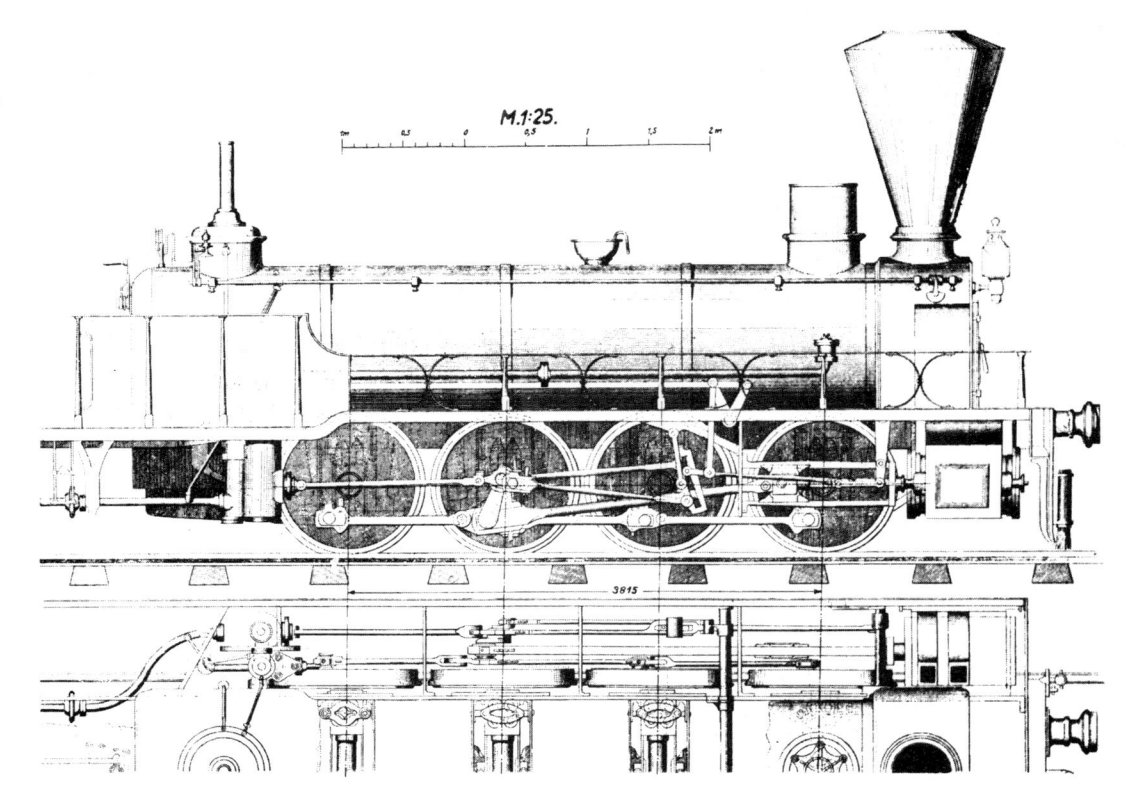

194. D-Lokomotive der Wien-Raaber Bahn, John Haswell, 1855

195. D-Lokomotive der Österreichischen Staatsbahn, Reihe 73, 1885

dort in größerer Zahl heimisch wurde, sondern auch auf den norditalienschen Strecken bis 1905 mit über dreihundertachtzig Stück vertreten war. Die letzte Entwicklungsstufe der Südbahn-Type finden wir in der Reihe 73 der Österreichischen Staatsbahn (Abb. 195), die 1885 eingeführt wurde. Sie war ursprünglich für die Arlberg-Bahn bestimmt, wo sie 500 t auf 10⁰/₀₀ Steigung (1:100) mit 15 km/h und 180 bis 200 t auf 25⁰/₀₀ (1:40) mit 10 bis 12 km/h nehmen konnte. Bei dieser Maschine war man wieder zur Innensteuerung zurückgekehrt. Wegen ihrer Leistung am Berge und ihrer robusten Einfachheit waren diese Maschinen beim Fahr- und Werkstattpersonal sehr beliebt. Bis 1909 sind nicht weniger als vierhundertdreiundfünfzig in Betrieb gekommen.

Es liegt auf der Hand, daß die Vierkuppler auch mit den damals in Österreich so beliebten Außenrahmen und Hallschen Kurbeln ausgeführt worden sind. Diese Spielart wurde, ebenfalls von Haswell stammend, erstmals 1867 an die Österreichische Südbahn für die Brennerstrecke geliefert. Sie fand im übrigen nicht allzu weite Verbreitung. Zu ihr gehören die ersten Vierkuppler Deutschlands, von denen Kessler 1869 bis 1872 acht Maschinen an die Hessische Ludwigsbahn für die Odenwald-Strecke lieferte. In Ungarn wurde sie als Normaltype zwischen 1869 und 1891 in größerer Zahl angeschafft, und auch in Rußland sind einige zu finden.

Die, wie gesagt, in Paris ausgestellte «Wien-Raab» wurde probeweise von der Midi angekauft. Da ihre Leistung kaum die der dortigen Dreikuppler überstieg, wurde sie nur für Bauzüge benutzt. Im Mai 1875 baute man sie als Tenderlokomotive um, und in dieser Form arbeitete sie als Verschiebelokomotive in Bordeaux und Toulouse. 1895 wurde sie an die Carmaux-Grubengesellschaft verkauft, die sie 1909 an die Société Métallurgique du Périgord in Fumel (Lot-et-Garonne) abtrat, wo man sie bis in die zwanziger Jahre einsetzte.

Als die Midi für die Steilrampe zwischen Capvern und Tournay auf der Strecke Bordeaux-Sète mit Neigungsgraden von 30 bis 33⁰/₀₀ (1:30) starke Maschinen benötigte, erinnerte man sich der alten «Wien-Raab» und schritt zum Entwurfe eines stärkeren Vierkupplers. In den Jahren 1863 bis 1868 wurden zehn solche, von Le Creusot gebaute, Maschinen, Serie 751-760, in Betrieb genommen. Zusammen mit der ähnlichen, weniger gelungenen, von der Paris-Orleans eingeführten Serie 901-913 (später 1103-1113) vom gleichen Jahr bildeten sie die zweite französische Vierkuppler-Familie, von der bis Ende der achtziger Jahre einhundertachtundneunzig, fortlaufend verbesserte, Maschinen durch die Midi, PO und Etat angeschafft wurden.

Schon 1864 fand die erste Midi-Type, etwas verstärkt und von Le Creusot gebaut, bei der spanischen Norte Eingang, Serie 2501-2537 (Abb. 196). Sie weist alle für diese zweite französische Schule charakteristischen Merkmale auf. Wir zeigen sie, weil an einer von ihnen das schwierige Problem der Bremsung bei der Talfahrt endlich gelöst wurde. Wir haben schon erwähnt, daß bei der Semmering-Lokomotive «Vin-

196. D-Lokomotive der spanischen Norte, Serie 2501-2537, in Le Creusot gebaut, 1864

dobona» eine Gegendruckbremsung angewendet worden war. Ein ähnliches Verfahren, bei dem die von den Zylindern komprimierte Luft in einen besonderen Behälter gedrückt wurde, hatte Bergué auf der Steilrampe von Saint-Germain versucht. Le Chatelier war damals beratender Ingenieur der Norte, deren Strecken lange Steilrampen aufwiesen. Das Problem, wie die Züge bei der Talfahrt zu bremsen seien, mußte dringend gelöst werden. Er besichtigte das System Bergué, fand es aber für lange Bergabfahrten ungeeignet. Er erinnerte sich daran, daß bereits 1858 der Vorsteher der Bahnwerkstatt Alicante der Madrid-Zaragoza-Alicante-Bahn Versuche mit einer regelbaren Einführung von Kesseldampf in die Zylinder unternommen hatte, die aber infolge eines Unfalles, an dem die Vorrichtung keine Schuld hatte, nicht weitergeführt wurden. Le Chatelier veranlaßte, daß der Chefingenieur der Norte, Ricour, auf dieser Basis neue Versuche auf den langen Steigungen im Guadarrama-Gebirge nördlich von Madrid vornahm. Die vielen Tunnel, Einschnitte und der starke Wind hatten dort oft zur Folge, daß die Bremser die vom Lokomotivführer gegebenen Pfeifsignale überhörten. Nach einigen Vorversuchen wurde ein Bremssystem entwickelt. Man baute es in die Maschine BN. 527 ein, und am 30. April 1867 fanden damit mehrfache Bremsproben statt. Bemerkenswert bei diesen Versuchen ist, daß bereits ein Dynamometerwagen verwendet wurde. Zum Bremsen wurde die Steuerung nach rückwärts verlegt. Durch ein an der Feuerbüchswand angebrachtes, regelbares Ventil wurde Kesseldampf in beide Ausströmrohre der Zylinder eingeführt, der das Eindringen von Lösche aus der Rauchkammer verhinderte. Da sich die Zylinder bei der Kompression stark erwärmten, wurde durch ein zweites, mit dem ersten verbundenes Ventil Kesselwasser zur Kühlung eingespritzt. Beide Ventile wurden durch einen gemeinsamen Handhebel betätigt und dieser so eingestellt, daß beim Bremsen aus dem Schornstein gerade noch eine leichte Dampfwolke entströmte. Diese Bremsart, um deren Erfindung sich Ricour und Le Chatelier später in unliebsamer Weise stritten, wurde unter Le Chateliers Namen bekannt. Sie war so wirksam und zuverlässig, daß sie sofort nicht nur auf den anderen spanischen, sondern auch auf den französischen, italienischen und österreichischen Gebirgstrecken eingeführt wurde. Sie verlor erst an Bedeutung, als die automatischen Vakuum- und Druckluftbremsen aufkamen. Da sie aber nicht nur die Abnutzung der Radreifen und Bremsklötze verminderte, sondern auch das Losewerden der Radreifen durch übergroße Erwärmung bei langen Bergabfahrten vermied, wurde sie trotzdem, teilweise in der Originalbauweise, teilweise in der von Riggenbach geänderten Form, häufig beibehalten.

Allen diesen Vierkupplern der zweiten französischen Schule war die überhängende Feuerbüchse gemeinsam. Anläßlich eines Besuches spanischer Ingenieure zeigte Petiet, von dem im nächsten Abschnitt noch die Rede sein wird, Zeichnungen einer für die Nord geplanten D-Güterzuglokomotive, die von den ebenfalls noch zu erwähnenden D-Tenderlokomotiven abgelei-

197. Zug der Gotthard-Bahn mit dreifachem Vorspann, vor 1909

198. D-Lokomotive der Tarragona-Barcelona-Francia-Bahn, 1878

159

tet war. Das Neue daran war, daß die Feuerbüchse sich auf die letzte Kuppelachse abstützte, so wurde der laufstörende Überhang vermindert. Diese Pläne Petiets dienten offensichtlich als Anregung für die von diesen Herren bei Avonside bestellten Vierkuppler, die für die Zaragoza-Barcelona-Bahn bestimmt waren (Abb. 199). Der Kessel liegt noch ganz tief. Die Steuerung lag, abweichend von den französischen Vierkupplern, innen. Die Treib- und Kuppelstangen waren wie bei der «Wien-Raab» rundgedreht. Die Maschinen wurden 1865 abgeliefert und bei der Bahn mit den

199. D-Lokomotive der Zaragoza-Barcelona-Bahn, 1865

Nummern 91-102 versehen. Es waren die ersten Vierkuppler mit Schlepptender, die in England gebaut worden sind. Nach Zusammenschluß der Zaragoza-Barcelona- mit der Zaragoza-Pamplona-Bahn kamen von Le Creusot noch acht gleiche Maschinen, BN.317-324, hinzu. Alle sind noch zur RENFE gelangt.

Die Scheu vor einer hohen Kessellage, die sich bei allen bisher behandelten Typen bemerkbar machte, ist bei den von Sharp 1878 an die spanische Tarragona-Barcelona-Francia-Bahn gelieferten vierzehn Vierkupplern (Abb. 198) endgültig überwunden. Da auch die Achsen nicht mehr so ängstlich aneinander gerückt sind, ergibt sich erstmalig ein viel moderneres Bild. Noch höher lag der Kessel bei der Nachlieferung von acht Lokomotiven vom Jahre 1889. Diese einfachen und robusten Maschinen waren beim Personal sehr geschätzt und wurden erst im Laufe der sechziger Jahre von der RENFE ausgemustert, bis auf eine, die für das Eisenbahnmuseum aufbewahrt wird.

Es scheint dies eine Bauart gewesen zu sein, die Sharp eigens für den Export geschaffen hat oder zumindest mehrfach wiederholt hat. Jedenfalls baute er 1888 ganz gleiche Maschinen für die Schwedisch-Norwegische Bahn, die aber nicht zur Ablieferung kamen. Davon erwarb die englische Barry-Bahn 1889 zwei und ließ sich 1897 noch zwei weitere nachbauen. Es waren die ersten im Streckendienst verwendeten Vierkuppler in England. Auch die Badische Staatsbahn nahm die Gelegenheit wahr, um zehn norwegische Maschinen zu kaufen, und die Pfalzbahn erwarb fünf. Diese Sharp-Lokomotiven können als Vorläufer für die ab 1901 von der North Eastern-Bahn und ab 1902 von der Great Central-Bahn beschafften gleichartigen Maschinen gelten. Die North Eastern führte sie, wesentlich verstärkt, ab 1913 bis 1921 mit Überhitzer ausgerüstet aus und entwickelte sie ab 1919 bis 1924 sogar als Drillings-Lokomotiven weiter.

In Deutschland war außer auf der Schwarzwald-Odenwald- und Pfalzbahn kein Bedarf für Vierkuppler vorhanden. So begannen erst verhältnismäßig spät Beschaffungen im großen, und zwar zuerst 1893 auf der Preußischen Staatsbahn mit den Maschinen der Gattung G7, die mit ihrer tiefen Kessellage gegenüber den Sharp-Lokomotiven recht altertümlich anmuten. Wir werden aber noch sehen, daß gerade in Preußen der einfache, laufachslose Vierkuppler am längsten beibehalten wurde.

Die Vorliebe für Innenzylinder läßt erwarten, daß der Vierkuppler in England auch in dieser Art gebaut wurde. Das geschah 1862 durch Sharp. Er baute Tenderlokomotiven für Indien, bei denen wieder einmal die Blindwelle aus der Mottenkiste geholt wurde. Sharp verwendete die Blindwelle zwischen den beiden, somit weit voneinander gespreizten Mittelachsen. Ab 1866 wurden normale Satteltank-Lokomotiven für die Great Indian Peninsula-Bahn gebaut. Sie waren für den Steilanstieg in den Ghat-Bergen bestimmt. Von Kitson entworfen, wurden insgesamt sechsundachtzig Maschinen dieser Bauart auch von anderen Fabriken geliefert.

In England selbst wurde der erste Innenzylinder-Vierkuppler mit Schlepptender von Webb im Oktober 1892 vorerst nur in einem Exemplar auf der London & North Western-Bahn eingeführt. Die nachfolgenden Maschinen, von denen noch die Rede sein wird, baute er erst als Dreizylinder- und dann als Vierzylinder-Verbund-Lokomotiven. Erst ab 1910 kehrte diese Bahnverwaltung wieder zur einfachen Zwillingsmaschine zurück, von der über dreihundert in Betrieb genommen wurden. 1901 folgte Ivatt bei der Great Northern-Bahn mit fünfundfünfzig gleichartigen, bis 1906 beschafften Maschinen, die als kennzeichnend für diese englische Schule anzusehen sind (Abb. 201). Die wegen ihrer großen Länge «Long Tom» genannten Maschinen dienten zur Beförderung von schweren Kohlenzügen. Auch andere Bahnen mit starkem Kohle- und Erzverkehr verwendeten derartige Lokomotiven, so die Lancashire & Yorkshire-Bahn, die dieser Bauart am längsten, bis 1920, treu blieb. Sie schaffte zweihundertfünfundvierzig Stück, darunter zwanzig mit Wellrohrfeuerbüchse, an. Als die London, Midland & Scottish gegründet wurde, erbte sie von der Lancashire & Yorkshire-Bahn und der LNWR eine stattliche Anzahl Vierkuppler, die sie von 1929 bis 1932 noch um einhundertfünfundsiebzig etwas abgewandelte ergänzte.

9.5. Petiets «Kolosse» und Forquenots «Cantal»

Für die schweren Kohlenzüge verfügte die Nord, wie wir gesehen haben, über die D-gekuppelten Creusot-Engerth-Maschinen. Auf den Nebenstrecken und Anschlußgleisen im welligen Gelände des nordfranzösichen Kohlenreviers waren Neigungsgrade von 10 bis 18⁰⁄₀₀ (1:100 bis 1:55,5) nicht selten. Hier machte sich das Bedürfnis nach einer vierfach gekuppelten Lokomotive geltend. Da die zu bedienenden Stichbahnen selten mehr als 30 km lang waren, konnten die Vorräte auf der Maschine selber untergebracht und so das häufige Wenden am Ende der Fahrt vermieden werden.

Bei der für diese Zwecke gedachten Lokomotive wagte es Petiet, der damalige Maschinenchef der Nord, den Kessel so hoch zu legen, daß der Rost über die Rahmenoberkante zu liegen kam. Bei dieser Lage konnte der Kessel kurz und breit ausgeführt und damit der hintere Überhang wesentlich eingeschränkt werden. Um aber den Schwerpunkt der Lokomotive herabzuziehen, ordnete Petiet die Wasserbehälter in Form eines umgekehrten Sattels unterhalb des Langkessels an. Eine solche Anordnung ist in neuerer Zeit häufig aufgegriffen worden. Die ersten, nach diesen Grundsätzen 1859 von Gouin als Serie 551-556 gebauten Lokomotiven bewährten sich durchaus. Allerdings erwies sich ihr Kessel als zu klein, als daß die Maschinen auf Hauptstrecken hätten übergehen können.

Es folgte daher eine verstärkte Bauart, Serie 566-605, die 1862 bis 1866 gebaut wurde und außer den genannten noch andere bemerkenswerte Neuerungen aufwies (Abb. 202). Die Feuerbüchse wurde zur Verbrennung von Feinkohle nach der Bauart Belpaire ausgeführt, auf die wir noch später eingehen werden. Am bemerkenswertesten aber ist der von Petiet

200. Japanischer Güterzug mit Schiebelokomotive im Gebirge

201. D-Lokomotive der Great Northern-Bahn, Long Tom-Type, 1901-1906

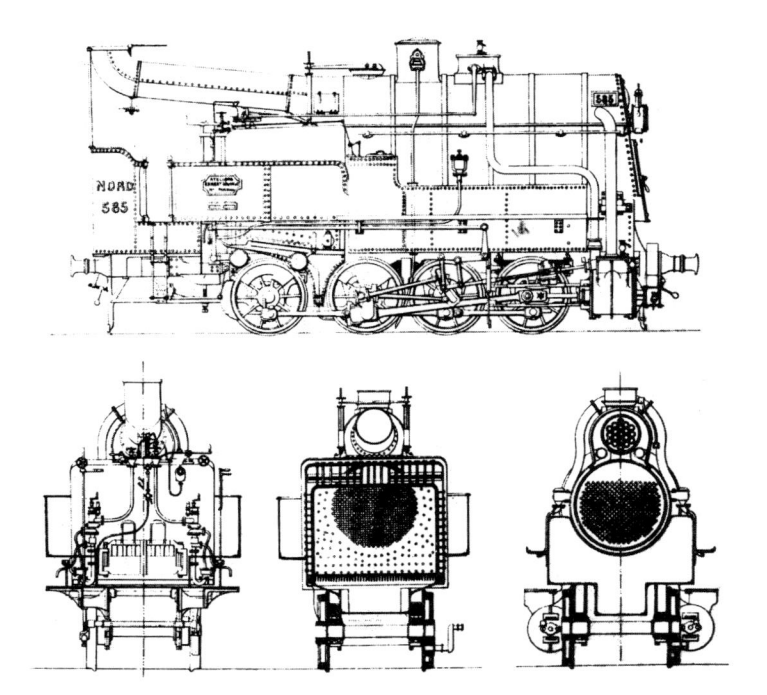

202. D-Güterzug-
lokomotive der Nord,
System Petiet,
Serie 566-605,
1862-1866

erdachte Dampftrockner. Er bestand aus einem längs des Kesselrückens angeordneten Rohr von 508 mm Durchmesser, das vorne mit dem Dampfraum des Kessels in dauernder Verbindung stand. Innerhalb dieses Rohres befand sich zwischen zwei eingezogenen Böden ein Rohrbündel, das vom Dampf, ehe er in die Zylinder gelangte, durchflossen wurde. Das Ganze war wiederum in einem weiten Rauchrohr eingeschlossen, in das die Verbrennungsgase von der Rauchkammer eintraten, das Rohrbündel umspülten und schließlich durch einen waagerecht nach hinten gerichteten Schornstein ausströmten. Dieser Petietsche Dampftrockner kann als Vorläufer der späteren Überhitzer angesehen werden, doch war seine Heizfläche zu klein, um mehr als nur eine mäßige Trocknung des Dampfes zu erzielen. Diese als «machines uniques» bezeichneten Lokomotiven beförderten 32 bis 34 Wagen von zusammen rund 460 t auf 5‰ (1:200) Steigung mit 24 km/h. Diese erste Form des Petietschen Dampftrockners wurde in der Folge mehrfach geändert, der waagerechte Schornstein wurde durch einen normalen senkrechten ersetzt. Die Maschinen überlebten zu einem großen Teil noch den Ersten Weltkrieg.

Petiet war aber gleichzeitig noch einen kühnen Schritt weiter gegangen. Seine Absicht war, durch Vermehrung der Wagenzahl die Zugläufe einzuschränken. Dafür benötigte er Lokomotiven von hoher Zugkraft, also mit hohem Reibungsgewicht. Statt, wie Engerth ursprünglich vorhatte, das Gewicht des Tenders durch Kettenkupplung mit heranzuziehen, beschloß Petiet, die Betriebsvorräte auf der Lokomotive selber unterzubringen und so deren Gewicht für die erforderliche Reibung auszunutzen. Die hohe Zugleistung erforderte ferner einen ausreichend leistungsfähigen Kessel. Des zulässigen Achsdrucks wegen mußten sechs gekuppelte Achsen vorgesehen werden. Diese durch nur zwei große Zylinder anzutreiben, schien zu gewagt. Daher trennte Petiet den Antrieb in zwei Gruppen von je drei Kuppelachsen. So entstanden Petiets «Kolosse», wie die Engländer die Bauart nannten (Abb. 203). Kessel und Dampftrockner waren wie bei den vorerwähnten D-Tenderlokomotiven gehalten.

203. Sechsachsige
Güterzug-
Tenderlokomotive,
J.A. Petiet, 1862

Bei einem Gesamtachsstand von 6 m mußten zum Durchfahren der Gleisbögen von 300 m Durchmesser die beiden Endachsen 15 mm Spiel nach jeder Seite erhalten. Außerdem waren die Spurkränze bei den Treibrädern dünner abgedreht. Für jedes Zylinderpaar war ein besonderer Regler vorhanden, doch alle vier Steuerungen wurden gemeinsam betätigt. Die zehn ersten Lokomotiven, BN.601-610, wurden von Gouin gebaut und kamen Mitte 1862 in Betrieb, also etwa ein Jahr vor der im Abschnitt 8.3 erwähnten F-Tenderlokomotive der Philadelphia & Reading-Bahn, die als erster Sechskuppler gilt, weil bei ihr alle sechs Achsen durch ein einziges Zylinderpaar gemeinsam angetrieben wurden. Die Petiet-Kolosse setzte man in demselben Dienstplan wie die Creusot-Engerth ein. Sie beförderten aber nur vier bis fünf Wagen mehr als diese. Obgleich es heißt, daß die Transportkosten um 40% sanken, wozu wohl auch die Anwendung billiger Feinkohle beitrug, wurden sie in den siebziger Jahren, nach dem Tode Petiets, zerlegt und die Triebwerke für C-Tenderlokomotiven verwendet. Die BN.605 wurde auf der St-Gobain-Strecke eingehend erprobt. Sie vermochte dort achtzehn Wagen von 250 t auf Steigungen bis zu $13^0/_{00}$ (1:77) mit 21 bis 27 km/h zu ziehen. In Gleisbögen von 125 m Halbmesser konnte sie sich noch einschreiben, aber nicht in das mit 80 m Radius verlegte Hüttengleis. Sie wurde daher mit Beugniot-Hebeln versehen, die jeweils die äußerste und innerste Achse jeder Treibgruppe umfaßten und ein Seitenspiel von 43 mm gestatteten. Auf diese Weise gelang das Befahren dieser engen Gleisbögen. Bei der Talfahrt lief sie mit 25 km/h in der Geraden durchaus ruhig. Dasselbe Schicksal wie die ersten zehn Lokomotiven ereilte die nachfolgenden BN.611-620 vom Jahre 1867. Zwei gleichartige Lokomotiven, die die spanische Zaragoza-Pamplona-Bahn bestellte, kamen infolge ständiger Entgleisungen nicht in regelmäßigen Betrieb.

Auf andere, viel konventionellere Weise versuchte Forquenot bei der Paris-Orleans-Bahn eine zugkräftige Rampenlokomotive für die Strecke Murat-Aurillac im französischen Mittelgebirge zu schaffen. Dieser Abschnitt erklimmt mit langen Steigungen von $30^0/_{00}$ (1:33) den 1152 m hohen Lioran-Paß. Auch diesmal wurde zur Erhöhung des Reibungsgewichtes eine Tenderlokomotive vorgezogen (Abb. 204). Um eine breite und somit kurze Feuerbüchse zu ermöglichen, waren die beiden hinteren Achsen «nach deutscher Art» in einem kurzen Außenrahmen gelagert. Dabei ergab sich der Vorteil, daß die vier hinteren Achslager nicht so dicht an der heißen Feuerbüchse lagen; denn im Gegensatz zu Petiet war Forquenot, wie alle von ihm geschaffenen Lokomotiven zeigen, ein Anhänger der möglichst tiefen Kessellage. Die Kurvenläufigkeit wurde dadurch erzielt, daß nur die mittlere Treibachse fest gelagert war. Die Endachsen erhielten 17 mm, die zweite und dritte je 7 mm Spiel in beiden Richtungen. Die Rückstellung der verschiebbaren Achsen in der Geraden erfolgte durch die uns schon bekannten Keilflächen.

Diesen drei Maschinen, nach dem Namen der ersten als «Cantal» bekannt, BN.1201-1203 (später 2201-2203), war kein Erfolg beschieden. Sie konnten gerade noch das vorgesehene Leistungsprogramm von 150 t auf $30^0/_{00}$ (1:33) Steigung mit 15 bis 20 km/h erfüllen. Das übertraf kaum die Leistungen der normalen Vierkuppler der Bahn. Sie fanden aus diesem Grunde keine Nachfolge.

204. E-Güterzug-Tenderlokomotive der PO, «Cantal»-Type, V. Forquenot

10. DIE ENTWICKLUNG DER DREH- UND LENKGESTELLE IN EUROPA

205. «Rauhenstein», Österreichische Südliche Staatsbahn, 1857

10.1. Die geschobenen zweiachsigen Lenkgestelle

Angesichts der schlechten Laufeigenschaften der kurzen Drehgestelle, die mit den Norris-Lokomotiven herübergekommen waren, ging man auch in Europa daran, bessere Konstruktionen zu ersinnen. Aus denselben Erwägungen wie Bissel schuf Haswell gleichzeitig ein ähnliches geschobenes Deichselgestell, in dem er bereits die Idee der Pendelrückstellung von Alba F. Smith vorweg nahm. Die mit diesem Haswellschen Deichselgestell ausgerüstete Lokomotive «Rauhenstein» der österreichischen Südlichen Staatsbahn (Abb. 205) zeigt aber eine ganz andere Triebwerkanordnung als die amerikanischen Lokomotiven. Da die radiale Verschiebung des Drehgestelles die Verlängerung des Achsstandes erlaubte, legte Haswell die Zylinder in die Schwerpunktebene, so daß sie die letzte Achse antrieben. Da auch kein rückwärtiger Überhang vorhanden war, schienen die Vorbedingungen für einen ruhigen Lauf gegeben zu sein. Doch da die Pendel senkrecht angeordnet waren und daher in der Geraden keine Rückstellkraft aufwiesen, war das nicht der Fall.

Kamper, Mitglied der General-Inspektion des österreichischen Eisenbahnwesens, griff bei acht von Floridsdorf 1871 an die Kronprinz Rudolf-Bahn gelieferten Lokomotiven auf dieses Haswellsche Deichselgestell zurück. Die Konstruktion wurde mehrfach verbessert. So sah Kamper an einem in der Mitte gelegenen Kugelzapfen zwei gegeneinander leicht geneigte Pendel vor, die einerseits eine gleichmäßige Lastverteilung bewirkten und anderseits für die notwendige Rückstellkraft in der Geraden sorgten. Die Rückstellkraft wurde noch durch zwei Zugpendel verstärkt, die an der vorderen Pufferbohle links und rechts angelenkt waren, so daß die Deichsel nicht geschoben, sondern gezogen wurde. Dieses Kamper-Gestell fand zeitweise auch bei anderen österreichischen Bahnen solchen Anklang, daß die Bezeichnung «Kamper-Lokomotiven» zu Unrecht auf alle 2B-Maschinen

206. 2A1-Schnellzuglokomotive der Great Eastern-Bahn

mit Außenrahmen ausgedehnt wurde. In etwas abgeänderter Form wurde das Gestell ab 1886 durch Almgren bei den 2B-Lokomotiven der Schwedischen Staatsbahnen allgemein verwendet.

Für die Isabel II-Bahn, die von Santander aus über den 980 m hohen Reinosa-Paß des kantabrischen Küstengebirges zur kastilischen Hochfläche bei Alar führt, schlug H. J. Vaessen, technischer Direktor der St-Léonard-Werke bei Lüttich, zwei Berglokomotiven vor, die mit einem von ihm entworfenen Deichselgestell ausgerüstet waren. Die eine war für Personenzüge bestimmt und 2B-gekuppelt, die andere für Güterzüge, eine 2C-Maschine. Diese Achsanordnung kommt hier zum ersten Mal in Europa vor. Das Drehgestell war mit dem Lokrahmen durch eine T-förmige Deichsel verbunden. Außer diesen spanischen Maschinen sind nur vereinzelte für belgische Bahnen gebaut worden.

Besonders große Bedeutung hatten die Lokomotiven für die das kantabrische Küstengebirge von Bilbao aus mit einer großen Schleife und einer Steigung von 14,3‰ (1:70) überwindende Bahn. Beyer Peacock lieferte dafür 1862/1863 einundzwanzig 1B-Lokomotiven mit Schlepptender und acht 2B-Tenderlokomotiven, die, zum ersten Mal bei Neubauten in Europa, mit Bisselgestellen versehen waren. Beide Typen waren weitgehend gleich. Bei der Tenderlokomotive (Abb. 207) wurde das zweiachsige Bisselgestell vorgesehen, um die Mehrbelastung durch die Betriebsvorräte aufnehmen zu können. Die Rückstellung erfolgte noch durch Keilflächen. Um dem seitlichen Ausschwenken der Deichsel nicht im Wege zu stehen, wurden die Zylinder stark geneigt über den Laufachsen angeordnet. Sie waren aber nicht an der Rauchkammer selbst befestigt, sondern auf dem vorn zur Rauchkammer hochgezogenen Hauptrahmen. Seitdem hat sich Beyer Peacock dieser Bauart mit ein- oder zweiachsigem Bisselgestell und schräg angeordneten Außenzylindern besonders angenommen und zahlreiche Maschinen in verschiedenen Achsanord-

10.2. Die zweiachsigen Drehgestelle mit Mittelzapfen

Das zweiachsige Drehgestell mit Mittelzapfen wurde dank seiner guten Führungseigenschaften geradezu zum Kennzeichen der schnellfahrenden Lokomotive. Wie im Abschnit 8.1 geschildert, sind diese Eigenschaften zuerst in Nordamerika entdeckt worden. In Europa verhielt man sich diesem Gestell gegenüber lange ablehnend, obgleich es nicht an frühen Anwendungsversuchen gefehlt hat. Wie in Amerika stand auch hier zunächst die Frage der Bogenläufigkeit im Vordergrunde. Das sehen wir noch an den ersten, 1849 nach englischen Plänen und in England gebauten 2B-Lokomotiven (Abb. 208). Sie waren von Gooch entworfen und für die, ursprünglich für atmosphärischen Betrieb gedachte, South Devon-Bahn bestimmt, für deren Maschinen er verantwortlich war. Als Anschlußbahn an die Great Western besaß die South Devon-Bahn die Brunelsche Breitspur, wegen des Hügellandes waren ihre Kurvenhalbmesser jedoch viel kleiner als bei der Great Western. Daher kamen deren steifachsige Maschinen nicht in Frage. Der Drehzapfen des Gestells besaß einen kugelförmigen

207. 2B-Tenderlokomotive für das kantabrische Küstengebirge in Spanien, von Beyer, Peacock & Co. gebaut, 1862/1863

nungen geliefert. Zwar hat das einachsige Bisselgestell bis zum Schluß eine große Rolle gespielt, das zweiachsige erwies sich aber dem normalen Drehgestell mit Mittelzapfen gegenüber als unterlegen und verschwand Ende des neunzehnten Jahrhunderts von der Bildfläche.

208. «Corsair», 2B-Lokomotive der South Devon-Bahn, Daniel Gooch, 1854

Kopf, der in einer, in Drehgestellmitte befindlichen Hohlpfanne spielte. Die Last wurde dann von zwei großen, umgekehrt angeordneten Blattfedern, deren Enden sich auf die Achsbüchsen stützten, übertragen. Im übrigen entsprachen die Maschinen den bei der Great Western damals vorhandenen Lokomotiven.

Wir haben schon erwähnt, daß man, um die teuren Radreifen zu schonen, bei Lokomotiven mit Schlepptender davon absah, die Räder der Maschine selber abzubremsen. Eine Tenderlokomotive mußte man notgedrungen mit einer Bremse versehen. Gooch führte sie als Schlittenbremse aus. Statt gegen die Räder, wurde der zwischen den beiden Kuppelachsen angeordnete, waagerechte Bremsschuh gegen die Schienen gedrückt. Die Anwendung dieser Schlittenbremse ist später immer wieder versucht worden, unter anderem in Sachsen. Erst in neuester Zeit ist es gelungen, mit elektromagnetischen Bremsen dieses Systems befriedigende Ergebnisse zu erzielen, ohne daß die Entlastung der Räder zu Entgleisungen geführt hätte.

Verschiedene andere Versuche mit Drehgestellen verliefen erfolglos. Als Stammutter der klassischen englischen 2B-Lokomotiven mit Innenzylindern sieht

Den nächsten Schritt in der Vervollkommnung des Drehgestells finden wir bei den vierundzwanzig 2B-Tenderlokomotiven, die W. Adams 1863/1869 in der Werkstatt Bow der North London-Bahn bauen ließ. Der Außenrahmen war noch beibehalten, aber der Achsstand auf 1829 mm verlängert, weil zwischen den vier Rädern ein kräftiger Querträger aus zwei hochkant gestellten U-Trägern vorgesehen war. Zwischen dessen Stegen dienten senkrechte stählerne Gleitplatten zur seitlichen Führung des, innerhalb einer Führungsbuchse befindlichen, Drehzapfens. Die Lastübertragung erfolgte durch runde, den Drehzapfen umgebende Teller zunächst auf die Mitte des Drehgestells und dann, über den genannten Querträger, auf die seitlichen Blattfedern, die sich noch direkt auf die Achslager abstützten. Adams verbesserte fortlaufend sein Drehgestell. Zwischen die zwei Teller schob er einen dicken Gummiring ein und gab den Drehzapfen eine konkave Form, die in einer konvexen Hülse spielte, so daß das Drehgestell auch in senkrechter Richtung schwingen konnte. Dann fügte er noch seitliche Gummiblöcke hinzu, die zur bis dahin fehlenden Rückstellung dienten. Diese Gummiblöcke wurden aber durch herabtropfendes Öl bald hart und brüchig,

209. Englische 2B-Lokomotive für die Barcelona-Granollers-Bahn, 1859

C. Hamilton Ellis (1949) die sechs von Slaughter & Grunning 1859/1861 an die spanische Barcelona-Granollers-Bahn gelieferten Maschinen an (Abb. 209). Das Drehgestell ist konstruktiv ähnlich wie bei den vorerwähnten Goochschen Lokomotiven ausgeführt, hat aber einen kräftigen Außenrahmen. Sie überlebten noch, inzwischen auf die Madrid-Zaragoza-Alicante-Bahn als BN. 23-28 übergegangen, die Jahrhundertwende. Die zwei letzten wurden 1911 ausgemustert.

er ersetzte sie darum durch Wickelfedern. Die überaus schwere und daher harte Blattfeder konnte gekürzt werden, indem eine kürzere an einem doppelwandigen Schwanenhals amerikanischer Art aufgehängt wurde. So konnte auch der Außenrahmen des Gestells verschwinden. Damit war eine der am weitesten verbreiteten Drehgestellbauarten geschaffen, die mehr oder minder abgewandelt bis zum Schluß verwendet worden ist.

Noch stand man in England dem Drehgestell abwartend gegenüber. Der Hauptanstoß für die Wandlung in den Anschauungen ging ausgerechnet von Patrick Stirling aus, den wir schon im Abschnitt 7.1 kennengelernt haben. Er benutzte das Drehgestell aber nicht wegen der besseren Bogenläufigkeit, denn die Hauptstrecke der Great Northern wies keine engen Kurven auf, wie sich aus der früher beschriebenen Verwendung der 1 A 1-Maschinen mit langem Achsstand ableiten läßt. Das Drehgestell sollte vielmehr, wie er sich ausdrückte, «allmählich die Fahrbahn niederdrücken, so daß die Treibräder besser greifen könnten».

land zwischen der Ost- und der Westküste ausbrach. Sie beförderten damals tagtäglich zwischen London und York mit Maschinenwechsel in Grantham die Züge mit einer mittleren Fahrgeschwindigkeit von 87,5 km/h. Stirlings «Meisterstück», wie diese Lokomotiven gern von englischen Historikern bezeichnet werden, hatten zweierlei zur Folge. Einmal wurden die Vorteile, die das Drehgestell gerade für schnellfahrende Lokomotiven bot, endlich erkannt. Dann aber fand, unterstützt durch die Erfindung des Dampfsandstreuers, durch den beim Anfahren das

210. 2A1-Lokomotive der Great Northern-Bahn, Patrick Stirling, 1870

Die Furcht vor einer allzu hohen Kessellage, die sich bei den Innenkurbeln von 2464 mm hohen Treibrädern zwangsweise ergab, bewog Stirling, Außenzylinder vorzusehen. Eine Eigenart aller Stirling-Lokomotiven war der Verzicht auf den Dom und der verhältnismäßig kleine Kessel. Die tiefe Feuerbüchse ergab eine sehr wirksame, dem Feuer direkt ausgesetzte Heizfläche. Diese 2 A 1-Maschinen erwiesen sich als derart leistungsfähig, daß sie über fünfundzwanzig Jahre lang die wichtigsten Schnellzüge der Great Northern-Bahn beförderten. Den ersten, 1870/1875 gelieferten zwölf Maschinen folgten fünfundzwanzig weitere, bei denen die quer in der Feuerbüchse angeordnete Wasserkammer durch eine Brücke aus feuerfesten Steinen ersetzt wurde. Äußerlich unterschieden sich diese von den früheren auch durch die nicht mehr mit Schlitzen versehenen, sondern glatten Radschutzkästen (Abb. 210). Sie zeigten, was in ihnen steckte, als Ende der achtziger Jahre der erste Wettlauf nach Schott-

Schleudern der Treibräder aufgefangen werden konnte, zeitweise eine Auferstehung der ungekuppelten Schnellzugmaschinen statt.
Eine der Stirlingschen ähnliche 2 A 1-Maschine wurde von Massey Bromley 1879 bei der Great Eastern-Bahn eingeführt und ist bis 1882 in zwanzig Exemplaren gebaut worden (Abb. 206).
Der Wetteifer zwischen den englischen Ingenieuren, immer schönere Lokomotiven zu entwerfen, äußert sich vor allen Dingen bei den 2B-Maschinen. «Diese Frage des Aussehens», schreibt M. Demoulin (1898), «zeigt, sofern man nicht andere wesentliche Bedingungen opfert, daß der Maschinenbau sich bei einem gewissen Grade der Vollendung zu einer wahren Kunst entwickeln kann.» Die Abb. 211 möge dazu dienen, einen Eindruck jener farbenfreudigen 2B-Maschinen mit dazu passenden Wagen zu vermitteln. Die Lokomotive gehört einer Reihe von vier Stück an, die John H. Adams (nicht zu verwechseln mit

211. «North Stafford»,
2B-Schnellzug-
lokomotive,
John H. Adams, 1910

William Adams) 1910 in der Bahnwerkstatt Stoke für die North Stafford-Bahn bauen ließ. Zumeist waren es Innenzylinder-Maschinen. Abgesehen von den zur Allan-Crewe-Schule gehörenden schottischen 2B-Lokomotiven finden wir sie mit Außenzylindern in nennenswerter Zahl nur auf der London & South Western, wo sie in den 1890 von William Adams, den wir schon kennen, eingeführten, sogenannten «High Flyers» ihren Abschluß fanden. Eins war fast allen diesen frühen 2B-Maschinen gemeinsam: Sie hatten im Verhältnis zu den Zylindern zu kleine Kessel. Das wurde erst anders, als John Farquharson McIntosh ab 1896 seine berühmten «Dunalastair» einführte und dann laufend verstärkte. Sie wurden für die weitere Entwicklung der 2B-Lokomotiven in England tonangebend.

Auf dem Kontinent ist das Drehgestell zunächst in Österreich weiterentwickelt worden. Diese 2B-Maschinen können als eine Kreuzung der alten Norris- und Forrester-Schulen (Abschnitte 7.5 und 7.4) angesehen werden. Von Norris wurde vorerst das Drehgestell, von Forrester der Rahmenbau übernommen. Der Anstoß ging von der schweizerischen Nordostbahn aus, die, wie wir wissen, Kessler-Lokomotiven der Norris-Bauart besaß. Möglicherweise war bei ihnen der Rahmen zu schwach, denn die 1854 von Maffei beschafften Maschinen erhielten außenliegende Rahmen, Zylinder und Steuerung der Hallschen Bauart. Das Drehgestell besaß noch den kurzen Achsstand der Norris. 1857 starb diese Bauart auf der Nordostbahn aus, denn hier entwickelte der Maschinenmeister Krauß eine völlig gegensätzliche Bauart in Form ganz einfacher Zweikuppler. Die Badische Staatsbahn griff 1861 dieselbe 2B-Type auf, deren Weiterentwicklung dann von Österreich in die Hand genommen wurde.

Für schnelles Fahren waren diese ersten 2B-Maschinen der Bauart Hall mit ihren kurzen Drehgestellen

Als die K.K. Staatsbahn um 1884 daran ging, die Vielzahl der durch die Verstaatlichung mehrerer Gesellschaften ererbten Typen durch neue Standard-Typen zu ersetzen, wählte sie für Reisezüge die schon traditionell gewordene Außenrahmenbauart mit Elbelgestell. Allerdings verließ sie den zwar sehr steifen, aber teureren Füllrahmen zugunsten einfacher Bleche. Sonst ist das Bild das gleiche, bis auf die neue Form des Funkenfängers, den «Kobel». Dieser für Österreich so typische Rauchfang entstand 1873, indem man den unteren Teil der alten Kegelschornsteine Bauart Klein («Stanitzel» genannt) als überflüssig und windfangend abschnitt. Der «Kobel» wurde um 1904 von Rihosek verbessert.

Der ersten Reihe 2, die an die Maschinen der Kronprinz Rudolf-Bahn eng angelehnt waren, folgte von 1885 bis 1897 die eigentliche Staatsbahn-Normalbauart Reihe 4 (Abb. 213), die von allen österreichischen Fabriken in der beträchtlichen Anzahl von zweihundertdreizehn Maschinen geliefert worden ist. Es werden folgende Schleppleistungen angegeben:

212. «Rittinger», Österreichische Nordwestbahn, 1873

213. 2B-Lokomotive, Normalbauart der Österreichischen Staatsbahn, Reihe 4

und überhängender Feuerbüchse nicht geeignet. Sigl baute auf eigene Rechnung 1872 zwei Lokomotiven, bei denen dieser hintere Überhang durch die Anordnung der Feuerbüchse zwischen den Kuppelrädern vermieden wurde (Abb. 212). Eine davon, die «Rittinger» wurde als die «kommende Schnellzugmaschine» auf der Weltausstellung Wien 1873 gezeigt. Es war aber nur eine Übergangsbauart, denn das Drehgestell besaß einen Achsstand von nur 1300 mm. Das Leistungsprogramm betrug 200 t auf 3,3°/₀₀ Steigung (1:300) mit 30 km/h, und 90 t in der Ebene mit 52 km/h. Die «Rittinger» wurde von der österreichischen Nordwestbahn angekauft. Hier fand auch durch Anton Elbel der weitere Schritt voran statt. Bei den zwei 1874 bei Floridsdorf bestellten Lokomotiven «Foucault» und «Livingstone» vermied er den vorderen Überhang, indem er die Zylinder hinter die Laufräder verlegte, und verwendete eine Drehgestellbauart, die, mehr oder minder abgewandelt, sich bis zuletzt behaupten konnte. Wir werden auf diese Konstruktion zurückkommen. Die Außenrahmen-2B-Maschine mit dem Elbelschen Drehgestell verdrängte ab Mitte der siebziger Jahre die früheren 1B-Lokomotiven auf allen österreichischen Bahnen, mit Ausnahme der Staats-Eisenbahn-Gesellschaft, deren Maschinenchef, Ernest Poloncéau, von der Paris-Orleans kam und deren 1B1-Maschinen einführte.

Auf Steigungen von	10°/₀₀ (1:100)	15°/₀₀ (1:66.7)	22°/₀₀ (1:44)
bei Schnellzügen und 40 km/h	185 t	110 t	60 t
bei Personenzügen und 30 km/h	245 t	155 t	90 t

Diese österreichische Außenrahmenbauart bürgerte sich natürlich auch in Ungarn ein und fand ihren Weg weiter nach dem Balkan. Ähnliche Maschinen wurden auch für die schmalspurigen Bahnen im ehemaligen Britisch Indien als Standard-Type eingeführt.

Von der Schweiz ging ein neuer Anstoß aus. Für die meist kurzen Strecken der Stichbahnen genügten die Vorräte einer Tenderlokomotive. Als erste 2B-Tenderlokomotiven kamen zwölf von Kessler 1861 an die

Freiburg-Lausanner Bahn gelieferte Maschinen in Betrieb (Abb. 215). Sie zeichneten sich dadurch aus, daß zum ersten Mal in Europa ein langgespreiztes Drehgestell, wie es in Nordamerika schon bekannt war, verwendet wurde. Über die Bauweise dieses Drehgestells wird in der Literatur nichts berichtet. Der Wasservorrat wurde nach englischer Gepflogenheit in einem über dem Kessel liegenden, sattelförmigen Behälter mitgeführt. Ihres auffallenden Aussehens wegen belegte das Personal sie mit dem Spitznamen «Schildkröte». Die Schlepplasten betrugen 160 bis 231 t auf 12‰ Steigung (1:84,5). In der Schweiz blieb die 2B-Maschine vorerst Tenderlokomotive. Abschluß und Krönung dieser Art waren die 1890 von Maffei an die Gotthard-Bahn gelieferten drei Schnellzug-Tenderlokomotiven, die für die südliche Talstrecke im Tessin bestimmt waren und daher den größten jemals für die Schweiz ausgeführten Treibraddurchmesser von 1870 mm aufwiesen.

Dieselbe grundsätzliche Anordnung, nämlich mit Innenrahmen, Außenzylinder und Außensteuerung, jedoch mit Schlepptender, wurde auf der Wiener Weltausstellung 1878 gezeigt. Die Maschine war von Floridsdorf für die Alta Italia-Bahn gebaut. Die Drehgestellbauart mit unverschiebbarem Kugelzapfen war nach Elbel gehalten und wahrscheinlich den österreichischen Maschinen entnommen. Diese Floridsdorfer Type bewährte sich so, daß in Italien die Weiterentwicklung der 2B-Lokomotiven mit Schlepptender vor sich ging. Ab 1889 wurde nach einem Entwurfe des Maschinenchefs der Mediterraneo-Bahn, Cesare Frescot, eine wesentlich stärkere Maschine «Giovanna d'Arco» in der eigenen Werkstatt zu Turin gebaut (Abb. 214). Sie war dazu bestimmt, Schnellzüge von 160 t mit 80 km/h in der Ebene oder von 120 t mit 50 km/h auf 10‰ Steigung (1:100) zu befördern. Die

214. 2B-Lokomotive der Italienischen Staatsbahn, Gruppe 560, Giovanna d'Arco-Type, Cesare Frescot, 1889-1900

215. «Romont», 2B-Tenderlokomotive der Bahn von Fribourg nach Lausanne, 1861

216. 2C-Lokomotive der Italienischen Staatsbahn, Gruppe 650, Vittorio Emmanuele II-Type, Cesare Frescot

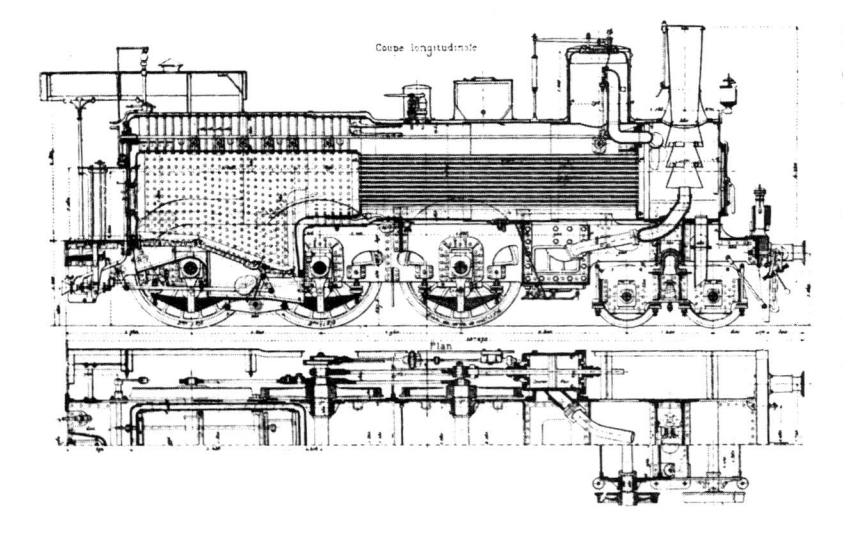

nächsten zehn waren die ersten Lokomotiven, die das von Kessler in Saronno eingerichtete Zweigwerk baute. Bis 1900 wurden einunddreißig Maschinen eingestellt, die spätere Gruppe 560 der Italienischen Staatsbahn. Bei ihnen hatte der Kugelzapfen jederseits 20 mm Seitenspiel. Man kann sagen, daß mit dieser «Giovanna d'Arco» die 2B-Lokomotive auf dem europäischen Kontinent voll ausgereift war. Es mußte nur noch die Gooch-Steuerung durch die Heusinger-Walschaert-Steuerung ersetzt werden, wie das auf der Sizilianischen Bahn bereits 1888 geschehen war, um das Bild der 2B-Lokomotiven in ihrer letzten Entwicklungsstufe zu gewinnen.

Frescot schuf auch die erste europäische 2C-Maschine mit Schlepptender (Abb. 216). Das gibt uns Gelegenheit, auf das mehrfach erwähnte Elbelsche Drehgestell mit Kugelzapfen einzugehen, dessen Konstruktion in der Abbildung ersichtlich ist. Später wurde der Kugelzapfen andersherum angebracht, um zu verhindern, daß das Schmieröl durch den Druck ausgepreßt würde. Aus welchen Gründen Frescot ein Drehgestell mit so kleinem Achsstand wählte, obgleich die 2B-Maschinen bereits ein langgespreiztes Drehgestell besaßen, ist unklar. Möglicherweise hatte er Bedenken, eine so lange Treibstange vorzusehen, wie sie sich bei einer Zylinderlage zwischen den Laufachsen ergeben hätte. Zwei Dinge sehen wir auch klar in der Schnittzeichnung: die mehrfach erwähnte, vor der Feuerbüchse gelegene Verbrennungskammer und das Blasrohr mit den Petticoat-Düsen. Diese «Vittorio Emmanuele II» war dazu bestimmt, auf der neuen Giovi-Linie mit Höchststeigungen von 25 bis 35⁰/₀₀ (1:40 bis 1:29) Züge von 120 bis 130 t mit 40 bis 50 km/h zu befördern und auf den anschließenden, ebeneren Strecken mit einer gleichen Last 60 km/h fahren zu können. Bis 1865 wurden fünfundfünfzig

217. 2B-Lokomotive der Nord, Nr. 2.874 Outrance-Type, mit gemischtem Zug

Maschinen der «Vittorio Emmanuele II»-Type gebaut, die spätere FS-Gruppe 650.

In Frankreich schrieb noch Ch. Couche 1874: «Die amerikanische Lokomotive empfiehlt sich im allgemeinen nicht für große Geschwindigkeiten, selbst nicht auf gutem Gleis, infolge der geringen Belastung des Drehgestells und der Pendelung um den Drehzapfen.» So ist es nicht erstaunlich, daß die ersten 2B-Maschinen erst 1877 in Frankreich eingesetzt wurden und das nur notgedrungen. Als auf der Nord um 1871 die Crampton ersetzt werden mußten, führte man eine 1B-Maschine ein, die aus einer versuchsweise beschafften Sturrockschen 1A1-Lokomotive, ähnlich der «Jenny Lind»-Schnellzuglokomotive der Great Northern (Abb. 116), abgeleitet worden war. Sie wurde in der Folge verstärkt. Auf den alten Strecken der Nord ließen diese Maschinen nichts zu wünschen übrig. Anders auf den späteren, teils durch Neubau, teils durch Erwerb hinzugekommenen Linien im nordfranzösischen Kohlenrevier, wo das Gelände nur kleinere Gleisbögen zuließ. Hier hatte man doch Bedenken, diese 1B-Maschinen mit ihrem langen Achsstand einzusetzen, und entschloß sich, die vordere Laufachse durch ein Drehgestell zu ersetzen. Die erste dieser neuen 2B-Lokomotiven wurde am 29. Juni 1877 vom Werk Belfort der Elsässischen Maschinenbau-Gesellschaft abgeliefert. Sie besaß Außenrahmen, auch am Drehgestell (Abb. 217). Die Belastung des Drehgestells erfolgte durch zwei seitlich auf der Drehgestelltraverse angebrachte Kugelpfannen, die sich auf einem Gleitstück radial verschieben konnten. Der Drehzapfen war unbelastet und ohne Seitenspiel. Zwar wurden von dieser 2B-Bauart, die als «Outrance» bekannt wurde, noch neunundvierzig Maschinen bis 1882 nachbestellt, 1885 wurde die letzte Reihe von zwölf jedoch wieder 1B-gekuppelt ausgeführt.

Man erkannte in Frankreich den Wert des Drehgestells für schnellfahrende Lokomotiven erst anläßlich von Vergleichsfahrten, die 1889/1890 nach einem schweren Eisenbahnunglück bei Dijon vorgenommen wurden. Eine 1B1-Lokomotive war bei voller Fahrt bergab entgleist. Es sollte daraufhin festgestellt werden, wie sich die damals in Gebrauch befindlichen Schnellzuglokomotiven bei höheren Geschwindigkeiten verhielten. Alle sieben großen Bahngesellschaften sandten zu diesen Fahrten ihre neuesten Typen, durchweg 1B- und 1B1-Maschinen. Nur die Ouest führte ihre soeben neu eingeführte 2B-Lokomotive

218. Schnellzug Paris-Lyon mit einer 1B1-Lokomotive der Serie 111-400

173

ganz englischer Bauart mit Innentriebwerk ins Feld. Es zeigte sich, daß die bislang so gelobten 1B1-Maschinen das Gleis bei den gefahrenen Geschwindigkeiten bis zu 120 km/h doch recht stark beanspruchten. Am ruhigsten lief die 2B-Maschine. Es begann sofort ein eifriger Umbau der Lokomotiven, bei der PLM der großen 1B1-Maschinen, die wir noch kennen lernen werden, bei der Ouest der letzten Polonceau-Maschinen und bei der Nord der letzten «Outrance»-Serie. Die allgemeine Einführung des Drehgestells wurde überdies bald durch die Einführung des Vierzylinder-Verbundsystems erzwungen.

Für diese Vergleichsfahrten hatte die Est auch eine ihrer Crampton gesandt, die mit einem neuartigen Kessel versehen war. Sie lief allen anderen davon, allerdings mit einer viel leichteren Zuglast. Die Schlußfolgerungen, die Salomon, Maschinenchef der Est, zog, sind ein weiterer Beweis dafür, wie lange sich das Vorurteil gegen eine hohe Kessellage gehalten hat. Der erwähnte, von Flaman erdachte Kessel kam diesem Vorurteil durchaus entgegen. Er wurde bei einer 2B-Maschine eingebaut (Abb. 219). Er bestand aus einem ganz tief gelegenen Kessel, dessen Trommel voll mit Heizröhren besetzt war, und einer zweiten darauf sitzenden Trommel, die, halb mit Wasser gefüllt, den Dampfraum bildete. Die hinter der durchhängenden Feuerbüchse gelegene Kuppelachse und die Anordnung der Zylinder in der Schwerpunktebene sind weitere Anklänge an die alten Crampton. Von dieser Flaman-Type wurden bis 1894 vierzig Maschinen gebaut, die Serie 801-840.

10.3. Die einachsigen Lenkgestelle

Bei den dreiachsigen Lokomotiven befanden sich die Konstrukteure in einer Zwangslage: Sollten die Maschinen auch bei höheren Geschwindigkeiten gute Laufruhe aufweisen, mußte ein langer Achsstand vorgesehen werden; mußten sie auch kleinere Gleisbögen befahren, war dem Achsstand eine Grenze gesetzt, es sei denn, man hätte der Vorderachse Seitenspiel gegeben. Doch wie schon mehrfach erwähnt, genügte dies allein nicht, weil dann die Führung in der Geraden nicht ausreichend war.

Das älteste Mittel, beiden Notwendigkeiten gerecht zu werden, waren die Keilflächen an den Achslagern, die wir schon kennen gelernt haben. Im Abschnitt 6.4 haben wir geschildert, wie sich Forquenot gezwungen sah, den Lauf seiner 1B-Schnellzuglokomotiven durch Hinzufügen einer hinteren Laufachse zu beruhigen. Mit den so entstandenen 1B1-Maschinen ergaben sich den 2B-Lokomotiven an Leistung gleichwertige, konstruktiv aber einfachere Maschinen, die außer auf der PO auch auf der Etat und vor allem auf der PLM heimisch wurden. Auch auf der PLM baute man zunächst 1B-Maschinen nach dem Vorbild der PO-Maschinen um. Ab 1876 wurden sie dann mit einigen Änderungen neu gebaut: Insbesondere wurde die Feuerbüchse nach Belpaire ausgeführt, vergrößert und auf die letzte Achse abgestützt (Serie 51-110). Die Maschinen der endgültigen, von 1879 bis 1884 in großer Zahl beschafften Bauart Serie 111-400 (Abb. 218) waren die stärksten 1B1-Lokomotiven in Frankreich. Die Bogenläufigkeit wurde durch 10 mm Spiel nach jeder Seite bei den Laufachsen gewahrt, bei mehreren Maschinen aber durch radial einstellbare Achsen. Bei Probefahrten zogen diese Maschinen 257 t mit 80 km/h auf einer Steigung von $4^0/_{00}$ (1:250). Mit nur einem angehängten Wagen erreichten sie 132 km/h. Aufgrund der bei den vorher erwähnten Vergleichsfahrten gesammelten Erfahrungen baute man dennoch 1891/1898 sechsundneunzig in 2B-Lokomotiven um, andere verwandelte man in 1C-Maschinen, und schließlich erlitt der Rest ab 1925 die Metamorphose zur D-Tenderlokomotive.

Die ausschließlich parallele seitliche Verschiebung der Achsen war nur eine unvollständige Lösung. Wir haben schon gesehen, daß Bissel das Problem wesentlich besser löste. Es gab aber auch eine ganze Reihe anderer Vorschläge, unter denen sich bald zwei grundsätzliche Systeme herausschälten: Lenkachsen mit festem Drehpunkt und solche mit ideellem Drehpunkt, um eine radiale Einstellung der Achse zu ermöglichen. Eine konstruktive Vereinfachung der zu den ersten gehörenden Deichselachsen erfand 1870 der Maschinenmeister Novotny der Sächsischen Staatsbahnen. Die ins Erzgebirge eindringenden

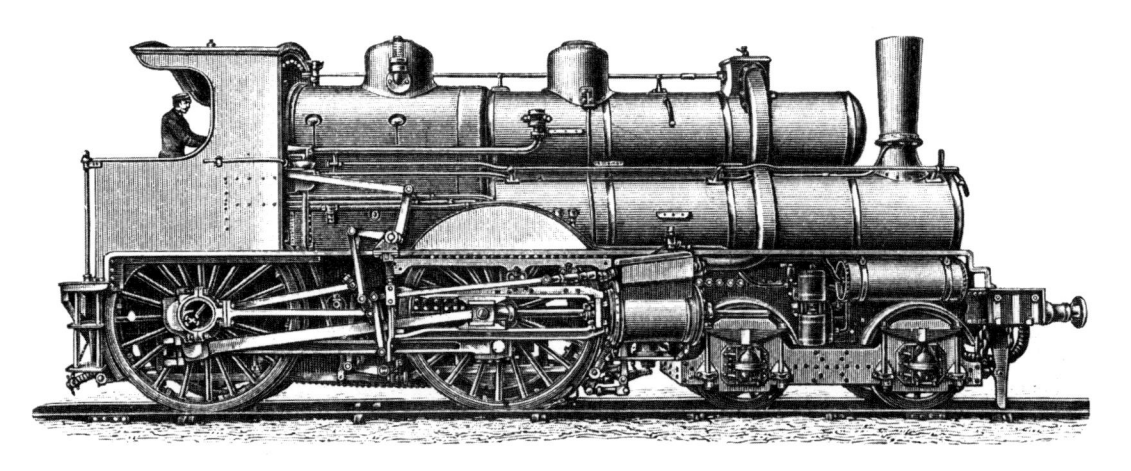

219. 2B-Lokomotive der Est mit Flaman-Kessel, 1890

Strecken dieser Bahn wiesen teilweise Gleisbögen bis zu 172 m Halbmesser herab auf. Novotny verlegte den Drehzapfen in die Mitte der Lenkachse und befestigte ihn ohne Seitenspiel am Rahmen. Die Achsbüchsen waren an einem besonderen rechteckigen Rahmen angebracht, der sich mit der Achse mitdrehte. Die beiden Tragfedern waren hinten an diesem Rahmen aufgehängt und vorne durch einen Querbalancier verbunden, so daß durch diese Dreipunktaufhängung die gleichbleibende Belastung der Räder gewahrt war. Damit der Hilfsrahmen dem Federspiel folgen konnte, war der Drehzapfen mit einer aufgesetzten Kugel versehen, die in einer Hohlpfanne spielte. Die Rückstellkraft wurde durch dachförmige Druckplatten erzeugt, deren Neigungen in der Gleisrichtung lagen. Diese Novotny-Lenkachse ist bei den Sächsischen Staatsbahnen und anderen deutschen Bahnverwaltungen zeitweise mit gutem Erfolg verwendet worden. Abbildung 220 zeigt eine solche Maschine aus einer Lieferung von Hartmann 1872. Trotz der Lenkachse und der Zylinderlage dicht an den Kuppelachsen ist der gesamte Achsstand noch ängstlich kurz gehalten und daher die Feuerbüchse überhängend. Diese Maschinen sollen aber einen durchaus ruhigen Lauf gehabt haben.

Das zweite System, das der Lenkachsen mit radialer Einstellung um einen ideellen Drehpunkt, beschäftigte mehrere Konstrukteure. In Frankreich war es Edward Roy, der bei dieser Arbeit ein zeichnerisches Verfahren entwickelte, mit dessen Hilfe zu ermitteln war, wie sich eine Lokomotive in den Gleisbögen einstellte. Das Prinzip dieser Art Lenkachsen besteht darin, daß die Achsbüchsen in Führungen spielen, die im Radius eines ideellen Drehpunktes gekrümmt sind. Roys erste Ausführung 1856 war noch unvollkommen. Erst eine verbesserte Ausführung setzte sich in den achtziger Jahren bei der französischen Nordbahn durch. Um dieselbe Zeit wie Roy entwickelte der Deutsche Windmark ein ähnliches System, dessen Rückstellvorrichtung mechanisch aber zu kompliziert war. Es kann jedoch als Vorläufer der am meisten verbreiteten Bauart des Engländers W. Bridge Adams gelten. Seine Radialachse wurde zuerst an einer von Cross & Co. gebauten und im November 1863 in Betrieb genommenen 1B1-Tenderlokomotive für die englische St. Helens-Bahn, der «White Raven», angewendet. Die Radialachsen hatten keine Rückstellung, so daß die Lokomotive stark schlingernd lief. Die letzten Verbesserungen an dieser Adams-Achse nahm Webb bei der LNWR vor. Während bei Adams die Achslagerkästen durch einen in der Mitte der Lagerschale vorgesehenen Bund einzeln verstellt wurden, verband Webb beide Achslagerkästen durch parallele Bleche miteinander. Die Achslager wurden durch die Achsschenkel in den am Hauptrahmen befindlichen Rundführungen verschoben. Später wurden die Verbindungsbleche durch ein Hohlgußstück ersetzt. Die Rückstellung erfolgte, wie schon bei den letzten Ausführungen Adams', durch waagerechte Spiralfedern. In der Webbschen Form fanden die Adams-Achsen in ganz Europa weite Verbreitung, vor allem bei 1C- und 1D-Lokomotiven. Für schnellfahrende Züge waren sie weniger geeignet. Eine mit Adams-Achsen ausgerüstete Schnellzuglokomotive gibt uns Gelegenheit, auf das Wirken Alfred Belpaires bei der Belgischen Staatsbahn einzugehen. Wir erwähnten schon, daß der steigende Preis für Koks den Übergang zur Verfeuerung von Steinkohle zur Folge hatte. Diese mußte abgesiebt werden und ergab dabei einen großen Abfall an Feinkohle, die darum billig zu haben war. Belpaire mußte große Rostflächen vorsehen, um diese Feinkohle verwenden

220. «Weipert», 1B-Lokomotive der Sächsischen Staatsbahn, 1872

221. 1B1-Schnellzuglokomotive der Belgischen Staatsbahn, Reihe 12, Alfred Belpaire, 1888-1897

zu können; wir haben bereits ähnliche Fälle in Nordamerika kennengelernt. Er wählte aber eine ganz andere Konstruktion. Natürlich waren Außenrahmen angebracht, damit der Rost etwas breiter als sonst ausgeführt werden konnte. Für die Feuerbüchse kam er auf die Bauweise der alten «Vindobona» vom Semmering-Wettbewerb zurück. Er führte die Decke flach aus, was einen größeren Dampfraum ergab und durch die ebenen Wände das Einziehen der Stehbolzen und Deckenanker erleichterte. Zunächst waren es naturgemäß 1 B- und C-Lokomotiven mit langen, flachen,

222. 1D-Lokomotive der Sächsischen Staatsbahn, Gattung IX V, E.R. Klien und H.R. Lindner, 1902-1908

über der letzten Achse gelegenen Rosten (Abb. 223). Als diese ab 1861 gebauten Maschinen nicht mehr ausreichten, schuf er zwei neue, ganz wesentlich stärkere Bauarten. Es waren dies eine für damalige Zeiten gewaltige 1 C-Lokomotive, die 1889 herauskam und für die steigungsreiche Luxemburger Strecke bestimmt war, und daneben eine 1 B 1-Schnellzuglokomotive. Beide hatten vieles miteinander gemein, zum Beispiel Außenrahmen, Innentriebwerk, Tragfedern, die ungespannt eingebaut wurden und daher nach unten gekrümmt waren, und eine führende Adams-Achse, deren Rückstellung durch Keilflächen erfolgte (Abb. 221). Während der Rost bei der 1 C-Maschine noch zwischen den 1700 mm hohen Kuppelrädern Platz fand, war dies bei den 2100 mm Treibrädern der 1 B 1-Lokomotive nicht möglich, ohne den Kessel sehr hoch zu lagern, wogegen noch starke Bedenken bestanden. So wurde die Feuerbüchse zweiteilig ausgeführt, breit über der Schleppachse und schmaler

und tiefer zwischen den Kuppelrädern. Da die Feinkohle durch einen scharfen Auspuff teilweise unverbrannt mitgerissen worden wäre, sah Belpaire viereckige, sich nach oben verjüngende Kamine vor, die später durch runde, umgekehrt kegelförmige Schornsteine ersetzt wurden. Das Leistungsprogramm dieser Schnellzuglokomotiven sah vor, eine Anhängelast von 150 t auf einer 5 km langen Steigung von $5^0/_{00}$ (1:200) mit 90 km/h zu befördern. Von dieser Reihe 12 wurden 1888/1897 einhundertneun Maschinen mit geringfügigen Änderungen und wachsendem Gewicht gebaut. Die komplizierte Feuerbüchse war schwierig zu unterhalten, darum wurden ab 1910 neue Kessel mit schmaler, langer Feuerbüchse eingebaut, zumal man von der Feinkohlenfeuerung inzwischen abgekommen war. In dieser Form hielten die Maschinen bis 1931 aus.

Die Belpaire-Lokomotiven sind außerhalb Belgiens nur einmal Anfang der neunziger Jahre mit acht Maschinen bei der Main-Neckar-Bahn vertreten, und zwar in der Ausführung mit normalem Rost und Schornstein. Hingegen hat sich die ursprüngliche Belpaire-Feuerbüchse weitgehend eingeführt, und bis zum Schluß ließ sich nicht eindeutig entscheiden, ob sie der Cramptonschen Form überlegen war oder nicht.

Kehren wir zu den Schwenkachsen, wie sie F. Meineke (1949) nennt, zurück. Eine weitere Abart geht auf die Mitglieder der Generaldirektion der Sächsischen Staatsbahn, Ewald Richard Klien und Heinrich Robert Lindner, zurück. Es handelte sich darum, eine kräftige Güterzuglokomotive für sehr krümmungsreiche Strecken zu entwerfen. Wegen der geringen Tragfähigkeit des Oberbaus sollte jedoch das Gewicht auf eine möglichst lange Basis verteilt werden. Es waren also zwei entgegengesetzte Bedingungen zu erfüllen. Man entsprach dieser Forderung mit den Maschinen der Gattung IX V (Abb. 222). Die vordere Laufachse wurde mit radialem Ausschlag nach Adams ausgeführt. Bei der zweiten Kuppelachse gab man 17 mm Spiel nach jeder Seite. Die weit nach hinten geschobene vierte Kuppelachse mußte notgedrungen radial schwenkbar sein. Dies wurde dadurch erreicht, daß die Kurbeln auf einer Welle saßen, die in üblicher Weise in einem Außenrahmen fest gelagert war. Die Mitte dieser sogenannten Kernachse war kugelförmig erweitert. In der Kugel saßen diametral gegenüber Zapfen, die ähnlich wie bei einem Kardangelenk eine äußere Hohlkugel mitnahmen, die den mittleren Teil einer die Kernachse umhüllenden gußeisernen Hohlachse bildete. Auf dieser saßen

176

außen die Räder. So konnten sich diese in den Kurven radial einstellen, wobei der Winkelausschlag und die Rückstellung in der geraden durch ein Lenkgestänge vom Tender aus gesteuert wurde. Der für die Lagerung der Kernwelle notwendige hintere Außenrahmen war für die Ausbildung eines großen Rostes sehr günstig. Trotz des langen Achsstandes schrieben sich diese Lokomotiven in Gleisbögen von nur 170 m zwanglos ein. Um bei Steigungen den Wasserstand hoch zu halten, wurde über dem Kessel statt des Domes ein großes Dampfsammelrohr angeordnet. Eine weitere Eigenart war die Betätigung der Kulisse der Heusinger-Walschaert-Steuerung von der Mitte der Treibstange aus nach Art der englischen Joy-Steuerung. Die beiden Zylinder arbeiteten mit zweifacher Dampfdehnung. Die Lokomotiven dieser Gattung IX *V* zogen 1310 t in der Ebene mit 50 km/h und 605 t auf 10⁰/₀₀ (1:100) Steigung mit 25 km/h. Sie wurden später als Heißdampflokomotiven ausgeführt und bei den vorhandenen wurde der ebenfalls von Klien entworfene Dampftrockner durch den Schmidt-Überhitzer ersetzt. Im ganzen kamen 1902 bis 1908 fünfzig solcher Maschinen in Betrieb.

Die Klien-Lindner-Hohlachse ist bei Schmalspurlokomotiven recht beliebt gewesen. Am bekanntesten dürften wohl die 60 cm-spurigen D-Tenderlokomotiven sein, die während des ersten Weltkrieges in großer Zahl für die Heeresfeldbahnen gebaut worden sind und, für die Eisenbahnbrigade geschaffen, als «Brigadelokomotiven» bekannt wurden.

10.4. Das Krauß-Helmholtz-Drehgestell

Die beschriebenen Schwenkachsen konnten sich in bezug auf Führungseigenschaften nicht mit den normalen Drehgestellen mit Mittelzapfen messen. Richard v. Helmholtz, Sohn des berühmten Physikers, seit 1873 Chefkonstrukteur bei Krauß & Co. in

223. Bahnhof im Walde. Ausschnitt aus einem Gemälde von Paul Delvaux. Im Vordergrund eine 1B-Belpaire-Lokomotive

177

224. 1B2-Tender-
lokomotive
der Bayerischen
Staatsbahnen,
Gattung D XII,
1897-1907

München, hatte sich wissenschaftlich mit dem Lauf der Lokomotiven in Gleisbögen beschäftigt. Ihm verdanken wir eine erfolgreiche Lösung für ein bewegliches Gestell, das, wie schon Baldwin beabsichtigt hatte, gestattete, die zweite Drehgestellachse zu kuppeln und trotzdem die guten Führungseigenschaften des Mittelzapfendrehgestells beizubehalten. Die freie Laufachse ist in einer Deichsel, ähnlich wie die Bissels, gelagert, doch befindet sich der Drehpunkt etwa in der Mitte zwischen der voranlaufenden und der ersten Kuppelachse. Diese ist seitlich verschiebbar und wird durch ein Gehäuse, das sie in der Mitte umfaßt, mittels der Deichsel verschoben. Ursprünglich war der Drehzapfen der Deichsel fest, später erhielt er ebenfalls Seitenspiel und Rückstellvorrichtung. Auf diese Weise verteilte sich bei der Einfahrt in Gleisbögen der Seitendruck wie bei einem Mittelzapfendrehgestell auf die beiden ersten Achsen.

Dieses Krauß-Helmholtz-Drehgestell wurde zum ersten Mal 1888 bei einer C1-Tenderlokomotive Gattung D VIII der Bayerischen Staatsbahn eingebaut, die für die sehr krümmungsreiche Strecke Reichenhall-Berchtesgaden bestimmt war. Die guten Führungseigenschaften zeigten sich vor allem auf der schnellen Talfahrt, wo die Lokomotiven rückwärts liefen. Eine Reihe weiterer, ähnlicher C1-Tenderlokomotiven mit verschiedenen Abmessungen wurden dann nachbeschafft, vorerst für Nebenbahnbetrieb. Der nächste Schritt zur Vollbahnlokomotive fand 1897 ebenfalls bei den Bayerischen Staatsbahnen statt, als für den Münchener Nahverkehr Lokomotiven für höhere Fahrgeschwindigkeiten benötigt wurden. Diese Gattung D XII wurde als 1 B 2-Tenderlokomotive ausgeführt, da das Gewicht der Vorräte hauptsächlich auf dem hinteren Drehgestell ruhte und somit bei ihrem allmählichen Verbrauch das Reibungsgewicht der Kuppelräder nicht wesentlich verminderte, was bei einer häufig anfahrenden Lokomotive unerwünscht ist (Abb. 224). Beide vorderen Achsen waren zu einem Krauß-Helmholtz-Gestell vereinigt. Die Drehzapfen beider Gestelle und auch die erste im Hauptrahmen gelagerte Kuppelachse hatten Seitenspiel. Einzig die zweite Kuppelachse war fest gelagert. Die Maschine besaß daher keinen festen Radstand, wie er bis dahin für unumgänglich nötig gehalten wurde. Dafür ergab sich zwischen den beiden Drehzapfen eine große geführte Länge und trotz der unsymmetrischen Achsanordnung gleiche Laufeigenschaften in beiden Richtungen. Diese Lokomotiven waren für die weite Verbreitung, die das Krauß-Helmholtz-Gestell erreichen sollte, bahnbrechend. Bis 1907 wurden von der Bayerischen Staatsbahn, der Pfalzbahn und den Reichseisenbahnen in Elsaß-Lothringen insgesamt einhundertvierundsiebzig derartige Maschinen beschafft.

Ganz besonders schwierige Betriebsverhältnisse wiesen die meterspurigen Bahnen auf, die längs der spanischen Biskaya-Küste im schroffen gebirgigen Gelände verlaufen. Ständig wechselnde Steigungen und

225. 1C-Stütztender-Lokomotive für spanische Küstenbahnen, v. Helmholtz

aufeinanderfolgende enge Gleisbögen erforderten Lokomotiven von hoher Leistung und dennoch guter Bogenläufigkeit. Was v. Helmholtz an Lokomotivtypen hierfür schuf, gehört zu den Meisterstücken des Lokomotivbaues. Mit 1 C 1-Tenderlokomotiven langen Achsstandes fing er 1902 an. Dann folgten solche mit verkürztem Achsstand, alle wie die bayerischen D XII ohne jeden festen Achsstand. Die bemerkenswertesten von allen waren die 1C-Stütztenderlokomotiven, die erstmals gleichzeitig für die San Sebastian-Elgoibar-Bahn (spätere Vascongados) und die Kantabrische Bahn geliefert wurden. Die letzte Ausführung vom Jahre 1920 war mit Schmidt-Überhitzer versehen (Abb. 225). Um mit Rücksicht auf die vorhandenen Drehscheiben den gesamten Achsstand kurz zu halten, wurden nicht nur Stütztender vorgesehen, sondern auch die Zylinder schräg über die voranlaufende Laufachse gelegt. Der Stütztender ermöglichte ferner, trotz der kurzen Baulänge eine geräumige Feuerbüchse gut abgestützt unterzubringen. Die Laufachse ist mit der zweiten Kuppelachse zu einem Krauß-Helmholtz-Drehgestell vereinigt. Die erste Kuppelachse erhielt einfaches Seitenspiel, die letzte war als einzige fest gelagert, da auch der Tender radial ausschwenken konnte. Diese Maschinen, die der Lieferung an die Vascongados angehörten, waren dazu bestimmt, 300 t auf einer Steigung von $26^0/_{00}$ (1:38,5) in Kurven von 100 m Halbmesser mit 30 km/h zu befördern. Auf ebener Bahn fuhren sie 60 km/h mit vollständiger Laufruhe und sanftem Einlauf in den Gleisbögen. Im ganzen lieferte Krauß für diese nordspanischen Küstenbahnen siebenundzwanzig derartige 1C-Stütztenderlokomotiven, dazu kamen sechs Maschinen von Maffei. Als die Vascongados ihre Strecken auf elektrischen Betrieb umstellten, wurden diese Lokomotiven nur zu gern von anderen Bahnen übernommen und fielen erst vor wenigen Jahren der Dieseltraktion zum Opfer. Auf der Ponferrada-Villablino-Bahn war man mit den erworbenen sechs Maschinen so zufrieden, daß noch 1950 und 1956 vier Stück bei der spanischen Firma MACOSA nachbestellt wurden. Da diese hauptsächlich dem Kohlentransport dienende Bahn nicht die Absicht hat, auf Dieseltraktion umzustellen, können Dampflokomotivfreunde noch auf lange Zeit hin zehn dieser interessanten Helmholtz-Schöpfungen voll in Betrieb sehen. Wie das so ist, wenn sich eine gelungene Konstruktion durchsetzt, treten bald Nachahmer auf. In diesem Fall war es der Italiener Zara, der statt der Deichsel einen kompletten Rahmen zur Verbindung der Lauf- und Kuppelachse vorsah. Die Rückstellung erfolgte durch Pendelaufhängung. Dieses Zaragestell verdrängte in Italien so völlig das normale Mittelzapfendrehgestell, daß es nur noch ein einziges Mal bei 2C1-Lokomotiven verwendet wurde. Wir werden noch Lokomotiven mit diesem Zaragestell kennen lernen.

11. NEUE FORTSCHRITTE IN DER WÄRMEAUSNUTZUNG

226. 1A-Tenderlokomotive mit Gepäckraum für Omnibuszüge, Verbundlokomotive System v. Borries, 1880

11.1. Das Verbundverfahren

11.1.1. Die Zweizylinder-Verbundlokomotive

Mit der Zeit war der Kesseldruck allmählich von 3 bis 5 atü auf 8 atü in den siebziger Jahren gestiegen. Ein höherer Kesseldruck ist wirtschaftlich vorteilhaft, da er im Vergleich zu dem niederen mit viel geringerem Aufwand an Wärmeeinheiten, also an Kohlenverbrauch gewonnen wird. Der höhere Druck leistet im Zylinder eine größere Arbeit. Die Dampftemperatur beim Eintritt ist aber höher und so ergibt sich bei der Expansion ein viel größerer Temperaturunterschied zwischen Eintritt und Austritt. Das hat zur Folge, daß sich während der Expansion die Zylinderwände stärker abkühlen als bei geringerem Eintrittsdruck, die Dampfverluste durch Kondensation werden größer. Unterteilt man den Expansionsvorgang, indem man den Dampf erst in einem der Zylinder teilweise und dann im zweiten Zylinder weiter entspannt, so ist das Temperaturgefälle in jedem der beiden Zylinder kleiner und damit die Kondensation an den Zylinderwänden geringer. Man spart also bei diesem sogenannten Verbundverfahren (englisch «compound») Dampf und dementsprechend auch Brennstoff. Natürlich muß hierbei der mit dem niederen Druck arbeitende Zylinder größer sein als der Hochdruckzylinder, sollen beide annähernd gleiche Arbeit leisten. Ein größerer Niederdruckzylinder ist auch aus dem Grunde nötig, weil er das größere Volumen des Dampfes mit niedrigerem Druck schlucken muß.

Das Verbundverfahren war bei ortsfesten und Schiffsmaschinen schon seit den sechziger Jahren gang und gäbe. Für Lokomotiven fand erst der Schweizer Ingenieur Anatole Mallet eine praktisch brauchbare Lösung, für die er am 10. Oktober 1874 in Frankreich sein erstes Patent erhielt. Es gelang Mallet nicht, die großen Bahngesellschaften zu einem Versuch anzuregen, wohl aber die Direktion der damals im Bau befindlichen Nebenbahn von Bayonne nach Biarritz.

Für diese entwarf Mallet eine B1-Tenderlokomotive, von der Schneider in Le Creusot drei, die ersten erfolgreichen Verbundlokomotiven der Welt, baute (Abb. 227). Allerdings mußte er sie so gestalten, daß sie ohne weiteres in Zwillingsmaschinen umgebaut werden konnten.

Die erste Schwierigkeit, die Mallet bei der Konstruktion zu überwinden hatte, war der Anfahrvorgang. Stand die Lokomotive so, daß der Schieber des Hochdruckzylinders den Einlaß des Dampfes in ihn sperrte, konnte die Maschine natürlich nicht anfahren. Befand sich der Niederdruckschieber seinerseits in derselben Stellung, stand für das Anfahren nur der Hochdruckzylinder bereit, und der von ihm ausströmende Dampf erzeugte einen hohen Gegendruck. Man mußte also einen Zwischenbehälter («Verbinder» oft auch «receiver» genannt) einfügen, der auch sonst nötig war, da ja der Zeitpunkt für das Ausströmen des Hochdruckdampfes infolge der um 90° versetzten Kurbelstellung nicht mit dem des Einströmens im Niederdruckzylinder übereinstimmte. Mallet überwand diese Schwierigkeit durch eine oben an der Rauchkammer in einem gußeisernen Kasten untergebrachte Anfahrvorrichtung. Sie bestand aus einem Flachschieber, der vom Führer betätigt werden konnte und durch entsprechende Kanäle den aus dem HD-Zylinder kommenden Dampf je nach Bedarf entweder in den ND-Zylinder oder direkt in den Schornstein strömen ließ. Ein nachgeschaltetes automatisches Druckminderventil verhinderte, daß Dampf allzu hohen Druckes in den ND-Zylinder eindrang. Diese drei ersten Verbundlokomotiven kamen 1873 in Betrieb. Im Vergleich mit gleichartigen Zwillingslokomotiven ergab sich etwa 25% Brennstoffersparnis. Auf der 8 km langen Strecke mit Steigungen von 12,5 bis 15‰ (1:80 bis 1:66,7) beförderten sie regelmäßig Züge von 50 t mit 32 bis 40 km/h. Die Wagen waren zweistöckig, dadurch erklärt sich der überlange Schornstein.

Diesen ersten drei folgten 1878 ebensoviele stärkere C-Tenderlokomotiven, die 100 t ziehen konnten. Eine davon fand auf der Weltausstellung Paris 1878 nur sehr geringe Beachtung. Immerhin entschloß sich Forquenot, bei der PO einen Versuch zu wagen, indem er 1877 in einer seiner 1B1-Schnellzuglokomotiven, BN.210, einen der Zylinder von 420 mm Durchmesser durch einen größeren von 550 mm ersetzte. Nachdem diese Maschine rund 95000 km zurückgelegt hatte, wurde sie 1881 wieder zur Zwillingsmaschine zurückgebaut, da weder die Leistung noch der Brennstoffverbrauch den Erwartungen entsprach.

Schuld daran war das ungenügende Verhältnis zwischen dem Inhalt des HD- und dem des ND-Zylinders.

Zwei Männer waren sich sofort der Bedeutung des Verbundsystems bewußt: in Deutschland der Maschinendirektor der Hannoverschen Staatsbahn, v. Borries, in England F.W. Webb, Lokomotivsuperintendent der LNWR. Sie schlugen aber ganz verschiedene Wege ein. Wir wollen zunächst den des ersteren verfolgen, in dessen Fußstapfen bald T.W. Worsdell von der englischen North Eastern-Bahn trat.

Wie Mallet mußte sich auch v. Borries zunächst für seine Versuche mit kleinen Nebenbahnmaschinen bescheiden. Es waren zwei 1A-Tenderlokomotiven, die 1880 von Schichau geliefert wurden und für die Beförderung leichter sogenannter Omnibuszüge auf den Strecken Hannover-Kreiensen und Northeim-Ottbergen bestimmt waren. Zur Verminderung des Zuggewichtes war hinter dem Führerhaus ein Gepäckraum vorgesehen (Abb. 226). Um einen genauen Vergleich zu ermöglichen, wurden ebenfalls bei Schichau zwei völlig gleiche Zwillingsmaschinen bestellt. Während Mallet zum Anfahren, wie wir gesehen haben, einen vom Führer wahlweise zu betätigenden Wechselschieber vorsah, war v. Borries anderer Meinung, weil «der Führer bisweilen nicht wissen kann, ob er am besten nach dem gewöhnlichen oder nach dem Compound-System arbeiten soll». Diese geringe Einschätzung der Fähigkeiten des Lokomotivpersonals zieht sich wie ein roter Faden durch die Geschichte der Entwick-

227. «Anglet», B1-Tenderlokomotive, erste Verbundlokomotive, A. Mallet, 1873

lung der preußischen Lokomotiven. Aus dieser Überlegung entwarf v. Borries eine selbsttätige Anfahrvorrichtung. Sie bestand aus einer Bohrung von 10 mm im Spiegel des Reglerschiebers, durch die über ein Rohr Frischdampf in den ND-Zylinder einströmen konnte, wenn der Regler zum Anfahren voll ausgelegt, und die sich schloß, wenn dieser etwas zurückgezogen wurde. Seitdem sind unzählige Patente sowohl für handbetätigte Wechselschieber, als auch für automatische Anfahrventile beantragt worden, deren Beschreibungen ganze Seiten der zeitgenössischen Fachliteratur füllen. Noch war man sich nicht darüber im klaren, welches das zweckmäßigste Verhältnis der Füllungsgrade zwischen HD- und ND-Zylinder wäre. Auf v. Borries' Vorschlag teilte man bei den im Januar 1881 von Schichau an die Kgl. Ostbahn gelieferten B-Tenderlokomotiven, die ebenfalls für Nebenbahnbetrieb bestimmt waren, die Steuerwelle, damit die Füllungen beider Zylinder unabhängig voneinander geregelt werden konnten.

Da sich diese kleinen Lokomotiven im Brennstoffverbrauch wirtschaftlicher als Zwillingslokomotiven erwiesen, wurden auf Veranlassung v. Borries' 1882 von Henschel zwei der preußischen C-Normallokomotiven versuchsweise nach dem Verbundverfahren gebaut (Kgl. Eisenbahn-Direktion Hannover, BN. 1121-1122). Bei ihnen war der Aufwerfhebel der innenliegenden Allan-Steuerung auf der ND-Seite derart gegen die HD-Seite versetzt, daß der ND-Zylinder bei Vorwärtsfahrt eine größere Füllung als der HD-Zylinder erhielt, und zwar im Verhältnis 40:50%. Auf diese Weise konnte bei einem etwas verringerten ND-Zylinderdurchmesser die Arbeitsleistung auf beiden Seiten ausgeglichen werden, eine Eigentümlichkeit, die von nun ab alle nach dem v. Borries-Verbundsystem arbeitenden Maschinen auszeichnete. Beide Maschinen, die spätere Gattung G3, wurden in demselben Dienstplan wie die gleichartigen Zwillingslokomotiven sowohl auf Flachland- als auch auf Bergstrecken eingesetzt. Die Kohlenersparnis betrug 9 bis 20%, je nach den vorliegenden Betriebsverhältnissen. Damit war der Bann gebrochen, das Verbundverfahren konnte auf der Preußischen Staatsbahn in großem Maßstabe eingeführt werden. Bis zum Jahre 1899 wurden siebenhundertachtundsechzig dieser C-Verbundlokomotiven in Betrieb gestellt und noch 1903 achtundfünfzig modernisierte Dreikuppler verstärkter Bauart mit hochliegendem Kessel als Gattung G 4[3] beschafft.

Unter dem dauernden Einfluß v. Borries' wurde in Preußen die Zweizylinder-Verbundlokomotive systematisch weiterentwickelt, wobei man dieselbe Lokomotivgattung auch als Zwillingsmaschine baute, vor allem für die Industriebezirke, wo die Bahnhofsentfernungen kürzer waren und häufig rangiert wurde, denn dabei machte sich die Brennstoffersparnis des Verbundsystems weniger bemerkbar. Trotzdem überwog bei der 1892 eingeführten 1C-Güterzuglokomotive die Anzahl der mit Verbund arbeitenden Maschinen, und dasselbe war bei den Vierkupplern der Gattung G7 der Fall.

Die Anwendung des Verbundverfahrens bei den preußischen 1 B-Normallokomotiven hätte durch den großen ND-Zylinder eine übermäßige Belastung der Vorderachse ergeben. Um dies zu vermeiden und gleichzeitig die Laufeigenschaften zu verbessern, verlegte v. Borries daher die Zylinder hinter die Laufachse, die fest ohne Seitenspiel gelagert war. Da nunmehr zwischen den Zylindern und der Feuerbüchse keine genügende Länge für die in Preußen übliche innenliegende Allan-Steuerung verblieb, wurde zum ersten Male bei der Preußischen Staatsbahn eine äußere Heusinger-Walschaert-Steuerung angewandt. Die Steuerwelle mußte, ebenfalls wegen Platzmangels, bogenförmig um den Kessel angebracht werden. Zwar bewährten sich diese erstmalig 1884 von der Hanomag gelieferten Lokomotiven im Schnellzugdienst, aber die Zeit für nur dreiachsige Maschinen dieser Art näherte sich ihrem Ende, so daß nur vierzehn beschafft wurden.

Für die Beförderung von Schnellzügen auf der längere Steigungen aufweisenden Strecke Frankfurt am Main-Bebra wurden 1887 gleichartige Lokomotiven beschafft, die aber den angemesseneren kleineren Treibraddurchmesser von 1750 statt 1880 mm erhielten. Rost- und Heizfläche wurden etwas vergrößert.

228. 1B-Verbundlokomotive der Preußischen Staatsbahnen, Gattung P3[2], v. Borries, 1887

Die Verbindungsrohre zwischen HD- und ND-Zylinder wurden anfänglich wie bei der vorerwähnten Lokomotive durch die Rauchkammer hindurchgeführt, schließlich aber um den Kessel herumgelegt. Auch die Rauchkammer erhielt eine größere Länge. In dieser endgültigen Form wurde sie später mit einem Regelführerhaus versehen (Abb. 228). Obwohl als Hügelland-Schnellzuglokomotive gedacht, stellte sie sich als vorzügliche Personenzugmaschine heraus. Es wurden daher bis 1903 einhundertachtundzwanzig Maschinen beschafft, also noch ein Jahr länger als die spätere 2B-Gattung P4.

Diese v. Borriessche P 3^2 gab das Vorbild für ähnliche Maschinen der Sächsischen Staatsbahn, Gattung VIb V, die Hartmann 1886 lieferte. Die Vorderachse dieser Maschinen war nach Novotny ausgeführt. Bei den von der Bayerischen Staatsbahn 1889 von Krauß bezogenen ähnlichen Maschinen, die den Spitznamen «Reichskamele» erhielten, wurde ein vorderes Krauß-Helmholtz-Gestell vorgesehen. Von dieser Gattung B X kamen bis 1891 nur vierzehn Maschinen in Betrieb.

Der Schritt zur 2B-Lokomotive war schließlich, trotz des Mißtrauens, das man noch immer in Norddeutschland gegenüber dem Drehgestell hegte, nicht mehr zu umgehen. Unter v. Borries' Mitwirkung wurden vorerst versuchsweise die beiden ersten 2B-Lokomotiven der Preußischen Staatsbahnen im November 1890 geliefert. Das Drehgestell war von der amerikanischen Bauart mit Schwanenhals-Ausgleichshebel abgeleitet. Die Last wurde ohne Inanspruchnahme des Drehgestells unmittelbar durch seitliche Gleitbakken auf die zwei längsliegenden, an den Schwanenhälsen aufgehängten Blattfedern übertragen. Der am Hauptrahmen fest gelagerte Drehzapfen spielte in einem seitlich im Drehgestellrahmen verschiebbaren Gleitstück, dessen Rückstellung zunächst durch Kegelfedern, später durch waagerechte Blattfedern bewirkt wurde. Dieses sogenannte hannoversche Drehgestell zeichnete sich durch seine kaum zu übertreffende Einfachheit und eindeutige Lastübertragung sowie durch gute Führungseigenschaften aus. Es wurde das Vorbild für alle späteren preußischen Drehgestelle und selbst für die der Reichsbahn.

Nach einem Zwischenspiel mit einer etwas stärkeren, 1892 von Lochner bei der Eisenbahn-Direktion Erfurt entworfenen 2B-Lokomotive, die bald ziemliche Mängel aufwies, kam man 1893 auf die v. Borriessche Maschine zurück, die inzwischen wesentlich verstärkt und in Einzelheiten verbessert worden war (Abb. 229), denn mittlerweile war der Oberbau erneuert worden und gestattete einen höheren Achsdruck. Außerdem ermöglichten die neu eingebauten Drehscheiben, den Achsstand zu verlängern. Auf diese Weise entstand eine für ihre Zeit überaus leistungsfähige und, dank der Verbundwirkung, auch wirtschaftliche Schnellzuglokomotive, die Gattung S3. Sie wurde ab 1893 auch als Gattung P4 mit dem kleineren Treibraddurchmesser von 1750 mm für Personenzüge ausgeführt, erwies sich aber auch im Hügelland als durchaus brauchbar für Schnellzüge. Bei den letzten Lieferungen wurden die verschiedenen früheren Anfahrvorrichtungen durch den endgültig angenommenen Wechselschieber Bauart Dultz ersetzt. Fast anderthalb Jahrzehnte hindurch beherrschten die eintausendundzweiundsiebzig Maschinen der Gattung S3 und die elfhunderteinundneunzig der Gattung P4 nahezu den gesamten Reiseverkehr der Preußischen Staatsbahn. Beide Gattungen wurden auch für häufiger haltende Züge und in den industriellen Ballungsräumen als Zwillingsmaschinen ausgeführt. Die S3 beförderte beispielsweise Schnellzüge von 10 D-Wagen mit einem Gesamtgewicht von rund 320 t auf ebenen Strecken mit 75 km/h. Maximal waren in den neunziger Jahren in der Regel nur 80 km/h zugelassen. Auf $5^0/_{00}$ Steigung (1:200) zog sie noch 205 t mit 50 km/h. Bei kleineren Geschwindigkeiten war die P4 infolge ihrer niedrigeren Treibräder etwas überlegen. Sie schaffte auf dieser Steigung unter denselben Verhältnissen 285 t.

Das Vorgehen der Preußischen Staatsbahnen wirkte für die Verwendung der in Deutschland mit Ausnahme Badens fast ganz in Vergessenheit geratenen 2B-Maschinen bahnbrechend. Daß die kleineren Verwaltungen auch diese, wie schon vorher andere, preußische Normaltypen übernahmen, liegt auf der Hand.

229. 2B-Verbundlokomotive der Preußischen Staatsbahnen, Gattung S3, 1893

183

230. 2B-Verbundlokomotive der Österreichischen Staatsbahn, Reihe 6, Carl Gölsdorf, 1893

Aber auch die Sächsische Staatsbahn baute ab 1891 ganz ähnliche Maschinen in verschiedenen Spielarten, und die Bayerischen Staatsbahnen folgten ab 1892 mit Zwillings- und Verbundlokomotiven, deren Drehgestell allerdings anders geartet war. Außerhalb Deutschlands finden wir eng an die preußische S3 angelehnte Maschinen auf der Warschau-Wiener und der Petersburg-Warschauer Bahn. Auch die Reihe 101-103 der Jura-Simplon-Bahn aus den Jahren 1892/1896 gehört zu dieser Schule, wogegen die Nordostbahn 1898 in ihrer Reihe 101-120 die seltene Anordnung von Verbund-Innenzylindern vorzog.

Besonders bemerkenswert in vieler Hinsicht sind die 1893 von Gölsdorf entworfenen 2B-Verbundlokomotiven Reihe 6, die einen Markstein in der Entwicklung des österreichischen Lokomotivbaus darstellen. Hier zeigte sich, daß es möglich war, auch für Bahnen mit schwachem Oberbau den anderen Konstruktionen gleichwertige Lokomotiven zu schaffen (Abb. 230). Gölsdorf schob das Drehgestell weit zurück, damit es einen größeren Anteil des Lokomotivgewichtes als sonst üblich tragen konnte. Es erhielt ferner den ungewöhnlich langen Achsstand von 2700 mm. Bei dem an sich schon dadurch weit hinten liegenden Drehzapfen, der überdies 90 mm hinter der Drehgestellmitte lag, konnte auf eine Seitenverschiebbarkeit verzichtet werden. Die Last wurde beiderseits durch Kugelpfannen übertragen. Gölsdorf wagte es ferner, den Kessel so hoch zu legen, daß die Feuerbüchse über dem Rahmen zu liegen kam und somit einen breiteren Rost ermöglichte. Da, wie gesagt, das Drehgestell mehr als üblich zum Tragen der Last herangezogen wurde, konnte Gölsdorf trotz des geringen zugelassenen Achsdruckes einen Kessel vorsehen, der erheblich größer als derjenige der preußischen S3 war. Durch die hohe Schwerpunktlage, die Laufwerksanordnung und die hohen Kuppelräder ergaben sich hervorragende Laufeigenschaften. Bei Probefahrten liefen diese Lokomotiven auch bei 130 km/h einwandfrei. Sie zogen 210 t auf 2 bis 3 $^0/_{00}$ Steigung (1:500 bis 1:333) mit 100 km/h und auf 10 $^0/_{00}$ Steigung (1:100) mit 58 km/h. Es war dadurch möglich, die Fahrzeit des damaligen Luxuszuges Wien-Karlsbad von zwölf auf acht Stunden herabzusetzen. Eine weitere Gölsdorfsche Eigentümlichkeit bestand in der Anfahrvorrichtung. Sie besaß überhaupt keine beweglichen, immer wieder zu Anständen Anlaß gebenden Teile. Der Schieberspiegel des ND-Zylinders besaß vor und hinter dem Einströmkanal kleine Öffnungen, die dem Schieberkasten gedrosselt Kesseldampf aus dem Einströmrohr zuführten. Dies geschah nur, solange die Steuerung voll, das heißt auf über 60-65% ausgelegt war, bei geringeren Füllungsgraden blieben sie stets vom Schieber verdeckt.

Nachdem bis 1898 bereits achtundsechzig Maschinen der Reihe 6 gebaut worden waren, kamen dann, mit einigen Verbesserungen, als Reihe 106 weitere neunundneunzig in Betrieb und 1903 bis 1907 dann nochmals siebzig einer weiter verbesserten und etwas verstärkten Bauart als Reihe 206. Bei dieser Reihe änderte Gölsdorf auch das Aussehen der Maschine, tief beeindruckt von den formschönen Maschinen, die er anläßlich einer Englandreise gesehen hatte. Er kopierte sie aber nicht, sondern schuf einen eigenen, unverkennbaren Stil. Zum Schluß kamen 1908 als Reihe 306 drei mit Schmidtschen Überhitzern ausgerüstete Maschinen hinzu. Die Österreichische Südbahn beschaffte achtundvierzig Maschinen der drei Staatsbahnspielarten.

Noch bahnbrechender als seine 2B-Maschine war die von Gölsdorf 1897 eingeführte 1D-Zweizylinder-Verbundlokomotive, die als Vorbild der modernen europäischen Gebirgslokomotive wie der neuzeitlichen Güterzugmaschine überhaupt angesehen werden kann. Wohl hatte die Preußische Staatsbahn als erste in Europa 1893 eine 1D-Gattung G7³ eingeführt, da aber Kessel und Triebwerk dieser Maschinen gleich dem der G7-Vierkuppler tief lagen, boten sie trotz der hinzugefügten Adamsachse weder leistungsmäßig noch lauftechnisch Vorteile. Es wurden nur fünfzehn derartige Maschinen beschafft. Die 1895 von v. Helmholtz für die Bayerische Staatsbahn entworfene 1D-Gattung EI wies insofern einen Fortschritt auf, als sie mit seinem Drehgestell versehen war. Doch die überhängenden Zylinder und die kleinen Kuppelräder von nur 1170 m Durchmesser schränkten ihren Verwendungsbereich wegen der nur geringen möglichen Geschwindigkeit stark ein, und so kamen nur zwölf in Betrieb.

Gölsdorfs 1D-Lokomotive hingegen war für die Beförderung der Schnell- und schweren Personenzüge über den Arlberg bestimmt. Im Gegensatz zu den vorgenannten deutschen Maschinen legte Gölsdorf den Kessel so hoch, daß die Feuerbüchse frei über den hinteren Kuppelrädern zu stehen kam (Abb. 232). So konnte ohne Mühe ein Rost von 3,91 m² untergebracht werden. Diese Fläche wurde damals nur von den belgischen Belpaire-Maschinen übertroffen. Wie bei den 2B-Lokomotiven brachte es Gölsdorf auch hier fertig, trotz der Achsdruckbeschränkung einen wesentlich größeren Kessel als bei den deutschen Vorbildern vorzusehen. Das Problem des Einschreibens in den Kurven löste er auf neue Art. Außer dem schon bei den alten Vierkupplern häufig angewendeten Seitenspiel der vierten Kuppelachse nutzte er zum ersten Mal die von v. Helmholtz theoretisch nachgewiesene neue Anschauung über den Bogenlauf mehrfach gekuppelter Lokomotiven. Er gab der Kuppelachse, die der ersten festgelagerten folgte, auch ein Seitenspiel. Damit kamen einschließlich der vorderen Adamsachse drei Spurkränze zum Anliegen, und es ergab sich eine Verteilung des Seitendruckes, die eine sichere Führung beim Einlauf in den Gleisbögen zur Folge hatte.

Die ersten zwei Maschinen dieser, als Reihe 170 bezeichneten Bauart wurden natürlich eingehenden Probefahrten unterworfen, die vom 19. bis 22. Mai 1897 auf der Strecke Purkersdorf-Rekawinkel stattfanden. Dieser Abschnitt weist anhaltende Steigungen von 10‰ (1:100) und stetige Kurven auf. Mit 550 t Zug-

231. Preußische Staatsbahnen, der Kaiserliche Hofzug, mit einer S5-Lokomotive bespannt, um 1910

232. 1D-Lokomotive der Arlberg-Strecke, Carl Gölsdorf

185

233. E-Lokomotive Nr. 180.01 der Österreichischen Staatsbahn, C. Gölsdorf, 1900

234. 2B-Verbundlokomotive der North Eastern-Bahn, Wilson Worsdell

gewicht erreichten die Maschinen dabei eine mittlere Geschwindigkeit von 26,5 km/h und mit 702 t noch 22 km/h. Bei den amtlichen Zulassungsproben konnten sie bis 84 km/h bei ruhigem Lauf ausgefahren werden. Dies waren Ergebnisse, die bis dahin bei vierfach gekuppelten Lokomotiven kaum für möglich gehalten wurden. Vorerst schaffte man nur neun Maschinen an, die zum Teil auch zum Schnellzugdienst auf der Strecke Salzburg-Wörgl herangezogen wurden, auf der zwei Wasserscheiden mit 22,7‰ (1:44) maximaler Steigung vorkamen. Sie zogen dort regelmäßig 230 t. Dank des Verbund-Systems waren diese Lokomotiven auch überaus sparsam im Brennstoffverbrauch. Als sich bald darauf das Bedürfnis einstellte, auch auf Flachlandstrecken schwerere Güterzüge als bisher mit größerer Geschwindigkeit zu befördern, griff man auf diese Bauart zurück, und auch hier bewährte sie sich so, daß sie zur meistbeschafften österreichischen Lokomotivtype wurde. Bis 1919 wurden nicht weniger als siebenhundertsechsundneunzig in Betrieb genommen. Auch die österreichische Südbahn ließ sich 1898-1908 weitere vierundfünfzig bauen. Nach dem ersten Weltkrieg beschafften die Tschechoslowakischen Staatsbahnen bis 1921 noch achtundfünfzig Maschinen. Ähnlich geartete 1D-Zweizylinder-Verbundlokomotiven waren ferner in Rußland als Einheitstype weit verbreitet.

Gölsdorf ging nach dieser Reihe 170 noch einen wichtigen Schritt weiter. Die von ihm jetzt entworfene E-Lokomotive, Reihe 180, bewies, daß es selbst bei Gleisbögen von nur 180 m Halbmesser durchaus möglich war, ohne zu komplizierten kinematischen Koppelgetrieben oder Teilung des Rahmens greifen zu müssen, fünf Achsen mit den üblichen Kuppelstangen anzutreiben und dabei einen ausreichenden Bogenlauf zu wahren. Wie bei den vorerwähnten 1D-Maschinen ging Gölsdorf von den Untersuchungen von v. Helmholtz aus. Da er die Erkenntnisse als erster anwendete, wird das System in der Fachliteratur meist als Gölsdorfsches Verfahren bezeichnet. Die ersten Maschinen dieser Reihe 180 (Abb. 233) kamen im Frühjahr 1900 in Betrieb. Die erste, dritte und fünfte Achse besaßen Seitenspiel. Infolge dieser seitlichen Verschiebbarkeit mußte die Treibstange an der vierten Achse angreifen. Um deren Länge einzuschränken, verlängerte man außerdem die Kolbenstange nach rückwärts und verlegte die Kreuzkopfgleitbahnen neben die zweite, festgelagerte Achse. Der Kessel saß auch diesmal hoch genug, daß der Rost frei über die hinteren Räder zu liegen kam. Bei Versuchsfahrten beförderte diese Lokomotive 700 t auf einer Steigung von 10‰ (1:100) mit 20 km/h und auf 37‰ (1:27) noch 180 t mit 15 km/h. Obwohl sie ursprünglich für die schweren Braunkohlenzüge auf den böhmischen Strecken bestimmt war, wurde sie bald auch auf den Alpenstrecken heimisch. Bis 1910 stellte die österreichische Staatsbahn zweihundertneunundreißig mit nur geringen Änderungen, die Südbahn siebenundzwanzig solche Maschinen in Dienst. Ab 1909 steigerte man die Leistung durch Einbau eines Schmidt-Überhitzers unter Beibehaltung der Verbundwirkung. Als neue Reihe 80 wurden etwa fünfhundertsechzig Maschinen beschafft.
Der Zerfall der Österreich-Ungarischen Monarchie zerstreute diese Maschinen nicht nur auf die Bahnen der Nachfolgestaaten, sondern auch als Reparationslieferungen auf die Bahnen Frankreichs, Italiens,

Rumäniens, Polens und Griechenlands. Ab 1916 wurden von dieser E-Maschine Reihe 80 auch vierhunderteinundzwanzig als Zwillings-Heißdampflokomotiven gebaut. Sie teilten das Schicksal der anderen. Es ist hervorzuheben, daß die französische PLM noch 1921/1922 von der Maschinenfabrik der Staatseisenbahn-Gesellschaft fünfzig solche Lokomotiven bauen ließ, die mit Erfolg hauptsächlich auf den Bergstrecken der Cevennen Dienst taten und 1935 alle noch vorhanden waren.

Die Gölsdorfsche Reihe 180 wurde vorbildlich für die weitere Entwicklung der fünf- und sogar sechsfach gekuppelten Lokomotive. Sie verdient daher den Ehrenplatz, den eine dieser Maschinen im Technischen Museum zu Wien erhalten hat.

Wir sagten eingangs, daß T.W. Worsdell sehr bald v. Borries auf seinem Wege folgte. Als er noch Chefingenieur der Great Eastern-Bahn war, ließ er 1884 elf 2B-Zweizylinder-Verbundlokomotiven bauen. Sie hatten gemäß englischer Tradition Innenzylinder, entsprachen aber sonst v. Borries Grundsätzen, mit dem er in engem Gedankenaustausch stand. Worsdell wurde 1885 Chefingenieur der North Eastern, so fanden seine Maschinen bei der Great Eastern keine Nachfolge. Im neuen Wirkungskreis setzte er ab 1886 seine Bemühungen fort. Zunächst entwickelte er zwei 1B-Maschinen mit zwei Innenzylindern in Verbundanordnung. Statt der üblichen Flachschieber besaßen sie Kolbenschieber nach dem Patent Smith. Diesem Namen werden wir bald wieder begegnen. Da die beiden Maschinen einen rund 15% geringeren Kohlenverbrauch aufwiesen, folgten von 1887 bis 1891 weitere fünfundzwanzig Zweizylinder-Verbundlokomotiven mit der 2B-Achsanordnung, gleichzeitig mit zehn Zwillingsmaschinen. Eine dieser Verbundlokomotiven nahm am Wettlauf nach Schottland teil.

Zu jener Zeit fand die schon erwähnte Wiedergeburt der ungekuppelten Schnellzug-Lokomotiven in England statt. Worsdell schloß sich dieser Richtung an und setzte als einziger dort von 1888 bis 1890 zwanzig solcher Maschinen in Dienst, die nach dem Verbundverfahren arbeiteten. T.W. Worsdell zog sich zurück und überließ die Zügel seinem jüngeren Bruder Wilson. Dieser baute nur noch eine Verbundlokomotive, BN. 1619 (Abb. 234). Er leitete sie nicht von den großrädrigen Zwillingsmaschinen, sondern von den vorhergegangenen 2A1-Lokomotiven seines Bruders ab. Wie bei diesen ordnete er die Schieber außen an, im Gegensatz zu den Zwillingsmaschinen, bei denen sie traditionsgemäß innen lagen. Wesentliche Vorteile ergab die BN. 1619 nicht. Die vielteilige Übertragung des Antriebes der Schieber von der innenliegenden Steuerung gab, wie bei den 2A1-Maschinen, Anlaß zu Anständen, so daß sie umgebaut wurde. Sie leitete eine neue Phase der englischen Verbund-Lokomotive ein, die wir noch kennen lernen werden.

Ständiger Ärger mit den Anfahrvorrichtungen und das träge Verhalten gegenüber dem üblichen scharfen Anfahren waren der Grund dafür, daß Wilson Worsdell alle die genannten und die einhunderteinundsiebzig von seinem Bruder stammenden C-Verbund-Güterzuglokomotiven nach und nach zu Zwillingsmaschinen umbaute. Das kurze Intermezzo der Zweizylinder-Verbundlokomotive in England fand so ein baldiges Ende.

In Italien finden wir eine ganz eigenartige Ausführung der Zweizylinder-Verbundlokomotive. Sie wurde von Ansaldo 1904 für die Adriatico-Bahn, für gemischten Dienst, als Ersatz für die bis dahin verwendeten großrädrigen Dreikuppler gebaut. Beide Zylinder lagen innen, die dazu gehörigen Kolbenschieber außen (Abb. 235). Daher mußte auch der normalerweise vom Kreuzkopf mitgenommene Voreilhebel der Heusinger-Walschaert-Steuerung von einer zweiten Gegenkurbel am Treibzapfen angetrieben werden. Bei diesen Lokomotiven, Gruppe 380, wurde erstmalig das im Abschnitt 10.4 erwähnte Zara-Drehgestell angewandt. Sie wurden entscheidend für den italienischen Lokomotivbau. Bei der Verstaatlichung übernahm man sie ohne wesentliche Änderungen als vielseitig verwendbare Lokomotive. Unter der Bezeichnung Gruppe 600 sind im ganzen wohl zweihundertdreißig gebaut worden.

Ab 1910 kamen noch von der als Zwillings-Heißdampf-Lokomotive ausgeführten Spielart einhundert-

235. Verbundlokomotive der italienischen Adriatico-Bahn, Reihe 380, später Reihe 600 der Italienischen Staatsbahn, 1904

acht Maschinen hinzu. Von ihnen wurde 1906 als Gruppe 630 eine gleichartige Schnellzuglokomotive mit 1850 mm Treibraddurchmesser abgeleitet und ebenfalls in großer Stückzahl als Einheitstype beschafft. Diese können als ein Gegenstück der in anderen Ländern üblichen 2B-Schnellzugmaschinen angesehen werden. Sie hatten den Vorteil eines höheren Reibungsgewichtes, wie es für die vielen Bergstrecken Italiens angebracht war.

11.1.2. Die Dreizylinder-Verbundlokomotive

Webb, der zweite Pionier des Verbundsystems, entschied sich für diese Bauart wegen des voraussichtlich geringeren Brennstoffbedarfes. Der zweite von ihm angegebene Grund war aus heutiger Sicht recht abwegig. Wie er in einem 1883 gehaltenen Vortrag ausführte, lag ihm daran, die Kuppelstangen zu vermeiden, um eine Lokomotive zu schaffen, die zwei angetriebene Achsen besaß und trotzdem so frei laufen konnte, wie die gerade wieder in Mode gekommenen 2A1-Maschinen.

Webb begann seine Arbeiten mit dem 1879 vorgenommenen Umbau einer alten 1A1-Maschine der Allan-Crewe-Type, bei der er einen der beiden Zylinder von 381 mm Durchmesser durch einen kleineren von 229 mm ersetzte. Vor leichten Personenzügen auf der Nebenstrecke der LNWR von Ashby nach Nuneaton eingesetzt, diente sie ihm dazu, Erfahrungen mit dem Verbundsystem zu gewinnen. Anfang 1882 erschien dann Webbs erste Lokomotive seines eigenartigen und nie wiederholten Systems, die «Experiment». Die beiden HD-Zylinder lagen außerhalb, an die erste Treibachse geschoben, und trieben die hintere Achse an. Ihr Abdampf wurde in einen einzigen großen Zylinder eingeleitet, der innen saß und das erste große Räderpaar antrieb. Beide angetriebenen Achsen blieben aus dem eingangs genannten Grunde ungekuppelt. Abweichend von der englischen Gepflogenheit konnte nach dem von ihm entwickelten System die vordere Laufachse radial einschwenken. Eine andere kuriose, ebenfalls von Webb stammende Eigenart bestand darin, daß die Feuerbüchse auch unten wie an den Seiten durch Doppelwände abgeschlossen war. Der Raum zwischen dem Rost und diesem Doppelboden diente als Aschkasten, der unten durch ein Mannloch geleert werden konnte. Im unteren Teil der Feuerbüchse befanden sich Öffnungen mit regelbaren Klappen für den Zutritt der Verbrennungsluft. Für jeden Zylinder war eine eigene Steuerung nach Joy vorhanden. Der Schieber des ND-Zylinders lag oberhalb, die der beiden HD-Zylinder unterhalb. Die feste Kulisse der Außensteuerung war in einem Gehäuse untergebracht, das an den weit nach hinten reichenden Kreuzkopfgleitbahnen hing. Bei der genannten, auf der LNWR allgemein eingeführten Joy-Steuerung wurde die Schieberschubstange durch eine senkrecht angeordnete, in der Mitte der Treibstange angelenkte weitere Stange innerhalb der feststehenden Kulisse auf und ab bewegt. Die Kulisse konnte mehr oder minder geneigt werden und ergab so einen größeren oder kleineren Schieberweg.

Nach Versuchen mit weiteren Lokomotiven dieser Art kam 1889 die endgültige «Teutonic»-Klasse heraus (Abb. 236). Webb glaubte, damit die Fehler der früheren Maschinen, die zu enttäuschenden Erfahrungen im Betrieb geführt hatten, überwunden zu haben. Die Joy-Steuerung für den Innenzylinder

236. «Jeanie Deans», 1AA-Dreizylinder-Verbund-Schnellzuglokomotive der Teutonic-Klasse, Webb, 1889

wurde ganz weggelassen. Der Antrieb des ND-Schiebers erfolgte durch einen losen Exzenter, der durch Anschlag jeweils in der Stellung für Vor- und Rückwärtsfahrt gehalten wurde. Natürlich war so nur ein Füllungsgrad für den ND-Zylinder möglich. Dieser lose Exzenter bot beim Anfahren manchmal ein Schauspiel, das den Führer zur Verzweiflung brachte und dem in der Nähe stehenden Publikum großes Vergnügen bereitete. War nämlich die Lokomotive, Tender voran, an den zur Abfahrt bereitstehenden Zug angefahren, blieb das Exzenter der Innensteuerung natürlich auf Rückwärtsfahrt stehen. Beim Anfahren kam es dann häufig vor, daß die beiden HD-Zylinder ein Schleudern der Räder bewirkten. Der ND-Zylinder erhielt eine Menge Dampf und drehte, da die Steuerung ja auf rückwärts stand, die von ihm angetriebene Achse rückwärts. Die andere Treibachse rollte dagegen vorwärts. Trotzdem waren diese «Teutonic» die besten aller Webbschen Dreizylinder-Verbund-Schnellzugmaschinen. Am bekanntesten wurde die «Jeanie Deans», die jahrelang den um 14 Uhr von London-Euston abfahrenden schottischen Expreß bespannte und abends um 19 Uhr 38 Min. den Gegenzug von Crewe zurückfuhr. Dieser Zug bestand aus 15 bis 16 Wagen mit einem Gesamtgewicht von 210 t und legte die genannte Strecke mit einer mittleren Geschwindigkeit von 80,5 km/h zurück.

Alle englischen Bahnen waren in den neunziger Jahren längst zu 2B-Lokomotiven übergegangen. Auch auf der LNWR kam man nicht mehr umhin, ebenfalls vierachsige Maschinen einzuführen. Webb versuchte, unter Beibehaltung seines Dreizylinder-Verbundsystems etwas Gleichwertiges zu schaffen. Er verlängerte die «Teutonic» um ein weiteres, hinten hinzugefügtes Laufradpaar. Er konnte nun, ohne das Triebwerk grundsätzlich zu ändern, die Feuerbüchse so weit nach hinten schieben, daß er Platz für die Exzenter einer Stephenson-Steuerung gewann, um den losen Exzenter mit seinen üblen Erscheinungen zu ersetzen. Die äußeren HD-Zylinder erhielten eine ebensolche Steuerung, die gleichfalls innen gelegen war. Auch eine größere Dampfleistung gedachte Webb auf eigenartige Weise zu erzielen. Bei gleichbleibender Rostfläche hätten sich beim verlängerten Kessel zu lange Heizrohre ergeben. Er unterteilte daher den Langkessel durch eine in der Mitte angeordnete,

237. 2B-Dreizylinder-Verbund-Schnellzuglokomotive der Midland-Bahn, Nr. 1000

864 mm lange Zwischenkammer. In diese mündeten die von der Feuerbüchse kommenden 1778 mm langen Heizrohre. In der Zwischenkammer sollte der noch unverbrannte Anteil der Rauchgase nachbrennen, ehe er durch die vorderen, 3073 mm langen Heizrohre zur Rauchkammer gelangte. Da aber die Rauchgase bereits zu sehr abgekühlt in die Zwischenkammer kamen, verfehlte die Anordnung ihren Zweck. Die erste Maschine dieser «Greater Britain»-Klasse (Abb. 238) kam am 4. November 1891 in Betrieb und wurde mit einem Zug aus 25 dreiachsigen Wagen von zusammen 350 t erprobt, mit dem sie 120,8 km/h erreichte.

Webb versprach sich viel von dieser 1AA1-Maschine. Er sandte eine davon, die «Queen Empress», zusammen mit einigen der für den Westküsten-Expreß neu eingeführten Wagen zur Weltausstellung Chicago 1893. Anschließend führte er den ganzen Zug auf der Lake Shore & Michigan Southern vor. Anläßlich des silbernen Regierungsjubiläums der Königin Victoria kam man auf die Idee, eine dieser Maschinen weiß, eine rot und eine blau in den englischen Landesfarben anzustreichen. Es blieb bei den ersten beiden. Viel Freude erlebte das Personal nicht mit diesen Maschinen, die sich an Leistung auf die Dauer kaum den «Teutonic» überlegen zeigten. Der Platz war auf dem Führerstand so beschränkt, daß der Heizer beim Feuern auf der tanzenden Deckplatte zwischen Maschine und Tender stehen mußte. Noch weniger erfreulich fielen die weiteren zehn Maschinen der «John Hick»-Klasse aus, die mit kleineren Treibrädern von 1905 mm für den schwierigeren Streckenabschnitt von Crewe nach Carlisle bestimmt waren. Die meisten dieser 1AA1-Maschinen beendeten ihre Laufbahn bescheiden auf Nebenstrecken, wo sie leichte Personenzüge beförderten.

Wie wir im Abschnitt 9.4 schon erwähnten, hatte Webb 1892 zum ersten Male bei einer der großen englischen Bahngesellschaften Vierkuppler eingeführt. Abgesehen vom Erstling, wandte er bei den 1894 bis 1900 gebauten einhundertelf Maschinen sein Dreizylinder-Verbundsystem an (Abb. 239). Bei einer schweren Güterzugmaschine mußten natürlich alle Achsen gekuppelt sein. Der Kessel war, bis auf die fortgelassene Zwischenkammer, dem der «Greater Britain» gleich. Alle drei Zylinder waren stark geneigt und trieben gemeinsam die zweite Achse an.

Gegenüber den Zweizylinder-Verbundlokomotiven boten drei Zylinder gewisse Vorteile. Es ergab sich ein besserer Massenausgleich und speziell bei Verbundmaschinen die Vermeidung ungleicher Arbeitsanteile links und rechts. Während Webb ungekuppelte Dreizylinder-Verbundmaschinen baute, wurde die erste Dreizylinder-Verbundlokomotive mit gekuppelten Achsen 1887 von Edouard Sauvage, dem damaligen Leiter der Werkstatt La Chapelle der französischen Nord-Bahn entwickelt. Es war eine 1C-Maschine mit vorderer, nach der Bauart Roy radial schwenkbarer Laufachse (Abb. 240). Alle drei Zylinder lagen unter der Rauchkammer in gleicher Querebene. In viel logischerer Weise als bei Webb wurde das größere Volumen für den ND-Dampf durch zwei waagerecht außen angeordnete ND-Zylinder bereitgestellt, wogegen der innenliegende, mit Rücksicht auf die erste Kuppelachse geneigte Zylinder den Kesseldampf erhielt. Alle drei Zylinder wirkten auf dieselbe Achse. Für den Innenzylinder wurde eine eigenartige Doppelschiebersteuerung nach Art des alten Meyer-

238. «Greater Britain», 1AA1-Lokomotive, Webb, 1891

239. D-Dreizylinder-Verbund-Güterzuglokomotive der London & North Western-Bahn, Webb, 1893

Expansionssystems verwendet, die den Zweck hatte, eine übermäßige Gegenkompression zu verhindern. Hierbei wurde der obere Schieber von Hand seitlich verschoben. In der einen Stellung gab er dem Dampf freien Auslaß in die ND-Zylinder und konnte so auch als Anfahrvorrichtung dienen. Mit ihren für eine 1C-Maschine verhältnismäßig großen Kuppelrädern war diese Lokomotive BN. 3.101 (später 3.395) zwar für Personenzüge geeignet, wurde aber zusammen mit den üblichen Vierkupplern im Güterzugdienst eingesetzt. Bei einer Probefahrt am 4. April 1889 zwischen Lens und La Chapelle mit einem Kohlenzug von 549 t erreichte sie 28 km/h auf 5‰ Steigung (1:200) und 48 km/h auf 3‰ (1:333). Anschließend wurde sie auf die Weltausstellung Paris 1889 gesandt, wo sie mit zwei anderen Verbundlokomotiven der Nord drei verschiedene Möglichkeiten, mehrzylindrige Verbundmaschinen zu konstruieren, vorführte. Gegenüber den D-Güterzuglokomotiven bot sie natürlich keine Vorteile. So wurden nur noch 1892/1893 zwei weitere ähnliche Maschinen, BN. 3.102-103, gebaut.

Gute Erfolge hatte man mit Dreizylinder-Verbundlokomotiven in der Schweiz. Hier hatte sich die 1C-Lokomotive als vielseitig verwendbare Bauart gut eingeführt. Ab 1889 wurde sie auch als Zweizylinder-Verbundmaschine gebaut. Es lag nahe, ihre Laufeigenschaften durch Anwendung von drei Zylindern so zu verbessern, daß sie auch für Schnellzüge auf steigungsreichen Strecken geeignet war. Dieser Überlegung folgend, entwarf der Maschinenmeister der Jura-Simplon-Bahn, Weyermann, eine so erfolgreiche 1C-Maschine mit drei Verbundzylindern, daß sie, als er zum ersten Maschinenmeister der Schweizerischen Bundesbahnen ernannt wurde, als Reihe B 3/4 bis 1907 weiter beschafft worden ist (Abb. 241). Mit einhundertsiebenundvierzig war sie die in größter Anzahl gebaute Lokomotive der Schweiz. Alle stammten von der Schweizerischen Lokomotiv- und Maschinenfabrik Winterthur. Der HD-Zylinder lag innen, war geneigt und ganz vorne angeordnet. Er trieb die erste Kuppelachse an. Die beiden äußeren ND-Zylinder lagen waagerecht, etwas nach rückwärts versetzt und wirkten auf die zweite Kuppelachse. Die drei Kurbelzapfen waren um 120° versetzt. Jeder Zylinder hatte seine eigene Heusinger-Walschaert-Steuerung, die

240. 1C-Dreizylinder-Verbundlokomotive der Nord, Edouard Sauvage, 1887

jedoch nur gemeinsam verstellt werden konnten. Die innere Steuerung war so eingerichtet, daß sie gegenüber den beiden äußeren eine um 10% größere Füllung ergab. Zum Anfahren erhielten die beiden ND-Zylinder Kesseldampf verminderter Spannung. Die vordere Laufachse war nach Adams radial schwenkbar. Das Leistungsprogramm sah die Beförderung von 200 t auf andauernder Steigung von 20‰ (1:50) und von 160 t auf 25‰ Steigung (1:40) mit 20 km/h

241. 1C-Lokomotive der Schweizerischen Bundesbahnen, Nr. 1310, Reihe B3/4, System Weyermann

vor. Die höchstzulässige Geschwindigkeit betrug 95 km/h.

Außerhalb der Schweiz sind Dreizylinder-Verbundlokomotiven nicht eben häufig. Zwei bemerkenswerte Bauarten, beide nach Entwurf von Klose, finden wir auf der Württembergischen Staatsbahn. Es waren dies eine 1B1-Schnellzug- und eine E-Güterzuglokomotive (Abb. 243), die eine wie die andere Dreizylinder-Verbundlokomotiven. Alle drei Zylinder waren gleich und wirkten auf dieselbe Achse. Ihre Kurbeln waren um 120° versetzt. Der HD-Zylinder lag innen. Ein Wechselventil, das den ND-Zylindern Frischdampf zuführte, diente sowohl zum Anfahren, als auch um mit einfacher Dehnung weiter zu fahren. Bei den Schnellzuglokomotiven erfolgte der Antrieb des inneren HD-Schiebers durch eine Heusinger-Walschaert-Steuerung, derjenige der äußeren ND-Schieber durch eine ebenfalls außen angeordnete Allan-Steuerung. Die Güterzugmaschine besaß dagegen innen angeordnete Allansteuerungen, die getrennte Einstellung für den HD- und ND-Teil zuließen. Beide Typen waren nach dem im Abschnitt 9.3 besprochenen System von Klose bogenläufig, wobei jeweils die Endachsen durch den Tender ausgeschwenkt wurden. Das war bei den Laufachsen der Schnellzuglokomotiven ohne weiteres möglich, bei den gekuppelten Achsen der Güterzugmaschinen mußte natürlich ein kinematisches Koppelgetriebe (vgl. Abb. 192) eingeschaltet werden. Diese ersten Fünfkuppler auf deutschen Bahnen sollten das Doppelte wie die vorhandenen Dreikuppler

leisten. Die Württembergische Staatsbahn übersprang mit ihnen die vierfach gekuppelten Bauarten. Diese Maschinen konnten 300 t auf einer Steigung von 22,5‰ (1:44,5) mit 13 km/h und 680 t auf 10‰ (1:100) mit 18 km/h befördern. Sie liefen zwar ruhig, aber ihre vielteilige Bauart war auf die Dauer kostspielig zu unterhalten. So blieb es bei nur fünf Maschinen dieser Klasse G, die ab 1904 durch die einfachere Bauart Gölsdorf abgelöst wurden. Sie und die gleichzeitig 1892 beschafften 1B1-Schnellzuglokomotiven Reihe E blieben die einzigen Dreizylinder-Verbundlokomotiven auf deutschen Bahnen, zu denen noch später die zwei Wittfeldschen Schnellfahrlokomotiven hinzu kamen. Auch sonst sind auf dem europäischen Kontinent nur vereinzelt Dreizylinder-Verbundlokomotiven gebaut worden, so in Österreich und Italien.

Den nachhaltigsten Erfolg hatte die Dreizylinder-Verbundlokomotive in England, wo man es am wenigsten erwarten konnte, nachdem das Verbundverfahren an sich durch Webb in Verruf gebracht worden war. Selten haben Lokomotiven zu so vielen Diskussionen und einer so reichen Literatur Anlaß gegeben, wie die Midland-Compounds.

Auf Veranlassung von Walter Mackenzie Smith, Leiter des Konstruktionsbüros der North Eastern, wurde die BN. 1619 (Abb. 234) nach einem von ihm entwickelten System als Dreizylinder-Verbundmaschine umgebaut. Es blieb aber bei diesem Einzelstück, denn die gleichzeitig eingeführten 2B-Zwillingslokomotiven hatten einen so durchschlagenden Erfolg, daß sie die Versuchsmaschine in den Schatten stellten. Ohne den Vorteil des geringeren Brennstoffverbrauchs außer acht zu lassen, wollte Smith mit seinem System eine Lokomotive schaffen, die sich den wechselnden Streckenprofilen besser anpassen und gegebenenfalls auch stärker überlastet werden konnte, als das bei Zwillingsmaschinen der Fall war. Das war just das, was die Midland brauchte. Sie kam bei den schwerer gewordenen Zuglasten mit den nach altenglischer Sitte oder Unsitte mit viel zu kleinen Kesseln versehenen 2B-Maschinen auf der Strecke zwischen Leeds und Carlisle, die besonders auf den beiderseitigen Anstiegen zum Bleamor-Kammtunnel längere Neigungen von 10‰ (1:100) aufwies, nicht mehr zurecht. Zwischen den beiden Chefingenieuren, Wilson Worsdell von der North Eastern und Samuel White Johnson von der Midland, bestanden gute freundschaftliche Beziehungen, die dazu führten, daß die Midland probeweise zwei nach dem System Smith ausgeführte 2B-Dreizylinder-Verbundlokomotiven, BN. 2631-

242. Ein Schnellzug überholt einen Personenzug auf einem russischen Bahnhof

2632, bauen ließ und im Januar 1902 in Betrieb nahm. Sie waren so eingerichtet, daß erstens beim Anfahren alle drei Zylinder Frischdampf bekamen, daß zweitens normalerweise mit doppelter Dampfdehnung gearbeitet werden konnte, drittens, daß sich zur Erhöhung der Zugkraft zusätzlich Kesseldampf in die ND-Zylinder einführen ließ, und viertens, daß, falls eine noch größere Zugkraft benötigt wurde, alle drei Zylinder Frischdampf erhielten und die Lokomotive kurzzeitig als Drillingsmaschine fuhr. Diese verschiedenen Arbeitsweisen wurden durch ein vom Führer betätigtes Wechselventil ermöglicht, sowie durch die unabhängig voneinander verstellbaren Steuerungen für den HD- und ND-Teil. Die Maschinen erfüllten durchaus den beabsichtigten Zweck, bedurften aber einer feinfühligen Bedienung durch den Lokomotivführer. Anläßlich der sehr ausgedehnten Probefahrten hielten sie auf dem erwähnten Anstieg mit der für damalige Zeit recht beträchtlichen Zuglast von 250 t Geschwindigkeiten von 59,5 und 69 km/h durch. Es kamen bis November 1903 noch drei weitere Maschinen hinzu, bei denen aber auf die unabhängige Verstellung der Steuerungen verzichtet wurde.

S.W. Johnson zog sich 1903 zurück. Sein Nachfolger Richard Mountford Deeley bestellte 1905 zehn weitere, ähnlich ausgeführte Lokomotiven, BN. 1000-1009, die bis auf die Zylinder die gleichen Abmessungen wie gleichzeitig beschaffte Zwillingsmaschinen aufwiesen. Das Äußere wurde gegenüber der Erstausführung gefälliger gestaltet (Abb. 237). Abgesehen von einer vergrößerten Rostfläche lag technisch gesehen der Hauptunterschied in der Anfahrvorrichtung. Der im Dom untergebrachte Regler bestand aus einem Grundschieber und einem darauf gleitenden Hilfsschieber. Dieser letztere wurde beim Betätigen des Reglerhebels zuerst allein verschoben, wogegen der Grundschieber stehen blieb und den Hauptdampfeintritt versperrte. Ein kleiner Kanal im Hilfsschieber stellte sich übereinstimmend mit einem ebensolchen im Grundschieber ein, so daß Kesseldampf durch ein Zweigrohr in die beiden ND-Zylinder einströmen konnte. Da beim weiteren Betätigen des Reglerhebels sich nunmehr beide Schieber bewegten, schloß sich der enge Kanal und der Weg zum Hauptdampfrohr wurde freigegeben, so daß die Verbundwirkung in Kraft trat. Damit war die endgültige Form der Midland-Compounds gegeben, von denen einschließlich der ersten Lieferung von 1902 im ganzen vierundvierzig Maschinen bis 1909 in Dienst gestellt worden sind. Als beim großen Zusammenschluß der

243. «Brenner», E-Güterzuglokomotive der Württembergischen Staatsbahn, Gattung G, Bauart Klose

244. B1-Schnellzuglokomotive der Nord, Nr. 2.301, 1886

englischen Bahngesellschaften im Jahre 1923 die Midland in die London-Midland-Scottish aufging, wurden die Deeley-Compounds, wie sie auch genannt wurden, mit anderen Maschinen der übrigen angeschlossenen Bahnen Vergleichsfahrten unterworfen. Sie waren mittlerweile teilweise mit Dampfüberhitzern ausgerüstet und schnitten so gut ab, daß die LMS sie in die Auswahl der noch weiter zu beschaffenden Typen einschloß. Bis 1927 wurden weitere neunundneunzig Maschinen, mit einigen Änderungen, beschafft. Die letzten hielten bis 1961 aus.

Diese Midland-Compounds blieben nicht ohne Einfluß auf andere englische Bahnen. Die Great Central stellte 1905 versuchsweise vier 2B1-Maschinen ein und die North Eastern, von der seinerzeit die Anregung Smiths ausgegangen war, baute von 1911 bis 1916 nach seinem System sogar fünfzig «Atlantic», die zu den schwersten ihrer Art gehörten und bis zum Ende ihrer Unabhängigkeit die bevorzugtesten Schnellzüge bespannten.

11.1.3. Die Vierzylinder-Verbundlokomotive mit geteiltem Triebwerk

Die Vierzylinder-Verbundlokomotive stellt zweifellos einen Höhepunkt in der Entwicklung der Dampflokomotive dar. Sie kam gerade zurecht, als der zunehmende Reiseverkehr, die Einführung von Drehgestellwagen mit Seitengang und Übergangseinrichtung (D-Wagen) und die für den Betrieb unliebsame Zugabe von Speise-, Schlaf- und Salonwagen die Zuggewichte sprunghaft steigen ließen.

Die «Outrances» der französischen Nord-Bahn hatten die Grenze ihrer Leistungsfähigkeit erreicht. Daraufhin unternahm diese Gesellschaft unter ihrem Chefingenieur du Bousquet Versuche mit stärkeren Maschinen, die die «Outrances» ersetzen konnten. Wie seinerzeit schaute man sich zunächst in England um. Die Nord besaß, wie wir im Abschnitt 7.7 gesehen haben, eine größere Anzahl bewährter B1-Lokomotiven mit verhältnismäßig großen Treibrädern. Es schien daher nicht gewagt, dem Beispiel Stroudleys bei der London, Brighton & South Coast-Bahn zu folgen (vergl. Abschnitt 7.7). So kam 1886 aus der Bahnwerkstatt La Chapelle eine ähnliche Maschine, BN. 2.301, versuchsweise für die Schnellzüge nach Calais und Belgien in Dienst (Abb. 244). Mit ihren vorne laufenden 1950 mm hohen Treibrädern entgleiste sie 1889 bei voller Fahrt, damit war ihre Laufbahn zu Ende. Man verwandelte sie in eine 2A1-Maschine, aber wegen ihres geringen Reibungsgewichtes von nur 14,5 t war sie praktisch kaum verwendbar und wurde um 1894 ausgemustert.

Auch der zweiten Versuchslokomotive lag zweifellos ein englisches Vorbild zugrunde, und zwar Webbs 1AA-Dreizylinder-Verbundlokomotive, wie man aus dem Vergleich der Maschinen ersehen kann (vgl. Abb. 236 u. 245). In der Anwendungsweise der Verbundwirkung bestand jedoch ein ganz wesentlicher Unterschied. De Glehn, damals technischer Direktor der Elsässischen Maschinenfabrik, von dem der Entwurf stammt, vermied den ungewöhnlich großen innenliegenden ND-Zylinder, indem er statt dessen zwei ND-Zylinder innerhalb des Rahmens zum Antrieb des ersten großen Räderpaares vorsah und dem zweiten außen angebrachte HD-Zylinder zuordnete. Aus denselben Gründen wie Webb ließ er beide angetriebenen Achsen ungekuppelt. Um einen möglichst genauen Vergleich zu ermöglichen, wurde die neue Maschine im übrigen der letzten «Outrance»-Serie angepaßt, bei der man, wie erwähnt, wieder vom Drehgestell abgekommen war. Daher wurde auch der Kesseldruck von 11 atü beibehalten. Die Steuerungen konnten mittels desselben Steuerbockes entweder unabhängig voneinander oder gemeinsam verstellt werden. Zur Erleichterung des Anfahrens wurde Frischdampf in den Verbinder eingeleitet. Diese Lokomotive, BN. 701, kam in Januar 1886 heraus und unternahm im März darauf eingehende Probefahrten mit 10 bis 15 Wagen von 105,5 bis 152 t Gewicht. Es ergab sich zwar ein um 0,5 kg/km geringerer Kohlenverbrauch als bei den «Outrance», die Maschine befriedigte aber nicht ganz. Das Volumenverhältnis zwischen HD- und ND-Zylinder war zu klein und bewirkte Staudrücke im Verbinder, da die ND-Seite die empfangene Dampfmenge nicht schlucken konnte. Das beeinträchtigte die Leistung. Auch die langen Ausströmrohre erzeugten einen unerwünschten Gegendruck. Wie Webbs Lokomotiven neigten sie außerdem zum Schleudern beim Anfahren.

Als dritte Versuchslokomotive wurde, ebenfalls in La Chapelle, die BN. 2.101 wieder nach englischem Vorbild als 2B-Zwillingsmaschine mit Innenzylindern gebaut (Abb. 246). Die Schieber lagen aber senkrecht außerhalb des Rahmens. Bei den im Juli 1890 vorgenommenen Probefahrten zeigte sie sich den anderen Lokomotiven an Leistung überlegen, denn sie vermochte 16 bis 17 Wagen (282 bis 293 t) in demselben Geschwindigkeitsbereich wie diese zu befördern. Hingegen lief sie bei über 90 km/h unruhig, wahrscheinlich, weil der Drehzapfen kein Seitenspiel hatte. Als nach 63 700 km Laufstrecke Anrisse im Rahmen auftraten, führte man dies auf eine Überlastung der Kurbelachse zurück. Auf Grund der Ergebnisse mit den zwei letztgenannten Versuchslokomotiven arbeiteten nunmehr de Glehn und du Bousquet gemeinsam einen Entwurf aus, der die Vorteile beider Maschinen zusammenfassen und die Mängel beseitigen sollte.

245. 1AA-Vierzylinder-Verbundlokomotive der Nord, Nr. 701, de Glehn, 1886

246. 2B-Zwillingslokomotive der Nord, Nr. 2.101

Die Laufeigenschaften wurden verbessert, indem man dem Drehgestellzapfen Seitenspiel gab. Zwar wurden die beiden Treibachsen gekuppelt (Abb. 249), aber zum Vergleich versah man doch noch eine der Maschinen mit besonderen Gegengewichten, die es gestatteten, auch ohne Kuppelstangen zu fahren. Man erkannte aber sofort, daß damit ein wichtiger Vorteil der Vierzylinderanordnung, nämlich der gute Massenausgleich verloren ging, da die beiden ungekuppelten Triebwerksgruppen ja nicht im Gleichtakt liefen. Die Lage der Zylinder wurde vertauscht. Die HD-Zylinder lagen jetzt außen, die ND-Zylinder innen unter der Rauchkammer, was kürzere Ausströmrohre ergab. Obzwar eine Versetzung der Kurbeln jeder Gruppe um 180° und gegeneinander um 90° den besten Massenausgleich bietet, wurden die Kurbeln jeder Gruppe in einem Winkel von 162° angeordnet, damit mindestens ein Zylinder immer Frischdampf erhielt. Der Zweiachsantrieb wurde beibehalten, da die Kurbelwelle im Vergleich mit einer Zwillingslokomotive mit Innenzylindern nur zur Hälfte beansprucht wird. Das bei der BN. 701 zu kleine Zylindervolumenverhältnis von 1,95 wurde auf 2,42 vermehrt. Wie schon bei der BN. 701 konnten die Steuerungen der HD- und ND-Gruppe sowohl unabhängig voneinander als auch gemeinsam verstellt werden. Ersteres gestattete, die Füllungsverhältnisse den jeweiligen Fahrtbedürfnissen gemäß einzustellen. Die Anfahrvorrichtung bestand aus einem großen Dreiweghahn im Ausströmrohr der HD-Zylinder. Damit konnte man die Maschine auf verschiedene Weise fahren: Erstens normalerweise als Verbundmaschine; zweitens erhielten beim Anfahren alle vier Zylinder Frischdampf, die HD-Seite mit vollem, die ND-Seite mit vermindertem Kesseldruck; ferner konnte man im Falle eines Schadens in einer der beiden Triebwerksgruppen mit der anderen allein weiterfahren. Diese beiden Maschinen, BN.2.121-122, wurden von der Elsässischen Maschinenbau-Gesellschaft gebaut und kamen im August 1891 in Dienst. Mit 209 t hinter dem Tenderzughaken legten sie die Strecke Paris-Amiens mit einer mittleren Geschwindigkeit von 87 km/h zurück und liefen selbst bei 105 km/h ausnehmend ruhig. Auf $5^0/_{00}$ Steigung (1:200) schafften sie mit 140 t Anhängelast 85 km/h und mit 200 t noch 75 km/h.

So war eine Lokomotivbauart entstanden, die den Anfang einer von ihren Schöpfern nicht geahnten Epoche in der Entwicklung der Dampflokomotive darstellte.

Die Nord bestellte anschließend fünfzehn Maschinen, BN.2.123-137, die sich von der Prototype nur durch die verlängerte Rauchkammer und die von nun ab als Regel eingeführten Rippenrohre nach Serve unterschieden. Die Rippen waren innen angebracht und sollten den Zweck haben, auch die im Kern der durchfließenden Heizgase vorhandene Wärme aufzufangen. Es folgten weitere, nach und nach verstärkte Serien. Durch sie, wie seinerzeit durch die Crampton, erzielte der Schnellzugdienst der Nord wieder die höchsten Fahrgeschwindigkeiten. Während beispielsweise 1892 der am raschesten fahrende Schnellzug

247. Die Bahnsteighalle im Hauptbahnhof von Frankfurt am Main, 1888

Paris–Calais 4 St. 33 Min. für die 279 km brauchte und dabei eine mittlere Geschwindigkeit von 69 km/h erreichte, betrug 1896 die Fahrzeit nur noch 3 St. 41 Min. mit einem Durchschnitt von 79 km/h einschließlich Aufenthalten. Beim Nordexpreß betrug die Reisegeschwindigkeit sogar 89 km/h zwischen Paris und Saint-Quentin.

Die Ergebnisse dieser Maschinen fanden starke Beachtung in der Fachwelt. Ihre Bauart fand sofort Eingang bei anderen französischen Bahnen, mit Ausnahme der PLM, die eine eigene Abwandlung schuf, von der noch die Rede sein wird. Die Preußischen Staatsbahnen, die noch zwischen den 2B-Maschinen der Bauarten v. Borries und Lochner schwankten, bestellten 1894 als erste ausländische Verwaltung eine den Maschinen der Nord-Serie 2.123-137 gleiche Lokomotive, die bei der Eisenbahn-Direktion Erfurt als BN.37 eingestellt wurde. Sie hatte vorerst keine Nachfolge.

Die Schweizerische Lokomotiv- und Maschinenfabrik Winterthur wählte eine ähnliche Lokomotive aus, um sie auf der Pariser Weltausstellung 1900 zu zeigen. Sie wurde von der Centralbahn erworben, die dann noch vierzehn Stück nachbestellte, BN.251–265 (Abb. 251). Abweichend vom französischen Vorbild wurden die inneren Schieber durch die platzsparende Joy-Steuerung betätigt. Die Kurbelversetzung jeder Seite betrug 180°, wurde aber 1902, bei der Nachlieferung an die Bundesbahnen, dann wieder wie bei den Maschinen der Nord mit 162° ausgeführt. Diese Lokomotiven waren dazu bestimmt, Schnellzüge von 260 t auf einer Steigung von 10⁰/₀₀ (1:100) zu befördern. Wegen ihrer vielteiligen und schweren Konstruktion wurden sie zugunsten der einfacheren Zweizylinder-Bauart aufgegeben, dies um so mehr, als ihre Leistung nicht den inzwischen gestiegenen Zuggewichten entsprach.

248. Der Gotthard-Expreß mit der Lokomotive Nr. 202, 1893

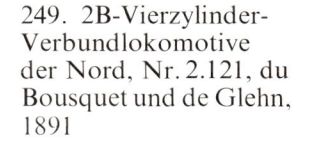

249. 2B-Vierzylinder-Verbundlokomotive der Nord, Nr. 2.121, du Bousquet und de Glehn, 1891

197

Auch in Baden war man aufmerksam geworden. Hier benötigte man für die Beförderung von Schnell- und Personenzügen auf der Schwarzwaldbahn mit ihren langen Steigungen leistungsfähige Maschinen, die drei gekuppelte Achsen erforderten. Man wählte für diesen Zweck die von der Elsässischen Maschinen-Fabrik vorgeschlagene Lokomotive mit de Glehn-Triebwerk. So entstand die erste 2C-de Glehn-Maschine (Abb. 252), die die Stammutter einer sich bald über nahezu ganz Europa verbreitenden, höchst erfolgreichen Bauart werden sollte. Dem Verwendungszweck entsprechend wurde der Kuppelraddurchmesser mit 1600 mm festgelegt. Dank des guten Massenausgleiches konnten aber 90 km/h als Höchstgeschwindigkeit zugelassen werden, so daß die Maschine nicht nur auf Bergstrecken, sondern auch in der Ebene mit gutem Erfolg eingesetzt werden konnte. Von dieser Gattung IVe wurden zwischen 1894 und 1901 insgesamt dreiundachtzig Maschinen angeschafft. Laut Belastungstafel zogen sie im Flachland 150 t auf 2$^0/_{00}$ Steigung mit 75 km/h und auf der Schwarzwaldbahn 165 t auf 20$^0/_{00}$ (1:50) mit 30 km/h. Sie kamen zum Teil noch an die Deutsche Reichsbahn als BR. 38.70, wurden aber bis 1932 ausgemustert. Die 38.7001 (alte BN. 38) ist im Museum der Technischen Universität in Karlsruhe ausgestellt.

Kurz nach diesen Badischen Maschinen lieferte die SLM Winterthur zwei Vergleichslokomotiven an die Gotthard-Bahn. Die eine, BN. 202, entsprach ganz der vierzylindrigen de Glehn-Bauart, die andere, BN. 201, war bis auf das Triebwerk, das nach dem Dreizylinder-Verbundsystem gestaltet war, gleich. Diese BN. 201 sollte auf Talstrecken mit Verbundwirkung, am Berg als Drillingsmaschine arbeiten. Sie bewährte sich weniger als die andere, die dann mit geringen Änderungen die bekannte Gotthard-Lokomotive wurde. Bis 1905 wurden dreißig derartige Maschinen, BN. 201-230, angeschafft (Abb. 248). Diesmal waren die HD-Zylinder innen und die ND-Zylinder außen angeordnet. Die Kurbeln beider Arbeitsgruppen wiesen einen Winkel von 135° auf. Bei den letzten fünf Maschinen ließ man die Innensteuerung weg, und die Übertragung der Bewegung der HD-Schieber erfolgte von der Außensteuerung mittels Pendelwellen. Als Leistungsprogramm wurden 250 t auf den Talstrecken mit 90 km/h und 140 t auf den Bergstrecken mit 40 km/h festgesetzt. Damit sollte die Fahrzeit auf der ganzen Gotthard-Strecke um 2 Stunden gekürzt werden.

Als die schweizerische Jura-Simplon-Bahn vor der Aufgabe stand, schwerere Schnellzuglokomotiven einsetzen zu müssen, wählte sie eine Lokomotive, die der Gotthard-Lokomotive sehr ähnlich war. Sie unterschied sich hauptsächlich durch den größeren Treibraddurchmesser von 1750 mm, da sie für günstigere Streckenverhältnisse bestimmt war. Außerdem waren, wie bei den französischen de Glehn-Maschinen, die

250. Internationaler Zug mit der SBB-Lokomotive Nr. 737, A3/5, auf der Wettinger Brücke bei Baden/Schweiz

251. 2B-de Glehn-Lokomotive der Schweizerischen Centralbahn, Nr. 254

ND-Zylinder außen, die HD-Zylinder innen angeordnet. Die Schieber der Innenzylinder wurden, ebenfalls abweichend von der Gotthard-Lokomotive, von einer Joy-Steuerung angetrieben. Vorgesehen war die Beförderung von 300 t auf 10‰ (1:100) Steigung mit 50 km/h. Diese ersten beiden Maschinen, B N.231-232, wurden das Vorbild für die bekannte schöne A 3/5 der Schweizerischen Bundesbahnen, von der zwischen 1904 und 1909 einhundertneun leicht verstärkte Maschinen beschafft worden sind und dann von 1907 bis 1915 nochmals einundfünfzig, nun als Heißdampf-Lokomotiven mit allen vier Zylindern in einer Ebene (Abb. 250).

Auch Maffei hatte auf der Nürnberger Gewerbeausstellung 1896 eine 2 C-Lokomotive ausgestellt, bei der die Lage der vier Zylinder wie bei den Maschinen der Gotthard-Bahn ausgeführt war. Die Steuerung beider Gruppen konnte aber nur gemeinsam verstellt werden. Die Bayerische Staatsbahn erwarb diese Ausstellungslokomotive und schaffte dann von 1899 bis 1901 dreiundvierzig einer etwas verstärkten Ausführung, die Gattung CV, an.

Die weitere Entwicklung der de Glehnschen Bauart fand ab 1900 statt und gehört daher in ein anderes Kapitel.

Ziemlich gleichzeitig mit du Bousquet unternahm auch sein Kollege Henry von der PLM Versuche mit Vierzylinder-Verbundlokomotiven. Er ging dabei sehr großzügig vor, denn er ließ 1888 in der Bahnwerkstatt Paris gleichzeitig drei verschiedene Prototypen bauen, eine für Schnellzüge, eine für schwere Güterzüge und eine dritte für gemischten Dienst. Die zwei Schnellzugmaschinen, BN. C1 und C2 (Abb. 253), schlossen sich im allgemeinen Aufbau eng

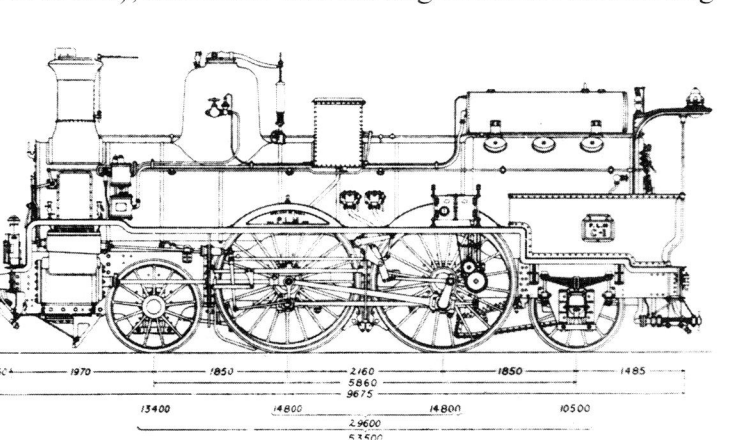

252. 2C-de Glehn-Lokomotive der Badischen Staatsbahn, Gattung IVe, auf der Schwarzwaldbahn

253. 1B1-Vierzylinder-Verbund-Schnellzuglokomotive der PLM, Nr. C1, 1888

an die vorhergehende 1B1-Serie 111-400 an (vgl. Abb. 218). Alle vier Zylinder lagen in derselben Querebene vor der voranlaufenden Laufachse. Die innenliegenden HD-Zylinder trieben die erste Kuppelachse, die äußeren ND-Zylinder die zweite an. Es waren vier Heusinger-Walschaert-Steuerungen vorhanden. Bei der BN. C1 wurden die inneren Kulissen durch ein von den Treibstangen mitgenommenes Parallelgetriebe, bei der BN. C2 durch ein einziges Exzenter auf jeder Seite betätigt. Beide Steuerungsgruppen wurden gemeinsam verstellt, wobei ihr Gewicht zwecks leichterer Betätigung durch einen Dampfzylinder ausgeglichen wurde. Zum Anfahren wurde Frischdampf in die HD-Zylinder eingeleitet, deren Kurbeln um 198° versetzt waren, um zu sichern, daß niemals ein Kolben auf den toten Punkt zu stehen kam. Somit konnten beide HD-Kolben in jeder Stellung Frischdampf erhalten. Die BN. C1 wurde 1889/1890 in demselben Dienstplan wie die vorhandenen 1B1-Maschinen auf der Strecke Paris-Laroche eingesetzt. Mit 294 t schweren Zügen hielt sie eine Geschwindigkeit von 82 bis 95 km/h durch. Bei einem Schnellfahrversuch am 1. Juli 1890 mit nur einem angehängten Wagen hielt sie sich dauernd im Bereich von 103 bis 134 km/h. Die BN. C2 wurde in Paris 1889 auf der Ausstellung gezeigt. Beide Lokomotiven bespannten bis um 1900 Schnellzüge im Dienstplan mit den 1B1-Maschinen, Serie 111-400. Dann liefen sie in Personenzügen, bis sie 1923/1924 ausgemustert wurden.

Der nächste Prototyp Henrys bestand aus zwei Vierkupplern, BN. 4301-4302, die einen Vergleich mit den normalen Lokomotiven dieser Achsanordnung der Serie 2500 (vgl. Abb. 188) ermöglichen sollten. Die Verbundanordnung war wie bei den eben beschriebenen Maschinen BN. C1 und C2. Die innenliegenden HD-Zylinder lagen etwas gegenüber den äußeren schräg und höher nach vorn versetzt, um über die erste Achse hinwegzukommen, da sie die zweite Achse antrieben. Die äußeren ND-Zylinder griffen auf der dritten Achse an. Bei den 1892 vorgenommenen Versuchsfahrten erzielten diese Verbundmaschinen gegenüber den Zwillingsmaschinen 10 bis 13% Brennstoffersparnisse und zogen ein um 5% höheres Zuggewicht. Auch die BN. 4301 wurde 1889 in Paris ausgestellt. Die günstige Bewährung dieser beiden Prototypen führte dazu, daß ab 1892 unter Benutzung verschiedener Teile alter Bourbonnais, die Ersatzkessel gebraucht hätten, noch einhundertvierzig gleichartige Vierzylinder-Verbund-Vierkuppler gebaut worden sind (Abb. 254).

Die dritte Versuchslokomotive Henrys stellte insofern etwas Neues dar, als es sich um eine vierfach gekuppelte Lokomotive für gemischten Dienst handelte. Sie

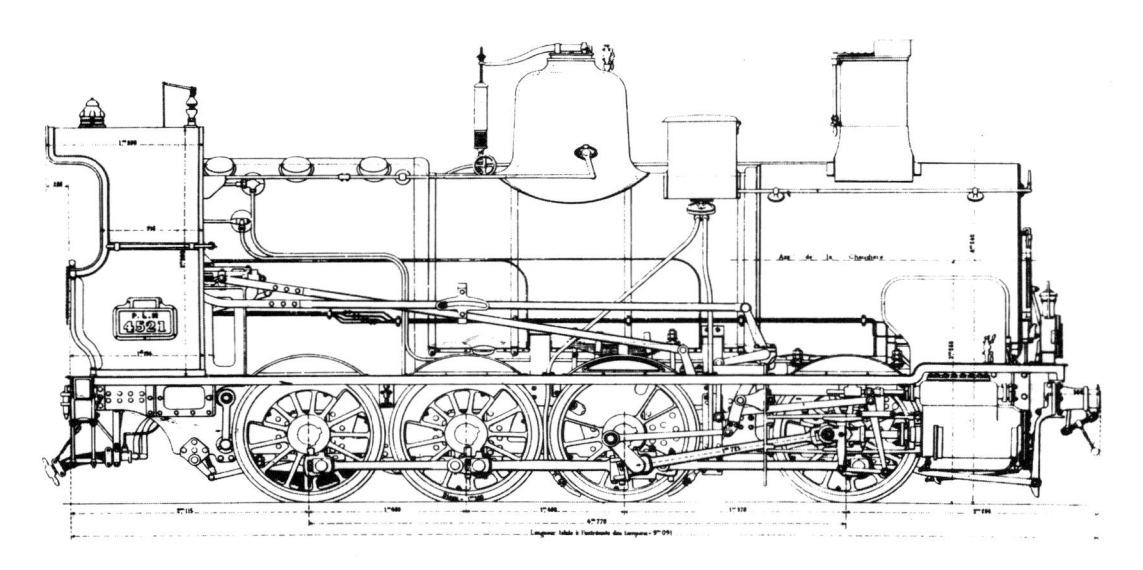

254. D-Vierzylinder-Verbund-Güterzuglokomotive der PLM, Nr. 4521

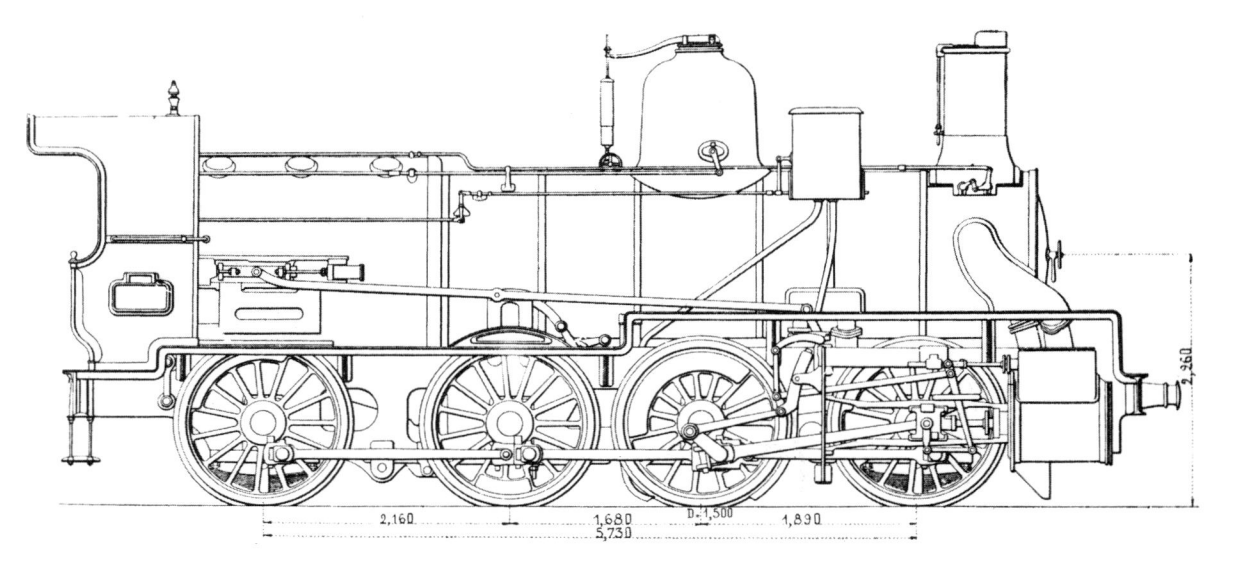

255. D-Vierzylinder-Verbundlokomotive der PLM für gemischten Dienst, Serie 3200

sollte sowohl im Flachlande Eilgüterzüge als auch auf Bergstrecken schwere Personenzüge befördern. Sie erhielt, weil sie eine Geschwindigkeit von 60 km/h erreichen mußte, den damals für vierfach gekuppelte Lokomotiven großen Treibraddurchmesser von 1500 mm (Abb. 255). Diesmal lagen die inneren HD-Zylinder schräg zwischen den beiden ersten Kuppelachsen, denn sonst hätten sich zum Antrieb der dritten zu lange Treibstangen ergeben. Die Versetzung der Kurbeln jeder Seite betrug 225°. Für den Dienst am Berge waren sie mit Le Chatelier-Gegendampfbremse ausgerüstet. Im Betrieb ergaben diese zwei Lokomotiven, BN. 3201 und 3202, im Vergleich mit den bislang verwendeten C1-Maschinen gleichen Raddurchmessers, Brennstoffersparnisse von 10,5 bis 15%, obwohl sie meist nicht voll ausgelastet waren. Auch eine dieser beiden Prototypen war 1889 in Paris zu sehen. Die Heizfläche wich bei beiden etwas voneinander ab, bei der BN. 3201 betrug sie 150,09 m², bei der BN. 3202 dagegen 162,99 m². Mit gewissen Änderungen, besonders der Verwendung nur 3 m langer Serve-Heizrohre, wurden zwischen 1892 und 1896 noch weitere einhundertzwölf Maschinen in Betrieb genommen. Vierzig wurden 1898/1899 in 2C-Maschinen verwandelt, so daß ihre Höchstgeschwindigkeit von 65 auf 80 km/h gesteigert werden konnte.

Als die schon mehrfach erwähnten Vergleichsfahrten die Überlegenheit des Drehgestells für schnellfahrende Lokomotiven bewiesen hatten, entschloß sich Henry, einen neuen Entwurf auszuführen. Er ließ 1892 zwei 2B-Maschinen, BN. C11 und C12 bauen.

Er konnte sich jedoch noch nicht ganz der alten Anschauung entziehen, daß ein Drehgestell eine unnötige Komplikation und eine Gewichtsvermehrung bedeute. So ließ er die dritte Lokomotive, C51 (später C3), als 1B-Maschine bauen. Beide Typen besaßen gleiches Triebwerk und gleiche Kessel. Diesmal wurden die HD-Zylinder außen und die ND-Zylinder innen in derselben gestaffelten Form wie bei de Glehn angeordnet. Henry starb 1892 mitten in seiner Arbeit, die sein Nachfolger Charles Baudry forsetzte. Die 1B-Maschine gab man wegen der weniger günstigen Laufeigenschaften auf, die 2B-Lokomotive wurde leicht verbessert. Äußerlich fiel sie durch die «windschnittigen» Flächen auf, die angebracht wurden, um den Luftwiderstand bei dem im Rhone-Tal so häufigen Mistral zu verringern. Wichtiger war, daß auf Grund von Versuchen, die Privat, ein Ingenieur der Bahn, durchgeführt hatte, die nach Gooch ausgeführte Steuerung der inneren ND-Zylinder ab 1894 unveränderlich auf 60% Füllung festgelegt wurde. Beim Verstellen der Steuerbockschraube nahm diese die Innensteuerungen bis zum Endpunkt mit, die dann dort fest verriegelt blieben, so daß die Steuerschraube jetzt unabhängig auf andere Füllungsgrade zurückgedreht werden konnte. Diese Art Steuerungskombination stellte ein besonderes Merkmal der PLM-Vierzylinder-Verbundlokomotiven der nächsten zwanzig Jahre dar. Da sie bei Rückwärtsfahrt geringere Zugkräfte ergab, wurde für Tenderlokomotiven ein Ausnahme gemacht. Diesen ersten vierzig Baudry-Lokomotiven BN. C 21-60, als «kleine C»

256. 2B-Vierzylinder-Verbund-Schnellzuglokomotive der PLM, Nr. C 74, «große C»

bezeichnet, folgten 1895 bis 1902 einhundertzwanzig verstärkte «große C», BN. C 61-180 (Abb. 256). Sie sind weithin nicht nur unter Fachleuten bekannt geworden, weil sie jahrelang den Luxuszug «Côte d'Azur-Express» fuhren und durch ihr Aussehen, das ihnen die Bezeichnung «coupe vent» (Windschneider) eintrug, allgemein auffielen.

Der vorgenannte «Côte d'Azur Rapide», manchmal auch «Nizza-Expreß» genannt, war seinerzeit einer der schnellsten Züge der Welt. Im Jahre 1906 noch mit diesen Maschinen bespannt, legte er die Strecke Paris-Marseille mit einer Reisegeschwindigkeit von 83,8 km/h zurück oder, Aufenthalte abgerechnet, 86,92 km/h. Zwischen Valence und Avignon erreichte er sogar eine mittlere Geschwindigkeit von 91,8 km/h. Das Gewicht der vierachsigen Wagen betrug normalerweise 230 bis 235 t. Mit dem nur 170 t schweren «Rom-Expreß» erzielte eine dieser «coupe vent» zwischen Tonnerre und Laroche (41,3 km) ein Mittel von 118 km/h, mit einer Spitze von 130 km/h. Die «großen C» wurden erst nach und nach durch die ab 1911 eingeführten Pacific-Lokomotiven aus dem Schnellzugdienst verdrängt und 1938/1939 ausgemustert. Die BN. C 115 ist heute im Museum zu Mülhausen im Elsaß ausgestellt.

11.1.4. Die Vierzylinder-Verbundlokomotive mit Einachsantrieb und vier Kurbeln

Webb, dessen autoritärer Charakter keiner Kritik zugänglich war, mußte sich schließlich der Tatsache beugen, daß die von allen möglichen Seiten ausgehende Kritik seines Dreizylinder-Verbundsystems nur zu berechtigt war. Sein Ruf stand auf dem Spiel. Er ging in sich und ließ 1897 in der Bahnwerkstatt Crewe zwei Versuchslokomotiven bauen, die schon rein äußerlich dadurch auffielen, daß sie, als erste auf der LNWR, als Langstreckenlokomotiven mit einem voran laufenden Drehgestell versehen waren (Abb. 257). Die eine dieser Maschinen, BN. 1501 «Jubilee», wurde als Zwillingsmaschine mit Zylindern von 356 × 610 mm, die andere, BN. 1502 «Black Prince», als Vierzylinder-Verbundmaschine ausgeführt. Webb vereinfachte aber gegenüber de Glehn die Anordnung des Triebwerkes. Er ließ alle vier Zylinder auf die erste Kuppelachse wirken. Durch die Anwendung eines führenden Drehgestells ergab sich von selbst die Anordnung aller vier Zylinder nebeneinander unter der Rauchkammer, und zwar waren die HD-Zylinder außen, die ND-Zylinder innen angebracht. Da die Kurbeln jedes Zylinderpaares rechts und links um 180° versetzt, also gegenläufig waren, ließ sich ein sehr einfacher Antrieb für die vier Schieber anbringen. Die innenliegenden ND-Schieber wurden durch zwei Joy-Steuerungen angetrieben. Ihre Schieberstangen traten vorne heraus und griffen an einem Ende eines waagerecht schwingenden Hebels an, dessen anderes Ende die ebenfalls nach vorn verlängerten Schieberstangen des HD-Schiebers bewegten. Der Raum, den Webb durch die Joy-Steuerung gewann, gestattete eine Abstützung der Kurbelachse durch einen mittleren Hilfsrahmen, eine Konstruktion, die auch bei den späteren Zwillings-Innenzylinder-Lokomotiven der LNWR beibehalten wurde. Eine andere Eigenart bestand im Ausgleich der umlaufenden inneren Massenkräfte. Die Wangen der Kurbeln der Treibachse waren entgegengesetzt zum Kurbelzapfen verlängert und verbreitert. Bei den Außenzylindern erfolgte der Ausgleich durch Bleigewichte, die in Aushöhlungen der übergroß gehaltenen Radnaben eingegossen wurden. Auch dies ist ein Detail, das später bei der LNWR mehrfach zu finden ist.

Über die Vergleichsfahrten zwischen der Vierlings- und Verbundlokomotive ist nichts bekannt geworden. Da aber die «Jubilee» als Vierzylinder-Verbundmaschine umgebaut wurde, dürfte ihr Brennstoffver-

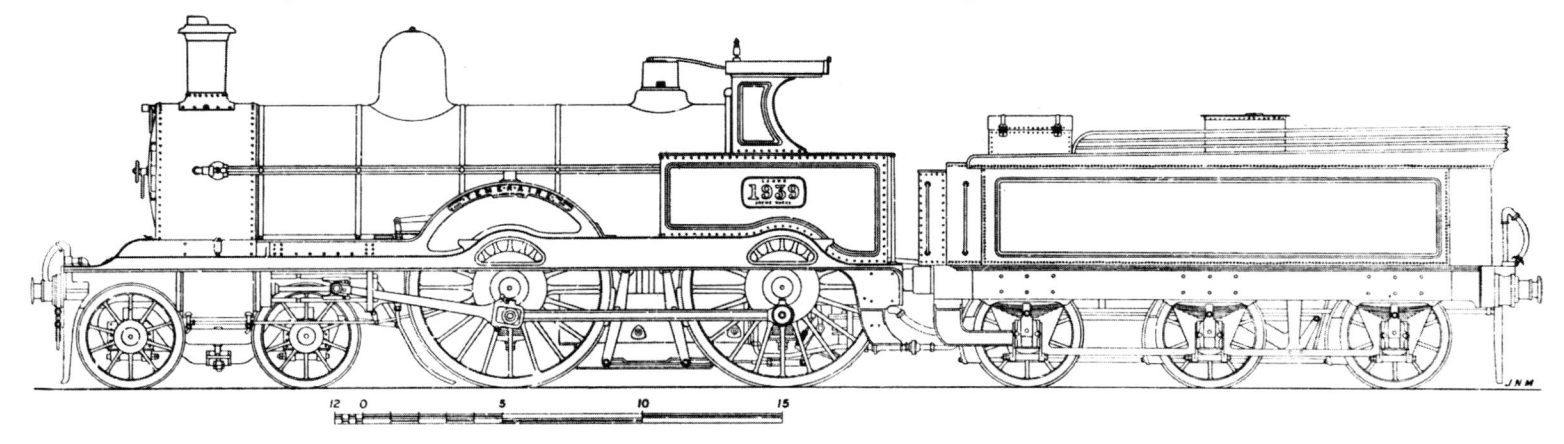

257. «Temeraire», 2B-Vierzylinder-Verbundlokomotive der London & North Western-Bahn, Nr. 1939, Jubilee-Klasse

brauch höher gewesen sein. Anläßlich des Umbaus erhielt sie die neue Bezeichnung BN. 1901 und gab der ganzen nachfolgenden Klasse von vierzig Maschinen den Namen. Die Maschinen waren jedoch nicht recht erfolgreich. Das Zylindervolumenverhältnis war mit 1:1,69 ungenügend. Die ND-Zylinder wurden daher auf das noch innerhalb des Rahmens ausführbare Höchstmaß von 521 mm vergrößert, aber auch so blieb das Verhältnis 1:1,87 ungenügend. Auch der Kesseldruck wurde auf 14,1 atü erhöht. Eine Anfahrvorrichtung war nicht vorhanden. Standen die HD-Zylinder ungünstig, mußte der Führer warten, bis infolge der Durchlässigkeit der Schieber sich die ND-Zylinder mit Dampf füllten. Trotz aller dieser Fehler beharrte Webb wieder bei seiner Bauart. Ursprünglich hatte er wohl beabsichtigt, eine der «Greater Britain» gleichwertige Maschine zu bauen, dabei aber deren Fehler zu vermeiden. Man kann dies daraus schließen, daß die Kesselabmessungen dieselben waren. 1901 war er aber gezwungen, eine verstärkte Ausführung herauszubringen, die als «Alfred the Great»-Klasse zwanzig Maschinen umfaßte.

Im Betrieb ergab keine von den beiden Klassen die erwarteten Ergebnisse. Die alten «Bloomer» und «Lady of the Lake» mußten immer wieder als Vorspann einspringen. Webb mußte gehen. Sein Nachfolger George Whale versuchte zu retten, was zu retten war. Teils veränderte er die Steuerung der Verbundmaschinen, teils verwandelte er sie ganz radikal in gewöhnliche Zwillingsmaschinen mit Innenzylinder. Alle früheren Dreizylinder-Verbundmaschinen wurden radikal hinweggefegt. Eins der eigenartigsten Kapitel der Lokomotivgeschichte fand so ein unrühmliches Ende. Nur die Vierkuppler im Dreizylinder-Verbundsystem und die nachfolgenden Vierzylinder-Verbundlokomotiven überlebten, mehr oder minder umgebaut, teilweise als 1D-Maschinen die Flurbereinigung durch Whale.

Die im vorhergehenden Abschnitt erwähnte 2B-Maschine von de Glehn, die die Preußische Staatsbahn probeweise beschafft hatte, lief ruhiger und war vor allem auf Steigungsstrecken leistungsfähiger als die Normallokomotive der Gattung S3. Dafür stellte sie höhere Anforderungen an das Fahr- und Werkstättenpersonal. Darum wurde der Lokomotivausschuß beauftragt, die Möglichkeit der Konstruktion einer gleichwertigen, aber einfacher zu bedienenden Vierzylindermaschine zu prüfen. Als die Hannoversche Maschinenbau-Gesellschaft an das Ministerium für öffentliche Arbeiten mit der Bitte herantrat,

258. 2B-Vierzylinder-Verbundlokomotive der Preußischen Staatsbahnen, Bauart v. Borries, für die Weltausstellung Paris 1900

259. 2C-Lokomotive der Adriatischen Bahn, Nr. 3701, 1900. Das Führerhaus der Lokomotive liegt vorn

eine den Ideen des Lokomotivausschusses entsprechende Lokomotive, die in der Weltausstellung Paris 1900 gezeigt werden sollte, nach Schluß derselben zu übernehmen, wurde diesem Antrag stattgegeben. Der Entwurf stammte von v. Borries (Abb. 258). Leider machte man ihm dabei zur Auflage, sich so eng wie möglich an die Normallokomotive S3 anzupassen. Das Triebwerk wurde nach v. Borries' Vorschlag von 1897 ausgeführt. Jeweils ein außenliegender ND- und der dazu gehörige HD-Zylinder bildeten einen gemeinsamen Gußblock. Beide Blöcke wurden miteinander verschraubt und bildeten nach amerikanischer Art einen Sattel, auf den sich die Rauchkammer aufstützte. Der vordere Rahmenteil war, ebenfalls nach amerikanischem Vorbild, als Barrenrahmen ausgeführt, wodurch die Zugänglichkeit des Innentriebwerks erleichtert wurde. Alle vier Zylinder trieben die erste Kuppelachse an, die Kurbeln auf jeder Seite waren um 180°, die beider Seiten um 90° versetzt. Der Antrieb der vier Schieber erfolgte auf jeder Seite nur durch eine einzige innenliegende Heusinger-Walschaert-Steuerung, deren Schieberschubstange an eine Pendelwelle angelenkt war, an deren Pendeln die Voreilhebel sowohl für den HD- als auch für den ND-Schieber angehängt waren. Die Länge der Pendel und die Angriffspunkte der Voreilhebel wurden so berechnet, daß die Füllungsgrade der ND-Seite stets 20% höher waren als die der HD-Seite.

Die Ausstellungslokomotive befriedigte im Dienst im allgemeinen. Sie konnte auf der Strecke Berlin-Hannover-Köln Schnellzüge mit 43 Achsen planmäßig befördern. Die Auflage, sich an die S3 zu halten, hatte zwar eine an sich gute Maschine, aber keine genügende Leistungssteigerung ergeben. Dies war ein Grund, daß nur sechzehn Maschinen nachbeschafft wurden. Ab 1902 wurden siebenundsiebzig etwas stärkere 2B-de Glehn-Lokomotiven in Dienst gestellt. Das Vierzylinder-Verbundsystem v. Borries' bewährte sich derart, daß es grundlegend für die weitere Entwicklung der Vierzylinder-Verbundlokomotive in Deutschland wurde. Es vermochte sich als einziges System neben der de Glehn-Bauart durchzusetzen.

In vielfacher Hinsicht eigenartig waren die Vierzylinder-Verbundlokomotiven, die Plancher für die Adriatische Bahn in Italien schuf (Abb. 259). Sie waren dazu bestimmt, die Schnellzüge zwischen Rom und Mailand über die dazwischenliegenden Apennin-Pässe zu befördern. Plancher brachte den dazu notwendigen großen Rost unter, indem er den Kessel verkehrt herum aufsetzte, so daß die Feuerbüchse unbehindert über dem vorne laufenden Drehgestell zu liegen kam. Die Zylinder wurden hingegen am anderen Ende überhängend angeordnet. Des besseren Massenausgleiches halber sah er vier Zylinder vor. Abweichend von den geschilderten Bauarten wurden beide HD-Zylinder, einer innen, der andere außen, in einem gemeinsamen Gußstück vereinigt und ebenso die beiden ND-Zylinder. Es befanden sich so zwei gleiche Zylinder auf jeder Seite, und damit war ein gemeinsamer Schieber für jedes Paar möglich, der durch eine außen angeordnete Heusinger-Walschaert-Steuerung betätigt wurde. Die Kurbeln jedes Zylinderpaares waren gegenläufig und gegenüber dem anderen Paar um 90° versetzt. Die Steuerung jeder Gruppe konnte, wie bei der Bauart de Glehn, unabhängig voneinander verstellt werden. Das Führerhaus befand sich vorne. Dies und die ganz geschlossene Bauart trugen dazu bei, daß bei den vielen Tunneln das Personal weniger vom Rauch belästigt wurde. Die Stirnwand war keilförmig, um den Luftwiderstand zu verringern. Die Kohle befand sich in seitlich angebrachten Kästen, für das Wasser wurde ständig ein dreiachsiger Kesselwagen mitgeführt.

Die erste in der Bahnwerkstatt Florenz gebaute Maschine, BN. 3701, wurde in Paris 1900 ausgestellt. Nach Schluß der Ausstellung fanden auf Wunsch der Ouest Vergleichsfahrten mit einer 2C-de Glehn-Maschine, BN. 2516, auf deren Strecken statt. Der Treibraddurchmesser der Vergleichsmaschine betrug allerdings nur 1750 mm und ihr Kessel war kleiner. Die Verbrauchsziffern der Ouest-Maschine waren etwas günstiger, so daß die Ouest bei der de Glehn-Bauart blieb und die ersten 2C-Schnellzugmaschinen dieser Bauart einführte. Bei der Adriatico folgten der ersten Ausstellungslokomotive noch vierzehn weitere, BN. 5002-15, teilweise von Borsig geliefert, die spätere Gruppe 670 der Italienischen Staatsbahn.

11.1.5. Die Vierzylinder-Verbundlokomotive mit Zweikurbelantrieb

Voreinander gesetzte, mit einer gemeinsamen durchlaufenden Kolbenstange in Verbund auf eine einzige Kurbel wirkende Zylinder waren von den fünfziger Jahren an bei ortsfesten und bei Schiffsdampfmaschinen recht weit verbreitet. Sie wurden als «Tandem-Maschinen» bezeichnet. H.O. Perry, Direktor der Shephard Ironworks, kam wohl als erster auf die Idee, diese Art der Dampfmaschinen bei Lokomotiven zu verwenden. Die Erie-Bahn stellte zu einem solchen Versuch ihre 2B-Lokomotive BN. 122 zur Verfügung, die 1851 von Hinkley Drury in Boston gebaut worden war. Sie wurde im Herbst 1868 umgebaut. Es war eine der klassischen amerikanischen Maschinen jener Zeit mit geneigten Außenzylindern von 406 × 660 mm. Diese wurden gegen je ein Paar voreinander gesetzte HD- und ND-Zylinder ausgetauscht (Abb. 260). Der Dampfeinlaß und -auslaß erfolgte durch senkrechte Drehschieber. Das Verhältnis der Zylindervolumen von etwa 1:4 war zu groß. Die in die ND-Zylinder einströmende Dampfmenge konnte diese nicht ausfüllen und so ergab sich ein zu geringer Blasrohrdruck. Die Lokomotive wurde wegen ihrer ungenügenden Leistung aus dem Betriebe gezogen. Wenn auch ein mißlungener Versuch, war diese BN. 122 doch die erste mit echter Verbundwirkung arbeitende Lokomotive der Welt und verdient daher der Vergessenheit entrissen zu werden.

Nach demselben Prinzip, aber mit normalen Flachschiebern, baute die Boston & Albany-Bahn 1883 in ihrer Werkstatt Springfield eine 2B-Lokomotive nach einem Patent Henry Dumbars von Baldwin, die nach kaum sieben Monaten Versuchsbetrieb in eine nor-

260. Tandem-Lokomotive der Erie-Bahn, die erste Verbundlokomotive der Welt, 1868

261. Tandem-Güterzuglokomotive der Nord, du Bousquet, 1887

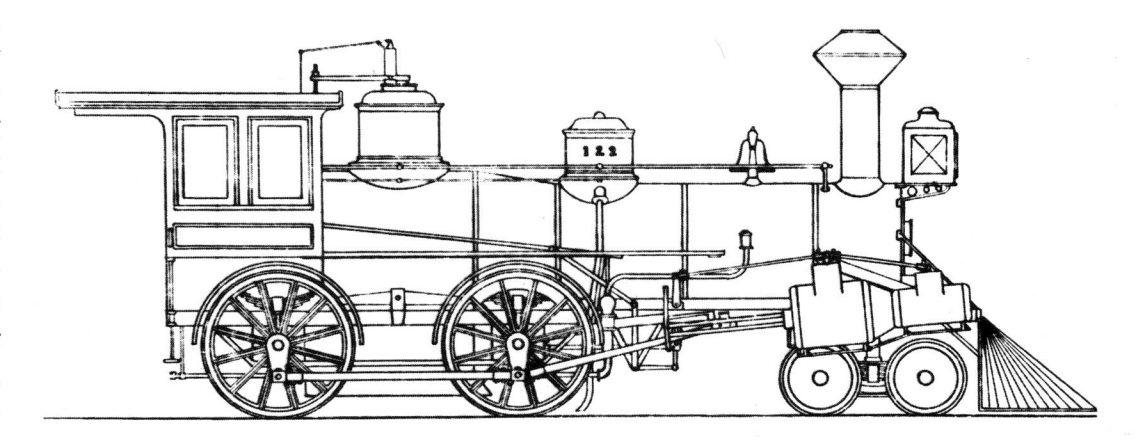

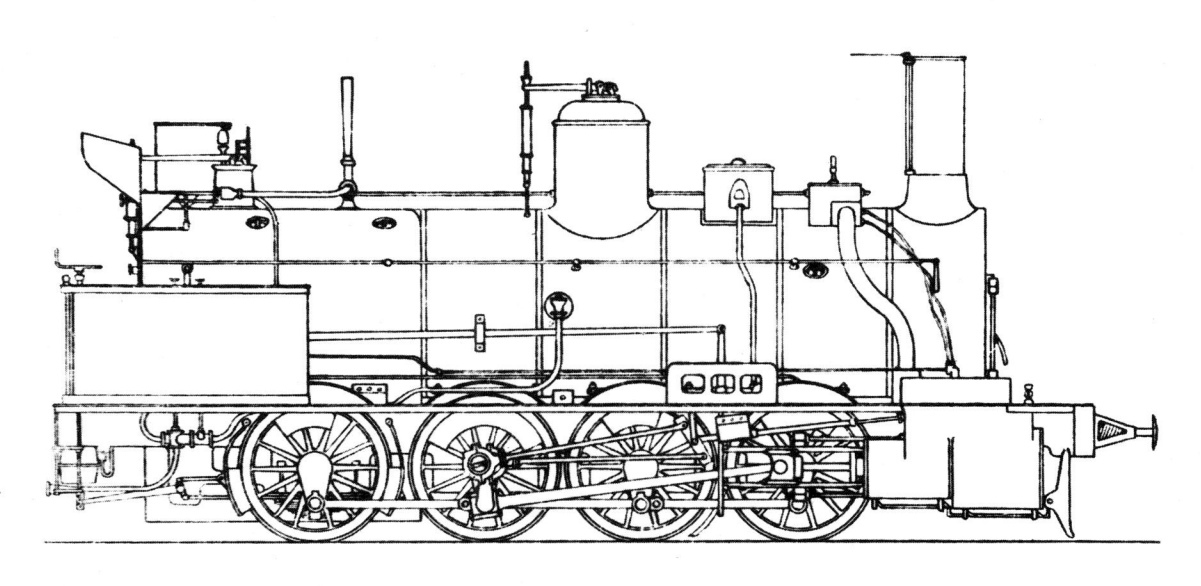

male Zwillingsmaschine rückverwandelt wurde, weil sie keine Vorteile bot.

Angeregt durch Webbs Versuche, baute Mathew Holmes in der Werkstatt der North British-Bahn die beim Zusammenbruch der Forth-of-Tay-Brücke 1879 ins Wasser gestürzte und wieder herausgeholte 2B-Lokomotive BN. 224 in eine Tandem-Verbundmaschine um. Die vier Zylinder lagen innen, die ND-Zylinder an der Stelle der ursprünglichen Zylinder, die HD-Zylinder davor. Die Schieber beider Gruppen konnten durch je eine Joy-Steuerung einzeln verstellt werden. Weder die Ergebnisse dieser Maschine, noch die zweier 1B-Maschinen der Great Western, die William Dean 1886 in der Hauptwerkstatt Swindon ausführen ließ, rechtfertigten eine weitere Anwendung dieses Systems.

Wir haben im Abschnitt 11.1.3 die Versuche der französischen Nord-Bahn geschildert, eine den gestiegenen Verkehrsansprüchen genügende Schnellzuglokomotive zu schaffen. Du Bousquet dehnte diese Versuche auch auf Güterzuglokomotiven aus. Er wählte die Tandem-Anordnung und vereinigte dabei, ähnlich wie Dean, beide Zylinder ineinandergeschachtelt zu einem einzigen Gußstück, um Baulänge zu sparen (Abb. 261). Der vorne liegende ND-Kolben besaß oben und unten je eine Kolbenstange, die dicht außerhalb der HD-Zylinderwände ins Freie traten und in einem gemeinsamen Kreuzkopf für alle drei Kolbenstangen endigten. Der Ein- und Auslaß des Dampfes erfolgte durch einen gemeinsamen Schieber mit einer äußeren Muschel für den HD-Dampf und einer inneren für ND-Dampf. Zum Anfahren wurde Kesseldampf den ND-Zylindern über ein Federventil zugeführt. Ferner war ein Luftsaugeventil für die Fahrt mit geschlossenem Regler vorgesehen, das sich automatisch schloß, wenn Kesseldampf zum Anfahren eingeleitet wurde. Die geringe Baulänge der Tandemzylinder erlaubte ohne weiteres, diese 1887 in zwei normale Vierkuppler der «180 unités»-Type, BN. 4.729 und 4.731, einzubauen. Eine weitere, 1889 umgebaute Maschine, BN. 4.733, wurde im gleichen Jahr zur Weltausstellung in Paris gesandt. Mit den beiden Erstlingen wurden Probefahrten mit Kohlenzügen auf der Strecke Lens-Longeau mit Steigungen von 6‰ (1:167) vorgenommen. Die Maschinen konnten dabei 886 t gegenüber den 663 t der normalen Vierkuppler befördern. Auf der Fahrt zwischen Fives-Lille und Hirson mit einer Steigung von 12‰ (1:83) waren die beförderten Züge 513 t beziehungsweise 454 t schwer. Es wurden 11 bis 13% Brennstoff gespart. Aufgrund dieser günstigen Ergebnisse gab die Nord 1889 bei Fives-Lille zwanzig derartige Lokomo-

262. Lokomotiv-Kategorie Ie (später 222) der Ungarischen Staatsbahnen, Tandem-Bauart, S. Kordina, 1890

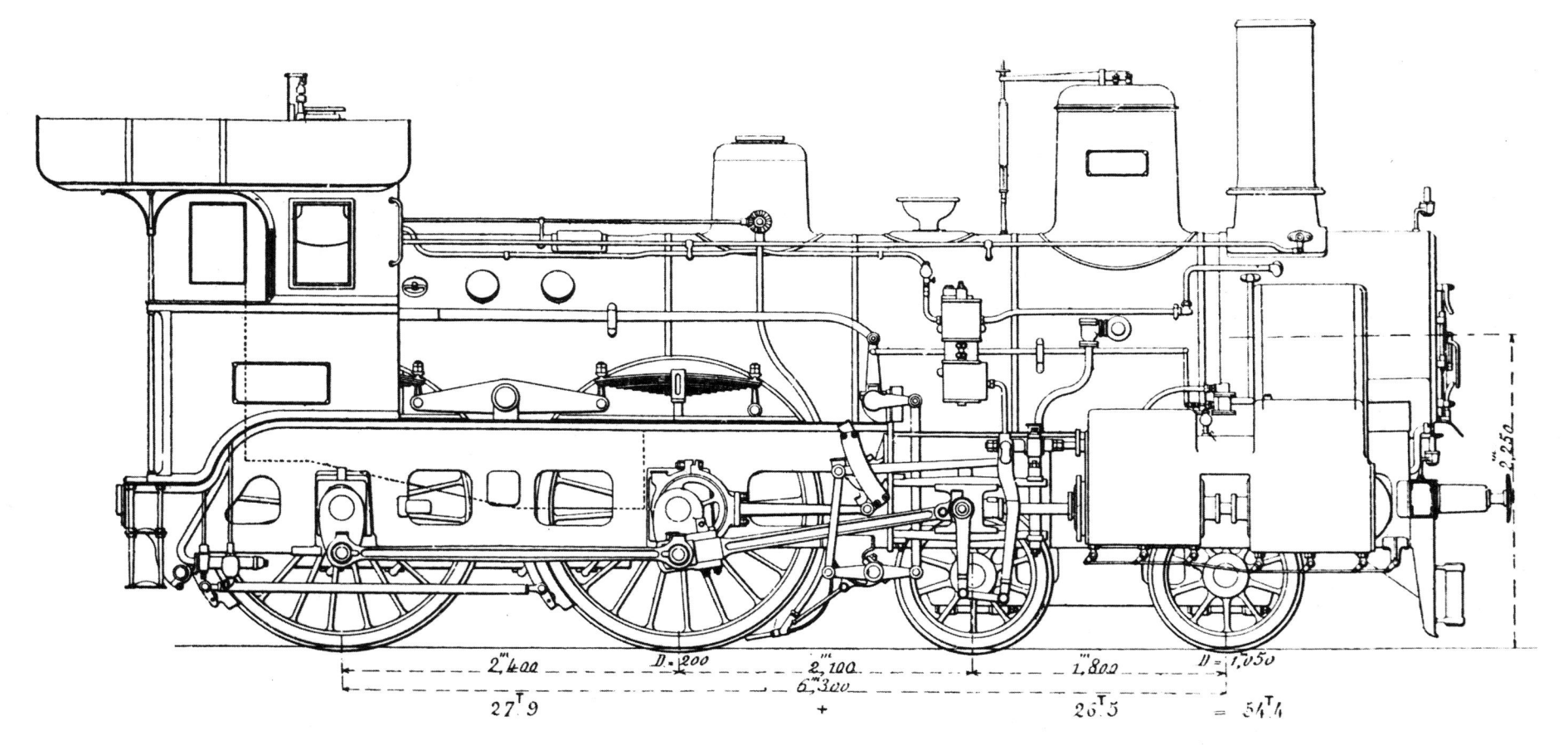

263. 2B-Lokomotive der russischen Staatsbahnen, Tandem-Bauart, 1898

tiven in Auftrag, BN. 101–120, die zum größten Teil zwischen 1912 und 1923 in normale Zwillingsmaschinen umgebaut wurden.

Die Tandemanordnung eignete sich wegen ihrer schweren hin- und hergehenden Massen kaum für schnellfahrende Lokomotiven. Wegen der besonderen, schwierigen Bedingungen hielt jedoch der Chefkonstrukteur der Ungarischen Maschinenfabrik in Budapest, Sigismund Kordina, die Verwendung von Tandemzylindern für die beste Lösung. Es waren Maschinen gefordert, deren Achsdruck 14 t nicht überschreiten durfte. Es sollte einheimische Braunkohle verbrannt werden, was eine große Rostfläche bedingte, die bei der vorgesehenen 2B-Achsanordnung am ehesten durch den auch in Ungarn viel verwendeten Außenrahmen ermöglicht wurde. Die Lokomotiven sollten nach dem Verbundsystem arbeiten, um den Dampf besser auszunutzen. Die ND-Zylinder durften trotz des benötigten Durchmessers das Umgrenzungsprofil der Maschine nicht überschreiten. Gegen Kurbelwellen bestanden nicht ungerechtfertigte Bedenken. Aus diesen Überlegungen entstand die Lokomotiv-Kategorie Ie (später 222) der Ungarischen Staatsbahnen mit Tandemzylindern und Außenrahmen, der es ermöglichte, das Drehgestell weit nach hinten zu schieben, um damit einen höheren Anteil der Last aufzunehmen (Abb. 262). Die erste derartige Maschine, BN. 733, wurde am 11. Dezember 1890 abgeliefert. Abweichend von den beschriebenen französischen Maschinen der Nord waren die HD- von den ND-Zylindern getrennt, so daß deren Stopfbuchsen von außen gut zugänglich waren. Zum ersten Male in Ungarn wurde die Heusinger-Walschaert-Steuerung vorgesehen. Sie lag außen und trieb gleichzeitig die ebenfalls in Tandemanordnung liegenden Schieberpaare an. Zunächst wurde die Anfahrvorrichtung der Bauart Lindner verwendet. Bei späteren Lieferungen war ein vom Führer betätigtes besonderes Anfahrventil vorhanden und schließlich ein halbautomatisches Ventil, das beim Anfahren vom Führer geöffnet wurde und sich nach einer halben Radumdrehung von selber schloß. Das Volumenverhältnis zwischen HD- und ND-Zylinder wurde mehrfach geändert und schließlich auf 1:2,32 festgelegt. Bis 1903 wurden dreiundneunzig Maschinen angeschafft. Damit übertraf die Kategorie Ie an Zahl alle anderen in Europa verwendeten Tandem-Verbundlokomotiven. Sie beförderten 160 t mit 60 km/h auf einer Steigung von 6,7‰ (1:149), wobei ungarische Braunkohle verfeuert wurde. Gegenüber Zwillingsmaschinen ergab sich eine Dampfersparnis von 12%. Auf den übrigen europäischen Bahnen waren die Verhältnisse nicht so ungewöhnlich wie in Ungarn. Es wurden darum nur noch für Rußland einige Tandem-

Verbundlokomotiven für Schnellzüge gebaut. De Glehn, Mallet und A. Borodin entwarfen gemeinsam eine Maschine für die russische Südbahn. Es war ein gewöhnlicher Innenrahmen vorgesehen. Der HD-Zylinder lag vor dem ND-Zylinder, und beide waren leicht geneigt angeordnet. Die erste Lokomotive, BN. 101, wurde von der Elsässischen Maschinenbau-Gesellschaft gebaut, die weiteren, BN. 102-106, dann in Rußland. Obgleich bei den geringen zugelassenen Geschwindigkeiten — bis 60 km/h — recht gute Ergebnisse vorlagen, blieben die Maschinen ohne Nachfolge.

Die russischen Staatsbahnen griffen 1898 die Tandem-Bauart wieder auf. Nach Angaben des damaligen stellvertretenden Ministers für das Verkehrswesen, Petoff, wurden bei den Putiloff-Werken in Petersburg siebenundsechzig Maschinen gebaut, die abgesehen vom Innenrahmen weitgehend den ungarischen entsprachen (Abb. 263). Sie wurden auf der Strecke Petersburg-Warschau verwendet, mehrere waren bei der Trans-Sibirischen Eisenbahn in Einsatz. Sie schlossen die Verwendung der bereits 1845 eingeführten 2B-Lokomotiven in Rußland praktisch ab. Wie in Italien, zog man die 1C-Maschinen wegen ihres höheren Reibungsgewichtes vor. Allerdings waren hier nicht Steigungen der Grund für diesen Entscheid, sondern Schnee und Glatteis.

In den Vereinigten Staaten waren die Tandem-Verbundlokomotiven am weitesten verbreitet. Wenn man nicht auf die Verbundwirkung verzichten wollte, hätte bei nur zwei Zylindern der ND-Zylinder so groß bemessen werden müssen, daß er über das Umgrenzungsprofil ragte. Gegen die schlechter zugänglichen Innenzylinder und die zugehörige Kurbelwelle hatte man eine Abneigung. Mit der Tandem-Bauart konnte mit dem üblichen Außentriebwerk und kleineren ND-Zylindern die erforderliche Leistung erzielt werden. Zugleich ergab sich bei dieser, in Amerika «Cross compound» genannten Anordnung eine gleichmäßigere Kraftentwicklung auf beiden Seiten als bei einer Zweizylinder-Verbundanordnung.

Die Einführung und Weiterentwicklung der Tandem-Maschine in Nordamerika ist eigenartigerweise mit zwei Männern gleichen Namens, John Player, verbunden. Der erste John Player fertigte bereits 1886 als Maschinenmeister der Iowa Central-Bahn Pläne an, um eine 2B-Lokomotive versuchsweise in eine Tandem-Verbundmaschine umzubauen. Er kam weder dort noch in seiner nächsten Stelle bei der Wisconsin Central-Bahn dazu. Am 1. Juni 1890 wechselte er endgültig zur Atchisson, Topeka & Santa Fé-Bahn über, und hier bot sich ihm endlich Gelegenheit, seine Pläne in großzügiger Weise durchzuführen. Vorerst kam ihm jedoch sein Namensvetter zuvor, denn die Santa Fé-Bahn war in eine finanzielle Krise geraten. Dieser zweite John Player war Chefkonstrukteur der Brooks Locomotive Works, die 1902 in die American Locomotive C° aufgingen. Nach seinen Plänen wurden 1892 die BN. 499 und die auf der Columbia Weltausstellung in Chicago gezeigte BN. 515 an die Great Northern geliefert. Sie waren von den gerade vorher für dieselbe Bahn gebauten 1D-Maschinen abgeleitet. Um Baulänge zu sparen, waren beide Tandemzylinder ganz dicht aneinander gerückt. Die HD-Zylinder wurden durch Kolbenschieber mit innerer Einströmung gesteuert, für die ND-Zylinder wurden die üblichen Flachschieber mit äußerer Ausströmung beibehalten. Da sich so beide Schieber gegenläufig bewegten, mußte ein zweiseitiger Hebel zur Umkehr der Bewegung zwischen beide Schieberstangen eingeschaltet werden. Zunächst blieb es bei diesen zwei Maschinen.

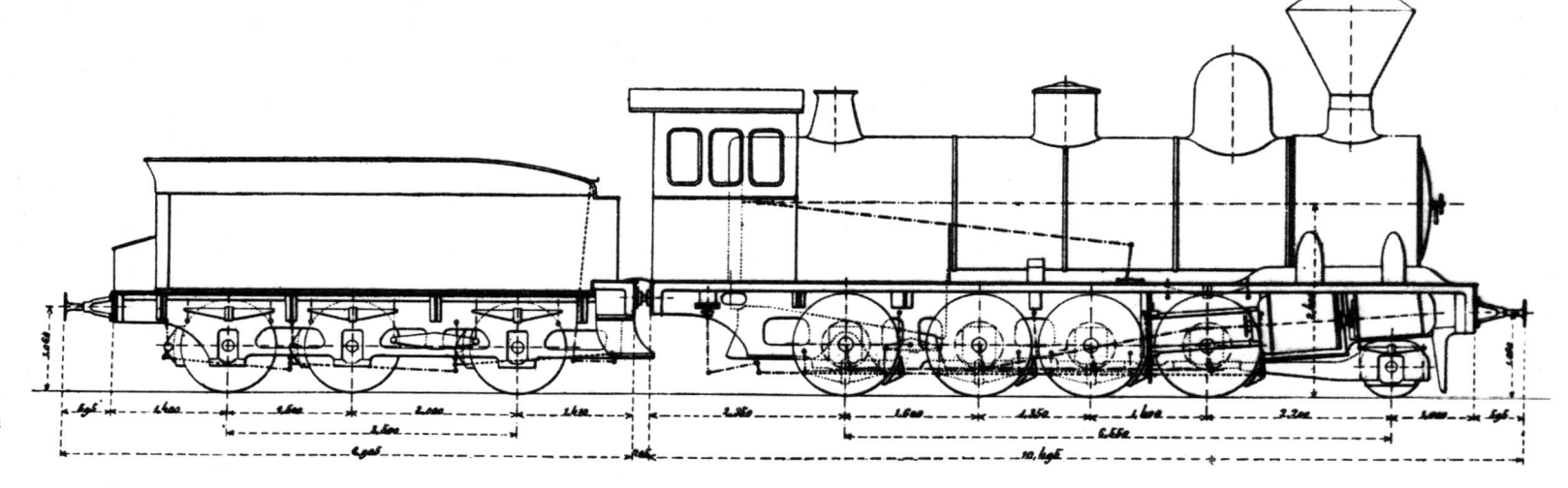

264. 1D-Lokomotive, Tandem-Bauart, von der Elsässischen Maschinenbau-Gesellschaft für die Moskau-Windau-Rybinsk-Bahn gebaut

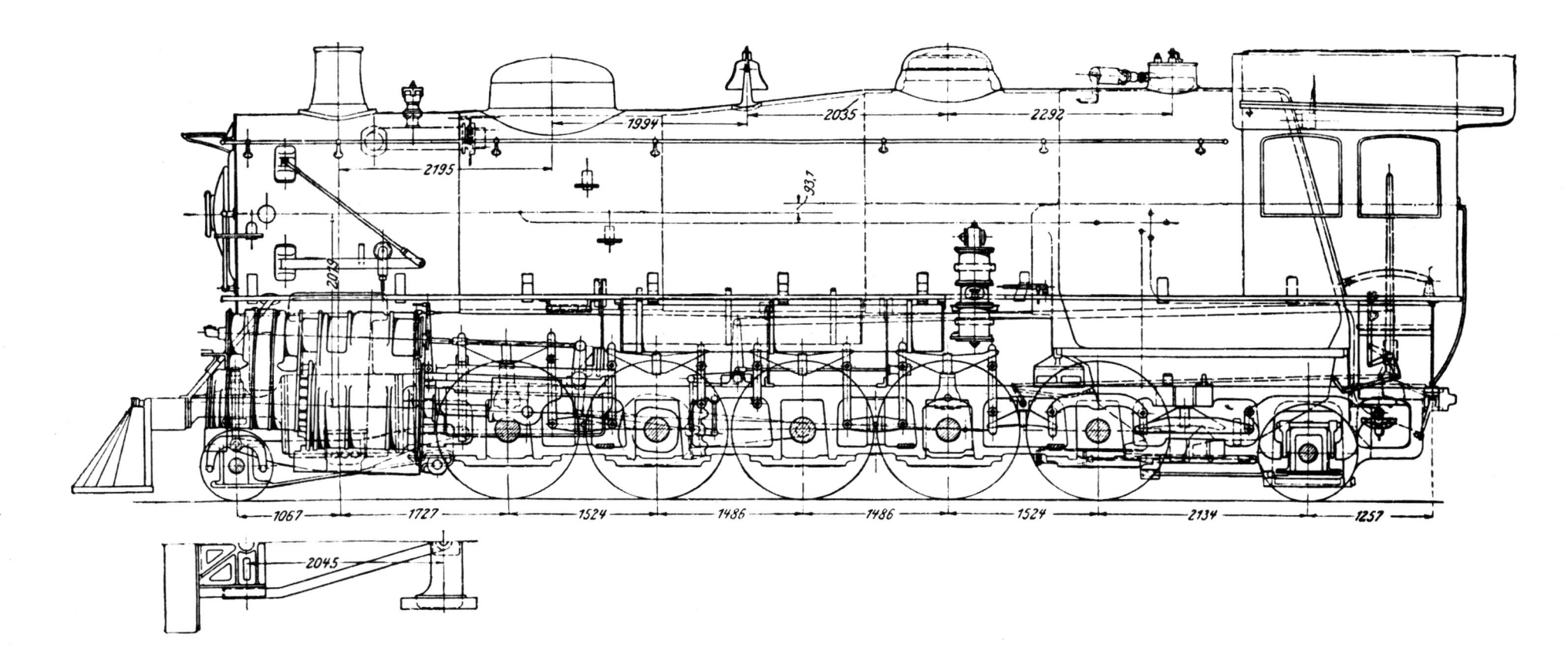

Als der zuerst genannte Player endlich seine Absichten verwirklichen konnte, baute er 1898 fünf 1D-Lokomotiven, die sich ebenfalls von vorhandenen Zwillingsmaschinen ableiteten. Die Zylinder jeder Seite waren getrennte Gußstücke, und jedes bildete einen Sattel. Die stark verlängerte Rauchkammer war dadurch zweifach abgestützt. Beide Zylinderpaare wurden durch je zwei, auf gemeinsamer Schieberstange sitzende Kolbenschieber bedient, die ihren Antrieb von der üblichen innenliegenden Stephenson-Steuerung erhielten.

Die BN. 999 wurde auf der schwierigen Bergstrecke über den Raton-Paß in New Mexico mit einer normalen Schwestermaschine verglichen. Westwärts betragen die Steigungen bis zu 35‰ (1:28) und ostwärts bis zu 33,4‰ (1:30). Es wurden mit der Tandem-Verbundlokomotive 18% Brennstoff und 14% Wasser weniger verbraucht. Daraufhin ließ Player 1899/1900 in der Bahnwerkstatt Topeka versuchsweise zwei 2C-Schnellzuglokomotiven mit Tandem-Zylindern bauen. Sie erwiesen sich als wenig geeignet, und der Typ wurde nicht weiter gebaut. Die beiden 1D-Maschinen hingegen gaben den Auftakt für eine gewisse Verbreitung dieser Bauart auch auf anderen amerikanischen Bahnen mit schwierigen Bergstrecken. In Europa finden wir solche 1D-Tandem-Verbundlokomotiven nur in Rußland, wo sie zwischen 1899 und 1910 in größerer Anzahl für verschiedene Bahnen von in- und ausländischen Fabriken gebaut wurden, so auch von der Elsässischen Maschinenbau-Gesellschaft für die Moskau-Windau-Rybinsk-Bahn (Abb. 264).

Auf der Santa Fé kam es zu einem scharfen Wettbewerb zwischen der durch den Zusammenschluß mehrerer Lokomotivbauanstalten entstandenen American Locomotive Cº (ALCO) und Baldwin. Es ging darum, den Raton-Paß mit der stärksten Lokomotive der Welt zu bezwingen. Die ALCO lieferte Ende 1901 zwei 1E-Tandem-Lokomotiven, deren Abmessungen alles Bisherige übertrafen. Sofort lieferte Baldwin eine etwas größere 1E-Maschine nach. Alle drei wurden als Schiebelokomotiven benutzt und waren durchaus leistungsfähig. Aber nach Abkuppeln des Zuges am Scheitelpunkt mußten sie, Tender voran, rückwärts bergab fahren, wobei sie öfters entgleisten. Zur besseren Führung in diesen Fällen baute Baldwin die ab 1903 nachbestellten Maschinen mit einer zusätzlichen hinteren Bisselachse (Abb. 265). So entstand die nach der Ursprungsbahn benannte Santa Fé-Type, von der bis 1904 insgesamt sechsundachtzig Maschinen, BN. 900-985, gebaut worden sind. Obwohl häufig beschrieben und abgebildet, ist über die Leistung dieser ersten Santa Fé-Type auf der Strecke nichts veröffentlicht worden.

265. 1E1-Tandem-Lokomotive, Santa Fé-Type, Baldwin, 1903-1904

Zwei weitere Versuche mit Tandem-Verbundlokomotiven in Europa müssen der Vollständigkeit halber noch kurz erwähnt werden. Für die Ringbahnzüge auf der Pariser «Petite Ceinture» wurden nach Plänen du Bousquets sechzehn 2C-Tenderlokomotiven, BN. 51-66, in der Hauptwerkstatt der Nord in La Chapelle gebaut. Die Tandem-Anordnung wurde gewählt, weil man einerseits nicht auf das wirtschaftlichere Verbund-Verfahren verzichten wollte und weil andererseits die auf beiden Seiten gleichen Triebwerke den oft haltenden Ringbahnzügen ein schnelleres Anfahren erlauben sollten, als das beim ungleichförmigen Anzugsmoment einer gewöhnlichen Zweizylinder-Verbundlokomotive möglich war.

Der zweite Versuch waren die vier von Krauß für die Bayerischen Staatsbahnen (BN. 2063-2064) und die Pfalzbahn (BN. 200-201) 1896/1897 nach dem System Sondermann gebauten 1D-Lokomotiven. Bei diesen Maschinen waren beide Zylinder derart in einem einzigen Gußstück verschachtelt, daß der HD-Teil hinten teilweise überragte und vorne ringförmig um eine nach vorn verlängerte, hohle Buchse angeordnet war. Der einzige Kolben war stufenförmig. Mit dem kleineren Durchmesser ragte er in den HD-Teil hinein, wogegen der größere Durchmesser im vorderen ringförmigen Raum des Zylinders spielte. Diese Bauart war umständlich zu warten, alle vier Maschinen wurden darum bald zu Zwillingsmaschinen umgebaut.

Eine andere Möglichkeit, die vier Zylinder unter Beibehaltung des Zweikurbelantriebes anzuordnen, bestand darin, sie aufeinander zu setzen. Wie bei der Tandem-Anordnung ergaben sich gleiche Zylinderkräfte auf beiden Seiten. Man vermied die Nachteile der großen Baulänge und des schwierigen Ausbaus der Kolben. Dafür tauschte man überaus große und schwere Kreuzköpfe ein. Für jedes Zylinderpaar genügte ein einfacher Kolbenschieber. Beide Zylinderpaare und die Schieberkästen ließen sich in der bei Zwillingslokomotiven in Amerika üblichen Weise als ein einziges Gußstück mit Halbsattel für die Rauchkammer ausbilden. Zum Anfahren wurde durch einen Umstellhahn das Überströmen des Dampfes von einer Seite des Kolbens zur anderen bewirkt, so daß stets Dampf in den ND-Zylinder einfließen konnte. Im Leerlauf wurde durch automatische Ventile Außenluft eingelassen. Dieses von Samuel Matthew Vauclain, damals Chefkonstrukteur und später Präsident der Baldwin-Werke, stammende System wurde 1891 zum ersten Mal ausgeführt. Es fand sowohl bei schnellfahrenden wie bei Güterzuglokomotiven rasche Verbreitung. Im April 1894 wurde eine solche, von Baldwin an die Central Railroad of New Jersey gelieferte Lokomotive (Abb. 266) eingehenden Vergleichsfahrten mit einer gleichartigen Zwillingsmaschine unterworfen. Sie verbrauchte dabei 19,86% weniger Kohle und 18,7% weniger Wasser. Eine schwere Güterzuglokomotive mit Vauclain-Zylindern wurde für die New York, Lake Erie & Western-Bahn (die spätere Erie-Bahn) gebaut. Sie war die schwerste auf der Columbia Weltausstellung in Chicago gezeigte Lokomotive (Abb. 267), ein gutes Beispiel für den sich damals schon abzeichnenden Drang zum «Kolossalismus». Bemerkenswert ist die riesige Rostfläche der weit ausladenden Wootten-Feuerbüchse, in der Anthrazit verfeuert wurde.

Auch in Europa wurde die Einführung der Vauclainschen Bauart versucht. Baldwin lieferte 1899 fünf derartige 2B-Maschinen (BN. 2801-05) und gleichzeitig ebensoviele herkömmlicher Bauart (BN. 2851-56) an die französische Etat. Die eingehenden Vergleichsfahrten ergaben keine besonderen Vorteile der Vauclain-Bauart, die daraufhin in Frankreich, wo inzwischen die de Glehn-Bauart üblich geworden war, nicht eingeführt wurde.

Um die viel gerühmten Vorzüge der amerikanischen Bauweise im eigenen Betrieb kennen zu lernen, beschaffte die Bayerische Staatsbahn um dieselbe Zeit je zwei 2B1- und 1D-Lokomotiven der Vauclainschen Bauart. Die Maschinen befriedigten in vielen Einzelheiten nicht. Ihre Bedeutung für den bayerischen, dann auch für den gesamten deutschen Lokomotivbau und, davon beeinflußt, den mancher anderen Länder lag in der Einführung des amerikanischen Barrenrahmens. Er wurde so, wenn auch anders konstruiert, in Europa heimisch.

11.2. Die Einführung des Heißdampfes

Bei dem Verbundsystem wurden die Kondensationsverluste in den Zylindern durch Teilung des Tempera-

266. 2B-Schnellzuglokomotive mit Vauclain-Zylindern, Central Railroad of New Jersey, Nr. 450, 1893

267. 1E-Güterzuglokomotive mit Vauclain-Zylindern, New York, Lake Erie & Western-Bahn, Nr. 805

turgefälles verringert. Die radikalere Lösung des Problems war jedoch, den Dampf vor Eintritt in die Zylinder auf eine so hohe Temperatur zu bringen, daß er nach der Expansion noch oberhalb des Taupunktes blieb. Die ersten Versuche mit diesem überhitzten Dampf unternahm der Elsässer Hirn in den fünfziger Jahren des vorigen Jahrhunderts an ortsfesten Dampfmaschinen. Er konnte die Eintrittstemperatur des Dampfes nur um 50 bis 100°C erhöhen, weil damals nur organisches Schmieröl bekannt war, das sich sonst zersetzte. Dennoch ergaben sich Dampfersparnisse bis zu 23%.

Als der Ingenieur Wilhelm Schmidt in Kassel die Idee Hirns aufgriff, verfügte er über Mineralöle, die bei 350°C noch schmierfähig blieben. Er konnte so den Dampf auf eine viel höhere Temperatur bringen. Schmidt hatte mit diesem «Heißdampf», wie er ihn bezeichnete, bei ortsfesten Dampfmaschinen derart gute wirtschaftliche Ergebnisse, daß es nahe lag, die Vorteile des Heißdampfes nunmehr auf die zahlenmäßig häufigste Dampfmaschine, die Lokomotive, zu übertragen. Gerade für Lokomotiven hatte der Heißdampf außer der Vermeidung der Kondensationsverluste noch andere günstige Eigenschaften. Da durch Erschütterungen während der Fahrt das Kesselwasser sich in ständiger Wallung befindet, reißt der Dampf unzählige Wassertröpfchen mit sich, die während der Expansion nachverdampfen und dazu beitragen, die Zylinderwände abzukühlen. Während das spezifische Volumen des gesättigten Dampfes (d.h. das Volumen, das die Gewichtseinheit desselben einnimmt) bei wachsender Spannung und der damit verbundenen Temperaturerhöhung kleiner wird, nimmt es bei genügend überhitztem Dampf mit der Temperatur zu. Daraus ergibt sich, daß, bei gleicher Verdampfungsmenge des Kessels, bei Heißdampf ein größeres Volumen Arbeit leistet. Natürlich braucht man, um den Dampf zu überhitzen, eine zusätzliche Wärmemenge, doch nur einen geringen Bruchteil der zur Verdampfung des Wassers nötigen. Dieser Aufwand wird voll von der besseren Arbeitsleistung im Zylinder aufgewogen.

Robert Garbe, Baurat und Mitglied der Eisenbahn-Direktion Berlin der Preußischen Staatsbahn, erkannte die Vorteile des Heißdampfes sofort, als Schmidt mit dem Vorschlag an ihn herantrat, seine Erfindung an Lokomotiven zu versuchen. Es gelang Garbe und Schmidt in Zusammenarbeit, mit unermüdlicher Zähigkeit die unzähligen Schwierigkeiten, die das Betreten von Neuland stets mit sich bringt, zu überwinden und der Heißdampf-Lokomotive ihren Siegeszug zu bahnen. Dies war seit Stephenson der größte Fortschritt im Lokomotivbau. Es ist das Verdienst der Preußischen Staatsbahnverwaltung, daß sie diese Bemühungen nach Kräften gefördert hat.

Schmidt war sich von vornherein darüber klar, daß ein wirksamer Überhitzer in engster baulicher Verbindung mit dem traditionellen Stephenson-Kessel geschaffen werden müßte, daß er nur einen geringen Platzbedarf in dem an sich schon beschränkten Raum des Kessels einnehmen sollte, ohne das Gewicht wesentlich zu vermehren, und daß er außerdem möglichst einfach zu halten war.

Aufgrund eines von Schmidt und Garbe ausgearbeiteten Vorentwurfes für einen Überhitzer richtete im März 1897 die Firma Henschel an die Eisenbahn-

268. Eine der beiden ersten Heißdampflokomotiven, BN. Kassel 131 (später 1846), 1898

269. 2B-Lokomotive mit Rauchkammerüberhitzer, Preußische Staatsbahnen, BN. Berlin 74, auf der Weltausstellung Paris 1900 gezeigt

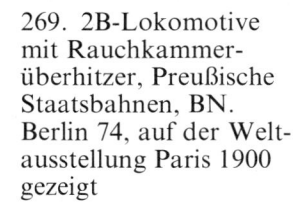

Direktion Berlin einen Antrag auf den versuchsweisen Einbau in eine Lokomotive. Am 25. August 1897 wurde daraufhin die Ausrüstung von zwei gerade in Bau befindlichen Lokomotiven mit Überhitzern genehmigt. Eine der beiden war die bei den Stettiner Vulkan-Werken bestellte Lokomotive der Gattung S 3 (vgl. Abb. 229), die zu einer Reihe von vierzehn Maschinen gehörte und die Fabriknummer 1643 trug. Sie verließ am 13. April 1898 als erste Heißdampflokomotive der Welt das Werk und wurde bei der Eisenbahn-Direktion Hannover als BN. 74 eingestellt. Die Maschine wurde bald nach Kassel als BN. 20 (später 401) überführt und dort mit der am 29. Juli 1898 von Henschel gelieferten zweiten Heißdampf-Lokomotive, Gattung P4, BN. Kassel 131 (später 1846) verglichen. Von der Vulkan-Lokomotive ist nur eine nicht gerade gute Liebhaberaufnahme aus späterer Zeit vorhanden, von der Henschel-Maschine dagegen eine Werkaufnahme (Abb. 268). Der Überhitzer bestand zunächst aus einem in Kesselmitte eingezogenen, 450 mm weiten Flammrohr, das nahe der Feuerbüchsrohrwand auf 200 mm verengt war, um die Einwirkung der Stichflamme zu mildern. Das in die Rauchkammer hineinragende vordere Ende hatte Schlitze und war am Ende durch eine besondere Rohrwand mit einem Sammelkasten verschlossen, in das die freien Enden der U-förmigen Überhitzerelemente einmündeten. Der Dampf trat vom Regler in die innere Kammer des Sammelkastens ein, durchströmte die Elemente, kehrte in die äußere Kammer zurück und wurde von dort in die Zylinder geleitet. Die das Flammrohr durchziehenden Heizgase traten durch die erwähnten Schlitze in die Rauchkammer aus. Der Durchfluß der Heizgase wurde durch einen auf das Flammrohr aufgeschobenen Drehschieber geregelt. Flachschieber waren bei den hohen Dampftemperaturen nicht geeignet, da sie sich verzogen. So kamen nur Kolbenschieber in Frage. Es dauerte aber lange Zeit, bis eine für die hohen Arbeitstemperaturen geeignete Konstruktion entwickelt wurde. An Kessel und Überhitzer dieser beiden ersten Heißdampf-Lokomotiven traten verschiedene Schäden auf, wie immer bei Neukonstruktionen, solange die Erfahrung fehlt. Immerhin blieben die Maschinen bis Ende des Ersten Weltkrieges in Betrieb und bewiesen, daß man auf dem richtigen Wege gewesen war. Zu den Hauptfehlern gehörte, daß das große Rauchrohr den Platz von fast einem Drittel der Heizrohre einnahm und die Kesselheizfläche entsprechend verringerte. Außerdem brannten die Umkehrkappen der Elemente stark ab, weil sie zu dicht an die Feuerbüchse heranreichten. Schmidt legte daraufhin einen neuen Entwurf vor. Die Heizgase wurden durch ein im unteren Teil des Kessels verlaufendes Rauchrohr von 305 mm Weite den Überhitzerrohren zugeführt, die ganz in die Rauchkammer verlegt und in drei Reihen längs der Rauchkammerwand derartig gebogen angebracht wurden, daß sie drei konzentrische Ringe bildeten. Die nach oben gebogenen Enden der ringförmigen Rohrbündel wurden in die Böden von zwei länglichen Stahlgußsammelkästen eingewalzt, von denen einer rechts, der andere links vom Schornstein außen angeordnet war. Die beiden inneren Ringrohre waren gegenüber der Rauchrohrmündung nach oben hufeisenförmig abgebogen, so daß zwischen ihnen und den äußeren ein sich kegelförmig verengender Kanal entstand, durch den die Heizgase austraten. Alle drei Ringrohrgruppen befanden sich innerhalb einer konzentrisch zu der Rauchkammerwand angeordneten Ummantelung aus Blech, die bis über die Blasrohrhöhe reichte. Die aus dem Rauchrohre austretenden Heizgase strömten, die Ringrohrgruppen umspülend, innerhalb der Ummantelung und traten oben über verstellbare Klappen aus. Der Dampf hingegen wurde zuerst in den rechten Sammelkasten geleitet, floß mehrfach durch die Ringrohre zwischen dem rechten und linken Sammelkasten hin und her und gelangte dann überhitzt in die Zylinder. Bei dieser Bauart hatte der Überhitzer einen größeren Durchmesser als der Kessel. Die dadurch bedingte «verdickte» Rauchkammer bildete ein Kennzeichen aller preußischen Heißdampflokomotiven mit Ausnahme der allerletzten.

Mitte 1899 gab die Preußische Staatsbahn vier Maschinen mit diesem Rauchkammerüberhitzer bei verschiedenen Firmen in Auftrag. Zwei für die Berliner Wannseebahn bestimmte 2B-Tenderlokomotiven wurden bei Henschel bestellt, BN. Berlin 2069-2070 (später 6682-83). Bei den häufig anhaltenden Vorortzügen zeigten sie sich gegenüber der normalen Zwillings-T5 nicht so wesentlich überlegen, daß sich ein Weiterbau gelohnt hätte. Die beiden anderen Maschinen entsprachen wieder der Normalbauart für Schnellzugslokomotiven S3. Die eine wurde von den Vulkan-Werken geliefert, BN. Hannover 86, die andere, BN. Berlin 74, lieferte Borsig (Abb. 269). Diese wurde nach einigen Probefahrten auf die Weltausstellung Paris 1900 gesandt, wo sie sich zwischen den anderen gezeigten großen 2B1- und 2C-Lokomotiven recht bescheiden ausnahm und nur bei Fachleuten einige, meist kritische Beachtung fand.

Die BN. Hannover 86 wurde vom Beginn des Jahres 1900 bis 1902 in demselben Dienstplan mit den Zweizylinder-Verbundlokomotiven der Normalbauart S3 und den Vierzylinder-Verbundlokomotiven der Bauart v. Borries (vgl. Abb. 258) eingesetzt. Über den Kohleverbrauch geben genaue Aufschreibungen Auskunft. Er betrug für 1000 km bei der Heißdampf-Lokomotive 10,78 t, bei den anderen Maschinen 10,54 und 10,69 t. Der geringere Wert der S3-Lokomotiven erklärt sich daraus, daß sie häufiger Vorspann beanspruchten als die beiden anderen Typen. In solchen Fällen wurde aber nur die Hälfte des Verbrauchs angerechnet.

Zwar war der Schmierstoffverbrauch bei den Heißdampf-Lokomotiven am günstigsten, aber zunächst gelang es nicht, einen überzeugenden Beweis für die Überlegenheit der Heißdampf- gegenüber den Naßdampf-Maschinen zu erbringen. Dank dem besonderen Interesse, das der Wirkl. Geheime Oberbaurat Dr. Ing. Müller vom preußischen Verkehrsministerium an diesen Versuchen zeigte, führte man sie fort. Im Anfang bestand Unsicherheit, wie die Zylinder der Heißdampf-Lokomotiven mit Rücksicht auf das größere Dampfvolumen zu bemessen seien. Von einem Durchmesser von 460 mm bei den ersten Maschinen war man zu 480 und 500 mm übergegangen, und bei den sechs Maschinen BN. Halle 435-440, die Borsig lieferte, wählte man 530 mm Durchmesser. Auch die Heizfläche des Überhitzers wurde um rund 2 m² vergrößert, da man sonst keine Temperatur von über 300°C erreichte. Mit diesen Änderungen sah die Sache bald ganz anders aus. Bei den im Sommer 1902 mit zwei der genannten Lokomotiven, wieder im Vergleich mit einer Verbund-S3-Maschine und der v. Borriesschen Maschine, auf der 124 km langen Strecke von Berlin-Grunewald bis Block 191 bei Stendal vorgenommenen Vergleichsfahrten ergab sich eine durchschnittliche Leistung von 911 PS für die Heißdampf-Maschine, 734 PS für die S3 und 865 Ps für die Bauart v. Borries.

Nicht nur die Fachwelt horchte auf bei dem verblüffenden Ergebnis der in der Zeit vom 19. Januar bis 19. April 1904 auf der Strecke Marienfelde-Zossen der Militärbahn vorgenommenen Versuche. Es sollte hierbei eine eigens für schnelles Fahren entworfene 2B2-Dreizylinder-Verbundlokomotive, von der noch genauer die Rede sein wird, mit den damals neuesten preußischen Maschinen verglichen werden. Es waren dies eine 2B-Zweizylinder-Verbundmaschine Gattung S3, je eine de Glehnsche 2B- und 2B1-Maschine und eine weitere 2B1-Lokomotive mit Vierzylinder-Verbundtriebwerk nach von Borries; die beiden letzten wurden als Gattung S7 bezeichnet. Erst ganz zuletzt entschloß man sich, auch die inzwischen vervollkommnete Schmidtsche Heißdampf-Lokomotive, nunmehr als Gattung S4 geführt, daran zu beteiligen (Abb. 270). Es wurden folgende Höchstgeschwindigkeiten erreicht:

Zuglast	Lokomotivgattung					
	S3	S5 de Glehn	S4	S7 de Glehn	S7 v. Borries	Schnell-fahr-Lokomotive
6 D-Wagen 221 t	113	108	128	111	118	128 km/h
3 D-Wagen 109 t	119	120	136	123	126,5	137 km/h

Es war wie im Märchen vom häßlichen Entlein, das sich als prächtiger Schwan entpuppte. Die kleine, nicht gerade schön aussehende Heißdampf-Lokomotive übertraf nicht nur ihre größeren und eleganteren 2B1-Schwestern, sondern erreichte sogar die Leistung der eigens mit großen Erwartungen für schnelles Fahren gebauten, «windschnittig» verkleideten großen Maschine, die 63% schwerer war, eine um 155% größere Verdampfungsheizfläche aufwies und den doppelten Kohlenverbrauch hatte. Gewiß handelte es sich um eine kurze Versuchsstrecke, aber daß die Heißdampf-Lokomotive auch langen Dauerbelastungen gewachsen war, bewies sie auf anschließenden Fahrten zwischen Spandau und Hannover, bei denen die Schnellfahr-Lokomotive nicht eingesetzt wurde. Mit einer Zuglast von 318 t erreichte die S4 eine Behar-

270. 2B-Schnellzuglokomotive mit Rauchkammerüberhitzer, Preußische Staatsbahnen, Gattung S4

rungsleistung von 1585 PSi gegenüber 1544 PSi der zweitbesten, der v. Borrieschen 2B1-Maschine Gattung S7. Damit begann der unaufhaltsame Siegeszug der Heißdampf-Lokomotive in der Welt und zugleich der maßgebende Einfluß Garbes auf die weitere Entwicklung der preußischen Lokomotiven.

Kaum lagen die ersten günstigen Erfahrungen mit Heißdampf-Maschinen vor, ließ die Preußische Staatsbahn drei Entwürfe für neue Normallokomotiven ausarbeiten, mit denen man für längere Zeit auszukommen gedachte. Es waren dies eine vierfach gekuppelte Güterzuglokomotive, die spätere G8 (Abb. 273b) als Ersatz der alten Normaltype G7, dann eine 1C-Maschine für gemischten Dienst und eine 1C-Tenderlokomotive, die spätere T12, die besonders für die Berliner Stadt- und Vorortbahnen bestimmt war. Natürlich hatte Garbe Einfluß auf diese Entwürfe. Die Güterzuglokomotive wurde von den Stettiner Vulkan-Werken entworfen und 1902 gebaut. Sie wurde

271. 2C-Heißdampf-Zwillings-Personenzuglokomotive, ehemals preußische P8, später Deutsche Reichsbahn, Reihe 38, 1906-1920

272. 2C-Heißdampf-Zwillingslokomotive der preußischen Staatsbahnen, Gattung P8, Schnitt

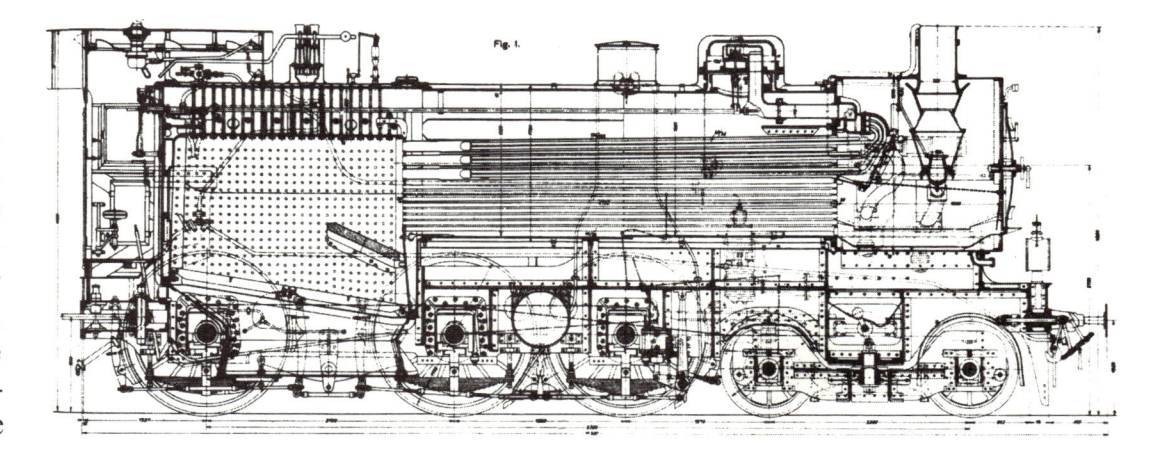

273a. «Düsseldorf», 1C-Mehrzwecklokomotive der Preußischen Staatsbahnen, Gattung P6

auf der Moselbahn eingesetzt. Ihre Leistung war gegenüber der alten G7 um 10% höher bei erheblicher Brennstoff- und Wasserersparnis. Sie leitete die Entwicklung der späteren preußischen Güterzuglokomotiven ein.

Von der 1C-Lokomotive für gemischten Dienst, der späteren P6, versprach sich Garbe sehr viel. Sie sollte nicht weniger als vier vorhandene Bauarten ersetzen. Zunächst lag das Bedürfnis für eine Personenzuglokomotive vor, die vor allem im Hügellande die meist nicht mehr ausreichende 2B-Gattung P4 ersetzen sollte. Zwar besaß die preußische Staatsbahn neunzehn 2C-de Glehn-Maschinen, Gattung P7, aber man war mit ihnen wenig zufrieden. Ihre Leistung war der P4 nur wenig überlegen und die neue Lokomotive sollte auch deren Platz einnehmen. Ferner sollte sie an die Stelle der zahlreichen 1C-Güterzuglokomotiven treten, die meist für Eilgüterzüge verwendet wurden. Schließlich lag Bedarf für eine Hügelland-Schnellzuglokomotive vor, denn hier erreichten die vorhandenen zweifach gekuppelten Maschinen keine genügende Leistung mehr. Der Entwurf dieser Mehr-

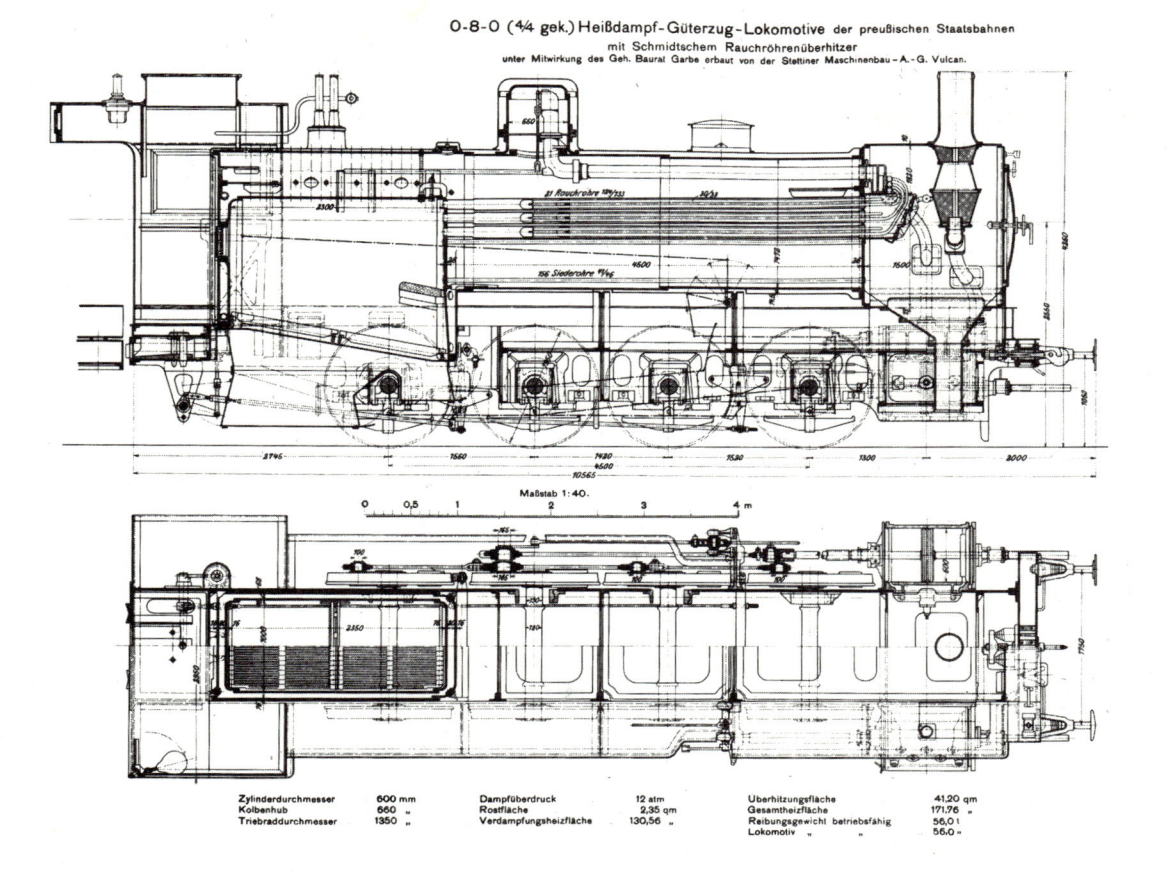

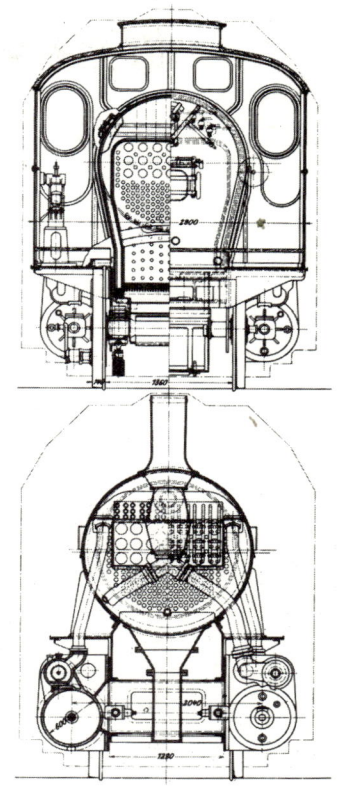

273b. D-Heißdampf-Güterzuglokomotive der Preußischen Staatsbahnen mit Schmidtschem Rauchröhrenüberhitzer, Gattung G8

zwecklokomotive wurde der Maschinenfabrik Hohenzollern in Düsseldorf übertragen. Entsprechend Garbes Bestreben nach möglichst weitgehender Vereinheitlichung, übernahm man den Kessel der vorher erwähnten Heißdampf-Güterzuglokomotive. Die beiden vorderen Achsen waren in einem Krauß-Helmholtz-Drehgestell gelagert (Abb. 273a).

Mit der 1902 abgelieferten ersten Lokomotive, «Köln 21», unternahm man auf der Steilstrecke Köln-Jünkerath mit Steigungen bis zu 16,6‰ (1:60) härteste Probefahrten im Vergleich mit 2C-de Glehn-Lokomotiven P7, deren Abmessungen etwa den französischen Maschinen dieser Bauart aus der Mitte der neunziger Jahre entsprachen. Zwei der eingesetzten P7 erlitten dabei schwere Schäden und mußten durch eine dritte ersetzt werden. Die P6 hielt anstandslos durch. Sie hatte einen geringeren Verbrauch, aber der Zylinderdurchmesser von 520 mm war, wie bei den anderen gleichzeitig gebauten Heißdampf-Lokomotiven, zu klein. Er wurde auf 540 mm vergrößert und der Treibraddurchmesser von 1550 mm geringfügig auf 1600 mm erhöht. 1905 fanden mit einer anderen, jetzt mit dem inzwischen zur Regel gewordenen Rauchröhren-Überhitzer versehenen Lokomotive

274. 2C-Heißdampf-Zwillings-Personenzuglokomotive der PO, Serie 4200, später SNCF, Serie 230 K, Region Ouest, 1915

275a. 2B-Lokomotive der Preußischen Staatsbahnen, Gattung S6, Garbe, 1905

neue Versuche auf der Strecke von Berlin-Grunewald nach Güterglück statt, bei denen sich die P6 sogar den de Glehnschen 2B1-Lokomotiven überlegen zeigte. Auch im Vergleich mit der Verbund-Normal-Lokomotive G7 zeigte die P6 bei weit geringerem Verbrauch eine höhere Leistung.

Garbe schien sein Ziel einer allseits brauchbaren Lokomotive erreicht zu haben, doch leider zu spät. Das Gewicht der Schnellzüge im Hügelland und der Güterzüge allgemein war so gestiegen, daß für die Schnellzüge die Kesselleistung nicht mehr ausreichte und für die anderen die Zeit der dreifach gekuppelten Maschinen vorbei war. Als Personenzuglokomotive erwies sich die P6 aber als durchaus brauchbar.

Die durch den Heißdampf erbrachte Leistungssteigerung der Lokomotive gedachte Garbe aufs Äußerste auszunutzen, um eine einfache 2B-Zwillingsmaschine gleicher Leistung wie die vielteiligeren 2B1-Lokomotiven zu schaffen. Dabei kam ihm zustatten, daß der inzwischen auf den Hauptstrecken verstärkte Oberbau nunmehr einen Achsdruck von 16 t zuließ. So entstand die 1905 von der Breslauer Maschinenfabrik gebaute S6 (Abb. 275a), eine in vieler Hinsicht bemerkenswerte Maschine. Der Treibraddurchmesser wurde auf das bis dahin in Preußen nicht übliche Maß von 2100 mm gesteigert. Durch das Verschieben des Drehgestells, wie es Gölsdorf bei der österreichischen Reihe 6 (vgl. Abb. 230) getan hatte, konnte Garbe den Kessel der G8 und P6 unterbringen, dessen Leistungsfähigkeit erwiesen war. Die gewagteste und folgenschwerste Maßnahme war aber, auf einen Ausgleich der hin- und hergehenden Triebwerksmassen

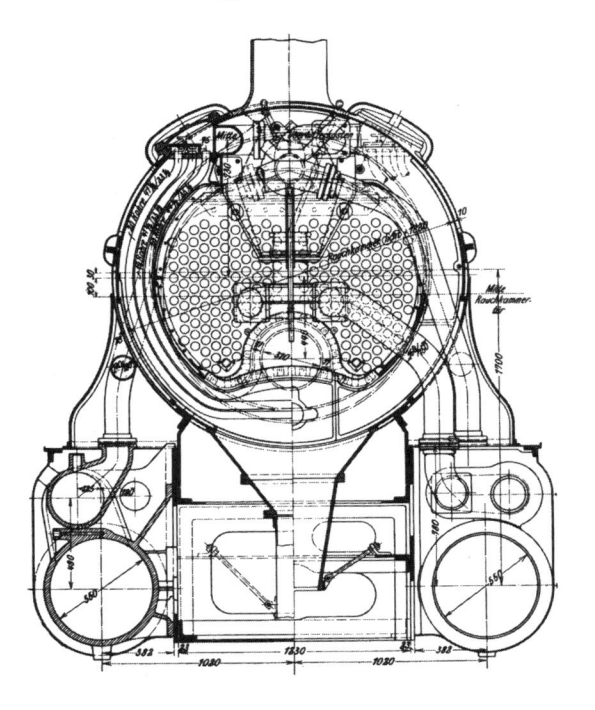

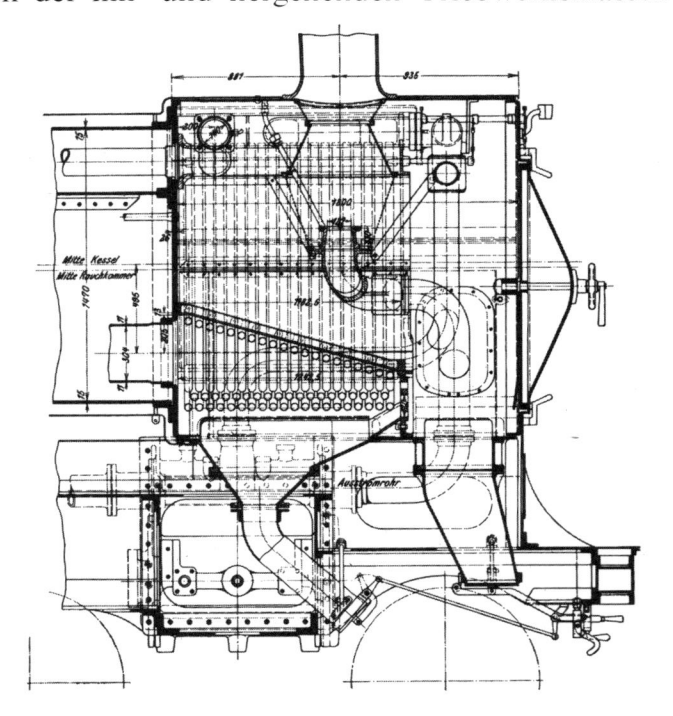

275b. Rauchkammerüberhitzer von W. Schmidt

218

durch Gegengewichte in den Rädern zu verzichten. Da so die freien, auf die Schienen wirkenden Fliehkräfte wegfielen, erreichte Garbe, daß man bei der Maschine einen ruhenden Achsdruck von 17,35 t zuließ. Die durch das Weglassen der Gegengewichte entstehenden Zuckbewegungen dachte Garbe durch die Masse des Tenders aufzufangen, der zu diesem Zweck straffer als üblich mit der Lokomotive gekuppelt wurde. In der Tat gelang es Garbe, mit dieser S6 die Leistungen der damals in Preußen verwendeten 2B1-Maschinen zu übertreffen. Mit der Zeit zeigte sich allerdings, daß man zu sehr an Konstruktionsgewicht gespart hatte und daß doch noch starke Zuckbewegungen auftraten. Daher wurden ab 1911 verschiedene Teile verstärkt und der Ausgleich der hin- und hergehenden Massen wieder eingeführt. Für die Beförderung von nicht allzu schweren Schnell- und Eilzügen auf den Strecken der norddeutschen Ebene erwies sich die S6 als durchaus geeignet, so daß bis 1913 fünfhundertvierundachtzig Maschinen in Betrieb kamen. Es waren die letzten 2B-Lokomotiven in Deutschland und die stärksten des Kontinents. Nur die Holländische Eisenbahn-Gesellschaft schaffte noch 1914 2B-Lokomotiven ähnlicher Abmessungen, jedoch mit Innenzylindern, an.

Wie so oft, wenn eine Vereinheitlichung von Typen begonnen wurde, liefen die Ereignisse den guten Absichten davon. Dringend wurde vom Betrieb eine kräftige Lokomotive verlangt, die im Hügelland mit den schwerer gewordenen Schnellzügen fertig werden konnte. Garbe und seine Mitarbeiter hatten inzwischen reiche Erfahrungen in der Ausbildung von Heißdampf-Lokomotiven gesammelt, die dem Entwurf einer solchen Lokomotive sehr zugute kamen. Der Auftrag ging an die Firma Schwartzkopff in Berlin. Dank des vorgesehenen Drehgestells war es möglich, einen erheblich leistungsfähigeren Kessel als den der früheren Lokomotiven unterzubringen. Mit der Abstimmung der Kesselabmessungen und der Bemessung des Überhitzers hatte Garbe eine glückliche Hand. Bei dieser Maschine, Gattung P8 (Abb. 271), wurde gleich von vornherein der Rauchröhren-Überhitzer eingebaut (Abb. 272). Eine auf Garbe zurückgehende Eigenart war die Bemessung der Spurkränze, die er bei der ersten Kuppelachse um 15 mm, bei der Treibachse um 5 mm schmäler drehen ließ, so daß beim Einfahren in eine Kurve das Drehgestell allein führte.

Die Ergebnisse der im August 1906 auf der Strecke Grunewald-Sangerhausen (197,6 km) mit der Lokomotive «Köln 2401» vorgenommenen Versuche erregten in der Fachwelt berechtigtes Aufsehen. Bei den Fahrten mit 450 t Zuggewicht wurden die langen Steigungen von 10%₀ (1:100) stets leicht mit bis zu 50 km/h genommen. Ihre Höchstleistung entfaltete die Maschine bei den Fahrten mit 520 t Schlepplast, wobei im Anstieg in den Zylindern 1845 bis 1980 PSi bei Geschwindigkeiten von 75 km/h gemessen wurden. Das waren damals für eine 2C-Lokomotive unerhörte Werte. So stellte diese Schöpfung Garbes einen vollen Erfolg dar. Allerdings war das Triebwerk den Ansprüchen des Schnellzugdienstes auf langen Strecken und bei höheren Geschwindigkeiten nicht gewachsen. Im Laufe der Zeit wurden darum die Bauteile der P8 fortlaufend verbessert und teilweise verstärkt. Zur Schonung des Triebwerkes verminderte man den Zylinderdurchmesser von 590 auf 545 mm, ohne daß die Leistung darunter litt. Ab 1914 wurde die Überhitzer-Heizfläche um rund 10 m² vergrößert und das Steinspringen in der Kulisse durch Einbau der sogenannten Kuhnschen Schleife beseitigt. Einfach, wirtschaftlich und tüchtig, waren ihre Leistungen im reinen Personenzugdienst und bei Schnellzügen mit nicht zu hohen Geschwindigkeiten so ausgezeichnet, daß allein die Preußische Staatsbahn bis 1923 dreitausenddreihundertsiebzig Maschinen beschaffte. Dazu kamen noch rund dreihundert Maschinen bei anderen in- und ausländischen Bahnverwaltungen, so daß die P8 an Zahl von keiner anderen Lokomotivgattung für Reisezüge übertroffen worden ist. Sie war auch der Anlaß, daß eine große Anzahl Lokomotiven ähnlicher Art und Leistung in großer Zahl in vielen Ländern gebaut worden sind. Als Beispiel zeigen wir die von der Paris-Orleans-Bahn beschaffte Serie 4200 (Abb. 274). Unter dem Druck der Kriegsverhältnisse sah man von dem traditionellen de Glehn-System ab und baute sie als einfache Zwillings-Heißdampf-Lokomotiven. Sie waren ausgesprochene Mehrzwecklokomotiven. Im ganzen wurden zwischen 1914 und 1922 einhundertundsiebzig dieser Maschinen gebaut. Bis auf einige, die an die Marokkanische Eisenbahn abgegeben wurden, kamen alle noch an die SNCF und waren dort zuletzt als Serie 230 K bei der Region Ouest tätig. Durch Reparationsabgaben 1919 und als Beutelokomotiven nach dem Zweiten Weltkrieg wurde eine große Anzahl P8-Maschinen in alle möglichen Ländern zerstreut, und überall waren sie so geschätzt, daß sie sogar neuere einheimische Bauarten überlebten. In der Bundesrepublik Deutschland wurde die letzte erst kürzlich ausgemustert, in östlichen Ländern läuft sie immer noch.

12. DIE «BELLE EPOQUE»

276. «Inn», erste 2B1-Schnellzuglokomotive mit breiter Feuerbüchse, Pfalzbahn, Reihe P3[1]

12.1. Die 2B1-Lokomotive, die Maschine der vornehmen Welt

Um die Jahrhundertwende war Reisen große Mode geworden. Die vornehme Welt traf sich in Paris, an der Riviera, in den großen Heilbädern. Sie verlangte immer größere Bequemlichkeiten für die langen Reisen. Nicht nur die Wagen wurden daher schwerer, sondern es wurden Speise- und Schlafwagen in großer Anzahl in Betrieb genommen. Man strebte für die internationalen Schnellzüge höhere Fahrgeschwindigkeiten an. So mußten wesentlich stärkere Lokomotiven eingesetzt werden, und dazu eigneten sich am besten die 2B1-Maschinen, die, immer gefälliger gestaltet, so gut zu jenen D-Zügen paßten, in denen die vornehme Welt der «Belle Époque» reiste, und die auch die «Belle Époque» des Lokomotivbaues einleiteten.

Diese Achsanordnung entstand ziemlich gleichzeitig in Europa und Nordamerika. Drüben war es die Atlantic Coast Line, die sie 1894 zuerst einführte und ihr den Namen gab, in Europa war es die Österreichische Kaiser Ferdinands-Nordbahn. In beiden Fällen waren es im Grunde genommen 2B-Maschinen, denen man hinten eine Laufachse unterschob, um einen größeren Kessel mit verlängerter Feuerbüchse einbauen zu können. Die Maschinen der Atlantic Coast Line besaßen den in den Vereinigten Staaten üblichen Barrenrahmen. Die österreichischen dagegen waren noch nach der Hallschen Bauart mit Außenrahmen und Außenzylindern ausgeführt. Keine von beiden ließ ahnen, was aus der Atlantic bald werden sollte.

Bei der nächsten europäischen 2B1-Lokomotive war das schon eher der Fall. Die damals noch selbständige Pfalzbahn stand im scharfen Wettbewerb mit anderen staatlichen Rheinlinien. Die von 1891 bis 1896 beschafften 1B1-Schnellzugmaschinen — eine Achsanordnung, die in Deutschland nur noch, jedoch nach belgischem Belpaire-Muster, die Main-Neckar-Bahn besaß — schafften es nicht mehr. Staby, seit 1897 Maschinenmeister der Pfalzbahn, entschied sich für eine 2B1-Lokomotive, die von Krauß zusammen mit einer 1B2-Maschine mit vorderem Helmholtz-Gestell zur Wahl gestellt worden war. Sie wurde in Europa zum ersten Mal mit einer breit ausladenden Feuerbüchse gebaut (Abb. 276) und wies den Weg, der bald beim Bau der anderen deutschen Atlantics eingeschlagen werden sollte. Immer noch wagte man nicht, den Kessel so hoch zu legen, daß die Feuerbüchse frei über den Rahmen zu liegen kam. Darum schloß der vordere Rahmenteil kurz hinter der zweiten Kuppelachse ab. Ein Außenrahmen, der von der ersten Kuppelachse bis zum hinteren Ende reichte, ermöglichte es, die Schleppachse bequem mit Außenlagern anzuordnen. Neu für Europa war auch der zwischen Rundkessel und Feuerbüchse eingeschobene konische Kesselschuß.

Diese 1898 eingeführten und bis 1904 beschafften zwölf Lokomotiven der Reihe P3[1] waren dazu bestimmt, 220 t schwere Schnellzüge auf ebener Strecke mit 90 km/h und auf einer Steigung von $10^0/_{00}$ (1:100) noch mit 60 km/h zu befördern.

Was bei diesen pfälzischen Lokomotiven nur angedeutet war, entwickelte sich voll bei den Maschinen der Badischen Staatsbahn. Aus einem Wettbewerb um eine wesentlich stärkere Lokomotive als die vorhandenen 2B-Maschinen, die in der Lage sein sollte, 200 t auf einer Steigung von $3,3^0/_{00}$ (1:300) mit 100 km/h zu befördern und eine maximale Geschwindigkeit von 120 km/h zu erreichen, ging die Firma Maffei als Siegerin hervor. In enger Zusammenarbeit schufen der Fahrzeugdezernent der Badischen Staatsbahn, Alexander Courtin, und der Konstruktionschef von Maffei, Anton Hammel, die Lokomotiv-Gattung IId (Abb. 277), die den Anfang der modernen süddeutschen Schule bildet. Der nunmehr frei und hoch liegende Kessel mit der unbehindert ausladenden Feuerbüchse und die lange Rauchkammer sind Kennzeichen, die die moderne Lokomotive seitdem aufweist. Die vier Verbund-Zylinder lagen wie bei Webb und v. Borries in einer Ebene und trieben gemeinsam die vordere Kuppelachse an. Die Schieber der innenliegenden HD-Zylinder wurden durch Umkehrhebel von der außenliegenden Heusinger-Walschaert-Steuerung der ND-Zylinder betätigt. Angefahren wurde mit besonderen Anfahrhähnen, die bei mehr als 65% Füllung Frischdampf in den Verbinder einließen. Mit diesen Maschinen konnte die bisherige Fahrzeit zwischen Mannheim und Karlsruhe (60,6 km) trotz gesteigerter Zuglast von 300 t um 9 bis 12,5 Minuten unterschritten werden, was einem Mittel von 102 km/h entsprach. Die höchste bei Probefahrten erreichte Geschwindigkeit lag bei etwa 144 km/h. Den ersten zwölf Maffei-Maschinen vom Jahre 1902 folgten 1905 sechs aus der Maschinenfabrik Karlsruhe. Als nach dem Ersten Weltkriege zehn Maschinen an die Alliierten ausgeliefert werden mußten, wurde der verbliebene kleine Rest noch vor Übergang der Badischen Staatsbahn an die Deutsche Reichsbahn ausgemustert. 1905 beschaffte die Pfalzbahn fünf ähnliche Lokomotiven, Reihe P4, von Maffei. Sie unterschieden sich vor allem durch die Anwendung des Barrenrahmens.

Auch die Preußische Staatsbahn sah sich um die Jahrhundertwende genötigt, an stärkere Lokomotiven als die 2B-Normaltype S3 (vgl. Abschn. 11.1.1) und die v. Borriessche Type S5 (vgl. Abschn. 11.1.4) zu denken. Es standen zwei Bauarten zur Wahl. Man konnte entweder die in Paris 1900 ausgestellte, viel gerühmte

277. 2B1-Schnellzuglokomotive der Badischen Staatsbahn, Gattung IId, Alexander Courtin und Anton Hammel, 1905

de Glehn-Bauart übernehmen, wie dies schon einige Jahre früher versuchsweise geschehen war, oder sich an der badischen Gattung IId orientieren. Grafenstaden erhielt einen Auftrag auf Lokomotiven der zuerst genannten Bauart und die Hanomag auf eine von v. Borries vorgeschlagene Lokomotive seines Systems, die, soweit es sich um Triebwerk und Rahmenbau handelte, von der früheren S5 abgeleitet war. Der Kessel hingegen erinnerte an die erste Pfalzbahn-Maschine P3¹, lag aber etwas höher. Diese sogenannte hannoversche Bauart bewährte sich besser als die Grafenstadener Lokomotiven, die beide als Gattung S7 eingereiht wurden (vgl. Abschn. 11.2). Es wurden daher zwischen 1902 und 1906 insgesamt einhundertneunundfünfzig Maschinen der Hanomag in Betrieb genommen, dagegen nur neunundsiebzig der Grafenstadener Bauart. Selbst als man diese Maschinen ab 1904 mit breiter Feuerbüchse versah, litten sie immer noch an Dampfmangel und waren überdies kostspieliger zu unterhalten als diejenigen der Hanomag.

Zunächst schien es, als könnten die 2B1-Maschinen durch die inzwischen eingeführte Garbesche 2B-Gattung S6 (vgl. Abschn. 11.2) verdrängt werden. Aber durch die Verstärkung des Oberbaues und die Einführung längerer Drehscheiben fielen die Beschränkungen weg, denen die S7 bis dahin unterworfen war. Die Maschinen konnten nun verstärkt und leistungsfähiger als die S6 gebaut werden. Während der Entwurfsarbeiten, die der Hanomag unter Mitwirkung von v. Borries übertragen worden waren, starb dieser. Die neue Lokomotive trug dennoch ganz seinen Stempel. Von der Anwendung des Heißdampfes, die noch nicht ganz ausgereift war, sah man leider ab. Rein äußerlich hat diese preußische Gattung S9 (Abb. 278) vieles mit der badischen Gattung IId (Abb. 277) gemein. Konstruktiv sind aber einige Abweichungen vorhanden. Von den vorhergehenden v. Borries-Maschinen wurden der Antrieb der Innenschieber, das als Barrenrahmen ausgeführte vordere Hauptrahmenende und der schwach konische Kesselschuß zum Anschluß der breiten Feuerbüchse beibehalten. Im Mai und Juni 1909 wurden mehrere Vergleichsfahrten mit Maschinen der Gattungen S9 und S6 auf der Strecke Wustermark-Hannover (225 km) mit jeweils gleichen Zügen von 224 t bis 502 t durchgeführt. Wie vorauszusehen, war der Kohle- und Wasserverbrauch der kleineren S6 geringer. Sie arbeiteten hier in ihrem wirtschaftlichsten Bereich. Bei 500 t waren sie jedoch an der Grenze ihrer Leistungsfähigkeit angelangt, dagegen begann nun der günstigste Bereich der S9. Sie hatten, allerdings bei höheren Werten für Wasser, den gleichen Kohleverbrauch wie die S6. Auch im regelmäßigen schweren Schnellzugdienst unterschritten sie den Brennstoffverbrauch der kleineren 2B-Maschinen. Nachdem 1914 zwei dieser Maschinen nachträglich mit Überhitzer und Knorr-Speisewasservorwärmer ausgerüstet wurden, galten sie damals als die sparsamsten aller preußischen Schnellzuglokomotiven. Sie waren, neben anderen, der Anlaß, daß man zuletzt in Preußen doch noch zur Vierzylinder-Verbund-Heißdampflokomotive zurückkehrte. Diese Maschinen der Gattung S9, von denen zwischen 1907 und 1910 neunundneunzig in Betrieb genommen wurden, waren wohl die leistungsfähigsten der Atlantic-Type in Europa. Sie beförderten als erste ohne Aufenthalt Schnellzüge von 520 t, gelegentlich sogar 570 t auf der Strecke Berlin-Hannover (254 km). Sie dürfen als Höhepunkt in der kontinentalen Entwicklung der 2B1-Lokomotiven gelten.

Auf der Weltausstellung Paris 1900 waren zwei verschiedene Lokomotiven der Atlantic-Type in der de Glehn-Bauart ausgestellt. Die von der Elsässischen Maschinenbau-Gesellschaft für die französische Nord gebaute Lokomotive errang Weltruf, die andere, von Hartmann in Chemnitz gezeigte, hatte keinen Erfolg, denn die weitere Entwicklung in Deutschland war durch die Einführung des Heißdampfes bestimmt.

Die Nord-Maschine war im Grunde genommen eine durch du Bousquet und de Glehn vorgenommene Verlängerung der vorausgegangenen 2B-Bauart (vgl. Abschn. 11.1.3). Die lange schmale Belpaire-Feuerbüchse und die Serve-Rippenrohre waren beibehalten. Beim Triebwerk wurde aber eine Kurbelversetzung von 180° ausgeführt, um den Massenausgleich zu ver-

278. 2B1-Schnellzuglokomotive der Preußischen Staatsbahnen, Gattung S9, 1907-1910

bessern. Die Maschine sollte 200 t schwere Schnellzüge auf der 5‰ (1:200) Steigung zwischen Saint-Denis und dem km 27,5 bei Survilliers mit 100 km/h befördern. Bei den im Juni dort vorgenommenen Probefahrten erreichte sie 105 km/h mit 200 t Zuglast und mit 285 t noch 95 km/h. Ab 1910 erhielten die Maschinen Dampfüberhitzer. Ihre Leistung stieg so, daß man ihnen regelmäßig 350 t Zuglast zwischen Paris und Aulnoye zumuten konnte, die fahrplanmäßig mit einer mittleren Geschwindigkeit von 96,5 km/h befördert wurden. Mit derartigen Zügen, die zu den schnellsten der Welt gehörten, fuhren sie bis in die dreißiger Jahre, und noch 1939 konnte man sie vor mittelschweren Schnellzügen, wie dem «Oiseau Bleu» und «Nord Express» sehen. Abgesehen von den ersten beiden, BN. 2.641–2.642, wurden noch die leichtveränderten BN. 2.643–2.675 eingestellt, die vor allem einen verlängerten Drehgestellachsstand erhalten hatten (Abb. 280). Die BN. 2.670 (SNCF 221 A 30) ist glücklicherweise erhalten und wird im Eisenbahnmuseum zu Mülhausen im Elsaß aufbewahrt.

Daß diese de Glehn-2B1-Lokomotive sofort auf anderen französischen Bahnen erschien, versteht sich von selbst, doch wurden in ganz Frankreich nur einundneunzig dieser Maschinen neu gebaut. Die PO führte sie verstärkt aus, die PLM wandelte das Triebwerk nach ihrem eigenen System um. Außer den schon erwähnten neunundsiebzig preußischen Maschinen, mit denen die Preußische Staatsbahn die zweite Stelle einnimmt, finden wir zehn bei den Ägyptischen Staatsbahnen, siebzehn bei der Bengal-Nagpur- und vier bei der Eastern Bengal-Bahn in Britisch Indien. Sogar die Pennsylvania beschaffte probeweise eine der verstärkten PO-Maschinen. Der 2B1-Lokomotive als «Luxusmaschine» war nur eine kurze Blütezeit beschieden. Ihre größten Erfolge sollte sie in England haben.

In England wurde die erste 2B1-Maschine 1898 von

279. 2B1-Schnellzuglokomotive der Great Northern-Bahn, Nr. 990, Klondyke-Type, H.A. Ivatt, ab 1898 gebaut

280. 2B1-Schnellzuglokomotive der Nord, Nr. 2.674

H. A. Ivatt bei der Great Northern-Bahn eingeführt. Sie stellte einen vollständigen Bruch mit der Tradition seines Vorgängers Stirling und dessen Verwendung kleiner Kessel dar. Es gab auf der Great Northern nur einige wenige, kleine 2B-Maschinen. So war es ein kühner Schritt von den leichten, ungekuppelten Stirling-2A1-Lokomotiven (vgl. Abschn. 10.2) zur großen 2B1-Maschine. Ivatt behielt die Außenzylinder bei, da die zweite Kuppelachse angetrieben wurde und sich so mühelos genügend lange Treibstangen ausführen ließen. Die hintere Laufachse war aus bekannten Gründen in einem kurzen, außenliegenden Hilfsrahmen gelagert (Abb. 279). Als 1902 die BN. 271 versuchsweise als Vierling gebaut wurde, zeigte sich, daß die Vergrößerung des Kessels noch nicht genügte. Beide Außenzylinder mußten abgebaut werden, weil der Kessel dafür nicht genügend Dampf erzeugte. Innerhalb ihrer Möglichkeiten waren die einundzwanzig bis 1903 gebauten «Klondykes» — diesen Beinamen erhielten sie, weil sie gerade zur Zeit des Goldrausches in Alaska gebaut wurden — recht brauchbare Maschinen, die teilweise noch die dreißiger Jahre erlebten. Mit ihnen begann die englische Schule der 2B1-Lokomotiven.

Die nächsten Atlantic-Maschinen wurden 1899 auf der Lancashire & Yorkshire-Bahn eingestellt. Sie waren einfache Verlängerungen der vorausgegangenen 2B-Lokomotiven und hatten wie diese Innenzylinder und eine lange schmale Feuerbüchse. Sie sind insofern bemerkenswert, als bei ihnen zum ersten Mal in England ein Dampfüberhitzer eingebaut wurde, dessen Bauart vom Maschinenchef Aspinall entwickelt worden war, der mit verschiedenen in der Rauchkammer befindlichen Überhitzern Versuche angestellt hatte. Durch die Einführung des einfacheren und wirkungsvolleren Schmidt-Rauchröhrenüberhitzers wurde Aspinalls Konstruktion verdrängt, seine vierzig von 1899 bis 1902 gebauten Innenzylinder-2B1-Maschinen fanden keine Nachahmung.

Im selben Jahr 1902, in dem der mißglückte Vierling erschien, kam auch Ivatts Meisterstück heraus. Bei dieser neuen 2B1-Lokomotive nutzte er alle Möglichkeiten der Achsanordnung voll aus. Für englische Augen, die an die kleinen schmalbrüstigen Innenzylinder-Lokomotiven gewöhnt waren, bildete diese neue Maschine mit großem Kessel und breiter Feuerbüchse eine wahre Sensation (Abb. 282). Wohl kaum eine Lokomotive ist so häufig, selbst auf Ansichtskarten und in Kinderbüchern, abgebildet worden. Zwanzig Jahre lang bespannten diese einundneunzig «Big Atlantics» Ivatts, die spätere C1-Klasse der LNER, alle besseren Züge zwischen London und York, bis sie ab 1922 allmählich von den «Pacific» seines Nachfolgers Gresley verdrängt wurden. Die letzten zehn ab 1910 eingestellten Maschinen waren mit Überhitzern versehen. Erst jetzt wurde deutlich, was sie leisten konnten. Während des Ersten Weltkrieges wurden ihnen Lasten bis zu 480 t zugemutet, allerdings bei einem weniger gespannten Fahrplan als im Frieden. Und mehr als einmal mußten sie ohne Vorspann einspringen, wenn eine der Gresley-Pacific-Maschinen, die die Kinderkrankheiten noch nicht überwunden

281. Lokomotivführer beim Abschmieren einer Lokomotive

hatten, unterwegs Schaden erlitt. Die erste dieser Ivatt-Atlantics, BN. 1442, ist in York aufbewahrt. Gleiche Maschinen wurden auch bei anderen Bahnen verwendet: bei der London, Brighton & South-Coast-Bahn, in verstärkter Form bei der North British und, mehrfach abgewandelt, mit schmaler Feuerbüchse auf der Great Central-Bahn.

Nach der Great Northern besaß die benachbarte North Eastern die größte Anzahl 2B1-Maschinen in England. Auch diese hatten alle schmale, lange Feuerbüchsen. Nach den ersten, unter Wilson Worsdell von 1903 bis 1906 eingestellten zwanzig Zwillingsmaschinen und zwei versuchsweise als Vierzylinder-Verbundmaschinen ausgeführten Lokomotiven ging sein Nachfolger Vincent Raven 1915 endgültig zum Drillingstriebwerk über. Mitten im «Kohlenpott» Newcastles spielten natürlich Brennstoffersparnisse keine so große Rolle wie die traditionsgemäß bevorzugte Einfachheit. Alle drei Zylinder einschließlich ihrer Schieberkästen bildeten ein gemeinsames Gußstück und trieben die erste Kuppelachse an. Jeder Zylinder besaß seine eigene innenliegende Stephenson-Steuerung. Die ersten zehn Lokomotiven der Klasse Z vom Jahre 1911 waren noch Naßdampf-Maschinen, die gleichzeitig beschafften zehn der Klasse Z1 besaßen Schmidt-Überhitzer, die nachträglich auch bei den anderen eingebaut wurden. Auch die letzten dreißig Lokomotiven der Jahre 1914 bis 1916 wurden mit diesem Überhitzer gebaut. Sie waren die stärksten englischen 2B1-Maschinen und zogen Schnellzüge von 350 bis 375 t. Zusammen mit den achtzehn Atlantics der Great Western, die uns noch beschäftigen werden, kamen in England dreihundertelf Maschinen dieser Art in Betrieb, die höchste Anzahl in Europa.

12.2. Die Geburt der Heißdampf-Vierlinge und -Drillinge

Sehen wir von erfolglosen Einzelgängern ab, können wir England als das Geburtsland der Vierlinge, das heißt der Lokomotiven mit vier Zylindern und einfacher Dampfdehnung, betrachten. Als ihr Vater kann George Jackson Churchward gelten, einer der wenigen englischen Ingenieure, die aufmerksam beobachteten, was im Auslande vor sich ging. Von den Ende des 19. Jahrhunderts auf den Strecken der Great Western laufenden Lokomotiven waren kaum mehr als sechs unter sich völlig gleich. Noch unter seinem alternden, streng konservativ eingestellten Chef William Dean begann Churchward sein Bemühen, Ordnung in diesem Chaos zu schaffen. Dabei war er sich darüber klar, daß, bis sich die zu entwerfenden Einheitstypen auswirken konnten, mindestens fünfzehn oder zwanzig Jahre vergehen würden; das war die voraussichtliche Lebensdauer der vorhandenen Maschinen. Die neuen Einheitstypen mußten so beschaffen sein, daß sie den bis dahin gestiegenen Betriebsansprüchen genügen konnten. Das war eine vorausschauende Erkenntnis, die ganz im Gegensatz zu der üblichen Gewohnheit stand, nur neue Bauarten zu bauen, die gerade den Bedürfnissen des Moments entsprachen. Daß es Churchward gelang, sein Ziel in mustergültiger Weise zu erreichen, berechtigt, ihn zu den bedeutendsten Lokomotiv-Ingenieuren zu zählen. Die Leistung einer Lokomotive hängt zunächst vom Kessel ab und diesem widmete Churchward zuerst sein Bemühen. Sehr wahrscheinlich auf seinen Einfluß hin wurde bei der Great Western 1897 die Belpaire-Feuerbüchse bei den 2B-Maschinen der «Badmin-

282. 2B1-Schnellzug-lokomotive der Great Northern-Bahn, Nr. 251, Big Atlantic-Type, H. A. Ivatt, 1902

ton»-Klasse eingeführt und seitdem beibehalten. Sie bot den Vorteil eines vergrößerten Dampfraumes trotz des engen Umgrenzungsprofils. Zunächst blieb Churchward beim üblichen zylindrischen Langkessel, aber ab 1903 ging er nach amerikanischem Vorbild zu einem Langkessel mit einem konischen Schuß über — die untere Linie des Kessels war dabei waagerecht —, um so die von der fast die ganze Breite einnehmenden Feuerbüchse behinderte Sicht etwas zu verbessern. Die Bauteile dieser Kessel waren so entworfen, daß sie für verschiedene Kesselgrößen paßten. Der große Ausschnitt für den Dom stellte eine Schwächung der Kesselbleche dar. Churchward ließ ihn weg und setzte statt dessen die Sicherheitsventile an die Stelle, an der der Wasserstand im Kessel am wenigsten schwankte. Die Dampfentnahme erfolgte durch ein oben liegendes, langes, geschlitztes Rohr, wie bei den alten französischen Crampton. Vorerst behielt Churchward den bei der Great Western seit jeher bevorzugten Außenrahmen bei. Als die Kessel größer wurden und somit schwerer ausfielen, verließ er ihn zugunsten des leichteren einfacheren Innenrahmens. Nun konnte er Außenzylinder vorsehen und die Kurbelwelle aufge-

heraus zu schaffen», äußerte er einmal über dieses Problem. Obgleich die Great Western-Lokomotiven bald den Ruf genossen, äußerst «frei» zu laufen und sparsam zu sein, erkannte man noch lange nicht die Bedeutung der Churchward-Maxime, und es war Chapelon in den dreißiger Jahren vorbehalten, sie mit ungeahntem Erfolg anzuwenden.

Nun waren 1900 die berühmten 2B1-de Glehn-Maschinen der Nord erschienen. Churchward tat etwas für England ganz Ungewöhnliches. Er beschaffte 1903, wie es auch die Preußische Staatsbahn getan hatte, von der Elsässischen Maschinenbau-Gesellschaft eine denen der Nordbahn gleiche Maschine, die bei der Great Western als BN. 102 mit dem Namen «La France» eingereiht wurde. Um genau vergleichen zu können, ließ er in der eigenen Bahnwerkstatt zu Swindon ebenfalls eine 2B1-Lokomotive, BN. 171 «Albion», bauen, die nach denselben Grundsätzen wie die «Vanguard» gehalten war. Das Ergebnis des Vergleiches war nicht eindeutig. Churchward bestellte 1905 daher wieder bei derselben Firma zwei weitere de Glehn-Maschinen, diesmal der verstärkten Paris-Orleans-Bauart, die BN. 103 «President» und

283. «Alliance», 2B1-Schnellzuglokomotive der Great Western-Bahn, Nr. 104, de Glehn-Bauart, 1905

ben. Dies bedeutete eine weitere Vereinfachung. So war Churchward 1902 schrittweise zu einer Zwillings-Schnellzuglokomotive gekommen, die vorausschauend 2C-gekuppelt war. Er nannte sie zu Ehren seines ehemaligen Chefs «William Dean».

Bei Versuchsfahrten mit dieser BN. 100 stellte Churchward fest, daß die nach traditioneller Art bemessenen Flachschieberwege und Schieberkanalquerschnitte zu klein waren. Aufgrund von Versuchen an einer ortsfesten Dampfmaschine führte er bei seiner nächsten, 1903 gebauten 2C-Lokomotive BN. 98, «Vanguard», den Schieberweg fast doppelt so lang aus und vergrößerte die Kanalquerschnitte entsprechend. «Es ist leicht, den Dampf in die Zylinder hinein zu bekommen, die Kunst besteht darin, ihn wieder

104 «Alliance» (Abb. 283). Längere Versuchsreihen mit diesen drei de Glehn-Lokomotiven und den gleichzeitig gebauten vierzehn Maschinen der Albion-Klasse ergaben erstaunlicherweise gleich günstige Verbrauchsziffern für die Albion- wie für die Verbund-Lokomotiven. Dies war darauf zurückzuführen, daß dank der Churchwardschen Maßnahmen bei den Albion der Gegendruck im Zylinder kleiner war. Es stand aber außer Zweifel, daß die de Glehn-Maschinen mit ihrem gut ausgeglichenen Vierzylinder-Triebwerk wesentlich ruhiger liefen, als die Zwillingsmaschinen.

Da die Leitung der Great Western eine Fahrzeitverkürzung ihrer Schnellzüge anstrebte, übernahm Churchward bei seinem Neuentwurf die gestaffelte

Vierzylinder-Anordnung de Glehns, aber unter Verzicht auf die Verbundwirkung. Er vereinfachte ferner den Schieberantrieb, indem er jedes Zylinderpaar nur durch eine innenliegende Heusinger-Walschaert-Steuerung bediente, von der aus die Außenschieber durch waagerechte Gegenhebel betätigt wurden. Den Kesseldruck setzte er wie bei den de Glehn-Lokomotiven auf 16 atü fest. Die erste dieser neuen Vierlinge, BN. 40 «North Star», wurde 1906 noch als 2B1-Maschine gebaut. Da aber die inzwischen in Betrieb genommenen sieben 2C-Zwillingsmaschinen genau so «leichtfüßig» liefen wie die Atlantic, ging Churchward sofort auf diese Achsanordnung über, die eine höhere Anzugskraft besaß. So entstand die berühmte «Star»-Klasse, deren erste Maschinen, BN. 4001–4009, im Jahre 1907 in Dienst gestellt wurden. Sie verdienten ihre Bezeichnung durchaus, denn sie und ihre zahlreichen Nachfolgerinnen glänzten durchaus als «Stars» unter den englischen Schnellzugmaschinen. Wie vorausschauend Churchward vorgegangen war, geht daraus hervor, daß bis 1923 zweiundsiebzig Maschinen, mit nur unwesentlichen Änderungen, gebaut worden sind. Ab 1908 erhielten sie einen von Churchward selber entwickelten Rauchröhrenüberhitzer, der auch bei den anderen nachträglich eingebaut wurde. Er ergab trotz des geringen Überhitzungsgrades 12% Kohlen- und 20% Wasserersparnis. Sie galten als die leistungsfähigsten 2C-Lokomotiven ihrer Zeit. Keine andere englische Maschine war 1907/1908 in der Lage, mit 480 t auf schwacher Steigung 102 km/h durchzuhalten und auf der Ebene 111 km/h dauernd zu fahren. Die BN. 4003 «Lode Star» wird im Swindon Museum aufbewahrt.

Churchward trat 1921 in den Ruhestand. Sein Nachfolger Charles B. Collet fand einen Lokomotivpark

284. Lokomotiv-Heizer bei der Arbeit

285. «Caerphilly Castle», 2C-Vierlingslokomotive der Great Western-Bahn, erste Lokomotive der Castle-Klasse, 1923

227

vor, der noch so zeitgemäß war, daß er nicht viel daran zu ändern hatte. Bei den «Stars» brauchte er bloß die Abmessungen etwas zu vergrößern, um sie den gestiegenen Anforderungen anzupassen. Von dieser «Castle»-Klasse (Abb. 285) wurden bis 1939 und dann noch 1946/1950 insgesamt einhundertvierundsechzig Maschinen gebaut, ein Rekord einer Type, der selbst den der preußischen P8 übertrifft.

Churchward leitete in England die Ära der Vierlinge ein, eine Bauart, die nötig wurde, weil das beschränkte Umgrenzungsprofil der starken 2C-Lokomotiven es weder außen noch innen erlaubte, zwei genügend große Zylinder anzuordnen. Da jedoch bei keiner dieser Lokomotiven Churchwards Konstruktionsprinzipien berücksichtigt wurden, blieben sie an Leistung weit zurück und sind in fast allen Fällen nachträglich umgebaut worden.

Churchwards Vierlinge blieben auf dem Kontinent nicht unbeachtet. Zu den Pionieren des Heißdampfes gehörte auch B. Flamme, Chefingenieur der Belgischen Staatsbahnen. Unter seiner Regie vollzog sich ein völliger Umschwung in der Lokomotivpolitik. Die ungefügen Belpaire-Maschinen verschwanden. An ihre Stelle traten englische Bauarten mit Innenzylindern. Er war der erste, der den Schmidtschen Rauchröhrenüberhitzer bei einer solchen 2C-Maschine einbaute. Der wirtschaftliche Erfolg dieser Vorversuche war vielversprechend. Aber auch die versuchsweise beschafften 2B1- und 2C-Vierzylinder-Verbundlokomotiven der Bauart de Glehn hatten so günstige Verbrauchswerte ergeben, daß Flamme es für richtig hielt, einen Großversuch zur Klärung der Frage zu unternehmen, ehe er eine neue stärkere Bauart einführte. Zu diesem Zweck wurden folgende Varianten einer kräftigen 2C-Lokomotive in Auftrag gegeben:

eine Vierzylinder-Verbund-Naßdampflokomotive, BN. 3301, mit 1981 mm Treibraddurchmesser und Einachsantrieb;

eine Vierlings-Naßdampflokomotive, BN. 3302, mit gleichem Treibraddurchmesser und Einachsantrieb;

eine Vierlings-Heißdampflokomotive, BN. 3303, abgesehen vom Schmidt-Überhitzer der vorigen gleich;

eine Vierzylinder-Verbundlokomotive, BN. 3304, mit 1800 mm Treibraddurchmesser, Einachsantrieb und einem Umschaltüberhitzer, der zweiteilig so gestaltet war, daß die eine Hälfte den zu den HD-Zylindern fließenden Dampf, die andere den den ND-Zylindern zuströmenden Dampf überhitzte; beide Teile konnten auch so geschaltet werden, daß sie allein vom ND-Dampf durchströmt wurden;

acht Vierzylinder-Verbund-Heißdampflokomotiven, BN. 3293–3300, mit Zweiachsantrieb, ebenfalls 1800 mm Treibraddurchmesser und einem Überhitzer Bauart Cockerill.

Bei den eingehenden Vergleichsversuchen schnitt die BN. 3303 am günstigsten ab, nur die Zylinder waren zu klein geraten. Sie wurden darum bei der Regelausführung als Serie 9 von 435 auf 445 mm vergrössert. In dieser Form (Abb. 286) wurden vierundsechzig Maschinen von 1908 bis 1910 beschafft.

Seitdem wurden unter Flammes Regie alle schweren Lokomotiven als Heißdampf-Vierlinge ausgeführt,

286. 2C-Vierlingslokomotive der Belgischen Staatsbahnen, Serie 9, 1905/1906

die 2C1-Maschinen der Reihe 10, die wir noch besprechen werden, die 1E-Reihe 36 und die 2C2-Tenderlokomotive, Reihe 13.

Die Ergebnisse der belgischen Versuche schienen Garbes Ansicht, die Verbundwirkung sei beim Heißdampf überflüssig, recht zu geben. Da sich die P8 (vgl. Abschn. 11.2) für hohe Geschwindigkeiten als ungenügend erwies, beauftragte die Preußische Staatsbahn die Firma Schwartzkopff in Berlin mit dem Entwurf einer 2C-Schnellzuglokomotive mit 1980 mm hohen Treibrädern. Sie wurde, um einen möglichst ruhigen Lauf zu sichern, als Vierling ausgeführt. Im übrigen paßte man ihre Konstruktion möglichst eng an die P8 an, allerdings mit etwas vergrößertem Kessel. Eine der beiden Erstlinge, BN. Erfurt 801–802, war in Brüssel gleichzeitig mit der vorgenannten belgischen Reihe 9 zu sehen. Bei den vorgenommenen Probefahrten entsprachen diese Maschinen nicht ganz den Erwartungen. Deswegen beauftragte man die Stettiner Vulkan-Werke mit der Überarbeitung des ursprünglichen Entwurfes. Der Rahmen wurde zur besseren Zugänglichkeit des Inntriebwerkes wie bei den Vierzylinder-Verbundlokomotiven der Bauart v. Borries vorne als Barrenrahmen ausgeführt und das Umlaufblech hoch gelegt. Der nochmals verstärkte Kessel erhielt ferner einen vergrößerten Überhitzer. Die Leistung befriedigte zunächst, aber der Brennstoffverbrauch war verhältnismäßig hoch. Man schrieb dies der ungleichen Dampfverteilung in den Innen- und Außenzylindern zu. Der Antrieb der Innenschieber erfolgte nämlich wie bei den belgischen Maschinen durch vorn gelegene Gegenhebel. Während der Fahrt dehnten sich die Schieberstangen der äußeren Schieber durch die Erwärmung aus und die im kalten Zustande vorgenommene Einstellung stimmte nicht mehr. Von der zweiten Lieferung an legte man darum die Betätigung der Innenschieber hinter die Zylinder. Im ganzen wurden zweihundertzwei Maschinen dieser Gattung S10 beschafft.

Trotz der erwähnten Änderung sank der Dampfverbrauch nicht merklich. Als sich dann noch im Laufe der Zeit Anrisse in der Kurbelwelle einstellten, beschloß die Preußische Staatsbahn, zur Drillingsmaschine überzugehen, bei der die Kurbelwelle eine günstigere und billiger herzustellende Form aufwies. Der Umbau wurde durch die Stettiner Vulkan-Werke unter deren Chefkonstrukteur E. Najork ausgeführt. Die Vulkan-Werke lieferten im Mai 1914 die ersten sieben Maschinen dieser neuen Gattung S10², von der schließlich einhundertsiebenundzwanzig gebaut worden sind (Abb. 287).

Alle drei Zylinder wirkten mit 130° Kurbelversetzung auf die erste Kuppelachse. Die Betätigung des inneren Schiebers erfolgte durch zwei, an beiden Voreilhebelköpfen angelenkte, waagerecht schwingende, doppelarmige Hebel, deren inneres Ende durch je eine Zugstange an einem dritten Doppelhebel angriff. Dieser dritte Hebel schwang, ebenfalls waagerecht, zwischen den beiden anderen. Sein Mittelpunkt war an der inneren Schieberstange drehbar befestigt. Durch die Teilung der beiden äußeren Hebelarme im Verhältnis 1:2 wurden die beiden Bewegungskomponenten zu einer resultierenden Bewegung des Innenschiebers zusammengesetzt, die der Kurbelversetzung entsprach. Diese Drillingsmaschinen waren von Anfang an mit dem Knorr-Speisewasservorwärmer ausgerüstet. Ihr Dampfverbrauch war geringer als bei den Vierlingsmaschinen, sie waren ihnen an Leistung überlegen. Laut Belastungstafel der Preußischen Staatsbahnen zogen sie 850 t mit 80 km/h oder 650 t mit 90 km/h in der Ebene, 415 t mit 70 km/h oder 345 t mit 80 km/h auf 5 $^0/_{00}$ (1:200) Steigung.

287. 2C-Lokomotive der Preußischen Staatsbahnen, Gattung 10², 1915

Nach der 1905 erfolgten Verstaatlichung der italienischen Privatbahnen wurden, wie immer in solchen Fällen, einheitliche Lokomotivbauarten entworfen. Ausgehend von der 1C-Maschine, Gruppe 600 (vgl. Abschn. 11.1.1), hatte man 1907 unter Beibehaltung des Zara-Gestells eine 1C1-Schnellzugmaschine im Vierzylinder-Verbundsystem, Gruppe 680, entwickelt. Da man mit dem Einbau des Schmidt-Überhitzers bei der 1C-Maschine und dem Verzicht auf die Verbundwirkung bei der Gruppe 640 gute Ergebnisse erhalten hatte, wurden versuchsweise zwei Maschinen der Gruppe 680 mit Überhitzern versehen. Diese Heißdampflokomotiven ergaben bei Versuchfahrten wesentlich günstigere Verbrauchswerte als die Naßdampfausführung, sie waren ihr aber an Leistung leicht unterlegen. Dies lag daran, daß man die Zylin-

288. 1C1-Vierlings-Schnellzuglokomotive der Italienischen Staatsbahn, Gruppe 685, 1912

289. 2C1-de Glehn-Schnellzuglokomotive der PO, Serie 4500, erste Pacific-Lokomotive Europas

derabmessungen nicht, wie bei Heißdampf nötig, vergrößert hatte. Statt diese zu ändern, zog man es vor, die schweren Verbundzylinder durch solche mit einfacher Dampfdehnung zu ersetzen. Man baute überdies den Überhitzer anders ein, um weniger Kesselverdampfungsfläche einzubüßen. Auch setzte man, wie damals beim Übergang auf Heißdampf gern getan wurde, zur Schonung des Kessels den Druck herab. Der gemeinsame Schieber für jedes Zylinderpaar wurde beibehalten. Eine der 1912 in dieser Ausführung gebauten Vierlingslokomotiven, Gruppe 685 (Abb. 288), wurde im Juni 1914 eingehenden Versuchen auf der Strecke Bologna-Roveredo (208,7 km) unterworfen, wo Steigungen bis zu 5‰ (1:200) vorkamen. Mit Schlepplasten von 243 bis 293 t erreichte man mittlere Geschwindigkeiten von 86,4 bis 88,7 km/h mit Spitzen von 105 bis 114 km/h, was Leistungen von 1118 bis 1230 PSi entspricht.

12.3. Die «Pacific»-Lokomotive, Königin der Schiene

Hauptnachteil der Atlantic war ihr für die schweren Schnellzüge zu geringes Reibungsgewicht. Und um dauernd mit hoher Geschwindigkeit zu fahren, war die Dampfleistung des Kessels der 2C-Maschine zu gering. Beide Schwierigkeiten wurden bei der Pacific-Lokomotive überwunden. Über diese Maschine liegt so viel neuere Literatur vor, daß wir nur kurz auf die wichtigsten Spielarten eingehen.

Als erste 2C1-Maschinen auf europäischen Bahnen wurden im Juli und September 1907 die zwei Maschinen BN. 4501–4502 der Paris-Orleans-Bahn in Dienst gestellt. Sie waren in Zusammenarbeit von E. Solacroup, dem Chefingenieur des Konstruktionsbureaus der PO, und der Elsässischen Maschinenbau-Gesellschaft unter de Glehn entstanden. Es war eine Weiterentwicklung der vorhandenen 2B1-Serie 3000 und der 2C-Serie 4000, deren Vierzylinder-Verbundtriebwerk der Bauart de Glehn beibehalten wurde. Die verwendete Kohle verlangte einen tiefliegenden Rost. Darum wurde ein Kompromiß zwischen der breit ausladenden und der schmalen Feuerbüchse gewählt: Die Feuerbüchse wurde hinten breit gebaut und vorne so weit eingezogen, daß sie noch zwischen die Rahmenbleche paßte. Der Rost konnte dadurch vorne tief genug liegen. Er war trapezförmig, mit gebrochenen Seitenkanten, und stieg nach hinten an, so daß er dort über dem Rahmen lag. Es war also eine vereinfachte Ausführung der von Belpaire schon bei seinen 1B1-

290. Der Orient-Expreß bei Calais mit einer 2C1-Pacific-Lokomotive der Nord

Maschinen (vgl. Abschn. 10.3) ausgeführten Form. Zwar war diese Feuerbüchse nicht einfach herzustellen, bot aber den Vorteil, daß der Schwerpunkt des langen Kessels weiter nach vorne zu liegen kam. Sie ergab auch eine größere dem Feuer direkt ausgesetzte Heizfläche als der breit ausladende Rost. Diese Feuerbüchsform ist daher später noch häufig verwendet worden.

Diese ersten Pacific der Serie 4500 (Abb. 289) waren für die Strecke Paris-Toulouse bestimmt, wo sie auf langen Steigungen von $10^0/_{00}$ (1:100) Schnellzüge von 300 bis 400 t mit einer mittleren Geschwindigkeit von 75 bis 80 km/h befördern sollten. Bei Probefahrten auf dieser Steigung erreichten sie eine Leistung von 2050 PSi.

Die ersten Maschinen, BN. 4501–4570, waren noch Naßdampfmaschinen, doch waren die HD-Zylinder bereits mit Kolbenschiebern versehen, um eventuell nachträglich Überhitzer einbauen zu können, was dann auch geschah. Bei der nächsten, ab 1910 gelieferten Serie, BN. 4571–4580, war Heißdampf von vornherein vorgesehen. 1909 kam für die Flachlandstrecke Paris-Bordeaux die Serie BN. 3501–3510 mit dem größeren Treibraddurchmesser von 1950 mm in Betrieb, auch noch Naßdampfmaschinen, gefolgt von den BN. 3521–3589 mit Überhitzern. Damit begann die elsässische Schule der Pacific, die, mehr oder minder abgewandelt, auf allen französischen Bahnen und auch in anderen Ländern, sogar in Übersee Anklang fand. Dem Vorbild der für die Reichseisenbahnen in Elsaß-Lothringen gebauten 2C1-Lokomotiven folgend, besaßen die der Nord lange schmale Feuerbüchsen (Abb. 290). Wir kommen auf diese Maschinen noch zurück.

Nur die PLM ging wieder eigene Wege. Sie beschaffte 1908 zunächst zwei Prototypen: die eine, BN. 6001, als Naßdampfmaschine im Vierzylinder-Verbundsystem nach Baudry, aber mit versetzten Zylindern und Zweiachsantrieb; die andere eine Heißdampf-Vierlingsmaschine, BN. 6101, mit allen Zylindern in einer Reihe, aber dennoch mit zwei angetriebenen Achsen. Beide hatten breit ausladende Feuerbüchsen. Während die Verbundlokomotive 16 atü Kesseldruck hatte, wurde entsprechend Garbes Theorie bei der Vierlingsmaschine ein Druck von nur 12 atü gewählt. Die Vergleichsversuche fanden mit 445 t Schlepplast auf der Probestrecke zwischen Laroche und Blaisy-Bas statt, die zuerst sanft ansteigt und dann Steigungsgrade von $5^0/_{00}$ (1:200) und auf den letzten 13 km von $8^0/_{00}$ (1:125) aufweist. Der Verbrauch war bei der Heißdampf-Vierlingsmaschine niedriger als bei der Naßdampf-Verbundlokomotive. Die PLM beschaffte daraufhin von August 1910 bis Mai 1911 noch weitere derartige Vierlingslokomotiven, BN. 6102–6172, und setzte sich damit in Gegensatz zu den anderen französischen Bahnen.

Bereits 1907 hatte die PLM eine Reihe 2C-Schnellzuglokomotiven des Vierzylinder-Verbundsystems in Betrieb genommen, von denen zehn mit Überhitzer ausgerüstet waren. Bei diesen ergaben sich Brennstoffersparnisse von 10 bis 16%. Daraufhin unternahm die Bahn neue Versuche mit den Pacific-Lokomoti-

291. 2C1-Vierzylinder-Verbund-Schnellzuglokomotive der PLM, Nr. 6017, Henschel, 1911

292. 2C1-Vierzylinder-Verbund-Schnellzuglokomotive der Badischen Staatsbahn, Gattung IVf, Anton Hammel, 1907

ven. Man beschaffte 1911 bei Henschel zwanzig Vierzylinder-Verbund-Heißdampflokomotiven (Abb. 291), BN. 6011–6030 (später 6201–6220). Alle vier Zylinder lagen in einer Reihe, trieben aber zwei Achsen an. Um einen einwandfreien Vergleich durchführen zu können, bestellte man 1912 zwanzig der Prototype gleiche Vierlingslokomotiven, Serie 6172–6191, mit einem zulässigen Kesseldruck von 14 atü wie bei den Verbundmaschinen. Beide Spielarten wurden im gleichen Dienstplan eingesetzt. Die Heißdampf-Verbundmaschinen hatten einen durchschnittlichen Brennstoffverbrauch von 4,7 kg gegenüber 5,2 kg je 100 t/km. Auch ein ähnlicher Vergleich mit 1D-Lokomotiven ergab günstigere Werte für die Vierzylinder-Verbund-Heißdampflokomotiven. Damit war auch bei der PLM das Urteil zugunsten dieser Bauart gefällt. Alle Naßdampfmaschinen erhielten daher noch nachträglich Überhitzer. Auf der genannten Probestrecke erreichte man bei Versuchsfahrten mit einem 646 t schweren Zug eine Leistung von 2425 PSi. Diese Pacific und ihre Nachfolgerinnen bespannten über dreißig Jahre lang die Schnellzüge der «grande ligne» Paris-Lyon-Marseille.

Nur ganz wenig später als die PO, im August und September 1907, brachte die Badische Staatsbahn die erste deutsche Pacific heraus. Während die 2B1-Maschinen der Gattung IId (vgl. Abschn. 12.1) 200 t beförderten, wurden von der Pacific unter gleichen Bedingungen 300 t verlangt. Der Entwurf wurde erschwert, weil dieselbe Maschine auch auf der Schwarzwaldbahn eingesetzt werden sollte, um hier 185 t mit 50 km/h zu ziehen. Der Treibraddurchmesser wurde darum mit nur 1800 mm bemessen. Unter den angeforderten Entwürfen wurde der von Maffei eingereichte ausgewählt, den Hammel ausgearbeitet hatte (Abb. 292). Wie ein Vergleich zeigt, stellte diese neue Gattung IVf eine folgerichtige Weiterentwicklung der vorausgegangenen 2B1-Gattung IId (Abb. 277) dar.

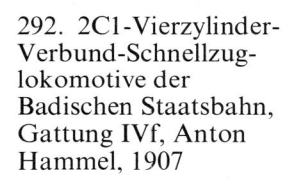

Das Triebwerk war gleichartig ausgebildet, nur waren die innen liegenden HD-Zylinder höher und schräg angeordnet, damit die Treibstangen über die erste Achse hinwegkamen. Aus demselben Grunde wurde ihr Kolbenhub geringer gewählt als bei den Außenzylindern und so der Ausschlag der Treibstangen vermindert. Die wesentlichste Abweichung bestand in der Anwendung des Barrenrahmens, der auf die 1900 von der Bayerischen Staatsbahn probeweise beschafften amerikanischen Vauclain-Lokomotiven zurückgeht. Er hatte sich gut bewährt und bot den Vorteil eines gut zugänglichen Innentriebwerkes. Um trotz der breit ausladenden Feuerbüchse den Schwerpunkt mehr nach vorn zu verlegen und die Heizröhren nicht unnötig lang zu machen, wurde zum ersten Mal die vordere untere Wand — ihrer Form halber Stiefelknechtplatte genannt — nach hinten geneigt (vgl. Abb. 292). Zur weiteren Entlastung der Schleppachse sah man ferner eine Neigung der ganzen Feuerbüchs-Hinterwand vor. Beide Kunstgriffe, die sich auch bei den erwähnten PLM-Pacific finden, wurden später häufig verwendet.

Auf Probefahrten beförderte eine solche Maschine 460 t auf der Ebene mit 110 km/h, und auf der Schwarzwaldbahn mit einer mittleren Steigung von 16,3‰ (1:60) zog sie 194 t mit 55 km/h. Bis 1913 kamen fünfunddreißig in Betrieb. Wie gesagt, hatten die gegensätzlichen Betriebsanforderungen dazu geführt, den Treibraddurchmesser auf nur 1800 mm zu beschränken. Er war jedoch für das anhaltende schnelle Fahren in der Rheinebene zu klein und führte zu Überlastungen des Fahr- und Triebwerks. Da auch die Dampferzeugung des Kessels nicht ganz befriedigte, wurden alle diese Lokomotiven kurz nach Übernahme durch die Deutsche Reichsbahn abgebrochen. Dennoch waren sie als erste Maschinen der süddeutschen Pacific-Schule bahnbrechend.

Schon 1906 hatte sich die Bayerische Staatsbahn ent-

293. Der «Rheingold» mit der bayerischen S3/6 Lokomotive Nr. 18.529

294. 2C1-Vierzylinder-Verbund-Schnellzuglokomotive der Schwedischen Staatsbahn, Gattung F, 1914. Diese Maschinen wurden 1937 an die Dänische Staatsbahn abgegeben

295. Führerstand einer S3/6 Lokomotive der Bayerischen Staatsbahn, J.A. Maffei, 1914

296. 2C1-Vierlings-Schnellzuglokomotive der Belgischen Staatsbahnen, Nr. 10.042, Serie 10

schlossen, eine gleichartige Lokomotive zu entwickeln, die in der Lage sein sollte, auf 2‰ (1:500) Steigung 400 t mit 95 km/h und auf 10‰ (1:100) mit 65 km/h zu befördern. Der Entwurf lag wieder in Hammels Händen, der damit sein Meisterstück schuf, die weltberühmte S3/6 (Abb. 293). Über diese Lokomotive ist soviel geschrieben worden, daß wir uns hier auf die Feststellung beschränken können, daß die der badischen Vorgängerin noch anhaftenden Fehler nun beseitigt waren. Die Maschine bewährte sich so außergewöhnlich gut, daß sie noch nach Gründung der Deutschen Reichsbahn weiter angeschafft wurde. Sie galt als eine der wirtschaftlichsten Lokomotiven ihrer Zeit. Was aber wohl am meisten zu ihrer Berühmtheit beitrug, war ihr wohlgelungenes äußeres Bild. Selbst die in dieser Hinsicht verwöhnten Engländer zählen sie zu den schönsten jemals gebauten Lokomotiven. Insgesamt wurden von der Bayerischen Staatsbahn und der Deutschen Reichsbahn bis 1931 einhundertneunundfünfzig solche Maschinen beschafft, von denen die achtzehn 1912/1913 gelieferten 2000 mm hohe Treibräder besaßen, da sie für eine Höchstgeschwindigkeit von 115 km/h auf den Schnellzugstrecken München-Nürnberg und Würzburg bestimmt waren.

In Spanien besaß die Madrid-Zaragoza-Alicante-Bahn vier Abkömmlinge der S3/6; die achtzig rumänischen der Jahre 1913 bis 1922 waren, abweichend, als Vierlingsmaschinen gebaut.

Die «Schöne Württembergerin», wie die Gattung C der Württembergischen Staatsbahn oft genannt wurde, sah zwar ganz anders aus, gehörte aber trotz des Blechrahmens durchaus zur süddeutschen Schule (Abb. 297). In ihrer äußeren Form nahm sie manche Eigenheit der späteren, nicht mehr ganz verkleideten Stromlinienlokomotiven vorweg. Das ist zum Teil auf die Bauart des Rahmens zurückzuführen. Außer dem üblichen Innenrahmen war zu seiner Verstärkung ein außen unterhalb des Umlaufbleches verlaufender Hilfsrahmen vorgesehen, der von den Zylindern bis zum hinteren Ende der Lokomotive reichte. Der

Einachsantrieb und die Schieberbetätigung entsprachen der bayerischen S3/6. Diese Maschinen waren dazu bestimmt, 350 t auf einer Steigung von $10^0/_{00}$ (1:100) noch mit 60 km/h zu befördern und im Flachland mit 100 km/h zu fahren. Diese Forderung wurde auf Probefahrten weit übertroffen; es wurden bis zu 1900 PSi erreicht. Im normalen Betrieb zeigten sich diese Lokomotiven an Leistung der bayerischen S3/6 unterlegen. Alle zwischen 1909 und 1921 von der Maschinenfabrik Esslingen gebauten einundvierzig Maschinen kamen noch zur Reichsbahn und einige sogar noch zur Bundesbahn, wo sie Anfang der fünfziger Jahre verschwanden.

Die 1914 von der Schwedischen Staatsbahn eingeführten Pacific-Lokomotiven der Gattung F (Abb. 294) sind eine interessante Abwandlung der süddeutschen Schule. Sie besaßen Blechrahmen. Beim Drehgestell war der Rahmen außen angeordnet. Alle vier Zylinder trieben die zweite Kuppelachse an, dabei hatte jedes Paar einen gemeinsamen Schieber. Die ND-Außenzylinder mußten schräg gelegt werden, um dem Ausschlag des Drehgestells nicht im Wege zu sein. Infolge der Umstellung auf elektrischen Betrieb wurden alle elf Lokomotiven 1937 an die Dänische Staatsbahn abgegeben, wo sie bis zur Einführung der Dieseltraktion noch lange Jahre gute Dienste leisteten. Eine ist noch erhalten.

Eine Klasse für sich bilden die Pacific der Belgischen Staatsbahn, Serie 10 (Abb. 296). Da sie für die Luxemburger Strecke mit langen anhaltenden Steigungen von $16^0/_{00}$ (1:62,5) bestimmt waren, mußte der Kessel sehr leistungsfähig sein. Flamme sah einen konischen Kesselschuß nach Churchwards Vorbild vor. Da der hohe zugelassene Achsdruck von 20 t es gestattete, das Gewicht des Kessels ganz auf den vier hinteren Achsen ruhen zu lassen, brauchte er ihn nicht nach vorne zu verschieben. So kamen die vier Zylinder, die, wie bereits kurz erwähnt, mit einfacher Dehnung arbeiteten, vor der Rauchkammer mittig zum Drehgestell zu liegen. Dadurch entstand der Ein-

297. 2C1-Vierzylinder-Verbund-Schnellzuglokomotive der Württembergischen Staatsbahnen, Gattung C, «Die schöne Württembergerin», 1921

235

druck, als schöben diese Maschinen ihre Zylinder vor sich her. Abweichend von der 2C-Reihe 9 war Zweiachsantrieb vorhanden. Bei den Probefahrten zwischen Rhisnes und Namur mit ständigen Steigungen von $16^0/_{00}$ (1:62,5) wurden 381 t mit 50 km/h befördert, was einer Höchstleistung von rund 2390 PSi entspricht. Diese belgischen Pacific waren die schwersten und stärksten ihrer Zeit in Europa. Bei den ersten achtundzwanzig Lokomotiven, die ab 1910 in Betrieb kamen, stellte sich heraus, daß die Schleppachse doch überlastet war. Daher wurde diese Belastung bei den dreißig von 1912 bis 1940 gelieferten Maschinen durch Kürzung der Feuerbüchse vermindert.

Ab 1938 wurden diese Pacifics nach dem Vorbild Chapelons (vgl. Abschn. 15.4) verbessert. Dadurch erreichte man, daß sie regelmäßig 500 t schwere Schnellzüge ohne Vorspann auf der Luxemburger Strecke befördern konnten.

Als die Österreichische Staatsbahn ebenfalls zu einer sechsachsigen Schnellzuglokomotive übergehen mußte, standen Gölsdorf wieder einmal als Hindernisse der schwache Oberbau und die geringwertige Kohle entgegen. Das verbot, das Gewicht einer genügend großen Feuerbüchse auf nur einer Schleppachse ruhen zu lassen. Darum drehte Gölsdorf die Pacific sozusagen herum: Er sah hinten ein zweiachsiges Schwenkgestell vor und vorne ein Krauß-Helmholtz-Drehgestell. So entstand 1908 eine Lokomotive mit guter Gewichtsverteilung, die auch in Gleisbögen gut lief, wozu die große geführte Länge von 5810 mm noch beitrug. Für diese erste 1C2-Schnellzuglokomotive der Welt (Abb. 299) wurde die Bezeichnung «Adriatic» vorgeschlagen. Alle vier Zylinder trieben die zweite Kuppelachse an. Je ein HD- und ein ND-Zylinder bildeten mit dem zugehörigen Schieberkasten ein gemeinsames Gußstück. Im Schieberkasten liefen zwei hintereinander in Tandem angeordnete Kolbenschieber. Diese Lokomotiven sollten auf krümmungsreichen Strecken mit Steigungen bis zu $10^0/_{00}$ (1:100) 360 t schwere Schnellzüge mit 60 km/h befördern, was etwa 1570 PSi ausmacht. Diese Leistung wurde bei den Probefahrten übertroffen.

Den ersten elf, Reihe 210.01–11, die mit dem damals bei der Österreichischen Staatsbahn sehr beliebten Dampftrockner der Bauart Clench ausgerüstet waren, folgte ab 1911 die Reihe 310.01–90 mit Schmidt-Überhitzer. Als während des Ersten Weltkrieges weitere zehn Maschinen beschafft wurden,

298. 1D-Vierzylinder-Verbund-Güterzuglokomotive der Gotthardbahn, Nr. 2807, Anton Hammel, 1906

299. 1C2-Vierzylinder-Verbund-Schnellzuglokomotive der Österreichischen Staatsbahn, Nr. 210.01, 1908

versah man sie wegen Kupfermangels mit Brotan-Feuerbüchsen, von denen noch die Rede sein wird. Nach dem Krieg hatte die auf ein viel kleineres Streckennetz beschränkte Staatsbahn für diese Maschinen keine Verwendung mehr. Drei kamen an Polen, sieben erwarb die Preußische Staatsbahn, die sie schon 1922 an Polen abtrat. Die BN. 310.23 (DR 16.08) ist erhalten und soll dem Technischen Museum in Wien übergeben werden, sobald Platz dafür ist. Die BN. 310.15 hat die Tschechische Staatsbahn im Technischen Nationalmuseum in Prag ausgestellt.

12.4. Schnellzugmaschinen für Gebirge

Auf den schwierigen Gebirgsstrecken, die von wichtigen Schnellzügen befahren wurden, war man bestrebt, die immer schwerer werdenden Züge möglichst ungeteilt und ohne Vorspann oder Nachschub zu befördern oder diese Hilfen wenigstens einzuschränken. Die 2C-gekuppelten Vierzylinder-Verbundlokomotiven der Gotthardbahn (Abb. 248) schafften auf den Rampen dieser Strecke nur 280 t in Doppeltraktion. Wurde diese Zuglast überschritten, mußte eine dritte Lokomotive nachschieben. Es war erstrebenswert, eine Lokomotive zu schaffen, die 180 t mit 40 km/h befördern konnte und so die dritte Lokomotive überflüssig machte, die aber andererseits auf den Talstrecken noch 65 km/h erreichen sollte. Die Gotthardbahn entschied sich für eine 1D-Lokomotive nach dem Entwurf Hammels von Maffei. Sie wies alle Charakteristika seiner Schöpfungen auf: Vierzylinder-Triebwerk, Barrenrahmen, hochliegender Kessel mit nicht von den Rädern beeinträchtigter Feuerbüchsbreite (Abb. 298). Die acht bestellten Maschinen, BN. 2801–2808, kamen 1906 in Betrieb. Noch hatte die Heißdampfanwendung ihre ersten Schwierigkeiten nicht überwunden. Zuerst wurde ein Clench-Dampftrockner nach österreichischem Vorbild eingebaut, den man zwischen 1913 und 1916 durch den Schmidtschen Überhitzer ersetzte. Die vordere Laufachse war nach Adams ausgeführt. Die Gotthard-

300. Lokomotive Nr. 110.507 der Österreichischen Bundesbahnen mit einem Zug bei Schwarzbach, 1927

301. 1D-Zwillingslokomotive der spanischen Norte, Reihe 400, 1909

302. 2D-Zweizylinder-Verbundlokomotive der italienischen Mediterraneo-Bahn, später Gruppe 750 der Italienischen Staatsbahn, 1906

bahn wurde von den Schweizerischen Bundesbahnen übernommen, und man schaffte keine weiteren derartigen Maschinen mehr an. Die Ausmusterung erfolgte 1925 anläßlich der Elektrifizierung der Strecke.
Gemäß dem Jahnschen Gesetz von der Aufwärtsentwicklung der Bauarten wurden ähnliche Lokomotiven auch auf Flachlandstrecken als Güterzugmaschinen bei der Badischen und der Bayerischen Staatsbahn eingesetzt. Sie können aber dennoch als Beginn der modernen Gebirgs-Schnellzuglokomotiven gelten.

Den zweiten Schritt tat die spanische Norte, auf deren Streckenabschnitten über das Guadarrama-Gebirge (vgl. Abschn. 9.4) die vorhandenen 2C-Maschinen ebenfalls nicht mehr ausreichten. Auch diesmal wurde die 1D-Achsanordnung gewählt. Sie wurde aber zum ersten Mal in Europa mit dem großen Treibraddurchmesser von 1560 mm ausgeführt, um auf den anschließenden Flachlandstrecken noch bequem mit 60 km/h fahren zu können (Abb. 301). Während man damals allgemein für derartige Maschinen das Vierzylinder-Verbundsystem vorzog, wagte man es bei der Norte, nur zwei Zylinder mit einfacher Dampfdehnung anzuwenden. Die Vorderachse war in einem Bisselgestell mit Keilrückstellung gelagert, der Überhitzer nach Schmidt ausgeführt. Mit diesen Maschinen gelang es, auf den Guadarrama-Rampen 275 t und auf dem Anstieg über das kantabrische Küstengebirge 260 t bei Personenzügen und 360 t bei Güterzügen zu befördern. Der Entwurf und die erste Lieferung stammten von Saint-Léonard. Die Maschinen erwiesen sich bald als universell verwendbar, so daß den ersten zehn von

303. 2D-Vierzylinder-Verbundlokomotive der Madrid-Zaragoza-Alicante-Bahn, 1914

304. 2D-Zwillingslokomotive der Österreichischen Südbahn, Reihe 570, in Doppeltraktion auf der Strecke Payerbach-Reichenau

305. D-Heißdampf-Zwillings-Güterzuglokomotive der Preußischen Staatsbahnen, Gattung G8¹, 1913–1921

1909 bis 1943 nicht weniger als vierhundertzwölf für die Norte und noch dreiundzwanzig für die RENFE folgten. Es war die meistbeschaffte Lokomotive in Spanien.

Wie im Flachland mußte man auch bald im Gebirge auf sechsachsige Lokomotiven übergehen. Der Anfang hierzu wurde bereits 1903, also vor der Entwicklung der 1D-Maschinen gemacht, und zwar bei der italienischen Mediterraneo-Bahn. Diese Bahn hatte als erste in Europa die 2C-Lokomotiven mit Schlepptender eingeführt (vgl. Abschn. 10.2), und sie war jetzt auch die erste, die 2D-Maschinen in Betrieb nahm. Diese Maschinen, die noch keine reinen Schnellzuglokomotiven waren (Abb. 302), sollten auf der Verlängerung der Giovi-Linie zwischen Ronco und Alessandria eingesetzt werden, wo noch lange Steigungen von 12 bis 16⁰∕₀₀ (1:84,5 bis 1:62,5) vorhanden waren. Sie sollten einerseits 500 t-Güterzüge mit mindestens 20 km/h befördern, andererseits bei Reisezügen 45 km/h erreichen und auf den anschließenden ebenen Strecken noch für 60 km/h geeignet sein.

Dank des Drehgestells konnte ein sehr leistungsfähiger Kessel vorgesehen werden, und bei dem kleinen gewählten Treibraddurchmesser war es möglich, die allerdings recht flache Feuerbüchse breit ausladend auszuführen. Zur Vergrößerung des Dampfraumes war zum Anschluß an den Rundkessel ein kegelförmiger Kesselschuß angeordnet. Die beiden Zylinder arbeiteten in Verbundwirkung. Den ersten dreißig ab 1902 ausschließlich von italienischen Werken gebauten Maschinen, BN. 4501–4530, folgten 1906 zehn weitere, jetzt für die Italienische Staatsbahn, die Gruppe 750. Fünfundzwanzig Maschinen erhielten ab 1905 einen neuen, höher gelegenen Kessel.

Die endgültige Ausbildung einer 2D-Lokomotive als reine Schnellzugmaschine wurde zuerst 1912 mit einer de Glehnschen Lokomotive für Spanien, und wieder für die Norte, erreicht. Sie war bis auf den Treibraddurchmesser den gleichzeitig gelieferten 2C1-Maschinen für das Flachland gleich. Beide stammten von der Elsässischen Maschinenbau-Gesellschaft und besaßen trapezförmige Roste wie die Pacific der PO.

Die Möglichkeiten, die die 2D-Achsanordnung bot, wurden dann 1914 bei den acht Lokomotiven der Hanomag für die Madrid-Zaragoza-Alicante-Bahn voll ausgeschöpft. Sie zählten damals zu den stärksten Lokomotiven Europas (Abb. 303). Die Ausführung des Vierzylinder-Triebwerkes war ganz bayerisch, nur war für jedes Zylinderpaar ein gemeinsamer Kolbenschieber vorhanden. Der Rahmen hingegen wurde nach v. Borries gestaltet, er war daher hinten aus Blech und vorne als Barrenrahmen ausgeführt. Um die benötigte große Rostfläche zu ermöglichen, wurde die breit ausladende Feuerbüchse wie bei den bayerischen 2C1-Maschinen ausgebildet und, um Platz dafür zu schaffen, der Abstand der beiden letzten Kuppelachsen vergrößert. Das ausgeglichene Vierzylinder-Verbundsystem wurde gewählt, weil die Lokomotiven nicht nur auf den starken Steigungen der Gebirgspässe, sondern auch anschließend auf den ebeneren Strecken verkehren sollten. Das Leistungsprogramm forderte, 280 t auf einer Steigung von $15^0/_{00}$ (1:67) mit 50 km/h zu befördern, 310 t auf $10^0/_{00}$ (1:100) mit 60 km/h und 340 t in der Ebene mit 100 km/h. Die Maschinen übertrafen bei Probefahrten dieses Programm bei weitem und erwiesen sich als äußerst sparsam im Kohlen- und Wasserverbrauch. Infolge des inzwischen ausgebrochenen Ersten Weltkrieges wurden die nächsten fünfundzwanzig Maschinen bei der ALCO bestellt. Diese Hanomag-Maschinen wurden grundlegend für den nach dem Ersten Weltkrieg einsetzenden spanischen Lokomotivbau.

Im Jahre 1914 gab die Österreichische Südbahn-Gesellschaft bei der Fabrik der Staatseisenbahn-Gesellschaft in Wien zwei 2D-Lokomotiven in Auftrag, zum ersten Mal mit höheren Treibrädern als bisher, nämlich 1740 mm. Sie sollten Schnellzüge von bis zu 400 t auf der von Meereshöhe stetig mit $14^0/_{00}$ (1:70) aufsteigenden Strecke Triest-Laibach (heute Ljubljana) befördern. Infolge des höheren österreichischen Umgrenzungsprofiles konnte die Kesselmitte auf die ungewöhnliche Höhe von 3250 mm und damit die Feuerbüchse noch mühelos über die Kuppelräder gelegt werden (Abb. 242).

Bei Versuchsfahrten zogen diese Lokomotiven 449 t auf $10^0/_{00}$ (1:100) Steigung mit 50 km/h. Sie kamen infolge des Krieges nicht auf der vorgesehenen Strecke in Betrieb, sondern wurden auf die Semmeringbahn überwiesen. Sie zeichneten sich gegenüber den ein Jahr vorher von der Staatsbahn eingeführten 1D1-gekuppelten Vierzylinder-Verbundlokomotiven so aus, daß von dieser Südbahntype 1923 bis 1928 durch die Österreichische Bundesbahn noch vierzig Maschinen als Reihe 113 beschafft wurden. Auch Polen ließ sich von der, inzwischen nur leicht abgewandelten Type zwischen 1926 und 1929 noch sechzig bauen. Nachkömmlinge, jedoch mit kleinerem Treibraddurchmesser, finden wir in Ungarn und auf den Sowjetbahnen.

Eine andere Möglichkeit der vierfachgekuppelten Schnellzuglokomotive war die Maschine mit 1D1-Achsanordnung. Sie wurde gleichzeitig 1913/1914 in Österreich und in Frankreich verwirklicht. Wie schon gesagt, wurde sie in Österreich jedoch zugunsten der viel einfacheren 2D-Maschine wieder aufgegeben. Auf der PLM dagegen war sie äußerst erfolgreich. Sie entstand als Weiterentwicklung von 1D-Maschinen, die für Reisezüge auf steigungsreichen Strecken beschafft worden waren. Um eine größere Leistung zu ermöglichen, sollte der Kessel der Pacific-Type (vgl. Abschn. 12.3) verwendet werden, dessen breite Feuerbüchse von vornherein eine hintere Laufachse erforderte. Vorn wurde ein Bisselgestell vorgesehen, das sich bei 1D-Maschinen gut bewährt hatte. Natürlich wurde das bei der PLM jetzt zur Regel gewordene Vierzylinder-Verbund-Triebwerk beibehalten. So entstand die schwere «Mikado», Serie 1000 (Abb. 306), der man eine Höchstgeschwindigkeit von 95 km/h zumuten konnte. Mit gewissen Änderungen wurden von 1913 bis 1936 insgesamt siebenhundertneun ange-

306. 1D1-Vierzylinder-Verbund-Schnellzuglokomotive der PLM, Serie 1000, 1913-1936

schafft, die sich so brauchbar als «Mädchen für alles» erwiesen, daß die SNCF noch nach dem Ersten Weltkrieg darauf zurückkahm. Aus der Belastungstafel geben wir nachfolgend auszugsweise folgende Werte an:

Steigung	Güterzüge		Schnellzüge	
	km/h	t	km/h	t
0‰	40	2070	90	500
5‰ (1:200)	40	978	80	344
10‰ (1:100)	40	613	60	370
15‰ (1:67)	30	490	50	337

12.5. Schwere Laster

Die fortschreitende Industrialisierung Europas und das Wachsen der konsumierenden Großstädte hatten um die Jahrhundertwende eine ungeahnte Steigerung des Güterverkehrs zur Folge. Dem kamen die Bahnen zunächst mit der Vermehrung von Wagen mit 20 t Tragkraft nach, das bedeutete aber zugleich eine wesentliche Steigerung der Zuggewichte.

Auf der Preußischen Staatsbahn versuchte man so lange wie möglich, mit einfachen voll gekuppelten Lokomotiven auszukommen, deren Leistungssteigerung allein auf dem Einbau des Schmidt-Überhitzers beruhte. So konnte man vorerst noch mit Vierkupplern auskommen, deren erste Gattung, G8, von Garbe bereits als künftige Normal-Lokomotive eingeführt worden war. Sie wurde zunächst zur fünffach gekuppelten G10 weiter entwickelt. Als auf den wichtigsten Hauptstrecken ein Achsdruck von 17 t zugelassen werden konnte, kehrte man zur einfacheren D-Maschine zurück, deren Entwurf von Schichau in Elbing stammte, und schuf 1912 in der G8[1] eine kom-

307. Österreichische Lokomotive mit internationalem Zug auf der Semmeringbahn oberhalb der Station Breitenstein

Von keiner anderen Lokomotivgattung sind in so kurzer Zeit so viel Maschinen in Dienst gestellt worden: viertausendneunhundertachtundvierzig von 1912 bis 1921. Dazu kamen noch einhundertdreiundfünfzig für andere deutsche Bahnen, die Schwedische Staatsbahn beschaffte fünfundzwanzig, die Rumänische Staatsbahn einundachtzig und die Polnische fünfzig. Mit insgesamt fünftausendzweihundertsechzig Lokomotiven ist die G8¹ eine der am meisten beschafften Gattungen. Als Folge der beiden Weltkriege wurde eine große Anzahl als Reparations- oder Beutelokomotiven über ganz Europa, von Rußland bis zu den Pyrenäen, verstreut. Überall war diese robuste und leistungsfähige Lokomotive beliebt. Sie wurde erst sehr spät ausgemustert. In den Ost- und Balkanländern sind, während dies geschrieben wird, noch zahlreiche in Betrieb.

Andere Bahnverwaltungen, deren Strecken keinen so tragfähigen Oberbau aufwiesen wie in Preußen, bevorzugten die 1D-Achsanordnung. In Österreich (vgl. Abschn. 11.1.1) und Sachsen (vgl. Abschn. 10.3) waren es Zweizylinder-Verbundmaschinen, in Bayern und Baden gehörten sie der süddeutschen Schule an und in Frankreich natürlich der de Glehn-Schule.

Auch in England war die Zeit gekommen, in der für die schweren Kohlenzüge die klassischen Dreikuppler nicht ausreichten. Einige Bahnen konnten sich mit Vierkupplern begnügen, die sowohl mit Innentriebwerk (Abb. 201) als auch mit Außenzylindern ausgeführt wurden (Great Central, North Eastern). Churchward bei der Great Western zeigte auch hier, daß er weitsichtiger war als seine Kollegen. Er war in England der erste, der die 1D-Achsanordnung einführte. Er verwendete bei der Konstruktion verschiedene Standard-Teile, wie den Kessel der 2C-Maschinen. Nach einer ersten Maschine im Jahre 1903, BN. 97, kam zwei Jahre später, nach sorgfältiger Beobachtung im Betriebe, die endgültige Ausführung, BN. 2801–2820, heraus (Abb. 308). Der Kessel lag jetzt höher, was eine tiefere Rostlage ermöglichte; die Vorderachse lief in einem Bisselgestell. Den ersten zwanzig Maschinen folgten 1907 bis 1913 noch weitere dreiundsechzig, nun mit Überhitzer und dementsprechend auf 470 mm vergrößerten Zylindern. Churchwards Nachfolger stellte noch 1938 bis 1942 weitere fünfzig nur geringfügig veränderte Maschinen ein.

Ein schwacher Oberbau war der Grund für die Einführung der ersten 1E-Lokomotive bei den Reichseisenbahnen in Elsaß-Lothringen im Jahre 1905, der ersten in Europa. Diese Gattung G11 (frühere C33)

308. 1D-Güterzuglokomotive der Great Western-Bahn, Nr. 2803, 1915

309. 1E-Güterzuglokomotive der Belgischen Staatsbahn, Reihe 36, Flamme, 1921–1926

310. 1F-Lokomotive für die österreichische Tauernbahn, Nr. 100.01, Gölsdorf, 1911

pakte Güterzuglokomotive (Abb. 305). Diese Maschine leistete das Äußerste damals bei dieser Bauart überhaupt mögliche. Dank des nunmehr allgemein verwendeten Speisewasservorwärmers übertraf sie bei höheren Geschwindigkeiten die Gattung G10. Die Belastungstafel gab folgende Werte an:

Steigung	Last in t	
	15 km/h	20 km/h
5‰ (1:200)	1550	1420
6,65‰ (1:150)	1230	1140
10‰ (1:100)	870	810

war den ebenfalls mit de Glehn-Triebwerk versehenen französischen 1D-Maschinen an Leistung kaum überlegen. Sie wurde das Vorbild für die wesentlich größeren 1E-Maschinen der Serie 6001–6070, die die Paris-Orleans-Bahn 1910 beschaffte und mit denen sie diese Achsanordnung in Frankreich einführte. 1913 stellten ziemlich gleichzeitig die Schweizerischen Bundesbahnen und die Bulgarischen Staatsbahnen 1E-Maschinen in Dienst. In der Schweiz waren es Vierzylinder-Verbundmaschinen der süddeutschen Schule, in Bulgarien, als einzige, Maschinen mit nur zwei Verbundzylindern.

Die stärksten 1E-Lokomotiven jener Zeit schuf Flamme für die Belgische Staatsbahn. Ihre enge Verwandschaft mit seinen 2C1-Maschinen (Abb. 296) ist ohne weiteres erkennbar. Die Laufachse und die nächstfolgende Kuppelachse waren in einem Zara-Gestell vereinigt. Auf der Bergstrecke Pepinster-Spa mit langen Steigungen von bis zu 25⁰/₀₀ (1:40) zog diese Maschine bei Probefahrten 443 t, wogegen die dort eingesetzten Dreikuppler der Serie 32 in Doppeltraktion nur 400 t schafften. Das Haupteinsatzgebiet war aber die Luxemburger Strecke, auf der sie regelmäßig 600 t Züge mit 36 km/h auf 16⁰/₀₀ (1:62,5) Steigung beförderte, was einer Leistung von etwas über 2000 PSi entspricht. Bis 1914 wurden einhundertsechsunddreißig solcher Maschinen, BN. 4365–4500, eingestellt, zu denen noch 1921 bis 1926 weitere siebzehn, BN. 4348–4364, hinzukamen, die Reihe 36 (Abb. 309). Ab 1925 erhielten sie eine andere Rohrteilung für den Überhitzer und einen Doppelschornstein nach der Bauart von Legein, dem Nachfolger Flammes. Durch diese Änderungen erhöhte sich die Leistung auf 2300 PSi. Alle diese Maschinen überlebten noch den Zweiten Weltkrieg.

Schon ein Jahr nach der elsässischen 1E-Maschine hatte auch Gölsdorf eine Lokomotive gleicher Achsfolge gebaut, die aber nicht als Güterzuglokomotive gedacht war, sondern, als Reihe 280, Schnellzüge auf der Arlberg-Bahn befördern sollte. Für die Tauern-Bahn reichte dagegen weder ihre Leistung noch ihr Reibungsgewicht. Gölsdorf wagte den kühnen Schritt, für diese Bahn eine sechsfach gekuppelte Lokomotive zu schaffen (Abb. 310), die trotz der vielen Achsen enge Gleisbögen befahren konnte. Dies erreichte er, indem er der vorderen Adams-Schwenkachse 50 mm Seitenausschlag gab, die dritte und sechste Achse je 26 mm und die siebente 40 mm Spiel nach jeder Seite erhielten. Das Seitenspiel der letzten Achse zwang dazu, die Kuppelstangenköpfe als Kardangelenke auszuführen. Das Vierzylinder-Verbundtriebwerk und der Kessel entsprachen in ihrer Konstruktion den 1C2-Schnellzuglokomotiven Reihe 210 und 310 (Abb. 299). Diese von Floridsdorf 1911 abgelieferte Maschine beförderte auf der Tauern-Bahn 300 t auf einer Steigung von 28⁰/₀₀ (1:35,5) mit 40 km/h, konnte aber fahrplanmäßig noch 360 t schaffen.

Infolge des Ersten Weltkrieges und auch der Verstärkung des Oberbaus blieb es bei diesem Einzelstück BN. 100.01. Leider wurde diese denkwürdige Lokomotive 1927 verschrottet. Gölsdorf hatte aber mit ihr bewiesen, daß es durchaus möglich war, sechs Achsen auf einfache Weise mit Stangen zu kuppeln. Er fand denn auch bald Nachfolger, in Württemberg mit der bekannten 1F-Maschine, Gattung K, und in Bulgarien, wo 1922 der erste Sechskuppler als Tenderlokomotive erschien und als 1F2-Lokomotive den höchsten Entwicklungsstand erreichte.

311. 1E-Vierzylinder-Verbundlokomotive der SBB, Gattung C5/6, die zuletzt gebaute Lokomotive dieser schweizerischen Gattung, 1913

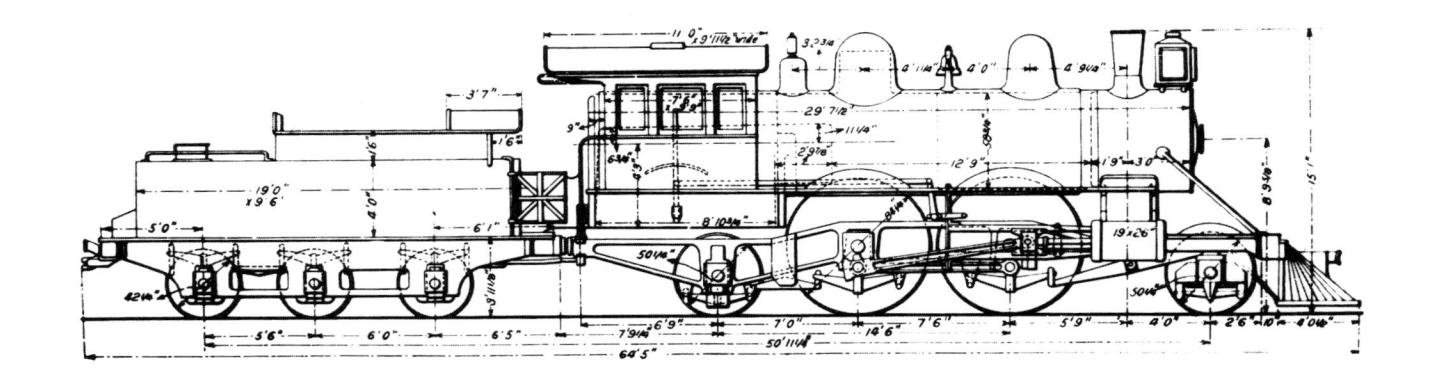

13. NORDAMERIKA ÜBERBIETET SICH IN GROSSEN LOKOMOTIVEN

312. 1B1-Schnellzuglokomotive der Chicago, Burlington & Quincy-Bahn, Nr. 590, 1895

13.1. Von der «Columbia» zur «Mountain»

Als Geburtsstunde der modernen amerikanischen Schnellzuglokomotiven wird gern das Jahr 1895 angesehen, in dem die Chicago, Burlington & Quincy-Bahn eine 1B1-Schnellzuglokomotive, BN. 590, in Dienst stellte. Sie war nicht die erste dieser Achsanordnung. Ihr war 1880 bei der Philadelphia & Reading-Bahn eine Lokomotive mit weiter, flacher Wootten-Feuerbüchse vorangegangen, und Baldwin hatte auf der Columbia-Weltausstellung in Chicago 1893 eine Vierzylinder-Verbund-Tandemlokomotive mit schmalem Rost ausgestellt; damals erhielt die 1B1-Achsanordnung die Bezeichnung «Columbia». Die Burlington-BN. 590 wies jedoch als erste alle die Merkmale auf, die nach dem Verschwinden der 2B- und 2C-Achsanordnung zunächst für die amerikanischen Schnellzuglokomotiven und schließlich ganz allgemein kennzeichnend werden sollten: Laufachsen vorn und hinten, Barrenrahmen, ein den Rauchkammersattel bildendes Zylinderstück, einfache Dampfdehnung, breitausladende, über die Schleppachse gesetzte und für Steinkohlenfeuerung bestimmte Feuerbüchse mit tiefliegendem, großem Rost (Abb. 312). Auch die später viel verwendete Verbrennungskammer war bereits vorhanden. Diese Lokomotive sollte zwischen Chicago und Galesburg Schnellzüge von 5 bis 6 Wagen mit einer mittleren Geschwindigkeit von über 80 km/h befördern. Bei dem kurzen Kessel erwies sich die Verbrennungskammer eher als nachteilig denn als zweckmäßig, die Dampfentwicklung ließ zu wünschen übrig. Auch die Führung durch das Bisselgestell war wenig wirksam, die Maschine neigte mit ihrem kurzen Achsstande zu starkem Schlingern. Sie wurde daher bald in eine 2B1-Maschine umgebaut.

Als kompakte Maschine, bei der bequem eine große Rostfläche vorgesehen werden konnte, wurde diese Bauart von einigen wenigen Bahnen an Stelle von 2B-Lokomotiven übernommen, wegen ihres unruhigen Laufes aber bald wieder aufgegeben. Im ganzen sind nur etwa einhundertzwanzig solcher «Columbia» gebaut worden.

Es lag nahe, das unbefriedigende Bisselgestell durch ein normales Drehgestell zu ersetzen, umsomehr, als man dann einen leistungsfähigeren Kessel als bei den 2B- und 2C-Maschinen einbauen konnte, bei denen die Feuerbüchse durch die hohen Kuppelräder eingezwängt wurde. Die erste 2B1-Lokomotive der Welt stellte die Atlantic Coast Line 1894 in Betrieb und gab ihr den Namen «Atlantic». Baldwin hatte sie geliefert. Es war eine hinten verlängerte 2B-Maschine. Die Schleppachse diente zum Tragen des Mehrgewichtes der schmalen Feuerbüchse, die sich trotz des ziemlich tief liegenden Kessels so besser unterbringen ließ.

Die endgültige Form der von der Columbia abgeleiteten Atlantic erschien 1900 auf der Chicago & North Western-Bahn. Sie verbreitete sich rasch auf anderen Bahnen. Wir können ihre Entwicklung kurz anhand der Pennsylvania-Bahn verfolgen. Nach einer Vorläuferin, Klasse E1, mit breiter Wootten-Feuerbüchse, der «Mother Hubbard»-Type, kam hier 1901 die Klasse E2 mit normalbreiter Feuerbüchse für Steinkohlen und mit rückwärtigem Deichselgestell statt fester Schleppachse in Betrieb. Beide liefen auf der Camden & Atlantic City-Strecke. Für die ins Binnenland führenden Linien folgte kurz darauf die verstärkte Klasse E3. Die Klassen E2 und E3 besaßen die seitdem bei der Pennsylvania-Bahn fast ausnahmslos verwendete, flache Belpaire-Decke. Ein Versuch mit Vierzylinder-Verbundlokomotiven, darunter einer im Elsaß bezogenen de Glehn-Maschine der PO-Bauart, befriedigte nicht. So kam man 1906 zur E-Klasse zurück, versah sie aber mit außenliegender Heusinger-Walschaert-Steuerung, statt der bis dahin die Regel bildenden inneren Stephenson-Steuerung. 1911 erprobte die Pennsylvania zum ersten Mal einen Überhitzer. Angesichts der überaus günstigen Ergebnisse wurden von da ab alle weiteren Maschinen der E3-Klasse damit versehen. Als der Oberbau schließlich einen Achsdruck von 31 t zuließ, wurde dies vom Maschinenmeister Alfred W. Gibbs bei der letzten Klasse, der E6 voll ausgenutzt. Obgleich die ersten, 1911 in Betrieb gekommenen Maschinen noch mit Naßdampf arbeiteten, erwiesen sie sich als den 2C1-Lokomotiven der Klasse K2 ebenbürtig. Sie erhielten 1912 nachträglich einen Überhitzer. So entstand die letzte und stärkste Atlantic Nordamerikas, die Klasse E6s (Abb. 313), von der ab 1914 in der bahneigenen Werkstatt zu Altoona achtzig Maschinen gebaut wurden. Unter Ausschöpfung aller Möglichkeiten, die der hohe Achsdruck gewährte, gelang es, 2488 PSi zu erzielen. Die Maschinen bespannten auf der Hauptstrecke östlich von Altoona die schwersten Schnellzüge, und waren den in demselben Dienstplan arbeitenden Pacific der Klasse K2 bei höheren Geschwindigkeiten überlegen. Auf der Strecke New York (Manhattan Transfer)-Washington bestanden die Züge aus 12 bis 16 schweren Ganzstahlwagen; zwischen New York (Manhattan Transfer) und Fort Wayne/Indiana fuhren sie die 1208 km ohne Lokomotivwechsel durch. Sie stellen den Höhepunkt der nordamerikanischen Atlantic dar, aber auch den glanzvollen Abschluß. Im ganzen sind etwa eintausendneunhundert Atlantic-Maschinen in den Vereinigten Staaten gebaut worden.

Aus den auf den Bahnen des Mittelwestens weit verbreiteten 1C-Lokomotiven hatte man zur Vergrößerung der Kesselleistung durch Hinzufügen einer Schleppachse eine 1C1-Maschine entwickelt, die fast gleichzeitig mit einem Treibraddurchmesser von 1550 mm für Eilgüterzüge gebaut wurde und mit 2032 mm hohen Treibrädern als Schnellzugmaschine. Vor allem die Atchisson, Topeca & Santa Fé-Bahn bevorzugte diese «Prairie»-Type. Sie besaß zweihundertfünfunddreißig, mehr als Pacific-Maschinen. Einige waren sogar als Vierzylinder-Verbund-Tandemlokomotiven gebaut. Obwohl die «Prairie»-Type in den Vereinigten Staaten nur bis etwa 1910 beschafft worden ist, sind immerhin rund tausend solche Lokomotiven für Hauptbahnbetrieb gebaut worden, doch kaum hundert von ihnen können als Schnellzuglokomotiven gelten.

Da das voranlaufende Bisselgestell sich wieder einmal für hohe Fahrgeschwindigkeiten als ungeeignet erwies, war die 2C1-Lokomotive die logische Weiterent-

313. 2B1-Schnellzuglokomotive der Pennsylvania-Bahn, Nr. 1710, Klasse E6s, ab 1914 gebaut

314. 2C1-Schnellzuglokomotive der New York Central-Bahn, Klasse K3, 1911-1925

wicklung. Diese Achsfolge war an sich nicht neu. Wir haben sie bereits bei der Strong-Lokomotive (vgl. Abb. 178) kennen gelernt und finden sie wieder 1889 bei der Chicago, Milwaukee & St. Paul-Bahn, diesmal als verlängerte 2C-Maschine. Beide können nur als Vorläufer zur eigentlichen Pacific gewertet werden, die mit breit ausladender Feuerbüchse erst 1902 bei der Missouri-Pacific-Bahn erscheint, der sie ihren Namen verdankt. Mit einem Treibraddurchmesser von 1753 mm war sie, wie die vorangegangene Prairie, als Lokomotive für gemischten Dienst gedacht. Als solche wurde sie bald auf vielen Bahnen heimisch. Für Schnellzüge beherrschte vorerst noch die Atlantic das Feld. Als die New York Central-Bahn, deren Streckenprofil ungünstiger als das der konkurrierenden Pennsylvania-Bahn war, im Dezember 1903 für ihre ersten Pacific, Klasse K, einen Treibraddurchmesser von 1905 mm ausführte, begann der Aufstieg zur reinen Schnellzugmaschine. Diesen ersten fünf Maschinen folgte von 1908 bis 1910 die verstärkte Klasse K2 mit siebenundneunzig und 1911 bis 1925 zweihunderteinundachtzig der endgültigen Ausführung, Klasse K3, mit verschiedenen Varianten (Abb. 314). Beeinflußt von einer ALCO-Vorführlokomotive, Nr. 50000, wiesen sie den Schmidt-Überhitzer auf und hatten dementsprechend nicht mehr die traditionelle Stephenson-Innensteuerung, sondern außenliegende, durch eine Heusinger-Walschaert-Steuerung betätigte Kolbenschieber. Sie beförderten unter anderen den berühmten «Twentieth Century Limited», der damals 18 Stunden Fahrzeit zwischen New York und Chicago benötigte. Eine dieser Maschinen hat einen Zug von 735 t auf der Michigan-Strecke mit 109 km/h gezogen.

Von den Verbesserungen, die im Laufe der Zeit eingeführt wurden, sei zuerst die Anwendung von Rahmenwangen aus Vanadiumstahlguß genannt. Damit hörten die Brüche in den alten geschmiedeten und verschweißten Barrenrahmen auf. Teilweise erhielten sie als Anfahrhilfe die sogenannten «Booster». Diese bestanden aus einem kleinen Zylinderpaar, das über Zahnradschaltgetriebe die Schleppachse antrieb und nach Erreichen einer gewissen Geschwindigkeit wieder ausgeschaltet wurde. Es war dies eine verbesserte Form einer seinerzeit bei der Bayerischen Staatsbahn und der Pfalzbahn erfolglos versuchten Anordnung.

Als die Chesapeake & Ohio-Bahn ein Programm für die Modernisierung ihres Lokomotivparkes aufstellte, wählte man für die Strecken im Virginischen Bergland die 2D1-Achsanordnung, da die 2C1-Anordnung zu wenig Reibungsgewicht aufwies, und die 1D1-Maschinen keine ausreichende Geschwindigkeit bei Reisezügen zu entwickeln vermochten. Trotz nur 1575 mm hoher Treibräder sicherte das voranlaufende Drehgestell der 2D1-Anordnung ausreichende Laufruhe für die im Gebirge vorkommenden Geschwindigkeiten. Dank der Schleppachse konnte ein genügend großer Rost untergebracht werden, der seiner Größe wegen automatisch durch einen «Stoker» beschickt wurde. Die beiden ersten, 1911 gelieferten Maschinen, die nach ihrem Einsatz im Bergland «Mountain» genannt wurden, entsprachen voll und ganz den Ansprüchen.

Zunächst fanden diese ersten Mountain nur wenig Beachtung. Doch 1914 bestellte die Chicago, Rock Island & Pacific-Bahn probeweise bei ALCO zwei solcher Maschinen, BN. 4000–4001, jedoch mit einem Treibraddurchmesser von 1753 mm, der sie für höhere Geschwindigkeiten geeignet machte. Während des Ersten Weltkrieges trat zunächst eine Pause ein, aber 1920 lieferte ALCO wieder zehn Maschinen, deren Treibraddurchmesser mit 1880 mm bemessen war. Damit erfolgte der Durchbruch der Mountain zur Schnellzugmaschine (Abb. 315). In der Feuerbüchse waren Nicholson-Längssieder eingebaut, die sich damals bei schweren Lokomotiven einbürgerten und dazu dienten, die bei weiten Feuerbüchsen gegenüber den Heizrohren knapp ausfallende direkte Heizfläche zu vergrößern und den Wasserumlauf zu erleichtern. Der Zeit entsprechend wurde die Steuerung nach dem System Baker ausgeführt, einer Abwandlung der Heusinger-Walschaert-Steuerung, deren Kulisse durch Lenker ersetzt war.

13.2. Von der «Consolidation» zur «Santa Fé»

Wir erwähnten, daß die Consolidation zur am meisten verbreiteten Standard-Maschine Nordamerikas in neuerer Zeit wurde (vgl. Abschn. 8.2). Natürlich fand eine ständige Weiterentwicklung statt. Der Kessel rückte immer höher, die schmale, zwischen dem Rahmen eingeengte Feuerbüchse wich der breiten Form. Das gute Verhältnis zwischen Zugkraft und

315. 2D1-Schnellzuglokomotive der Chicago, Rock Island & Pacific-Bahn, Nr. 4002, 1920

316. 1D-Lokomotive der Toledo, St. Louis & Western-Bahn

Dampferzeugung des Kessels ergab eine Leistung, die lange Zeit den meisten Betriebsanforderungen genügte. Von der Beliebtheit dieses «Arbeitspferdes der amerikanischen Bahnen» zeugt, daß allein für die einheimischen Verwaltungen etwa einundzwanzigtausend solcher 1D-Lokomotiven gebaut worden sind, bei weitem die höchste Anzahl, zu denen noch etwa zwölftausend hinzukamen, die von den nordamerikanischen Lokomotivfabriken vor allem an südamerikanische Bahnen geliefert wurden. Auch nach Europa sind sie recht zahlreich gelangt, ein Teil wurde von den USA-Expeditions-Korps in beiden Weltkriegen mitgebracht. Wie sehr sich das Bild der Consolidation seit ihren Anfängen gewandelt hat, kann aus einem Vergleich der früheren Maschine (Abb. 171) mit einer von Lima an die Toledo, St. Louis & Western-Bahn gelieferten Lokomotive in mittelschwerer Ausführung ersehen werden (Abb. 316).

Die ersten 1D1-Lokomotiven erhielten ihre Bezeichnung «Mikado» nach einer Exportlieferung nach Japan im Jahre 1897. In den Vereinigten Staaten wurden sie zuerst 1903/1904 auf den Bergstrecken eingesetzt, und zwar für die Zuglasten der Gütereilzüge, die auf der Ebene von den Prairie herangebracht wurden, wofür die 1D-Maschinen im Bergland jedoch nicht ausreichten.

Die Northern Pacific war eine der ersten Bahnen, die aus diesem Grund 1904 gleichzeitig Prairie- und Mikado-Maschinen beschaffte. Sie besaß 1907 mit mehr als einhundertfünfzig die größte Anzahl Mikado-Lokomotiven in den Vereinigten Staaten.

Die Mikado wurden natürlich fortlaufend verstärkt und in Einzelheiten dem technischen Fortschritt angepaßt. Als Beispiel einer so ausgereiften Mikado sei eine von der ALCO 1920 an die Northern Pacific gelieferte Lokomotive genannt (Abb. 317). Der unterhalb des Führerhauses sichtbare Zylinder diente dem Führer zur Erleichterung der Steuerungsbetätigung. Auch die Mikado gehört zu den meistbeschafften Lokomotivtypen in Nordamerika. Es wurden über vierzehntausend in Betrieb genommen, ehe sie um 1930 aus dem Lieferprogramm ausschied. Sie blieb in den USA zeitlebens eine Güterzugmaschine.

Trotz vereinzelter Ausführungen, wie die «El Gobernador» (vgl. Abschn. 8.3) und die Vauclain-Verbundmaschinen (vgl. Abschn. 11.1.5), führte sich die fünffach gekuppelte Lokomotive in den Vereinigten Staaten erst ziemlich spät ein. Bei den hohen zugelassenen Achsdrücken kam man im allgemeinen mit vier gekuppelten Achsen aus, und in schwierigen Gebirgsabschnitten verwendete man, wie wir noch sehen werden, die Mallet-Bauart. Wie die reine D- wurde die E-Anordnung ohne Laufachsen ausschließlich im Verschiebedienst verwendet. Als 1E-Maschine kam sie nur auf einigen wenigen Bahnen vor, so auf der Santa Fé-Bahn Vauclain-Maschinen und auf der Pennsylvania die von 1916 bis 1926 beschafften, damals schwersten Maschinen ihrer Art in der Welt. Im ganzen überstieg ihre Zahl kaum siebenhundert.

Anders die 1E1-Maschinen, aus der schon erwähnten Notwendigkeit, große Feuerbüchsen unterzubringen. Wie erwähnt (vgl. Abschn. 11.1.5), hatte die Santa Fé-

317. 1D1-Güterzuglokomotive der Northern Pacific-Bahn, Mikado-Type, 1920

Bahn 1904 den Anfang gemacht, doch ließ bei diesen Maschinen die Bogenläufigkeit sehr zu wünschen übrig. Erst als um 1912 die Rückstellvorrichtung der Bisselgestelle durch herzförmige Abrollstützen verbessert wurde, kam man, zuerst auf der Chicago & Burlington-Bahn, auf die 1E1-Anordnung zurück.

Als sich während des Ersten Weltkrieges die Unterhaltskosten der großen Malletmaschinen stärker bemerkbar machten, setzten viele Bahnen die Gelenklokomotiven nur für den Nachschub auf starken Steigungen ein und beschafften für die eigentliche Zugförderung die wesentlich einfacheren Zwillings-1E1-Lokomotiven in der Art, wie sie die Union Pacific 1917 von Baldwin bezog (Abb. 318).

318. 1E1-Lokomotive der Union Pacific-Bahn, 1917

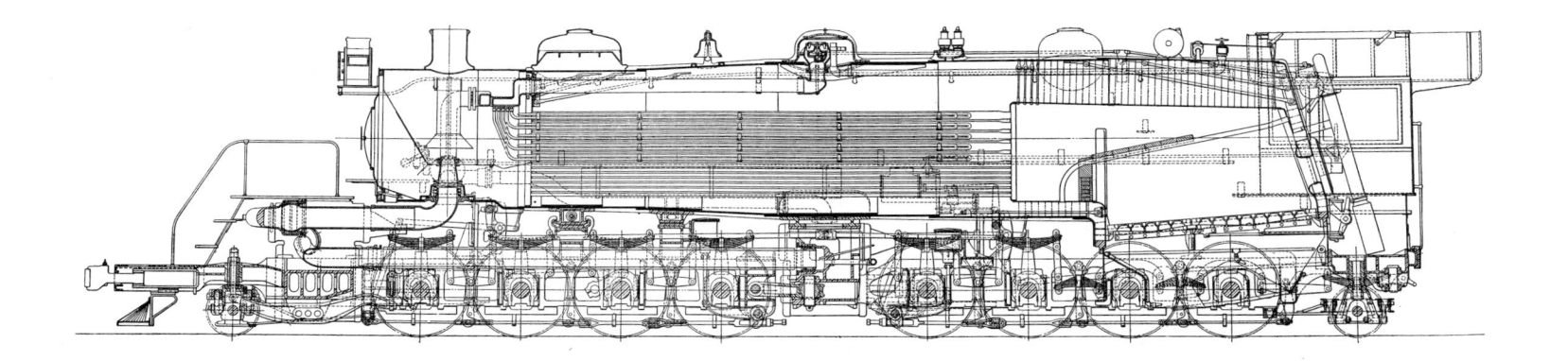

14. GROSSE LOKOMOTIVEN FÜR ENGE KURVEN

Lokomotive Nr. 902 der Nashville, Chattanooga & St. Louis-Bahn, s. Abb. 333

14.1. Die Fairlie-Lokomotiven

Als man in den sechziger und siebziger Jahren des vorigen Jahrhunderts daran ging, weniger begünstigte Landschaften durch den Bau von Eisenbahnen zu fördern, mußte man die Anlagekosten vermindern, indem man vor allem im hügeligen Gelände kleinere Gleisbögenhalbmesser und stärkere Steigungen zuließ. Hierfür waren die damals üblichen Lokomotiven wenig geeignet. Bei zweifach gekuppelten Maschinen mangelte es an Reibungsgewicht, drei- und vierfach gekuppelte waren zu wenig bogenläufig. Zwei Konstrukteure versuchten ziemlich gleichzeitig, die gegensätzlichen Bedingungen zu erfüllen. Der eine, der Engländer Robert Fairlie, ging von der «Seraing» des Semmering-Wettbewerbes aus (vgl. Abb. 181), der andere, der uns schon bekannte Elsässer Jean Jacques Meyer, griff auf die «Wiener Neustadt» zurück. Wir wollen uns zunächst mit dem Wirken Fairlies beschäftigen. Nach seinem im Mai 1864 erhaltenen Patent wurde im Dezember 1865 von James Cross & Co., Sutton Engine Works, St. Helens, die erste Fairlie-Lokomotive an die Neath & Brecon-Bahn abgeliefert. Wie die «Seraing» war sie B+B gekuppelt, besaß aber Außenzylinder. Die Zug- und Stoßvorrichtungen waren an die Drehgestelle verlegt. Weder dieser noch der zweiten, 1866 von derselben Firma an die Anglesey Central-Bahn gelieferten Maschine war Erfolg beschieden. Erst bei der in Zusammenarbeit mit George England, Inhaber der Hatcham Ironworks in New Cross, im September 1869 gebauten «Little Wonder» für die 597 mm-spurige Ffestiniog-Bahn gelang es, die Kinderkrankheiten zu beseitigen. Die Pläne hatte James Spooner, Ingenieur der Bahn, gemeinsam mit Fairlie ausgearbeitet. Sie erwies sich in der Tat als ein «kleines Wunder», denn bei mehreren Probefahrten im Februar 1870 zog sie einen 180 t schweren Zug von 72 Förderwagen mit 8 km/h auf einer Steigung von 12‰ (1:85). Von weither kamen Fachleute und staunten, wie diese zierliche und dennoch so zugkräf-

319. «Taliesin», B+B-Fairlie-Lokomotive der Ffestiniog-Bahn, 1885

tige Maschine leicht und sicher durch die zahlreichen Kurven lief. Die «Little Wonder» wurde leider 1883 verschrottet, ihr folgten vier weitere, etwas stärkere Schwestern, von denen die 1885 in der eigenen Bahnwerkstatt zu Boston-Lodge gebaute «Taliesin» 1956 repariert wurde und noch heute eifrig tätig ist (Abb. 319).

Fairlie verstand es, wirkungsvoll «von Bildchen begleitete Reklame» zu machen, wie ein Zeitgenosse schrieb. Mitte der siebziger Jahre waren bereits nach seinem Patent von verschiedenen englischen Lokomotivfabriken, vorwiegend der Avonside Engine Co., vierundachtzig Maschinen geliefert worden, die meisten an die damals entstehenden peruanischen Andenbahnen und nach Mexiko. Für die am häufigsten gebaute C+C-Bauart ist die «Escalador de Montes» (der «Bergsteiger») typisch, eine der drei von Avonside an die 915 mm-spurige Chimbote-Bahn in Peru gelieferten Maschinen (Abb. 320). Um mehr Platz für das Bedienungspersonal zu gewinnen, war die gemeinsame Feuerbüchse in der Mitte schmäler als an den Rohrwänden ausgebildet. Beide Reglerventile waren so eingerichtet, daß zunächst durch den gemeinsamen Reglerhebel nur eins und beim weiteren Auslegen auch das zweite geöffnet wurde. Dadurch konnte bei Leerfahrten oder leichten Zügen mit nur einem Treibgestell gefahren werden. Die Zylinder maßen 349 × 457 mm, das Dienstgewicht betrug 46 t. Die größte Anzahl Fairlie-Maschinen in Ibero-Amerika besaß die Mexikanische Bahn. Ihre letzten, 1911 gelieferten, ölgefeuerten C+C-Lokomotiven wogen 138 t. Sie verkehrten auf der überaus schwierigen Strecke, die vom Atlantikhafen Veracruz 35 km mit einer ununterbrochenen Steigung von $25^0/_{00}$ (1:40) auf das Hochplateau führte.

Rußland war das Land, in dem die meisten Fairlie-Maschinen liefen. Sie waren zwischen 1872 und 1887 eingestellt worden, alles C+C-Lokomotiven, insge-

320. «Escalador de Montes», C+C-Lokomotive der Chimbote-Bahn in Peru, Fairlie, 1873

321. 1C+Cl-Lokomotive der Mexican Central-Bahn, Johnston, 1892

samt mehr als siebzig. Sonst ist die Fairlie in Europa spärlich vertreten. Auf der Sächsischen Staatsbahn waren fünf meterspurige B+B-Lokomotiven für eine Strecke im Erzgebirge vorhanden, wo Steigungen bis zu 30‰ (1:33) und Gleisbögen bis zu 50 m Halbmesser herab vorkamen.

Den kritischsten Punkt der Fairlie, wie überhaupt aller Gelenklokomotiven, bildeten die beweglichen Gelenke der Dampfrohrleitungen. Um diese zu vermeiden, verlegte Johnston, Ingenieur der Mexikanischen Zentralbahn, die Zylinder aus den Drehgestellen heraus an die beiden Rauchkammern (Abb. 321). Die Zylinder arbeiteten in Verbundwirkung, und zwar war der ND-Zylinder konzentrisch um den HD-Zylinder angeordnet. Der ND-Kolben war infolgedessen ringförmig und besaß oben und unten je eine Kolbenstange, die mit der des mittleren HD-Zylinders in einem gemeinsamen Kreuzkopf endigten. An diesem Kreuzkopf war ein langer senkrechter Schwinghebel mittig gelagert, dessen unteres Ende die mittlere Kuppelachse über eine große Gegenkurbel antrieb. Parallel zu diesem Schwinghebel befand sich, oben mit einer kurzen Stange gelenkig verbunden, ein gleichartiger Hebel, dessen Treibstange die Hauptkurbel der Treibräder angriff. Ähnlich wie beim Hagans-System (vgl. Abb. 193) konnten diese Schwinghebel dem Ausschwenken der Drehgestelle gegenüber dem Hauptrahmen folgen. Auch der Schieberantrieb besaß eine solche Übertragung. Die Abmessungen dieser eigenartigen Lokomotive sind nicht mehr festzustellen. Überflüssig zu sagen, daß eine derart komplizierte Konstruktion sich im Dauerbetrieb nicht bewähren konnte. Es blieb bei den drei Lokomotiven, die nach den Plänen Johnstons 1892 von den Rhode Island Locomotive Works in den USA gebaut worden waren.

14.2. Die Günther-Meyer-Lokomotiven und ihre Abarten

Meyer hatte sich nach dem Verkauf seiner Lokomotivfabrik in Mülhausen an Koechlin als Ingenieur in Paris niedergelassen. Es gelang ihm, finanzielle Hilfe der französischen Regierung für den Bau einer Lokomotive zu gewinnen, die im Prinzip mit der Güntherschen «Wiener Neustadt» (vgl. Abb. 180) des Semmering-Wettbewerbs übereinstimmte. Ob ein französisches Patent auf eine Doppellokomotive, das Meyer bereits 1843 erhielt, die «Wiener Neustadt» vorwegnahm, ist nicht mehr festzustellen. Wie seinerzeit bei den Lokomotiven mit Doppelschieber-Expansions-Steuerung (vgl. Abschnitt 4.5) wußte er auch jetzt für die von Cail 1869 gebaute Maschine einen treffenden Namen zu finden, nämlich «L'Avenir» (die Zukunft). Es war eine B+B-Tenderlokomotive, aber der Zeit ensprechend mit rundem Kessel und der damals noch recht seltenen Heusinger-Walschaert-Steuerung.

Nach Werksprobefahrten wurde sie zunächst in die Schweiz überführt, wo sie auf der Jura-Industriel-Bahn (Neuchâtel-La Chaux-de-Fonds) und dann auf der Strecke Olten-Sissach der Schweizerischen Centralbahn ausprobiert wurde. Zwar leistete sie mehr als die vorhandenen Maschinen, konnte aber nicht überzeugen. So wanderte sie weiter an die belgische Grand Central-Bahn, leistete hier aber nicht mehr als die vorhandenen Vierkuppler. Sie endete schließlich bei der Charentes-Bahn in Südwestfrankreich, bei deren Verstaatlichung sie die BN. 0401 erhielt. Viel Dienst hat sie dort bis zu der 1886 erfolgten Ausmusterung nicht geleistet.

Nicht viel besser erging es der zweiten von Meyer entworfenen und von der Compagnie Belge (Evrard) in Brüssel gebauten Maschine, einer C+C-Tenderlokomotive, die 1873 auf der Wiener Weltausstellung gezeigt wurde. Auch dieser gelang es nicht, auf der Grand Central-Bahn deren Vierkuppler zu übertreffen.

Erst in den neunziger Jahren konnte sich die Meyer-Lokomotive auf Bahnen mit besonders schwierigen Streckenprofilen einigermaßen durchsetzen, so im sächsischen Erzgebirge. Der kleinen Kurvenhalbmesser wegen kamen Maschinen mit festgelagerten Achsen nicht in Frage. Die Fairlie waren unbequem zu bedienen, mit den Mallet-Maschinen lagen nicht genügend Erfahrungen vor, so wählte die Sächsische Staatsbahn die Bauart Meyer, von der Hartmann in Chemnitz 1890 die ersten zwei B+B-Tenderlokomotiven als Gattung M IT V ablieferte. Sie arbeiteten ausnahmsweise mit Verbundwirkung. Ihre Schleppleistung von 135 t auf 25⁰/₀₀ (1:40) Steigung war nicht viel größer als die der normalen Dreikuppler, aber ihre Bogenläufigkeit war weit besser. Die geringe Leistung war der Grund, daß vorerst keine weiteren Meyer-Maschinen beschafft wurden, die Bogenläufigkeit, daß man doch 1910 wieder auf sie zurückkam, allerdings in wesentlich verstärkter Bauart (Abb. 322). Sie konnten jetzt auf der genannten Steigung 195 t befördern. Von dieser Gattung IT V kamen bis 1914 im ganzen neunzehn Maschinen in Betrieb, von denen die letzte überlebende, BN. 98.002, erst im Sommer 1966 ausgemustert und dem Verkehrsmuseum Dresden überwiesen wurde.

Auch für ihre 750 mm-spurigen Strecken entschied sich die Sächsische Staatsbahn für diese Günther-Meyer-Bauart, wie man richtig sagen sollte zur Unterscheidung von den anderen, noch zu besprechenden Abarten. Von dieser Gattung T V K, ebenfalls B+B-Verbund-Tenderlokomotiven, wurden zwischen 1892 und 1916 nicht weniger als fünfundneunzig Maschinen beschafft, wozu noch 1921 ein Nachkömmling

322. B+B-Tenderlokomotive der Sächsischen Staatsbahn, Nr. 98001, Gattung IT V, Bauart Günther-Meyer, 1910–1915

253

323. B+B-Tenderlokomotive der Wallücke-Bahn, Bauart Günther-Meyer, 1897

324. 1D+D-Lokomotive der Great Southern of Spain-Bahn, später RENFE, Bauart Kitson-Meyer, 1908

kam. Die Sächsische Staatsbahn war damit die einzige europäische Eisenbahnverwaltung, die Günther-Meyer-Lokomotiven in nennenswerter Zahl besessen hat.

Diesen sächsischen Schmalspurlokomotiven waren die beiden 600 mm-spurigen B+B-Verbund-Tenderlokomotiven sehr ähnlich, die Jung 1897 an die Wallücke-Bahn lieferte. Diese wohl kleinsten jemals gebauten Günther-Meyer-Maschinen, die nur 20 t wogen (Abb. 323), bilden das Gegenstück zu den kleinen Ffestiniog-Lokomotiven (Abb. 319). Nachdem die Wallücke-Bahn aufgelassen worden war, kamen sie zur Wirsitzer Kreisbahn.

In England nahm sich Kitson in Leeds besonders der Meyer-Bauart an. Das ging auf die Anfrage Robert Stirlings, Maschinenchef der Anglo-Chilean Nitrate & Railway Co., zurück. Er benötigte für die Abfuhr von Salpeter auf einer Strecke, die zu fast Dreivierteln lange Steigungen von 25⁰/₀₀ (1:40) mit Gleisbögen bis zu nur 55 m Halbmesser herab aufwies, leistungsfähige Lokomotiven. Kitson schlug eine C+C-Tenderlokomotive vor, die sich gegenüber der Günther-Meyer-Bauart dadurch unterschied, daß die Feuerbüchse zwischen den beiden, deshalb weiter auseinanderliegenden Treibgestellen durchhing. Die Zylinder des rückwärtigen Treibgestelles, die dabei im Wege waren, wurden ganz nach hinten überhängend angeordnet, ihr Abdampf mußte in einen zweiten, hinter dem Führerhaus angeordneten Schornstein geleitet werden. Diese 1894 gelieferte Kitson-Meyer-Bauart

325. C1+1C-Tenderlokomotive der Grande Ceinture, Bauart du Bousquet-Meyer, 1910–1912

fand auch auf anderen Salpeter-Bahnen Südamerikas Anklang. In Europa kam sie nur einmal vor, und zwar in der schwersten Ausführung ihrer Art. Kitson lieferte 1908 drei dieser Maschinen, BN. 50-52, an die damals in englischem Besitz befindliche Great Southern of Spain-Bahn. Sie dienten zur Beförderung von Zügen aus 12 vierachsigen Trichterwagen, die vom Mittelmeerhafen Aguilas leer auf Steigungen bis zu 20⁰/₀₀ (1:50) bergan zu den Eisenerzgruben befördert werden mußten. Diesmal wurde die 1D+D-Achsanordnung gewählt, so daß der vordere Zylinderüberhang durch eine Laufachse aufgefangen wurde (Abb. 324). Alle drei Maschinen kamen zur RENFE als BN. 180.0401–0403 und wurden 1953 ausgemustert.

Die dritte Abart der Meyer-Lokomotive stammt von dem uns schon bekannten du Bousquet, der wieder einmal, wie schon seine Vorgänger, vor der Aufgabe stand, für den gestiegenen Kohlenverkehr der Nord eine neue Lokomotive zu schaffen. Diese sollte die doppelte Last wie die vorhandenen Lokomotiven befördern. Die neue Lokomotive wurde als C1+1C-Tenderlokomotive ausgeführt, wobei die in Verbundwirkung arbeitenden Zylinder wieder, wie ursprünglich in die Mitte gelegt waren (Abb. 325). Der hintere Vorratsbehälter lag auf dem kastenförmig ausgebildeten Brückenrahmen, wogegen der vordere Wasserbehälter direkt auf dem vorderen Treibgestell aufsaß.

Wie sehr die Einführung des Heißdampfes derart vielteilige Maschinen überflüssig machte, geht daraus hervor, daß die einfache preußische G8 (vgl. Abschnitt 11.2) dieselbe Leistung aufwies, wie diese du Bousquet, die bei Probefahrten 1000 t auf ebener Strecke mit 40 km/h beförderte und auf einer Steigung von 12⁰/₀₀ (1:84,5) mit 20 km/h.

Die Nord stellte von 1905 bis 1908 von dieser Bauart achtundvierzig Lokomotiven ein, Serie 6.121–6.128, die Est gleichzeitig dreizehn, Serie 6.101–6.113. Die Grande Ceinture folgte 1910 bis 1912 mit weiteren achtunddreißig Maschinen, Serie 6001–6038. Gleiche Maschinen finden wir nur noch bei der chinesischen Peking-Hankau-Bahn und, mit kleineren Treibrädern von 1350 mm Durchmesser, auf den Andalusischen Bahnen als Serie 601–610. Zur Herabsetzung des Gewichtes waren die Wasservorräte dieser Maschinen so stark vermindert, daß stets ein Kesselwagen mitgeführt werden mußte.

Die letzte Spielart der Meyer-Bauart bilden die von 1925 bis 1928 von den South African Railways beschafften 1C1+1C1-Maschinen, Klasse FC (Abb. 326). Sie wurden zwar als «modified Fairlie» bezeichnet, hatten aber mit der Fairlie nur die Konstruktion als Gelenklokomotiven gemein. Es sind Kitson-Meyer-Lokomotiven, bei denen der Brückenrahmen vorne verlängert wurde, um den Wasserkasten aufzunehmen. Insgesamt wurden von der North British und von Henschel fünfzehn solche Maschinen geliefert, die wohl einen Versuch des damaligen Maschinenchefs Col. Collins darstellten, sich vom Garrat-Monopol zu befreien. Infolge des großen seitlichen Schwunges der langen Überhänge wurden die Drehzapfen beim Ein- und Ausfahren in den Kurven überfordert. Deswegen stellten sich die Unterhaltskosten dieser Maschinen höher als die der Garrat-Lokomotiven, so daß sie frühzeitig ausgemustert wurden.

14.3. Die Mallet-Lokomotive in Europa

In einer seiner Schriften über Verbund-Lokomotiven schlug Anatole Mallet 1877 vor, die je zwei Zylinderpaare der Fairlie- und Meyer-Lokomotiven mit geteilter Expansion arbeiten zu lassen. Er war ferner der Meinung, daß genügend Bogenläufigkeit erreicht werden könnte, wenn nur das vordere Treibgestell drehbar wäre. Ordnete man die HD-Zylinder hinten fest am Hauptrahmen an, sparte man deren Rohrgelenke,

326. 1C1+1C1-Lokomotive der South African-Bahn, Nr. 1388, Klasse FC, sogenannte «modified Fairlie», 1925–1928

327. B+B-Lokomotive der Sächsischen Staatsbahn, Nr. 1251, Gattung IV, Bauart Mallet

und die Gelenke der Dampfzuleitung zu den ND-Zylindern waren leichter dicht zu halten, da sie ja einem geringeren Dampfdruck ausgesetzt waren. Er erhielt für diese Idee am 18. Juni 1884 das französische Patent.

Als Paul Decauville die von ihm entwickelte, leicht verleg- und abbaubare Feldbahn mit 60 cm-Spur auf der Weltausstellung Paris 1889 vorführen wollte, setzte er sich mit Mallet in Verbindung. Decauville wollte zeigen, daß sein System sich für billig zu bauende Kleinbahnen eignete; Mallet sollte dafür eine wesentlich leistungsfähigere Lokomotive als die kleinen B-Feldbahnmaschinen entwerfen. Wie bei diesen sollte jedoch ein Achsdruck von 3 t nicht überschritten werden, und sie mußten in der Lage sein, Gleisbögen von 20 m Halbmesser zu befahren. Mallet arbeitete einen Entwurf für eine B+B-Tenderlokomotive nach seinem Patent aus, der von der Société Belge «La Métallurgique» in der kurzen verfügbaren Zeit von fünf Monaten ausgeführt wurde (Abb. 328). Die grundsätzliche Anordnung und die Einstellung im Gleisbogen ist aus der Abbildung ohne weiteres ersichtlich. Auf einem rasch verlegten Feldbahngleis bei Laon mit Steigungen bis zu 60 und 70$^0/_{00}$ (1:16 bis 1:14) zog sie anstandslos 10 t mit einer mittleren Geschwindigkeit von 14 km/h. Das war der bescheidene Anfang einer Bauart, die zu den größten jemals gebauten Lokomotiven führen sollte. Mit sechs weiteren Schwestern arbeitete dieser Erstling sechzehn Stunden täglich während der Ausstellung, und jede legte dabei, trotz der kurzen Strecke, rund 105 km an jedem Tag zurück.

Der Erfolg dieser Vorführung war so durchschlagend, daß schon ein Jahr nach Schluß der Schau einhundertzehn Mallet-Lokomotiven, zumeist von der Elsässischen Maschinenbau-Gesellschaft gebaut, im Betriebe standen. Bis 1895 waren sie, fast durchweg als schmalspurige Lokomotiven, in Deutschland, Luxemburg, Spanien, der Schweiz und verschiedenen französischen Kolonien verbreitet. Als typische Vertreterinnen seien eine B+B- und eine C+C-Lokomotive der meterspurigen Zell-Todtnau-Bahn im Schwarzwald genannt (Abb. 329). Die beiden Maschinen der B+B-Anordnung wurden 1896 und 1899 von der Elsässischen Maschinenbau-Gesellschaft geliefert. Die andere stammte von der Hanomag, 1925 geliefert.

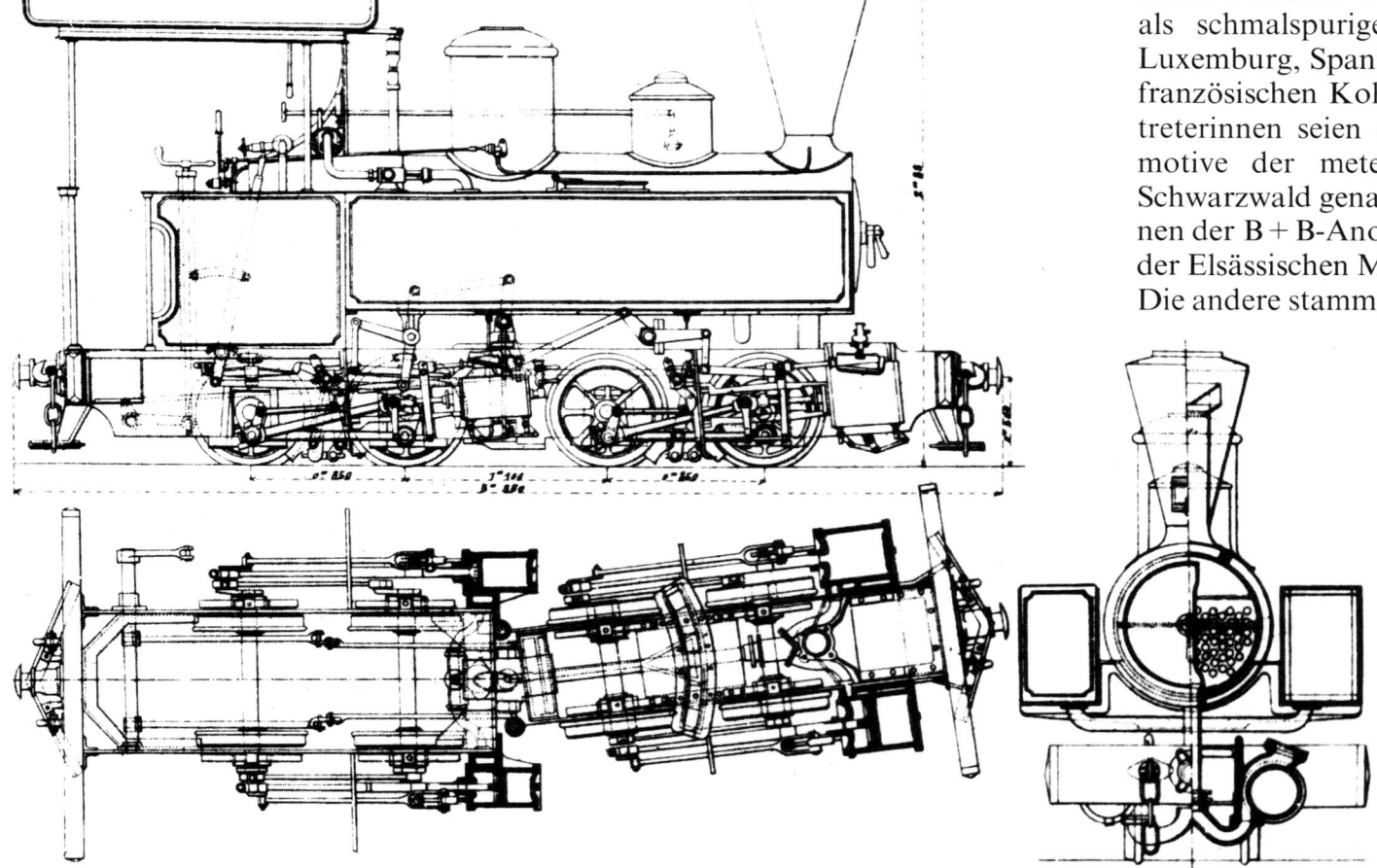

328. B+B-Tenderlokomotive von Anatole Mallet für die Weltausstellung Paris 1889

329. Die Wiesental-Bahn im Schwarzwald von Zell nach Todtnau. Links die Lokomotive Nr. 105, 1918, rechts Nr. 104, 1925, im Hintergrund Nr. 74, 1888

Sie entspricht der während des Ersten Weltkrieges für das deutsche Feldeisenbahnamt entwickelten Bauart. Diese und eine von der Maschinenfabrik Karlsruhe gebaute Nachfolgerin der B+B-Maschine verkehren heute auf der schweizerischen Museumsbahn Blonay-Chamby.

Als erste Mallet-Maschinen für Regelspur kamen 1891 vier B+B-Tenderlokomotiven von Cail auf der französischen Hérault-Bahn in Betrieb. Im Laufe des Jahrzehnts wurde die Mallet auch als Schlepptendermaschine eingesetzt, und zwar in Preußen, Baden, Bayern, auf der Schweizerischen Centralbahn und in Ungarn. Wir greifen als Beispiel die von Hartmann 1896 an die Sächsische Staatsbahn gelieferte IV heraus (Abb. 327), die als Weiterentwicklung der Meyer-Lokomotive (vgl. Abb. 322) für Vollbahnbetrieb gelten kann. Sie sollte auf Steigungen von $10^0/_{00}$ (1:100) noch 505 t mit 25 km/h befördern.

Als Gölsdorf bewies, daß man auch mit einfach seitlich verschiebbaren Achsen enge Kurven befahren konnte (vgl. Abschn. 11.1.1), ließ die Beschaffung von Mallet-Lokomotiven bald nach. Auf Strecken mit besonders schwierigen Betriebsverhältnissen wurden sie jedoch weiter eingesetzt. Zunächst hatte man mit größeren als B+B-Maschinen nur wenig Erfolg. Bei der ersten schweren C+C-Mallet-Tenderlokomotive der Gotthardbahn war aus Gewichtsgründen ein zu kleiner Kessel eingebaut; sie blieb ein Einzelstück. Die für damalige Zeiten riesige C+C-Tenderlokomotive Belpaires für die Belgische Staatsbahn, die erste europäische Lokomotive über 100 t Gewicht, mußte wegen ständiger Schäden schon 1905 ausgeschieden werden. Immerhin zeigte sie den Weg, auf dem die Weiterentwicklung der schweren Mallet vor sich gehen sollte.

Diesen Weg beschritt erfolgreich als erstes Land Rußland. Die Moskau-Kasaner Bahn ließ bereits 1899 von Briansk 81 t schwere C+C-Maschinen mit

330. Russische C+C-Lokomotive, Bauart Mallet, 1899

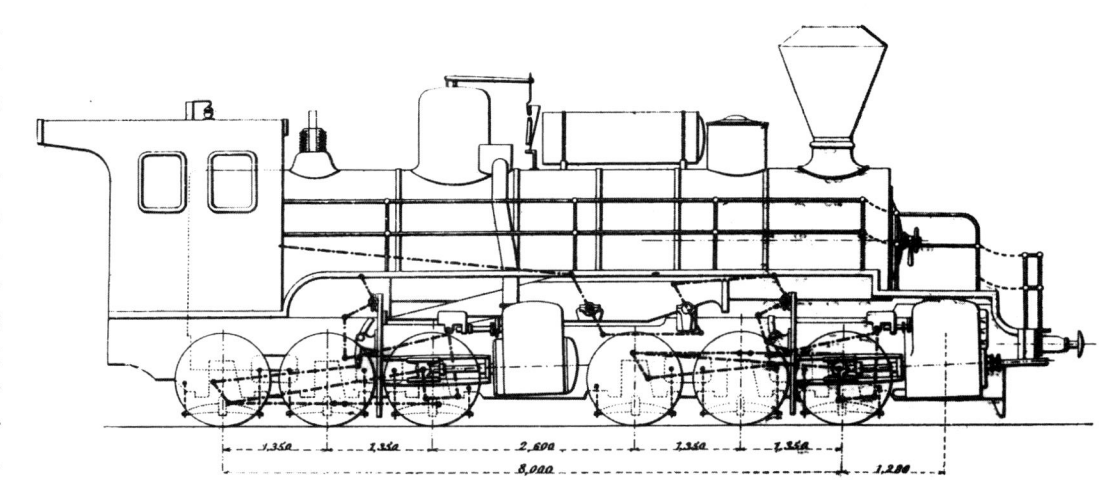

Schlepptender bauen, eine wurde 1900 in Paris ausgestellt (Abb. 330). Auch andere russische Bahnen, darunter die Transsibirische beschafften diese Lokomotiven. So dürften in Rußland bis 1910 fast hundert in Betrieb gekommen sein. Für den schwachen, oft nur in leichter Sandbettung verlegten Oberbau der russischen Strecken, der nur geringe Achsdrücke zuließ, waren die Mallet-Lokomotiven besonders geeignet.

Außer in Rußland sind bei europäischen Vollbahnen große Mallet-Schlepptenderlokomotiven nur noch in Spanien und Ungarn verwendet worden. In Spanien hatte die Central Aragon-Bahn bereits eine Serie C+C-Tenderlokomotiven von Borsig erhalten. Sie waren jedoch zu schwer ausgefallen und wurden in 1C+C-Schlepptendermaschinen umgebaut. Die nächsten waren den russischen ähnliche Lokomotiven, darunter dreizehn für die Central Aragon- und drei für die Zafra-Huelva-Bahn.

In Ungarn hingegen wurde die Mallet-Lokomotive folgerichtig weiter entwickelt. Auf der damals noch ungarischen Karststrecke von Fiume (Rijeka) nach Karlstadt (Karlovne) beanspruchten steife Vierkuppler den Oberbau zu stark. Um sie zu ersetzen, wurden zwischen 1898 und 1902 nach und nach dreißig B+B-Mallet-Schlepptendermaschinen, Kategorie IVd (später 422), erworben. Sie beförderten 394 t auf 16‰ (1:60) Steigung mit etwa 16 km/h. Als Ersatz der bei Reisezügen ungenügenden 2C-Lokomotiven führte man 1905 fünfzehn 1B+B-Maschinen ein, Kat. IVe (401). Sie hatten einen größeren Treibraddurchmesser, 1440 statt 1220 mm, weil sie bis zu 60 km/h fahren sollten. Sie konnten 130 t auf einer Steigung von 25‰ (1:40) mit 30 km/h befördern. Auch auf der Kohlenbahn Piski-Petrosény in den Karpathen hatte man einige Maschinen der Kat. IVd eingesetzt, die aber auf der Anschlußstrecke Petrosény-Lupény, auf der nur 12 t Achsdruck zulässig waren, nicht verkehren konnten. Dort führte man 1909 C+C-Maschinen, Kat. VIm (651), ein. Sie be-

währten sich so, daß sie auch auf der Karststrecke in Betrieb kamen. Ihre Zahl stieg bis 1919 auf achtundfünfzig. Diese Maschinen konnten auf 15‰ (1:66,7) Steigung 508 t mit 20 km/h befördern.

Auf der Karststrecke genügten sie bald nicht mehr. Da inzwischen der Oberbau 16 t Achsdruck zuließ, wurde 1914 eine weitaus stärkere 1C+C-Lokomotive, Kat. 601, eingeführt. Sie kann als Weiterentwicklung der Kat. 401 angesehen werden: Durch die vordere Laufachse und denselben Treibraddurchmesser, 1440 mm, war sie für Reisezüge geeignet (Abb. 332). Sie erhielt einen Dampfüberhitzer und, wegen des Kupfermangels, eine Brotan-Feuerbüchse. Diese Erfindung Johann Brotans, Werkstättenvorstand der Österreichischen Staatsbahn in Gmünd, war 1900 zum ersten Mal ausgeführt worden. In ihrer Endform bestand sie aus aneinandergereihten, den Feuerraum bildenden, hosenförmigen Steigrohren, die jederseits in eine über ihnen liegende, als Dampfsammler dienende Trommel einmündeten. Unten waren die Steigrohre in einem als Stahlformgußstück ausgebildeten, hohlen Bodenring eingezogen, der seinerseits durch Rohrkrümmer in Verbindung mit der Unterseite des Langkessels stand. Die oberen Dampfsammler mündeten in den Dampfraum des Langkessels, dessen hintere Trommel deswegen stark konisch gehalten war. Es war die einzige Feuerbüchse, die von der Stephensonschen Form abwich und die sich bewährt hat. Bei der Ungarischen Staatsbahn ist sie bei allen größeren Lokomotiven angewendet worden. Die fünfzig von 1914 bis 1921 beschafften Lokomotiven der Kategorie 601 konnten auf 25‰ (1:40) Steigung bis zu 396 t mit 20 km/h und 373 t mit 40 km/h befördern.

Mit einem Bestand von einhundertdreiundsechzig Mallet-Lokomotiven, alle in Budapest gebaut, stehen die Ungarischen Staatsbahnen bei weitem an der Spitze aller europäischen Bahnen.

331. D+D-Tenderlokomotive der Bayerischen Staatsbahn, Gattung 2×4/4, Bauart Mallet

332. 1C+C-Lokomotive der Ungarischen Staatsbahn, Kategorie 601, Bauart Mallet, 1916

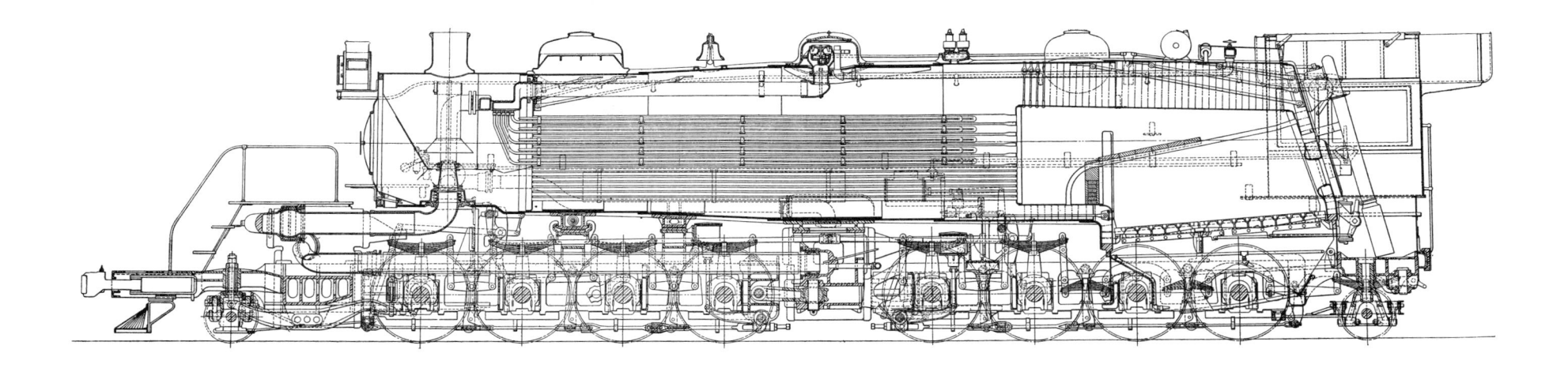

Für die Überquerung des Fichtelgebirges mit längeren Steigungen von 20 bis 25⁰/₀₀ (1:50 bis 1:40) mußten alle Güterzüge geteilt werden und konnten auch dann nur mit Nachschub über den Berg gebracht werden. Die Bayerische Staatsbahn ließ für diese Strecke bei Maffei fünfzehn schwere D+D-Mallet-Tenderlokomotiven, Reihe Gt 2×4/4, bauen (Abb. 331), die 670 t auf 20⁰/₀₀ (1:50) Steigung und 540 t auf 25⁰/₀₀ (1:40) mit 18 km/h befördern sollten. Da man sie auch zum Nachschieben von Schnellzügen einsetzen wollte, mußten sie noch gut 50 km/h fahren können. Von dieser Gattung kamen 1923 noch zehn Maschinen hinzu. Ein Vergleich mit den späteren 1E1-Tenderlokomotiven der Reichsbahn ergab, daß diese trotz geringeren Reibungsgewichtes die gleiche Schiebeleistung erreichten. Dies lag daran, daß bei großen Füllungen die ND-Zylinder nicht genügend Dampf erhielten. Der Durchmesser der HD-Zylinder wurde daraufhin auf 600 mm vergrößert und auch ein größerer Überhitzer und eine verbesserte Auspuffanlage eingebaut. Trotz merklicher Mehrleistung kam es der hohen Umbaukosten wegen nur zum Umbau von zwölf Maschinen.

14.4. Die Mallet-Riesen in Amerika

Unter den vielen Lokomotiven, die bei der Weltausstellung in St. Louis 1904 zu sehen waren, erregte keine so großes Aufsehen, wie die gewaltige, von der American Locomotive Co. gebaute, C+C-Mallet-Schlepptenderlokomotive BN.2400, die die Baltimore-Ohio-Bahn zeigte. Sie sollte auf den Strecken im Allegheny-Gebirge zwei der Mogul-Maschinen ersetzen. Bald zeigte sich aber, daß infolge der kurzen Achsstände der Treibgestelle die Laufeigenschaften sehr zu wünschen übrig ließen. Sie blieb ein Einzelstück, wurde nur noch im Nachschiebedienst eingesetzt, wo sie immerhin vierunddreißig Jahre lang nützlich war.

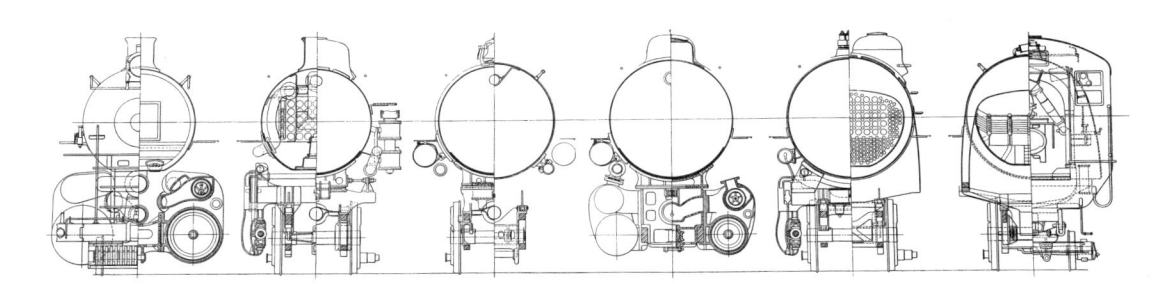

Sie leitete in den Vereinigten Staaten die Ära der Riesenlokomotiven ein, denn sie zeigte eine Möglichkeit, schwere Züge ungeteilt über Gebirgsstrecken zu bringen. Aufgrund der Erfahrungen mit verschiedenen Achsanordnungen schälten sich bis 1910 zwei meistverwendete Grundbauarten heraus. Beide waren zur Verbesserung der Laufeigenschaften und zur leichteren Unterbringung der Feuerbüchse an beiden Enden mit Bisselgestellen versehen. Die erste dieser Grundbauarten war die 1C+C1-Maschine, die zuerst 1906 von Baldwin an die Great Northern geliefert wurde. Ihre Leistung entsprach etwa derjenigen zweier damaliger Mogul-Maschinen. Es war mit rund eintausenddreihundert bis 1949 gebauten Lokomotiven, etwa 47,7% des gesamten Bestandes an Mallet, die meist verbreitete Bauart.

Die zweite Grundbauart war eine 1D+D1-Lokomotive, deren erste 1909 von Baldwin an die Southern Pacific-Bahn geliefert wurde. Sie wurde zunächst vielfach als Ersatz für 1C+C1-Maschinen auf Bahnen eingesetzt, deren Oberbau oder hölzerne Brücken (trestle works) keinen hohen Achsdruck vertrugen, bald aber auch auf den, starken Kohlenverkehr aufweisenden, sonstigen Gebirgsstrecken. Bis 1950 erreichte ihre Zahl etwa siebenhundertzehn, zwar erheblich weniger als die 1C+C1-Maschinen, doch

333. 1D+D1-Lokomotive der Nashville, Chattanooga & St. Louis-Bahn, Nr. 902, Klasse Ml-99, Mallet-Bauart. Schnitte

334. 1D+D1-Lokomotive der Nashville, Chattanooga & St. Louis-Bahn, Nr. 902, Klasse M1-99, Mallet-Bauart

immerhin 22,5% des gesamten Bestandes an Mallet-Lokomotiven. Als Beispiel einer schweren 1D+D1-Maschine sei die von Baldwin 1915 für die Nashville, Chattanooga & St. Louis-Bahn gebaute Lokomotive der Klasse M1-99 gewählt (Abb. 333 u. 334). Aus der Schnittzeichnung geht die Konstruktion klar hervor. Diese Maschinen waren dazu bestimmt, schwere Züge auf den Strecken in den Cumberland-Bergen nachzuschieben, wo Steigungen von 23,5 bis 25‰ (1:42,5 bis 1:40) vorkamen. Trotz ihrer gewaltigen Länge konnten sie Gleisbögen von nur 103 m Halbmesser befahren.

Natürlich konnten die großen Roste dieser Lokomotiven nicht mehr von Hand beschickt werden. Man hatte daher 1905 begonnen, Vorrichtungen zu schaffen, die die Kohle mechanisch in die Feuerbüchse förderten. Erst versuchte man es mit Plungern, die die Kohle von unten in den Rost schoben. Um 1910 verwendete man eine endlose Kette, die in einem weiten Rohr lief, wobei die Kohle dann über dem Rost durch einen Dampfstrahl verteilt wurde. Schließlich kam die endgültige Lösung, bei der die Kohle durch sich innerhalb von Rohren drehende Förderschnecken eingebracht und wieder durch ein Gebläse über den Rost verteilt wurde. Die Förderschnecken wurden durch eine kleine Dampfmaschine betätigt.

Die Virginia-Bahn stellte den ersten Größenrekord mit einer Mallet auf. Die Bahn lebte hauptsächlich vom Kohlenverkehr und mußte ihre Züge westlich von Roanoke zwischen Elmore und Clarks Gap über eine eingleisige Strecke befördern, die während 18 km eine Steigung von 21‰ (1:48) und viele Gleisbögen bis zu 148 m Halbmesser herab aufwies. Zunächst hatte man 1912 vier 1D+D1-Maschinen eingesetzt, beschaffte aber 1918 zur Bewältigung des angestiegenen Verkehrs zehn 1E+E1-Lokomotiven, BN.800-809 (Abb. 335). Da das Umgrenzungsprofil bei den Maschinen der Virginia-Bahn viel größer als üblich war, mußten diese Riesen von der ALCO-Fabrik in Schenectady mit abmontierten Zylindern, Kesselaufbauten und Führerhaus angeschleppt werden. Auch so war man gezwungen, vorsichtig und auf vielen Umwegen zu fahren, so daß der Transport bis Princeton vierzehn Tage in Anspruch nahm. Über die Maße sei nur gesagt, daß der kleinste Durchmesser des Kessels vorne 2680 mm und der größte hinten 3010 mm betrug. In Europa maßen damals die größten Kessel 1800 bis 1900 mm Weite. Auf einer Probefahrt am 21. Mai 1921 wurden einhundertzwanzig Wagen, zusammen 15 500 t, angehängt, was eine Zuglänge von rund 2,4 km (!) ergab. Um die Zughaken beim Anfahren nicht zu überanspruchen, wurde mit drei D-Ver-

335. 1E+E1-Lokomotive der Virginian-Bahn, Nr. 802, Bauart Mallet, 1908

schiebelokomotiven nachgeschoben, bis eine Geschwindigkeit von 20 km/h erreicht war. Dann zog die Mallet allein mit 43 km/h weiter. Die hierbei ausgeübte Leistung errechnet sich zu 6600 bis 7000 PSi, ein Wert, den erst viele Jahrzehnte später elektrische und Diesellokomotiven erreichen konnten.

Normalerweise wurden zwei dieser Giganten als Schiebelokomotiven auf der erwähnten Bergstrecke eingesetzt mit einer 1D+D1-Mallet als Zugmaschine. Die Wagenzahl betrug achtundsiebzig mit einem Gesamtgewicht von 5330 t. Die Virginia-Bahn verwendete als eine der ersten Eisenbahnen Wagen von 100 t Ladegewicht. Die zehn Giganten wurden 1926, als man diese Bergstrecke elektrifizierte, auf anderen Strecken eingesetzt und mußten zwischen 1948/1958 Dieselmaschinen weichen.

Die Erie-Bahn, von der, wie wir gesehen haben, die Verwendung der Mallet in Nordamerika ausgegangen war, stand vor ähnlichen Problemen wie die Virginia-Bahn. Sie löste sie, indem sie Triplex-Mallet-Lokomotiven einsetzte. Im Grunde genommen war es dieselbe Idee des durch Zylinder angetriebenen Tenders, die Verpilleux schon 1843 bei drei B-Lokomotiven der Saint-Etienne-Lyon-Bahn ausgeführt hatte, die dann 1863 von Sturrock auf der englischen Great Northern-Bahn und später auch bei der französischen Est aufgegriffen wurde. Bei den Triplex-Maschinen war das Fahrgestell des Tenders jedoch in derselben Art wie das vordere Treibgestell gelenkig mit dem Hauptrahmen der Lokomotive verbunden. Die Maschinen hatten eine 1D+D+D1-Achsanordnung. Alle sechs Zylinder waren gleich, das mittlere Paar arbeitete als HD-, die beiden anderen als ND-Zylinder. Der Abdampf des rückwärtigen Paares gelangte durch einen besonderen Schornstein ins Freie. Bei diesen drei, 1914 von Baldwin gebauten Lokomotiven erschöpfte sich der Kessel bald nach dem Anfahren, sie fanden darum keine Nachfolge.

Auch die Virginia-Bahn wagte den Einsatz einer Triplex-Mallet, die die Leistung der 1E+E1-Maschinen übertreffen sollte. Aufgrund der Erfahrungen der Erie-Bahn wurden Zylinder- und Kesselabmessungen besser aufeinander abgestimmt. Um größere Vorratsmengen unterbringen zu können, sah man hinten ein zweiachsiges Drehgestell vor (Abb. 336). Diese Maschine wurde auf der Rampe zwischen Princeton und dem Oney Gap-Tunnel, die eine Steigung von $16^0/_{00}$ (1:62) aufwies, im Schiebedienst eingesetzt. Sie konnte zwar Züge von fünfundachtzig Wagen mit einem Gewicht von 6000 bis 7000 t bergan befördern, doch gelang es nicht, die Stopfbuchsen der vielen Rohrgelenke auf die Dauer dicht zu halten. Die Lokomotive war daher so in Dampfwolken gehüllt, daß die Sicht gefährlich behindert wurde, und die dauernden Dampfverluste hatten einen hohen Wasserverbrauch zur Folge. Man trennte darum 1921 den Tender ab, versah ihn mit einem Kessel und einer vorderen Laufachse, so daß eine 1D2-Schlepptendermaschine entstand. Die beiden vorderen Treibgestelle erhielten neue, ungleich große Zylinderpaare, die in Verbundwirkung arbeiteten.

So in eine 1D+D-Maschine mit Tender verwandelt, erlebte diese Triplex-Lokomotive ruhmlos das Ende ihrer Tage.

Mit den Triplex-Mallet-Maschinen hatte man die Grenze des damals möglichen schon überschritten. Sie schließen den ersten Entwicklungsabschnitt der amerikanischen Mallet ab.

336. 1D+D—D2-Lokomotive der Virginian-Bahn, Triplex-Mallet-Type

14.5. Die Garrat-Lokomotive

Herbert William Garrat war weder Australier noch Maler, wie man manchmal liest. Er war einer der typischen englischen Kolonialingenieure, war bei verschiedenen Bahnen Südamerikas und Afrikas tätig, bekleidete zuletzt den Posten eines Abnahmeingenieurs bei der New South Wales Government Railway und kehrte 1906 nach England zurück. Es heißt, daß ihm die Idee der nach ihm genannten Lokomotivbauart gekommen sei, als er anläßlich einer Inspektion beobachtete, wie schwere vierachsige Güterwagen leicht durch enge S-Kurven fuhren. Mit nicht viel mehr als einer rohen Skizze suchte er Beyer Peacock auf. Er hatte doppeltes Glück. Diese Firma, die flaue Zeiten durchmachte, hatte gerade die Leitung gewechselt. In Garrats Vorschlag sah man eine erfolgversprechende Möglichkeit. Zufällig lag auch eine Anfrage der Tasmanian Government Railway vor, die eine kräftige Lokomotive für die 610 mm-spurige, 27,4 km lange North East Dundas-Bahn benötigte. Auf der dem Bleierztranport dienenden Strecke waren zahlreiche enge Gleisbögen vorhanden.

Garrat meldete sein Patent an, das ihm am 18. Juni 1908 erteilt wurde. Mit der Ausarbeitung der Pläne wurde ein junger Konstrukteur, Sam Jackson, betraut. Garrat selber ließ sich nur für zwei oder drei Stunden alle Wochen zweimal sehen. Er war nicht gerade ein Temperenzler und starb bereits 1913, zu einem Zeitpunkt, als erst ganz wenige Lokomotiven seines Systems gebaut worden waren. So entwickelte Jackson die Bauart weiter und darf als eigentlicher Schöpfer der Garrat-Lokomotive gelten.

Die zwei im Jahre 1909 an Tasmanien gelieferten Maschinen waren, ähnlich wie auch die ersten Fairlie- und Mallet-Lokomotiven, ein sehr bescheidener Anfang (Abb. 337). Im Unterschied zu den Mallet-Maschinen (vgl. Abb. 328) hatte die Garrat-Lokomotive einen langen Brückenrahmen, der sich zunächst noch auf die Mitte der schon weit voneinander gespreizten Treibgestelle abstützte und den Kessel mit dem Führerhaus trug. So konnten der Kessel und vor allem die Feuerbüchse unbehindert ausgebildet werden. Die Vorratsbehälter lagen auf den Treibgestellen. Diese beiden Tasmania-Lokomotiven arbeiteten noch mit Verbundwirkung, was bei Garrat-Maschinen später nur noch selten vorkam. Sie blieben bis 1930, als die Strecke aufgelassen wurde, in Betrieb. Beyer Peacock kaufte 1947 eine zurück, die, als die Firma 1966 ihre Tore schloß, von der Ffestiniog-Bahn erworben wurde.

Beide Erstlinge bewährten sich so gut, daß die Tasmanian-Bahn 1912 auch auf ihren kapspurigen (1067 mm) Strecken jeweils zwei Lokomotiven der 1C1+1C1- (Klasse L1) und der 2B1+1B2-Anordnung (Klasse M1) in Betrieb nahm. Die Maschinen der Klasse M1 waren nicht nur die ersten Garrat für Reisezüge, sondern auch die ersten, die in jedem Treibgestell vier Zylinder besaßen, diesmal mit einfacher Dampfdehnung. Sie erreichten bei guter Lauf-

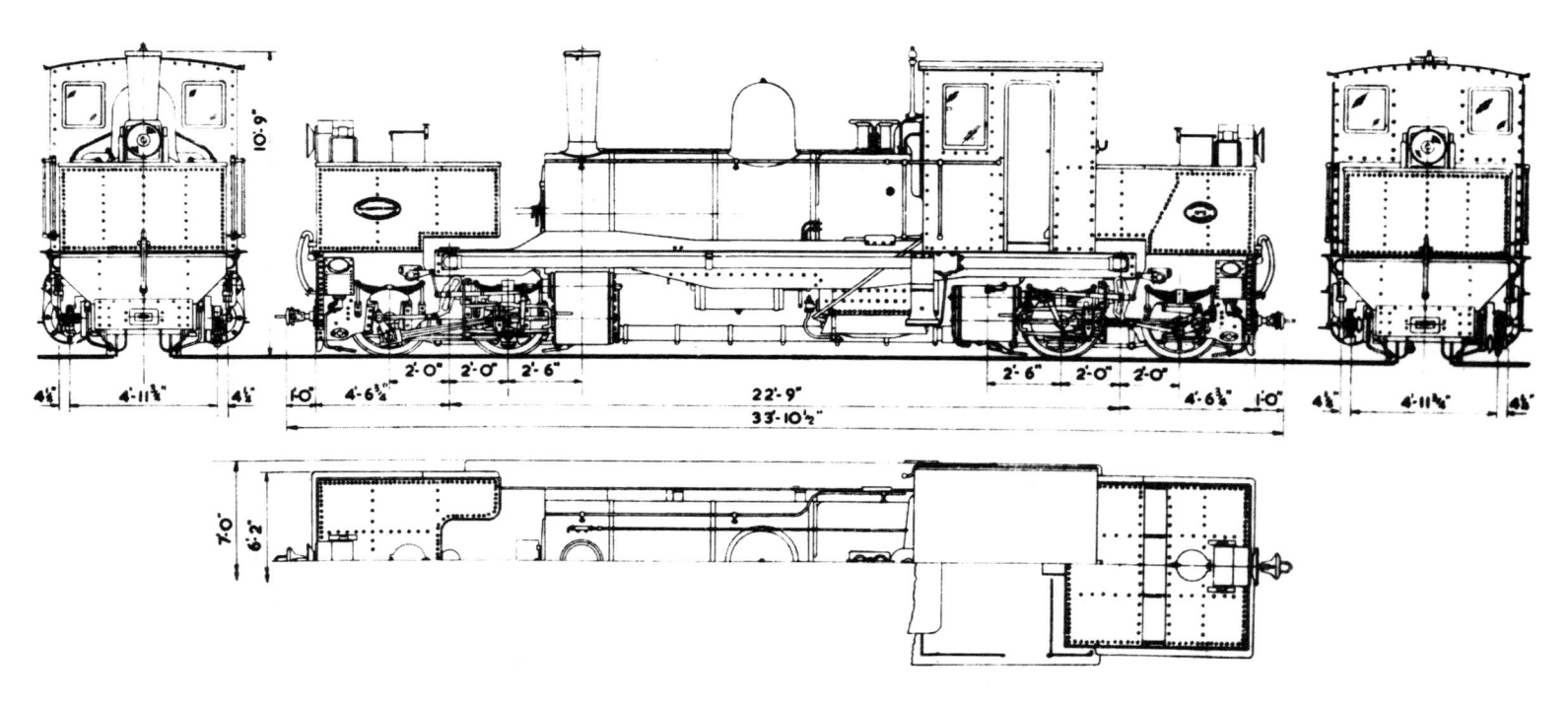

337. B+B-Lokomotive der Tasmania-Bahn, erste Garrat-Maschine, 1909

ruhe auf Probefahrten 88 km/h, eine für Schmalspur damals außerordentliche Geschwindigkeit.
Bis zum Ausbruch des Ersten Weltkrieges wurden nur etwa zweiundzwanzig ausschließlich schmalspurige Garrat gebaut. Der Durchbruch auf den afrikanischen Bahnen, wo sie später die bei weitem größte Zahl erreichten, geschah aber nicht durch Beyer Peacock, sondern durch deren Lizenznehmerin St-Léonard in Lüttich, die die Bauart ab 1911 auf den Bahnen des Kongo einführte.
Erst nach Friedensschluß begriff man so richtig, welche Vorteile die Garrat gegenüber allen anderen Gelenklokomotiven bot: Es war nicht nur die Möglichkeit, einen kurzen, dicken Kessel hoher Dampfleistung mit unbehinderter Feuerbüchse einbauen zu können, sondern die weit gespreizten Treibgestelle verteilten die Last auf eine große Gleislänge, so daß es möglich war, selbst bei schwachem Oberbau sehr leistungsfähige Lokomotiven zu bauen. Dazu kam noch die ausgezeichnete Bogenläufigkeit und, durch den freien Ausschlag der Treibgestelle, die Möglichkeit, mit größeren Geschwindigkeiten zu fahren, so daß die Garrat bis zur Schnellzugmaschine entwickelt wurde. Unter der geschickten Hand Jacksons erreichten die Garrat-Lokomotiven die größten außerhalb Nordamerikas erzielten Leistungen, und das auf Schmalspur! Es sind so ziemlich alle möglichen Achsanordnungen ausgeführt worden, bis zu den gewaltigen 2D2+2D2-Maschinen der East African Railways.
Bleiben wir zunächst in Europa. Hier sind Garrat-Lokomotiven in nennenswerter Anzahl nur in Spanien und England verwendet worden. In Spanien ist es angesichts des gebirgigen Landes verständlich, in England dagegen erstaunlich. In Spanien wurden auch, abgesehen von einigen Einzelstücken auf englischen Industriebahnen, die ersten Garrat und auch die einzigen Garrat-Schnellzuglokomotiven Europas in Betrieb genommen.
Die ersten Garrat-Maschinen (Abb. 338) wurden 1922 von St-Léonard als BN. 101–104 an die meterspurigen Ferrocarriles Catalanes geliefert, deren Hauptstrecke in nördlicher Richtung von Barcelona aus mit starken Steigungen und ständigen Kurven tief in die Pyrenäen eindringt. Sie sind ein Beispiel der meist gebauten 1C+C1-Achsanordnung, wie sie in großer Anzahl mit ähnlichen Abmessungen für Afrika, Südamerika und Asien gebaut worden sind. 1925 folgten die BN. 105–108, eine von ihnen wird heute in Manresa aufbewahrt. Ähnliche Garrat besaßen noch die Robla- (vier Maschinen), die Sierra Menera- (zwei) und die Rio Tinto-Bahn (zwei).
Als die schon im Abschnitt 14.2 erwähnte Central

338. 1C+C1-Lokomotive der Ferrocarriles Catalanes, System Garrat, 1922 und 1925

Aragon-Bahn ihre neugebaute Zweigstrecke von Caminreal nach Zaragoza eröffnete, Teil der späteren Hauptstrecke Valencia-Zaragoza, bestellte sie zwei Garrat-Typen. Für Güterzüge waren es sechs 1D1+1D1-Maschinen, BN. 201–206, die von Babcock & Wilcox in Bilbao nach Plänen Maffeis 1931 gebaut wurden, und von denen RENFE noch 1960 zehn Maschinen, BN. 282.0421–0430, nachbestellte. Für Schnellzüge wurden gleichzeitig die schon erwähnten einzigen Garrat dieser Art, sechs 2C1+1C2-Maschinen, BN. 101–106, beschafft (Abb. 339). Sie wurden von Euskalduna in Bilbao nach Plänen Beyer Peacocks geliefert und waren dazu bestimmt, 300t-Schnellzüge mit 40 km/h auf der langen Steigung von durchschnittlich 21,5‰ (1:46,5) bis zum 1218 m hohen Escandón-Paß zu befördern. Im Ganzen sind in Spanien achtunddreißig Garrat gelaufen. Von den beiden letzten Typen ist je eine Maschine für das künftige Eisenbahnmuseum aufbewahrt.

tive; ein Einzelstück, das 1955 verschrottet wurde. Die London, Midland & Scottish-Bahn litt unter der, von ihren angeschlossenen Bahnen ererbten Politik, mit möglichst kleinen Lokomotiven auszukommen. Es fehlte ihr an wirklich leistungsfähigen Güterzugmaschinen. Um 1500 t schwere Kohlenzüge auf der 203,6 km langen Strecke von Torton nach Cricklewood zu befördern, wurden 1927 vorerst drei 1C+C1-Garrat-Maschinen, BN. 4997–4999, von Beyer Peacock geliefert (Abb. 340), denen 1930 noch die BN. 4967–4996 mit einigen Änderungen folgten. Um die Arbeit des Heizers zu erleichtern, wurde im Kohlenbunker ein Schiebekolben eingebaut. Er bewährte sich nicht und wurde durch eine schräg liegende rotierende Trommel ersetzt, die dann mehrfach bei großen Garrat verwendet worden ist.

In England liefen vierunddreißig Garrat-Maschinen, fast so viele wie in Spanien. Sonst ist die Garrat nur noch mit einem von Beyer Peacock 1932 an die So-

339. 2C1+1C2-Lokomotive der Central Aragon-Bahn, System Garrat

Noch schwerer als die spanischen waren die dreißig, ein Jahr später an die regelspurigen algerischen Strecken der PLM gelieferten 2C1+1C2-Maschinen mit einem Dienstgewicht von 216 t und einem Treibraddurchmesser von 1800 mm. Sie beförderten 446 t schwere Züge auf der Strecke von der marokkanischen bis zu der tunesischen Grenze mit einer Durchschnittsgeschwindigkeit von 96,5 bis 105 km/h. 1951 wurden sie ausgemustert und nach Spanien verkauft, als Schrott!

Kommen wir auf England zurück. Hier führte Gresley 1925 bei der London & North Eastern eine 1D+D1-Maschine ein, die zum Nachschieben auf der nur 4 km langen Rampe bei Worsborough bestimmt war. Ihre beiden Treibgestelle waren den 1D-Drillings-Güterzuglokomotiven angepaßt und daher mit je drei Zylindern versehen. Sie war die schwerste jemals auf englischen Bahnen eingesetzte Lokomo-

wjet-Bahnen gelieferten 2D1+1D2-Einzelstück in Europa vertreten gewesen.

Wie schon erwähnt, fand die Garrat ihre weiteste Anwendung in Afrika südlich der Sahara, wo stets von der Küste aus ein steiler Aufstieg ins hochgelegene Binnenland vorhanden ist. Sie wurde bei allen dortigen größeren Eisenbahnverwaltungen eingesetzt, vor allem aber bei den South African Railways (SAR). Die ersten, schon 1914 bestellten, aber wegen des Krieges erst 1919 abgelieferten Garrat waren 1C+C1-Maschinen, Klasse GA, die bereits den für Schmalspur hohen Achsdruck von 17,8 t aufwiesen. Nach verschiedenen derartigen Serien kamen 1927/1928, von deutschen Firmen gebaut, 2C1+1C2-Lokomotiven, Klasse GH, die auch für Reisezüge geeignet waren und als erste Barrenrahmen besaßen. 1924 war bereits die 1D1+1D1-Lokomotive, Klasse GE, eingeführt worden, und als Krönung folgten die

340. 1C+C1-Lokomotive der London, Midland & Scottish-Bahn, Nr. 4995, System Garrat, 1930

2D1+1D2-Maschinen, die in mehreren Abwandlungen bis 1956 gebaut worden sind. In der Abb. 341 ist eine ähnliche Lokomotive der Rhodesischen Bahnen zu sehen, die dazu bestimmt war, 1400 t schwere Güterzüge auf einer Steigung von 15,5‰ (1:64) zu befördern. Diese Klasse 20 A, BN. 721-760, wurde von Beyer Peacock geliefert. Wie bei allen neueren Garrat-Maschinen waren die Vorratsbehälter, des besseren Aussehens halber, an den Enden abgerundet.

Die größten jemals für Schmalspur gebauten Garrat waren die 2D1+1D2-Maschinen, Klasse 59 der East African Railways mit fast amerikanischen Abmessungen. Sie sollten 1200 t auf 15‰ (1:66) befördern. Um den Einbau der mechanischen Rostbeschicker zu erleichtern, ließen sich die SAR 1927 von Maffei 1C1+1C1- und 2C1+1C2-Maschinen bauen, bei denen der Brückenrahmen nach hinten verlängert wurde, so daß der Kohlenkasten darauf ruhte. Sie wiesen denselben Übelstand wie die früher erwähnten «modified Fairlie» auf und wurden daher nicht weitergebaut.

Schließlich sei noch kurz die Garrat-Abart erwähnt, die 1928 von Goldschmid und Weber bei den Haine-St-Pierre-Werken geschaffen wurde. Sie erhielt ihren Namen «Golwé» durch Zusammenziehung der ersten Silben der Namen beider Konstrukteure. Die beiden Treibgestelle waren so eng, wie es die dazwischen hängende Feuerbüchse zuließ, zusammengeschoben. Zweck der Anordnung war, die Heizrohre und Überhitzerschlangen auszuwechseln, ohne jeweils die vor der Rauchkammer befindlichen Wasserbehälter abmontieren zu müssen. Alle Vorräte waren in einem Tenderkasten auf dem hinteren Treibgestell untergebracht, dessen Zylinder einwärts angeordnet waren, um die Dampfleitungen zu verkürzen. Diese Golwé-Bauart wurde zuerst bei der Côte-d'Ivoire-Bahn eingeführt und in geringer Zahl auch an andere Kolonialbahnen Französisch-Westafrikas geliefert.

341. 2D1+1D2-Lokomotive der Rhodesischen Bahnen, Klasse 20, System Garrat, 1956

14.6. Verschiedene andere Lösungen

Auf den rasch und ohne große Erdarbeiten verlegten Schienen der Holzabfuhrbahnen im Nordwesten der Vereinigten Staaten konnte man der starken Steigungen und engen Kurven halber keine Lokomotiven normaler Bauart verwenden. Ein ehemaliger Arzt, Ephraim Emmanuel Shay, bastelte sich für eine solche, ihm gehörende Waldbahn eine Lokomotive zurecht, für die er am 14. Juni 1881 ein Patent erhielt. Er verkaufte es den Lima-Works, die Landmaschinen, Sägereibedarf und Dampfkessel fabrizierten. Zu-

265

342. Gelenklokomotive der Greenbrier, Cheat & Elk-Bahn, System Shay

343. CC-Tenderlokomotive der Sächsischen Staatsbahn, Gattung XV HT V, 1916

nächst hatten diese Shay-Lokomotiven stehende Kessel, die ab 1883 durch die üblichen horizontalen Lokomotivkessel ersetzt wurden. Die Shay-Lokomotive wurde mit zwei, drei und sogar vier Drehgestellen gebaut, blieb sich aber bis zum Schluß im wesentlichen gleich. Da die senkrechten Zylinder und der Gelenkwellenantrieb seitlich angeordnet waren, mußte der Kessel, um das Gleichgewicht zu wahren, nach der entgegengesetzten Seite gerückt werden. Eine solche Lokomotive (Abb. 342) wurde bei der Greenbrier, Cheat & Elk-Bahn in Betrieb genommen, die ein Streckennetz von 185 km betrieb mit kaum einem ebenen Abschnitt, dafür aber mit Steigungen bis zu $70^0/_{00}$ (1:14,3) und Kurven von nur 54,5 m Radius. Wie immer fanden sich bald Nachahmer. Zuerst war es die Climax Manufacturing Co. in Corry, Pennsylvania. Um die unsymmetrische Lage des Kessels zu vermeiden, wurden die Zylinder beidseits am Kessel schräg zwischen den Drehgestellen angeordnet. Sie wirkten auf eine Blindwelle, von der in Längsmitte die durch Kegelräder angetriebenen Gelenkwellen ausgingen. 1894 schuf Charles Heisler aus Erie, Pennsylvania, eine andere Bauart, bei der die Zylinder seitlich quer zum Kessel schräg lagen, so daß die angetriebene Kurbelwelle mit den Gelenkwellen gleichgerichtet war. Damit wurden die Kegelräder vermieden. Keine dieser beiden Bauarten erreichte die Verbeitung der Shay-Lokomotiven.

Wie wir wissen, besaß die Sächsische Staatsbahn Gelenklokomotiven verschiedener Bauart. Als deren Leistung nicht mehr ausreichte, wurde auf Vorschlag Lindners eine einzig dastehende Lösung versucht, um trotz langen Achsstandes ohne Drehschemel und damit ohne die vielen, schwer dicht zu haltenden Stopfbuchsen der gelenkigen Dampfrohre auszukommen (Abb. 343). Der große Radstand ließ sich nicht umgehen, weil das Gewicht der Maschine, wie bei den Garrat, auf eine möglichst lange Basis verteilt werden sollte. Je ein HD- und ein ND-Zylinder wurden in einem gemeinsamen Gußstück vereinigt, das in der Mitte angeordnet war. Sie trieben zwei von einander unabhängige Achsgruppen an, deren jeweils äußerste Achse, nach System Klien-Lindner, durch Deichseln geführt nach jeder Seite um 37 mm ausschwenken konnte. Da die Lagerung der Klien-Lindner-Hohlachsen außen erfolgte, mußten zwei kurze Außenrahmen an den Enden der Lokomotive angebracht werden. Außerdem erhielten die beiden, den Zylindern zugekehrten Achsen jederseits 26 mm Seitenspiel. Auf diese Weise konnte sich die Maschine noch in Gleisbögen bis zu 170 m Halbmesser einschreiben. Die beiden versuchsweise von Hartmann als Gattung XV HTV gebauten Lokomotiven kamen 1916 in Betrieb. Die zugelassene Höchstgeschwindigkeit betrug 70 km/h. Die Maschinen entsprachen nicht den gehegten Erwartungen, bei den Hohlachsen ergaben sich Schwierigkeiten. So wurden diese interessanten Lokomotiven auf die Ablaufberge des Verschiebebahnhofs Dresden-Friedrichstadt verbannt und schon nach zehn Jahren ausgemustert.

15. NEUER AUFSCHWUNG ZWISCHEN DEN BEIDEN WELTKRIEGEN

15.1. Die Typisierung und der Austauschbau

Während des Ersten Weltkrieges mußte sich das blokkierte Deutschland darauf beschränken, nur solche Lokomotiven zu bauen, die für Kriegstransporte brauchbar waren. Wieder einmal, wie schon im Kriege 1870/1871, bereitete die große Zahl untereinander verschiedener Bauarten bei den einzelnen Länderbahnen Schwierigkeiten. Auf Drängen des Chefs für das Feldeisenbahnwesen setzten sich die Vertreter der Länder zusammen und arbeiteten einen Entwurf aus, der in vielen Punkten die späteren Einheitslokomotiven der Deutschen Reichsbahn vorweg nahm: Es war eine 1E-Drillings-Heißdampflokomotive, die nach süddeutschem Vorbild einen aus Platten gefrästen Barrenrahmen und einen hochgelegenen Kessel aufwies. Die Feuerbüchse war nach Belpaire ausgeführt und saß auf dem Rahmen. Dagegen wurde das einfachere Drillingstriebwerk, das sich in Preußen bei der S 10² (vgl. Abschn. 12.2) bewährt hatte, dem Vierzylinder-Verbundsystem vorgezogen. Die vordere Laufachse war in einem Bisselgestell gelagert (Abb. 344).

Diese in Preußen als Gattung G 12 (später Reichsbahn BR 58) bezeichnete Lokomotive wurde sofort in größerer Anzahl beschafft, darunter auch von den Sächsischen, Badischen und Württembergischen Staatsbahnen und den Reichseisenbahnen Elsaß-Lothringen. Henschel lieferte im April 1917 die erste Maschine, und bis 1924 wurden insgesamt eintausendfünfhundertneunzehn gebaut. Als Schlepplast wurde endgültig ein Zug von 1010 t auf 5‰ (1:200) Steigung bei 40 km/h festgelegt.

Aus dieser Maschine wurde durch Kürzung um eine Achse zunächst eine 1D-Drillingslokomotive, Gattung G 8¹, und schließlich die vereinfachte Zwillingsmaschine, Gattung G 8², entwickelt. Mit der G 12 und der G 8² unternahm man in den Jahren 1927/1930 eingehende Versuche mit Kohlenstaubfeuerung, doch setzte sich diese komplizierte Feuerungsart nicht durch.

344. 1E-Lokomotive, Gattung G 12 der Preußischen Staatsbahn, später Deutsche Reichsbahn, Reihe 58, 1917–1924

345. E-Güterzuglokomotive der Sowjetunion, 1922. Erste Lokomotive mit austauschbaren Bauteilen

Die G 12 überlebte noch den Zweiten Weltkrieg und lief bis 1954 bei der Deutschen Bundesbahn. Bei der Reichsbahn Ost erhielt sie neue geschweißte Kessel; einige Exemplare dürften noch vorhanden sein.

Nach ähnlichen Grundsätzen entwickelte 1922 August Meister, Leiter des Konstruktionsbüros der Firma Borsig, eine 1D1-Drillings-Lokomotive, die, wie die P 8 (vgl. Abschn. 11.2), vielseitig verwendbar sein sollte (Abb. 347). Bei dieser Gattung P 10 (BR 39) war die Belpaire-Feuerbüchse nach französischem Muster trapezförmig ausgebildet. Die beiden vorderen Achsen waren zu einem Krauß-Helmholtz-Drehgestell zusammengefaßt. Bis 1927 wurden zweihundertsechzig derartige Maschinen gebaut. Sie beförderten zwischen Charlottenburg und Lehrte auf ebenem Gelände 720 t schwere Schnellzüge mit 100 bis 120 km/h und auf der Schwarzwaldbahn 390 t auf 25⁰/₀₀ (1:40) Steigung mit 44 km/h. Hier im südwestdeutschen Berglande hielten sie sich am längsten. Die letzte wurde erst 1967 ausgemustert.

Nachdem sich die politischen Verhältnisse geklärt hatten, ging die Sowjet-Regierung daran, den dringenden Bedarf an Lokomotiven zu decken, denn der Bestand war durch Krieg und Revolution erheblich gelichtet worden. Eine für diese Beschaffungen unter Professor Georg Lomonossow eingesetzte Kommission bestellte bei der schwedischen Nohab als Generalunternehmerin eintausend E-Güterzuglokomotiven (Abb. 345), wohl der größte, jemals auf einen Schlag vergebene Auftrag. Dreihundert Maschinen behielt sich die Nohab vor, der Rest wurde unter neunzehn deutsche Fabriken aufgeteilt. Grundbedingung bei diesem Auftrag war, daß jeder Bauteil ohne weitere Nacharbeit gegen ein Ersatzstück gleichgültig welcher Baufirma ausgetauscht werden konnte. Diese Auflage, die hier zum ersten Mal gemacht wurde, ging auf die während des Ersten Weltkrieges gewonnene Erfahrung in der Waffenfabrikation zurück, aufgrund derer die Präzision in der Bearbeitung der Einzelteile durch sogenannte Toleranzen in den Passungen normiert worden war. Am 15. Februar 1922 fuhr aus dem Tor der Borsig-Werke in Tegel die erste Lokomotive der Welt, die aus 20 Teilen von 20 Fabriken ohne jede Anpaßarbeit zusammengestellt worden war.

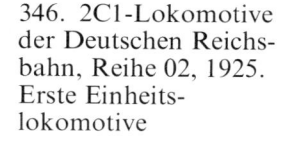

346. 2C1-Lokomotive der Deutschen Reichsbahn, Reihe 02, 1925. Erste Einheitslokomotive

347. 1D1-Drillingslokomotive, Gattung P 10 der Preußischen Staatsbahn, 1922

Als am 1. April 1920 die Deutsche Reichsbahn gegründet wurde, stand man, wie immer bei solchen Zusammenschlüssen, vor der Frage, ob von den etwa zweihundertzehn verschiedenen ererbten Lokomotiv-Gattungen einige der bewährtesten und am häufigsten vertretenen Bauarten weiter verwendet oder grundsätzlich ganz neue Typenreihen entwickelt werden sollten. Der Entscheid fiel zugunsten der zweiten Lösung, nachdem August Meister von Borsig, übrigens ein Schweizer, mit einer vorgelegten Reihe von Entwürfen bewies, wie weitgehend man mit untereinander austauschbaren Elementen Lokomotiven für jeden Bedarf bauen könnte. Unter dem Vorsitz des Lokomotivdezernenten der Reichsbahn, Richard Paul Wagner, wurde ein Vereinheitlichungsbüro geschaffen, dem auch von der Industrie abgeordnete Ingenieure angehörten.

Es würde hier zu weit führen, das aufgestellte Typenprogramm im einzelnen zu besprechen. Wir verweisen auf die hierüber vorliegende reichhaltige Literatur (siehe Bibliographie) und greifen nur, ihres historischen Interesses wegen, die erste Einheitslokomotive heraus, die als Baureihe 02 von Henschel im Oktober 1925 geliefert wurde (Abb. 346). Sie wurde versuchsweise als Vierzylinder-Verbundmaschine ausgeführt, aber da sie sich bei Vergleichsfahrten mit der parallel hierzu gebauten, sonst gleichartigen Zwillings-Ausführung, BR 01, wirtschaftlich nicht so überlegen zeigte, daß die höheren Unterhaltskosten aufgewogen wurden, verzichtete man auf die weitere Beschaffung. Anschließend kam als erste Einheits-Güterzuglokomotive die Baureihe 44 heraus (Abb. 351), die versuchsweise als Zwillings- und als Drillingsmaschine bestellt wurde. Die Vorderachse lief bei ihnen mit der ersten Kuppelachse zusammen in einem Krauß-Helmholtz-Drehgestell. Von diesen Drillingsmaschinen wurden, mit zahlreichen Änderungen, bis 1949 über zweitausend eingestellt. Es war die am längsten und in der größten Anzahl beschaffte Einheitslokomotive.

Bulgarien, Jugoslawien und die Türkei ließen sich von der deutschen Lokomotivindustrie Typenreihen ausarbeiten, die vieles mit denen der Deutschen Reichs-

348. 2E-Lokomotive der Bulgarischen Staatsbahn, Reihe 11, 1939

bahn gemein hatten. Teilweise waren es den besonderen Betriebsverhältnissen angepaßte Sonderbauarten, wie bei der Bulgarischen Staatsbahn die seltene 2E-Achsanordnung mit Drillingstriebwerk, Reihe 11, die von Henschel 1939 geliefert wurde (Abb. 348), oder die gewaltigen, einzig dastehenden 1F2-Drillings-Tenderlokomotiven, deren letzte Ausführung aus dem Jahre 1943 von Krupp stammte, Reihe 46.13-20 (Abb. 349).

In den Vereinigten Staaten wurden 1918 wegen des Krieges die Eisenbahngesellschaften unter die staatliche Kontrolle der United States Railroad Administration (USRA) gestellt, die sofort daran ging, in Zusammenarbeit mit den drei großen Lokomotivfabriken Einheitslokomotiven zu entwickeln. Die Norm umfaßte zwölf verschiedene Typen in acht Achsanordnungen und mit unterschiedlichen Achsdrücken. Es wurden rund eintausendachthundertdreißig Maschinen gebaut. Ein kennzeichnendes Beispiel ist

349. 1F2-Tenderlokomotive der Bulgarischen Staatsbahn, Nr. 4618, 1943

350. 2C1-Lokomotive der Erie-Bahn, USRA-Einheitstype

die schwere Pacific (Abb. 350), wie sie unter anderen von der Erie-Bahn beschafft wurde. Als 1920 die Bahnen den Gesellschaften zurückgegeben wurden, fiel diese Vereinheitlichung bald auseinander.

15.2. Die neue Linie in England

Am 1. Januar 1923 fand der große Zusammenschluß der englischen Bahngesellschaften zu den vier großen Gruppen Great Western, London-Midland-Scottish, London and North Eastern und Southern statt. Das wirkte sich natürlich bald im englischen Lokomotivbau aus.

Am wenigsten wurde davon die Great Western (GW) betroffen, da ihr nur einige wenige, kleinere, hauptsächlich dem Kohlenverkehr dienende Bahnen zugeschlagen wurden. Ihr Chefingenieur Charles B. Collet konnte, dank des weit vorausschauenden Typisierungsprogramms seines Vorgängers Churchward (vgl. Abschn. 12.2), ohne große Umstellungen weiterarbeiten. Dies Programm fand seine Krönung in der zweiten «Kings»-Klasse (Abb. 354), von der zwischen 1927 und 1938 dreißig Maschinen gebaut wurden. Es war eine verstärkte Ausführung der vorhergegangenen Vierlingsmaschinen der «Castle»-Klasse vom Jahre 1923. Der hohe Achsdruck von 22,5 t schränkte den Verwendungsbereich der «Kings»-Klasse stark ein, so konnte sie die «Castle»-Klasse nicht ganz verdrängen. Es waren die stärksten je außerhalb der Vereinigten Staaten gebauten 2C-Lokomotiven. Mit die-

351. 1E-Einheits-Güterzuglokomotive der Deutschen Reichsbahn, Reihe 44

sen beiden leistungsfähigen Klassen kam die GW bis zu ihrem Ende ganz ohne Pacific-Maschinen aus. Das seinerzeit Churchward aus reinen Prestigegründen aufgedrängte Einzelstück, die «Great Bear», wurde 1924 zu einer 2C-Lokomotive gleich den «Castles» umgebaut und in «Winston Churchill» umbenannt.

Nicht so einfach war die Lage bei der London and North Eastern (LNER), bei der vier der angeschlossenen Bahnen einen ziemlich gleichen Bestand an Lokomotiven aufwiesen und derjenige der North Eastern jeden der anderen vier Bahnen um das Doppelte übertraf. Zum Chefingenieur der LNER wurde Nigel Gresley ernannt, der seit 1911 als Nachfolger Ivatts diesen Posten schon bei der Great Northern bekleidet hatte. Seine Politik bestand darin, die besten der zahlreich ererbten Lokomotiven in gutem Zustande zu erhalten oder zu verbessern, aber daneben neue Entwürfe auszuarbeiten. Dabei ging er von den bereits von ihm geschaffenen Great Northern-Typen aus. Diese waren durchweg Drillingsmaschinen, eine Bauart, die er bereits 1921 als 1D-Lokomotiven eingeführt hatte. Ihr Kennzeichen war der von Gresley erfundene Antrieb der Innenschieber, der durch eine Kombination von drei langen Hebeln von der außenliegenden Heusinger-Walschaert-Steuerung her erfolgte. Ein Beispiel der neuen Gresley-Typen, die man als Übergangsbauarten ansehen kann, ist die Sandringham- oder B 17-Klasse vom Jahre 1928. Diese Maschinen waren ursprünglich für die East Anglian-Strecken der ehemaligen Great Eastern bestimmt, die teilweise über hügeliges Gelände führen und im Sommer während der Urlaubszeit von schweren Zügen befahren werden. Zwei der Lokomotiven erhielten 1937 eine Stromlinienverschalung. Die letzten Lieferungen wurden nach englischen Fußballclubs benannt. Mit den ersten, 1923 bis 1925 beschafften Pacific-Maschinen leitete er eine lange Reihe ständig verbesserter Schnellzuglokomotiven ein, die als Langstreckenläufer berühmt wurden. Wir kommen darauf in einem anderen Zusammenhang zurück. Als Eilgüterzug-Lokomotive schuf er in der «Green Arrow», Klasse V1, eine 1C1-Drillings-Lokomotive (Abb. 352), die sich als so vielseitig verwendbar erwies, daß sie sogar während des Zweiten Weltkrieges, als Lokomotivmangel herrschte, oft als Ersatz für eine Pacific einspringen mußte. Es wurden daher bis 1944 einhundertvierundachtzig Maschinen beschafft, die größte Anzahl bei der LNER, wenn man von den ebenfalls von Gresley stammenden traditionellen Dreikupplern mit Innentriebwerk absieht.

352. 1C1-Eilgüterzuglokomotive der London & North Eastern-Bahn, Klasse V 2, Nigel Gresley

353. «Royal Scot», 2C-Drillings-Schnellzuglokomotive der London, Midland & Scottish-Bahn, 1927

Weniger Glück hatte Gresley mit den sechs für die schottischen Hügellandstrecken entworfenen 1D1-Drillingslokomotiven der «Cock of the North»-Klasse. Sie erwiesen sich als zu steif für die vielen Kurven, so daß sein Nachfolger sie kurzerhand in 2C1-Maschinen umbaute.

Zu den zur London-Midland-Scottish (LMS) gekommenen Gesellschaften gehörten zwei der bedeutendsten Bahnen mit dem größten Lokomotivpark, die London & North Western und die Midland. Nach einer kurzen Zeit unter George Hughes von der Lancashire & Yorkshire-Bahn übernahm Henry Fowler die Zügel. Er hatte bereits auf der Midland den Posten als Chefingenieur innegehabt, und so war es nur natürlich, daß er deren Typen ohne wesentliche Änderungen weiter beschaffte. Für den Schnellzugdienst hatten sich die Deeley-Dreizylinder-Verbundlokomotiven (vgl. Abschn. 11.1.2) anderen zum Vergleich herangezogenen Lokomotiven, darunter sogar den 2C-Zwillingsmaschinen der LNWR-Klasse «Prince of Wales», an Leistung überlegen gezeigt bei sparsamerem Brennstoffverbrauch. So kamen, leicht abgeändert, bis 1932 noch einhundertfünfundneunzig hinzu. Aber die Zeit schritt fort. Keine der 2C-Vierlingslokomotiven, die, von der Lancashire & Yorkshire und der LNWR stammend, die leistungsfähigsten Maschinen der LMS waren, konnten den gestiegenen Bedürfnissen genügen. Die Lage wurde so kritisch, daß, um Zeit zu gewinnen, die North British Locomotive Co. beauftragt wurde, eine 2C-Drillingslokomotive zu bauen, die sich an die auf der Southern laufenden 2C-Vierlingsmaschinen der «Lord Nelson»-Klasse anlehnen und in ihrer Leistung den «Castles» der Great Western entsprechen sollte. So entstand 1927 die vielgerühmte «Royal Scot»-Klasse (Abb. 353), von der siebzig Maschinen gebaut wurden. Von der Midland-Tradition blieb außer der Belpaire-Feuerbüchse nicht mehr viel übrig. Im Gegensatz zu den Gresley-Drillingslokomotiven wurden die nach GW-Art mit langem Hub konstruierten Schieber durch drei unabhängige Heusinger-Walschaert-Steuerungen angetrieben.

Fowler trat Ende 1930 zurück. Zu seinem Nachfolger ernannte man William A. Stanier, bislang stellvertretender Chefingenieur der Great Western, der sofort daran ging, Great Western-Ideen und -Methoden ein-

354. «King George V», 2C-Lokomotive der Great Western-Bahn, Kings-Klasse, 1927-1938

355. Motiv eines Plakates der Southern Railway aus den zwanziger Jahren unseres Jahrhunderts mit einer Lokomotive der King Arthur-Klasse

zuführen. Nach nur siebzehn Monaten Amtszeit kam im Juni seine erste Maschine heraus, die 2C1-Lokomotive «Princess Royal», mit der er endlich die alte Tradition durchbrach, Lokomotiven für den momentanen Tagesbedarf zu bauen. Wir kommen auf diese Maschine noch zurück. Mit Stanier setzte eine energische Normung und Typisierung bei der LMS ein, die dieses Bestreben, nächst der Great Western, am weitesten vortrieb, und zwar nicht nur bei Neubauten, sondern auch im Umbau älterer Maschinen. Selbst die «Royal Scot» wurden davon nicht ausgenommen.

Eine seiner Standard-Typen, die 5P-5F-Klasse (Abb. 356), ihres schwarzen Anstriches wegen «Black Five» genannt, bildete das ebenso erfolgreiche Gegenstück der allgegenwärtigen preußischen P8 (vgl. Abschn. 11.2) und brachte es mit achthundertzweiundvierzig zur größten Anzahl unter englischen Reisezuglokomotiven, da sie, etwas abgeändert, noch in die Typenreihen der British Railways aufgenommen wurde. Eine andere, ebenfalls überaus erfolgreiche Stanier-Maschine war die 1D-Lokomotive der 8F-Leistungsklasse vom Jahre 1935, deren Zylinder- und Kesselmaße ziemlich genau mit der Klasse 5P-5F übereinstimmten. Mit siebenhundertdreiundsiebzig Maschinen bis 1945 war sie die häufigste 1D-Bauart. Auf der Southern kam es am wenigsten zu einer Vereinheitlichung. Hier hatte R.E. Maunsell das Ruder in die Hand genommen; er hatte es schon seit 1913 bei der South Eastern & Chatham geführt. Bei seinen Maschinen zeigt sich kontinentaler Einfluß. Die Innentriebwerke wurden endgültig zugunsten von Außenzylindern mit Heusinger-Walschaert-Steuerung verlassen. 1925 kamen die Zwillingslokomotiven der 2C-«King Arthur»-Klasse heraus, schon ein Jahr später die bereits erwähnten Vierlingsmaschinen der «Lord Nelson»-Klasse. Seinen 1917 noch bei der SE & Chatham-Bahn eingeführten 1C-Mehrzweck-Lokomotiven ließ er nun 2C-Lokomotiven folgen. Zwar waren alle Maunsell-Lokomotiven äußerlich ähnlich, hatten aber sonst wenig Einheitliches gemein. Seine bemerkenswerteste und letzte Schöpfung war die Wiedereinführung der 2B-Achsanordnung als Drillingslokomotive. Diese berühmte «School»-Klasse (Abb. 357), deren Maschinen nach englischen Schulen benannt waren, entstand wegen der Beschränkungen, die die Brücken der Hastings-Strecke auferlegten. Es gelang Maunsell, eine so kompakte 2B-Maschine zu schaffen, daß deren Leistung praktisch der der «King Arthur» gleich kam. Diese vierzig von 1930 bis 1935 gebauten Lokomotiven der «School»-Klasse sind die stärksten außerhalb der Vereinigten Staaten gebauten 2B-Maschinen gewesen.

15.3. Die 2D1-Maschine, Krönung der Schnellzuglokomotive

Die Sächsischen Staatsbahnen besaßen zwei Strecken mit starkem Schnellzugverkehr, auf denen Versuche mit einer entliehenen bayerischen S 3/6 (vgl. Abschn. 12.3) ergeben hatten, daß die Reibung von drei gekuppelten Achsen ungenügend war. Von dieser bayerischen Maschine ausgehend, entstand unter der Leitung der Oberbauräte Meyer und Lindner die erste großrädrige, vierfach gekuppelte Schnellzugmaschine Europas (Abb. 358). Sie besaß Barrenrahmen und ein Vierzylinder-Verbund-Triebwerk nach v. Borries. Die beiden vorderen Achsen waren in einem Krauß-Helmholtz-Drehgestell gelagert, die Schleppachse nach Adams ausgeführt. Die Probefahrten verliefen sehr befriedigend. Mit 585 t Schlepplast erreichte diese Maschine auf $10^0/_{00}$ (1:100) Steigung noch 50 km/h, mit 275 t fuhr sie die Steilrampe von $25^0/_{00}$ (1:40) Steigung bei Tharand mit 40 km/h hinauf. Von dieser Gattung XX HV sind trotz der guten Ergebnisse nur dreiundzwanzig Maschinen, alle von Hartmann zwischen 1918 und 1922, gebaut worden, denn mit der Gründung der Deutschen Reichsbahn schlug man andere Wege im Lokomotivbau ein. Die Maschinen überlebten den Zweiten Weltkrieg als BR 18.001–010 bei der Reichsbahn Ost, die sie 1961/1962 abstellte. Die 18.010 ist für das Verkehrsmuseum Dresden aufbewahrt.

Dieser «Sachsenstolz», wie die damals größte deutsche Schnellzuglokomotive in ihrer Heimat gern genannt wurde, erregte auch im Ausland beträchtliches Aufsehen. Italien folgte bereits 1921 mit einer ähnlichen, nicht ganz so großen Lokomotive, Gruppe 746.

Beide Maschinen waren Vorstufen für die letzte Entwicklung der Schnellzuglokomotive in Europa als 2D1-Lokomotive. Den Anstoß hierzu gaben wieder einmal die überaus schwierigen Strecken Spaniens. Man suchte das lästige Umspannen der mit 2D-Vierzylinder-de Glehn-Verbundmaschinen über das Guadarrama-Gebirge (vgl. Abschn. 9.4) gebrachten Züge in der Ebene zu vermeiden, wo 2C1-de Glehn-Maschinen vor den Zug kamen. Die vom damaligen Subchef Armand Flobert vorgenommenen Studien zeigten die Möglichkeit, mit nur einer 2D1-Lokomotive auf der ganzen Strecke auszukommen. Bei der Ausschreibung zur Beschaffung dieser Lokomotiven

356. 2C-Lokomotive der London, Midland & Scottish-Bahn, Klasse 5 P-5 F (Black Five), William A. Stanier

357. 2B-Lokomotive der Southern-Bahn, School-Klasse, R. E. Maunsell, 1930-1935

358. 1D1-Vierzylinder-Verbund-Schnellzuglokomotive der Sächsischen Staatsbahn, Gattung XX H V, 1918-1922

ging die Hanomag siegreich hervor, die ihren, damals jungen, Diplomingenieur Adolf Wolff mit dem Entwurf beauftragte. Das Leistungsprogramm sah vor, daß ein Zug von 400 t auf 13,5‰ (1:74) Steigung mit 55 km/h und auf 5‰ (1:200) Steigung mit mindestens 90 km/h zu befördern sei. Ferner war die de Glehn-Bauart vorgeschrieben. Infolge eines gründlichen Studiums der Betriebsverhältnisse an Ort und Stelle und der langwierigen Genehmigungsverfahren für die Detailzeichnungen zog sich die Lieferfrist in die Länge, und die französische Est kam der Norte mit dem Einsatz einer solchen Maschine zuvor. Aber es handelte sich hierbei nur um eine einzigen Prototyp, und das Verdienst der Norte, die erste europäische Bahnverwaltung gewesen zu sein, die die 2D1-Lokomotive in regelmäßigen Betrieb nahm, wird dadurch nicht geschmälert. Den sechs von der Hanomag im Frühjahr 1925 gelieferten Maschinen (Abb. 360) folgten noch weitere sechzig von einheimischen Werken, bei denen nur der Überhitzer etwas vergrößert wurde (Norte BN. 4601–56 und 4690–99, ehemals Andalusische Bahn). Alle kamen zur RENFE als Serie 241.4001–4066. Sie fuhren die 459 km lange Strecke von Madrid bis Miranda durch, allerdings mit zwei Heizern. Die BN. 4648 wurde 1939 nach Chapelon-Grundsätzen umgebaut und mit Dabeg-Ventilsteuerung und Kylchap-Doppelschornstein versehen. Sie wurde das Vorbild für weitere achtundzwanzig Lokomotiven, die die RENFE 1946 bis 1948 nachbestellte, die Serie 241.4067–4094.

Die bereits erwähnte 2D1-Lokomotive der Est wurde zwar am 17. Januar 1925 abgeliefert, doch es müssen bei ihr allerhand Schwierigkeiten aufgetreten sein, denn die ersten systematischen Probefahrten fanden erst ab Oktober statt und zogen sich bis August 1929 hin. Auch diese, von Mestre entworfene und in der Bahnwerkstatt Epernay gebaute Maschine besaß ein de Glehn-Triebwerk. Sie konnte dank des höheren zugelassenen Achsdruckes stärker ausgeführt werden (Abb. 361). Bei den Probefahrten beförderte sie 600 t auf 10‰ (1:100) Steigung mit 41 km/h und zwischen

359. Clermont-Ferrand-Paris-Expreß mit einer Lokomotive der Klasse 241 P

360. 2D1-Vierzylinder-Verbund-Schnellzuglokomotive der spanischen Norte, Adolf Wolff, 1925

361. 2D1-Vierzylinder-Verbund-Schnellzuglokomotive der Est, Nr. 241.001, 1925

Paris und Bar-le-Duc (254 km) erreichte sie in zwölf Läufen eine mittlere Geschwindigkeit von 95 km/h mit Zuglasten von 575 bis 690 t. Es zeigte sich dabei, daß doch noch einige Änderungen notwendig waren, wie die Vergrößerung der Dampfkanäle und die Erhöhung des Dampfdruckes. In dieser veränderten Form wurden 1930 zwei gleiche Serien in Auftrag gegeben, vierzig Maschinen für die Est, BN. 241.002–041, und neununddreißig für die Etat, BN. 241.001–039. Die Prototype ist für das Eisenbahnmuseum in Mülhausen aufbewahrt.

Im Februar 1925 kam die PLM ebenfalls mit einer 2D1-Maschine, BN.241A1, heraus, die, für stärkere Steigungen als auf den Strecken der Est bestimmt, kleinere Treibräder erhielt. Das Vierzylinder-Verbund-Triebwerk entsprach der Bauart v. Borries. Besonders auffällig war die nach dem System des Göttinger Physikers Prandl ausgeführte, den Windwiderstand verkleinernde, parabolische Rauchkammertür (Abb. 362). Bei den Versuchsfahrten zwischen 1925 und 1927 entwickelte diese Maschine zwischen Laroche und Blaisy-Bas mit einem 625 t schweren Zug eine mittlere Leistung von 2180 PSi. Diese zunächst als «Valentins Verrücktheit» — Chefingenieur Valentin von der PLM war ihr Schöpfer — kritisierte Maschine bewährte sich so, daß von 1927 bis 1931 einhundertvierundvierzig beschafft wurden, die Serie 241A1–145. Sie bespannte alle Arten schwerer Züge einschließlich der Güterzüge. Durch ihren kleinen Treibraddruchmesser war sie für Schnellzüge höherer Geschwindigkeit weniger geeignet. Daher wurde als BN.241C1 eine neue Maschine mit 2000 mm hohen Treibrädern gebaut, die zwar ein Einzelstück blieb, aber als Vorbild für die nach dem Zweiten Weltkrieg von der SNCF eingeführte Serie 241P diente.

362. 2D1-Lokomotive mit parabolischer Rauchkammertür, PLM, Serie 241 A, 1925

Auch die spanische Madrid-Zaragoza-Alicante-Bahn stand vor demselben Problem wie die Norte. Sie fand eine Lösung, die damals, als für große Lokomotiven allgemein mehrzylindrige Triebwerke verwendet wurden, recht gewagt schien: die Verwendung von 2D1-Zwillingsmaschinen (Abb. 363). Bei einer Probefahrt am 17. Juli 1925 beförderte die zuerst gelieferte Lokomotive einen 535 t schweren Schnellzug auf der Bergstrecke zwischen Arcos und Torralba mit ständigen Steigungen zwischen 7,6 und, auf 10 km Länge, 14,2‰ (1:131 bis 1:70) mit einer mittleren Ge-

277

schwindigkeit von 42 km/h. Mit ihrem dampffreudigen Kessel und ihrer einfachen Bauweise galten diese Lokomotiven als die bestgelungenen der MZA. Bis 1931 wurden fünfundneunzig, die Serie 1701–1795, eingestellt. Die BN. 1770–1775 erhielten Lentz-, die BN. 1776–1795 Dabeg-Ventilsteuerung. Die BN. 1701 wird für das Eisenbahnmuseum aufbewahrt.

In Österreich entschied man sich bei den vierfach gekuppelten Schnellzugmaschinen für die Achsfolge 1D2. Der Konstrukteur von Floridsdorf, Adolf Giesl-Gieslingen, hatte einen Entwurf für eine Zwillingsmaschine ausgearbeitet, die auch ausgeführt wurde. Man hatte jedoch Bedenken wegen der hohen Kurbelzapfendrücke und bestellte daneben eine sonst gleichartige Drillingslokomotive. Die Zwillingslokomotive kam Ende 1928 heraus, die bei Floridsdorf gebaute Drillingsmaschine im April 1929. Beide entsprachen der geforderten Bedingung, 500 t auf 10‰ (1:100) Steigung mit 50 km/h befördern zu können. Die Bedenken wegen der Kurbelzapfendrücke erwiesen sich als grundlos, und da die Drillingsmaschine einen höheren Kohlenverbrauch hatte, zog man die Zwillingsbauart vor, von der 1931 und 1936 die BN. 214.02–13 in Dienst gestellt wurden (Abb. 364). Die BN. 214.13 erreichte bei einer Probefahrt mit 156 km/h die höchste, von einer österreichischen Lokomotive gefahrene Geschwindigkeit. Die 214.10 blieb für das Eisenbahnmuseum erhalten.

Die größten 1D2-Lokomotiven finden wir bei den Sowjetbahnen in der «Joseph Stalin»-Klasse

363. 2D1-Lokomotive der Madrid-Zaragoza-Alicante-Bahn, 1925

364. 1D2-Lokomotive der Österreichischen Bundesbahnen, Serie 241.02–214.13, 1931 und 1936

365. 1D2-Lokomotive der Sowjetunion, Stalin-Klasse, 1933

(Abb. 365), die 1933 eingeführt wurde und den für alle neueren russischen Lokomotiven kennzeichnenden amerikanischen Einfluß zeigt. Diese Lokomotiven waren dazu bestimmt, schwere Reisezüge von 800 t mit 40 km/h auf Steigungen von 7,5‰ (1:140) zu befördern, bei Probefahrten erreichten sie mit 998 t Zuglast eine Leistung von 3172 PSi.

15.4. Chapelons Verjüngungskuren

Im Jahre 1922 hatte die Nord ihre «Superpacific», 3.1201–1240, eingeführt (Abb. 366). Sie war eine von de Caso geschaffene Weiterentwicklung der vorhergehenden Serie 3.1151–1170 von 1912 und hatte wie diese eine lange, schmale Feuerbüchse, deren Rost die ungewöhnliche Länge von 3,50 m aufwies. Wichtiger waren die außergewöhnlich großen Querschnitte der Dampfkanäle und die längeren Schieberwege. Diese «Superpacific» erwies sich den anderen 2C1-Lokomotiven der französischen Bahnen an Leistung überlegen.

Die Paris-Orleans-Bahn hatte ab 1925 unter André Chapelon Vergleichsversuche mit verschiedenen Blasrohranlagen unternommen, bei denen die vom Finnländer Kiläla erfundene und von Chapelon verbesserte, als Kylchap bezeichnete Bauart am besten abschnitt. Sie verminderte ohne Beeinträchtigung der Blasrohrwirkung den Gegendruck in den Zylindern und ermöglichte damit eine Leistungserhöhung. Chapelon wurde daraufhin von seinem Chef Maurice Lacoin beauftragt, alle Möglichkeiten zu erwägen, um die Leistung der vorhandenen Pacifics zu verbessern. Versuche ließen folgende Änderungen angebracht erscheinen: die Querschnitte aller Dampfkanäle und Dampfleitungen vom Regler bis zum Blasrohr zu verdoppeln, dabei die Dampfwege strömungsgünstig auszubilden; eine Ventilsteuerung einzubauen; die Heißdampftemperatur von 300 auf minde-

366. 2C1-Vierzylinder-Verbund-Schnellzuglokomotive der Nord, Serie 3.1201–3.1240, 1922

367. 2C1-Vierzylinder-Verbund-Schnellzuglokomotive der Nord, 1936

368. 2D-Vierzylinder-Verbundlokomotive der Paris-Orleans-Bahn, Umbau einer Pacific-Type durch Chapelon

stens 400°C zu erhöhen, damit der Dampf nicht zu kalt in die ND-Zylinder gelange; der Einbau von Nicholson-Wasserkammern in der Feuerbüchse zur Vergrößerung der wirksamen direkten Heizfläche; das Vakuum in der Rauchkammer mit Hilfe der Kylchap-Doppelschornstein-Blasrohranlage zu verdoppeln; den Einbau eines Speisewasservorwärmers der Bauart ACFI.

Die erste, nach diesen Grundsätzen umgebaute Pacific, BN. 3566, kam am 19. November 1929 in Betrieb. Schon bei den ersten Fahrten zeigte sich ein enormer Leistungsgewinn, so daß man sofort an den Umbau der noch mit Naßdampf arbeitenden Serie 3501–3520 ging (vgl. Abschn. 12.3). Mehrere dieser umgebauten Maschinen, die probeweise bei anderen Bahnen eingesetzt wurden, bestätigten, daß es in der Tat gelungen war, die frühere Leistung fast zu verdoppeln. Es wurden immer wieder Werte von 2500 bis 2600 PSi und sogar bis zu 3400 PSi gemessen, wobei der Kohlenverbrauch ungewöhnlich niedrige Werte von 0,716 bis 0,845 kg/PSi aufwies. Durch die beginnende Elektrifizierung der PO-Hauptstrecken wurden derartige Maschinen überzählig. Die Nord übernahm 1933 zwanzig in der Bahnwerkstatt Tours umgebaute Maschinen, denen 1936 noch achtundzwanzig Neubauten folgten (Abb. 367). Auch die Est folgte diesem Beispiel und erwarb dreiundzwanzig bei der PO umgebaute Pacific.

Auch die Hügelland-Pacific der Serie 4500 reichten nicht mehr aus. Man schritt ebenfalls zum Umbau, aber viel radikaler: Sie wurden in 2D-Lokomotiven verwandelt, damit sie auf den Steigungen über ein höheres Reibungsgewicht verfügten. Dieser Umbau erforderte einen ganz neuen Kessel, der nach dem Vorbild der Nord-Superpacific mit langer schmaler Feuerbüchse ausgeführt wurde. Das durch den Umbau der ausgewählten Naßdampf-Lokomotive BN. 4271, nun BN. 4701, erzielte Ergebnis übertraf die Erwartungen. Bei den verschiedenen, auch auf der Flachlandstrecke Paris-Bordeaux vorgenommenen, Probefahrten ergaben sich immer wieder Leistungen von über 3000 PSi. Auf den langen 10‰ (1:100) Steigungen zwischen Limoges und Toulouse gelang es anstandslos, Schnellzüge von über 550 t mit 85 bis 93 km/h zu fahren, was einer Leistung von über 4000 PSi entspricht. Dieser Wert wurde hier zum ersten Mal in Europa von Dampflokomotiven erreicht. Im ganzen wurden zwölf Lokomotiven so umgebaut, BN. 4701–4712 (Abb. 368).

1940/1941 ließ die SNCF noch weitere fünfundzwanzig Maschinen derart umbauen, Serie 240P1-25. Sie erhielten andere Zylinderabmessungen und einen mechanischen Rostbeschicker. Sowohl was die spezifische Leistung als auch was den Dampfverbrauch betrifft, stellen diese Maschinenverjüngungen Chapelons einen Höhepunkt in der Entwicklung der Dampflokomotive dar. Viele Bahnen folgten in der einen oder anderen Weise seinem Beispiel.

So auch die PLM bei Neubauten wie den schweren 1E1-Vierzylinder-Verbundlokomotiven der Serie 151A1-10, mit denen sie die bei den übrigen französischen Bahnen verwendete 1E-Bauart übersprang. Wegen des erforderlichen Volumens konnten die ND-Zylinder nicht innen angeordnet werden. Wären statt dessen die HD-Zylinder dort untergebracht worden, hätten sich, wie man glaubte, für die Kurbelwelle zu hohe Kräfte ergeben. Man brachte also alle vier

Zylinder außen an (Abb. 369). Beide Triebwerksgruppen waren durch innenliegende Kuppelstangen verbunden. Die Steuerung erfolgte durch Dabeg-Ventile, die durch rotierende Wellen von der zweiten Kuppelachse aus betätigt wurden. Die Vorderachse war nach Bissel ausgeführt. Diese Maschinen waren für die Beförderung von schweren Güterzügen auf der Strecke Laroche-Dijon mit 8‰ (1:125) Steigungen und für das Saint-Etienne-Kohlenrevier mit 17‰ (1:59) Steigungen bestimmt. Bei einer am 22. Mai 1933 auf der Nord-Strecke Lens-Le Bourget unternommenen Probefahrt wurden 2599 t mit einem Mittel von 54,2 km/h gezogen. Im normalen Betrieb schleppten sie auf der Strecke Laroche-Dijon 1250 t mit 50 km/h. Nach der Gründung der SNCF wurden diese Maschinen nicht weiter beschafft.

15.5. Die letzte Glanzzeit der Dampflokomotive in Nordamerika

Bis in die zwanziger Jahre wurden in Nordamerika die Vorkriegstypen, mehr oder minder verstärkt, weitergebaut. Der immer fühlbareren Konkurrenz der Wasserstraßen und vor allem der Lastkraftwagen konnte man in erster Linie durch Beschleunigung der Güterzüge begegnen, deren Reisegeschwindigkeit im Landesmittel etwa 16 km/h betrug. Das bedingte vor allem eine höhere Kesselleistung, als die weit verbreiteten Mikados hergaben.

Die Lima Locomotive Works, ein bis dahin bescheidener Betrieb, leiteten im Bestreben, neben Baldwin und ALCO ins Geschäft zu kommen, eine Revolution im Güterzug-Lokomotivbau ein. Unter ihrem Direktor Will Woodward entstand 1924 eine Vorführlokomotive, die «A-1» (Abb. 370). Bei dieser Maschine war das hintere Räderpaar gegen ein zweiachsiges Drehgestell ausgetauscht. Das erlaubte, unbehindert von Gewichtsrücksichten einen um 51% größeren Rost sowie eine um 11% größere Heizfläche als bei den Mikados unterzubringen. Im Grunde genommen war es dieselbe Idee, die Gölsdorf bereits bei seiner 1C2-Maschine (vgl. Abschn. 12.3) ausgeführt hatte. Diese Vorführlokomotive ergab bei der Boston & Albany-Bahn auf den Strecken der Berkshire Hills so gute Ergebnisse, daß gleich fünfundvierzig Maschinen bestellt wurden, die die Gattungsbezeichnung «Berk-

369. 1E1-Vierzylinder-Verbund-Güterzuglokomotive mit geteiltem Triebwerk, PLM, Nr. 151 A 1

370. 1C2-Güterzuglokomotive der Boston & Albany-Bahn, von den Lima Lokomotiv-Werken unter Will Woodward gebaut

shire» erhielten. Bei den ersten dieser Lima-«Superpower»-Lokomotiven hörte der Rahmen hinter der letzten Kuppelachse auf. Das Drehgestell war daran angelenkt und der Aschkasten schwenkte gemeinsam mit ihm. Später wurde der Rahmen in üblicher Weise nach rückwärts verlängert und ein aus Stahlguß hergestelltes sogenanntes Delta-Schwenkgestell vorgesehen. Bis 1949 wurden rund siebenhundertfünfzig «Berkshire», zum Teil auch von ALCO geliefert, in Betrieb genommen. Es gelang mit ihnen, die mittlere Reisegeschwindigkeit der Güterzüge zu verdoppeln.

stellten Kohlenzügen. Den Höhepunkt der Texas-Type bildeten die von Baldwin 1938 für die Santa Fé-Bahn gebauten Maschinen mit 1880 mm hohen Treibrädern. Es war der größte, jemals bei fünffach gekuppelten Lokomotiven ausgeführte Durchmesser. Bis etwa 1944 sind rund vierhundertfünfzig solcher Texas-Maschinen in Betrieb gekommen.

Die gewaltigen Kolbenkräfte dieser Maschinen erforderten eine besondere Ausbildung der Stangenköpfe mit sogenannten schwimmenden Buchsen, das heißt Lagerschalen, die lose in den Köpfen gelagert waren.

371. 2F1-Drillingslokomotive der Union Pacific-Bahn, Klasse 9000, 1926

Die Weiterentwicklung der Berkshire zur 1E2-Lokomotive ergab sich von selbst. Auch sie war den Lima Locomotive Works zu verdanken, die schon 1925 eine solche Maschine an die Texas & Pacific-Bahn lieferte, die danach benannte Texas-Type. Diese Lokomotiven besaßen noch Treibräder von 1600 mm Durchmesser, wodurch die Fliehkräfte der schweren Triebwerksmassen für höhere Geschwindigkeiten nicht ausreichend ausgeglichen werden konnten. Als die Chesapeake & Ohio solche 1E2-Maschinen für 10 000 t schwere Kohlenzüge beschaffte, wurde der Raddurchmesser auf 1753 mm vergrößert. Diese ebenfalls von Lima stammenden Maschinen, BN.3000-3039, liefen in der Tat mit Geschwindigkeiten bis zu 105 km/h vor langen aus 140 Wagen zusammenge-

Ein anderes Mittel, die Kolbenkräfte zu vermindern, bestand darin, drei Zylinder vorzusehen, wie bei europäischen Maschinen. Diesen Weg wählte ALCO bei den Rivalen der Texas-Type mit 2E1-Achsfolge. Sie lieferte 1925 eine Drillingsmaschine an die Southern Pacific. Im ganzen wurden aber nur sechzig solcher Drillingslokomotiven gebaut, davon allein neunundvierzig für diese Bahn. Bei allen war der Schieberantrieb nach Gresley ausgeführt.

Die Union Pacific, die 1925 probeweise eine schwere 2E1-Zwillings-Lokomotive beschafft hatte, fand diese für ihre Betriebserfordernisse ungenügend. Sie ließ sich statt dessen von ALCO eine 2F1-Lokomotive bauen, die so befriedigte, daß bis 1930 insgesamt achtundachtzig Maschinen dieser Klasse 9000 in Dienst gestellt wurden (Abb. 371). Als Drillingslokomotiven ausgeführt, liefen sie überraschenderweise so ruhig, daß die zulässige Geschwindigkeit auf 80 bis 88 km/h festgesetzt werden konnte. Diese Union Pacific stellen den Höhepunkt der amerikanischen Güterzuglokomotive mit starrem Rahmen dar.

Wie in Europa war man auch in Amerika bemüht, möglichst vielseitig verwendbare Lokomotiven zu schaffen. Dafür schien zunächst die 2D1-Anordnung am besten geeignet, die so von der Güterzugmaschine (vgl. Abschn. 13.1) allmählich zur Mehrzweck- und schließlich zur Reisezuglokomotive weiter entwickelt wurde. Ein Beispiel dafür ist die Klasse 7000 der Union Pacific vom Jahre 1922 (Abb. 372).

Wie aus der Mikado die Berkshire entstand, so führten dieselben Erwägungen zur Weiterentwicklung der Pacific zur Hudson. Den Anfang machte die New York Central-Bahn. Bei Vergleichsfahrten der ersten Hudson, Klasse J-1, die am 14. Februar 1927 von ALCO geliefert worden war, mit einer ihr vorangegangenen Pacific ergab sich eine Mehrleistung von 24% am Tenderzughaken, bei einer um 26% höheren Geschwindigkeit. Mit der Vervollkommnung der Maschinen stiegen diese Werte sogar auf 38% und 31% für die «Super-Hudson» Klasse J-3a vom Jahre 1937 (Abb. 373). Bei 124 km/h betrug die Leistung 4770 PSi. Das war für ihren Schöpfer, Paul W. Kiefer, Chefingenieur der NYC, ein schöner Erfolg. Diese letzten fünfzig Maschinen erhielten Timken-Rollenlager an allen Achsbuchsen, in den Treibstangenköpfen und fünf zusätzlich an allen Kuppelzapfen. Bei der NYC allein kamen insgesamt über zweihundertfünfzig Hudson in Betrieb. Bald erschienen sie auch auf anderen Bahnen mit anspruchsvollem Schnellzugbetrieb, so daß im Ganzen rund fünfhundert Maschinen liefen.

Im Januar 1927 brachte die Northern Pacific eine 2D2-Lokomotive heraus, eine Weiterentwicklung der Mountain-Type. Bei dieser Maschine konnte man alle Fortschritte des amerikanischen Lokomotivbaus von vornherein ausnützen: die außenliegende Baker-Steuerung, gut abgestimmte Überhitzer für hohe Dampftemperaturen, den Speisewasservorwärmer, einen mechanischen Rostbeschicker, die Anschiebemaschine («Booster»), bald auch den einschließlich der Zylinder aus einem Stück bestehenden Stahlgußrahmen und schließlich noch die Rollenlager. Diese 2D2-Lokomotive war zunächst als Mehrzweckmaschine gedacht, entwickelte sich aber bald sowohl zur reinen Schnellzugmaschine, als auch zur schnellfahrenden Güterzuglokomotive, vor allem als der Reiseverkehr zurückging. Ihre höchste Stufe als Schnell-

372. 2D1-Lokomotive der Union Pacific-Bahn, Klasse 7000, 1922

373. 2C2-Lokomotive der New York Central-Bahn, Klasse J-3a, Paul W. Kiefer, 1937

374. 2D2-Lokomotive der Grand Trunk Western, Nr. 6405, 1938

375. «Cab ahead», 2D + D1-Lokomotive der Southern Pacific-Bahn

376. «Big Boy», 2D + D2-Lokomotive der Union Pacific-Bahn, 1941

377. Güterschnellzug der New York Central-Bahn mit der 2D2-Lokomotive Nr. 2823

378. 1C+C2-Lokomotive der Norfolk & Western-Bahn

zugmaschine erreichte sie in der von Lima 1938 gebauten zweiten Serie, BN.6405-6410, der Grand Trunk Western, einer Tochterbahn der Canadian National in den Vereinigten Staaten (Abb. 374). Die Canadian National ihrerseits hatte bereits fünfzig derartige Maschinen angeschafft.

Diese 2D2-Maschinen trugen verschiedene Namen, weil die Bahnen eigene Benennungen, wie «Northern», «Niagara», «Pocono», «Confederation» und andere, einführten. Am bekanntesten sind die Niagara der NYC geworden, die 1945 zunächst Mehrzwecklokomotiven waren, aber zu Schnellzuglokomotiven weiterentwickelt wurden.

Diese großen Starrahmenmaschinen schienen die Mallet verdrängen zu wollen, und zum Teil gelang es auch. Doch für Gebirgsstrecken konnte man auf die große Leistung der Mallet-Maschinen nicht verzichten. Der hoch überhitzte Dampf gab die Möglichkeit, vom Verbundsystem abzusehen, und damit die Laufeigenschaften der schwerfälligen alten Mallet zu verbessern. Dieser Gedanke wurde 1924 bei den 1D+D1-Doppelzwillingsmaschinen von ALCO für die Chesapeake & Ohio-Bahn zum ersten Mal verwirklicht. Wie bei den Starrahmenmaschinen und aus denselben Gründen sah man auch bei diesen Konstruktionen ein rückwärtiges zweiachsiges Schwenkgestell vor. Die Norfolk & Western-Bahn baute in ihrer eigenen Bahnwerkstatt entsprechende 1C+C2-Maschinen, BN.1200-1222 (Abb. 378). Sie waren für Eilgüterzüge bestimmt.

Die Entwicklung der Mallet-Doppelzwillinge ging weiter und führte zu so bekannten Typen wie die «Cab-ahead» der Southern Pacific (Abb. 375). Das Führerhaus war wie seinerzeit in Italien (vgl. Abschn. 11.1.4) nach vorne verlegt, damit das Personal in den Tunneln und Lawinengalerien nicht durch Abdampf und Rauch belästigt wurde. Gefeuert wurde mit Schweröl, das mit dem Speisewasser im Tender mitgeführt wurde.

Zum Schluß erreichten diese Doppelzwillinge die größten jemals ausgeführten Abmessungen in den «Big Boys», 2D+D2-Lokomotiven der Union Pacific vom Jahre 1941 (Abb. 376). Mit einer Leistung von 6290 PSi am Zughaken konnten sie auf der Bergstrecke Ogden-Wasatch, die eine mittlere Steigung von $11,4^0/_{00}$ (1:88) aufwies, bis zu 4000 t mit 32 bis 40 km/h befördern, erreichten auch gelegentlich auf ebener Strecke 140 km/h.

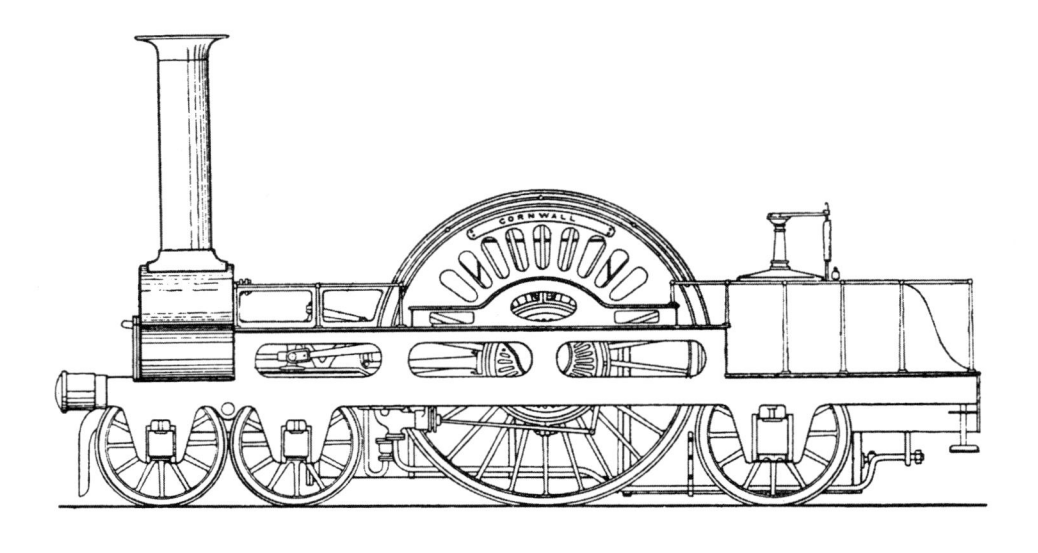

16. DIE SCHNELLFAHRLOKOMOTIVEN

379. «Cornwall», 2A1-Lokomotive der London & North Western-Bahn, Francis Trevithick, 1847

16.1. Verfrühte Ideen

Wie bereits dargelegt (vgl. Abschn. 6.1), war man schon früh bestrebt, besonders schnellfahrende Lokomotiven zu schaffen. Sie entsprachen natürlich ganz den damaligen Anschauungen und hatten eine möglichst tiefe Kessellage und recht große Treibräder. Das waren schlecht zu vereinende Forderungen. Daher trennte man bei einer auf der Great Western erprobten Lokomotive, der «Hurricane», die beiden Elemente. Der Kessel wurde auf ein besonderes dreiachsiges Fahrzeug gesetzt und von einem 2A1-Treibfahrzeug, auf dem sich die Zylinder befanden, gezogen. Die «Hurricane» soll im September 1839 bei einer Probefahrt während 45 km eine Geschwindigkeit von 161 km/h durchgehalten haben. Solche Angaben sind allerdings sehr mit Vorsicht zu behandeln, denn Stoppuhren gab es damals noch nicht.

Während des Kampfes der Spurweiten versuchte Francis Trevithick bei der LNWR, Goochs «Great Western» (vgl. Abschn. 6.1) an Geschwindigkeit zu übertreffen. Auch er ließ sich durch die damalige Anschauung verleiten, einen übergroßen Treibraddurchmesser von 2591 mm vorzusehen. Und als es um die niedrige Schwerpunktlage ging, übertrumpfte er Crampton noch, denn er brachte den Kessel unterhalb der Treibachse an (Abb. 379). Seine «Cornwall», die 1847 gebaut worden war, wurde in London 1851 ausgestellt, wo sie einiges Aufsehen erregte. Auch von ihr wird eine unwahrscheinlich hohe Fahrgeschwindigkeit von 188 km/h berichtet, allerdings leer und leicht bergab fahrend. Trevithicks Nachfolger Ramsbottom baute diese Lokomotive 1858 in eine 1A1-Maschine mit einem normal über der Treibachse liegenden Kessel um. Sie wurde als Schnellzugmaschine für leichte Züge zwischen Liverpool und Manchester und später zum Ziehen eines Inspektionswagens verwendet. Zuletzt wurde sie im, inzwischen geschlossenen, Clapham Museum aufbewahrt.

Nach gleichen Grundsätzen, aber mit zwei gekuppelten Achsen, war auch die von Blavier und Larpent entworfene und von Gouin 1855 gebaute «L'Aigle» ausgeführt, die auf der Pariser Weltausstellung des gleichen Jahres gezeigt wurde (Abb. 380). Sie sollte die Geschwindigkeit der Crampton um das Doppelte übertreffen und den Fehler des zu geringen Reibungsgewichtes vermeiden. Wieder hört man, daß sie bei Probefahrten auf der Ouest 160 km/h gefahren haben soll. Sie kam, wie auch die erwähnten Vorgängerinnen, nicht in regelmäßigen Betrieb, zeigte aber, daß man bei schnellfahrenden Lokomotiven ruhig zwei Achsen kuppeln konnte, wie es die Ouest in Frankreich dann auch als erste Bahn tat (vgl. Abschn. 7.3). Wie fest Vorurteile eingewurzelt sein können, zeigt die von Estrade entworfene und von Boulet & Cie in Paris noch 1889 gebaute, dreifach gekuppelte Lokomotive. Auch sie hatte übergroße Räder, die ebenso bei den Wagen für nötig gehalten wurden (Abb. 381 u. 382). Wie gefährlich derart große voranlaufende Räder im Betrieb sind, haben wir schon früher erwähnt. Viel Bequemlichkeit dürften die Reisenden 3. Klasse im unteren Stockwerk nicht gefunden haben. Diese Maschine, «La Parisienne», wurde auf der Weltausstellung Paris 1889 gezeigt, ob sie jemals gefahren ist, ließ sich nicht feststellen. Das große Mißverhältnis zwischen Kessel und Triebwerk würde jedenfalls im Betrieb zu einem Fiasko geführt haben.

16.2. Die «windschnittigen» Lokomotiven

Ricour, dem wir bereits anläßlich der Versuche mit einer Gegendampfbremse begegneten (vgl. Abschn. 9.4), war mittlerweile Chefingenieur der Etat geworden. Im Jahre 1883 versah er eine 1B-Orleans-Type BN. 2071 seiner Bahn mit Keilflächen vor der Rauchkammer und dem Führerhaus, sowie zwischen Schornstein und Dom, um festzustellen, wieweit dadurch der Luftwiderstand der fahrenden Lokomotive vermindert werden könnte. Während dreizehn Monaten, vom Juni 1884 bis Juni 1885 wurde diese Maschine in demselben Dienstplan wie normale Lokomotiven eingesetzt. Bei der mit «Windschneideflächen» versehenen ergab sich dabei ein um 12% geringerer Brennstoffverbrauch. Wie bereits erwähnt (vgl. Abschn. 11.1.3), rüstete die PLM darum ihre 2B-Vierzylinder-Verbundlokomotiven mit derartigen Keilflächen aus.

Ricours Nachfolger Desdouits unternahm den Versuch, mit Hilfe derartiger brennstoffsparender Windschneideflächen eine Zwillingslokomotive zu bauen, die sich mit den soeben probeweise beschafften de Glehn-Vierzylinder-Verbundmaschinen messen könnte. Die Form der Keilflächen wich vorne von der der PLM-Lokomotiven ab (Abb. 383). Sie trug ihnen die Bezeichnung «Schnabellokomotiven» (machines à bec) ein. In der Tat sollen diese Maschinen, Serie 2751-2754 (später 220.011-014) zunächst den gleichen Kohlenverbrauch wie die de Glehn-Maschinen ge-

380. «L'Aigle», 1B-Lokomotive, Blavier und Larpent, 1855

381. «La Parisienne», Estrade, 1889

382. Zweistöckiger Schnellzugwagen, unten die Abteile 3. Klasse, oben die der 2. Klasse

habt haben. Spätere genaue Versuche zeigten aber zu hohe Gegendrücke in den Zylindern, verursacht durch die nach einem Patent von Ricour ausgeführten Kolbenschieber. Die Etat ging nach einem kurzen Zwischenspiel mit amerikanischen Lokomotiven der Zwillings- und Vauclain-Bauart endgültig zur de Glehn-Lokomotive über.

Diese keilförmigen Windschneideflächen wurden in Deutschland zuerst bei der Badischen Staatsbahn 1900 eingeführt, und zwar bei der letzten Lieferung der 2B-Innenzylinderlokomotiven, Gattung IIc. Da die vordere Verschalung den Zutritt zur Rauchkammer behinderte, ließ man sie später weg. Statt dessen wurde häufig eine spitz zulaufende Rauchkammertür vorgesehen. Schließlich blieb nur eine keilförmige Vorderwand des Führerhauses, die sich in Deutschland am längsten in Bayern hielt und in Frankreich noch bei nach dem Zweiten Weltkrieg gebauten Lokomotiven vorkommt.

383. Schnellzuglokomotive mit vorderer schnabelförmiger Verkleidung, Etat, Serie 2751-2754, 1897

Die windschnittige Formgebung war zunächst charakteristisch für besonders schnell fahrende Lokomotiven. Sie wurde jeweils benutzt, wenn man daran ging, derartige Maschinen zu entwerfen. Auf der Weltausstellung Paris 1900 wurde eine nach Entwurf von Thuile in Le Creusot gebaute Lokomotive gezeigt, die einen Luxuszug von 180 bis 200 t Gewicht auf der Ebene mit mindestens 120 km/h befördern sollte (Abb. 384). Noch hielt der Konstrukteur übergroße Treibräder von 2500 mm Durchmesser für notwendig; um trotzdem einen genügend großen Kessel innerhalb des Umgrenzungsprofils unterbringen zu können, griff Thuile auf den alten birnenförmigen Kesselquerschnitt Kesslers zurück, verlegte aber den schmäleren Teil nach unten zwischen die hohen Kuppelräder. Die große, breit ausladende Belpaire-Feuerbüchse erforderte ihres Gewichtes wegen hinten ein dreiachsiges Drehgestell mit Mittelzapfen. Der verhältnismäßig kurze Kessel ließ vorne genügend Raum für ein geräumiges Führerhaus, in dem auch ein Turbodynamo für die elektrische Zugbeleuchtung Platz fand. Wie bei der zweiten ausgestellten Lokomotive mit vorderem Führerstand, einer italienischen Maschine von Plancher (vgl. Abb. 259), war die Führerhaus-Stirnwand keilförmig zugespitzt. Der sehr lange Tender lief auf fünf Achsen und faßte einen Kohlenvorrat für 350 km Laufstrecke. Bei Probefahrten im Mai und Juni 1900 auf der Etat-Strecke Chartres-Thouars enttäuschte diese, für die damalige Zeit große Maschine, denn sie erfüllte nur knapp das vorgesehene Programm, neigte überdies zu Entgleisungen und benötigte drei Mann zur Bedienung, einen Lokomotivführer und zwei Heizer. Bei einer dieser Probefahrten wurde Thuile, als er sich zu weit hinauslehnte, von einem Pfosten erfaßt und getötet. Danach stand die Maschine abgestellt herum und wurde 1904 verschrottet.

Bald nach der Jahrhundertwende nahm die Studiengesellschaft für elektrische Schnellbahnen ihre Arbeit auf, die am 23. Oktober 1903 ihre Krönung fand: Ein elektrischer Triebwagen erreichte die aufsehenerregende Geschwindigkeit von 210,2 km/h. Dies gab den Dampflokomotivbauern neuen Auftrieb. Der Verein deutscher Maschineningenieure schrieb 1902/1903 einen Wettbewerb für Entwürfe einer Schnellfahrlokomotive aus, die in der Lage sein sollte, 180 t mit 120 km/h dauernd zu befördern, und die auch ohne Gefahr mit 150 km/h betrieben werden könnte. Der Entwurf des Oberingenieurs Kuhn von der Firma Henschel, der ein Dreizylinder-Verbund-Triebwerk der Bauart Wittfeld verwendete, wurde zur Ausführung ausgewählt. Bei den zwei gebauten Maschinen befand sich der Führerstand vorne; bei einer war noch hinten ein Schutzhaus für den Heizer vorgesehen, bei der anderen wurde zum ersten Mal, wenn wir von der dampfelektrischen Lokomotive Heilmans absehen, der ganze Teil oberhalb der Räder durch einen kastenförmigen Aufbau verkleidet (Abb. 385), der sich auch über den Tender fortsetzte. Dieser besaß einen Seitengang, damit das Zugpersonal den Führerstand erreichen konnte.

Die Kuhnsche Anordnung der beiden gleichlaufenden

384. Schnellzuglokomotive mit keilförmiger Verkleidung des vorn liegenden Führerhauses, Thuile, 1900

385. Schnellfahrlokomotive mit kastenförmiger Verkleidung, Entwurf Kuhn/Wittfeld, 1902-1903

ND-Kurbeln, die den HD-Kurbeln um 90° voraus eilten, ergab so starke Zuckkräfte, daß man die Versetzung der Treibzapfen der ND-Zylinder veränderte, damit die linke Innenkurbel um 45° vor- und die rechte um ebensoviel nacheilte. Das war nur mit einer, wegen ihrer Form «Blitzkurbel» genannten, Gegenkurbelanordnung möglich. Wegen der hohen Kosten wurde dieser Umbau nur an einer der beiden Maschinen vorgenommen. Daß auch diese große Lokomotive in ihrer Leistung enttäuschte, haben wir bereits im Abschnitt 11.2. erwähnt. Nach Entfernung der vorderen Führerstände und der Verkleidung liefen die beiden Lokomotiven bis 1918 gemeinsam mit den 2B1-Maschinen der Gattung S 9.

Dieser preußische Versuch regte die Bayerischen Staatsbahnen an, ebenfalls eine Schnellfahrlokomotive zu bauen, deren Ausführung Maffei übertragen wurde. Hammel konstruierte die Maschine. Das Triebwerk entsprach dem der badischen 2B1-Maschinen Gattung IId (vgl. Abb. 277), doch sah er den inzwischen zur Regel gewordenen Barrenrahmen vor. Während die vorher beschriebenen Lokomotiven noch unbeholfen aussahen, zeigt Hammels Entwurf ein fast ganz neuzeitliches Bild. Mit seinem ausgesprochenen Formgefühl verstand er es, auch den Windschneideflächen, die allerdings den späteren aerodynamischen Erkenntnissen zuwider laufen, ein gefälliges Aussehen zu geben (Abb. 386). Diese Maschine, BN. 3201, wurde 1906 auf der Bayerischen Jubiläumsausstellung in Nürnberg gezeigt. Bei den Probefahrten im Juli nächsten Jahres auf der Strecke

386. Schnellfahrlokomotive der Bayerischen Staatsbahn, Nr. 3201, Anton Hammel, 1906

Augsburg-München (62 km) erreichte sie mit 150 t Zuglast den damaligen deutschen Geschwindigkeitsrekord von 154,4 km/h. Damals gestatteten weder der Oberbau noch die Signaleinrichtungen und Bremsen so hohe Geschwindigkeiten im normalen Betrieb. Es blieb bei dieser einen Maschine, die 1925 dem Verkehrsmuseum in Nürnberg überwiesen wurde.

16.3. Die Stromlinien-Lokomotiven

In den dreißiger Jahren unseres Jahrhunderts begann die Konkurrenz des Flugzeuges und Autos den Eisenbahnen Reisende zu entziehen. Das beste Gegenmittel war, die Reisegeschwindigkeit der Züge zu erhöhen.

387. 2C2-Stromlinienlokomotive der Deutschen Reichsbahn, Nr. 05.001, 1935

der Eisenbahn, wo der Luftwiderstand des fahrenden Zuges etwa im Quadrat zur Geschwindigkeit steigt, anzuwenden. Das war nicht ohne weiteres möglich, schwebt doch das Flugzeug frei im Raum, während die Lokomotive sich nur eindimensional auf festem Boden bewegt. Würde sich das Triebwerk nicht warm laufen, wenn es, durch eine «Stromschale» verdeckt, nicht mehr dem kühlenden Fahrtwind ausgesetzt wäre? Würde der Rost noch genügend Verbrennungsluft erhalten? Um diese Fragen zu beantworten, unternahm die Deutsche Reichsbahn Mitte April bis Ende September 1934 Versuche an der 2C1-Drillings-Einheitslokomotive 03.154, bei der das Triebwerk durch eine Schürze verkleidet und die Rauchkammervorderwand mit dem, den Luftwiderstand vermindernden, Prandl-Paraboloid abgedeckt wurden. Die gehegten Befürchtungen erwiesen sich als unbegründet. Aber schon diese Teilverkleidung ergab infolge des verminderten Luftwiderstandes einen Gewinn an effektiver Zugkraft von 9,1% bei 120 km/h und sogar 27% bei 140 km/h.

So konnten die Projektarbeiten für den Bau von zwei Schnellfahrlokomotiven, die bei den Borsig-Werken der AEG in Hennigsdorf in Auftrag gegeben waren, weitergeführt werden. Diese Konstruktionsarbeit lag in Händen des Diplomingenieurs Adolf Wolff, den wir als Schöpfer der spanischen 2D1-Lokomotive kennengelernt haben (vgl. Abschn. 15.3). Um die günstigste Form der Verschalung zu ermitteln, unternahm man zunächst im Windkanal der damaligen Technischen Hochschule Charlottenburg und dann

388. Lokomotive mit Stromschalenverkleidung, London, Midland & Scottish-Bahn, Nr. 6220, 1937

Zunächst wurden zu diesem Zweck Schnelltriebwagen mit Verbrennungsmotoren eingesetzt. Um aber ganz allgemein größere Geschwindigkeiten zu erreichen, mußte man auch schneller fahrende Dampflokomotiven schaffen. Da man inzwischen durch den Flugzeugbau reiche Erkenntnisse auf dem Gebiet der Strömungsphysik gewonnen hatte, lag es nahe, diese bei

im größeren Windkanal in Göttingen eingehende Modellversuche.

Die angestrebte Leistung, Züge von 200 bis 250 t (fünf bis sechs D-Wagen) mit über 150 km/h zu befördern und doch dabei noch genügend Reserven zum Einholen von Verspätungen zu haben, führte zur Konstruktion einer 2C2-Lokomotive mit 2300 mm hohen

Treibrädern (Abb. 387). Um des besseren Massenausgleichs willen wurde ein Drillingstriebwerk gewählt. Konstruktiv lehnten sich diese beiden Maschinen, BR 05, an die Einheitslokomotiven der Reichsbahn an. Beide wurden 1935 geliefert. Die BR 05.001 stellte man anläßlich der Jahrhundertfeier der deutschen Eisenbahnen in Nürnberg aus. Mit beiden wurde eine große Zahl von Versuchsfahrten unternommen. Hierbei konnten ohne Schwierigkeiten und mit ausgezeichneten Fahreigenschaften 180 bis 185 km/h gefahren werden. Mit der BR 05.002 fand am 11. Mai 1936 jene denkwürdige Fahrt statt, bei der auf der 20 km langen, ebenen und kurvenlosen Strecke zwischen Neustadt/Dosse und Paulinenaue schon zu Beginn 195 km/h erreicht und dann während 3 km die Geschwindigkeit von 200 km/h mit einer Spitze von 200,4 km/h eingehalten wurde. Die Zuglast betrug hierbei 297 t, die dabei erzielte Höchstleistung 3400 PSi.

Eine dritte Lokomotive, die BR 05.003, wurde für Steinkohlenstaub-Feuerung eingerichtet. Bei ihr lag der Kessel verkehrt herum, und der Führerstand war daher vorn. Der Ausbruch des Zweiten Weltkrieges und die damit verbundene Einschränkung der Fahrpläne verhinderten den vorgesehenen Einsatz dieser drei Maschinen, die kaum verwendet herumstanden. Sie kamen Anfang 1950 nach Allach zu Krauß-Maffei, wo ihr Schöpfer, Adolf Wolff, Direktor geworden war, und wurden dort, da kaum noch Pläne vorhanden waren, unter seiner Leitung ihrer Schale entkleidet. Dabei wurde die 05.003 in eine normale 2C2-Maschine umgebaut. Am 14. Juli 1958 entschloß man sich, auf ihre Verwendung zu verzichten. Die am besten erhaltene BR 05.001 wurde am 16. Juni 1963 in einer Feier, an der ihr Schöpfer und der Lokomotivführer der Rekordfahrt teilnahmen, dem Verkehrsmuseum übergeben. Sie waren das Vorbild für die weiteren Stromlinienlokomotiven der Reichsbahn.

Die Einführung des bekannten Diesel-Schnelltriebwagens «Der fliegende Hamburger» bewog Nigel Gresley, zu untersuchen, ob derartige Wagen für einen Schnellverkehr zwischen London und Schottland in Frage kämen. Da sie aber bei dem vorhandenen Streckenprofil keine genügend hohen Geschwindigkeiten erzielen konnten und überdies die Zahl der Sitzplätze zu beschränkt war, zog er es vor, beim Dampfbetrieb zu bleiben. Seine erste Drillings-Pacific, Klasse A1, hatte er aufgrund der Ergebnisse von Vergleichsfahrten mit Great Western-Lokomotiven laufend verbessert. Zunächst mit einer solchen Maschine, dann mit einer der A3-Klasse führte er von Ende November 1934 bis Anfang März 1935 verschiedene Versuche durch, um das Verhalten bei hohen Geschwindigkeiten zu prüfen. Hierbei erreichte die «Papyrus» mit 217 t hinter dem Tender eine Höchstgeschwindigkeit von 173,8 km/h. Es zeigte sich aber, daß für einen normalen Dienstplan gewisse Änderungen erwünscht waren. Darum wurde die A4-Klasse mit höherem Kesseldruck, kleineren Zylindern und vor allem völlig verkleidet geschaffen. Bevor die ersten vier Maschinen dieser Klasse in Betrieb kamen, unternahm Gresley mit der «Silver Link» einen Schnellfahrversuch mit einem 230t-Zug, wobei 181 km/h erreicht wurden. Die «Silver Jubilee»-Expreßzüge zwischen London und Newcastle nahmen am 30. September 1935 den fahrplanmäßigen Dienst auf, gefolgt von weiteren derartigen Zügen. Bei den letzten vier Maschinen der A4-Klasse wurde eine Kylchap-Blasrohranlage eingebaut. Eine solche Lokomotive, die «Mallard» (Abb. 392), stellte mit einem aus drei Drehgestellwagen und dem Meßwagen gebildeten Zuge von 240 t am 3. Juli 1939 den Weltrekord für Dampflokomotiven mit 202,77 km/h auf, allerdings nur während einer kurzen Zeit und auf einer Strecke mit leichtem Gefälle von 3,7‰ (1:240). Die «Mallard» befand sich zuletzt im Clapham-Museum.

Wie schon erwähnt (vgl. Abschn. 15.2), brachte Sta-

389. Rollende Räder

390. Lokomotive der Merchant Navy-Klasse, «Compagnie Général Transatlantique», Nr. 21 C 19, 1941

391. 2C2-Lokomotive der New York Central-Bahn, Nr. 5453, Klasse J 3, mit dem Schnellzug «20th Century Limited». Gestaltung der Stromschale: Henry Dreifuss

nier bei der LMS im Juni 1933 die erste Pacific der «Princess»-Klasse heraus. Es war eine Vierlingsmaschine mit geteiltem Achsantrieb und entsprach ganz der Great Western-Tradition. Abweichend wurden vier Heusinger-Walschaert-Steuerungen vorgesehen, von denen zwei innen, zwei außen angeordnet waren. Die Nachlieferungen versah Stanier mit einer Verbrennungskammer und einem größeren Überhitzer. Außerdem vereinfachte er den Schieberantrieb durch das Weglassen der beiden inneren Steuerungen und Betätigung der Innenschieber von außen.

Als Gresley bei der LNER seine Stromlinienlokomotiven einführte, fand erneut so etwas wie ein Wettlauf nach Schottland statt. Stanier baute 1937 fünf Maschinen der «Duchess»-Klasse mit Stromschale (Abb. 388), um dem, anläßlich der Krönung König Georgs VI. von der LNER eingeführten «Coronation Express» einen gleichwertigen «Coronation Scot» entgegensetzen zu können. Bei einer Pressefahrt am 29. Juni 1937 mit der BN. 6220, «Coronation», erreichte diese mit dem gleichnamigen Expreß eine Geschwindigkeit von 183 km/h, womit der frühere Rekord der LNER-Maschine «Silver Fox» gebrochen war. Im normalen Dienst zogen diese Lokomotiven 470 bis 530 t.

Auf der Southern folgte dem eher traditionell eingestellten Maunsell als neuer Chef O.V.S. Bulleid, der völlig gegensätzliche Ansichten hegte. Er erkannte, vorausschauend, welche Betriebsansprüche nach Kriegsende zu erwarten waren, und entwarf eine Lokomotive, die in der Lage sein sollte, Züge von 600 t mit 70 Meilen (113 km/h) zu befördern. Mit Rücksicht auf die bestehenden Streckenverhältnisse durfte sie nicht mehr als 95,5 t wiegen. Dies zwang ihn, die Feuerbüchse geschweißt, aus hochwertigem Stahl, zu bauen. Dies war umso nötiger, als ein hoher Kesseldruck von 19,7 atü gewählt worden war, um die erforderliche Zugkraft mit kleineren und daher leichteren Zylindern zu erzielen. Für den Schieberantrieb fand Bulleid eine neue Lösung. Der Antrieb geschah nicht unmittelbar von der Treibachse aus, sondern durch zwei eingeschaltete Zwischenwellen, die ihrerseits durch Ketten von der Treibachse mitgenommen wurden. Auf der zweiten dieser Kettenradwellen saßen die Exzenterkurbeln. Der ganze Steuerungsmechanismus befand sich innerhalb eines völlig geschlossenen Gehäuses mit Ölbad. Ebenso neu war die Konstruktion zur Betätigung der Kolbenschieber für die drei Zylinder. Diese Schieber besaßen innere Einströmung und keine äußeren Stopfbuchsen, da sie durch seitwärts außen angeordnete Pendelwellen, an denen innerhalb des großen Ausströmraumes eine Mitnehmerstange angelenkt war, betätigt wurden. Diese «Merchant Navy»-Klasse (Abb. 390) konnte auch für schwere Güterzüge eingesetzt werden. Bei der Southern mangelte es an solchen Maschinen, ihr Bau wurde darum trotz des Krieges genehmigt, und die erste konnte 1941 in Betrieb genommen werden. Der vielteilige Schieberantrieb erwies sich als sehr störanfällig. Da aber diese und auch die nachfolgenden Maschinen der «West Country»-Klasse überaus leistungsfähig waren, wurden sie von den British Railways umgebaut. Sie erhielten normale Heusinger-Walschaert-Steuerungen, und man setzte den Dampfdruck zur Schonung des Kessels auf 17,6 atü herab.

Zur gleichen Zeit wie in Deutschland war man in den Vereinigten Staaten bestrebt, besonders schnell fahrende Züge einzusetzen. Auch diesmal machten Dieseltriebwagen den Anfang. Als erster kam 1933 der «Zephir» der Chicago, Burlington & Quincy-Bahn in Betrieb. Die New York Central-Bahn ließ daraufhin im November 1934 eine ihrer Hudson-Maschinen der Klasse J-1c, BN. 5344, mit einer Stromschale versehen, deren Form im Windkanal ermittelt wurde. Es war dies die weitbekannte «Commodore Vanderbilt», die in kleinem Maßstab jahrelang in mehr oder minder vereinfachter Form von der Spielwarenindustrie angeboten wurde.

Ähnlich wie die Deutsche Reichsbahn, die im Henschel-Wegmann-Zug einen geschlossenen Stromlinienzug mit eigens dafür gebauter Lokomotive und Leichtbauwagen schuf, verfuhr gleichzeitig die Chicago, Milwaukee, St. Paul & Pacific-Bahn bei dem Bau ihres «Hiawatha». Bei der äußeren Gestaltung der dafür bestimmten 2B1-Maschinen zog man zum ersten Mal einen Gestalter industrieller Erzeugnisse, Otto Kühler, hinzu, der die «Schaufelnasenform» entwarf. Für die, als nächste gebauten, Stromlinienloko-

392. «Mallard», 2C1-Schnellzuglokomotive der London & North Eastern-Bahn, Nr. 4468. Diese Maschine errang 1939 den Geschwindigkeitsweltrekord der Dampflokomotiven

393. 2BB2-Lokomotive der Pennsylvania-Bahn, 1940. Gestaltung der Form: Raymond Loewy

motiven der Pennsylvania, vier Maschinen der Klasse K 4s, schuf Raymond Loewy die «Ballonform». Es war dies ein Versuch, den rein physikalischen Stromlinien ästhetische Aspekte überzuordnen. Diesen Stil übernahm Henry Dreifuss bei der Gestaltung der Stromschale für die zehn Hudson-Lokomotiven, Klasse J 3, BN. 5445-5454, der New York Central-Bahn (Abb. 391). Statt die ganze Lokomotive mit einer «umgestülpten Badewanne» zu verdecken, wie er sich ausdrückte, paßte er die Verkleidung dem natürlichen Aufbau der Lokomotive an, wobei das Triebwerk ganz offen blieb. Diese Maschinen bespannten natürlich die besten Schnellzüge der Bahn, wie den «Twentieth Century Limited». Sie wurden, für die Zwecke der Reklame tüchtig ausgenutzt, zum Symbol der NYC.

Daß auch die anderen Bahnen sich des Werbewertes der Verkleidung bald bewußt wurden und in der Schaffung auffallender Formen miteinander wetteiferten, versteht sich von selbst. So wurde, was als technischer Fortschritt begann, zweckentfremdet und zum Reklamemittel.

Im Jahre 1939 hatte die Pennsylvania auf der New Yorker Weltausstellung eine 2BB3-Maschine, BN. 6100, gezeigt, die die «größte Schnellzuglokomotive der Welt» sein sollte. Sie fiel so groß aus, daß sie im Betrieb gar nicht ausgenutzt werden konnte und auch sonst nicht befriedigte. Man arbeitete daher den Entwurf um. Das Doppeltriebwerk wurde beibehalten, weil man sich davon wegen der geringeren Treib- und Kuppelstangengewichte einen besseren Massenausgleich versprach. Unwillkürlich wird man an Petiets Kolosse (vgl. Abschnitt 9.5) erinnert. Den Auftrag für die beiden ersten, nun mit 2BB2-Achsanordnung ausgeführten Lokomotiven erhielt Baldwin im Juli 1940. Die äußere Form gestaltete Raymond Loewy, allerdings eher werbe- als strömungsgünstig (Abb. 393). Der Krümmungslauf dieser Maschinen mit langem Achsstand wurde durch die große Seitenverschieblichkeit von 51 mm bei der ersten und dritten Kuppelachse ermöglicht. Als Leistung war die Beförderung von 800 t im ebenen Gelände mit 161 km/h verlangt, eine Geschwindigkeit, die dann im Betrieb erheblich überschritten wurde. Im Lokomotiv-Prüfstand zu Altoona wurden 6552 PSi bei 137,7 km/h gemessen. Man war zunächst sehr zufrieden und dachte, einen leistungsfähigeren Ersatz für die sonst verwendeten 2D2-Lokomotiven gefunden zu haben, doch auf die Dauer befriedigten die Maschinen nicht ganz. Als Folge von Gewichtsverlagerungen beim Anfahren neigten sie stark zum Schleudern und waren nicht einfach zu fahren. Es wurden aber noch weitere fünfzig Maschinen angeschafft. Sie waren alle mit einer sehr anfälligen Ventilsteuerung ausgerüstet, so daß sie nicht, wie geplant, auf langen Strecken eingesetzt werden konnten. Obwohl sie an Leistung den Diesellokomotiven überlegen waren, mußten sie ihnen doch bald weichen.

17. DER NAHVERKEHR

Mit der fortschreitenden Verdichtung des Eisenbahnnetzes entstanden unzählige mehr oder minder lange Stichbahnen. In den Randgebieten der großen Städte machte sich das Bedürfnis geltend, die Vororte mit dem Zentrum zu verbinden. In beiden Fällen war es unmöglich, an den vielen Endpunkten solcher kurzen Strecken Drehscheiben einzurichten, mit deren Hilfe man die mit Tendern gekuppelten Lokomotiven, mit denen man sich zunächst behalf, hätte wenden können. Daher wurden schon frühzeitig Lokomotiven geschaffen, die die Betriebsvorräte selber trugen und in beiden Richtungen verkehren konnten, also Tenderlokomotiven. Wir können diese, abgesehen von den im Verschiebe- und Güterzugdienst eingesetzten, in zwei Hauptgruppen einteilen: in die für innerstädtische Bahnen bestimmten und die für Ausfallstrecken oder, anders gesagt, in Stadtbahn- und Nahverkehrslokomotiven.

17.1. Stadtbahnlokomotiven

Die erste Teilstrecke einer Stadtbahn wurde am 10. Januar 1863 von der Londoner Metropolitan Railway Co. zwischen Bishops Road und Farringdon Street eröffnet. Ursprünglich wurde die zweispurig angelegte Strecke mit breitspurigen 1B-Tenderlokomotiven der Great Western bedient, doch kam es bald zu Zwistigkeiten zwischen beiden Gesellschaften. So war die Metropolitan gezwungen, eiligst eigene Maschinen zu beschaffen. John Fowler, Erbauer der Bahn, wandte sich an Beyer Peacock. Dort griff man auf die Pläne für die kurz vorher an die Tudela-Bilbao-Bahn gelieferten 2B-Tenderlokomotiven mit Bisselgestell zurück (vgl. Abb. 207) und führte sie etwas verstärkt aus. Da die Metropolitan als Untergrundbahn teilweise im Tunnel, teilweise in offenen oder halbverdeckten Einschnitten verlief, wurden die

394. London, Metropolitan-Bahn, Station Baker Street

Maschinen mit einer Niederschlagsvorrichtung für den Abdampf ausgestattet (Abb. 396). Diese bestand in einem im Blasrohr eingeschalteten Wechselventil, das es ermöglichte, bei der Fahrt im Tunnel den Abdampf durch Rohre in die seitlichen Wasserbehälter zu leiten, wo er kondensierte. Da sich das Wasser in den Behältern während der Fahrt stark erwärmte, mußten für die Kesselspeisung Kolbenpumpen vorgesehen werden. An Orten, an denen die Lokomotiven länger standen, richtete man Gruben ein, in die das schließlich doch fast kochende Wasser entleert wurde, während die Behälter mit kaltem Wasser frisch aufgefüllt wurden. Der Heizer durfte nur auf den offenen Streckenteilen feuern, trotzdem war die Londoner Untergrundbahn wegen ihrer rauchigen Atmosphäre berüchtigt.

Auf den Metropolitan-Strecken, die mehrfach Steigungen von 10 bis 14⁰/₀₀ (1:100 bis 1:70) aufwiesen, beförderten diese Lokomotiven regelmäßig Züge von fünf vierachsigen Wagen, die rund 100 t wogen. Bis 1885 bezog die Metropolitan Railway Co. bei Beyer Peacock insgesamt sechsundsechzig Maschinen. Dazu kamen weitere vierundfünfzig, die die Metropolitan District Railway, die mit ihr zusammen die sogenannte innere Ringbahn bildete, von derselben Firma erwarb. Bis zur Umstellung der Untergrundbahn auf elektrischen Betrieb im Jahre 1905 gehörten diese 2B-Tenderlokomotiven zu den typischen Kennzeichen des Londoner Stadtbildes.

Als nächste Großstadt erhielt New York eine Stadtbahn. Hier erlaubten die langen, geraden und breiten «Avenues», eine Hochbahn zu verlegen, die billiger ausfiel als eine Tunnelbahn im felsigen Untergrund. Doch es kamen gelegentlich Gleisbögen bis herab zu 36 und sogar 27,5 m Halbmesser vor, besonders in den Umkehrschleifen, die man an den Enden der Strecken angelegt hatte, um das Umspannen der

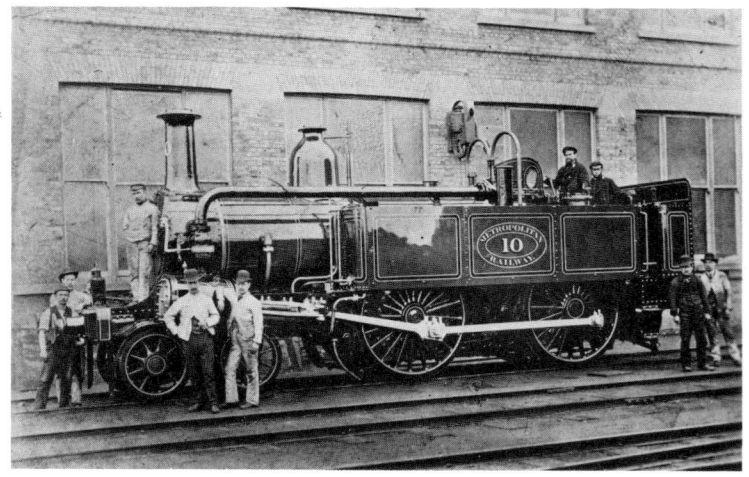

395. London, Metropolitan-Bahn, Hampstead Road. Von oben nach unten: Straße, Wasserleitung, Rohrpost, Schacht der Metropolitan-Bahn, Projekt einer Verbindung zwischen Hampstead und Charing Cross

396. 2B-Tenderlokomotive der Londoner Metropolitan-Bahn, 1880

Lokomotiven zu vermeiden. Diese Umkehrschleifen und die Beschränkung des Lokomotivgewichtes durch die stählerne Fahrbahn führten zu ganz anderen Maschinen als in London. Auf der New York Elevated, die als erste 1868 ihren Betrieb eröffnete, probierte man zunächst leichte B-Tenderlokomotiven aus, deren Leistung jedoch nicht ausreichte. Die Metropolitan Elevated begann mit stärkeren 1B1-Maschinen, die mit einem hölzernen Wagenkasten im Stil der angehängten Wagen verkleidet waren. Ihre Bogenläufigkeit befriedigte nicht. Schließlich setzte sich eine Bauart durch, die sich Matthias N. Forney 1866 hatte patentieren lassen. Es waren B2-Tenderlokomotiven, bei denen der Rahmen so weit nach hinten verlängert war, daß er, durch ein Drehgestell gestützt, alle Betriebsvorräte aufnehmen konnte (Abb. 397). Auf diese Weise änderte sich das Reibungsgewicht der Maschine nicht, wenn die Vorräte während der Fahrt abnahmen. Dies war für eine oft und rasch anfahrende Lokomotive vorteilhaft. Die Firma Rogers hat diese Bauart besonders gepflegt und bot die Forney-Type in den achtziger Jahren in zwei Größen an. Bis zur Umstellung auf elektrischen Betrieb zogen diese kleinen, flinken und gelenkigen Maschinen ihre drei bis fünf leicht gebauten Drehgestellwagen typisch amerikanischer Bauart mit offenen Endbühnen. Sie gehörten zum New Yorker Stadtbild genau so wie die ersten Wolkenkratzer und die Freiheitsstatue.

In Paris hatte die «Ceinture», die Ringbahn, als Stadtbahn nur eine geringe Rolle für den Personenverkehr gespielt, wohl wegen ihrer unglücklichen Streckenführung am Rande des alten Stadtkerns. Das Syndikat, das diese Ringbahn betrieb, beschaffte erst 1899 angesichts der geplanten Weltausstellung eigene Reisezuglokomotiven. Man wählte die großrädrigen C-Innenzylindermaschinen der Ouest, die sogenannten «Boers» (Abb. 398), die dort seit 1883 liefen. Ihr Vorbild waren die berühmten «Terrier» der London, Brighton & South Coast-Bahn. Diese «Terrier» waren eine der gelungensten Schöpfungen Stroudleys für den engeren Vorortverkehr in London. Einige werden heute noch auf englischen Museumsbahnen eingesetzt.

Die Berliner Stadt- und Ringbahn, später S-Bahn genannt, wurde durch die Eröffnung der West-Ost-Strecke Charlottenburg-Schlesischer Bahnhof am 7. Februar 1882 vollendet. Sie wurde zunächst mit 1B- und B1-Tenderlokomotiven, später mit 1B1-Maschinen der Gattung T5 betrieben. Die S-Bahn-Lokomotive «par excellence» war aber die 1C-Lokomotive der Gattung T12 (Abb. 399). Sie gehörte zum Typenprogramm Garbes (vgl. Abschn. 11.2). Im allgemeinen Aufbau entsprach sie der P6 und besaß wie diese ein Krauß-Helmholtz-Drehgestell. Die ersten vier wurden 1902 von der Union Gießerei in Königsberg geliefert. Man führte mehrere Vergleichsfahrten mit einer gleichartigen Naßdampfmaschine, Gattung T11, aus. Diese T11 war gebaut worden, weil man zunächst die Bewährung der T12 abwarten wollte. Der Vergleich ergab für die T12 eine um 14,6% größere Schleppplast bei einem Minderverbrauch an Kohle von 16% und an Wasser von 37%. Da sich im Gegensatz zu London und New York die Elektrifizierung der Berliner S-Bahn hinzögerte, kamen hier bis 1921 nicht weniger als fünfhundert T12 von den insgesamt neunhundertvierundsiebzig in Betrieb. Ab 1907 erhielten sie einen Rauchkammerüberhitzer, später kam der Knorr-Speisewasservorwärmer hinzu sowie einige weitere Änderungen. Ab 1914 lieferte Borsig die dritte Spielart. Diese modernsten Stadtbahnlokomotiven hielten bis zur Umstellung der S-Bahn auf elektrischen Betrieb in den dreißiger Jahren aus. Die letzten vier wurden von der Bundesbahn erst 1965 ausgemustert.

397. B2-Tenderlokomotive der New York Elevated-Bahn, Forney-Type

17.2. Erweiterter Vorort- und zwischenstädtischer Verkehr

Für den Dienst auf den Ausfallstrecken der großen Städte, auf denen die Züge im allgemeinen schwerer als auf den Stadtbahnen und die Bahnhofsabstände größer waren, die Fahrzeiten aber möglichst kurz sein sollten, waren kräftige und rasch fahrende Lokomotiven nötig. Allmählich schälten sich dafür besonders geeignete Bauarten heraus, über die wir nur einen kurzen Überblick geben können.

In England waren die B2-Tenderlokomotiven sehr beliebt. Zu den schon genannten Vorteilen kam noch, daß diese Maschinen fast stets mit dem Drehgestell voran liefen. So behinderten Dampf und Rauch nicht die Sicht des Lokomotivführers auf den dicht befahrenen Strecken. Obwohl die Achsanordnung dieselbe wie bei den amerikanischen Forneys war, dürften sie eher von der klassischen englischen 2B-Innenzylinder-Lokomotive abgeleitet sein, deren Kessel allerdings andersherum gesetzt war. Das stärkste und jüngste Beispiel dieser weit verbreiteten Bauart ist die Klasse M7 der London & South Western-Bahn (Abb. 402). Von D. Drummond bereits 1897 eingeführt, wurden bis 1911 insgesamt einhundertfünf derartige Maschinen gebaut, von denen noch manche an die British Railways übergingen. Einige wurden 1905 für Wendezugbetrieb eingerichtet.

Wollte oder konnte man die Lokomotive am Schluß der Fahrt nicht wenden, zog man die symmetrischen Achsfolgen 1B1 und 1C1 vor. Einachsige Schwenkgestelle waren aber, wie wir wissen, für höhere Fahrgeschwindigkeiten schlecht geeignet. Die französische Nord wendete als erste Bahn an beiden Enden der Maschinen zweiachsige Drehgestelle an. Ihre 2B2-Tenderlokomotiven «Revolver», Serie 2.231–2.305, wurden zwischen 1901 und 1906 auf der «Grande

398. C-Tenderlokomotive der Pariser Ceinture, 1889

399. 1C-Tenderlokomotive der Berliner S-Bahn, Gattung T 12

Banlieue» eingeführt (Abb. 403). Alle Bedienungsorgane waren doppelt, für beide Fahrtrichtungen, vorhanden.
Zwei Drehgestelle boten auch die Möglichkeit, für längere Strecken ausreichende Vorräte mitzunehmen, wodurch sich der Verwendungsbereich der Tenderlokomotive ausweitete. Aus diesem Grunde wurde für den regen Ortsverkehr in der weiteren Umgebung Barcelonas von Maffei 1903 die erste 2C2-Tenderlokomotive für die Madrid-Zaragoza-Alicante-Bahn geschaffen und als Serie 620–641 bis 1911 in Dienst gestellt (Abb. 404).
In Italien griff die Mediterraneo-Bahn 1905 diese Achsanordnung auf, führte sie aber als Dreizylinder-Verbundmaschine aus, was für eine oft anfahrende Lokomotive wenig angebracht war. Darum wurden die sechs Maschinen denn auch von der Italienischen Staatsbahn zu Zwillingslokomotiven umgebaut.

Die 2C2-Tenderlokomotive wurde am bereitwilligsten in Frankreich aufgenommen. Man führte sie als Vierzylinder-Verbundmaschine aus. Die erste, in der de Glehn-Bauart, wurde 1904 bei der Est eingesetzt, ein Jahr später stellten die Reichseisenbahnen Elsaß-Lothringen eine etwas leichtere Maschine ein. Die größte Anzahl, zugleich die schwersten und stärksten Maschinen, wurden auf der PLM in Betrieb genommen, die beiden Serien 5501–5545 vom Jahre 1908 (Abb. 405) und 5301–5350 vom Jahre 1913. Sie hatten das bei dieser Bahn übliche Triebwerk. Die ersten wurden auf der Grande Banlieue eingesetzt, die Nachlieferung dann auch in Nizza. Dort beförderten sie in Kurzläufen sogar Schnellzüge.
Die Eröffnung des Eisenbahnfährverkehrs zwischen Saßnitz auf der Insel Rügen und Trelleborg in Schweden erforderte auf der, damals noch nicht mit dem Festlande verbundenen Insel eine kräftige Ten-

400. New York, Bowery bei Nacht. Nach einem Gemälde von Louis Sonntag

401. London, Metropolitan-Bahn, Strecke nach St. John's Wood und weiter nach Aylesbury

402. B2-Tenderlokomotive der British Railways, ehemals London & South Western-Bahn, Klasse M 7, 1897-1911

403. 2B2-Tenderlokomotive der Nord für die Grande Banlieue, Serie 2231-2305, 1901-1906

derlokomotive für die kurze Inselstrecke. Auch auf den Pendelstrecken Wiesbaden-Frankfurt a.M. und Wiesbaden-Mainz bestand ein Bedarf an solchen Maschinen. Die Preußische Staatsbahn erteilte darum den Stettiner Vulkan-Werken den Entwurfsauftrag für eine, von der bewährten P8 (vgl. Abschn. 11.2) abgeleitete, 2C2-Tenderlokomotive (Abb. 406). Trotz des kleiner ausgeführten Treibraddurchmessers war diese Gattung T18 durchaus für den Schnellzugdienst geeignet. Sie beförderte auf der Strecke Berlin-Stettin (135 km) 350 t mit 90 km/h auf ebenem Gelände und war genau so vielseitig brauchbar wie die Ausgangstype P8. Von 1912 bis 1927 wurden nicht weniger als vierhundertsechzig Maschinen in Betrieb genommen; auch bei den Reichseisenbahnen Elsaß-Lothringen, in Württemberg und in der Türkei wurde die T18 heimisch. 1970 liefen noch vierzehn, es war also eine der langlebigsten Maschinen Deutschlands.

Die Bayerischen Staatsbahnen führten zunächst für ihr pfälzisches Netz 1C2-Tenderlokomotiven, Gattung Pt3/6, ein, die mit einem vordern Krauß-Helmholtz-Gestell versehen waren, eine Weiterentwicklung der bereits erwähnten Gattung D XII (vgl. Abschnitt 10.4).

Die französische Nord hatte, im Gegensatz zu den anderen Bahnen des Landes, 1909 eine 2C2-Zwillings-Tenderlokomotive für ihre Grande Banlieue eingeführt. Ihr folgten 1930 zwei Prototypen, die zur Erhöhung des Reibungsgewichtes 1D1-gekuppelt waren. Ihr Treibraddurchmesser von 1455 mm war, ebenso wie die Kesselabmessungen, zu klein, so daß die gewünschten Fahrzeiten nicht eingehalten werden konnten. De Caso, damals Chefingenieur der Nord, arbeitete das Projekt um (Abb. 407). Er richtete die Maschine für Wendezugbetrieb ein, den die Nord bereits ab 1912 erprobt hatte. Die ursprünglich rein pneumatisch arbeitende Anlage wurde nach einem von Aubert, einem Ingenieur der Bahn, entwickelten elektropneumatischen System ausgeführt. Ein Turbodynamo auf der Lokomotive speiste die Anlage mit Gleichstrom, so konnten über Schalter, Relais und elektropneuma-

404. 2C2-Tenderlokomotive der Madrid-Zaragoza-Alicante-Bahn, Serie 620-641

405. 2C2-Tenderlokomotive der PLM, Serie 5501-5545, 1908

406. 2C2-Tenderlokomotive der Preußischen Staatsbahn, Gattung T 18, 1912–1927

tische Ventile vom entgegengesetzten Zugende aus der Regler und die Steuerschraube beliebig verstellt werden. Auch das in Leichtbauweise ausgeführte Gestänge zum Antrieb der Kolbenventile der Steuerung nach dem System Cossart war neuartig.

Höhepunkt der Reisezug-Tenderlokomotiven waren die 2D2-Maschinen. Sie wurden zuerst in Spanien, und zwar 1913 bei der Norte, in engster Anlehnung an die ein Jahr vorher beschaffte 2D-de Glehn-Gebirgs-Schnellzugmaschine gebaut. Die PLM entwickelte 1927 aus ihren 2C2-Lokomotiven eine ebenfalls im Vierzylinder-Verbundsystem ausgeführte 2D2-Maschine. Von dieser Bauart sind, mit mehreren Änderungen, bis 1933 dreihunderteinundfünfzig ein-

407. 1D1-Tenderlokomotive der Nord für Wendezugbetrieb, Serie 1. 1201–1272

408. Doppelstöckiger Nahverkehrszug

gestellt worden, die höchste, von dieser Art Maschinen erreichte Zahl.
Als ein Beispiel des hochentwickelten tschechischen Lokomotivbaues sei zum Schluß die BN. 475.001 (Abb. 409) erwähnt. Sie besaß ein Drillingstriebwerk und gehörte in das früher erwähnte Typisierungsprogramm der Tschechischen Staatsbahn. Als Rahmen wurde der von den Skoda-Werken 1925 zum ersten Mal in Europa hergestellte, aus Vanadiumstahl gegossene Barrenrahmen verwendet. Wie alle neueren tschechischen Lokomotiven zeichnete sich auch diese durch das gefällige Äußere aus. Diesem Erstling folgten dann 1951 noch achtunddreißig ähnliche Maschinen mit höherem Kesseldruck, die Reihe 476.1, und 1957 kamen etwa zwanzig noch schwerere, die Reihe 477.0, heraus.

409. 2D2-Tenderlokomotive der Tschechischen Staatsbahn, Nr. 475.001

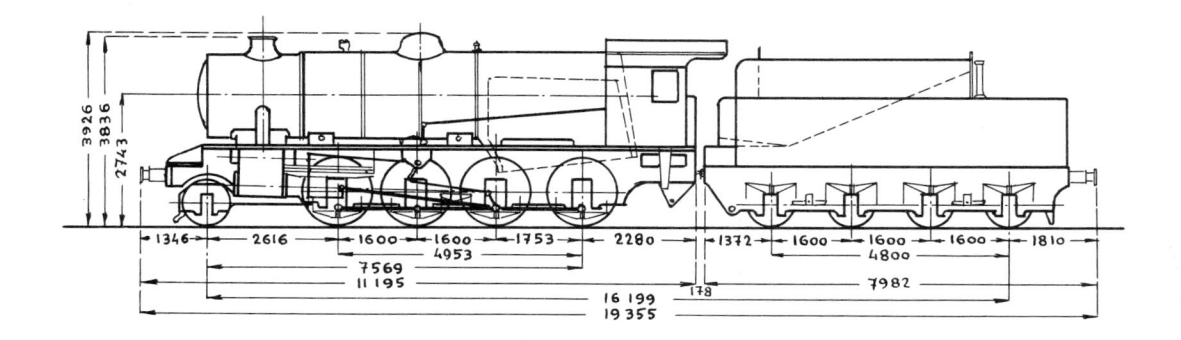

18. DER ZWEITE WELTKRIEG UND DER AUSKLANG DER DAMPFTRAKTION

«Austerity», s. Abb. 411 b

18.1. «Entfeinerte» Kriegslokomotiven

Der totale Krieg, der die ganze deutsche Industrie ausschließlich für Heeresbedarf einspannte, wirkte sich natürlich auch auf die Herstellung von Lokomotiven aus. Materialmangel führte zunächst zum «Entfeinerung» genannten Prozess. Man versuchte, alle nicht unbedingt nötigen Teile wegzulassen, Ausweichmaterialien zu verwenden und die mechanische Bearbeitung möglichst einzuschränken. Die auf diese Weise gebauten Lokomotiven erhielten bei der Reichsbahn die Zusatzbezeichnung ÜK, Übergangs-Kriegslokomotiven. Zwar gelang es auf diese Weise, die Produktion wesentlich zu steigern, aber sie genügte trotzdem dem Bedarf der sich stetig ausdehnenden Kriegsschauplätze nicht.

Im Dezember 1941 sah sich daher die Leitung der Reichsbahn genötigt, die Industrie zur Konstruktion einer Lokomotive aufzufordern, die, trotz äußerster Einsparungen an Material und Arbeitszeit, in der Lage sein sollte, 1200 t in der Ebene dauernd mit 65 km/h zu befördern. Das Ergebnis war die Kriegslokomotive der Baureihe 52, eine 1E-Maschine, bei der man für viele Bauteile mit althergebrachten Fertigungsmethoden brach (Abb. 410). So wurden beispielsweise die Treib- und Kuppelstangen einfach durch Zusammenschweißen von zwei im Gesenk geschmiedeten Köpfen mit einem unbearbeiteten Doppel-T-Walzprofil hergestellt. Viele Einzelteile wurden so entworfen, daß ihre Fertigung ohne weiteres zur Entlastung der Lokomotivfabriken an andere Werke vergeben werden konnte. Da die dicken Stahlplatten des üblichen Barrenrahmens anderweitig benötigt wurden, kehrte man zum Blechrahmen zurück. Andererseits mußten bei den für den Osten bestimmten Maschinen sonst nicht übliche besondere Frostschutzeinrichtungen angebracht werden. Die erste Standardausführung der BR 52 wurde von den Borsig-Werken am 12. September 1942 abgeliefert und, entgegen der sonstigen Geheimnistuerei, öffentlich Presse und Rundfunk vorgeführt. Im Laufe der Zeit fanden verschiedene Versuche mit Konstruktionsänderungen statt, von denen aber, außer der im Tender eingebauten Dampfkondensations-Einrichtung, keine in größerem Maßstabe ausgeführt wurde. Trotz all der vorgenommenen Vereinfachungen erwies sich die BR 52 als durchaus betriebstüchtig. Sie erreichte mit rund sechstausendvierhundert Maschinen die höchste Anzahl jemals von ein und derselben Bauart gelieferter Lokomotiven.

Wie im Ersten Weltkrieg die 1D-Lokomotive der Great Central, so wurde in England auch im Zweiten Weltkrieg eine bereits vorhandene Maschine, die von Stanier stammende 1D-Zwillings-Güterzuglokomotive, Klasse 8000 der LMS, für militärische Zwecke ausgewählt. Es sind mehr als siebenhundert solche Maschinen geliefert worden. Durch die sich ausweitenden Kriegshandlungen stieg auch für die westlichen Alliierten der Bedarf. Die Britische Regierung entschloß sich daraufhin, 1942 einen Auftrag an die

410. 1E-Lokomotive, Kriegslokomotive der Deutschen Reichsbahn, Baureihe 52

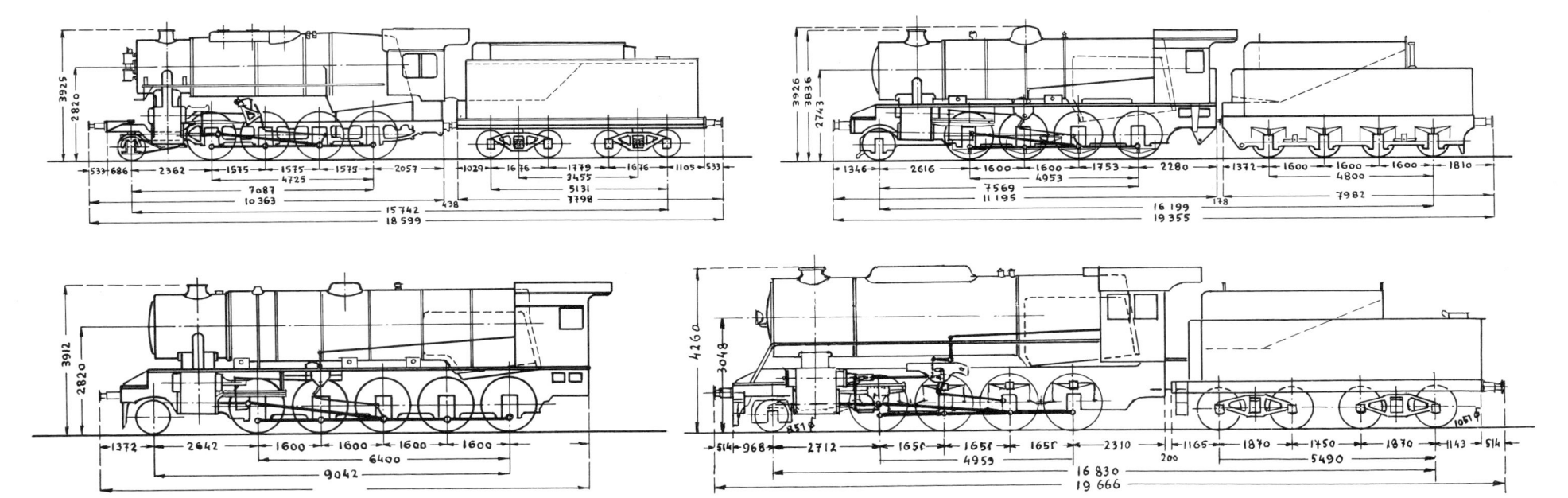

411a. «Liberty», 1D-Lokomotive, Britische Kriegslokomotive

411b. «Austerity», 1D-Lokomotive, Britische Kriegslokomotive, 1943

411c. 1E-Lokomotive, Abwandlung der «Austerity», 1944

411d. «Liberation», 1D-Lokomotive, UNRRA, 1946

ALCO für eine möglichst einfach ausgeführte 1D-Lokomotive zu vergeben, die dann ab 1944 unter dem Namen «Liberty» eingesetzt wurde (Abb. 411a). Gleichzeitig wurde, wie in Deutschland, von der LMS unter R.A. Riddles eine «entfeinerte» 1D-Type geschaffen (Abb. 411b), die «Austerity», deren erste Maschine am 20. Januar 1943 von der North British Locomotive Co. geliefert wurde. Von dieser Type sind über tausend Maschinen gebaut worden, die während des Krieges und in der Nachkriegszeit auf verschiedene europäische Länder verteilt wurden. Als Abwandlung entstand dann 1944 eine 1E-Lokomotive (Abb. 411c), deren Triebwerksabmessungen gleich waren, die aber einen wesentlich größeren Kessel und einen geringeren Achsdruck aufwies. Es wurden zwar nur fünfundzwanzig in Dienst gestellt, doch fand mit ihnen die fünffach gekuppelte Lokomotive endlich Eingang auf den englischen Bahnen.

Im Hinblick darauf, daß in den vom Krieg betroffenen Ländern der stark geschmälerte Lokomotivbestand umgehend aufgefrischt werden mußte, fand die Gründung eines «Technical Advisory Committee of Inland Transport» (T.A.C.I.T.) statt, dem Vertreter von Frankreich, Belgien, Holland, der Tschechoslowakei, Polen, Jugoslawien und Griechenland angehörten. Das Ziel war, eine europäische Einheitslokomotive zu entwickeln, die folgenden allgemeinen Bedingungen entsprechen sollte: Zugkraft zwischen 18000 und 22600 kg, Kessel mit breitem Rost von 3,7 bis 4,6 m² Fläche, Achsdruck unter 18 t, kleinster befahrbarer Gleisbogenhalbmesser von 100 m, Einschreibung in das Berner Internationale Umgrenzungsprofil. Die nach schwierigen Diskussionen entstandene Lokomotive erhielt die Bezeichnung UNRRA oder «Liberation» (Abb. 411d). Die Vulcan Foundry führte einhundertzwanzig aus, die alle 1946 geliefert und zwischen der Tschechoslowakei, Polen, Jugoslawien und Luxemburg aufgeteilt wurden.

Kurz erwähnt sei, daß in England zwei vereinheitlichte Garrat-Typen für Übersee gebaut worden sind, eine 2D1+1D2-Maschine für Meterspur mit niedrigem Achsdruck und eine 1D1+1D1-Lokomotive für Kapspur und mit höherem Achsdruck. Auch die Vereinigten Staaten schufen für meterspurige Bahnen eine 1D1-Einheitslokomotive, die als «Mac Arthur»-Type bekannt wurde. Von ihr kamen unter anderem acht Maschinen nach Griechenland für die Peloponnes-Bahnen.

412. Schnellzug der Deutschen Bundesbahn mit einer Lokomotive der Baureihe 10

413. Ausfahrt einer 241P-Lokomotive der SNCF aus dem Depot Ile Napoléon in Mülhausen im Elsaß

18.2. Die letzten Dampflokomotiven

Als sich das Ende des Zweiten Weltkrieges abzeichnete, begann eine fleißige Arbeit auf dem Reißbrett, um die Lokomotiven zu entwerfen, die dem künftigen Verkehr dienen sollten. Die kleinen, grauen Wölkchen, die dem Auspuff einiger weniger Diesellokomotiven in den Vereinigten Staaten entstiegen, ließen nicht das drohende Ungewitter ahnen, das in wenigen Jahren die Dampflokomotiven von den Schienen hinwegfegen würde.

Am eifrigsten arbeitete man in Frankreich. Dort war am 1. Januar 1938 durch die Verstaatlichung der Bahnen die «Société Nationale des Chemins de Fer Français» (SNCF) entstanden. Zunächst standen natürlich Entwürfe für Mehrzweck-Lokomotiven im Vordergrund. Um den geschmälerten Bestand möglichst bald aufzufrischen, wandte man sich an Nordamerika, wo Baldwin zusammen mit französischen Ingenieuren eine 1D1-Lokomotive, Reihe 141R, entwickelte. Es wurden eintausenddreihundertvierzig Maschinen bei den drei großen Lokomotivfabriken der USA und bei zwei kanadischen in Auftrag gegeben. Bis auf siebzehn, die durch Schiffbruch verloren gingen, wurden alle 1945 bis 1947 ausgeliefert. Sie stellen eine glückliche Vereinigung der damals neuesten amerikanischen und europäischen Baugrundsätze dar (Abb. 415). In verschiedenen Einzelheiten wichen sie voneinander ab. Die BN. 1101-1200 und 1241-1340 besaßen aus hohlem Stahlguß bestehende

307

414. 2D2-Lokomotive der SNCF, Reihe 242A, 1946

415. 1D1-Lokomotive der SNCF, Reihe 141R, 1945–1947

416. 2D2-Lokomotive der Sowjetbahnen, Gattung P 36, 1950

Box-pock-Räder sowie einen in einem Stück aus Stahlguß ausgeführten Rahmen statt des üblichen geschweißten Barrenrahmens der anderen Lokomotiven. Sechshundertvier Maschinen wurden nach und nach für Schwerölfeuerung eingerichtet, der Rest behielt Kohlenfeuerung mit mechanischem Rostbeschicker. Sie konnten 650 t mit 100 km/h auf ebenem Gelände und 500 t auf 13‰ (1:77) Steigung befördern. Mit diesen robusten und anspruchslosen Maschinen konnten bei wechselnder Besetzung bis dahin in Europa kaum für möglich gehaltene monatliche Laufleistungen erreicht werden. Es waren die letzten Dampflokomotiven, die in Frankreich liefen. Im Brennstoffverbrauch war diese 141R dagegen bedentend unwirtschaftlicher als die 1938 eingeführte Reihe 141P, die aus der PLM-Maschine Serie 1000 (vgl. Abb. 306) entstanden war und ihr trotz kleinerer Abmessungen dank des Vierzylinder-Verbund-Triebwerkes an Leistung überlegen war. Auf Drängen der Süd-Ost-Region, die für die Strecke Paris-Lyon-Marseille noch stärkere Maschinen als die dort eingesetzte 2D-Bauart Chapelon, Serie 240P, benötigte, wurden daher an Stelle von vierzig Maschinen der in Bau befindlichen Reihe 141P fünfunddreißig der Mountain-Serie 241P bestellt (Abb. 413 u. 421), einer verbesserten Ausführung der PLM-241C (vgl. Abschn. 15.3). Auf Probefahrten zwischen Laroche und Dijon hielt eine dieser Lokomotiven auf 8‰ (1:125) Steigung 100 km/h mit 600 t durch. Einige dieser Maschinen kamen in andere Regionen, wo sie Schnellzüge bis zu 800 t beförderten. Von diesen letzten großen französischen Schnellzugmaschinen wurde eine, die 241P16, für das Museum in Mülhausen aufbewahrt.

Kurz erwähnen müssen wir die zwei, unter Chapelons Leitung ausgeführten, bemerkenswerten Umbauten, oder besser gesagt, Neubauten unter Verwendung gewisser Teile der Vorgängermaschinen: Einmal war es 1946 die Verwandlung der mißglückten 2D1-Vierzylinder-Verbundlokomotive der Etat vom Jahre 1932 in eine 2D2-Dreizylinder-Verbundmaschine (Abb. 414). Als erste Lokomotive in Europa erreichte sie eine Dauerleistung von 5000 PSi. Da die SNCF aber dann auf den Hauptstrecken die Dampftraktion zugunsten der elektrischen Zugförderung aufgab, hatte man keine Verwendung mehr für so große Maschinen. Sie blieb ein Einzelstück und wurde leider, obgleich sie unter anderen Umständen zukunftweisend gewesen wäre, schon 1962 verschrottet.

Auch die zweite dieser Maschinen blieb ein Einzelstück, und zwar aus den gleichen Gründen. Diesmal handelt es sich um den Umbau einer 1E-de Glehn-Lokomotive der PO-Serie 6000 in eine 1F-Sechszylinder-Verbundmaschine, deren vier ND-Zylinder innen und außen in einer Reihe zwischen der vorderen Laufachse und der ersten Kuppelachse lagen, während die zwei HD-Zylinder innen zwischen der zweiten und dritten Kuppelachse angeordnet waren.

Die 2D2-Maschine stellt in Europa wie auch in Nordamerika die letzte Entwicklungsstufe der Schnellzug-Dampflokomotive dar. Als erste europäische Bahnverwaltung führte die Deutsche Reichsbahn 1936 diese Bauart als BR 06 ein. Als Folge des Zweiten Weltkrieges kamen nur zwei dieser mit Stromschalen versehenen Lokomotiven in Betrieb. Da die Zweiteilung Deutschlands die ehemals so wichtige Durchgangsstrecke Berlin-Erfurt-Bebra-Frankfurt a. M. zerschnitt, für deren Hügellandprofil diese Maschinen bestimmt waren, hatte man keine Verwendung mehr für sie. So wurden sie dann verschrottet.

Dagegen war die 2D2-Achsanordnung in zwei geographisch ganz verschiedenen Gebieten erfolgreich: 1950 in der Sowjetunion und 1956 in Spanien. Die russische Lokomotive, Gattung P 36, die wir als Beispiel für die in mehrfacher Hinsicht bemerkenswerte Nachkriegsentwicklung der Sowjetbahnen aufgreifen, zeigt wieder den starken amerikanischen Einfluß, der alle neueren russischen Maschinen kennzeichnet und der durch die Box-pock-Räder noch unterstrichen wird (Abb. 416). Diese Gattung P 36 sollte die altbewährte und weit verbreitete 1C1-Lokomotive der Su-Klasse dort ersetzen, wo wegen des hohen Achsdruckes die 1D2-Maschinen der «Stalin»-Klasse (vgl. Abb. 365) nicht verkehren konnten. Dank des rückwärtigen Drehgestelles konnte ohne Leistungseinbuße der

417. Die Lokomotive 10.001 mit dem Schnellzug D 177 auf dem Hauptbahnhof von Kassel

rigen Bahnen verstaatlicht und als «Red Nacional de Ferrocarriles Españoles» (RENFE) zusammengefaßt hatte, führte die 2D2-Achsanordnung ein. Für diese Maschinen wurde der Kessel der 1E1-Drillingslokomotiven, Serie 151.3101-3122, aus dem Jahre 1942 verwendet, wie dies auch bei den 2D1-Zwillingsmaschinen der Serie 241.2201-2257 geschehen war. Diese besaßen einen Treibraddurchmesser von 1750 mm und waren darum nicht geeignet, die nach der Umstellung der Guadarrama-Strecke auf elektrischen Betrieb schwerer gewordenen Züge auf den anschließenden, ebeneren Strecken dauernd mit der angestrebten höheren Geschwindigkeit zu befördern. Auch die Leistung der 2D1-de Glehn-Maschine reichte nicht mehr aus. Bei der 2D2-Maschine verzichtete man jetzt auf

418. 2D2-Lokomotive der RENFE

419. Schnellzug Stockholm-Paris mit einer SNCF-Lokomotive, Reihe 232S

Achsdruck von 20 t auf 18 t verringert werden. Nach der 1950 gebauten Prototype kamen 1954 bis 1956 etwa zweihundertfünfzig dieser, sich gut bewährenden Lokomotiven in Betrieb, die alle von Kolomna gebaut waren. 1956 stellte die Sowjetunion den Dampflokomotivbau dann ein.
Auch Spanien, das am 27. Februar 1943 alle breitspu-

das Vierzylinder-Verbund-Triebwerk. Man sah statt dessen 1900 mm hohe Treibräder vor, die eine Verlagerung des Kessels nach hinten bedingten, die durch das rückwärtige Drehgestell aufgefangen wurde. Die Konstrukteure Cunill und Augé von der Maquinista in Barcelona, die diese zehn Maschinen baute, waren bemüht, ihnen ohne modische Verschalungen ein gefälliges, glattes Aussehen zu geben (Abb. 418). Die Lokomotiven sind zur Zeit noch alle in Betrieb.

In England wurden mit Wirkung vom 1. Januar 1948 die vier großen Bahngesellschaften verstaatlicht und als British Railways (BR) neu organisiert. Das hatte naturgemäß wieder eine Aufstellung von Einheitstypen zur Folge. Unter dem Vorsitz von E.S. Cox wurde ein Ausschuß errichtet, der zunächst sechs Bauarten festlegte. Kennzeichnend für alle diese vereinheitlichten Maschinen, die ab 1951 in Betrieb kamen, war die Rückkehr zur reinen Zwillingslokomotive von einst, doch nun mit Außenzylindern und ebenfalls außen liegender Heusinger-Walschaert-Steuerung, wodurch sie den kontinentalen Maschinen noch mehr als bisher angenähert wurden. Einige der neuen Einheitslokomotiven waren bloße Weiterentwicklungen vorhandener Bauarten, wie zum Beispiel der «Black Five» (vgl. Abb. 356), deren Bauteile schon früher weitgehend austauschbar waren. Neue Entwicklungen waren dagegen die beiden Pacific-Maschinen der Leistungsklassen 6 und 7, die unter der Leitung des ersten Chefingenieurs der British Railways, R.A. Riddles, entstanden. Von den Maschinen der Leistungsklasse 7, der «Britannia»-Klasse (Abb. 420), wurden nach Überwindung verschiedener, besonders durch das Aufziehen der Rollenlager bewirkter Anfangsschwierigkeiten fünfundvierzig beschafft. Sie erwiesen sich eher als gute Arbeitspferde denn als Schnelläufer, von denen die British Railways ja genügend geerbt hatten.

Die politische Teilung Deutschlands wirkte sich auch auf das Eisenbahnnetz aus. Die unter sowjetischer Besatzung verbliebenen Strecken behielten den alten Namen «Deutsche Reichsbahn» bei. Die anderen, zunächst von den Westmächten in ihren Zonen unabhängig betriebenen Strecken wurden am 13. Dezember 1951 unter einer eigenen Verwaltung als «Deutsche Bundesbahn» zusammengefaßt. Beide Verwaltungen in Ost und West stellten Typisierungsprogramme auf, die hauptsächlich Tenderlokomotiven umfaßten. Bei der Reichsbahn blieb die Vereinheitlichung in den Anfängen stecken, da man daranging, die vorhandenen Lokomotiven als «Reko-Bauarten» mehr oder weniger einheitlich umzubauen. Auch bei der Bundesbahn kam man infolge der bald beschlossenen allgemeinen Einführung der elektri-

420. 2C1-Lokomotive der British Railways, Klasse 7, Britannia-Serie

421. Schnellzug der SNCF mit einer Lokomotive der Reihe 241P

422. «Evening Star», 1E-Lokomotive, 1960. Die letzte Dampflokomotive der British Railways

423. Lokomotive der RENFE, Reihe 242 F, mit dem Schnellzug Madrid-Irun

schen und Dieseltraktion, dem sogenannten Strukturwandel, nicht weit. Bei dem beabsichtigten Ersatz der überalterten P 8 durch eine neue, leistungsfähigere 1C1-Maschine wurden zum Beispiel nur einundfünfzig dieser neuen Lokomotiven in Betrieb genommen. Von der letzten Einheitslokomotive BR 10 (Abb. 412 u. 417) kamen gar nur zwei, 1956/1957 von Krupp gebaute Maschinen heraus, die bis 1967 ausgemustert wurden. Sie waren in Kassel beheimatet und fuhren die Schnellzüge nach Frankfurt am Main.

England war das Land, in dem die erste Dampflokomotive gebaut worden ist, und darum soll zum Abschluß wieder eine in England gebaute Maschine stehen, die 1960 entstandene «Evening Star» (Abb. 422). Diese letzte englische Dampflokomotive war wieder von Riddles entworfen. Sie sollte zunächst mit 1D1-Achsanordnung gebaut werden. Die gute Brauchbarkeit der 1E-Austerity war der Anlaß, das man noch einmal diese Achsanordnung wählte, obgleich eine Mehrzwecklokomotive geplant war. Die «Evening Star» entsprach voll den in sie gesetzten Erwartungen, ja sie übertraf sie noch. Mehrfach konnte sie bei Schäden von Pacific-Maschinen eingesetzt werden und erreichte dabei zweimal eine Geschwindigkeit von 145 km/h. Die Maschinen hatten den Doppelschornstein nach Chapelon. Die letzte war an Stelle des üblichen Blasrohres mit dem in Österreich mit unerwartetem Erfolg entwickelten Giesl-Ejektor ausgestattet, der eine bemerkenswerte Leistungssteigerung bewirkte. Leider kam er zu spät, um noch allgemein verwendet zu werden. Zehn der zwischen 1954 und 1960 gebauten Maschinen wurden 1955 versuchsweise mit dem Franco-Crosti-Speisewasservorwärmkessel versehen, einer italienischen Erfindung, die sich sonst nirgends durchsetzte. Von dieser letzten englischen Bauart, der «Evening Star», Klasse 9-F, wurden noch zweihunderteinundfünfzig Lokomotiven in Betrieb genommen.

SCHLUSSWORT

Für das Ende der Dampflokomotive gibt es verschiedene Gründe. Entscheidend war nicht in erster Linie das Vordringen des elektrischen Bahnbetriebes, wie so oft geglaubt wird. Dieser fordert neben der Beschaffung der Triebfahrzeuge noch zusätzlich sehr kostspielige Anlagen: zu der sichtbaren Fahrleitung mit ihren vielen Tragpfosten kommen viele nicht sichtbare Einrichtungen, Speiseleitungen, Umform- oder Umspannwerke, das Verlegen von Telegraphen- und Telephonleitungen, Gleisabsenkungen, um unter Brücken und in Tunneln Raum für die Oberleitung und die nötigen Sicherheitsabstände zu gewinnen. Wenn auch die Energieausnutzung der elektrischen Triebfahrzeuge im Vergleich zur Dampflokomotive sehr viel besser ist, waren diese hohen Anlagekosten — selbst wenn Wasserkraft zur Energiegewinnung zur Verfügung stand — nur dort rentabel, wo mit den Einnahmen aus einem genügend dichten Verkehr zu rechnen war. Der elektrische Betrieb hätte die Dampflokomotive wohl von einem Teil der Strecken verdrängen können, auf den weniger belegten Strecken wäre ihr aber ein gutes Arbeitsfeld bewahrt geblieben. Da kam die Diesellokomotive auf. Sie wurde in Deutschland geboren, aber zunächst in den Vereinigten Staaten, wo Ölquellen zur Verfügung standen, entwickelt. Da sie im Grunde nichts anderes war, als eine elektrische Lokomotive mit einem aufgesetzten, von einem Dieselmotor angetriebenen eigenen Kraftwerk, war sie von Fahrleitungen und kostspieligen Anlagen unabhängig und konnte genau so freizügig eingesetzt werden wie eine Dampflokomotive. Dazu war die Wärmeausbeute, also die Energieausnutzung, sehr viel besser. Die Diesellokomotive erwies sich als so viel wirtschaftlicher als die Dampflokomotive, daß man sagt, sie habe die amerikanischen Bahnen vor dem Zusammenbruch gerettet. Dem Beispiel der Vereinigten Staaten folgten bald nahezu alle Bahnen, denn Sparen mußte angesichts der Straßen- und Luftkonkurrenz ihre Devise sein. Das gab der viel unwirtschaftlicheren Dampflokomotive den Todesstoß.

Es gab aber noch einen weiteren, wichtigeren, wenn auch zunächst kaum erkannten Grund: Die Dampflokomotive war an der Grenze ihrer Möglichkeiten und ihrer Leistungsfähigkeit angelangt. Sie mußte in einer zu schmal gewordenen Schienenspur laufen; das Umgrenzungsprofil war in Höhe und Breite festgesetzt und durfte nicht überschritten werden; einer Verlängerung der Lokomotive und besonders des den meisten Raum einnehmenden Kessels wurden in der Praxis Grenzen durch die Forderung nach ausreichender Bogenläufigkeit gesetzt. Bei den letzten amerikanischen Riesenlokomotiven hat man schon den Eindruck, die natürlich gesetzten Grenzen seien überschritten worden. Für die elektrische und die Diesellokomotive sind die gesetzten Grenzen nicht im gleichen Maße eine Behinderung. Hier ist es heute zwanglos gang und gäbe, Maschinen zu bauen, die die 4000 PS-Grenze überschreiten — bei der Dampflokomotive dagegen führte eine solche Leistung zu riesigen, unhandlichen Kolossen.

So kam unweigerlich das Ende des Dampfbetriebes. Werden und Vergehen ist nun einmal ein unabänderliches Naturgesetz, dem auch die Dampflokomotive unterworfen ist. Glücklicherweise hat es immer Freunde der Eisenbahn gegeben — und es gibt sie auch heute noch —, die unter großen Mühen und Kosten bestrebt sind, einige der einst die Eisenbahnen der Welt beherschenden Dampflokomotiven zu erhalten. So werden auch spätere Generationen noch eine Ahnung von der heute schon romantisch verklärten Dampflokomotive mit der ihr eigenen Atmosphäre von Dampf, Rauch und Öldunst haben können und sie wie ein lebendes Wesen fauchend dahinfahren sehen.

BIBLIOGRAPHIE

Ahrons, E.L., The Development of British Locomotive Design, London 1914

Alexander, E.P., Iron Horses, American Locomotive 1829-1900, New York 1941

Allen, Cecil J., Locomotive Practice and Performance in the Twentieth Century, Cambridge 1949

Barbier, F. und Godfernaux, Les Locomotives à l'Exposition de 1900, Paris 1902

Bombe, H., Die alten preussischen Eisenbahnen (unveröffentlichtes Manuskript)

Born, Erhard, Die Regel-Dampflokomotiven der Deutschen Reichsbahn und der Deutschen Bundesbahn, Frankfurt a.M. 1953

Born, Erhard, 2C1, Entwicklung und Geschichte der Pacific-Lokomotiven, Stuttgart 1964

Bowman, Hank Wieland, Pioneer Railroads, New York 1954

Bruce, Alfred W., The Steam Locomotive in America, Development in the Twentieth Century, New York 1952

Chapelon, André, La Locomotive à Vapeur, Paris 1938

Couche, Ch., Voie, Matériel roulant et Exploitation technique des Chemins de Fer, Paris 1874

Dambly, Phil., Nos inoubliables Vapeurs, Brüssel 1968

Deghilage, Origine de la Locomotive, Paris 1886

Demoulin, Maurice, Locomotive et Matériel roulant, Paris 1896, 2. Aufl. 1924

Demoulin, Maurice, Traité pratique de la machine Locomotive, Paris 1898

Demoulin, Maurice, La Locomotive actuelle, Paris 1906

Dewhurst, P.C., The Norris Locomotives, Boston (Mass.) 1950

Durrant, The Steam Locomotives of Eastern Europe, Newton Abbot (Devon) 1966

Durrant, The Garrat Locomotives, Newton Abbot (Devon) 1969

Ellis, C. Hamilton, Four Main Lines, London 1950

Ellis, C. Hamilton, Some Classic Locomotives, London 1949

Ellis, C. Hamilton, The Midland Railway, 2. Aufl., London 1955

Ellis, C. Hamilton, The South Western Railway, Its mechanical History and Background, London 1956

Ellis, C. Hamilton, The Lore of the Train, New York 1971

Ewald, Kurt, 20000 Schriftquellen zur Eisenbahnkunde, Kassel 1941

Ewald, Kurt, Der Erfurter Lokomotivbau 1872-1928 und die Hagans Gelenklokomotive, in: Jahrbuch für Eisenbahngeschichte 1971

Fenton, William, Nineteenth Century Locomotive Engravings, London 1964

Fleming, H.M. le, und J.H. Price, Russian Steam Locomotives, London 1960

Fournereau, J., Les Locomotives à Vapeur de la SNCF, Montchauvet 1947

Gairns, J.F., Locomotive Compounding and Superheating, London 1907

Gaiser, F., Die Crampton-Lokomotive, Neustadt a.d. Haardt 1909

Garbe, Robert, Die Dampflokomotiven der Gegenwart, Berlin 1907, 2. Aufl. 1920

Garbe, Robert, Die zeitgemäße Heißdampflokomotive, Berlin 1924

Griebl, Helmut, CSD-Dampflokomotiven, Wien 1969

Hammer, Gustav, Die Entwicklung des Lokomotiv-Parkes bei den preußisch-hessischen Staatsbahnen, in: Glasers Annalen 1912

Hammer, Gustav, Neuerungen an Lokomotiven der preußisch-hessischen Staatseisenbahnen, in: Glasers Annalen 1916

Holley, Alex. L., American and European Railway Practice in the economical Generation of Steam, New York 1861

Horn, Alfred, Die Bahnen in Bosnien und Herzegowina, in: Die Eisenbahn 1964

Horn, Alfred, Die Österreichische Nordwestbahn (mit Geschichte der Dampflokomotiven), Wien-Heidelberg 1967

Horn, Alfred, Die Kaiser-Ferdinands-Nordbahn (mit Geschichte der Dampflokomotiven), Wien-Heidelberg 1971

Igel, Martin, Handbuch des Dampflokomotivbaus (Mitarbeiter Morgenroth und Reder), Berlin 1923

Jahn, J., Die Dampflokomotive in entwicklungsgeschichtlicher Darstellung ihres Gesamtaufbaus, Berlin 1924

Kalla-Bishop, P.M., Tandem Compound Locomotives, London 1949

Kilburn Scott, E., The Career of Matthew Murray, Sonderdruck der «Society of Engineers», 1931

Kinert, Reed, Early American Steam Locomotives, First seven decades 1830-1900, New York 1962

Kitson Clark, Edwin, Kitsons of Leeds 1837-1937, London 1938

Krauth, Gerhard, Dampflok-Verzeichnis der Kgl. Bayerischen Staatsbahn, Wuppertal 1966

Kronawitter, J.B., Die bayerischen S 3/6-Lokomotiven der Baureihen 18^4, 18^5 und 18^6, Krauß-Maffei-Informationen Nr. 213, Sonderdruck aus: Der Eisenbahner 1959

Lake, Chas. S., The World's Locomotives, London 1905

Lake, Chas. S., Locomotives of 1906, London 1906

Lomonossow, G., Lokomotivversuche in Rußland, Berlin 1926

Lukas, Walter A., 100 Years of Steam Locomotives, New York 1957

Maedel, Karl Ernst, S 10[1], Geschichte der letzten preußischen Schnellzug-Dampflokomotiven, Stuttgart 1972

Mallet, A., Les Locomotives à l'Exposition Universelle de 1878, Paris 1879

Marshall, C.F. Dendy, Two Essays in early Locomotive History, London 1928

Marshall, C.F. Dendy, A History of British Railways down to the Year 1830, 2. Aufl., London 1971

Marshall, L.G., Steam on the RENFE, London 1965

Marvá y Mayer, José, Tracción en vías férreas, Madrid 1877

Mathias, Felix, Etudes sur les machines locomotives de Sharp et Roberts, Paris 1844

Matschoss, Conrad, Die Entwicklung der Dampfmaschine, Berlin 1908

Mayer, Max, Esslinger Lokomotiven, Wagen und Bergbahnen, Berlin 1924

Meinecke, F. und Fr. Röhrs, Die Dampflokomotive, Lehre und Gestaltung, Berlin 1949

Messerschmidt, Wolfgang, 1Cl, Entstehung und Verbreitung der Prairie-Lokomotive, Stuttgart 1972

Messerschmidt, Wolfgang, 1Dl, Erfolg und Schicksal der Mikado-Lokomotiven, Stuttgart 1963

Messerschmidt, Wolfgang, Von Lok zu Lok, Esslingen und der Lokomotivbau für die Bahnen der Welt, Stuttgart 1969

Messerschmidt, Wolfgang, Geschichte der italienischen Dampflokomotiven, Zürich 1968

Metzeltin, G.H., Die Lokomotive, ein Lexikon ihrer Erfinder, Konstrukteure, Führer und Förderer, Deutsche Gesellschaft für Eisenbahngeschichte, Karlsruhe 1971

Moreau, Auguste, Traité des Chemins de Fer, Paris o.J. (90er Jahre des 19. Jh.)

Moser, Alfred, Der Dampfbetrieb der schweizerischen Eisenbahnen, 2. Aufl., Basel 1938, 4. Aufl. 1967

Mühl, Albert und Karl Seidel, Die Württembergischen Staatseisenbahnen (mit ausführlicher Geschichte der Lokomotiven), Stuttgart und Aalen 1970

Nock, O.S., The Midland Compounds, Dawlish (Devon) 1964

Nock, O.S., The Premier Line. The Story of London & North Western Locomotives, London 1952

Nock, O.S., The Great Western Railway in the Nineteenth Century, London 1962

Norris, Septimus, Norris's Handbook for Locomotive Engineers and Machinists, Philadelphia 1853

Oppizzi, Pietro, I più recenti Progressi della Tecnica nelle Ferrovie e Tramvie, Mailand 1915

de Pambour, F.M.G., Le Comte, Traité théorique et pratique des Machines Locomotives, 2. Aufl., Paris 1840

Paulus, Rudolf, Bau und Ausrüstung der Eisenbahnen, Stuttgart 1872

Pettigrew, William Frank und Albert Ravenshear, A Manual of Locomotive Engineering, London 1899

Pierson, Kurt, Dampfzüge auf Berlins Stadt- und Ringbahn, Stuttgart 1969

Rakow, W.A., Lokomotiven der Sowjetischen Eisenbahnen (in russischer Sprache), Moskau 1955

Ransome-Wallis, P., The Concise Encyclopedia of World Railway Locomotives, London 1959

Ransome-Wallis, P., The last Steam Locomotives of Western Europe, London 1963

Reder, Gustav, L'initiation de la Traction à Vapeur en France et les Locomotives du Chemin de Fer de Saint-Etienne à Lyon (unveröffentlichtes Manuskript)

Reed, Brian, Modern Locomotive Classes, 2. Aufl., London 1950

Reed, Brian, Locomotives in Profile, Bd. I, Windsor 1971

Rolt, L.T.C., A Hunslet Hundred, London 1964

Sagle, W. Lawrence, A Picture History of the Baltimore & Ohio Motive Power, New York 1952

Sauvage, Edouard, La Machine Locomotive, versch. Aufl. 1894-1941; 10. erweiterte Aufl.: Sauvage, E. und A. Chapelon, La Machine Locomotive, Paris 1947

v. Schmidt, Adalbert, Mittheilungen über die Vorbereitung der materiellen Mittel zum Betriebe der Eisenbahn über den Semmering, betr. die Preisausschreibung für die geeignetste Lokomotive und den Erfolg der Preis-Konkurrenz, Wien 1852

Sekon, The Evolution of the Steam Locomotive (1803 to 1898), London 1899

Slezak, Josef Otto, Die Lokomotivfabriken Europas, Wien 1963

Slezak, Josef Otto, Die Lokomotiven der Republik Österreich, Wien 1970

Smiles, Samuel, The Life of George Stephenson, London 1881

Staufer, Alwin F., Steam Power of the New York Central System. Vol. I: Modern Steam Power 1915-1955. Vol. II: New York Central's Early Power 1813-1916 (im Selbstverlag), Medina (Ohio) 1965 und 1967

Steffan, Hans, Belgische Lokomotiven, Erweiterter Sonderdruck aus: Die Lokomotive, Wien 1918

Stockklausner, Hanns, Österreichs Lokomotiven und Triebwagen, Wien 1949, 2. Aufl. 1954

Stockklausner, Hanns und Werner Walter Weinstötter, 25 Jahre deutsche Einheitslokomotiven, Nürnberg 1950

Stretton, Clement E., The Locomotive Engine and its Development, 6. Aufl., London 1903

Swengel, F.M., The American Steam Locomotive, Bd. I: The Evolution of the Steam Locomotive 1870-1949, Davenport (Iowa) 1967

Troske, L., Allgemeine Eisenbahnkunde für Studium und Praxis. II. Teil: Ausrüstung und Betrieb der Eisenbahnen, Leipzig 1907

Tuplin, W.A., Great Western Steam, London 1958

Tuplin, W.A., North Western Steam, London 1963

Vilain, Lucien M., Les Locomotives à Vapeur françaises à grande vitesse et à grande puissance du Type «Pacific», Paris 1959

Vilain, Lucien M., Un Siècle (1840-1938) de Matériel et Traction sur le Réseau d'Orléans, Paris 1962

Vilain, Lucien M., Evolution du Matériel Moteur et Roulant de la Compagnie des Chemins de Fer du Midi, Paris 1965

Vilain, Lucien M., L'Evolution du Matériel Moteur et Roulant de la Compagnie des Chemins de Fer Paris-Lyon-Méditerranée, Paris 1971

Vilain, Lucien M., Le Matériel Moteur et Roulant du Réseau de l'Ouest et des Chemins de Fer de l'Etat (incl. Paris-Saint-Germain et Paris-Versailles), Paris 1973

Vilain, Lucien M., Les Locomotives articulées du Système Mallet dans le Monde, Paris 1969

Wagner, Ludwig, Sächsische Lokomotiven, in: VdEF-Mitteilungen, mehrere Folgen, Wuppertal 1971-1973

Warner, Paul T., Locomotives of the Pennsylvania Railroad 1834-1924, Nachdruck aus: Baldwin Locomotives 1924, Chicago 1959

Warren, J.G.H., A century of Locomotive Building by Robert Stephenson & Co., 1823-1923, Newcastle 1923

White jr., John H., American Locomotives, An Engineering History 1830-1880, Baltimore 1968

Whith, Emile, Nouveau Manuel complet de la Construction de Chemins de Fer, Paris 1857

Wolff, Adolf, Die 2C2-h3-Schnellzug-Lokomotive 05.003 der Deutschen Reichsbahn, Berlin 1947

Wolff, Adolf, Dampflokomotiven der New York Centralbahn für hohe Geschwindigkeiten, Berlin-Bielefeld 1951

Wood, Nich., Traité pratique des Chemins de Fer (französische ergänzte Ausgabe der 2. Aufl. des englischen Werkes), Paris 1834

Young, R., Timothy Hackworth and the Locomotive, London 1923

Sammelwerke, anonyme Werke

Le Chatelier, L., E. Flachat, J. Petiet und C. Polonceau, Guide du Mécanicien Constructeur et Conducteur de Machines Locomotives, Paris 1851, 2. Aufl. 1859, neue Ausgabe 1865

Organ für Fortschritte des Eisenbahnwesens, Ergänzungsband X, 1893

Blum, v. Borries, Barkhausen, Das Eisenbahnmaschinenwesen der Gegenwart, 1. Abschnitt, 1. Teil: Die Lokomotiven, 2. Aufl., Wiesbaden 1903

Barkhausen, Blum, Courtin, Weiss, Das Eisenbahnmaschinenwesen der Gegenwart, 1. Abschnitt, 1. Teil, 2. Hälfte, 1. Lfg.: Brückmann, Heißdampflokomotiven mit einfacher Dehnung des Dampfes, 3. Aufl., Berlin-Wiesbaden 1920

Ahrons, E.L., The British Steam Railway Locomotive 1825-1925, London 1925

Die Entwicklung der Lokomotive im Gebiet des Vereins Deutscher Eisenbahnverwaltungen, Bd. I: 1835-1880 (R.v. Helmholtz und W. Staby), München-Berlin 1930; Bd. II: 1880-1920 (E. Metzeltin)

The Locomotives of the Great Western Railway (Teil 1, 7, 8 und 9), The Railway Correspondence and Travel Society 1951-1958

A Pictorial History of the Festiniog Railway, Portmadoc 1958

Nock, O.S., The British Steam Railway Locomotive from 1925-1965, London 1966

Locomotives à Vapeur de la SNCF, Films documentaires Loco-Revue, Auray 1973

History of the Baldwin Locomotive Works 1831-1922

Histoire des Chemins de Fer en France (mit einem Beitrag von Chapelon über die Entwicklung der französischen Dampflokomotive)

Locomotive Superheating and Feed Water Heating, Ergänzungsband zu: The Locomotive, Railway Carriage and Wagon Review, London o.J.

Zeitschriften und Periodika (Auswahl)

Annales de Mines, 1825-1856
Annales des Ponts et Chaussées, 1834-1847
Baldwin Locomotives
Die Lokomotive, Erste Folge, Wien
Eisenbahn, Wien
Hanomag-Nachrichten
Henschel-Hefte
La Nature
Lok-Magazin, Stuttgart
Revue générale des Chemins de Fer
Revue de l'Association française des Amis des Chemins de Fer

DIE ACHSANORDNUNG VON LOKOMOTIVEN

Die Achsanordnung ist ein wesentliches Kennzeichen jeder Lokomotive. Neben einem allgemein verständlichen Symbol wurden verschiedene von einander abweichende Systeme für die Bezeichnung der vorkommenden Achsfolgen entwickelt. In allen Fällen wird die Reihenfolge der Achsen einer Lokomotive von vorn nach hinten angegeben.

Symbol
Für jede gekuppelte Achse steht ein großes Rad (O), für jede Laufachse ein kleines Rad (o). Sie werden entsprechend ihrer Reihenfolge an der jeweiligen Maschine aneinander gereiht.

Deutsche Kennzeichnung
Gekuppelte Achsen werden durch Großbuchstaben in der Reihenfolge des Alphabets bezeichnet: A = eine Achse, B = zwei Achsen, usw. Die Zahl der Laufachsen wird durch je eine arabische Ziffer für die vorderen und die hinteren Laufachsen angegeben. Diese Ziffer wird je nach der Lage der Achsen dem Großbuchstaben vor- oder nachgesetzt. Für nicht vorhandene Laufachsen erfolgt keine Kennzeichnung.
Dieses, außer in Deutschland auch in der Schweiz, in Österreich, Skandinavien und den Balkanländern gebräuchliche System wurde mit einigen Zusätzen von der Union Internationale des Chemins de Fer (UIC) angenommen. Es setzte sich aber nur für elektrische und Diesellokomotiven durch.

Kennzeichnung nach White
Dieses System ist in den USA, in England und den früheren englischen Kolonien, in Süd- und in Mittelamerika üblich.
Es wird nicht die Zahl der Achsen, sondern die Zahl der Räder angegeben in der Folge: vordere Laufräder — gekuppelte Räder — hintere Laufräder. Nicht vorhandene Laufräder werden durch 0 bezeichnet. Die einzelnen Gruppen sind in der Regel durch einen Strich getrennt.
In den USA erhielten besonders häufige Achsanordnungen Namen, die auch in anderen Ländern vielfach verwendet werden.

Französische Kennzeichnung
Es werden die Achsen gezählt und in der Reihenfolge vordere Laufachsen — gekuppelte Achsen — hintere Laufachsen, jeweils durch einen Punkt getrennt, angegeben. Für nicht vorhandene Laufachsen wird 0 gesetzt.
Dies System wird außer in Frankreich auch in den ehemaligen französischen Kolonien, in Spanien und in der Sowjetunion verwendet.

Gelenklokomotiven
Es werden die gleichen Bezeichnungen verwendet. Die Angaben werden durch ein Zeichen verbunden.

Symbol	Deutsch	White	USA-Namen	Französisch	Weitere Bezeichnungen
Oo	A1	0–2–2		0.1.1	
oO	1A	2–2–0		1.1.0	Planet
oOo	1A1	2–2–2		1.1.1	Deutschland: Spinnräder
					England: Single
ooO	2A	4–2–0	Jervis	2.1.0	Frankreich: Crampton
ooOo	2A1	4–2–2	Bicycle	2.1.1	England: Bogie Single
OO	B	0–4–0	Four-wheel switcher	0.2.0	England: Samson
OOo	B1	0–4–2		0.2.1	Frankreich: Lyon
oOO	1B	2–4–0		1.2.0	England: Rear-coupled six-wheeler
oOOo	1B1	2–4–2	Columbia	1.2.1	Frankreich: Orléans
ooOO	2B	4–4–0	American	2.2.0	
ooOOo	2B1	4–4–2	Atlantic	2.2.1	England: Rear-coupled bogie
ooOOoo	2B2	4–4–4	Reading	2.2.2	
OOO	C	0–6–0	Six-wheel switcher	0.3.0	Frankreich: Bourbonnais
					England: Six-coupled
					Deutschland: Dreikuppler
oOOO	1C	2–6–0	Mogul	1.3.0	
oOOOo	1C1	2–6–2	Prairie	1.3.1	
oOOOoo	1C2	2–6–4		1.3.2	Adriatic
ooOOO	2C	4–6–0	Tenwheeler	2.3.0	
ooOOOo	2C1	4–6–2	Pacific	2.3.1	
ooOOOoo	2C2	4–6–4	Hudson	2.3.2	Baltic
OOOO	D	0–8–0	Eight-wheel switcher	0.4.0	England: Eight-coupler
					Deutschland: Vierkuppler
oOOOO	1D	2–8–0	Consolidation	1.4.0	
oOOOOo	1D1	2–8–2	Mikado	1.4.1	
oOOOOoo	1D2	2–8–4	Berkshire	1.4.2	
ooOOOO	2D	4–8–0	Mastodon	2.4.0	
ooOOOOo	2D1	4–8–2	Mountain (Mohawk)	2.4.1	
ooOOOOoo	2D2	4–8–4	Confederation (Pocono, Niagara, Northern)	2.4.2	
OOOOO	E	0–10–0	Ten-wheel switcher	0.5.0	Deutschland: Fünfkuppler
oOOOOO	1E	2–10–0	Decapod	1.5.0	
oOOOOOo	1E1	2–10–2	Santa Fé	1.5.1	
oOOOOOoo	1E2	2–10–4	Texas	1.5.2	
ooOOOOO	2E	4–10–0	(Frühere Mastodon)	2.5.0	
ooOOOOOo	2E1	4–10–2	Union Pacific	2.5.1	
OOOOOO	F	0–12–0		0.6.0	Deutschland: Sechskuppler
oOOOOOO	1F	2–12–0	Centipede	1.6.0	Gölsdorf
ooOOOOOOo	2F1	4–12–2	Union Pacific	2.6.1	

Mallet-Gelenklokomotiven mit Schlepptender, soweit dafür in den USA besondere Namen üblich

Symbol	Deutsch	Deutsch (neu)	White	Name
○○○–○○○	C+C	C′C	0–6–0+0–6–0	Erie
○○○○–○○○○○○	1C+C3	1C′C3	2–6–0+0–6–6	Allegheny
○○○○○–○○○○	2C+C1	2C′C1	4–6–0+0–6–2	Southern Pacific Cab in Front
○○○○○–○○○○○	2C+C2	2C′C2	4–6–0+0–6–4	Challenger
○○○○○–○○○○○○	1D+D2	1D′D2	2–8–0+0–8–4	Yellowstone
○○○○○○–○○○○○○	2D+D2	2D′D2	4–8–0+0–8–4	Big Boy

Lokomotiven ohne vordere Laufräder wurden in den USA nur noch als Verschiebelokomotiven (switcher) verwendet. Abgesehen von Tenderlokomotiven für den Verschiebedienst sind solche Maschinen als Streckenlokomotiven nur sehr vereinzelt ausgeführt worden und erhielten daher keinen kennzeichnenden Namen.

DIE HAUPTABMESSUNGEN DER LOKOMOTIVEN

Die Lokomotiven sind in der Reihenfolge ihrer Erwähnung im Text nach Kapiteln geordnet aufgeführt.

Die Maße sind in folgenden Einheiten angegeben:

Längenmaße in mm
Flächenmaße in m²
Kesseldruck in kg/cm²
Gewichte in Tonnen (1000 kg)

Die Angaben für das Triebwerk setzen sich wie folgt zusammen:

Zylinderdurchmesser × Kolbenhub / Treibraddurchmesser
Zahl der Zylinder × Durchmesser × Kolbenhub / Treibraddurchmesser
$\dfrac{\text{Zahl der HD-Zylinder} \times \text{Durchmesser} \times \text{Kolbenhub}}{\text{Zahl der ND-Zylinder} \times \text{Durchmesser} \times \text{Kolbenhub}}$ / Treibraddurchmesser (bei Verbundlokomotiven)

Die vier Werte Zylinderdurchmesser, Kolbenhub, Treibraddurchmesser und Druck sind in der Reihenfolge der Zugkraftformel $Z = \dfrac{d^2 \times s}{D} \times p \times \alpha$ ($\alpha = 0{,}8$ bis $0{,}85$) angegeben.

Heizflächen:

In einigen Ländern wird die feuerberührte Seite der Heizrohre, in anderen deren wasserberührte Seite der Rechnung zugrunde gelegt. Der sich daraus ergebende Unterschied wurde in der Tabelle nicht berücksichtigt.

Spur:

Soweit nichts anderes vermerkt, handelt es sich um normalspurige Lokomotiven.

Baujahr:

Das angegebene Jahr bezieht sich stets auf die Gattung, Serie, usw.

Abkürzungen:

BW = Bahnwerkstatt; Mf. = Maschinenfabrik

PSi:

Die Angabe PSi bezieht sich auf die innerhalb des Zylinders mit Hilfe von Indikatoren gemessene, d.h. indizierte Leistung.

Kap.	Abb.	Lokomotive	Achsfolge	Baujahr	Hersteller	Bahn	Triebwerk	Kesseldruck	Rost	Heizflächen Kessel + Überhitzer	Treibgewicht	Dienstgewicht	Achsstände gekuppelt	Achsstände gesamt	Bemerkungen
2.1	8	Trevithick 1	B	1804	Trevithick	Pen-y-Darren	210 × 1372/1092								Erste Lokomotive der Welt
	9	Trevithick 2	B	1805	John Steel	Gateshead	172 × 914/965								Bauart Trevithick
	10	Prince Royal (Regent)	B	1812	Fenton & Murray	Middleton	203 × 610/...								Zahnrad-Lokomotive. Die erste betriebsfähige Lokomotive
	11	Berliner Dampfwagen	B	1816	Kgl. Eisengießerei Berlin	Königsgrube (Oberschlesien)	130 × 314/...								Erste in Deutschland gebaute Lokomotive
2.2	12	Puffing Billy	B	1813	Hedley	Wylam	229 × 914/991	3,3	0,56	7,15			1900	1900	
2.3	14	Blücher	B	1814	G. Stephenson	Killingworth	203 × 610/914								G. Stephensons erste Lokomotive
	19	Dart, Tally-Ho, Star	B	1822	G. Stephenson	Hetton	229 × 610/965								
3.1	20	Locomotion	B	1825	R. Stephenson & Co.	Stockton-Darlington	254* × 610/1219	1,76		5,57	~6,5	6,5	1194	1194	Erste in der Fabrik von R. Stephenson & Co. gebaute Lokomotive. * nach anderen Quellen 241 mm
	—	Experiment	C	1828	R. Stephenson & Co.	Stockton-Darlington	229 × 610/1219								
	22	Royal George	C	1828	Hackworth (Shildon)	Stockton-Darlington	279 × 508/1219	3,5/3,7	0,52	13,10					
	23	Wilberforce	C	1833	Hackworth (Shildon)	Stockton-Darlington									
	24	Derwent	C	1845	Kitching	Stockton-Darlington	368 × 610/...								
3.2	25		B	1827	R. Stephenson & Co.	St-Etienne-Lyon	220 × 660/1219	3,5				9,43	9,43		
	26	BN. 1	B	1829	Marc Séguin	St-Etienne-Lyon	230 × 590/1213	3	0,65	22,18	6	6			
3.3	29, 30	Lancashire Witch	B	1828	R. Stephenson & Co.	Bolton & Leigh	229 × 610/1219		1,12	6,08	7	7	1524	1524	
	31	Sanspareil	B	1829	Hackworth	Liverpool-Manchester	178 × 483/1372		0,93	8,36		4,88			Für den Rainhill-Wettbewerb gebaut
	32, 36	Rocket	1A	1829	R. Stephenson & Co.	Liverpool-Manchester	203 × 432/1435	3,5	0,56	13,28		4,32	2184	2184	Maße des ursprünglichen Zustandes. Für den Rainhill-Wettbewerb gebaut
	34	Novelty	B	1829	Braithwaite	Liverpool-Manchester	152 × 305/1270		0,17	3,95		3,09			Entwurf Ericsson; für den Rainhill-Wettbewerb gebaut
	38	Northumbrian	1A	1830	R. Stephenson & Co.	Liverpool-Manchester	279 × 406/1524	3,5	0,58	38,60	4	7,47			
4.1	39	Globe	B	1830	R. Stephenson & Co.	Stockton-Darlington	229 × 406/1524								Entwurf Hackworth
4.2	—	Planet	1A	1830	R. Stephenson & Co.	Liverpool-Manchester	279 × 406/1524				5	8	1600		
	40	Jackson	1A	1835	Fenton, Murray & Jackson	Paris-Saint-Germain	280 × 410/1540		0,65	25,48	9,25	9,25		1530	Maße nach französischen Quellen
	—	Samson	B	1831	R. Stephenson & Co.	Liverpool-Manchester	355 × 406/1372		0,97	42,46	~10	10			
	43	Papin	B	1842	Tourasse	St-Etienne-Lyon	/1500								In eine B1-Lokomotive umgebaut
4.3	44	Bury	1A	1836	Bury	London-Birmingham	280 × 415/1546		0,66	33,07	~5	10			Maße nach französischen Quellen
4.4	48	Patentee-Bauart	1A1	1837	R. Stephenson & Co.	—	279 × 457/1676		0,92	33,82	4,37	11,63	3048	3048	
	47	Sharp-Bauart	1A1	1838	Sharp	—	406 × 508/1676	5,2	1,17	85,41		12,5			

Kap.	Abb.	Lokomotive	Achsfolge	Baujahr	Hersteller	Bahn	Triebwerk	Kesseldruck	Rost	Heizflächen Kessel + Überhitzer	Treibgewicht	Dienstgewicht	Achsstände gekuppelt	Achsstände gesamt	Bemerkungen
	49	Hercules	B1	1833	R. Stephenson & Co.	Stanhope & Tyne	356 × 457/1372			46,49		~14			
	50	Atlas	C	1834	R. Stephenson & Co.	Leicester & Swannington	406 × 508/1372		0,95	61,00	~17	17	3543	3543	
	51	La Victorieuse	1B	1837	R. Stephenson & Co.	Paris-Versailles (Linkes Ufer)	380 × 450/1380	4	0,95	48,28		13	2100	3580	
4.5	53, 55	La Gironde	1A1	1840	Le Creusot	Paris-Versailles (Rechtes Ufer)	330 × 460/1670		1,02	50,48	7	15,5			
	54	L'Espérance	1A1	1842	J. J. Meyer	Chemins de Fer d'Alsace	380 × 460/1829	5		46,60					Mit Doppelschieber-Expansionssteuerung
5.1	58	John Stevens' Vorführlokomotive	1A	1824	Colonel J. Stevens	—	82,5 × 368/...					0,45			Erste Lokomotive in den USA
	59	Tom Thumb	1A	1830	Peter Cooper	Baltimore & Ohio	89 × 356/...					~1			
5.2	60, 61	The Best Friend of Charleston	B	1830	West Point Foundry	South Carolina	152 × 406/1371	3,5			~4,5	~4,5			Erste Lokomotive der USA in regelmäßigem Betrieb
5.4	66	Atlantic	B	1832	Ross Winans	Baltimore & Ohio	305 × 559/889	5,2			~8,5	~8,5		1245	„Grasshopper"
	67	Mazeppa	B	1837	Ross Winans	Baltimore & Ohio	318 × 610/914				~8,5	~12			„Crab"
5.5	69	John Bull	B	1831	R. Stephenson & Co.	Camden & Amboy	229 × 508/1372		0,93	27,85	~10,5	~10,5	1499	1499	Später mit voranlaufendem Drehgestell
	70	Experiment (Brother Jonathan)	2A	1832	West Point Foundry	Mohawk & Hudson	241 × 406/1524					~7			
	71	Martin van Buren	2A	1839	Baldwin	Philadelphia & Columbia	229 × 406/1372	8,4				~7,5			Die Abmessungen sind nach der gleichartigen „Lancaster" angegeben
	—	George Washington	2A	1836	William Norris	Philadelphia & Columbia	260 × 448/1219	4,2			3,95	6,77	1969	2413	Maße der Achsstände zweifelhaft
	72	Washington Country Farmer	2A	1836	William Norris	Philadelphia & Columbia	267 × 457/1219				~5,11	8,94			
5.6	73	Campbell	2B	1837	James Brooks, Philadelphia	Philadelphia, Germanstown & Norriston	356 × 406/1372	6,33		67,17	~8	~12			Erste 2B-Lokomotive der Welt
	75	Gowan & Marx	2B	1840	Eastwick & Harrison	Philadelphia & Reading	305 × 406/1067				~9	~11			
	76	Virginia	2B	1842	William Norris	Winchester & Potomac	318 × 508/1219				9	13,5			
	77		2B	1846	Baldwin	Camden & Amboy	349 × 457/1524								
	78	Allegheny	2B	1849	Baldwin	Pennsylvania	368 × 508/1372				~13	~22,5			
5.7	80	Nr. 80	C	1842	Baldwin	Central of Georgia	381 × 457/...							1844	Umbau aus einer 2A-Lokomotive mit Gelenkgestell
	81	Atlas	D	1846	Baldwin	Philadelphia & Reading	445 × 457/1066				~23,7	~23,7			Mit Gelenkgestell
	—		D		Baldwin		457 × 510/1016				32,26	32,26	5921	5921	
	83	Chesapeake	D	1847	Septimus Norris	Philadelphia & Reading	368 × 559/1168				14,5	19,98			
	84	Monster	D	1834 od. 1838	Robert Stevens u. Isaac Dripps	Camden & Amboy	457 × 762/1219				27,6	27,6			
6.1	86, 87	North Star	1A1	1837	R. Stephenson & Co.	Great Western	406 × 406/2438		1,25	66,05		21		4064	2134 mm - Spur
	—	Great Western	1A1	1846	Gooch, Swindon	Great Western	457 × 610/2438	7	2,10	151,00	Leergewicht	~29			2134 mm - Spur
	88	Lord of the Isles	2A1	1851	Gooch, Swindon	Great Western	457 × 610/2438	7	2,00	166,29	12,5	36,07			2134 mm - Spur
	—	Waverley-Klasse	2B	1855	Gooch, Swindon, u. R. Stephenson & Co.	Great Western	433 × 610/2134		1,78	146,22					2134 mm - Spur
6.2	—	Nr. 30, Montgolfier	1A1	1843	R. Stephenson & Co. und Meyer	Paris-Orleans	355 × 510/1720	6	0,85	68,39	7,55	18,7		3338	Innenzylinder
	94	Nr. 5, Sézanne	1A1	1847	Hallette	Montereau-Troyes	340 × 550/1690	6	0,86	62,90	8,37	21,1		2010	Außenzylinder; später Est Nr. 291
	93	La Tarasque	2A	1846	Le Benet	Avignon-Marseille	380 × 560/1650				12,7	27,0		4050	Später PLM Nr. 192
	—	Ixion, Firefly-Klasse	1A1	1840-1842		Great Western	381 × 457/2134		1,21	55,93		~21			2134 mm - Spur
	—	Great A	2A	1845	R. Stephenson & Co.	York & North Midland	381 × 610/2007		0,89	77,18		23,88			
6.3	96	Namur	2A	1845	Tulk & Ley (Crampton)	Namur-Liège	406 × 508/2134	6	1,35	91,88	10,5	22	—	3962	Erste Crampton-Lokomotive; später South Eastern Nr. 81
	98	Liverpool	3A	1848	Bury, Curtis & Kennedy	London & North Western (südl. Netz)	457 × 610/2438	8,4	2,00	212,74	12,2	35,56	—	5639	
	86	Iron Duke	2A1	1847	Gooch	Great Western	457 × 610/2438	7	2,10	151,00	Leergewicht	21	—		2134 mm - Spur
	99	Folkstone	2A	1851	R. Stephenson & Co.	South Eastern	381 × 560/1830	6	1,30	107,11	10,2	26,7	—	4871	Innenzylinder mit Blindwelle

Kap.	Abb.	Lokomotive	Achsfolge	Baujahr	Hersteller	Bahn	Triebwerk	Kessel-druck	Rost	Heizflächen Kessel + Überhitzer	Treibgewicht	Dienstgewicht	Achsstände gekuppelt	Achsstände gesamt	Bemerkungen
	—	Serie 122-133	2A	1849	Cail	Nord	400×500/2100	6,5	1,42	98,40	12,6	28,9	—	4860	
	100	Serie 134-145	2A	1853	Cail	Nord	420×560/2300	7,5	1,27	95,63	12,6	29,8	—	4500	
	—	Serie 501-510	1B	1878	BW Epernay	Est	440×640/2310	10	1,73	100,00	28,66	41,84	2500	5350	
	—	Serie 543-562	1B	1884	BW Epernay	Est	440×610/2100	10	2,40	115,46	28,9	42,8	2500	5350	
	—	Baude (Serie 12-19)	2A	1852	Wöhlert	Kgl. Preußische Ostbahn	381×508/1982	6	1,07	78,60	9,6	24,9	—	4499	Mit Innenzylindern u. Blindwelle
	103	Pölnitz	2A	1863	Esslingen (Kessler)	Bayerische Pfalzbahn	381×610/1830	7,23	0,98	79,83	10,5	27,25	—	3960	
	—	Die Pfalz	2A	1853	Maffei	Bayerische Pfalzbahn	356×610/1830	6,3	0,98	68,60	9,2	24,2	—	3962	
	104	Serie 69-76	2A	1854	Maschinenbau Ges. Karlsruhe	Badische Staatsbahn	405×560/2130	7	1,07	81,79		28,5		4380	Mit Drehgestell
	105		2-1A	1849	Baldwin	Pennsylvania	356×508/1829				~8,2	21,3			Mit zweiachsigem Drehgestell
6.4	106	Nr. 28, John Stevens	3A	1849	Richard Norris	Camden & Amboy	356×965/2438		~1,86			~25	—	5050	Entwurf Dripps; mit dreiachsigem Drehgestell
	108	La Hyène	1B	1846	Le Creusot	Centre	380×600/1600	6	0,84	75,05	16,8	22,7	3130	3130	Später PO Serie 345-359
	109	Herford	1B	1866	Haswell	Köln-Minden	457×610/1581	8	1,58	120,11	26,15	34,75	3308	3308	
	110	Serie 201-212	1B	1864	BW Ivry	Paris-Orleans	420×650/2026	8,5	1,40	136,00	29,8	34,0	2100	4000	Bauart Forquenot; in eine 1B1-Lokomotive umgebaut
	111	Nr. 246	C	1858	E. B. Wilson	Madrid-Zaragoza-Alicante	440×600/1430	8	1,32	111,13	28,24	28,24	3430	3430	
	—	Serie 1513-1532	C	1857	Parent-Shaken	Paris-Lyon-Méditerranée	450×650/1300	10	1,34	115,91	35,38	35,38	3370	3370	Bourbonnais-Type
	114	Serie 0.401-426	C	1867	BW Epernay	Est	440×660/1400	8	1,31	121,05	33	33	3580	3580	Ardennes-Type
	113	Albmaschine	C	1848	Mf. Esslingen	Württembergische Staatsbahn	447×612/1230	7	0,90	97,00	33,5	33,5	3210	3210	Die Lokomotive war für die Geislinger Steige bestimmt
	115	Simplon	C	1865	Borsig	Köln-Minden	482×610/1372	8	1,43	123,60	40,8	40,8	3296	3296	
	112		C	1885	Vulkan, Stettin	Lérida-Reus-Tarragona	460×600/1500	9	2,06	139,40	39,7	39,7	3600	3600	Später Norte 1481-1482
7.1	119	Jenny Lind	1A1	1868	E. B. Wilson	London, Brighton & South Coast	381×508/1829	8,4	1,13	74,32	8,7	24,4	—	4115	
	116	Verschiedene Nr.	1A1	1868		Great Northern	470×660/2286	11,2	1,72	97,08	17,68	41,3		5816	Entwurf Stirling
	117	Lüneburg	1A1	1853	Egestorff	Braunschweiger Bahn	381×559/1830	7	1,19	91,24	12,8	27,7		4467	
	118	Serie 247-256, Bloomer	1A1	1851	Sharp	London & North Western (südl. Netz)	406×559/2134	10,5		134,51	12,55	30,99			Entwurf McConell
	120	Klasse DX	C	1855	BW Crewe	London & North Western	432×610/1575	8,4	1,39	102,90	27,4	27,4		4724	Entwurf Ramsbottom
7.2	123	Vauxhall	1A	1834	Forrester	Liverpool-Manchester	279×457/1524			24,00					Die Abmessungen sind von einer gleichartigen Lokomotive der Dublin-Kingston-Bahn genommen
	—	Allan-Crewe-Type	1A1	1843	BW Crewe	London & North Western	381×508/1524		1,00	70,00	14	20			Entwurf Allan
	124	Allan-Crewe-Type	1B	1843	BW Crewe	London & North Western	381×508/1524		1,00	70,00	14	20	2235	3861	Entwurf Allan
	125	Sky Bogies-Type	2B	1884		Highland	457×610/1600		1,50	112,97			2667	6554	Entwurf Jones
	126	Nr. 1-40	1A1	1843	Buddicom & Allcard	Paris-Rouen	318×533/1600		0,86	48,52	7	14,5	—	3377	Später Ouest 101-140
	127	Serie 17-50	1A1	1846	Hallette, Cail	Nord	360×560/1680	6,5	0,91	75,50	11,2	23,82	—	3190	Entwurf Clapeyron; Achsstand auf 4600 mm verlängert
7.3	128	Serie 158-157	1B	1850	BW Ivry	Paris-Orleans	440×600/1500	7	0,99	103,98	18,98	26,22			Entwurf Polonceau
	129	Serie 658-719	C	1854	BW Ivry	Paris-Orleans	420×650/1350	8	1,10	89,47	25,98	25,98		4200	Entwurf Polonceau
	—	Serie 720-791	C	1856	BW Ivry	Paris-Orleans	420×650/1350	8	1,21	130,71	30,54	30,54		3560	Entwurf Polonceau
	—	Serie 369-380	1B	1857	Gouin	Ouest	420×560/1910	7,5	1,24	110,27	20,83	28,73	2030	3750	Bauart Polonceau; überhängende Feuerbüchse
	—	Serie 707-743	1B	1877		Ouest	420×600/1930	9	1,75	92,00	24,9	36	2250	4400	Feuerbüchse unterstützt
	131	Serie 636-706	1B	1880		Ouest	430×600/2040	9	1,64	107,00	29,0	22,5	2300	4650	Feuerbüchse unterstützt
	—	Serie 621-623	1B	1886		Ouest	430×600/2010	10	1,64	110,35	27,9	40,1	2700	5050	Feuerbüchse durchhängend
7.4	133		1A1	1836	Forrester	Grand Junction	279×457/1524	3,5		29,00					
	134	Gattung A V	1A1	1853	Maffei	Bayerische Staatsbahn	381×559/1676	7	1,07	63,70*	9	22	—	3506	* bzw. 73,2 m²; erste Lokomotive der Bauart Hall
	136	Serie 467-539	1B	1859	verschiedene Erbauer	Österreichische Südbahn	411×632/1500	6,5	1,38	180,00	22,5	32,55		3477	
	137	Reihe 29	C	1860	verschiedene Erbauer	Österreichische Südbahn (Graz-Köflach)	420×632/1245	9	1,59	128,50	38	38	2950	2950	
	138	Serie 445-453	1B	1869	Schwartzkopff	Niederschlesisch-Märkische Bahn	445×524/1846	10	1,47	107,15	25,04	38,58	2485	4525	Entwurf Wöhler
7.5	143	Kleine Gloggnitzer	2B	1848	Haswell	Wien-Gloggnitz	368×579/1422	5,5	0,94	70,60	15	22,7		3872	
	—	Große Gloggnitzer	2B	1845	Haswell	Wien-Gloggnitz	402×579/1264	5,5	1,00	90,60	15	21,3		3818	

Kap.	Abb.	Lokomotive	Achsfolge	Baujahr	Hersteller	Bahn	Triebwerk	Kessel-druck	Rost	Heizflächen Kessel + Überhitzer	Treibgewicht	Dienstgewicht	Achsstände gekuppelt	Achsstände gesamt	Bemerkungen
	142	Pribram	2B	1852	Cockerill	K. K. Nördliche Staatsbahn	382×610/1738	6,33	1,00	74,79	15,4	28,1		5258	
	144	Rhein, Reuss (Nr. 3 und 4)	2B	1847	Mf. Karlsruhe, Kessler	Schweiz. Nord-ostbahn	362×559/1320	6	0,80	57,10	10,0			4451	
	146	Nr. 1 Limmat	2A	1847	Mf. Karlsruhe, Kessler	Schweiz. Nord-bahn Zürich-Baden	362×559/1320	6	0,90	57,30	9			2800	Erste Lokomotive der Schweiz
	145	Einkorn, Klasse E	2B	1856	Mf. Esslingen	Württembergische Staatsbahn	410×610/1218	8	1,03	85,12	19,5	29,6		5070	
7.6	147	Borsig	2A1	1841	Borsig	Berlin-Anhalt	292×457/1372	4,4	0,85	30,30	9,62	19,2		4200	
	148	Beuth	1A1	1844	Borsig	Berlin-Anhalt	330×558/1525	5,5	0,83	46,60	9,10	18,5		3813	
	150	Oker	1A1	1869	R. Hartmann	Köln-Minden	381×508/1676	8	0,90	84,61	12,8	31,9		4708	
	152	Perraches, Nr. 1-45	1A1	1847	Cail	Paris-Lyon	380×600/1800	6*	0,92	79,00	11,3	25,3		4015	Später PLM 101-145;* bzw. 8
	151	Problem- oder Lady of the Lake-Klasse	1A1	1859	BW Crewe	London & North Western	406×610/2324	8,4	1,39	102,00	11,68	27,4		4674	Entwurf Ramsbottom
	153	Canute-Klasse	1A1	1855	BW Nine Elms	London & South Western	381×533/1981		1,49	71,44	9,6	28,91			Entwurf Beattie
7.7	154	Klasse 901	1B	1872	BW Gateshead	North Eastern	432×610/2134	9,8	1,50	111,56	27,5	40,08		4902	Entwurf Fletcher
	155	Precedent-Klasse	1B	1874	BW Crewe	London & North Western	432×610/2019	9,8	1,59	100,65	22,86	32,87		4774	Entwurf Webb
	156	Flieger	1B	1871	Borsig und Hartmann	Köln-Minden	420×508/1981	10	1,57	124,43	26,0	42,0	2500	5690	
	—	Gattung P 3	1B	1884	verschiedene Erbauer	Preußische Staatsbahn	400×560/1730	12	1,85	95,35	25,66	36,78	2500	4500	Sogenannte Normal-Lokomotive
	157	Gattung S 1	1B		Schichau und andere	Preußische Staatsbahn	420×600/1980	12	2,07	93,95	27,6	41,3	2000	4500	
	—	Rhone-Type	B1	1851	Gouin	Paris-Lyon	420×560/1850	8,5	1,25	78,90	20,76	25,45	2215	4230	Später PLM 301-303 und 351-367
	159	Serie 2.451-2.551	B1		Fives-Lille	Nord	420×560/1800	8	1,52	82,37	23,0	32,4	2150	4400	
	161	Gladstone-Klasse, Nr. 172-220	B1	1882		London Brighton & South Coast	464×660/1981	10,5	1,91	137,99		39,32		4750	Entwurf Stroudley
	162	Pluto	B1	1865	Borsig	Berlin-Hamburg	406×560/1516	8	1,48	80,50	30,1	34,95		4472	
8.1	164	Southport	2B	1857	Danfort, Cooke & Co.	Delaware, Lackawanna & Western	432×559/1676		1,71				2134	4956	1829 mm-Spur
	166	Nr. 24	2B	1885	Rogers	New York, West Shore & Buffalo	457×610/1727	9,8	1,58	112,59	28,25	43,47	2591	6944	
	165	Nr. 111	2B	1880	BW Reading	Philadelphia & Reading	533×559/1727	8,4	7,00	103,77	29,14	43,64		6426	Mit Wootten-Feuerbüchse
	168	Klasse P	2B	1880		Pennsylvania	470×610/1727	9,8	3,22	142,14	30,8	45,6	2362	6921	
	169	Klasse L	2B	1895		Pennsylvania	470×660/2032	13	2,99	176,10	42,64	61,01	2362	6934	
	170	Rogers Normal-Type	1C	80er Jahre	Rogers	verschiedene Bahnen	406×610/1219				25,85	31,75	4521	6807	Kleinste Ausführung
	—	Rogers Normal-Type	1C	80er Jahre	Rogers	verschiedene Bahnen	508×610/1372				35,56	44,61	4724	7061	Größte Ausführung
	171	Klasse R (später H 3)	1D	1885		Pennsylvania	508×610/1270	9,8	2,90	160,90	45,63	51,99	4216	6629	
	173	Champion	2D	1882	BW Weatherley	Lehigh Valley	508×660/1219	8,8			37,39	46,13	3972	7061	Entwurf Hofecker
	174	El Gobernador	2E	1884	BW Sacramento	Central Pacific	533×660/1448					67		7607	
	—	Nr. 100	2D	1898	Brooks	Great Northern	533×863/1397	14,8	3,36	307,31	78,02	96,53	4826	8128	
	177	Pennsylvania	F	1863	BW Reading	Philadelphia & Reading	508×660/1092		2,90	130,00	50	50	5969	5969	Tenderlokomotive, Entwurf Millholland. Erste F-gekuppelte Lokomotive der Welt; 1870 umgebaut
9.1	179	Bavaria*	BB+2T	1851	Maffei	Semmering-Wettbewerb	509×764/1080	6,8	1,30	157,54	44	44	6335	11992	Gesamtachsstand einschließlich Tender. Für den Semmering-Wettbewerb gebaut
	180	Wiener Neustadt*	B+B	1851	W. Günther	Semmering-Wettbewerb	4×329×632/1120	6,8	1,66	175,12	44	44	2×2312	8159	Tenderlokomotive: Wasser 9,7 m³, Kohle 3 m³. Für den Semmering-Wettbewerb gebaut
	181	Seraing*	B+B	1851	Cockerill	Semmering-Wettbewerb	4×407×711/1049	5,8	2×1,00	2× 170,95 = 341,90	49,45	49,45	2×2134	8204	Tenderlokomotive mit zusätzlichem Zweiachs-Tender. Für den Semmering-Wettbewerb gebaut
	182	Vindobona*	D	1851	Haswell	Semmering-Wettbewerb	421×580/957	6,8	1,45	159,44	45,5	45,5	4742	4742	Für den Semmering-Wettbewerb gebaut
9.2	183	Engerth-Lokomotive	CB	1853	Mf. Esslingen und Cockerill	Semmeringbahn (spät. Österr. Südbahn)	475×610/1068	7,4	1,28	140,50	39,0	56,0	2292	5997	Der Tender wurde später abgekuppelt
	184	Serie 401-436	B+3	1856	Mf. Esslingen, Kessler, und andere	Nord	420×560/1739	8	1,35	125,50	21,66	47,66	2700	8000	
	185	Basel	B+3	1854	Mf. Esslingen, Kessler	Schweizerische Centralbahn	408×561/1375	9	0,90	100,90	26	45	2250	6525	

* Abmessungen umgerechnet nach Adalbert von Schmidt (1852)

Kap.	Abb.	Lokomotive	Achsfolge	Baujahr	Hersteller	Bahn	Triebwerk	Kesseldruck	Rost	Heizflächen Kessel + Überhitzer	Treibgewicht	Dienstgewicht	Achsstände gekuppelt	Achsstände gesamt	Bemerkungen
	187	Serie 360-399 (spät. 4361-4400)	D+2	1855	Le Creusot	Nord	500×660/1258	8	1,94	197,00	42,3	62,8	3950	8700	Zweiachsiger Tender: Wasser 8,3 m³, Kohle 2 m³
	188	Serie 4001	D	1868	Grafenstaden und andere	Paris-Lyon-Méditerranée	540×660/1260	9(10)	2,08	199,48	51,7	51,7	4050	4050	
	190	La Rampe	D+3	1859	Koechlin	Marseille-Lyon	540×560/1200	7	1,89	172,93	47,3	70,85	3900	9600	Entwurf Beugniot; später PLM Nr. 1998
9.3	191	Steierdorf	CB	1862		Jaszenova, Ornavicza und Steierdorf	461×632/1000	7	1,44	121,50	42,5	42,5	10500	10500	Entwurf Fink und Engerth
	192	Gattung F 1	C	1894	Mf. Esslingen	Württembergische Staatsbahn	450×612/1380	14	1,40	116,70	41,6	41,6	5000	5000	Bauart Klose
	193	Gattung T 15	CB		Henschel	Preußische Staatsbahn	520×630/1200	12	2,37	137,40	69,81	69,81	6860	6860	Bauart Hagans
9.4	194	Wien-Raab	D	1855	Haswell	Wien-Raab, spät. Staats-Eisenbahn Ges.	461×632/1185	7,3	1,20	86,76	34,72	34,72	3815		Erster europäischer Vierkuppler
	195	Reihe 73	D	1885	Floridsdorf	Österr. Staatsbahn	500×570/1100	11	2,25	163,80	55,1	55,1	3900	3900	
	—	Reihe 34	D	1867	Haswell	Österreichische Südbahn	500×610/1070	8	1,84	181,80	47,3	47,3	3450	3450	Mit Außenrahmen
	196	Serie 2501-2537	D	1864	Le Creusot	Norte	500×660/1300	8	1,88	165,60	43,5	43,5	4130	4130	1674 mm-Spur
	199	Serie 91-102	D	1865	Avonside	Zaragoza-Barcelona	483×611/1294	8	2,34	128,40	43,3	43,3	4440	4440	1674 mm-Spur; später Norte 2571-2582
	198	Serie 213-226	D	1878	Sharp	Tarragona-Barcelona-Francia	508×660/1388	8	2,61	137,14	47,69	47,69	4615	4615	1674 mm-Spur; später Madrid-Zaragoza-Alicante-Bahn 562-575
	—	Klasse T, Nr. 2116-2125	D	1901	BW Gateshead	North Eastern	508×660/1403	12,3	2,00	155,61	59,23	59,23	5232	5232	Entwurf W. Worsdell
	—	Gattung G 7	D	1893	verschiedene Erbauer	Preußische Staatsbahn	520×630/1250	12	2,25	144,15	51,65	51,65	4500	4500	Erste Lieferungen
	201	Klasse K, Nr. 401-455	D	1901	BW Doncaster	Great Northern	502×660/1410	12,3	2,28	129,93	55,5	55,5	5385	5385	Mit Innenzylindern; Entwurf Ivatt; erste Lieferungen
	197	Gattung D 4/4, Nr. 101-127	D	1882	Maffei und SLM Winterthur	Gotthardbahn	520×610/1170	10	2,10	158,00	52,8	52,8	3900	3900	
9.5	202	Serie 566-577 (machines uniques)	D	1862	Gouin	Nord	480×480/1065	8,5	2,61	152,90+12,98	43,2	43,2	3800	3800	Entwurf Petiet; Tenderlokomotive: Wasser 5,8 m³, Kohle 2 t
	203	Serie 601-610, Kolosse	CC	1862	Gouin	Nord	4×440×440/1065	9	3,33	199,90+22,00	59,7	59,7	2×2280	6000	Entwurf Petiet; Tenderlokomotive: Wasser 8 m³, Kohle 2,2 t
	204	Cantal-Type, Nr. 1201-1203 (spät. 2201-2203)	E	1867	BW Ivry	Paris-Orleans	500×600/1070	9	2,07	228,00	60	60	4532	4532	Entwurf Forquenot; Tenderlokomotive: Wasser 5,4 m³, Kohle 1,5 t
10.1	205	Rauhenstein	2B	1857	STEG	Österr. Südl. Staatsbahn	395×580/1580	6,5	1,10	94,00		31			
	—	Grimming	2B	1871	Sigl, Wiener Neustadt	Kronprinz Rudolf-Bahn	435×630/1710	9	1,68	111,60	25	41,5	2400	5800	1700 mm●; Entwurf Kamper
	207	Serie 27-34	2B	1863	Beyer, Peacock & Co.	Tudela-Bilbao	407×610/1524	7	1,37	87,64	26,4	38,4	2438	5486	1024 mm●; 1674 mm-Spur; Tenderlokomotive; später Norte 27-34
10.2	208	Corsair	2B	1854	BW Swindon und Hawthorn	South Devon	432×610/...	8,4						5537	1524 mm●; 2134 mm-Spur; Tenderlokomotive; Entwurf Gooch
	209	Serie 9-14	2B	1859	Slaughter & Grunning	Barcelona-Granollers	420×560/1920	10	1,35	95,52	22,6	36,2	2660	5930	1370 mm●; 1674 mm-Spur; später Madrid-Zaragoza-Alicante-Bahn 23-28. Es sind die Maße des Ersatzkessels angegeben
	210	Nr. 771-778	2A1	1884		Great Northern	457×711/2464	11,3	1,64	108,23	15,24	39,06		6985	Entwurf Stirling
	206	Klasse 245	2A1	1879	Dübs	Great Eastern	457×610/2286	9,8	1,59	112,00	15,34	42,32		7036	2134 mm●; Entwurf Bromley
	211		2B	1910	BW Stoke	North Staffordshire	470×660/1829	12,3	1,95	113,80	32,5	48,8	2896	7049	1753 mm●; Entwurf J. H. Adams
	212	Rittinger	2B	1872	Sigl, Wiener Neustadt	Österreichische Nordwest-Bahn	411×632/1900	10	1,64	107,60	23,0	39,5	2400	5370	1320 mm●
	213	Reihe 4	2B	1885	Sigl, Wiener Neustadt	Österreichische Staatsbahn	435×630/1810	11	2,06	127,04	26,5	44,5		5900	1700 mm●
	215	Serie 1-12 (Romont)	2B	1861	Mf. Esslingen, Kessler	Fribourg-Lausanne	410×612/1374	8	1,20	103,80	27,0	41,0		6090	Tenderlokomotive: Wasser 4 m³, Kohle 2,7 t; später Jura-Simplon-Bahn 251-262
	214	Giovanna d'Arco	2B	1889	BW Turin	Mediterraneo	450×620/2100	11	2,26	110,64	31,8	48,6	2600	6800	2000 mm●; Entwurf Frescot; später FS Gruppe 560
	216	Vittorio Emanuele II	2C	1884	BW Turin	Mediterraneo (Alta Italia)	470×620/1675	10	2,20	124,00	37,5	53,00	3760	7260	1200 mm●; Entwurf Frescot; später FS Gruppe 650
	217	Nr. 2861-2911, Outrances	2B	1877	Elsässische Maschinenbau-Ges. Belfort	Nord	432×610/2130	10	2,31	100,00	26,9	43,2	2500	6230	1800 mm●; die Zylinderdurchmesser sind verschieden
	219	Serie 801-840	2B	1890		Est	470×660/2130	12	2,42	168,30	33,4	56,77	3000	7450	1900 mm●; mit Flaman-Kessel

● Achsstand des Drehgestells

Kap.	Abb.	Lokomotive	Achsfolge	Baujahr	Hersteller	Bahn	Triebwerk	Kessel-druck	Rost	Heizflächen Kessel + Überhitzer	Treibgewicht	Dienstgewicht	Achsstände gekuppelt	Achsstände gesamt	Bemerkungen
10.3	218	Serie 111-400	1B1	1879	verschiedene Erbauer	Paris-Lyon-Méditerranée	500×600/2000	10 (11)	2,32	142,50	28,8	52,4	2100	5800	Später mehrfach umgebaut
	220	Weipert	1B	1872	R. Hartmann	Sächsische Staatsbahn	381×559/1390	8,5	1,13	88,90	27,14	35,52		3575	Mit Novotny-Laufachse
	221	Reihe 12	1B1	1888	Cockerill	Belgische Staatsbahn	500×600/2100	10	4,71	124,68	26,35	42,2	2165	6565	
	222	Gattung IX V	1D	1902	Hartmann	Sächsische Staatsbahn	$\frac{530}{770}\times 630/240$	14	3,17	180,48+16,40	62,4	72,0	5460	7760	Achsstand fest: 2860 mm; mit Klien-Linder-Hohlachse
10.4	224	Gattung D XII	1B2	1897	Krauß	Bayerische Staatsbahn	450×560/1640	13	1,96	107,00	28,8	69,0	2050	8000	Mit Krauß-Helmholtz-Drehgestell
	225	Serie 50-63	1C+2	1920	Krauß	Spanische Vascongados	450×600/1300	12	2,00	103,60+32,50	37,0	45,0	2800	9760	1000 mm-Spur
11.1.1	227	Anglet	B1	1873	Le Creusot	Bayonne-Biarritz	$\frac{240}{400}\times 450/1200$	10	1,00	45,10	15,2	19,3	1300	2700	Erste erfolgreiche Verbundlokomotive der Welt; Entwurf Mallet; Tenderlokomotive
	226	Hannover 83-84	1A	1880	Schichau	Preußische Staatsbahn	$\frac{200}{300}\times 400/1130$	12	0,52	22,79	9,7	18,2		4000	Erste Verbundlokomotive Deutschlands; Entwurf v. Borries; Tenderlokomotive
	—	Hannover 1121-23, Gattung G 3	C	1882	Henschel	Preußische Staatsbahn	$\frac{460}{650}\times 630/1330$	12	1,53	118,80	38,5	38,5	3400	3400	Bauart v. Borries
	228	Gattung P 3²	1B	1895	verschiedene Erbauer	Preußische Staatsbahn	$\frac{440}{630}\times 580/1750$	12	1,92	98,73	27,3	41,1	2300	5000	Bauart v. Borries; letzte Ausführung
	229	Gattung S 3	2B	1893	Hanomag und andere	Preußische Staatsbahn	$\frac{460}{680}\times 600/1980$	12	2,23	118,00	30,4	50,5	2600	7400	Bauart v. Borries; letzte Ausführung
	230	Reihe 6	2B	1893	Floridsdorf	Österreichische Staatsbahn	$\frac{500}{740}\times 680/2100$	13	2,90	140,00	28,8	55,4	2800	7300	Drehgestell 2700 mm; Entwurf Gölsdorf
	232	Reihe 170	1D	1897	Sigl, Wiener Neustadt	Österreichische Staatsbahn	$\frac{540}{800}\times 632/1300$	13	3,91	250,30	58,0	70,5	4300	6800	Entwurf Gölsdorf
	233	Reihe 180	E	1900		Österreichische Staatsbahn	$\frac{590}{850}\times 632/1258$	14	3,00	182,70	65,7	65,7	5600	5600	Achsstand fest 2800 mm; Entwurf Gölsdorf
	234	Nr. 1619	2B	1893		North Eastern	$\frac{508}{711}\times 610/2165$	14	1,81	124,58	36,08	54,61	2820	7163	Bauart T.W. Worsdell; Entwurf Wilson Worsdell
	235	Gruppe 380	1C	1904	Ansaldo	Adriatico	$\frac{410}{650}\times 700/1510$	14	2,30	117,40	39,9	50,0	4200	6750	Später FS Gruppe 600
11.1.2	236	Teutonic-Klasse	1AA	1889	BW Crewe	London & North Western	$\frac{2\times 356}{762}\times 610/2159$	12,3	1,90	130,20	31,5	46,2	—	5512	Entwurf Webb
	238	Greater Britain-Klasse	1AA1	1891	BW Crewe	London & North Western	$\frac{2\times 381}{762}\times 610/2159$	12,3	1,90	139,88	31,5	52,93	—	7214	Entwurf Webb
	239	Klasse A	D	1894	BW Crewe	London & North Western	$\frac{2\times 381}{762}\times 610/1359$	12,3	1,90	138,33	50,04	50,04	5258	5258	Entwurf Webb
	240	Nr. 3.101 (später 3.395)	1C	1887	BW La Chapelle	Nord	$\frac{432}{2\times 500}\times 700/1650$	14	2,09	113,80	40,6	47,04	4100	6630	Entwurf Sauvage
	241	Reihe B 3/4	1C	1896	SLM Winterthur	Jura-Simplon (SBB)	$\frac{500}{2\times 540}\times 600/1520$	14	2,30	140,30	44,5	54,8	3900	6310	Entwurf Weyermann; letzte Ausführung
	243	Gattung G, Elefanten	E	1892	Mf. Esslingen	Württembergische Staatsbahn	3×480×612/1230	12	2,17	215,20	68,88	68,88	6000	6000	Achsstand fest 2610 mm; Entwurf Klose
	237	Nr. 1000 (später 1005)	2B	1905	BW Derby	Midland	$\frac{483}{2\times 535}\times 660/1842$	15,5	2,64	136,80	39,72	60,86	2896	7392	Entwurf Deeley
11.1.3	244	Nr. 2.301	B1	1886	BW La Chapelle	Nord	450×635/1950	10	2,30	114,50	27,45	38,55	2590	4840	Entwurf du Bousquet
	245	Nr. 701	1AA	1886	Elsässische Maschinenbau-Ges.	Nord	$\frac{2\times 320}{2\times 460}\times 610/2100$	11	2,35	103,30	28,2	39,0	2500	5500	Entwurf de Glehn
	246	Nr. 2.101	2B	1890	BW La Chapelle	Nord	480×600/2130	12	2,04	110,80	26,95	43,25	3000	7340	Entwurf du Bousquet
	249	Nr. 2.121-122	2B	1890	Elsässische Maschinenbau-Ges.	Nord	$\frac{2\times 340}{2\times 530}\times 640/2113$	14	2,04	112,55	30,4	43,5	3000	7350	Entwurf de Glehn/du Bousquet
	251	Nr. 251-256	2B	1897	SLM Winterthur	Schweiz. Centralbahn	$\frac{2\times 330}{2\times 510}\times 600/1730$	14	2,20	129,40	30,0	49,0	2600	7000	Bauart de Glehn; später SBB A 2/4
	252	Gattung IVe	2C	1894	Elsässische Maschinenbau-Ges.	Badische Staatsbahn	$\frac{2\times 350}{2\times 550}\times 640/1600$	13	2,10	125,93	41,7	58,8	3600	7650	Bauart de Glehn
	248	Nr. 203-230	2C	1894	SLM Winterthur	Gotthardbahn	$\frac{2\times 370}{2\times 570}\times 600/1610$	15	2,40	166,00	47,8	65	3830	7930	Bauart de Glehn/Winterthur
	253	Nr. C1-C2	1B1	1888	BW Paris	Paris-Lyon-Méditerranée	$\frac{2\times 310}{2\times 500}\times 620/2000$	15	2,34	128,03	29,6	53,5	2160	5860	Bauart Henry
	254	Nr. 4301-4302	D	1888	BW Paris	Paris-Lyon-Méditerranée	$\frac{2\times 360}{2\times 540}\times 650/1260$	15	2,18	157,68	58,0	58,0	4050	4050	Achsstand fest 1350 mm; Bauart Henry
	255	Nr. 3201-3202	D	1889	BW Paris	Paris-Lyon-Méditerranée	$\frac{2\times 340}{2\times 540}\times 650/1500$	15	2,45	150,90 (162,99)	56,9	56,9	5730	5730	Bauart Henry

Kap.	Abb.	Lokomotive	Achsfolge	Baujahr	Hersteller	Bahn	Triebwerk	Kessel-druck	Rost	Heizflächen Kessel + Überhitzer	Treibgewicht	Dienstgewicht	Achsstände gekuppelt	Achsstände gesamt	Bemerkungen
	256	Nr. C 61-180, Große C	2B	1895	BW Paris	Paris-Lyon-Méditerranée	$\frac{2 \times 340}{2 \times 540} \times 620/2000$	15	2,48	189,51	33,46	55,46	3000	7250	Bauart Baudry
	—	Gattung A 3/5, Nr. 231-232	2C	1902	SLM Winterthur	Jura-Simplon	$\frac{2 \times 360}{2 \times 570} \times 660/1780$	15	2,70	168,80	45,0	65,0	3000	8100	
	250	Gattung A 3/5, Nr. 603-649	2C	1910	SLM Winterthur	SBB	$\frac{2 \times 425}{2 \times 630} \times 660/1780$	14	2,80	177,10+ 40,70	48,00	73,1	4350	8650	Alle vier Zylinder sind einer Reihe angeordnet
11.1.4	—	Black Prince, Nr. 1502	2B	1897	BW Crewe	London & North Western	$\frac{2 \times 381}{2 \times 495} \times 610/2159$	12,3	1,90	130,00	36,07	55,27	2946	7061	Entwurf Webb
	258	Gattung S 5	2B	1900	Hanomag	Preußische Staatsbahn	$\frac{2 \times 330}{2 \times 520} \times 600/1980$	14	2,27	118,60	29,07	51,00	2700	7500	Bauart v. Borries
	259	Gruppe 500	2C	1900	BW Florenz	Adriatico	$\frac{2 \times 360}{2 \times 590} \times 650/1920$	14	3,00	150,80	43,2	69,9	4100	8350	Entwurf Plancher
11.1.5	260	Nr. 122	2B	1868	Hinkley & Drury	Erie	$\frac{2 \times 229}{2 \times 610} \times 660/1524$		1,46	31,32		27,85			Erste Tandem-Verbundlokomotive
	261	Nr. 4.729, 4.731 und 4.733	D	1887	(Umbau)	Nord	$\frac{2 \times 380}{2 \times 660} \times 650/1300$	10	2,14	126,45	52,8	52,8	4250	4250	Entwurf du Bousquet
	262	Kategorie Ie	2B	1890	Mf. Budapest	Ungarische Staatsbahn	$\frac{2 \times 320}{2 \times 490} \times 650/2001$	13	2,98	134,90	28,0	54,7	2400	6300	Entwurf Kordina
	263	Serie P (= R)	2B	1898	Putiloff	Russische Staatsbahn	$\frac{2 \times 365}{2 \times 547} \times 610/2000$	13,4	2,62	146,08	30	56	3000	7500	Entwurf Petoff
	264		1D	1899	Elsässische Maschinenbau-Ges.	Moskau-Windau-Rybinsk	$\frac{2 \times 400}{2 \times 600} \times 600/1270$	12	2,54	155,60	49,65	57,75	4350	6550	
	265	Nr. 900-985	1E1	1903	Baldwin	Atchisson, Topeka & Santa Fé	$\frac{2 \times 483}{2 \times 813} \times 813/1448$	15,8	5,43	445,56	106,36	130,29	6020	10947	
	266		2B	1894	Baldwin	Central Railroad of New Jersey	$\frac{2 \times 330}{2 \times 559} \times 610/1981$	12,66	3,57	158,94	38,04	54,77	2286	6795	Bauart Vauclain
	267	Nr. 805	1E	1893	Baldwin	New York, Lake Erie & Western (spät. Erie)	$\frac{2 \times 408}{2 \times 586} \times 711/1270$	12,66	8,31	224,97	78,0	88,45	6045	8306	
11.2	—	Gattung S 4, Hannover 74 (spät. Kassel 20)	2B	1898 13.4.	Vulkan, Stettin	Preußische Staatsbahn	$460 \times 600/1980$	12	2,27	85,65+ 18,00	33,0	55,0			Mit Flammrohr-Überhitzer
	268	Gattung P 4, Kassel 131 (spät. Kassel 1846)	2B	1898 29.6.	Henschel	Preußische Staatsbahn	$460 \times 600/1750$	12	2,30	65,08+ 21,00	31,0	49,3			Mit Flammrohr-Überhitzer
	269	Gattung S 4, Berlin 74	2B	1900	Borsig	Preußische Staatsbahn	$500 \times 600/1980$	12	2,27	108,50+ 28,00	32,4	56,0	2600	7200	Mit Rauchkammer-Überhitzer
	270	Gattung S 4	2B	1904	Borsig	Preußische Staatsbahn	$540 \times 600/1980$	12	2,27	100,70+ 30,75	30,0	54,47	2600	7600	Mit Rauchkammer-Überhitzer
	273a	Gattung P 6	1C	1902	Mf. Hohenzollern	Preußische Staatsbahn	$540 \times 630/1600$	12	2,25	131,59+ 31,70	44,5	58,33	4000	6450	Achsstand fest 2000 mm; mit Rauchkammer-Überhitzer
	—	Gattung P 6	1C	1904	Mf. Hohenzollern	Preußische Staatsbahn	$540 \times 630/1600$	12	2,25	134,92+ 41,91	45,69	59,71	4000	6450	Achsstand fest 2000 mm; mit Rauchröhren-Überhitzer; letzte Ausführung
	275a	Gattung S 6	2B	1911	Linke-Hofmann	Preußische Staatsbahn	$550 \times 630/2100$	12	2,31	149,03+ 40,32	34,5	60,69	3000	8000	Mit Rauchröhren-Überhitzer; letzte Lieferungen
	271, 272	Gattung P 8	2C	1906	Schwartzkopff	Preußische Staatsbahn	$590 \times 630/1750$	12	2,60	150,60+ 49,38	47,7	69,5	4500	8350	Erste Ausführung; Rauchröhren-Überhitzer
	—	Gattung P 8	2C	1914	Schwartzkopff	Preußische Staatsbahn	$575 \times 630/1750$	12	2,65	146,28+ 58,90	51,9	77,5	4500	8350	Letzte Ausführung
	274	Serie 4201-4370 (spät. 230 K 401-451 SNCF, Région Ouest)	2C	1915	verschiedene Erbauer	Paris-Orleans	$500 \times 650/1720$	12 (13)	2,77	132,90+ 37,10	48,6	67,8	3900	7700	
12.1	276	Reihe P 3[1]	2B1	1898	Krauß	Pfalzbahn	$490 \times 570/1980$	13	2,70	186,60	30,0	59,6	2050	8700	Mit Innenzylindern; Entwurf v. Helmholtz
	277	Gattung IId	2B1	1902	Maffei	Badische Staatsbahn	$\frac{2 \times 335}{2 \times 570} \times 620/2100$	16	3,87	210,00	38,5	75,7	2200	10420	Vierzylinder-Verbundlokomotive; Entwurf Courtin/Hammel
	—	Gattung S 7	2B1	1903	Hanomag	Preußische Staatsbahn	$\frac{2 \times 360}{2 \times 560} \times 600/1980$	14	2,71	162,82	30,31	62,9	2100	9000	Vierzylinder-Verbundlokomotive; v. Borries
	278	Gattung S 9	2B1	1909	Hanomag	Preußische Staatsbahn	$\frac{2 \times 380}{2 \times 580} \times 600/1980$	14	4,00	227,10	33,0	74,5	2300	10750	Vierzylinder-Verbundlokomotive; v. Borries
	280	Nr. 2.643-2.675	2B1	1901	Sté Alsacienne	Nord	$\frac{2 \times 340}{2 \times 560} \times 640/2040$	16	2,74	208,52	32,0	64,0	2150	8500	Vierzylinder-Verbundlokomotive; de Glehn
	279	Klasse 990, Klondyke-Type	2B1	1898		Great Northern	$476 \times 610/2019$	12,3	2,48	133,97	31,5	58,93	2083	8026	Mit schmaler Feuerbüchse; Entwurf H. A. Ivatt
	282	Klasse 251	2B1	1902		Great Northern	$483 \times 610/2019$	12,3	2,88	232,25	36,58	69,39	2080	8035	Mit breiter Feuerbüchse; Entwurf H.A. Ivatt
	—	Klasse 1452	2B1	1910		Great Northern	$508 \times 610/2019$	10,5	2,88	187,84+ 39,67			2080	8035	Heißdampflokomotive; Entwurf H. A. Ivatt
	—	Klasse Z	2B1	1911	North British Loc. Co.	North Eastern	$3 \times 394 \times 660/2083$	12,7	2,51	217,39	40,23	77,93	2311	8992	Drillingslokomotive; Entwurf V. Raven

Kap.	Abb.	Lokomotive	Achsfolge	Baujahr	Hersteller	Bahn	Triebwerk	Kessel-druck	Rost	Heizflächen Kessel + Überhitzer	Treibgewicht	Dienstgewicht	Achsstände gekuppelt	Achsstände gesamt	Bemerkungen
	—	Klasse Z 1	2B1	1911	North British Loc. Co.	North Eastern	$3 \times 419 \times 660/2083$	11,3	2,51	138,76	41,40	80,52	2311	8992	Heißdampflokomotive; Entwurf V. Raven
12.2	283	President und Alliance, Nr. 103 und 104	2B1	1905	Sté Alsacienne	Great Western	$\frac{2 \times 360}{2 \times 600} \times 640/2045$	16	3,10	256,13	37,8	72,85	2150	8700	Vierzylinder-Verbundlokomotive; de Glehn
	—	Star-Klasse	2C	1907	BW Swindon	Great Western	$4 \times 362 \times 660/2046$	15,8	2,52	199,07	56,29	76,81	4496	8306	Vierlingslokomotive; Entwurf Churchward
	285	Castle-Klasse	2C	1923	BW Swindon	Great Western	$4 \times 406 \times 660/2046$	15,8	2,81	190,34 + 24,40	59,79	81,13	4496	8306	Vierlingslokomotive; Entwurf Collet
	286	Serie 9	2C	1908	verschiedene Erbauer	Belgische Staatsbahn	$4 \times 445 \times 640/1980$	14	3,13	146,39 + 37,80	53,3	81,3	4260	8710	Vierlingslokomotive; Entwurf Flamme
	—	Gattung S 10	2C	1911	Vulkan, Stettin	Preußische Staatsbahn	$4 \times 430 \times 630/1980$	14	2,82	154,25 + 61,50	51,73	79,55	4700	9100	Vierlingslokomotive; endgültige Ausführung
	287	Gattung S 10²	2C	1914	Vulkan, Stettin	Preußische Staatsbahn	$3 \times 500 \times 630/1980$	14	2,82	153,09 + 61,50	51,37	79,99	4700	9150	Drillingslokomotive; Entwurf Najork
	288	Gruppe 685	1C1	1912	Breda	Italienische Staatsbahn	$4 \times 420 \times 650/1850$	12	3,50	190,80 + 48,25	45,0	70,8	3950	8451	Achsstand fest 1950 mm; Vierlingslokomotive
12.3	289	Serie 4501-4570	2C1	1907	Sté Alsacienne	Paris-Orleans	$\frac{2 \times 390}{2 \times 640} \times 650/1850$	16	4,27	257,25	52,3	90,0	3900	10500	Bauart de Glehn; unter Chef-Ing. Solacroup gebaut
	—	Serie 3501-3520	2C1	1909	Sté Alsacienne	Paris-Orleans	$\frac{2 \times 390}{2 \times 640} \times 650/1950$	16	4,27	257,25	52,5	90,4	4100	10700	Bauart de Glehn; unter Chef-Ing. Solacroup gebaut
	290	Serie 3.1151-1170	2C1	1912	Sté Alsacienne	Nord	$\frac{2 \times 410}{2 \times 600} \times 660/2040$	16	3,22	212,98 + 45,00	49,17	85,57	4300	10350	
	291	Serie 6011-6030 (spät. 6201-6220)	2C1	1911	Henschel	Paris-Lyon-Méditerranée	$\frac{2 \times 440}{2 \times 650} \times 650/2000$	14	4,25	202,13 + 64,47	55,5	91,21	4200	11230	Vierzylinder-Verbundlokomotive
	—	Serie 6172-6191	2C1	1911	BW Batignolles	Paris-Lyon-Méditerranée	$4 \times 480 \times 650/2000$	14	4,25	219,30 + 70,63	55,5	93,06	4200	11230	Vierlingslokomotive
	292	Gattung IV f	2C1	1907	Maffei	Badische Staatsbahn	$\frac{2 \times 425 \times 610}{2 \times 650 \times 670}/1800$	16	4,50	208,72 + 50,00	49,6	88,3	3880	11210	Vierzylinder-Verbundlokomotive; Entwurf Hammel
	293	Gattung S 3/6	2C1	1908	Maffei	Bayerische Staatsbahn	$\frac{2 \times 425 \times 610}{2 \times 650 \times 670}/1870$	15	4,50	218,40 + 50,00	48,0	86,6	4020	11365	Vierzylinder-Verbundlokomotive; Entwurf Hammel; erste Lieferung
	294	Gattung F	2C1	1914	Nydquist	Schwedische Staatsbahn	$\frac{2 \times 420}{2 \times 630} \times 630/1880$	13	3,60	190,30 + 56,70	48,0	87,8	3950	11100	Vierzylinder-Verbundlokomotive
	296	Serie 10	2C1	1910	verschiedene Erbauer	Belgische Staatsbahn	$4 \times 500 \times 660/1980$	14	4,58	239,59 + 62,00	57,0	98,0	4100	11425	Vierlingslokomotive; Bauart Flamme
	299	Reihe 210.01-11	1C2	1908	Floridsdorf	Österreichische Staatsbahn	$\frac{2 \times 390}{2 \times 660} \times 720/2140$	16	4,62	212,90 + 43,40	44,1	86,0	4440	10450	Achsstand fest 2220 mm; Vierzylinder-Verbundlokomotive; Bauart Gölsdorf
12.4	—	Nr. 203-224	2C	1894	SLM Winterthur	Gotthardbahn	$\frac{2 \times 370}{2 \times 570} \times 600/1610$	15	2,40	166,00	46,8	65,0	3520	7470	Vierzylinder-Verbundlokomotive; de Glehn
	298	Nr. 2801-2808	1D	1906	Maffei	Gotthardbahn	$\frac{2 \times 395}{2 \times 635} \times 640/1350$	15	4,10	213,15 + 41,00	62,4	76,4	4800	7520	Achsstand fest 3300 mm; Vierzylinder-Verbundlokomotive
	301	Serie 400	1D	1909	Saint-Léonard	Norte	$610 \times 650/1560$	12	3,05	184,50 + 46,49	64,49	70,5	5200	7850	Zwillingslokomotive; 1674 mm-Spur
	302	Nr. 4501-4530 (spät. FS Gruppe 750)	2D	1902	Ansaldo und Breda	Mediterraneo	$\frac{540}{800} \times 680/1400$	12	4,80	163,14	55,2	74,6	4560	7960	Zweizylinder-Verbundlokomotive
	—	Serie 4000	2D	1912	Sté Alsacienne	Norte	$\frac{2 \times 400}{2 \times 620} \times 640/1560$	16	4,10	184,70 + 56,00	61,0	78,7	5100	8950	Vierzylinder-Verbundlokomotive; de Glehn; erste reine Gebirgs-Schnellzuglokomotive; 1674 mm-Spur
	303	Serie 1300	2D	1914	Hanomag	Madrid-Zaragoza-Alicante	$\frac{2 \times 420}{2 \times 640} \times 650/1600$	16	4,10	201,13 + 57,00	60,0	88,0	5700	9700	Achsstand fest 3400 mm; Vierzylinder-Verbundlokomotive; 1674 mm-Spur
	304	Reihe 570	2D	1914	STEG	Österreichische Südbahn	$610 \times 650/1740$	14	4,47	217,90 + 75,40	58,4	84,9	5550	9540	Entwurf Steffan und Prossy
	306	Serie 1000	1D1	1913	SLM Winterthur	Paris-Lyon-Méditerranée	$\frac{2 \times 510 \times 650}{2 \times 720 \times 700}/1650$	16	4,25	219,08 + 70,63	69,5	93,33	5400	11200	Vierzylinder-Verbundlokomotive
12.5	305	Gattung G 8¹	D	1912	Schichau	Preußische Staatsbahn	$600 \times 660/1350$	14	2,60	130,50 + 51,90	68,0	68,0	4700	4700	Zwillingslokomotive
	308	Nr. 2801-2820	1D	1905	BW Swindon	Great Western	$457 \times 762/1410$	16,8	2,51	199,05	62,89	69,33	5131	7798	Entwurf Churchward
	—	Serie 6001-6070	1E	1910	verschiedene Erbauer	Paris-Orleans	$\frac{2 \times 460 \times 620}{2 \times 660 \times 650}/1400$	16	3,80	201,20 + 55,40	76,9	85,20	6400	8650	Vierzylinder-Verbundlokomotive; de Glehn
	311	Serie C 5/6, Nr. 2951-2953	1E	1913	SLM Winterthur	SBB	$\frac{2 \times 470}{2 \times 710} \times 640/1330$	15	3,70	211,30 + 54,50	76,1	85,8	6450	8800	Achsstand fest 2900 mm; Vierzylinder-Verbundlokomotive
	309	Reihe 36	1E	1909	verschiedene Erbauer	Belgische Staatsbahn	$4 \times 500 \times 660/1450$	14	5,10	238,95 + 62,00	87,8	104,20	7616	10116	Achsstand fest 3700 mm; Vierlingslokomotive; Bauart Flamme
	310	Serie 100	1F	1910	Floridsdorf	Österreichische Staatsbahn	$\frac{2 \times 450}{2 \times 760} \times 680/1410$	16	5,00	224,10 + 50,70	82,2	95,8	7650	10100	Achsstand fest 4590 mm; Vierzylinder-Verbundlokomotive; Bauart Gölsdorf

Kap.	Abb.	Lokomotive	Achsfolge	Baujahr	Hersteller	Bahn	Triebwerk	Kessel-druck	Rost	Heizflächen Kessel + Überhitzer	Treibgewicht	Dienstgewicht	Achsstände gekuppelt	Achsstände gesamt	Bemerkungen
	—	Gattung K	1F	1917	Mf. Esslingen	Württembergische Staatsbahn	$\frac{2\times 510}{2\times 760} \times 650/1350$	15	4,20	232,00+ 80,00	94,6	108,0	7500	9900	Vierzylinder-Verbundlokomotive
13.1	312	Nr. 590	1B1	1895	Baldwin	Chicago, Burlington & Quincy	483×660/2140	14	4,14	146,78	39,1	62,6	2286	7391	
	—	Nr. 1015	2B1	1900	Shenectady	Chicago & North Western	508×660/2032	14	4,29	218,19	40,82	72,57	2134	8153	Erste endgültige Form der Atlantic-Type
	313	Klasse E 6 s	2B1	1911	BW Altoona	Pennsylvania	597×660/2032	14,4	5,13	269,00+ 56,95	61,69	110,5	2261	9068	
	—	Nr. 1123	2C1	1902	Brooks	Missouri Pacific	508×660/1753	14	3,98	272,20	55,34	82,55	3759	9652	Erste endgültige Form der Pacific-Type
	314	Klasse K 3 q	2C1	1923	ALCO	New York Central	597×660/2007	14,1	5,25	318,43+ 77,37	88,22	134,04	4267	11125	
	315	Nr. 4002	2D1	1920	ALCO	Chicago, Rock Island & Pacific	711×711/1880	14,1	5,85	435,60+ 115,80	114,8	167,4	6045	12497	
13.2	316	Nr. 203	1D	1920	Lima	Toledo, St. Louis & Western	559×711/1448	13	4,30	192,84+ 44,13	77,34	90,75	4878	7569	
	317	Nr. 1814	1D1	1920	ALCO	Northern Pacific	711×762/1600	12,7	6,53	333,23+ 81,20	112,04	152,86	5029	10744	
	318	Nr. 5036	1E1	1917	Baldwin	Union Pacific	749×762/1600	14,1	7,80	478,25+ 108,23	129,86	167,15	6858	12624	
14.1	319	Taliesin	B+B	1869	George England	Ffestiniog	4×208×330/711	14	1,02	67,80	19,81	19,81	2×1524	5817	597 mm-Spur; es sind die Maße der „Little Wonder" angegeben
	320	Escalador de Montes	C+C		Avonside	Chimbote (Peru)	4×349×457/…				46	46			914 mm-Spur
	—		C+C	1911	Vulcan Foundry	Mexikanische Bahn	4×483×635/1219	13	4,44	271,64	140	140	2×2819	10820	
	321	Nr. 150	1CC1	1892	Rhode Island	Mexikanische Centralbahn	$\frac{2\times 330}{2\times 711} \times 660/1016$					90,72	2×2540	13952	Bauart Johnston
14.2	—	l'Avenir (spät. Nr. 0401)	B+B	1872	Cail	Cie des Charentes	4×340×550/1300	10	1,68	152,60	50,5	50,5	2×2900		Erste Meyer-Lokomotive
	322	Gattung IT V	B+B	1910	Hartmann	Sächsische Staatsbahn	$\frac{2\times 360}{2\times 570} \times 630/1260$	13	1,60	99,30	60,2	60,2	2×2000	7700	
	323	Nr. 1-2	B+B	1897	Jung	Wallücke-Bahn	/700	1	1,00	50,00	20	20	2×1100	5000	600 mm-Spur
	324	Nr. 50-52	1D+D	1908	Kitson	Great Southern of Spain	4×374×609/1215	15	3,21	176,60	92,05	102,62	2×4510	14990	Bauart Kitson-Meyer
	325	Serie 6.121-6.168	C1+1C	1905	BW Hellemes	Nord	$\frac{2\times 400}{2\times 630} \times 680/1455$	16	3,00	188,20	90,37	106,70	2×3470	12590	Bauart du Bousquet
	326	Klasse FC	1C1+1C1	1925	North British und Henschel	South African	4×356×584/1086	12,7	3,16	128,00+ 26,00	62	101,3	2×2438	17372	Sogenannte „Modified Fairlie"; 1067 mm-Spur
14.3	328		B+B	1889	Sté Belge „La Métallurgique"	Weltausstellung Paris 1889	$\frac{2\times 187}{2\times 280} \times 260/600$	12	0,48		11,7	11,7	2×850	2800	600 mm-Spur; Tenderlokomotive
	329		B+B	1896	Sté Alsacienne	Zell-Todtnau	$\frac{2\times 250}{2\times 380} \times 450/900$	12	0,75		28	28			100 mm-Spur; Tenderlokomotive
	329		C+C	1925	Hanomag	Zell-Todtnau	$\frac{2\times 400}{2\times 620} \times 450/900$	15	1,85	130,00	56,4	56,4	2×2500	7000	1000 mm-Spur; Tenderlokomotive
	327	Gattung IV	B+B	1896	Hartmann	Sächsische Staatsbahn	$\frac{2\times 420}{2\times 650} \times 600/1240$	12	2,08	141,60	60	60	2×1700	5750	
	330		C+C	1898	Briansk	Moskau-Kasan	$\frac{2\times 475}{2\times 710} \times 650/1220$	12,4	2,45	201,80	81,5	81,5	2×2700	8000	
	—	Kategorie IV e	1B+B	1898	Mf. Budapest	Ungarische Staatsbahn	$\frac{2\times 390}{2\times 635} \times 650/1440$	16	3,55	235,75	65,32	75,32	2×1850	7710	Gebirgs-Personenzuglokomotive
	332	Kategorie 601	1C+C	1914	Mf. Budapest	Ungarische Staatsbahn	$\frac{2\times 520}{2\times 850} \times 660/1440$	15	5,09	271,90+ 79,70	96,94	109,36	2×3400	11980	Mit Brotankessel
	331	Gattung Gt 2×4/4	D+D	1913	Maffei	Bayerische Staatsbahn	$\frac{2\times 520}{2\times 800} \times 640/1216$	15	4,25	230,89+ 55,39	123,2	123,2	2×4500	12200	Tenderlokomotive
14.4	—	Nr. 2400 (spät. Klasse DD 1, Nr. 7000)	C+C	1904	ALCO	Baltimore & Ohio	$\frac{2\times 508}{2\times 813} \times 813/1422$	16,5	6,71	518,94	151,73		2×3048	9347	Erste amerikanische große Mallet-Lokomotive
	—	Klasse L-1	1C+C1	1906	Baldwin	Great Northern	$\frac{2\times 546}{2\times 838} \times 813/1397$	14	7,25	525,63	142,79	160,80	2×3048	18744	
	333, 334	Klasse M1-99	1D+D1	1915	Baldwin	Nashville, Chattanooga & St. Louis	$\frac{2\times 686}{2\times 1016} \times 762/1422$	14,8	7,94	504,73+ 117,24	195,18	212,92	2×4572	16967	
	335	Nr. 800-809	1E+E1	1918	ALCO	Virginia	$\frac{2\times 762}{2\times 1220} \times 813/1422$	15	10,10	800,40+ 192,20	280	310,5	2×6070	19583	
	336	Nr. 700	1D+D+D2	1916	Baldwin	Virginia	6×864×813/1422	15,1	10,00	679,50+ 190,00	329	382	3×4647	27837	Triplex-Mallet-Lokomotive
14.5	337		B+B	1909	Beyer, Peacock & Co.	Tasmanian Government	$\frac{2\times 279}{2\times 432} \times 406/800$	13,7	1,38	58,34	34,05	34,05	2×1219	8179	Erste Garrat-Lokomotive
	—	Kasse M1	2B1+1B2	1912	Beyer, Peacock & Co.	Tasmanian Government	8×305×508/1524	11,3	3,15	156,60+ 30,90	48,77	96,27	2×1829	18847	1067 mm-Spur; erste Achtzylinder-Personenzuglokomotive

Kap.	Abb.	Lokomotive	Achsfolge	Baujahr	Hersteller	Bahn	Triebwerk	Kessel-druck	Rost	Heizflächen Kessel + Überhitzer	Treibgewicht	Dienstgewicht	Achsstände gekuppelt	Achsstände gesamt	Bemerkungen
	338	Nr. 101-104	1C+C1	1922	Saint-Léonard	Catalanes	4 × 430 × 500/1000	12	2,75	134,25+24,47	65,0	78,0			1000 mm-Spur
	339	Nr. 101-106	2C1+1C2	1931	Euskalduna	Central Aragón	4 × 481 × 660/1750	14	4,90	293,20+69,00	95,0	184,0	2 × 3810	25527	1674 mm-Spur; einzige Garrat-Schnellzug-lokomotive Europas
	340	Nr. 4997-4999	1C+C1	1927	Beyer, Peacock & Co.	London, Midland & Scottish	4 × 470 × 660/1600	13,4	4,13	198,53+46,45	124,65	157,99	2 × 5029	24080	
	341	Klasse 20 A, Nr. 721-760	2D1+1D2	1956	Beyer, Peacock & Co.	Rhodesia	4 × 508 × 660/1295	14,1	5,86	280,93+66,49	138,2	226,6			1067 mm-Spur
	—	Klasse 59	2D1+1D2	1955	Beyer, Peacock & Co.	East African	4 × 521 × 711/1372	15,8	6,69	330,82+69,40	161,6	255,1			1067 mm-Spur; stärkste schmalspurige Lokomotive
	—		1C+C1	1928	Haine-Saint-Pierre	Côte d'Ivoire	4 × 400 × 560/1100	12	2,75	177,20	73,1	87,73	2 × 2540	13970	1000 mm-Spur; Bauart Golwé
14.6	342		BBB		Lima	Greenbrier, Cheat & Elk	3 × 432 × 457/1219	14	4,51	174,83+39,00	139,7	139,7		14935	Drehgestelle 1727 mm; Bauart Shay
	343		CC	1916	Hartmann	Sächsische Staatsbahn	2×440 / 2×680 × 630/1400	15	2,50	127,20+40,90	92,2	92,2	2 × 3550	11100	Bauart Klien-Lindner
15.1	344	Gattung G 12 (spät. DR, BR 58)	1E	1917	Henschel	Preußische Staatsbahn	3 × 570 × 660/1400	14	3,90	194,96+68,42	82,5	95,7	6000	8500	Achsstand fest 4500 mm; Drillingslokomotive
	347	Gattung P 10 (spät. DR, BR 39)	1D1	1922	Borsig	Preußische Staatsbahn	3 × 520 × 660/1750	14	4,00	220,70+82,00	75,4	110,4	6000	11600	Achsstand fest 4000 mm; Drillingslokomotive; Entwurf A. Meister
	345	Gattung E	E	1922	Nohab und andere	Sowjetbahnen	620 × 700/1320	12	4,46	188,80+47,70	81,5	81,5	5780	5780	Achsstand fest 4320 mm; erste im Austauschbau hergestellte Lokomotive
	346	Baureihe 02	2C1	1925	Henschel	Deutsche Reichsbahn	2×460 / 2×720 × 660/2000	14	4,50	238,00+100,00	60,4	113,0	4600	12000	Achsstand fest 2300 mm; erste Einheitslokomotive
	351	Baureihe 44	1E	1925	verschiedene Erbauer	Deutsche Reichsbahn	3 × 550 × 660/1400	16	4,55	288,00+100,00	96,3	102,8	6800	9650	Achsstand fest 3400 mm
	348	Reihe 11	2E	1939	Henschel	Bulgarische Staatsbahn	3 × 520 × 700/1450	16	4,87	224,10+80,00	85	109,6		10900	Achsstand fest 5300 mm
	349	Reihe 46	1F2	1943	Krupp und Schwartzkopff	Bulgarische Staatsbahn	3 × 550 × 650/1340	16	4,87	223,60+79,90	108	155,8	6300	12909	
	350	Klasse K 5	2C1	1919	Baldwin und ALCO	Erie	686 × 711/2007	14,1	6,58	355,25+81,91	89,36	138,83	4267	11024	USRA-Einheitstype 462B
	—	USRA 282-A	1D1	1919	verschiedene Erbauer	verschiedene Bahnen	660 × 762/1600	14,1	6,20	350,90	99,79	132,45	5105	10973	Die am meisten gebaute Type (625 Maschinen)
	—	USRA 2102-B	1E1	1919	verschiedene Erbauer	verschiedene Bahnen	762 × 813/1600	13,4	8,18	478,70	132,9	172,37	6807	12852	175 Maschinen gebaut
15.2	354	Kings-Klasse	2C	1927	BW Swindon	Great Western	4 × 413 × 711/1981	17,6	3,19	204,47+29,08	68,58	90,42	4954	8967	Vierlingslokomotive; Entwurf Collet
	—	Klasse B 17, Sandringham-Klasse	2C	1928	North British Loc. Co.	London & North Eastern	3 × 445 × 660/2032	14	2,55	155,70+31,96	55,22	78,49	4953	8458	Drillingslokomotive
	352	Green Arrow, Klasse V2	1C1	1936	BW Doncaster	London & North Eastern	3 × 470 × 660/1880	15,5	3,83	225,91+63,14	66,65	94,59	4725	10263	Drillingslokomotive; Entwurf Gresley
	353	Royal Scot	2C	1927	North British Loc. Co.	London, Midland & Scottish	3 × 457 × 660/2057	17,6	2,90	193,33+37,07	63,5	86,26	4674	8382	Drillingslokomotive; Entwurf Fowler
	356	Klasse 5P-5F, Black Fives	2C	1934	verschiedene Erbauer	London, Midland & Scottish	470 × 711/1829	15,8	2,58	150,13+21,14	54,86	73,15	4572	8280	Zwillingslokomotive; Entwurf Stanier
	—	Lord Nelson-Klasse	2C	1926	BW Eastleigh	Southern	4 × 419 × 660/2007	15,5	3,07	184,78+34,93	62,94	84,33	4572	8993	Vierlingslokomotive; Entwurf Maunsell
	357	School-Klasse	2B	1930	BW Eastleigh	Southern	3 × 419 × 660/2007	15,5	2,63	164,06+26,28	42,67	68,17	3048	7772	Drillingslokomotive; Entwurf Maunsell
15.3	358	Gattung XX H V	1D1	1918	Hartmann	Sächsische Staatsbahn	2×480 / 2×720 × 630/1905	15	4,50	227,05+74,00	68,6	99,9		11960	Vierzylinder-Verbundlokomotive; Entwurf Meyer und Lindner
	—	Gruppe 746	1D1	1921	Breda	Italienische Staatsbahn	2×490 / 2×720 × 680/1880	14	4,30	237,00+67,00	66	93	5940	11240	Achsstand fest 1980 mm; Vierzylinder-Verbundlokomotive, vorn und hinten mit Zara-Drehgestell
	360	Serie 4600	2D1	1925	Hanomag	Norte	2×460 / 2×700 × 680/1750	16	5,00	224,00+99,85	70	113,1	5550	12675	1067 mm-Spur; Vierzylinder-Verbundlokomotive; Bauart de Glehn; Entwurf A. Wolff
	361	Nr. 41.001	2D1	1925	BW Epernay	Est	2×450 / 2×660 × 720/1950	17	4,43	217,61+69,94	74,6	117,2	6150	13170	Vierzylinder-Verbundlokomotive; de Glehn
	363	Serie 1700	2D1	1925	Maquinista	Madrid-Zaragoza-Alicante	620 × 710/1750	14	4,96	230,80+90,00	64,3	103	5550	12450	Zwillingslokomotive
	364	Serie 214	1D2	1929	Floridsdorf	Österreichische Staatsbahn	650 × 720/1900	15	4,70	283,30+77,80	70,7	118	6210	12635	Achsstand fest 2070 mm; Zwillingslokomotive; Entwurf Giesl-Gieslingen/Lehner
	365	Stalin-Klasse	1D2	1933	Kolomna	Sowjetbahnen	670 × 770/1850	15	7,04	295,16+148,40	80,7	133	5850	12605	Achsstand fest 3900 mm; Zwillingslokomotive

Kap.	Abb.	Lokomotive	Achsfolge	Baujahr	Hersteller	Bahn	Triebwerk	Kessel-druck	Rost	Heizflächen Kessel + Überhitzer	Treibgewicht	Dienstgewicht	Achsstände gekuppelt	Achsstände gesamt	Bemerkungen
15.4	366	Serie 3.1201-1240	2C1	1922	Ateliers du Nord de la France	Nord	$2\times 440\times 660 / 2\times 620\times 690 / 1900$	17	3,48	191,40+61,00	56,3	99,2	4020	10420	Vierzylinder-Verbundlokomotive; de Glehn
	—	Nr. 3566 (spät. Serie 3701-3721)	2C1	1929	BW Tours, Umbau	Paris-Orleans	$2\times 420 / 2\times 640 \times 650/1950$	17	4,33	199,30+75,60	57,3	101,8	4100	10700	Chapelon-Umbau
	368	Serie 4701-4712	2D	1932	BW Tours, Umbau	Paris-Orleans	$2\times 440 / 2\times 640 \times 650/1850$	20	3,76	212,77+68,08	76,4	109,4	6000	10000	Chapelon-Umbau
	369	Serie 151 A 1-10	1E1	1932	Le Creusot	Paris-Lyon-Méditerranée	$2\times 480\times 650 / 2\times 745\times 700 / 1500$	20	5,00	244,77+91,64	92,71	122,41	7200	12801	Vierzylinder-Verbundlokomotive
15.5	370	A 1	1D2	1924	Lima	Boston & Albany	$711\times 762/1600$	16,9	9,29	474,72+196,11	112,58	174,63	5059	12700	Entwurf Woodward
	—	Klasse 5001-5005	1E2	1938	Baldwin	Atchison, Topeka & Santa Fé	$762\times 864/1880$	21,8	11,29	551,55+240,50	172,36	244,03	7976	15291	
	371	Klasse 9000	2F1	1926	ALCO	Union Pacific	$2\times 610\times 813 / 1\times 635\times 787 / 1702$	15,5	10,06	540,40+236,90	160,57	224,53	9347	15951	Drillingslokomotive mit ungleichen Zylindern
	372	Klasse 7000	2D1	1922	ALCO	Union Pacific	$737\times 711/1854$	14,1	7,80	461,80+123,65	104,42	156,49	6590	12575	
	373	Klasse J-3a, Super Hudson, Nr. 5405-5444	2C2	1937	ALCO	New York Central	$571\times 737/2007$	19,3	7,62	388,97+162,95	98,08	163,3	4267	12294	Entwurf Kiefer
	374	Nr. 6405-6406	2D2	1938	Lima	Grand Trunk Western	$610\times 762/1956$	19,3	6,85	357,85+133,14	107,50	173,59	6096	13449	
	378	Nr. 1200-1222	1C+C2	1943		Norfolk & Western	$4\times 610\times 762/1778$	21,1	11,34	617,79+251,11	196,11	261,86	2×3759	18408	Mallet-Doppel-Zwillingslokomotive
	375	Klasse AC-11, Nr. 4177-4294	2D+D	1940	Baldwin	Southern Pacific	$4\times 610\times 813/1613$	17,6	10,13	601,06+243,03	241,18	298,42	2×5156	20498	Mallet-Doppel-Zwillingslokomotive; das Führerhaus liegt vorn
	376	Big Boys, Nr. 4000-4024	2D+D2	1941	ALCO	Union Pacific	$4\times 603\times 813/1727$	21,1	13,94	534,64+189,80	247,21	350,17	2×5563	22085	Die schwerste und größte Dampflokomotive der Welt
16.1	379	Cornwall	2A2	1847			$445\times 610/2591$			97,17		27,4	—	5029	Entwurf Francis Trevithick; 1858 umgebaut
	380	L'Aigle	1B	1855	Gouin	Ouest	$420\times 826/2850$								Entwurf Blavier und Larpent
	381	La Parisienne	C	1889	Boulet & Cie		$470\times 700/2500$	12	2,30	130,90	42	42	5250	5250	Entwurf Estrade
16.2	383	Serie 2751-2754 (spät. 220.011-014)	2B	1896	Le Creusot	Etat	$440\times 620/2030$	14	2,00	158,10	30	51	2700	7250	Entwurf Ricour
	384		2B3	1900	Le Creusot		$510\times 700/2500$	15	4,68	297,70	32	80,6	2800	12250	Entwurf Thuile
	385	Gattung S 9	2B2	1904	Henschel	Preußische Staatsbahn	$3\times 524\times 630/2200$	14	4,39	260,00	36,6	89,5	2560	11485	Bauart Wittfeld; Entwurf Kuhn
	386	Gattung S 2/6, Nr. 3201	2B2	1906	Maffei	Bayerische Staatsbahn	$2\times 410 / 2\times 610 \times 640/2200$	14	4,70	214,50+37,50	32	83	2320	11700	Entwurf Hammel
16.3	—	Nr. 03.154	2C1	1934	Borsig-Werke (AEG)	Deutsche Reichsbahn	$570\times 660/2000$	16	3,89	203,15+72,20	54,3	100,3	4500	12000	Teilweise verkleidete Versuchslokomotive
	387	Nr. 05.001-002	2C2	1935	Borsig-Werke (AEG)	Deutsche Reichsbahn	$3\times 450\times 660/2300$	20	4,70	256,00+90,00	57	127	5100	13900	Entwurf A. Wolff
	392	Mallard	2C1	1935		London & North Eastern	$3\times 470\times 660/2032$	17,6	3,83	239,34+69,57	67,1	104,6	4420	10897	Entwurf Gresley
	388	Coronation, Nr. 6220	2C1	1937	BW Crewe	London, Midland & Scottish	$4\times 419\times 711/2058$	17,6	4,65	260,81+79,50	68	109,8	4420	11278	Entwurf Stanier
	390	Merchant Navy-Klasse	2C1	1941	BW Eastleigh	Southern	$3\times 457\times 610/1880$	19,7	4,50	227,70+76,36	64	93,98	4572	11201	Entwurf Bulleid
	—	Hiawatha	2B2	1935	ALCO	Chicago, Milwaukee St. Paul & Pacific	$483\times 711/2134$	21,1	6,41	301,46+95,59	64,41	129,73	2591	11455	Gestaltung Otto Kühler
	391	Klasse J. 3, Nr. 5445-5454	2C2	1938	ALCO	New York Central	$572\times 737/2007$	19,3	7,57	388,97+162,11	91,64	120,43	4267	12294	Gestaltung Henry Dreyfuss
	393	Klasse T 1	2BB2	1942	Baldwin	Pennsylvania	$4\times 502\times 660/2032$	21,1	8,55	391,00+156,00	121,9	226,0	7722	15824	Gestaltung R. Loewy
17.1	396	Nr. 1-18	2B	1864	Beyer, Peacock & Co.	Metropolitan (London)	$432\times 610/1753$	8,4	1,77	94,20	31,5	42,72	2692	6325	Tenderlokomotive
	397		B2	8oer Jahre	Rogers	New York Elevated und andere	$279\times 406/1067$				13	19,5	1524	4877	Tenderlokomotive; Bauart Forney
	397		B2	8oer Jahre	Rogers	New York Elevated und andere	$305\times 457/1067$				15,4	23,5	1600	5055	Tenderlokomotive; Bauart Forney
	—	Terrier, Klasse A	C	1872		London, Brighton & South Coast	$330\times 510/1219$	9,8	0,93	47,47	27,94	27,94	3658	3658	Mit Innentriebwerk; Entwurf Stroudley; Tenderlokomotive
	398	Boers	C	1899		Pariser Ceinture	$430\times 600/1439$	12	1,62	113,78	44,6	44,6	4450	4450	Mit Innentriebwerk; Bauart „Ouest" 1885; Tenderlokomotive
	—	Gattung T 5[1]	1B1	1895	Henschel	Preußische Staatsbahn (Berliner S-Bahn)	$430\times 600/1600$	12	1,60	95,00	31,4	53,13	2000	6800	Tenderlokomotive

Kap.	Abb.	Lokomotive	Achsfolge	Baujahr	Hersteller	Bahn	Triebwerk	Kessel-druck	Rost	Heizflächen Kessel + Überhitzer	Treibgewicht	Dienstgewicht	Achsstände gekuppelt	Achsstände gesamt	Bemerkungen
	399	Gattung T 12	1C	1902	Union Gießerei	Preußische Staatsbahn (Berliner S-Bahn)	530 × 630/1500	12	1,73	107,81 + 33,40	50,8	66,32	3850	6350	Achsstand fest 2000 mm; Abmessungen der 3. Spielart, 1914, Borsig; Tenderlokomotive
17.2	402	Klasse M 7	B2	1897		London & South Western	470 × 660/1702	12,3	1,89	110,70	35,97	61,16	2286	7188	Tenderlokomotive
	403	Serie 2.231-2.305, Revolver	2B2	1901	BW La Chapelle	Nord	430 × 600/1664	12	1,70	120,00	32	63	1780	8750	Tenderlokomotive
	404	Serie 620-641	2C2	1903	Maffei	Madrid-Zaragoza-Alicante	440 × 630/1544	12	2,85	126,00	39	76	3300	10100	1674 mm-Spur; Tenderlokomotive
	405	Serie 5501-5545	2C2	1908		Paris-Lyon-Méditerranée	$\frac{2 \times 370}{2 \times 580} \times 650/1650$	16	3,10	247,18	48,96	103,98	4080	12310	Vierzylinder-Verbund-Tenderlokomotive
	406	Gattung T 18	2C2	1912	Vulkan, Stettin	Preußische Staatsbahn	560 × 630/1650	12	2,44	138,34 + 49,20	51,1	105	4100	11700	Tenderlokomotive
	407	Serie 4.1201-1272	1D1	1932	Cail	Nord	585 × 700/1550	18	3,09	181,50 + 64,20	85	122,5	5400	11400	Tenderlokomotive; Entwurf de Caso; Zylinderdurchmesser später 640 mm
	—	Serie 242 AT 1-120	2D2	1926		Paris-Lyon-Méditerranée	$\frac{2 \times 420}{2 \times 630} \times \ldots /1650$	16	3,08	173,00 + 45,50	65	120	5910	14360	Vierzylinder-Verbund-Tenderlokomotive; Serre-Heizrohre
	409	Reihe 475.001	2D2	1935		Tschechische Staatsbahn	3 × 525 × 680/1574	16	4,80	226,00 + 64,40	57	118,60	5810	13870	Tenderlokomotive
18.1	410	Baureihe 52	1E	1942	Borsig-Werke (AEG)	Deutsche Reichsbahn	600 × 660/1400	16	3,90	177,60 + 63,70	75,1	84,1	6600	9200	
	411a	Liberty	1D	1944	ALCO und Baldwin	USA War Department	483 × 660/1448	15,8	3,81	164,71 + 44,59	63,91	73,66	4725	7087	
	411b	Austerity	1D	1944	North British Loc. Co.	War Department	483 × 711/1435	15,8	2,66	171,68 + 28,89	62,23	71,37	4953	7569	Entwurf Riddles
	411c	Austerity	1E	1944	North British Loc. Co.	War Department (Ministry of Supply)	483 × 711/1435	15,8	3,72	181,25 + 39,30	68,22	79,55	6400	9042	Entwurf Riddles
	411d	Liberation	1D	1946	Vulcan Foundry	UNRRA (Ministry of Supply)	550 × 710/1450	16	4,09	210,59 + 61,30	74,75	85,67	4959	7671	
	—	MacArthur	1D1		Davenport	US Army	406 × 610/1219	12,94	2,56	127,40 + 34,75	36,29	53,52			1000 mm-Spur
18.2	415		1D1	1945	Baldwin, ALCO und Lima	SNCF	597 × 711/1650	15,5	5,16	250,74 + 65,40	80	115,5	5181	10718	
	413, 421	Serie 241 P	2D1	1948	Le Creusot	SNCF	$\frac{2 \times 446 \times 650}{2 \times 674 \times 700}/2020$	20	5,05	244,57 + 109,38	81,6	131,4	6300	13460	Vierzylinder-Verbundlokomotive
	414	Nr. 242 A1	2D2	1946	BW Saint-Chamond	SNCF	$\frac{600 \times 720}{2 \times 680 \times 760}/1950$	20	5,00	252,70 + 120,22	84	148	6150	13500	Dreizylinder-Verbundlokomotive; Chapelon-Umbau
	—	Nr. 160 A1	1F	1940	BW Tours	SNCF	$\frac{2 \times 520 \times 540}{2 \times 640 \times 650}/1400$	18	4,40	250,54 + 72,10	120	137,5	8330	10780	Achsstand fest 3780 mm; Sechszylinder-Verbundlokomotive; Chapelon-Umbau
	416	Gattung P 36	2D2	1950	Kolomna	Sowjetbahnen	575 × 800/1850	15	6,75	243,20 + 131,70	74	134,9	5850	13450	
	418	Serie 242.2001-242.2010	2D2	1956	Maquinista	RENFE	640 × 710/1900	16	5,30	293,72 + 104,57	78,6	145,5	6450	14480	Entwurf Cunill und Augé
	420	Britannia, Klasse 7-MT	2C1	1951	BW Derby	British Railways	508 × 711/1880	17,6	3,90	229,83 + 66,70	61,72	95,5	4267	10897	Entwurf Riddles
	422	Evening Star, Klasse 9-F	1E	1954	BW Crewe	British Railways	508 × 711/1524	17,6	3,74	187,19 + 49,70	78,74	88,09	6604	9195	
	412, 417	Baureihe 10	2C1	1956	Krupp	Deutsche Bundesbahn	3 × 480 × 720/2000	18	3,96	236,50 + 96,00	64,5	114,5	4600	12500	

REGISTER

VERZEICHNIS DER PERSONEN

Adams, John H. 168
Adams, William Bridge 167, 169, 175
Agricola, Georgius 9, 11
Ahrons, E.L. 81
Allan, Alexander 61, 110
Allcard 111
Allen, Horatio 63, 64, 65, 70
Allen, Ralph 12
Almgren, Fredrik August 165
Amsberg, Philipp-August von 116
Ansaldo, Giovanni; Maschinenfabrik Ansaldo 187
Aspinall, John Audley Frederick 224
Aubert 301
Augé 310

Baldwin, Mathias W.; Baldwin Locomotive Works 60, 68, 71, 74, 76, 77, 78, 97, 123, 142, 178, 205, 209, 210, 244, 245, 249, 259, 260, 261, 281, 282, 294, 307
Barrault, Alexis 126
Baudry, Charles 201, 231
Beattie, Joseph 129, 130
Behne 152
Belpaire, Alfred 94, 175, 176, 230
Bergué 159
Beugniot, Edouard 153, 154
Beyer, Carl Friedrich; Beyer, Peacock & Co. 54, 165, 262, 263, 264, 265, 295, 296
Birkinshaw, John 14
Bissel, Levi 140, 141, 164, 174, 178
Blackett, Christopher 18, 21
Blavier, Aimé-Etienne 287
Blenkinsop, John 19, 22, 30
Booth, Henry 38, 39, 40, 42
Borodin, Alexander von 208
Borries, August von 181, 182, 183, 187, 197, 204, 221, 222, 240
Borsig, August; Borsig-Werke 60, 95, 99, 103, 124, 126, 132, 135, 205, 213, 214, 268, 269, 290, 297, 304
Boulton 40
Bousquet, Gaston du 194, 195, 199, 206, 210, 222, 255
Braithwaite, John 42, 44
Brandley, Charles 19
Brandreth 43
Brockmann, Heinrich 124
Bromley, Massey 168
Brooks, James 73
Brotan, Johann 258
Bruce, Alfred W. 140
Brunel, Isambard Kingdom 80, 81, 87, 88, 91
Brunton, William 21
Buchanan, William 140
Buddicom 111, 112
Bulleid, O.V.S. 292
Bury, Edward; Bury & Kennedy 50, 51, 52, 71, 84, 90, 107
Burstal, Timothey 42

Cabrey, Thomas 58
Cail, Jean François; Derosne & Cail 92, 93, 101, 102, 126, 252, 257
Campbell, Henry R. 72, 73, 76
Caso, de 279, 301
Cavé, François 150
Chapelon, André 226, 236, 276, 279, 280, 308

Chapman, Edward 21
Chapman, William 21, 70
Childs, Ezekiel 65
Churchward, George Jackson 225, 226, 227, 228, 235, 271, 272
Clapeyron, Benoît Paul Emile 57, 58, 112
Clark 94
Cockerill, John 122, 146, 147, 150
Colburn, Zerah 141
Collet, Charles B. 227, 271
Collins 255
Connor, Benjamin 111
Cooper, Peter 63
Cossart 302
Costell, Stacey 65
Couche, Ch. 173
Couche, Henri-François 94
Courtin, Alexander 221
Cox, E.S. 311
Crampton, Thomas Russel 82, 88, 89, 90, 91, 92, 286
Cross, James; James Cross & Co. 250
Cubbit, William 82
Cunill 310
Curr, John 12

Darrell 64
Davis, Phineas 66, 67
Dean, William 206, 225
Decauville, Paul 256
Deeley, Richard Mountford 193
Demoulin, Maurice 168
Derosne, Charles s. Cail
Désaguliers, Jean Théophile 11
Desdouits 287
Desgranges 152, 157
Dewhurst, P.C. 72
Dodds, Ralph 25
Dreifuss, Henry 294
Dripps, Isaac 69, 70, 78, 79, 97
Drummond, Dugald 298
Dumbar, Henry 205

Eastwick & Harrison s. Harrison Jr.
Eckard 20
Egestorff, Georg 95, 107, 152, 153
Elbel, Anton 170, 171
Ellis, C. Hamilton 167
Engerth, Wilhelm Freiherr von 149, 154, 162
England, George 250
Ericsson, John 42, 44
Estrade 287
Etzel, Karl von 145

Fairbairn, William; W. Fairbairn & Co. 120
Fairlie, Robert 250, 251
Fenton, James; Fenton & Murray; Fenton, Murray & Jackson 19, 48, 50
Fink, Pius 154
Flachat, Eugène 57
Flaman, Eugène 94, 174
Flamme, B. 228, 235, 243
Fletcher, Edward 131
Flobert, Armand 275
Forney, Matthias N. 297
Forquenot, Victor 99, 102, 104, 114, 161, 163, 174, 181
Forrester, George 109, 116, 169

Fowler, Henry 273
Fowler, John 295
Frescot, Cesare 171, 172

Galloway 47
Garbe, Robert 211, 215, 216, 217, 218, 231, 241, 297
Garrat, Herbert William 255, 262
Garrett; Garrett & Eastwick 73
Gartner (Gardner), Israel 66
Ghega, Karl Ritter von 145
Gibbs, Alfred W. 245
Giddy, Davis 17
Giesl-Gieslingen, Adolf 278
Glehn, Alfred de 194, 195, 203, 208, 214, 222, 227, 230
Goldschmid, Louis 265
Gölsdorf, Carl 184, 185, 186, 187, 192, 218, 236, 243, 257, 281
Gonzenbach, Alex 60
Gooch, Daniel 61, 81, 83, 87, 88, 90, 113, 166, 167, 201, 286
Gouin, Ernest-Alexandre 101, 114, 133, 154, 161, 163, 287
Gray, John 105
Gredge 154
Gresley, Nigel 224, 264, 272, 273, 291, 292
Günther, Wenzel 118, 121, 146, 252

Hackworth, John 105
Hackworth, Timothy 23, 24, 28, 29, 30, 31, 32, 33, 41, 42, 44, 45, 47, 48, 50, 105, 106, 107
Hagans, Christian 156, 157
Hall, Joseph 95, 117, 118, 121
Hallette, Alfred; Maschinenfabrik Hallette 34, 86
Hammel, Anton 221, 232, 234, 237, 289
Harrison Jr., Joseph; Eastwick & Harrison 73, 75
Hartmann, Richard; Sächsische Maschinenfabrik vorm. R. Hartmann 104, 126, 132, 135, 175, 183, 222, 253, 257, 266, 275
Haselberger, Johan 9
Haswell, John 98, 103, 120, 121, 146, 148, 157, 158, 164
Hauel 92, 102
Hawthorn, Robert; R. & W. Hawthorn 33, 50
Hedley, William 21, 22, 24, 68, 79
Heilmann, Jean Jacques 288
Heisler, Charles 266
Helmholtz, Richard von 154, 155, 177, 179, 184, 186
Henry, Adolph 199, 200, 201
Henschel, Carl Anton; Henschel & Sohn 124, 156, 182, 211, 232, 255, 267, 269, 270, 288
Hick, John 45
Hill, Antony 16, 17
Hinkley, Isaac; Hinkley & Drury 78, 205
Hirn 211
Hofecker, Philip 143
Holmes, Mathew 206
Homfray, Samuel 16
Hornblower, Jabeg Carter 12
Howe, William 60
Hudson, William S. 141
Hughes, George 273

Ivatt, Henry Alfred 160, 224, 272

Jackson, Sam 262
Jackson s. Fenton
Jahn, John 56, 76, 78, 238
James, William H. 65
Jars 12
Jervis, John Bloomfield 62, 63, 70, 71
Jessop, William 12
Johnson, Samuel White 192, 193
Johnston, F.W. 252
Jones, D. 111
Joy, David 105
Jung, Arnold 254

Kamper 164
Kessler, Emil 54, 95, 96, 118, 123, 150, 151, 158, 172
Kiefer, Paul W. 283
Kiefer 54
Kiläla 279
Kirchweger, Heinrich 130, 154
Kirtley 131
Kitching, William u. Alfred 34
Kitson, James; Todd, Kitson & Laird 54, 108, 160, 254, 255
Klein, Ludwig 123
Klien, Ewald Richard 176, 177
Klose, Adolf 154, 155, 156, 192
Knight 74
Kœchlin, André; Maschinenfabrik A. Kœchlin 93, 100, 102, 153, 252
Köchy, Otto 156
Kordina, Sigismund 207
Kraft, Julius 155
Krauß, Georg Ritter von; Lokomotivfabrik Krauß & Co. 154, 155, 169, 177, 179, 183, 210, 221
Krigar, Johann Friedrich 20
Kühler, Otto 293
Kuhn, Michael 288

Lacoin, Maurice 279
Larpent 287
Laussmann, Johann Friedrich 147
Le Benet 87
Le Chatelier, Louis 93, 94, 159
Legein 243
Lindner, Heinrich Robert 176, 266, 274
Lochner, Moritz 156, 183, 197
Locke, Joseph 110, 111, 129
Loewy, Raymond 294
Lomonossow, Georg 268
Long, Stephen H. 72
Longridge, Michael 27
Losh, William 25

Maffei, Joseph Anton Ritter und Edler von; Firma J.v. Maffei 95, 102, 117, 146, 154, 169, 179, 199, 221, 232, 237, 259, 289, 299
Mallet, Anatole 180, 181, 208, 255, 256
Marshall, C.F. Dendy 23
Maunsell, R.E. 274, 292
McConnell, J.E. 107, 108, 127
McIntosh, John Farquharson 169
Meineke, F. 176
Meister, August 268, 269
Mestre 276
Meyer, Jean Jacques 58, 59, 60, 85, 101, 250, 252

333

Meyer 274
Millholland, James 138, 143
Mitchell, Alexander 142
Müller, Karl 213
Münster, Sebastian 9
Murray, Matthew 19, 50

Najork, E. 229
Napier, Robert 33
Newcomen 9
Nollau, Heinrich Ehregott 94
Norris, Edward S. 97
Norris, Richard 97
Norris, Septimus 78
Norris, William; Norris & Sons 72, 74, 78, 120, 123, 169
Novotny, S.S.W. 174, 175, 183

Outram, Benjamin 11
Overton, George 28

Pambour, François Marie Guyonneau Comte de 50
Pasley, C.W. 86
Pauli 116
Pease, Edward 26, 28
Perry, H.O. 205
Petiet, Jules Alexandre 57, 94, 159, 160, 161, 162, 163, 294
Petoff 208
Plancher 204, 288
Player, John (Atchisson, Topeka & Santa Fé-Bahn) 208, 209
Player, John (Brooks Locomotive Works) 208
Polonceau, Ernest 170

Polonceau, Jean Barthélemy Camille 100, 113, 114
Prandl 277
Privat 201

Ramsbottom, John 108, 127, 131, 286
Rarchaert 154
Rastrick, John Urpeth 38, 40
Raven, Vincent 225
Ravensworth, Lord 24
Ressig 117
Reynolds, Richard 12
Richard, William 18
Ricour, François 159, 287, 288
Riddles, R.A. 306, 311, 312
Riggenbach, Nikolaus 148, 159
Rihosek, Johann 170
Rogers, Thomas; Rogers Locomotive Works 136, 137, 141, 142
Roy, Edward 175

Salomon 94, 174
Sanno, Fred David 72
Sauvage, Edouard 190
Schichau, Ferdinand; Maschinenbauanstalt Schichau 181, 182, 241
Schmahel, Franz 170
Schmidt, Wilhelm 211, 214
Schneider, Joseph Eugène; Schneider Frères & Cie, Le Creusot 50, 93, 98, 152, 153, 158, 160, 181, 288
Schönerer, Mathias von 119, 120
Schwartzkopff, Louis; Maschinenfabrik Schwartzkopff 219
Séguin, Marc 34, 35, 36, 40

Sharp, Thomas; Sharp, Roberts & Co. 53, 54, 106, 108, 133, 160
Shay, Ephraim Emmanuel 265
Smith, Alba F. 141, 164
Smith, Walter Mackenzie 187, 192
Sigl, Georg 170
Solacroup, E. 230
Spooner, James 250
Staby, Wilhelm 220
Stanier, William A. 273, 274, 292, 305
Steel, John 18
Stein 154
Stephenson, George 24, 25, 26, 27, 28, 30, 33, 36, 37, 38, 39, 40, 41, 44, 48, 50, 54, 80, 110, 211
Stephenson, Robert; Robert Stephenson & Co. 26, 27, 29, 33, 34, 37, 38, 40, 42, 44, 46, 47, 48, 49, 50, 51, 52, 53, 54, 55, 56, 60, 61, 63, 69, 70, 71, 81, 82, 83, 84, 85, 86, 87, 88, 91, 95, 100, 105, 107
Stevens, Andrew Jackson 143
Stevens, John 62, 63, 69, 97, 105
Stevens, Robert 69, 78
Stirling, Patrick 106, 168, 224
Stirling, Robert 254
Straker, John 19
Stroudley, William 135, 194, 297
Sturrock, Archibald 261

Thompson 45
Thuile 288
Tourasse 36, 50
Trevithick, Francis 286
Trevithick, Richard 15, 16, 17, 18, 19, 21, 32
Trick, Josef 61, 102
Troske, L. 23
Tulk; Tulk & Ley 89, 90

Væssen, H.J. 165
Valentin 277
Vauclain, Samuel Matthew 210
Verpilleux 261
Vignoles, Charles 69
Vivian, Andrew 15

Wagner, Richard Paul 269
Walker 38
Warren, J.G.H. 25
Waters, Thomas 21
Watt, James 9, 12, 15, 30, 34
Webb, Francis William 108, 127, 131, 175, 181, 188, 189, 190, 192, 194, 195, 202, 203, 206, 221
Weber 265
Weyermann, Rudolf 191
Whale, George 203
Whinfield 21
Williams, William 60
Wilson, E.B. 101, 105
Wilson, Robert 30
Winans, Ross 66, 67, 68, 74, 138, 143
Windmark 175
Wittfeld, Gustav 192
Wöhler, August 118, 119
Wöhlert, Friedrich (Johann Friedrich Ludwig) 95
Wolff, Adolf 276, 290, 291
Wood, Nicholas 23, 24, 28, 32, 57
Woodward, Will 281
Wootten, John E. 138
Worsdell, Thomas W. 181, 187
Worsdell, Wilson 187, 192, 225

Zara, Giuseppe 179
Zeuner, Gustav Anton 94

VERZEICHNIS DER LOKOMOTIVEN

In das Verzeichnis wurden einzelne Maschinen, Lokomotiv-Bauarten, -Klassen, -Typen aufgenommen, soweit sie einen Namen oder Übernamen tragen, jedoch keine Maschinen mit Seriennummern. Die kursiv gesetzten Zahlen verweisen auf die Abbildungsnummern.

A-1 281
Adriatic-Type 236
Aigle 380
Ajax (Great Western-Bahn) 81
Ajax (Kaiser Ferdinands-Nordbahn) 54
Albion 226
Alfred the Great; Alfred the Great-Klasse 203
Allegheny 78
Alliance 226; 283
Alma 94
America s. Pride of Newcastle
Anglet 227
Ardennes-Type 102; 114
Atlantic 66, 67; 66
Atlantic-Type 194, 220, 221, 222, 224, 230, 245, 246
Atlas (Leicester-Swannington-Bahn) 55; 50
Atlas (Philadelphia-Reading-Bahn) 77; 81
Auroch 129
Austerity-Type 306; o.Nr. S.304, 411b, 411c
Austria 50
Avenir 252

Badminton-Klasse 225
Basel (Badische Staatsbahn) 96
Basel (Schweiz. Centralbahn) 151; 185
Baude 95
Bavaria 146, 148; o.Nr. S.145, 179
Berkshire-Type 281, 282, 283
Berliner Dampfwagen 20; 11
Best Friend of Charleston 64, 65; 60, 61
Beuth 124; 148
Big Atlantic-Type 224, 225; 282
Big Boy-Type 285; 376
Black Five-Klasse 274, 311; 356
Black Prince 202
Bloomer-Klasse 105, 107, 108, 203; 118
Blücher 24, 25; 14
Boers (Bauart) 297
Borsig 124; 147
Boxer (Bauart) 109, 116
Brenner 243
Britannia-Klasse 311
Brother Jonathan s. Experiment (Jervis)
Buffalo 68
Bury 44

Cab ahead-Type 285; 375
Caerphilly Castle 285
Camel (Bauart) 79
Camel Back 138
Campbell 73; 73

Cantal; Cantal-Type 163; 204
Canute; Canute-Klasse 129; 153
Carlsruhe 104
Cassel 141
Castle-Klasse 228, 271, 272, 273; 285
Catch me who can 18, 19
Cauliflowers 109
Champion 143; 173
Charles Dickens 131; 155
Chesapeake 78; 83
Childeric II 114
Childs 65
Chittapratt 30, 31
Cock of the North-Klasse 273
Columbia (London & North Western-Bahn) 110
Columbia-Type 244, 245
Comet 45
Comorn 157
Confederation-Type 285
Consolidation; Consolidation-Type 142, 143, 247, 248
Continent 94
Cornwall 286; 379
Coronation 292
Corsair 208
Coutances (Bauart) 135
Courbe 154
Courier 90
Crabs (Bauart) 66, 68
Cyclopede 43

Derwent 34; 24
Drache 124
Drehschemel-Lokomotive 156; 193
Duchess-Klasse 292
Dunalastair (Bauart) 169
Duplex 144; 178

Einkorn 145
E.L. Miller 71
England 95
Escalador de Montes 251; 320
Espérance 58, 59; 54
Evening Star 312; 422
Experiment (Jervis) 70, 71, 72; 70
Experiment (Stephenson) 31, 38, 42
Experiment (Webb) 188

Fahrafeld-Type 103
Firefly (Fire-fly) 86
Fliegende Hamburger (Diesel-Schnelltriebwagen) 291
Folkstone 91, 95; 99
Foucault 170

Gateshead-Lokomotive s. Trevithick-Lokomotive (zweite)
Gattersägen s. Scieurs de long
George Washington 72, 119
Giovanna d'Arco; Giovanna d'Arco-Type 171, 172; 214

Gironde 57; *53, 55*
Gladstone; Gladstone-Klasse 135; *161*
Globe 47, 48; *39*
Gobernador 143, 248; *o.Nr. S.136, 174*
Goliath 49
Governor Paine 97
Gowan & Marx 73, 74; *75*
Grasshoppers (Bauart) 66, 67, 68; *66*
Great A 87, 88
Great Bear s. Winston Churchill
Greater Britain; Greater Britain-Klasse 190, 203; *238*
Great Western 83, 90, 286
Green Arrow-Klasse 272
Große C 202; *256*
Große Gloggnitzer (Bauart) 122

Hercules (Beaver Meadow-Bahn) 73, 74; *74*
Hercules (Stanhope-Tyne-Bahn) 54; *49*
Herford *109*
Hetton-Lokomotiven 26; *19*
Hiawatha 293
High Flyers (Bauart) 169
Hudson-Type 283
Hurricane 286
Hyène *108*

Improved Precedent-Klasse 131
Inkerman 94
Inn *276*
Innsbruck *134*
Iron Duke, Iron Duke-Klasse 90; *86*
Ixion 87, 88

Jackson *40*
James I 65, 66; *64*
Jeanie Deans 189; *236*
Jenny Lind; Jenny Lind-Bauart 105, 106, 173; *116, 119*
Jenny Sharp-Bauart 106
John Bull 69, 70; *69*
John Hick-Klasse 190
John Stevens 97
Joseph Stalin-Klasse 278, 309
Jubilee; Jubilee-Klasse 202; *257*

Kapellen *183*
Killingworth-Lokomotive (dritte) 25; *17*
Killingworth-Lokomotive (vierte) 26; *18*
King Arthur-Klasse 274; *355*
King George V. *354*
Kings-Klasse 271; *354*
Kleine C (Bauart) 201
Kleine Gloggnitzer (Bauart) 122; *143*
Klondyke-Type 224; *279*
Kolosse (Bauart) 161, 162

Lady of the Lake; Lady of the Lake-Klasse 127, 203; *151*
Lady Mary 23
Lalla Rookh *o.Nr. S.80, 86*
Lancashire Witch 37, 38, 40, 63; *29, 30*

Lebanon 141
Le Creusot 57
Liberation-Type 306; *411d*
Liberty-Type 306; *411a*
Liège 89, 90
Lightning 97
Limmat *146*
Lion (Great Western-Bahn) *86*
Lion (Liverpool-Manchester-Bahn) 54
Little Wonder 250, 251
Liver 50
Liverpool 90, 91, 92, 93, 97; *98*
Liverpool travelling engine s. Lancashire Witch
Livingstone 170
Locomotion 29, 30, 34, 38; *20*
Lode Star 227
London 90
Long Tom-Type 160; *201*
Lord of the Isles 83, 91; *88*
Lord Nelson-Klasse 273, 274
Lord Wellington 19

Mac Arthur-Type 306
Machines à bec s. Schnabellokomotiven
Majestic-Klasse 33
Mallard 291; *392*
Mammouth; Mammut-Bauart 100, 101, 114; *111*
Mammut-Bauart s. Mammouth
Marquis Wellington 19
Martin van Buren 71; *71*
Mastodont (Mastodon) 143
Mazeppa 68; *67*
Mc Kay *172*
Mc Kim 68
Mechanischer Wanderer 21
Merchant Navy-Klasse 293; *390*
Metz 156
Mikado-Type 240, 248, 281, 283; *317*
Mogul-Type 142, 259
Monster 78, 79, 97, 138; *84, 85*
Montgolfier 86
Moravia 50
Morning Star 81
Mother Hubbard-Type 245
Mountain-Type 244, 247, 283
Mulhouse 59

Nairnshire *125*
Namur 88, 89, 90, 96; *96*
Niagara-Type 285
Northern-Type 285
North Stafford *211*
North Star (Great Western-Bahn, 1837) 81, 82, 83; *86, 87*
North Star (Great Western-Bahn, 1906) 227
Northumbrian 46, 47, 48; *38*
Novelty 42, 43, 48; *33, 34*

Oker 126; *150*
Old Coppernob 52
Old Elbows s. Experiment (Stephenson)
Old Ironsides 71
Outrance-Type 173, 174, 194, 195; *217*

Pacific-Type 144, 224, 230, 231, 232, 233, 235, 236, 245, 271, 272, 280, 283, 292; *289, 290, 368*
Papin 43
Papyrus 291
Parisienne 287; *381*
Patentee; Patentee-Bauart 52, 53, 85, 105, 124; *56*
Perseverance 42; *35*
Pfalz 96
Philadelphia 120
Phoenix s. The Best Friend of Charleston
Phoenix (Bayerische Pfalzbahn) 96
Pierrot 86
Planet; Planet-Bauart 48, 49, 50, 51, 52, 70, 84, 88, 109; *40*
Pluto *162*
Pocono-Type 285
Pölnitz 95; *103*
Prairie-Type 245
Precedent-Klasse 131; *155*
Precursor-Klasse 131
President 226
Pride of Newcastle 63
Prince Royal 19; *10*
Princess-Klasse 292
Princess Royal 274
Prince of Wales-Klasse 273
Problem-Klasse s. Lady of the Lake
Puffing Billy 22; *12*

Quadrantmaschine s. Experiment (Stephenson)
Queen Empress 190

Rampe 154; *189, 190*
Rauhenstein 164; *205*
Reichskamele 183
Reuss 123
Revolver (Bauart) 298
Rhein 123; *144*
Rhône-Type 133, 134
Rittinger 137, 170; *212*
Rocket 33, 36, 40, 41, 42, 44, 45, 46, 48, 49, 51, 52, 53; *32, 36, 37*
Romont 215
Royal George 31, 32, 42; *22*
Royal Scot; Royal Scot-Klasse 273; *353*

Sachsenstolz 275
Sagua La Grande *163*
Salamanca 19
Samson; Samson-Bauart 49, 51, 52, 54, 109; *41, 42, 52*
Sandringham-Klasse 272
Sanspareil 41, 42, 44, 47, 106; *31, 33*
Sanspareil 2 106, 107
Santa Fé-Type 209, 247; *265*
Saxonia 52
Schildkröte 171
Schnabellokomotiven 287
Schöne Württembergerin 234; *297*
School-Klasse 274; *357*
Scieurs de long 36
Seraing 146, 147, 148, 149, 250; *181*

Sézanne 86; *94*
Silver Fox 292
Silver Link 291
Simplon 103; *115*
Söding s. Steinbrück
South Carolina 65, 70; *63*
Spinnräder 125, 126
Stalin-Klasse 278, 309; *365*
Star 105
Star-Klasse 227, 228
Steierdorf *191*
Steinbrück 122; *143*
Stevens' Vorführlokomotive 62; *58*
Stourbridge Lion 63
Succès 59
Su-Klasse 309
Superpacific-Serie 279

Taliesin 251; *319*
Tarasque 87; *93*
Temeraire *257*
Terrier (Bauart) 297
Teutonic-Klasse 188, 189, 190; *236*
Texas-Type 282
Tom Thumb 63, 65; *59*
Tory 33
Trevithick-Lokomotive (erste) 17; *8*
Trevithick-Lokomotive (zweite) 18; *o.Nr. S.15, 9*

Union Pacific-Klasse 283
UNRRA-Type s. Liberation-Type

Vanguard 226
Vauxhall 109; *123*
Vesta 105
Victorieuse 56, 130; *51*
Victory 32
Vindobona 146, 148, 149, 159, 176; *182*
Virginia 74, 123; *76*
Vittorio Emmanuele II; Vittorio Emmanuele II-Type 172, 173; *216*
Vulcan 81; *86*

Washington Country Farmer 72, 119; *72*
Watt 127
Waverley-Klasse 83
Weipert *220*
West Country-Klasse 293
West Point 64, 65; *62*
White Horse of Kent 86
White Raven 175
Wien 121
Wiener Neustadt 146, 147, 148, 149, 250, 252; *180*
Wien-Raab 157, 158, 160
Wilberforce, Wilberforce-Klasse 33, *23*
William Dean 226
Winston Churchill 272
Wylam Dilly 22, 23, 68, 79; *13*

York 66; *65*

Zephir 293

ABBILDUNGSNACHWEIS

Museen und Bibliotheken
London: Museum of British Transport Clapham 89, 95, 101, 121, 237, 355, 392; Science Museum 1, 2, 3, 4, 5, 6, 9, 18, 21, 30, 31, 35, 36, 38, 50, 52, 56, 60, 86, 87, 90, 118, 119, 124, 125, 151, 153, 201, 208, 279, 353, 354, 388, 394, 400; Victoria & Albert Museum 99; *Luzern:* Verkehrshaus der Schweiz 139, 146, 185, 197, 250, 256, 284, 287, 311; *Madrid:* Museo del Ferrocarril 340, 402; *München:* Deutsches Museum 12, 103, 106, 130, 135, 141, 144, 147, 149, 212, 215, 247, 295, 401; *Nürnberg:* 107, 134, 157, 220, 222, 228, 230, 239, 242, 243, 252, 258, 273a, 275a, 276, 277, 278, 302, 345, 387, 399, 406; *Paris:* Bibliothèque nationale Frontispiz, 37, 152, 176; *Uzès* (Gard): Museon di Rodo 92, 93, 100, 108, 126, 129, 132, 188, 213, 246, 254, 328, 383, 421; *Wien:* Österreichische Galerie 158; *York:* Railway Museum 19, 24, 154, 161, 282

Eisenbahngesellschaften
Bern: SBB 241, 251, 273b, 275b, 298; *London:* British Railways 422; *Madrid:* RENFE 324, 339; *Paris:* SNCF 128; *Prag:* Tschechische Staatsbahnen 409; *Rom:* FS 214

Photographen, Privat-Archive und Zeitschriften
Aubert, Marcel 359; Fototeca Centrale FS, Rom 214; Dansk Jernbane-Klub 294; Foto Desrus 196; Archiv Dewhurst 320; Kurt Eckert, Frankfurt a.M. 329; Archiv Falaize 27, 45, 47, 61, 66, 69, 88, 94, 114, 131, 175, 210, 217, 227, 244, 245, 249, 290, 309, 368, 377, 379, 380, 386, 398, 407, 408; C.G. Fenino 281; H. Girod-Emery 366; Sammlung Helmut Griebl 310; H.M.P., Paris 240; Japan Times 186, 200; Kelland 120, 137, 232, 352, 420; Lokomotivbild-Archiv Bellingrodt 109, 115, 117, 138, 162, 192, 224, 263, 286, 322, 327, 331, 343, 358, 410, 412; Mario Miquel 405; Pressfoto Prag 195; P. Ransome-Wallis 235, 296, 349; Redactor Verlag, Frankfurt a.M. 305, 347; Rodney Todd-White & Son 28, 91, 122; Fritz Schneeberger 271, 413; J.O. Slezak, Wien 299, 300, 416; Edit. Stédef/Broncard 419; Edit. Stédef/Cuenca 423; Strauss 365; Technisches Bildarchiv Konrad Pfeiffer, Wien 183, 304, 332, 364; La Vie du Rail 102, 110, 190, 204, 280, 325, 361, 362, 369, 384, 403; Sammlung Harold K. Vollrath 174, 313, 370, 371, 375, 376

Lokomotiv-Werke
Werkphoto ALCO 289, 315, 317, 335, 372; Werkphoto Baldwin 306, 318, 334, 350; Werkphoto Fives Lille 159, 367; Werkphoto Hanomag 360; Werkphoto Henschel 229, 268, 270, 291, 326, 341, 344, 348; Werkphoto Lima 318, 342; Werkphoto Maffei 292, 346, 404; Werkphoto Maquinista 363; Werkphoto Timken 373, 374, 378, 391

Abbildungen nach Gemälden
Nach Aquarellen von Philippe Degrave 163, 172, 218, 231, 248; nach einem Gemälde von Paul Delvaux 223; nach Gemälden von C. Hamilton Ellis 206, 211, 274; nach einem Gemälde von A.J. Jöhnssen 293; nach Gemälden von A. Krause 297, 351; nach einem Gemälde von F. Witt 307

Alle nicht erwähnten Abbildungen stammen aus dem Archiv des Verfassers